KB234559

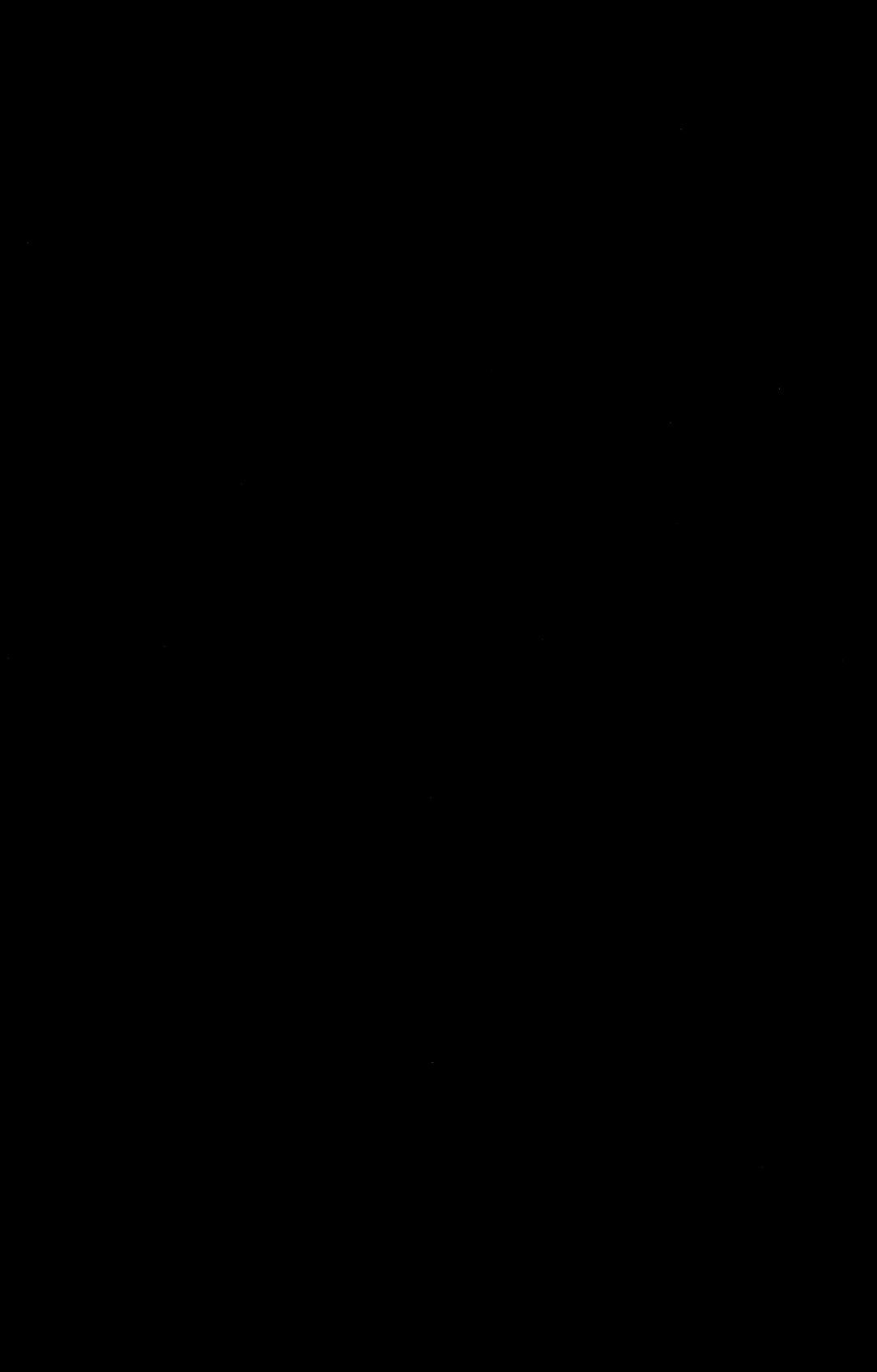

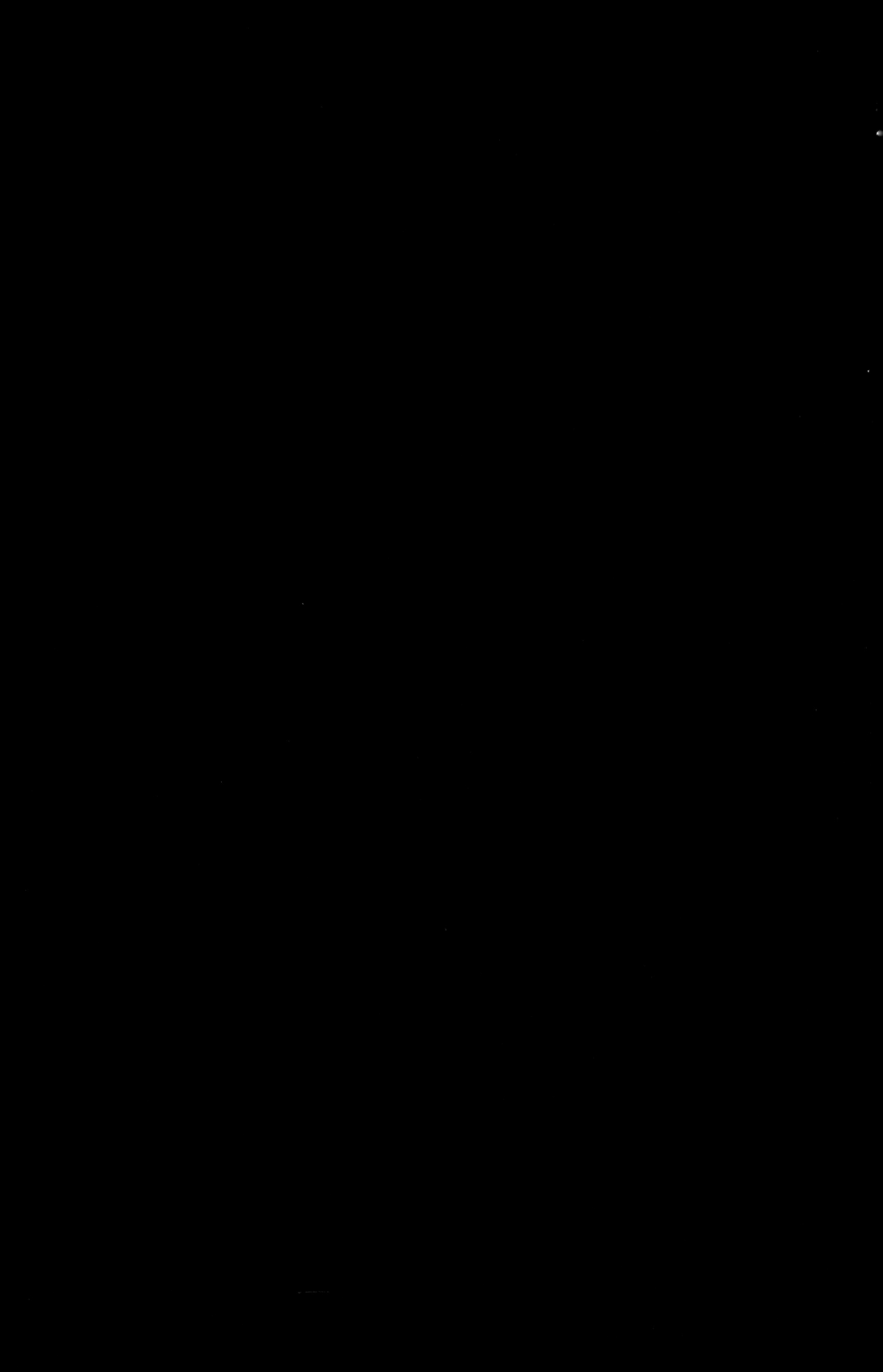

근대초기
## 매체의 역사

Medien zwischen
Herrschaft und Revolte

# 근대 초기
# 매체의 역사

### 매체로 본 지배와 반란의 사회 문화사

베르너 파울슈티히 지음 · 황대현 옮김

지식의풍경

# 차례

일러두기

1. 저자의 '매체' 개념을 이해하는 데 도움이 되도록 옮긴이 서문에 관련 설명을 해 두었다.
2. 어깨숫자는 후주 번호이고, 별표(*)는 해당 쪽 아래에 있는 옮긴이 주를 표시한 것이다.
3. 인명이나 지명은 외래어 표기법에 준하여 표기하였다.

# 옮긴이 서문

I

15세기 중엽 구텐베르크에 의해 개발된 활판 인쇄술이라는 기술적 혁신이 이후 유럽 사회에 미친 영향에 대해서는 일찍부터 다양한 분과 학문의 연구자들이 많은 관심을 기울여 왔다. "매체는 메시지다"라는 유명한 말을 남긴 매체 이론가 마셜 맥루언Marshall McLuhan은《구텐베르크 은하계》에서 인쇄술의 개발과 확산을 구술 사회에서 문자 사회로의 변화라는 장기적인 과정의 일환으로 파악하면서, 그러한 변화가 인간의 의식과 행동에 미친 표준화, 획일화, 개인주의화와 같은 요소들을 지적한 바 있다. 또 최근 우리 사회에서 논란이 일고 있는 탈민족주의 담론을 확산시키는 데 적지 않게 기여한 베네딕트 앤더슨Benedict Anderson도《상상의 공동체》에서 새로운 개념이라 할 민족이 '만들어지고' 민족 의식이 형성되는 데 공헌했던 문화적 기원으로 인쇄 자본주의의 발전을 강조했음은 잘 알려진 사실이다. 역사학 내부에서도 인쇄술의 개발과 궤를 같이하는 새로운 매체들의 등장이 이후의 역사 변화에 중대한 영향을 미쳤다는 사실은 이미 하나의 상식으로 굳어진 지 오래다. 이 점은 근대 초기의 유럽사, 그중에서도 특히 종교개혁을 연구하는 역사가들이 누차 지적하였다. "서적 없이는 종교개혁도 없다"는 베른트 묄러Bernd Moeller의 주장이나 종교개혁을 '팸플릿 작가의 혁명'으로 파악하고 있는 스티븐 오즈맹Steven Ozment의 언급도 다 이런 맥락에서 이해할 수 있는 것이라고 하겠다.*

이렇듯 근대 초기 유럽사의 발전 과정에서 인쇄술의 개발과 같은 매체의 혁신이 중요하다는 점에 대해서는 연구자들 사이에서 어느 정도 공감대가 형성되어 있긴 하지만, 막상 다양한 매체들이 역사적으로 어떻게 성립, 발전되어 왔으며 구체적으로 당시의 정치, 경제, 사회, 문화적 변화와 어떤 관련을 맺고 있는지에 대해서는 아직 체계적인 연구 성과가 소개되고 있지 못한 것이 국내 학계의 현실이라고 할 수 있다. 물론 인쇄술이 르네상스, 종교개혁, 과학 기술의 진보에 미친 영향을 추적하는 엘리자베스 아이젠스타인Elisabeth Eisenstein의 연구나 로제 샤르티에Roger Chartier, 로버트 단턴Robert Darnton의 연구가 보여 주는 것처럼 18세기 공공영역public sphere의 출현과 인쇄물 유통 사이의 관계라든지 책(금서)과 혁명 사이의 관계를 분석한 저작들이 국내에도 번역되어 나와 있는 것은 사실이다.** 하지만 이런 연구들은 서적 이외의

---

* B. Moeller, "Stadt und Buch. Bemerkungen zur Struktur der reformatorischen Bewegungen in Deutschland", W. J. Mommensen, ed., *Stadtbürgertum und Adel in der Reformation*(Stuttgart, 1979), 25~39쪽. S. 오즈맹, 박은구 옮김, 《프로테스탄티즘. 혁명의 태동》(혜안, 2004년), 95~130쪽.

** E. L. 아이젠스타인, 전영표 옮김, 《인쇄 출판 문화의 원류》(법경출판사, 1991년). 로제 샤르티에, 백인호 옮김, 《프랑스 혁명의 문화적 기원》(일월서각, 1999년). 로버트 단턴, 주명철 옮김, 《책과 혁명: 프랑스 혁명 이전의 금서 베스트셀러》(길, 2003년).

다양한 종류의 인쇄 매체와 매체 일반에 대해서 충분한 관심을 기울이고 있지는 않기 때문에, 매체에 대한 체계적이고 전체적인 역사상을 그리는 데에는 그리 큰 도움을 준다고 보기 어렵다. 이렇듯 각 시대에 따라 서로 상이한 모습을 띠는 다양한 매체들과 역사적 변화 및 발전 과정의 상호 관계에 대한 포괄적인 설명이 아쉬운 상황에서, 이런 부족함을 상당 부분 해소해 줄 수 있는 책이 바로 베르너 파울슈티히Werner Faulstich의《근대 초기 매체의 역사: 매체로 본 지배와 반란의 사회 문화사Medien zwischen Herrschaft und Revolute: Die Medienkultur der frühen Neuzeit(1400-1700)》이다.

## II

이 책의 저자인 파울슈티히는 전문적인 역사학자의 범주에 포함시킬 수 있는 사람은 아니다. 실제로 독일 뤼네부르크 대학의 매체학 교수인 그는 영화를 비롯한 다양한 매체들에 대한 이론적 작업에 천착함은 물론 20세기의 대중문화에 대해서도 지속적인 관심을 기울여 왔다. 하지만 무엇보다도 그를 돋보이게 만드는 것은 매체학이나 언론 정보학 계통의 연구자들이 그 동안 상대적으로 소홀히 해 왔던 매체사history of media에 관해 꾸준히 체계적인 연구 성과를 내놓고 있다는 사실이다.*

---

\* 특정한 개별 매체의 역사에 대한 파울슈티히의 관심을 보여 주는 예로는 헬무트 코르테 Helmut Korte와 함께 1895년부터 1995년까지의 영화의 역사를 다섯 권의 책으로 편집, 출간한 것을 들 수 있다. W. Faulstich & H. Korte, ed., *Fischer Film Geschichte: 100 Jahre Film, 1895-1995*, 5 vols. (Frankfurt, 1990-1995). 몇 년 전에 우리말로 번역되어 소개된 파울슈티히의 저서 역시 영화와 관련된 것이다. 베르너 파울슈티히, 이상일 옮김,《영화의 분석》(미진사, 2003년).

파울슈티히는 1990년대에 들어와서 인류 역사의 초창기에서부터 현재까지의 매체의 역사를 종합적으로 기술하려는 야심 찬 작업에 착수했는데, 그 결과물로 본래 총 여섯 권으로 기획한 시리즈 중에서 지금까지 다섯 권이 출간되어 나왔다. 즉 인류의 시원기에서 8세기까지를 다룬 《제의적 성격을 지닌 매체》(1997년), 800~1400년의 중세 시기를 다룬 《중세의 매체와 공공영역》(1996년), 1400~1700년의 '이행기' 혹은 '근대 초기'의 역사를 다룬 《근대 초기 매체의 역사》(1998년), 1700~1830년의 시기를 다룬 《부르주아 매체 사회》(2002년), 1830~1900년의 19세기를 집중적으로 다룬 《산업 시대와 대중 시대의 매체 변화》(2004년)가 바로 그것이다. 파울슈티히의 방대한 매체사 시리즈 가운데 옮긴이가 특별히 세 번째 책을 먼저 선택하게 된 이유는 옮긴이의 주 전공이 근대 초기 독일사인 관계로 이 시기가 다른 시대들보다 익숙하다는 주관적인 이유도 있지만 저자 자신도 이 시기를 인류의 시원기에 일어났던 모계 사회에서 부계 사회로의 변화를 제외한다면 "인류 문화사 최초의 매체적 세계 변화"가 일어났던 중요한 시기로 파악하고 있기 때문이다.

　파울슈티히의 매체사 서술을 파악하기 위해서는 무엇보다도 매체에 대한 그의 개념 규정 방식이 일반인과는 상당히 다르다는 점을 이해할 필요가 있다. 우리는 매체 하면 거의 자동으로 잡지, 라디오, 텔레비전, 영화와 같은 대중 매체를 연상하곤 한다. 실제로 대중 매체와 관련된 커뮤니케이션 및 매체 이론에서 매체는 정보를 전달하고 확산시키는 기술적인 수단 또는 도구를 의미한다. 하지만 많은 매체 이론가들은 이런 통상적인 개념 규정과는 달리 매체를 상당히 폭넓게 이해한다. 일례로 앞서 언급한 맥루언은 인간의 힘과 감각 및 육체적 기능을 기술적으로 확산, 보완해 주는 모든 것을 매체로 규정하면서 도로나 의복, 수레

바퀴 같은 것들도 매체로 파악할 수 있다고 주장했다. 언론 정보학자 해리 프로스Harry Pross는 사람들 사이의 의사소통에서 별도의 특별한 기구를 필요로 하지 않는 언어나 표정, 제스처를 '1차 매체Primär-medien'로 규정한 바 있다. 15~16세기 유럽의 활판 인쇄술과 서적 인쇄의 역사를 다룬 독일어로 된 연구서 가운데 가장 영향력 있는 저작으로 손꼽히고 있는 《근대 초기의 서적 인쇄》*를 쓴 미하엘 기제케Michael Giesecke는 정보를 저장하는 기능을 갖고 있는 모든 정보 저장체를 매체로 부를 수 있다고 주장한다. 결국 그의 개념 규정을 따른다면, 단지 복잡한 기술적 장치뿐만 아니라 정보 저장 기능을 보유한 사회 집단과 인간 자체도 매체의 범주 속에 포함시킬 수 있게 된다. 마지막으로 미국의 사회학자 탈코트 파슨즈Talcott Parsons에서 비롯된 체계 이론 system theory적 매체 이론에서는 의사소통을 행위 단위들 사이에서 공통된 코드의 도움으로 이루어지는 상호작용 과정으로 파악하면서, 의사소통 행위를 통해서만 성립·지속되는 전체 사회 체계를 안정화시키고 성공적인 의사소통을 가능케 하는 이른바 "상징적으로 일반화된 교환 매체symbolically generalized media of interchange"로서 화폐, 권력, 영향력, 가치 구속력을 언급하고 있다.**

---

\* M. Giesecke, *Der Buchdruck in der frühen Neuzeit. Eine historische Fallstudie über die Durchsetzung neuer Informations- und Kommunikationstechnologien* (Frankfurt a. M., 1991).

\*\* 여기서 화폐는 경제 체계, 권력은 정치 체계, 영향력은 사회 공동체 체계, 가치 구속력은 문화 체계에 조응하는 매체라고 할 수 있다. 파슨즈의 상징적으로 일반화된 교환 매체에 대한 독특한 개념 규정은 비록 변형된 형태이기는 하지만 위르겐 하버마스Jürgen Habermas와 니클라스 루만Niklas Luhmann과 같은 학자들의 매체관에도 결정적인 영향을 미쳤고 파울슈티히 역시 이 개념을 그대로 사용하고 있다. 파슨즈의 매체관에 대해서는 본문 95쪽 옮긴이 주를 참조하라.

이러한 개념 규정의 전통 위에 서 있는 파울슈티히의 매체에 대한 이해 역시 상당히 포괄적이고 광범위하다. 파울슈티히는 매체를 '사회적인 지배력과 함께 특정한 능력을 지니고 있는 조직화된 의사소통의 통로Kommunikationskanal를 둘러싼 제도화된 체계'로 규정짓고 있다. 그는 단순히 정보를 전달하는 기술적 수단 혹은 도구가 매체라는 견해에 대해서는 반대 입장을 분명히 하고 있다. 예컨대 많은 학자들이 주장하는 것과는 달리 파울슈티히는 문자 자체를 매체로 보지 않는다. 문자는 단지 추상적인 저장을 가능케 하는 포괄적인 상징 체계이자 도구일 뿐이고 두루마리, 편지, 서적 등과 같은 진짜 매체와 결합되지 않고서는 기억이나 경험을 결코 매개할 수 없다는 것이다. 파울슈티히에 따르면 의사소통 기술이나 정보 저장체에 진정한 매체적 성격을 부여하는 것은 '사회적 조정 및 방향 설정 기능'이다. 바꾸어 말하자면 하나의 의사소통 체계가 진정한 매체가 되기 위해서는 단순히 의사소통이 의미를 지닐 수 있도록 규칙적으로 조직하고 제도화하는 데 그쳐서는 안 되고 사회적, 문화적인 상호작용 과정을 매개하는 메커니즘으로서 자신을 둘러싸고 있는 사회적 관계에 결정적인 영향력을 행사할 때에야 비로소 가능해진다는 것이다. 이런 개념 규정의 속성상 파울슈티히에게 가장 중요한 것은 매체의 제반 사회적 기능을 밝히고 역사적 맥락속에서 매체가 변화하는 양상을 재구성하는 작업이다. 또한 그렇기 때문에 매체의 역사는 곧 사회와의 관련 속에서 파악된 매체의 기능적 역사라고 할 수 있으며, 매체에 대한 통시적인 접근 방식은 일반적인 매체 이론의 정립에서 필수 불가결한 핵심 부분이다.

매체에 대한 파울슈티히의 폭넓은 이해는 무엇보다도 매체의 종류를 분류하는 과정에서 가장 잘 드러난다. 그는 근대 초기 유럽의 역사에서 나름의 역할을 수행했던 매체들을 크게 네 종류로 구분하고 있는

데, 인간 매체(춤 또는 무도회, 축제, 연극, 가인歌人, 설교자), 조형 매체(궁전, 정원), 수기手記 매체(서신, 벽), 인쇄 매체(전단지, 소책자, 달력, 신문, 서적)가 바로 그것이다. 즉 특정한 부류의 인간이 수행하는 제도화된 사회적 역할, 혹은 인간의 특정한 행위나 인간이 건립한 조형물도 매체의 범주 속에 포함시키고 있는 것이다. 이 네 종류의 매체들 가운데에서 가장 눈에 띄는 것은 역시 인간 매체이다. 파울슈티히의 인간 매체는 개념적으로 앞서 언급한 프로스의 1차 매체에 가까운 범주이다. 그런데 여기서 유념해야 할 것은 하나의 매체가 시대의 변화에 상관없이 항상 매체의 특징을 계속 유지할 수 있는 것은 아니라는 사실이다. 다시 말해서 특정 매체는 역사가 진행되고 사회가 변화함에 따라서 생성과 소멸의 과정을 거치게 된다. 특히 매체가 자신의 사회적 조정 및 방향 설정 기능을 상실하게 되면 그것은 더 이상 매체라고 부를 수 없다. 예컨대 파울슈티히가 대표적인 인간 매체 중의 하나로 분류하고 있는 축제는 인류 시원기부터 희생 제의적 성격을 띠고 있었고 그 가운데에서 집단적이고 공동체적인 의미 부여가 가능했기 때문에 본래는 매체의 특징을 지니고 있었다. 하지만 르네상스 이후 근대 초기에 들어와서 축제, 특히 도시의 축제는 그러한 기능을 상실하고 단순히 여흥이나 오락 거리로 축소되거나 가족 잔치와 같은 단순한 축하 모임으로 변형되면서 매체적 성격을 상실해 버리고 말았다는 것이다. 중세의 전통적인 인간 매체였던 설교자 역시 종교개혁기에 사회적 조정 및 방향 설정이란 측면에서 잠시 중요한 역할을 수행했던 것은 사실이지만 얼마 가지 않아 성경을 비롯한 각종 인쇄 매체들에게 주도권을 빼앗기고 결국 순수한 직업적 역할로 축소(혹은 용해)되면서 매체적 성격을 잃어버리고 말았다. 파울슈티히가 보기에 인간 매체와 순수한 직업적 역할은 서로 양립 불가능한 것이었다.

파울슈티히가 궁극적으로 추구하는 매체의 역사는 매체의 문화사 Medienkulturgeschichte라고 말할 수 있다. 매체의 문화사는 단순히 개별 매체들의 역사를 백과사전식으로 나열하는 것——예컨대, 서적의 역사 에다가 연극의 역사 혹은 영화의 역사를 덧붙이는 식——이 아니라 다양한 매체들을 관계망이라는 체계 속에서 총체적으로 파악한 역사이다. 그 것은 전통적인 역사 서술과는 달리 인간의 노동 문화나 혹은 문화적 산 물로서의 예술에 주목하는 것이 아니라 매체적 의사소통과 매체에 의 해 매개된 문화적 가치와 의미를 중시한다. 문화사가 역사학계에서 다 시금 새롭게 주목받게 된 지도 꽤 많은 시간이 흘렀지만, 이 분야에서 도 매체의 역사는 여전히 주변적인 관심사로 머물러 있을 뿐이다. 파울 슈티히는 매체와 문화 사이의 긴밀한 관계 설정을 통해 바로 이 공백을 메우고자 했던 것이다. 그는 인류 역사에서 나타난 모든 사회 변화는 동시에 매체의 변화이고 매체는 사회적, 문화적 변화를 촉진하는 촉매 의 기능을 수행했으며 인간 사회는 대중 매체가 등장하기 훨씬 이전부 터 매체 사회Mediengesellschaft였다고 주장한다. 왜냐하면 인류 역사가 시작된 이래로 정보를 전달하고 소식을 전파하며 지식을 축적하고 지 배를 행사하는 것, 한마디로 요약해서 사람들 사이의 의사소통이라는 상호작용을 가능케 했던 것은 바로 매체였기 때문이다. 그렇다고 했을 때, 매체의 문화사는 무엇보다도 다음과 같은 핵심적인 질문, 즉 어느 특정한 시기의 문화적, 사회적 변화 과정에서 어떤 매체가 어떤 방식으 로 어떤 기능을 발휘했느냐는 물음에 답할 수 있어야 한다는 것이다.

파울슈티히가 보기에 근대 초기*의 진정한 매체사적인 의의는 이 시기에 기존의 전통적인 인간 매체의 우위가 인쇄 매체의 우위로 대체되었다는 점에 있었다. 그런데 이러한 변화는 짧은 시간 안에 급격하게 이루어진 것이 아니라 유연한 중간 과정을 거치면서 서서히 이루어졌다. 즉 오래된 인간 매체들이 새로운 인쇄 매체들과 결합하면서 다양한 형태의 매체 결합Medienverbund** 혹은 구술 문화와 문자 문화의 공존이 나타났다는 것이다. 그 대표적인 사례로 제시할 수 있는 것이 16세기 중엽에서 17세기 중엽까지 주로 영국을 중심으로 노상 담시street ballads가 수록된 낱장 인쇄물들을 가지고 다니며 사람들에게 담시를 낭송해 주면서 인쇄물을 판매했던 노상 담시 가인들이다. 이와 유사하게 반反종교개혁의 선봉장이었던 예수회가 운영하던 학교에서 '투쟁 매체'로서 무대 위에 올린 라틴 어 연극에서도, 비록 연극 그 자체는 통합적인 인간 매체라고 할 수 있지만, 라틴 어를 모르는 관객들을 위해서 대강의 줄거리가 담긴 안내 책자의 형태로 인쇄 매체가 연극 공연 중에 함께 쓰였넌 것이다.

---

* 앞에서도 잠깐 언급했지만 파울슈티히는 근대 초기를 1400~1700년의 시기로 파악하고 있다는 점에서 흔히 16~18세기를 근대 초기로 파악하고 있는 다른 독일 역사가들과는 차이를 보인다.
** 파울슈티히의 '매체 결합'은 맥루언이 《매체의 이해》에서 이야기하는 "매체의 이종 교배hybridization of media"와 유사한 개념이라고 할 수 있다. 맥루언은 인간의 확장물인 매체들이 진화·발전해 가면서 상호작용하는 것을 이종 교배라고 비유적으로 표현했는데, 가장 거대한 변화를 몰고 온 이종 교배의 예로서 문자 문화와 구술 문화의 만남을 들고 있다. 예컨대 라디오를 만들어 낸 전기 기술은 문자 중심의 시각적인 서양 문화에 구술적인 청각 문화의 확산을 가져다주었다는 것이다. 마셜 맥루언, 박정규 옮김, 《미디어의 이해. 인간의 확장》(커뮤니케이션북스, 1999년), 56~58쪽.

근대 초기의 역사 발전 과정에서 인쇄 매체가 갖고 있는 비중과 중요성을 강조하는 것은 비단 파울슈티히에게만 국한된 것은 아니지만, 그는 다른 연구자들과는 달리 활판 인쇄술의 개발이나 서적에만 초점을 맞추고 있지는 않다. 오히려 파울슈티히는 한걸음 더 나아가서 많은 연구자들이 구텐베르크의 활판 인쇄술과 서적 매체의 관련성을 피상적으로 다루면서 그 의미를 지나치게 과대평가하고 있다고 비판한다. 적어도 이 책에서 다루고 있는 1400~1700년의 기간에 결정적으로 중요했던 인쇄 매체는 서적이 아니라 전단지, 소책자, 달력, 신문과 같이 낱장 문서나 가철본 형태를 띠고 있는 매체들이었다는 것이다. 또한 파울슈티히는, 매체사의 종합적인 관점에서 보자면 구텐베르크 이후 등장한 새로운 인쇄 매체만이 실질적인 혁명을 의미했던 것도 아니라고 주장한다. 그의 논리에 따르면 근대 초기에 일어난 최초의 매체적 세계 변화의 핵심은 오히려 예전의 종교적 인간 매체가 파괴되어 갔던 점에 있었다. 이 과정에서 핵심적인 역할을 수행한 것은 바로 종교개혁이었다. 다시 말해서 루터는 '만인 사제직설'을 통해 신과 인간 사이의 핵심적인 중재자로서 사제나 교황이 갖고 있는 매체적 성격에 대해 근본적인 이의를 제기하고 그 공백을 새로운 조정 및 방향 설정 매체인 성경을 통해 메움으로써 전통적인 종교적 인간 매체에 대한 거부를 공식화했다는 것이다. 따라서 구술 매체 문화에서 문자 매체 문화로의 전환에서 훨씬 더 중요한 역할을 수행했던 사람은 구텐베르크가 아니라 루터라는 것이다.

파울슈티히는 이 책의 서론 부분에서 이전 시기 매체 문화의 특징을 간략하게 정리하고 있는데, 먼저 인류 역사의 시원기(기원전 2500년 이전)와 관련해서는 인간 매체의 압도적인 우위와 모든 매체들에서 확연하게 드러나는 제의적 기능을 강조하고 있다. 두 번째로 복합적인 고도 문화의 시기(기원전 2500년~서기 800년)에는 인간 매체들이 세분화하고 수기 매체가 처음으로 비약적인 발전을 경험했으며 세속적인 의사소통 매체가 형성되기 시작했다. 그 다음의 중세 기독교 시기(800~1400년)에는, 지배적인 매체들이 궁정/성, 수도원/대학, 도시, 촌락, 교회와 같은 각각의 부문 공공영역Teilöffentlichkeit에 구조를 부여하고 이를 발전시켜 나갔던 것과 동시에, 탁발 수도사와 같은 이른바 '체계 간 매체들intersystemische Medien'*이 사회적인 상호작용 공간의 전통적 경계를 무너뜨리기 시작했다. 마지막으로 이 책에서 중점적으로 다루는 1400~1700년의 유럽 매체 문화의 특징으로 제시하고 있는 것은 이시기의 다양한 매체들이 현저하게 선동적이고 투쟁적인 성격을 지녔다는 점이다. 그 대표적인 예로는 루터를 비롯한 여러 종교개혁가들이 작성한 소책자(혹은 회람 문서), 교황과 가톨릭교회를 신랄하게 비꼬고 풍자하는 그림이 실린 종교개혁기의 전단지, 예수회의 학교 연극, 지배당국의 정치적·교파적 정당성을 선전하는 전단지, 반항과 저항 매체로 즐겨 사용되던 벽보, 교회와 국가에 도전하면서 새로운 유형의 공공영역——'초기 부르주아 공공영역'**——을 탄생시키는 데 결정적인 역

---

\* 사람들에게 설교하며 여기저기 떠돌아다녔던 중세의 탁발 수도사들은 예전의 수도사들과는 달리 수도원 안에서 은거하지 않고 신성한 교회 공간과 세속적인 도시의 장터 사이에 새로운 연결고리를 창출해 냈다는 점에서 '체계 간 매체'로 부를 수 있다.

\*\* 이 개념은 명백히 하버마스의 '부르주아 공공영역bürgerliche Öffentlichkeit'의 개념을 차용해 온 것이다. 부르주아 공공영역에 대해서는 위르겐 하버마스, 한승완 옮김, 《공론장의 구조 변동: 부르주아 사회의 한 범주에 관한 연구》(나남출판, 2001년)를 참조하라. 하지만 파울슈티히는 부르주아 공공영역이 등장하기 이전에는 '과시적 공공성 repräsentative Öffentlichkeit'만이 존재했다는 하버마스의 견해와는 달리 다양한 형태의 공공영역이 존재했다고 주장한다. 예컨대 파울슈티히는 역사가 라이너 볼파일Rainer Wohlfeil이 주창한 바 있는 '종교개혁 공공영역reformatorische Öffentlichkeit'의 개념을 그대로 수용하고 있다(본문의 6장 8절 참조). 근대 초기사를 전공하는 많은 연구자들

할을 했던 신문 등을 열거하고 있다.

파울슈티히의 매체사 서술이 갖고 있는 최대 강점 중의 하나는 겉으로 보기에는 서로 아무런 관련이 없는 것 같은 개별 매체들의 역사적 발전 단계 혹은 계통적 발생을 잘 보여 주고 있다는 점이다. 파울슈티히가 유럽의 초기 자본주의 발전에서 중요한 기능을 수행했던 매체로 언급하고 있는 서신(증서)*의 변화 과정을 살펴보면 이 점이 분명하게 드러난다. 본래 '의사소통 매체'였던 서신은 초기 자본주의 시대에 들어와서 새로운 시장이 개척되고 교역이 날로 확대되며 거래가 복잡해짐에 따라 '상호작용 매체' —— 파슨즈의 표현을 빌리자면 "상징적으로 일반화된 교환 매체" —— 인 화폐로 전환되었다. 이러한 변천 과정을 가장 극명하게 보여 주는 것이 가격 표기 등기 우편Wertbrief인데, 유럽에서는 17세기 후반에 이 특별한 서신 형태가 은행권인 지폐로 발전했던 것이다. 이와 유사하게 본래 채권자가 채무자에게 빚의 변제와 상환을 공공연하게 요구할 때 사용했던 이의 제기 서신과 비방 편지가 나중에는 차용증Schuldbrief이라는 상호작용 매체로 발전하기도 했다.

중세 시기의 대표적 수기 매체인 서신은 근대 초기의 가장 중요한 인쇄 매체 중의 하나인 신문이 성립하는 데에도 결정적인 역할을 했다. 즉 처음에는 지리적으로 떨어져 있는 정치적, 상업적 동료들 사이에서

---

역시 하버마스의 개념이 언어를 매개로 하지 않는 상징적 의사소통과 같은 다양한 형태의 의사소통을 제대로 고려하고 있지 않다고 비판한다. 간단히 말하면, 하버마스의 경우 공공영역을 하나의 특수한 역사적 개념으로 파악하면서 공공영역의 '부르주아적' 특징을 집중적으로 분석하고 있는데 반해, 파울슈티히를 비롯한 다른 학자들은 공공영역을 좀 더 보편적인 현상으로 파악하면서 공공영역을 구성하는 다양한 의사소통 방식에 더 관심을 기울이고 있는 것이다.
* 독일어로 서신을 뜻하는 Brief라는 단어는 영어의 letter와 마찬가지로 증서, 문서라는 의미도 갖고 있다.

동맹, 전쟁, 협상, 시장 가격 동향 등에 관한 최신 소식을 담은 정보 서신이 활발히 오고 갔던 것이 이후 우편업이 제도적으로 자리를 잡아가면서 정기적이고 예측 가능한 정보 교환이 가능해지자 나중에는 서신 형태를 탈피하면서 주기적으로 다양한 소식을 전해 주는 신문이란 형태로 발전해 갔던 것이다. 오늘날에도 서양에서 발행되는 신문들의 이름에 '포스트Post'란 명칭이 들어간 경우가 적지 않다는 사실은 두 매체 ── 서신과 신문 ── 사이의 역사적 관련성을 잘 시사해 주는 것이라고 하겠다. 물론 '새로운 매체 시대'를 개막한 신문이라는 신新매체가 출현하기까지에는 서신 이외에도 다른 선구적 매체의 역할이 중요했다. 예컨대 신문이 갖고 있는 공공성과 대중성은 그림을 적극적으로 활용함으로써 더 폭넓은 대중에게 호소할 수 있었고 일찍부터 하나의 상품으로 판매되면서 정치적 의사소통에도 상당한 영향을 미쳤던 선전 매체 전단지에 빚지고 있는 바가 컸다고 할 수 있다. 심지어 파울슈티히는 시사적인 소식을 여기저기 전파하고 다녔던 가인들(시사성)과 일요일마다 농촌 주민들에게 설교를 통해 세상 돌아가는 이야기를 전해 주었던 설교자들(주기성)에게서도 신문의 뿌리를 찾아볼 수 있다고 주장한다.

여러 매체의 계통적 발생 사례를 제시하는 것을 통해 파울슈티히가 궁극적으로 말하고자 한 것은 무엇이었을까? 파울슈티히는 신문이나 지폐 같은 새로운 매체의 출현은 단지 여러 전제 조건들 중의 하나에 불과한 새로운 활판 인쇄술의 결과로서 이룩된 것이 아니라고 주장한다. 그의 논리를 따르자면 근대 초기의 새로운 매체 문화는 오히려 당시 유럽 사회의 새로운 수요와 필요의 상황에 따라 예전의 낡은 매체들의 핵심적인 기능이 통합되고 예전 매체의 기능이 다른 방식으로 전환 ── 이른바 매체의 '재기능화' ── 됨으로써 이룩된 것이었다. 흔히 주장하는 것처럼 15세기 이래로 매체의 수가 갑자기 폭발적으로 증가하면서 그 결과 오늘날 우리가 매체 사회에 살게 된 것이 아니라 인간 사회는 '서적 인쇄'가 출현하기 훨씬 이전부터 매체 사회였고 다만 예전 매체의 기능이 정치, 경제, 사회적 필요에 따라 전환되고 통합되면서 새로운 매체가 생성된 것에 지나지 않는다는 것이다. 그럼으로써 결국 파울슈티히는 구텐베르크의 활판 인쇄술 개발이 갖고 있는 역사적 의미를 지나치게 과대평가하면서 결과적으로 기술 결정론에 빠지곤 하는 일부 연구자들에게 의미심장한 문제 제기를 하고 있는 것이다.


# IV


옮긴이가 이 책을 처음 접하게 된 것은 독일 유학 시절에 박사 과정 학생들의 공동 프로젝트Graduiertenkolleg 프로그램 중의 하나였던 기초 과정 세미나를 통해서였다. 세미나는 현재 베를린자유대학에서 근대 초기 독일사를 가르치고 있는 에스터-베아테 쾨르버Esther-Beate Körber 교수가 이끌었는데, 이 분이 수업 중에 여러 참고 문헌들을 소개하는 자리에서 이 책을 추천해 주었던 것이다. 하지만 솔직히 고백하자면 처음부터 이 책에 특별히 큰 관심을 가졌던 것은 아니었다. 한 동안 이 책을 잊고 지내던 중, 2001년에 독일역사가협회의 '근대 초기사 연구 분과Arbeitsgemeinschaft Frühe Neuzeit'가 주관해 2년마다 한 번씩 개최하는 대규모 학술 대회가 마침 옮긴이가 공부하고 있던 아우크스부르크 대학에서 열리게 되었다. 학술 대회의 주제는 '근대 초기의 의사소통과 매체'였는데,* 당시 종합 토론 시간의 지정 토론자 자격으로 참석한 파울슈티히 교수가 다른 역사학 교수들과 활발한 난상 토론을 벌이는 것을 보고 나서 다시 이 책에 대한 호기심이 발동하게 되었다. 전문 역사가도 아닌 사람이 특정 시기를 전공하는 역사가들의 학술 대회에 공식적으로 초청되었다는 사실 자체가 옮긴이의 관심을 끌기에 충분했던 것이다.

하지만 파울슈티히가 이 책에서 주장하고 있는 내용에 옮긴이가 처음부터 전적으로 공감했던 것은 아니었다. 무엇보다도 역사 전공자로서 인간 매체라는 개념을 선뜻 수용하기가 쉽지 않았다. 게다가 파울슈티히 자신이 매체사 시리즈의 1권인 《제의적 성격을 지닌 매체》에서 명확하게 밝히고 있듯이, 그의 저작은 매체학, 사회학, 문학, 역사학, 연극학 등을 포괄하는 학제 간 연구의 전형이기 때문에 본디 천학비재淺學非才인 옮긴이가 접근하는 것도 용이한 일이 아니었다. 그러나 이 책이 가지고 있는 강력한 매력도 외면하기 힘들었다. 특히 술술 읽히지 않는 내용을 보상이라도 하려는 듯 수많은 흥미로운 도판들이 책을 손에서 놓을 수 없게 했고, 제반 분과 학문의 방대한 학문적 성과들을 자신의 독자적인 체계로 통합해 내는 저자의 솜씨가 상당히 인상적이었다. 실제로 이 책을 읽고 번역하는 과정에서 옮긴이는 역사학의 좁은 울타리를 벗어나서 다양한 학문 세계의 영역을 이리저리 넘나드는 드문 기회를 누릴 수 있었다.

이 책을 읽으면서 일반 독자들이 가장 당혹스러워 할 부분은 역시 매체에 대한 파울슈티히의 독특한 개념 규정이 아닐까 한다. 매체를 이론적으로 어떻게 개념 규정해야 하느냐의 문제는 옮긴이의 역량을 벗어나는 일이므로 여기서 상론할 수는 없지만, 파울슈티히의 도발적인

---

* 이 학술 대회의 연구 성과물은 최근 논문집으로 출간되어 나왔다. J. Burkhardt/ C. Werkstetter, ed., *Kommunikation und Medien in der Frühen Neuzeit*, HZ Beiheft no. 41 (München, 2005).

(!) 매체 이론이 역사가들에게도 자신의 작업을 반추해 볼 수 있는 좋은 기회를 제공하고 있다는 점을 부인하기는 힘들다. 옮긴이가 보기에, 파울슈티히는 역사 진행 과정에서 비록 중요성이 점차 줄어들기는 하지만 의사소통에서 구술 체계가 지니는 비중을 강조하기 위해, 지배적인 사회적 조정 및 방향 설정 기능을 지니면서 다양한 직업적 역할로 세분화하기 이전의 특정 인간 집단을 매체로 파악하고 있는 것으로 보인다. 예컨대 지역 사법 당국의 대변인인 포고자Ausrufer는 '외치고 선포하고 알리는' 행동 양식을 통해서 하나의 당당한 인간 매체로 간주되고 있는 데 비해 포고자의 후예라고 볼 수 있지만 단순히 포고문을 벽에 붙이는 데 그치는 시 당국의 고용인은 더 이상 매체가 아니라는 점이 이를 잘 뒷받침해 주고 있다. 여기서 우리는 일찍이 계몽사상가 디드로가 "우리의 문자는 특정한 시민 계급에 영향을 줄 뿐이지만 우리의 말은 모든 사람에게 영향을 미친다"고 언급했던 것이 비단 계몽주의 시대에만 적용되는 문제는 아니라는 점을 상기해 볼 필요가 있다.

이 책을 통해서, 지금까지의 역사 서술이 근대 초기의 사회적, 문화적 발전 과정에 결정적으로 영향을 미쳤던 매체로 흔히 서적과 같은 특정 인쇄 매체만 언급하곤 했던 관행에 진지한 문제의식을 갖게 된다면 그 자체만으로도 분명 소중한 성과라고 할 수 있을 것이다. 매체 결합이라는 매력적인 개념은 예컨대 종교개혁과 같은 특정한 사회 변동에서 구술 문화, 문자 문화, 이미지 문화 사이의 복합적인 관계가 어떤 방식으로 사람들의 사고와 행동 방식에 광범위하게 영향을 미쳤는가를 종합적으로 판단하는 데 도움을 줄 수 있을 것이다. 혹은 매체의 외연을 확대하는 작업을 통해서 절대주의 시대 국왕 권력의 상징적 표현이라 할 수 있는 궁전 건축이나 무도회 같은 비언어적인 의사소통*이 바로크 시대의 사람들에게 얼마나 중요한 가치를 지니고 있었는지를 근본적으로 재검토해 볼 수도 있다. 다만 무도회, 연극과 같은 인간의 특정한 행위와 설교자, 가인과 같이 특정한 사회적 역할을 수행하는 사람들을 인간 매체라는 동일한 범주 안에 함께 포함시키는 것이 과연 방법론적으로 얼마나 타당한지에 대해서는 좀 더 신중하게 고려해 볼 필요가 있지 않나 싶다.

이 책을 번역하는 데에는 처음 생각했던 것보다 훨씬 많은 시간이 소요되었다. 저자의 만연체 문장을 우리말로 옮기는 작업은 녹록치 않은 작업이었고 아무런 설명 없이 등장하는 각종 전문 용어들은 옮긴이를 당혹스럽게 했다. 최선을 다했지만 오류가 없지 않을 것이다. 다만 독자들의 애정 어린 비판과 조언을 바랄 뿐이다. 참고로 수많은 옮긴이 주를 다는 과정에서 도서관에 소장된 여러 연구서의 텍스트뿐만 아니라 국내외 인터넷 웹사이트에 수록된 각종 하이퍼텍스트에도 상당 부분 의존했음을 밝혀 둔다. 매체의 역사를 다루는 책을 번역하는 과정에서 우리가 디지털 매체의 위력이 점차 그 강도를 더해 가는 정보 혁명의 도도한 변화 속에서 살고 있음을 다시 한 번 실감했던 것은 정말 독특한 경험이 아닐 수 없었다. 파울슈티히의 표현을 빌리자면 이 책의 출간은 인쇄 매체와 디지털 매체의 매체 결합을 통해서 이룩된 성과물로 표현해도 되지 않을까. 끝으로 이 책에 나오는 유럽 각국의 수많은 인명, 지명의 독음 문제 등과 관련해 옮긴이에게 아낌없이 조언해 주

---

* 이와 관련하여 하버마스는 주저 《의사소통 행위 이론》에서 화폐와 더불어 권력을 '탈언어적 매체'로 분류하고 있다. 하버마스는 파슨즈와는 달리 상징적으로 일반화된 교환 매체 모두를 '특수화된 언어'로 파악하지 않는다. 하버마스의 논리에 따르면, 일반적인 의사소통 형태라 할 수 있는 영향력, 가치 구속력과는 달리 화폐와 권력은 언어적 의사소통을 대체하고 체계의 역동적 재생산을 조절할 수 있는 매체이다. 위르겐 하버마스, 장춘익 옮김, 《의사소통 행위 이론 2》(나남출판, 2006년), 401~439쪽.

신 여러 선생님들께 고마움을 전하고 싶다. 또한 상업성이 별로 없어 보이는 이 책을 출간해 준 지식의 풍경의 임영근 사장님과 안효상 형, 무엇보다도 난삽한 원고를 꼼꼼하게 읽어 주고 여러 가지 문제 제기를 통해 논점을 명확하게 하는 데 도움을 준 박선미 씨에게 감사의 말을 전한다. 물론 이 책에서 발견되는 오류는 전적으로 옮긴이의 부족함 탓으로 돌려야 할 것이다.


2007년 멀리 관악산이 내다보이는 고척동에서

황대현

# 서론
# 시초부터 중세 말까지의 매체의 역사

근대 초기의 매체 문화는 복잡한 발전 과정의 연장선상에 놓여 있는데, 여기에서는 입문 형식으로 그 역사를 간단하게 되짚어 보기로 하겠다. 《매체의 역사》 시리즈 중 하나인 이 책은 1권 《제의적 성격을 지닌 매체》[1]와 2권 《중세의 매체와 공공영역*》[2]의 후속편으로 나온 것이다. 이에 따르면 근대 초기가 시작될 때까지 매체의 역사는 대략 다음의 세 시기로 구분해 볼 수 있다.

---

* **공공영역** 공공영역은 독일어 Öffentlichkeit(영어로는 public sphere)를 번역한 것으로, 국내에서는 흔히 '공론장'으로 번역하고 있는 경우가 많은 것이 사실이다. 하지만 그것이 '여론'을 형성하는 기초가 되기도 하지만 동시에 무엇보다도 '공공성'이라는 규범적 내용을 함축하고 있는 의사소통 영역이라는 점을 강조하기 위해 이 책에서는 '공공영역'으로 번역했다. 더구나 파울슈티히 자신도 본래 이 단어의 뿌리라고 할 수 있는 öffentlich(공개적인, 공적인, 공공의)의 의미에서 Öffentlichkeit라는 단어를 사용하고 있기 때문에 공론장보다는 공공영역이라는 번역어가 더 적합하다고 할 수 있다. 하지만 문맥에 따라서는 이 단어를 그냥 '공공성' 혹은 '공개'로 번역한 경우도 있음을 밝혀 둔다.

25

1. 시원기: 인류 문화가 시작된 시점부터 대략 기원전 2500년으로 거슬러 올라가는 인류 최초의 고도高度 문화의 전성기까지.
2. 복합적인 고도 문화의 시기: 기원전 2500년경부터 고대 그리스와 로마 제국 시기를 거쳐 서기 800년경까지.
3. 중세 기독교 시기: 800년에서 1400년경까지.

여기에서는 이러한 발전 과정을 특징짓기 위해 간략하게 표제어 몇 가지만 제시하는 것으로 만족하도록 하겠다.

이미 시원기에 다양한 종류의 매체*들이 등장하고 있는데, 인간 매체, 조형 매체, 수기手記 매체가 바로 그것이다. 인간 매체 중에서는 우선 여성 매체가 특별한 중요성을 지녔다. 여성은 인류 문화사의 근원적인 매체였다. 여성은 생명을 부여하는 어머니이자 사회의 조직 원리로서 인류의 재생산을 보장해 주었다. 그렇기에 여성은 동시에 근원적으로 성스러운 의사소통 원리로 기능하였고 신성한 결혼*의 형태에서나 다산숭배 의식에서 지모신地母神으로 숭배되었다. 하지만 모계 사회에서 부계 사회로의 근본적인 사회 변화 속에서 여성의 사회적 조정 및 방향 설정 기능은 효력을 상실하고 말았다. 형성되던 부계 사회는 반대로 그 기초를 역사상 두 번째 핵심 매체라 할 희생 제의에 두고 있었다. 희생 제의는 방어 혹은 간청이면서 반대급부를 노린 행위였고 지배와 권력에 기반을 두고 있었다. 희생 제의에서 중심적인 것은 살해, 죄, 속

---

* **매체** 파울슈티히에 따르면 매체란 '사회적인 지배력과 함께 특정한 능력을 지니고 있는 조직화된 의사소통의 통로를 둘러싼 제도화된 체계'이다. 즉 매체는 단순히 정보를 전달하는 기술적 수단 혹은 도구가 아니며 '사회적 조정 및 방향 설정 기능'을 갖고 있는 인간 집단도 매체의 범주에 포함된다.
* **신성한 결혼** 그리스 어로는 히에로스 가모스hieros gamos라고도 하며, 다산과 번영을 기원하는 의미에서 치러지는 상징적이거나 실제적인 성교 행위를 뜻한다.

죄였다. '호모 네칸스homo necans' 즉 '살해하는 인간'*에서 '호모 렐리기오수스homo religiosus' 즉 희생하는 '종교적 인간'이 나왔는데, 왜냐하면 인간은 자신의 죄에서 구원받아야 했기 때문이었다. 희생 제의는 모계 사회의 성년식과 마찬가지로 공동체와 결부되어 있었지만 생명의 생성 대신 죽음의 극복이 경험의 중심에 놓여 있었다. 호모 네칸스는 동시에 '호모 세페리엔스homo sepeliens', 즉 장례 의식을 강조하고 다가올 내세를 지향하는 '매장하는 인간'이기도 했다.

희생 제의는 통제된 예식이었고 위계질서 구조가 뚜렷했으며 사회 통제 메커니즘으로 조직되었다. 하지만 그것은 단순히 역사상 최초의 지배 또는 억압의 매체이기만 한 것이 아니라 최초의 여흥 매체이기도 했다. 호모 렐리기오수스는 동시에 "상징적 인간homo symbolicus"이기도 했다.[3] 희생 제의는 예식의 특징을 가지고 있었고 "제사장"의 주도적인 역할과 더불어 일찍이 성직자라는 새로운 매체를 양성해 냈다. 성직자는 한편으로는 신성神性의 대변자이자 다른 한편으로는 신도들의 관심사의 대변자였다. 성직자는 단순한 제의와 종교의 담당자 이상이었다. 오히려 성직자는 공동체의 모든 구성원들을 위해 세상에 구조를 부여해 주고 실서의 기본 들을 전달해 준다는 의미에서 사회직, 안정직 조정 기능과 함께 카타르시스 및 지배 기능을 갖추고 있었다. 성직자는 대리자의 원칙에 따라 구원하는 속죄 제물 가운데 있는 매체였다.

최초의 고도 문화의 전성기에는 여성, 희생 제의, 성직자, 춤과 같은 인간 매체를 보조하는 조형 매체들도 도처에서 나타났다. 이 매체 결합 Medienverbund은 지모신과 같은 우상의 초기 형태에서부터 예컨대 고대 이집트의 문화에서 나타나는 피라미드, 오벨리스크와 같은 성스러

---

* 살해하는 인간  454쪽 옮긴이 주를 참조하라.

운 건축물 혹은 조각품에까지 이르고 있다.* 파라오의 무덤과 신전들은 신도들을 위한 성소가 아니라 신들과 신의 봉사자인 성직자들의 거처였다. 이러한 기념비적인 석조 건축물은 "절실한 구원의 길"⁴이자 "현세와 내세, 죽은 자와 산 자의 접촉점"⁵으로 특징지을 수 있다. 동시에 피라미드는 그 시대의 제의와 우주에 대한 지식의 저장 매체이면서 또한 정치적 안정화 매체이기도 했고, 그런 의미에서 "하나의 사회적 현상"이었다.⁶ 다른 조형 매체들은 예컨대 오벨리스크처럼 일차적으로 자기 과시적 기능을 가지고 있거나 조각품처럼 제의적, 의사소통적, 보도 매체적 기능을 갖추고 있었다. 조형물은 형상화하여 영구적으로 설치되었는데, 왜냐하면 시간에 대한 관념이 변화했기 때문이었다. 즉, 순환적인 시간이 통시적이고 선형적인 시간으로 바뀐 것이다. 문화적 기억은 더 이상 구술 방식을 통해서가 아니라 역사 기술적인 방식을 통해 작동하게 되었다.

수기 매체는 벽, 점토판, 서신 혹은 도편陶片의 형태로 맨 처음부터 존재하고 있었다. 예컨대 이른바 동굴 "벽화", 즉 의사소통 매체인 벽에 동물 그림과 기호를 새겨 넣은 것은 문화의 기본을 구성한다는 점에서 중요했다. 그에 따르면 십자 표시나 삼각형은 시원기의 질서 원리를 보여 주고 있는데, 십자 표시는 네 방위와 공간의 우주적 세계 질서를, 삼각형은 초승달─보름달─그믐달의 변화, 자연의 순환적 변동, 우주적 생성과 소멸의 기본 범주라 할 시간을 의미했다. 마술적인 숫자인

---

* 매체 결합이란 최소한 두 종류 이상의 매체들이 서로 결합된 것을 의미하는데, 이때 결합 방식은 부가적인 결합일 수도 있고 한 매체가 다른 매체를 도구로 사용하는 수단적 성격을 지닐 수도 있다. 여기에 언급된 조형 매체들은 필연적으로 인간 매체와 결합되기 때문에 매체 결합이라고 볼 수 있다. 예컨대 피라미드는 신의 현신現身이자 인간 매체인 파라오가 죽은 후에 머무는 영원한 처소였고 조각품도 예술 작품으로 변모하기 이전에는 산 자와 죽은 파라오 혹은 신들의 의사소통을 매개하는 도구로 간주되었다.

4(공간)와 3(시간)의 결합은 신성한 수인 7의 상징적 가치와 연결된다. 이외에도 벽은 단지 최초의 수기 매체일 뿐만 아니라 인간의 의사소통의 역사에서 최초로 등장한 개인 매체이기도 했다.

시원기의 특징으로는 다음의 세 가지가 지적될 수 있겠는데, 인간 매체의 유일무이한 우월성, 늘어나는 인간 매체와 조형 매체의 매체 결합, 그리고 무엇보다도 수기 매체를 포함한 당시의 모든 매체에서 일차적으로 나타나는 제의적 기능이 바로 그것이다.

복합적인 고도 문화의 시기는 기원전 2500년경부터 서기 800년까지의 기간이다. 이 시기 역시 세 가지의 두드러진 발전으로 특징지을 수 있다. 첫째, 여전히 인간 매체가 지배적이기는 했지만, 더불어 조형 매체가 쇠퇴하고 수기 매체가 최초로 비약적으로 발전하였다. 둘째, 인간 매체가 한층 더 세분화해 갔다. 셋째, 무엇보다도 이 국면에서 매체들 대부분이 복합적인 세속적 기능을 갖게 되었다. 즉, 제의적 매체에서 비종교적인 의사소통 매체가 발전되어 나온 것이다.

인간 매체의 보완물인 조형 매체의 쇠퇴는 복합적인 고도 문화의 보편적인 비종교화와 결부되어 있었다. 고대 이집트의 경우에서처럼 조형 매체의 쇠퇴는 신정 국가가 현세적인 정치 국가로 변화한 결과였다. 조형 매체는 말하자면 순환적 시간이 공간화한 것을 의미했다. 순환적 시간은 시간 자체에 대한 관념이 변화하고 복잡한 지식들이 많아지면서, 그리고 일반적인 비종교화와 매체 체계의 세분화 과정에서 기능 장애를 겪으면서 낡은 것이 되어 버리고 말았다.

반대로 수기 매체의 비약적인 발전은 서신 같은 본래적인 인간 매체*

---

* 서신 같은 본래적인 인간 매체  수기 매체가 일반화되기 이전에는 사람이 직접 구두로 소식을 전했고 이 경우 소식을 전하는 전령이나 사자使者는 서신의 역할을 수행했다고 볼 수 있다.

와 마찬가지로 석판 같은 근원적인 조형 매체에서도 확인해 볼 수 있다. 재료가 도편에서 낱장 문서Blatt*로 바뀐 것 역시 이런 근본적인 변화를 암시하고 있다. 이 과정에서 아마도 두루마리 매체가 가장 인상적인 영향을 미친 것 같은데, 두루마리는 고대 시기의 고전적인 의사소통 및 교육 매체였다. 두루마리는 다른 어떤 수기 매체보다 더 인간 매체에 가까웠고 서기 1세기 말에 최초의 서적 형태인 코덱스Kodex*로 매체가 전환하는 데 교량과도 같은 역할을 수행했다.

이 시기의 세분화는 무엇보다도 인간 매체에 해당된 것이었다. 성직자 매체는 샤먼, 마술사, 치료 주술사, 예언자, 점술가Seher*와 같은 문화적 변형들을 산출해 냈다. 가인歌人은 그 특정한 기능에 따라 아오이도스Aoidos*에서 음유 시인으로 변화했다. 교사는 소피스트, 철학자, 달변의 수사학자로 분화하였다. 그리고 이들 모두는 이미 수기 매체를 사용했다(이것은 부가적인 매체 결합이라기보다는 오히려 수단적인 매체 결합의 성격을 띠고 있었다).

매체들이 점점 더 비종교적 기능을 지니게 되었다는 것은 마지막으로 춤(무용) 매체가 신성하고 종교적인 춤에서 여흥적 성격을 지닌 관람용 무용, 합창 무용, 군무群舞로 발전한 것에서 찾아볼 수 있다. 하지만 그런 변화는 희생 제의가 신들을 경배하기 위한 아티카*의 축제를

---

* **낱장 문서**  여기서 말하는 낱장 문서는 종이뿐만 아니라 파피루스와 양피지를 모두 포괄하는 것이다.
* **코덱스**  같은 크기의 양피지 여러 장을 실로 묶어 만든 가철본으로서, 목재로 된 표지를 대거나 테두리를 두른 책의 초기 형태.
* **점술가**  신탁, 꿈, 환영 등을 통해서 미래를 예지하고 길흉을 점쳤던 사람들로, 고대 시기의 대표적인 점술가로는 그리스 델포이 신전에서 아폴론의 신탁을 전해 주었던 무녀 피티아Pythia를 들 수 있다.
* **아오이도스**  류트라는 현악기를 가지고 다녔던 호메로스 시대의 가수 겸 시인.
* **아티카**  고대 그리스의 아테네가 위치했던 지역의 이름.

거쳐 세계 제국 로마의 원형 경기장 경기로 발전한 것에서도 드러난다. 비극과 희극이라는 순수한 연출 형식을 갖춘 새롭고 독자적인 매체인 고대 연극은 디오니소스 제의의 연출 형식에서 나온 것으로 설명할 수 있는데, 이 디오니소스 제의 역시 원시적인 희생 제의의 연극적 성격에 그 뿌리를 두고 있는 것이었다. 고대 그리스 연극에 이르러서야 비로소 시원기의 희생 연출은 대화체로 각색되면서 정치적 활용 가능성이라는 의미에서 문화적인 제도화에 전력을 기울이는 미학적인 역할극으로 그 기능이 바뀌었다.

매체의 역사의 세 번째 시기인 중세기독교시기는 매체 문화사의 관점에서는 대략 800년에서 1400년경에 이르는 기간이다. 조형 매체는 이제 더 이상 중요한 의미를 지니지 않거나 혹은 예컨대 고딕식 대성당처럼 이미 예술이나 건축의 게토 속으로 물러나 버렸다. 오히려 결정적이었던 것은 새로운 인간 매체들의 등장과 수기 매체의 예기치 않은 비약적 발전이었다.

인간 매체는 여전히 지배적이었지만 새로운 형태를 띠게 되었고 부분적으로는 새로운 기능도 갖추게 되었다. 성직자는 사제와 설교자, 그리고 특별히 중세 탁발 수도사가 되었다. 마술사와 정치적 조언자에서 궁중의 익살 광대가 나왔고 고대의 음유 시인에서 중세의 서사시 가인, 연가戀歌 가인Minnesänger이 나타났으며 고대의 교사에서 대학의 스콜라주의 학위 소지 교사들이 출현했다. 마을의 이야기꾼과 같은 다른 매체 역시 새로운 기능을 시사해 주는 것이었다. 다만 켈트 족의 드루이드Druide*에게서는 성직자, 점술가, 정치가, 시인, 재판관, 교사, 치료사와 같은 인간 매체의 고전적 기능이 구술 문화 속에서 여전히 순수하

---

* 드루이드  고대 켈트 족의 제관祭官.

게 하나로 합쳐져 있었다.

　수기 매체의 점증하는 중요성은 이미 서적과 같은 개별 매체 속에서 드러났는데, 책이야말로 수도원이나 대학과 같은 사회의 부문 영역에서 이미 가장 중요한 저장, 교육, 전수 매체가 되었고 제의적 기능에서 점차 세속 시장의 도구로 발전하는 특징적인 모습을 보여 주었다. 이와 유사한 발전을 수기 매체 서신에서도 찾아볼 수 있는데, 이제 서신은 보도 매체가 되었고 황제와 교황의 갈등 속에서 투쟁 매체로 발전해 갔다. 마찬가지로 선전이 갖고 있는 고유한 연출 형식을 갖춘 사제/성직자, 학위 소지 교사, 스테인드글라스, 설교자, 서적, 성극聖劇과 같이 포괄적으로 선전과 관련된 매체 결합에도 동일한 사정이 적용될 수 있겠다. 여러 가지 측면에서 전통적인 인간 매체는 이 세 번째 시기에 기능 상실을 감수하지 않을 수 없었다.

　그 대신에 전체 매체 체계 차원에서 볼 때, 중세의 의사소통 매체들은 포괄적으로 새로운 기능을 지니게 되었다. 시원기에 지배적인 매체들의 조정과 질서 유지 임무는 우선적으로 제의적인 성격을 갖고 있었다. 반대로 복합적인 고도 문화의 시기에 지배적인 매체는 다양한 비종교적인 맥락 속에서 의사소통 수단의 기능을 지니게 되었다. 이제 중세 기독교 시기에 이르러 지배적인 매체의 기능은 사회를 사회 조직체로 형성하는 것에 주안점이 맞추어졌다. 매체들은 무엇보다도 각 부문 공공영역Teilöffentlichkeit*에 구조를 부여하고 그 구조를 발전시키는 데

---

* **부문 공공영역**　전근대 사회의 공공영역에 대한 논의에서 등장하는 부문 공공영역이란 개념은 공적인 의사소통에 참여한다고 볼 수 있는 특정한 의사소통 영역들Kommuni-kationskreise과 관련된 용어로서 "보편적인 공공영역Universalöffentlichkeit"과 대립되는 개념이라고 할 수 있다. 곧 언급되겠지만 파울슈티히는 중세 기독교 시기의 다섯 가지 부문 공공영역으로 궁정/성, 촌락/농촌, 수도원/대학, 교회, 도시를 들고 있다.

결정적인 역할을 했고, 따라서 전체적으로 우선 사회 보도 매체적인 기능을 갖게 되었다. 앞서 언급한 특정 체계의 매체들 —— 성城과 궁정이라는 부문 공공영역에서는 연가 가인과 궁중의 익살 광대를, 수도원과 대학이라는 부문 공공영역에서는 서적과 학위 소지 교사를 들 수 있다 —— 과 나란히 체계 간 매체들intersystemische Medien이 등장했는데, 이 매체들은 사회적인 상호작용 공간의 전통적인 경계를 무너뜨렸다. 무엇보다도 성에서 마을로 거기서 다시 수도원으로 혹은 막 생성하는 도시로 그리고 다시 다른 성으로 떠돌아다니는 사람들로서 퇴역 용병, 거지, 배우, 편력 학생, 방랑 시인, 격언 시인 등이 바로 여기에 속했다. 또한 설교하며 돌아다니는 탁발 수도사들도 체계 간 매체였는데, 이들은 자신들의 전통적인 수도원을 떠나 성스러운 교회 공간과 세속적인 도시의 장터 사이의 새로운 연결 고리를 창출해 냈다.

이제 근대 초기의 근본적인 사회적 격변의 맥락 속에서 어떤 새로운 매체 문화적 변화가 일어났고 오래된 매체나 새롭게 등장하는 매체에 어떤 의미가 부여될 수 있는지를 흥미롭게 추적할 때가 되었다. 여기서는 먼저 일반적 견해에 따라 시대를 특징짓는 제반 핵심 영역으로 이해될 수 있는 몇몇 일반적인 현상들이 기본 틀로서 언급될 것인데, 1400년에서 1700년까지의 유럽의 사회 변동의 형태와 주요 단계들이 바로 그것이다(1장). 점점 복잡해져 가는 증빙 자료들과 변화 과정의 상이성, 변화와 형태들의 비동시성으로 인해 여기에서는 주로 유럽을 중심으로 살펴볼 것이며 결과적으로 늘 독일의 사례에 국한되는 경우가 많을 것이다. 하지만 무엇보다도 진척된 연구 성과를 바탕으로 한 최선의 설명은 가능할 것이다. 매체는 더 이상 특정한 개별 연구들을 통해 별도로 제시될 필요가 없는데, 이런 개별 연구들을 통해서는 매체가 네트워크이자 매체 문화로서 갖는 사회적 의미가 충분히 명확하게 드러나지 않는다. 오히려 개별 매체들은 그 시대의 특징적인 현상들에 근거하여 더 구체적으로 자기 기능을 위치 지을 때 사회적 맥락과 변화 속에서 더 잘 파악할 수 있다. 이 작업은 르네상스의 매체사적인 의미(2장), 서신 매체의 경제적인 기능(3장), 도시 신분제 사회의 매체들(4장), 농민 전쟁기 농촌의 여러 매체들의 중요성(5장), 새로운 인쇄 매체에 비추어 본 종교개혁과 반ℝ종교개혁(6장), 30년 전쟁 기간의 선전 매체인 전단지(7장), 절대주의의 매체 문화(8장), 17세기 신문의 성립과 확산 및 그 중요성(9장), 벽과 벽보 매체의 새로운 기능(10장), 특별히 서적에 주안점을 둔 인쇄 매체 시장(11장), 세분화한 인간 매체인 연극(12장)을 포괄하는 것이 될 것이다. 마지막으로 매체의 기능적 역사에서 이 위대한 네 번째 시기의 특징 전반을 다시금 정리하고 해석할 것이다 (13장). 매체들은 처음부터 핵심적인 조정 및 방향 설정 기능을 갖고 있었기에 사회는 예로부터 매체 사회였다고 할 수 있다. 이제 이를 근대 초기에도 드러내 보이는 작업이 필요한 것이다.

# 1
## 개관 3세기 동안의 사회 변화의 핵심 영역

1400년에서 1700년에 이르는 시기의 유럽의 사회적, 정치적, 경제적, 문화적 변화상은 논란의 여지가 많다. 이 변화의 형태와 비중은 거의 개관이 불가능할 정도로 다양한 분과 학문의 2차 문헌들 속에서 대단히 상이하게, 심지어는 모순되게 나타나고 있고 그 속에서 공통분모를 찾기는 힘든 것으로 보인다. 이것은 이 "복잡하고 상반되는 장기적인 과정"[1]을 설명하는 데에도 완전히 적용된다. 그렇기 때문에 여기에서는 입문 격으로 수많은 역사 서술을 통해서 상수常數로 언급되었던 몇 가지 핵심 영역들만 그 출발점으로서 간단하게 살펴보고자 한다. 후속 장章들의 뼈대가 될 이 배경 위에서 이 책의 핵심적인 매체사적인 논제가 공식화될 것이다. 또한 이를 통해 여기에서 제시된 "근대 초기"의 구분 시점, 즉 한편으로는 중세와 구별하기 위한 1400년경이라는 시점과 다른 한편으로는 근대와 구분하기 위한 1700년경이라는 시점 역시 설득력을 갖게 될 것이다.

이전에는 단순히 일률적으로 중세에서 근대로의 "이행기"로 알려졌던 시대의 특징과 사건들에 대해서는 무엇보다도 다음과 같은 표제어 또는 지표가 상호 교차되면서 관련되어 있다고 할 수 있다. 첫째, 인문주의와 르네상스(15세기), 둘째, 초기 자본주의와 중상주의(15~17세기), 셋째, 신분제의 세분화(15/16세기), 넷째, 종교개혁과 반종교개혁(1517년 이후), 다섯째, 농민 전쟁(1524/1525년)이나 30년 전쟁(1618~1648년)과 같은 제반 전쟁, 여섯째, "태양왕" 루이 14세(1638~1715년) 때 절정에 이른 절대주의, 일곱째, 새로운 "매체 기술", 특히 이른바 "서적 인쇄"의 발명(대략 1450년부터)이 바로 그것이다. 물론 이 표제어의 수가 더 늘어날 수도 있다는 것은 말할 나위가 없다. 그러나 이 시대의 매체의 역사를 위해서는 위에 언급한 사항들을 간략하게 기술하는 것만으로 만족해야 할 것이다.

하지만 먼저 1400년에서 1700년 사이의 유럽의 인구 변화를 살펴볼 필요가 있다. 비록 지금까지 이 요소는 단지 드물게만 언급되었지만 인구 변화는 예컨대 시원기의 매체인 여성에서 가부장적 매체인 희생 제의로의 이행[2]이나 혹은 12세기 중엽부터 13세기 중엽까지 중세 유럽의 매체 붐의 형성[3] 사례에서 이미 나타났던 것보다 훨씬 더 중요한 역할을 의사소통 매체의 역사에서 수행했다. 여기에서 다루는 시기 동안 인구 변화라는 요소는 전혀 새로운 종류의 공공영역의 등장과 예전 매체의 새로운 기능 및 새로운 매체의 형성을 위한 중요한 전제 조건이 되었다.

유럽에서 14세기의 기근들과 페스트 이후의 인구수는 15세기 중엽까지는 낮은 수준을 유지했다.[4] 그 이후 유럽 인구는 6천만 명에서 9천만 명으로 50% 가까이 급속하게 증가했고 특히 독일에서는 1500년의 1천8백50만 명에서 1600년에는 대략 2천4백만 명으로 증가했다가 전염병과 30년 전쟁의 영향으로 말미암아 증가세가 다시 중단되었다. 그

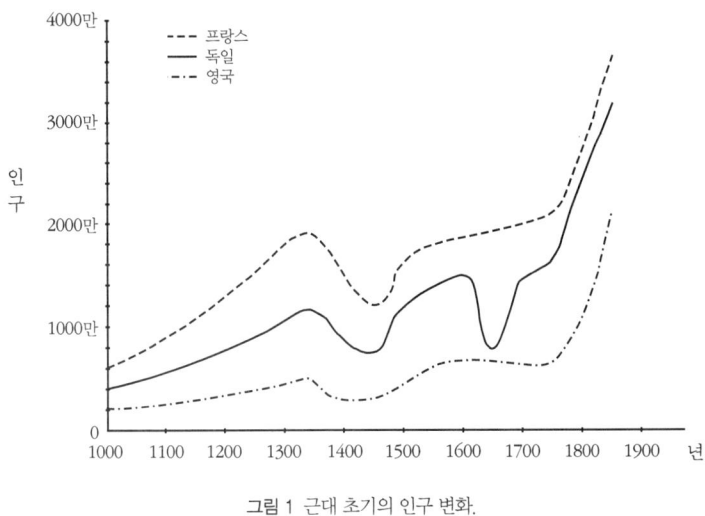

그림 1 근대 초기의 인구 변화.

이후에 인구수는 다시금 더욱 빠르게 증가했다. 백년 간격으로 인구수를 비교해 보면[5] 유럽 인구가 점진적으로 증가했다는 인상을 받는데 1500년의 8천1백80만 명에서 1600년의 1억 4백70만 명, 그리고 1700년에는 1억 1천5백30만 명으로까지 증가하는 양상을 보이고 있다. 높은 출생률에 비추어 볼 때, 이런 현상은 극도로 높은 어린이 사망률에서 기인하는 것으로 설명할 수 있다. 하지만 실제로는 변화가 연속적으로 끊임없이 이루어진 것이 아니라 몇 번의 거대한 도약기가 있었고 그 것도 국가별로 서로 다른 독특함을 지니고 있었다. 대략적인 평가에 의하면 독일에서는 1500년경 약 1천2백만 명이 그리고 1600년에는 약 1천5백만에서 1천6백만 명이 살고 있었다.[6] 다른 학자들은 이미 앞에서 언급한 대로 대략 1천8백50만 명(1500년)에서 2천4백만 명(1600년)으로의 증가치를 추산하고 있다.[7] 이 두 시기의 인구수는 동시에 당대의 매체 문화의 변화에 대한 배경으로 원용되어야 할 것이다. '그림 1'은 전반적인 인구수의 증가와 1450년에서 1650년 사이의 "인구 곡선"의 특징을 잘 보여 주고 있다.

1400년에서 1700년까지의 전 시기를 일종의 개괄적인 일반화[9]를 통해 특징지으려는 시도들 중에서는 "합리화"(막스 베버), "문명화 과정"(노르베르트 엘리아스), "사회적 규율화"(게르하르트 외스트라이히)처럼 잘 알려진 상징 체계[9] 이외에도 "위기"라는 개념이 가장 흔하게 사용되곤 하는데 이 시대의 수많은 전쟁들만으로도 이 개념은 적절한 것으로 보인다. 몇 가지만 예로 든다면 백년 전쟁(1339~1453년), 프랑스의 위그노 전쟁(1562~1598년), 장미 전쟁(1455~1485년), 영국의 "명예혁명"(1688년), 네덜란드 독립 투쟁(1568~1648년), 에스파냐와 프랑스 간의 전쟁과 터키에 대항한 전쟁, 특히 독일의 30년 전쟁(1618~1648년)을 꼽을 수 있다. 또한 '그림 2'에서 보는 것처럼 교회의 몰락을 예견한 요한 리히텐베르거*의 《징조》(1497년)도 들 수 있겠다. 특별히 1400년경의 시기는 유럽 전역에 걸친 "중세 말의 위기"라고 할 수 있었다.[10]

하지만 전쟁은 예로부터 존재해 왔고 위기 역시 정치사, 경제사, 사회사, 혹은 매체 문화사의 앞선 전환기마다 나타나곤 했다. 또한 교회는 당시에 결코 몰락하지 않았다. 따라서 과거 지향적인 위기라는 개념 대신에 여기에서는 포괄적인 상징 체계로서 미래를 지향하는 단어인 "출발Aufbruch"*이 사용될 것이다. "출발"이란 말은 먼저 고대 그리스 로마 시대를 재수용하거나 종교개혁을 통해 새롭게 종교적으로 숙고하는 가운데 나타난 정신적 혁신이라는 의미에서 중세의 확고부동한 종

---

* 요한 리히텐베르거   15세기 신성 로마 제국 황제 프리드리히 3세의 궁정에서 활약했던 점성술사이자 성직자.
* 출발   '출발'이라고 번역한 독일어 Aufbruch는 이 뜻 외에도 각성, 궐기라는 의미를 내포하고 있다.

그림 2 중세적 세계관의 "위기"로 인식된 격변.

교적인 기본 체계에서 이탈Ausbruch하는 것을 뜻한다. 그 다음으로 출발은 새로운 "공간 개념"[11]의 의미에서 새로운 것을 향해 손을 뻗는 것을 의미한다. 국제 교역과 대륙 간 교역의 확대와 심화, 니콜라우스 코페르니쿠스(1473~1543년), 요하네스 케플러(1571~1630년), 갈릴레오 갈릴레이(1564~1642년), 아이작 뉴턴(1643~1727년), 레오나르도 다빈치(1452~1519년)로 대표되는 자연 과학계의 발견자들, 크리스토프 콜럼버스(1492년 아메리카 발견), 바스쿠 다가마(1498년 인도 항해), 에르난 코르테스(1519~1521년 아스텍 제국 정복), 프란시스코 피사로(1531~1534년 잉카 제국 정복)에 의한 해외 팽창과 "신세계"의 발견 및 정복은 전체적으로 보았을 때 세계 경험의 합리화이자 세속화를 의미했다. 출발은 또한 매체의 주도권이 인간 매체에서 인쇄 매체로 옮겨가는 근본적인 매체사적 변화를 의미하기도 했다. 16세기 독일의 목판

그림 3 근대적 세계관을 향한 "출발"로 인식된 변화.

화 〈세계의 끝에 있는 방랑자〉는 이탈과 출발을 상징적으로 잘 묘사하고 있다(그림 3). 모계 사회에서 부계 사회로의 변화를 예외로 한다면 이 시기는 인류 문화사 최초의 매체적 세계 변화, 즉 구술 체계에서 문화를 규정짓는 문자 체계로의 변화, 더 정확하게 표현하자면 인간 매체의 우위에서 인쇄 매체의 우위로의 변화로 규정지을 수 있을 것이다. 1492년[12]과 같은 특정 해가 아니라 3세기에 걸친 한 시대가 이런 변화를 대변하고 있는 것이다.

## 1.1. 르네상스와 인문주의

근대 초기의 첫 표제어인 르네상스와 인문주의는 독일에서는 1400년경의 시기에 첫 모습을 드러냈지만 그 시초는 13세기 이탈리아로 거슬러 올라간다. 주지하다시피 르네상스는 정신사적으로 고대 그리스 로마의 미술, 문학, 철학과 넓은 의미의 고전 고대* 문화에 연결되는 다양한 흐름들로 이해되고 있다. 여기서 중요한 것은 고전 고대 문화의 재고再考와 재생이다. 인문주의는 경험주의적, 자연 과학적 사고방식의 적용을 특징으로 하는 르네상스의 학문적, 정신적 태도를 포괄한다. 인문주의의 어원인 "후마니타스humanitas"는 고대 그리스의 교육 "파이데이아paideia"*의 의미에서의 인간 본성을 의미했다.[13] 이탈리아의 인문주의자들은 중세와는 달라지기를 원했다. 사람들은 새로운 지향점을 찾아 확고부동한 학문 체계 대신에 다시금 원전原典에, 기독교적 중세의 고정된 공동체 형식 대신에 자유롭고 자기 책임적인 개인에, 성경과 신학에 의해 규제된 인식 체계 대신에 세계와 자연에 대한 합리적이고 현세 지향적이며 경험적인 시각에 의존했다. 과거를 되돌아보는 것을 통해 중세의 전 시기는 역사학에서도 오랫동안 "암흑과 야만의 시대"로 간주되었다. 이와 함께 고대, 중세, 재생再生 또는 근대라는 삼분 체계의 기초가 만들어졌다.

무엇보다도 지중해 연안 지역에서 중세 성기盛期* 동안 도시화 과정이 집중적으로 이루어졌다. 이 과정은 이탈리아의 정치 권력적인 균형

---

* 고전 고대  여기서 '고전 고대'는 고대 그리스·로마 세계를 지칭한다.
* 파이데이아  그리스 어로 교육이라는 의미의 '파이데이아'는 인간의 정신적, 육체적, 정치적 육성 과정의 통일성을 지향했다.
* 중세 성기  대략 11~13세기.

또는 평화와 더불어 예술과 문화가 형성되고 확산되는 데 중요한 요소로 작용했다. 16세기에 이탈리아 미술사를 기술한 조르조 바사리에 따르면 전환점은 무엇보다도 피렌체가 밀라노의 비스콘티 家의 패권에 대항하여 르네상스의 "아테네"가 된 1400년경에 이루어졌다. "1420년대 이래로 밀라노와 피렌체 사이에서 정치적 대결이 또다시 벌어졌는데, 당대인들은 그들 눈앞에서 펼쳐지는 거대한 투쟁이 단순히 이 두 국가 간의 대립이 아니라 르네상스의 국가 체계 속에서 시민적 자유가 지속될 희망을 가질 수 있는가를 결정하게 될 전쟁이라는 점을 훨씬 더 분명하게 인식하였다. 결국 마지막 순간에 베네치아가 피렌체를 위해 예전의 고립을 벗어 버리고 피렌체의 동맹 세력으로서 새로운 권력 균형 체계에 가담한 것이 이탈리아에서 공화정적인 생활 방식과 독립적인 개별 국가들이 지속될 수 있도록 결정지었다."[14] 르네상스의 이런 정치적 배경은 경제적인 요인들을 통해 보완되어야 할 것이다. 피렌체의 도시 문벌들은 직물 교역과 은행업을 통해서 부유해졌고 특히 소수의 상류 시민 계층의 탁월한 대변인인 메디치 가문이 후원자이자 보호자로 등장했다. 이와 유사하게 밀라노에서는 비스콘티 가문과 나중에는 스포르차 가문이 인문주의자들을 후원하였다. 이탈리아 제후들의 궁정도 이를 답습했는데 무엇보다도 페라라의 궁정과 나폴리 왕국이 그러했다. 15세기에 인문주의 활동의 중심은 로마로 옮겨 갔는데 그곳에서 예컨대 교황 피우스 2세는 그 스스로 인문주의자로 활약하기도 했다. 하지만 고대 교육의 이상과 새로운 정신 자세는 이탈리아에만 국한된 것은 아니었고 유럽의 광범위한 지역으로도 확산되었다. 프랑스인, 영국인, 에스파냐 인, 네덜란드 인, 독일인 들이 이탈리아로 공부하러 왔고 르네상스와 인문주의의 예술적 영향력을 자신들의 나라에도 전파했다. 독일에서는 로테르담의 에라스무스(1469~1536년)와 울리히 폰 후텐(1488~1523년)*의 저술들이 가장 큰 성공을 거두었다.

당시 사람들은 라틴 어와 그리스 어를 공부했고 세네카, 키케로, 퀸틸리아누스, 호라티우스, 테렌티우스, 플로티노스 그리고 무엇보다도 플라톤을 읽었다. 이 운동에서는 페트라르카, 보카치오, 살루타티*와 같은 시인들이 중요한 몫을 해냈다. 하지만 르네상스는 무엇보다도 브라만테(1444~1514년), 레오나르도 다빈치(1452~1519년), 라파엘로(1483~1520년), 미켈란젤로(1475~1564년)를 통해 미술의 부흥과 혁신에서 세계사적인 중요성을 획득했다. 무엇보다도 바로 여기에서 르네상스와 인문주의가 매체의 포괄적인 역사에서 갖는 중요성을 찾아볼 수 있는 것이다.

## 1.2. 초기 자본주의와 중상주의

사회적 변화의 두 번째 지표인 중상주의는 국가 보호주의에 의해 규정되는 경제 정책과 특정한 경제적 사고방식을 뜻하는데, 이것은 무엇보다도 군주들의 절대주의 시대에 그리고 독일에서는 30년 전쟁 이후에 널리 확산되었다. 하지만 여기에서도 중상주의의 초기 형태와 경제 발전은 상업 자본의 흥기, 광산업과 야금업의 확대, 상품 생산의 확산, 식민지화, 노예의 투입, 각 지역과 국가 간의 경제적 노동 분화 등과 같은 초기 자본주의적 특징들과 결부시켜 살펴보아야 한다. 이 시기에 발전 가능성이 그다지 높지 않았던 농업 경제는 아직까지는 여전히 지배

---

* **울리히 폰 후텐**  기사 출신의 인문주의자로 루터를 지지했으며 프란츠 폰 지킹겐과 함께 1522년 제후들에 대항한 기사 전쟁에 참가했다가 패배했다.
* **살루타티**  죽을 때까지 피렌체 공화국의 서기로 활약했던 인문주의자로서 키케로 서간을 발견한 사람으로도 유명하다.

적이기는 했지만 전체 경제 속에서 수행했던 압도적으로 주도적인 역할을 상실하고 말았다.

무엇보다도 자본 경제의 비약적인 발전이 강조될 수 있을 것이다. 1407년 제노바에서는 최초의 근대적 은행이 생겨났다. 이제는 더 이상 개인만이 아니라 도시와 제후들도 신용 대부를 받았다. 상인 길드와 가족 본위의 상사商社들은 합자 회사로 전환되었다. 15세기 내내 거대한 상사들의 성장이 두드러졌다. 이탈리아 북부 지역(베네치아, 피렌체, 제노바)은 막 시작되는 자본 경제에서 주도적인 역할을 수행했다. 메디치와 스트로치의 은행 가문들은 부기, 자본 관리, 신용 경제를 전문적으로 운용했다. 더 큰 시장들은 새로운 형태의 화폐 유통과 새로운 화폐 수요를 가져왔다. 견본 시장들 역시 종종 상품 교역과 금융 거래의 결합이라는 형태로 현금을 동반하지 않는 거래에서 중요한 역할을 담당했다.

16세기에 교역은 확대, 심화되어 세계 시장으로 발전하는 첫 계기를 마련했다. 농업 분야도 경기 변동의 영향을 받았다. 유럽 은행 기관의 중심은 독일로 옮겨 갔고 야콥 푸거(1459~1525년)는 황제, 교황 및 교황청의 은행가가 되었다. 1571년에는 런던증권거래소가 문을 열었는데, 브뤼헤, 안트베르펜, 쾰른, 프랑크푸르트, 함부르크에 있던 많은 선구적인 거래소들과 마찬가지로 외환 거래와 어음 거래가 중심을 이루었다.

"장기長期 16세기" 다음에는 위기로 점철된 시기가 뒤따랐다. 17세기에 유럽 경제의 중심은 더 북쪽으로 옮겨 갔고 프랑스, 네덜란드, 영국이 새로운 중심지가 되었다. 한편으로는 경제의 비약적 발전이 지속되었다. 대표적인 예로 동인도회사의 붐이 일기 시작했다. 직물업에서는 자급자족이나 사치품 생산에서 벗어나 광범위한 대중 시장을 겨냥한 값싼 상품들의 "전前 산업적" 생산으로의 전환이 이루어졌다. 원격지 교역에서 해외무역 ─ "상업 자본의 전성기" ─ 이 발전되어 나왔다. 암스테르담은 자본 시장의 중심지가 되었다. 항상 재정적으로 궁핍한 상태에 있던 절대주의 군주들은 새로운 재원을 이용했고 그럼으로써 동시에 그 재원의 안전성을 담보한 셈이 되었다. 1694년에는 잉글랜드은행이 설립되었다.

하지만 다른 한편으로 이 시기는 전쟁, 전염병, 기상 이변이 닥치면서 인구에도 영향을 미쳤다. 특히 이런 맥락에서 일반적 성장세를 역전시키는 결과를 가져온 것으로 보이는 지중해 부근의 지역적 인구 과잉도 언급할 수 있겠다. 마녀 사냥은 1590년에서 1630년 사이에 ─ 다른 학자들은 1580년에서 1680년까지로 더 길게 기간을 설정하기도 한다 ─ 특히 독일에서 그 정점에 달했다. 의심의 여지 없이 마녀의 존재에 대한 광신적 믿음은 많은 서유럽 지역의 경제 위기와 그 사회적 결과의 부산물이었고 반종교개혁과 동시에 진행되었다. 일반적으로 그 광기는 굶주리고 당국에 의한 규율의 대상이면서 억압받던 자들, 교파 사이의 분쟁과 새로운 발명 및 발견으로 자신의 세계관에 의문을 던지게 된 사람들, 전쟁에 나가도록 강요받고 전염병의 희생물이 되었으며 자신의 불행에 책임이 있는 자들을 찾고 있던 사람들의 다양한 공포심과 이상 심리의 반영으로 설명되고 있다.[15] 장 들뤼모[16]는 이미 14, 15세기를 "종말론적인 공포의 절정기"라고 기술한 적이 있다. 그는 "악마주의, 세계의 종말, 르네상스의 대중 매체" 사이의 관련성을 지적했고 투르크 인, 유대인, 개종자, 이단자에 대한 공포와 17세기의 공격적인 여성 혐오를 마녀 사냥 및 그 광기와 시원적 다산 숭배 의식 간의 관련성으로 환원시켜 설명했다. 마녀의 존재에 대한 광신적 믿음은 또한 자신의 독점적인 영향력이 점차로 위협받고 있다고 느끼면서 동시에 인간 매체의 주도적인 지배권의 종말을 보게 된 공격적이고 가부장적인 기독교가 인류 문화사 최초의 매체이자 이교적, 모계 중심적 세계관의 구현 자체라 할 여성에 저항했음을 의미하는 것이었다.[17] 근대 초기 상업 자본의 발전과 더불어 오늘날 우리가 경험하고 있는 사회, 정치, 문화 체계의 경제 체계에 대한 기본적인 종속의 기초가 놓여졌다. 공존의 형태와 방식, 가치 구속력의 문제, 의사소통 매체, 그리고 무엇보다도 의미의 개념화와 같은 모든 것들을 최종적으로 자본주의의 경제적 우선권 하에 두게 될 과정이 사회 전반에 걸쳐 시작되었던 것이다.

인간 매체에 불리하게 작용하던 이러한 발전 과정에서 또 다른 매체들이 일정한 역할을 수행했던가? 여기에서는 예컨대 인쇄 · 출판업에서 매체들이 경제적인 원칙에 따라 조직되면서 체계나 시장 —— 예컨대 정보 시장 —— 으로 확립된 것만을 말하고자 하는 것이 아니다. 오히려 초기 자본주의와 중상주의가 확고한 위치를 차지하기 위해서 과연 특정한 매체를 사용했는지를 밝혀내는 것이 중요한 일인 것이다.

### 1.3. 신분제의 세분화

세 번째 표제어: 중세 기독교 세계에서 궁정/성, 촌락/농촌, 수도원/대학, 교회, 도시라는 다섯 가지 부문 공공영역[18]으로 이루어졌던 사회 질서는 이제 붕괴되고 말았다. 그리고 사회적 피라미드를 수직적으로 기술해 보았을 때, 기존의 사회 질서는 여전히 유지되고 있는 장원 · 재판 영주제를 배경으로 특히 귀족과 농민들이 점점 다양한 계층 혹은 신분 사회로 세분화하는 경험을 하게 되었다.[19]

— 교회나 훗날의 영방 군주들보다도 월등히 많은 토지를 소유하고 있던 귀족은 상급 귀족과 하급 귀족, 궁정 귀족과 농촌 귀족, 구귀족과

신귀족으로 분화되었다. 귀족들의 통치권은 다양한 방식으로 바뀌었고 이와 함께 수많은 국가별 특성이 나타났다. 지배적인 통치 가문들 사이에서는 전복 시도와 암살 계획, 재판과 투쟁이 잇따랐다. 독일 국민의 신성 로마 제국에서는 이미 14세기에 일곱 명의 선제후와 수많은 공작, 변경백,* 낮은 신분의 백작들로 구성된 잘 다듬어진 위계질서가 형성되었다. 여기에 영방 군주 휘하에 소속되지 않은 제국 기사들과, 황제나 영방 군주에 의해 백작이나 후작으로 신분 상승하게 된 수많은 봉신들과 시민들이 추가될 수 있겠는데, 이들은 그 대가로 엄청난 돈을 지불해야 했다. 이미 16세기 말에 이 귀족 신분의 신분적 요구와 과시욕은 자신의 재정 능력을 훨씬 초과해 버렸다. 다만 에스파냐와 특히 프랑스에서는 루이 14세의 절대 군주정에 이르기까지 귀족의 규율화와 순치에서 성공을 거둘 수 있었다.

 – 성직자 집단에서는 중세 이래로 교황을 정점으로 하여 추기경, 대주교, 주교를 거쳐 단순한 평수도사Laienbruder*와 마을 사제에까지 이르는 정교하고 세분화한 체제가 존재하고 있었지만, 이제 다양한 형태의 종교개혁기 설교자들과 성직자들에 의해 그 세분화가 더욱 확대되었다.

 – 도시 사회 역시 점점 더 세분화해 갔다.[20] 시민과 비시민이라는 대략적인 구분 이외에도 상층 · 중간 · 하층 시민 계층이 형성되어 갔다. 이와 함께 궁정 도시(예컨대, 밤베르크), 제국 도시(뉘른베르크), 견본 시장 도시(뇌르틀링엔), 소규모의 농업 도시(윌첸) 사이에는 현저한 차이

---

* **변경백** 본래 샤를마뉴 대제가 프랑크 제국의 변경 방위를 위해 처음으로 설치한 관직으로, 이후 독일에서는 동쪽의 변경 지역을 담당하는 변경백들이 공작과 거의 유사한 권력과 지위를 누렸다.
* **평수도사** 성직 서품을 받지 않은 수사.

가 있었다. 상층 계층은 도시 문벌, 미니스테리알렌,* 농촌에서 도시로 이주한 귀족(1~2%)과 시민들, 즉 부유한 상인과 수공업자(5%)로 구성되어 있었다. 중산층의 상인과 지역 유지, 공증인, 변호사, 의사, 약사, 성직자, 부분적으로는 예술가들이 바로 그 뒤를 이었다. 중간 계층은 무엇보다도 동업 조합으로 조직된 수공업자들(54%)로 이루어져 있었는데 그 내부에서도 위신과 부富에 따라 세분화된 위계질서가 존재했고 보통 금 세공업자들이 수위를 이루고 있었다. 빠르게 진행된 수평적 세분화 역시 특징적이었는데, 예컨대 서적 제작의 경우에는 인쇄업자, 식자공, 활자 조각공, 활자 주조공, 제지공, 제본업자, 교정인의 직업과 필요한 자본을 "선대先貸"해 주는 출판업자 및 서적 판매업자의 역할로 분화되어 갔던 것이다.[21] 마지막으로 날품팔이꾼, 수많은 임시 노동자, 하녀, 매춘부 그리고 목욕업자, 이발사, 순라군, 사형 집행인, 골목 청소부와 같은 "불명예스러운" 직업 집단이 있었다(39%). 최하위 계층은 종종 빈곤한 노파인 경우가 많았던 독거노인들과 거지들로 구성되었다. 매춘부를 제외한다면 대개의 경우 유대인들이 나머지 주민들에게서 완전 격리되어 특정한 거리나 지역에 모여 살았다. 그들에게는 길드에 속한 직업이나 시의 명예직이 봉쇄되어 있었다.

　– 농촌에서는 변화된 소유 관계에 따라 유사한 구조 변화[22]가 이루어지면서 중대한 결과를 초래했다. 곡물 재배, 임업, 방목, 축산업, 금속 채굴 및 가공업, 직물업, 농촌 교역 및 수공업과 같은 다양한 생산 영역들 사이에서 커다란 차이가 생겨났다. 농촌의 신분제 피라미드에서 최상층은 영지 관리인이 차지했고 그보다는 토지를 덜 갖고 있는 대

---

* **미니스테리알렌**　본래 부자유민 출신으로 봉건 지배층의 업무를 담당하거나 봉건 지배층에게 탁신함으로써 사회, 경제적 신분을 높여 간 사람들인데, 중세 말에 이르러서는 신분적 정체성을 잃고 하급 귀족의 일부로 편입되었다.

농과 보유한 토지가 너무 적어 부업을 하지 않을 수 없었던 소농, 마지막으로 오막살이집 외에는 전혀 토지를 보유하지 못한 빈농이 각각 그 뒤를 이었다. 특별히 주목할 만한 것은 피라미드의 아래에 위치한 집단들의 급격한 증가였는데, 슐레지엔 지방에서는 1577년경 소농과 빈농이 최소한 농촌 주민의 42%를 차지했다.[23]

─ 마지막으로 방랑 시인, 칼·가위 등을 가는 사람, 장돌뱅이 의사, 마술사, 곡예사, 집시 등과 같은 떠돌이들은 16세기에 들어와서 예전보다 훨씬 더 차별 대우를 받게 되었다(지중해 유역에서 여전히 존재했던 노예들만이 차별 대우에서 그 정도를 능가했다. 잘 알려진 대로 노예무역은 곧 아메리카 대륙에도 도입되었다).

근대 초기의 이러한 사회 질서는 크리스토프 바이겔의《공익적인 주요 신분들에 대한 묘사와 기술》(레겐스부르크, 1698년)에서 가장 인상적으로 서술되었는데 여기에서 그는 당시 뉘른베르크의 상황에 근거하여 총 204종의 다양한 직업을 기술했다. 하지만 이에 대한 시각적 묘사로는 17세기 중엽 쾰른의 한 전단지에 실린, 아래에서 위로 향하는 계단 위에 각 신분들을 위계질서에 따라 표현하고 있는 게르하르트 알첸바흐의 동판화〈신분들의 위계질서〉만으로도 충분할 것이다(그림 4).

## 1.4. 종교개혁과 반종교개혁

이 시대의 네 번째 지표인 종교개혁은 주지하다시피 면벌부 판매로 인해 촉발되었다.[24] 살면서 지은 죄로 인해 받게 되는 벌이나 보속 행위를 경감시켜 주거나 말소시켜 주는 대사大赦*는 "자선 대사"(1035년)나 "십자군 대사"(1063, 1095년)의 형태로 이미 11세기에 성립되었다. 13세기에 이르러 대사는 "편재하는" 것이 되어 버렸고 교회에 대한 기부

그림 4 알첸바흐의 〈신분들의 위계질서〉(쾰른), 17세기 중엽.

에서부터 축성된 소예배당의 방문이나 특정 기념일 예배 참석에 이르기까지 가능한 모든 것들에 수여되기에 이르렀다. 14세기부터 교회는 재정을 늘리기 위해 정기적으로 대사에 대한 광범위한 선전 활동을 벌여 나갔고 1476년부터는 이미 죽어 연옥에서 고통 받는 친척을 위한 기부금의 대가로나 심지어는 장차 저지르게 될 자기 자신의 죄에 대한 보장책으로 면벌부나 고해 증서의 형태로 대사를 받을 수 있게 되었다. 1517년 마르틴 루터의 95개조 반박문은 바로 이 면벌부 판매 관행에 대해 비판적으로 문제 제기한 것이었다.

---

\* 대사  이 책에서 Ablaß는 가톨릭교회의 용례에 따라 "대사"로 번역했다. Ablaßbrief는 흔히 "면죄부"로 번역되곤 하지만 이 번역어가 죄 자체를 용서해 준다는 잘못된 인식을 심어 줄 수 있기 때문에 "면벌부"로 고쳤고 Ablaßhandel 역시 "면벌부 판매"로 번역했다.

50

하지만 면벌부 판매는 종교개혁의 성립이나 성공에 대한 어떠한 설명도 제공해 주지 못한다. 종교개혁은 교회의 통일성의 와해와 보편적인 가톨릭 문화의 종말을 의미했지만 결코 종교 문화의 종말을 뜻하지는 않았고, 종교 문화는 도리어 "만인 사제"라는 의미에서 새로운 비약적 발전을 경험하게 되었던 것이다. 종교개혁의 원인은 다양하게 생각해 볼 수 있다.[25] 먼저 인문주의는 교회 비판과 원전에 대한 특유의 재수용을 통해 선구자적인 기능을 담당했다. 오로지 성경을 전거로 삼는 원시 기독교적 구원론의 재발견과 교황 및 가톨릭 성직자 교회에 대한 총체적인 거부는 정치, 경제적 억압에 대한 도시민과 농민의 사회적 저항과 혼합되었다. "사제의 중재 없이도 직접 구원에 이를 수 있다는 생각은 더 이상 신민에 머무르지 않고 통치에 참여하려는 시민들의 소망 속에서 그 대응물을 발견했다."[26] 중요했던 것은 "기독교인의 자유"였다. 루터는 "집단적 믿음"에서 인간 사회의 최고 척도인 개인으로의 변화, "계시의 주체에서 주체의 계시"로의 변화를 옹호했는데 한스-게오르크 죄프너의 의미심장한 표현에 따르면 그 주체는 "스스로를 관찰하고 스스로 해석하면서 듣고 말하는 주체"인 것이다.[27] 주지하다시피 이것은 육체적 활농을 포함한 노동에 대한 높아진 도덕적 가치 평가와 결합되어 있었다. "명상적인 삶"에 대한 중세 스콜라주의의 존경을 대신하여 혹은 적어도 그와 동등하게 세속적이고 실제적인 "활동적 삶"이 존중받게 되었다. "세속적" 영역에서 기독교인은 이제 노동과 직업 활동을 통해 규정받는 존재가 되었는데, 이것이야말로 자본주의적 의식을 향한 중간 단계의 의미를 지닌 이른바 "프로테스탄티즘의 윤리"(막스 베버)의 핵심 부분이라고 할 수 있었다.

루터에 대한 교황의 파문(1521년 1월 3일)과 황제의 빕직 보호 박달(1521년 5월 8일/25일)이 효과가 거의 없었다는 사실은 또한 로마 가톨릭교회와 신성 로마 제국의 권위가 취약했음을 보여 주는 것이었다.[28] 그것은 당시에 수많은 사제들이 애첩과 함께 살고 있었고 많은 수녀들이 아이를 낳았으며 수많은 수사와 성직자, 교황이 무엇보다 세속적인 부를 추구하고 대단히 현세적인 즐거움에 몰입했다는 사실에 비추어 볼 때 하등 이상한 일이 아니었다. 종교의 교파화Konfessionalisierung* 또는 교회 다원주의의 성립[29]은 정치적 불안정성, 특히 신분 세력과 제후들의 분쟁과 보조를 맞춰 진행되었다. 영방 군주들과 지역의 정치 지배자들은 많은 경우 자신들의 재정적 이해관계 혹은 권력의 이해관계를 위해 종교개혁을 이용했는데, 그것은 특히 부유한 수도원이나 교회를 장악하거나 세속 질서를 교회의 질서에서 분리시키는 가운데 이루어졌다. 종교개혁 설교자들은 중세 도시의 탁발 수도사들과 마찬가지로 세속화된 교회에서 확고부동한 지위를 가진 자들에 대항하여 기독교적, 영적 이상을 대변하던 경건하고 금욕주의적인 사람들이었다. 성직자들의 라틴 어를 폐지하고 모든 사람들이 이해할 수 있는 평신도들의 독일 어를 사용한 것은 특히 전단지, 소책자와 같은 새로운 인쇄 매체들뿐만 아니라 종교개혁이 민중 사이에서 확산되는 데에도 기여했다.

종교개혁 운동 자체는 비통일적이었고 아마도 "농민적 종교개혁"과 "시민적 종교개혁"으로 구분해야만 할 것이지만,[30] 울리히 츠빙글리 (1484~1531년), 장 칼뱅(1509~1564년), 토마스 뮌처(1490년경~1525년)보다는 마르틴 루터(1483~1546년)가 종교개혁의 가장 성공적이고 뛰어난 대변자가 되었다고 할 수 있다. 그는 존경받는 수사로서 종교적

---

* **종교의 교파화**  최근 독일의 역사학계에서는 전통적인 "종교개혁"과 "반종교개혁"이라는 표현보다는 각 영방 국가에서 루터파, 칼뱅파가 확립되는 과정과 가톨릭 종교개혁의 진행 과정을 한꺼번에 모두 포괄하는 의미에서 "교파화 과정Konfessionalisierungsprozeß"이라는 표현을 더 선호하고 있다.

인 신념에 따라 행동했고 원시 기독교의 상황을 회복하기 위해 전통과 과거로 복귀하고자 했으며 반反스콜라주의적이었고 농민들과 하층 신분들의 사회적 문제를 도외시하지 않는 신학의 혁신자였다. "오직 은총, 성경, 믿음"이라는 세 가지 원칙은 수많은 사람들의 투쟁 구호가 되었다. 종교개혁 담론은 1520년대에 이르러 사실상 평신도를 포함한 사회의 모든 중요한 세력들이 이에 관여할 정도로 최고조에 달했고 당국자들의 압력을 받으면서 종교개혁은 점차 하나의 일원적인 교파가 되어 갔는데, 이 과정에서 "아우크스부르크 신조"(1530년)는 중요한 역할을 담당했다. 복음주의적 설교자들이 임명되었고 새로운 예배 규정이 도입되었으며 수도원들은 폐쇄되고 성직자와 세속 관리 동수同數로 구성된 주교직과 유사한 중앙 관청이 설치되었다. 하지만 원시 기독교를 지향했던 모든 전통과의 연관성에도 불구하고 리하르트 반 뒬멘이 지적한 다음의 측면을 잊어서는 안 될 것이다. 즉, 이제까지 가톨릭적 경건성의 형태로 기독교 안에서 항상 결합되어 있던 그리스도에 대한 신앙과 "이교적" 미신이 종교개혁을 통해 처음으로 분리되었다. 성인 및 성물 숭배, 마리아 숭배, 대도代禱, 교회의 축복 관행, 성사聖事에 대한 가르침 대부분을 거부함으로써 "종교개혁은 종교개혁 이전의 가톨릭주의에서 존속해 왔고 종교와 사회생활 전반에 영향을 미치면서 이를 규정지었던 기독교적, 마술적, 이교적 구원 관행들의 오랜 결합을 깨뜨려 버렸다."[31]

개별 정치 체제에 따라 기독교의 두 가지 상이한 교파[가톨릭과 루터교 — 옮긴이]가 병존할 수 있음을 규정한 1555년의 아우크스부르크 종교 화의 ── "지역을 다스리는 자가 종교를 결정한다cuius regio, eius religio" ── 와 더불어 교파화 과정은 오늘날에는 낡은 개념으로 간주되고 있는 반종교개혁의 진행 과정 속에서 늦어도 트렌토 공의회(1564

년)와 예수회의 활동 이후로는 가톨릭을 재강화하는 결과를 가져왔다. 예수회는 무엇보다도 미래의 성직자들의 교육과 육성을 떠맡았다. 전통적인 형식의 경건성을 보존함으로써 특히 칼뱅주의 종교개혁에 비해 민중적 경건성의 오랜 마술적 의식儀式에 훨씬 더 가까이 다가서 있던 로마 가톨릭교회의 총체적인 봉쇄와 방어적 경향은, 바로크 양식에서 전형적으로 드러나는 것처럼, 말보다는 그림을 재차 중시하고 독일어보다는 라틴 어를 중시하는 것을 통해서도 표출되었다. 폭력적인 양상을 수반한 반종교개혁은 엄청난 사회적 영향력을 발휘했고(1장 5절 참조) 바로 그렇기 때문에 "교파적인 것"은 이 시대의 전형적인 특징으로 강조될 수 있는 것이다. 하지만 반종교개혁의 신속한 성공은 단순히 정치, 군사적 상황의 산물로 환원될 수 있는 문제가 아니고 바로크적 경건성의 감성과 전통적인 민중 종교의 오랜 예식의 결과물이기도 했다는 점이 고려되어야 할 것이다.

종교개혁이 성경을 독자적으로 해석할 수 있는 신도들의 능력을 강조한 것은 17세기에 이르러 교육의 민주화와 문맹 퇴치에 거대한 추진력을 제공한 셈이 되었다. 글을 읽을 수 있는 능력의 확산과 더불어 그림 문화는 언어 문화로 대체되었고 이에 상응하여 르네상스·인문주의의 추진력이 지속, 확대, 강화될 수 있었다. 하지만 문맹 퇴치는 통일적으로 이루어지거나 한결같은 과정은 아니었고 상이한 문화적 계기와 필요라는 맥락 속에서 이루어졌다. 종교적 가르침의 결과인 읽기는 상업, 거래, 시장 관계, 행정 분야에서의 계산하기와 특히 쓰기에 비하면 남녀 간의 차이가 훨씬 적었다. 구술 문화는 "읽기에 의해서보다는 쓰기에 의해서 근본적으로 위협받게 되었다."[32] 읽기는 본래 라틴 어를 읽는다는 것을 의미했고 라틴 어와 정통 신앙 사이에는 불가분의 관련성이 존재했다. 하지만 쓰기 특히, 성경의 독일어 번역은 교회의 교리적 전통의 통일성을 위협했고 동시에 진부한 신분 장벽을 허물어 버림으로써 직업적 이해관계, 사회 신분, 권력의 지위를 위태롭게 만들었다.[33] 이제부터 읽기는 독일어를 읽는 것이 되었고 통속어와 문자 문화 사이에서는 전혀 새로운 관계가 발전되기에 이르렀다. 전단지, 소책자와 관련한 16세기의 일반적인 문자 해독 능력의 증가(5장 3절, 6장 3절, 6장 4절, 9장 1절)와 "문화 충격"의 의미를 지닌 인쇄 매체 서적의 도입(11장 1절 5)에 대해서는 나중에 상세하게 설명하게 될 것이다.

## 1.5. 전쟁

근대 초기의 다섯 번째 특징으로는 전쟁을 언급할 수 있다. 전쟁은 도시보다는 농촌과 관련되어 있었다. 16세기 유럽에서는 여전히 전 인구의 90% 이상이 농촌에서, 그리고 10% 이하만이 도시에서 살고 있었다.[34] 인구가 10만이 넘는 도시들은 드물었는데, 1500년경의 파리, 로마, 나폴리, 베네치아가 그런 도시였고, 1600년경에는 여기에 더해 안트베르펜, 암스테르담, 리스본, 런던, 팔레르모, 세비야를 들 수 있다. 추산해 본 바에 따르면, 1천5백만에서 2천4백만 명가량의 인구가 살고 있었던 독일에서는 16세기 초에 대략 3천 개의 도시가 존재했는데 이 중에서 2천8백 개의 도시에는 단지 1천 명가량, 150개의 도시에는 1~2천 명의 주민들이 살고 있었고 나머지 50개 도시 중에서 1만 명 이하의 소도시가 아닌 곳은 아우크스부르크(5만), 뉘른베르크, 마그데부르크, 쾰른, 스트라스부르(3만), 브레슬라우, 함부르크 등을 포함하여 15개에 불과했다. 독일의 도시 문화는 도·농 간의 이주 결과로 유럽의 다른 많은 지역들보다 그 비중이 더 높았다. "요컨대 당시 독일의 도시들에 대략 4~5백만 가량의 사람들이 살고 있었다면 농촌에는 1천

5백만 명이 살고 있었다."[35]

위계질서를 갖춘 신분 체계 혹은 계층 체계는 중세의 사회 질서와 비교해 보았을 때 여전히 정치적 상황의 보증인과도 같은 역할을 하고 있었다. 하지만 상이한 계층 또는 "계급"과 궁극적으로는 직업에서 나타난 다양성 —— 이 다양성 역시 매체사적인 의미를 갖는다고 할 수 있다 —— 은 "일련의 역동적인 사회적 유동화 과정"[36]으로 인해 전통적인 경계 구분을 더 이상 유지할 수 없고 광범위한 "빈농 계층"의 희생 위에서 사회적 균형이 극단적인 불균형 상태에 빠지게 될 정도로 각자의 자율권을 침해했다. 동시에 두 가지의 측면, 즉 순수한 생존 보장은 증가하는 조세 부담으로 인해, 그리고 농촌의 농민들과 도시민들의 정치적 자치는 권리와 자유의 박탈로 인해 위협받게 되었다. 바로 이런 상황이 수많은 봉기, 반란, 내전을 초래했다. 중세적 "조화 모델"은 더 이상 작동하지 않게 되었다. 주민 대다수의 빈곤화는 소수의 도시 상층 계층의 자본 축적과 같은 꼴로 진행되었다. "근대 초기의 반란 운동은 17세기 중엽에 가장 집중적으로 격렬하게 일어났다. 그것은 포르투갈에서 러시아까지, 시칠리아에서 영국까지를 포괄했다."[37]

농촌에서는 농민들을 일종의 제2의 인신 예속제의 틀 속에 가두는 사회적 제반 관계의 "재봉건화"가 추진되었다. 유럽 농촌 주민들에게서 앞서 언급한 사회적 변동이 진행되면서 농민 봉기가 일어나기 위한 토대가 마련되었는데, 실제로 농민 봉기를 위해서는 종교개혁이라는 배경 속에서 단지 지역적 요인과 여건이 그 촉매제로서 필요했을 따름이었다. 대체로 오늘날의 역사 연구는 당시 도시 소요와의 밀접한 관련 속에서 라인 강 상류 지역, 오버슈바벤, 뷔르템베르크, 프랑켄, 튀링엔, 알프스 지역 등에서 발생한 1525~1526년의 독일 농민 전쟁이 그러한 장기적인 구조 변화의 산물이라는 견해를 대변하고 있다.[38] 이 구조 변화의 구체적인 내용들로는 "화석화된 장원 영주제"로 조직된 좁은 지역의 통치 구조, 농업 개발이 제한된 가운데에서의 높은 도시화 수준, 지대, 십일조, 보유 이전세와 기타 부과조로 인한 농민들의 극단적인 경제적 부담, 부역, 영방화 정책Territorialpolitik*의 일환인 인신 예속제, 소小봉건영주들의 자기 정당성의 위기와 점증하는 촌락 자치의 필요성 등을 들 수 있다. "농민과 농업 활동에 종사하는 시민들Ackerbürger이 직면했던 커다란 경제적 곤경을 고려할 때, 영방 군주가 새로이 부과한 조세를 납부하지 않으면서도 무분별하게 착취한 경제적 이득을 취하고 있는 특권적인 봉건 세력인 귀족, 수도원, 성직자를 대상으로 경제적, 사회적으로 촉발된 증오와 시기가 증폭되어 갔던 것이다."[39] 페터 블리클레[40]는 독일의 농민 봉기가 결과적으로 진압되기는 했지만 성과 수도원 습격을 통해 새로운 종류의 정치적 공공영역을 대표했고 이 공공영역은 또한 의사소통과 동원에 이용된 매체와 형태, 그리고 선전술에 대한 문제들을 제기하고 있다고 제대로 지적한 바 있다.

이와 유사한 문제들이 다른 전쟁, 특히 이른바 30년 전쟁에 대해서도 제기될 수 있다. 30년 전쟁은 실제로는 1618년의 프라하 창문 투척 사건과 1648년의 베스트팔렌 강화 조약 사이의 기간 동안에 발생했던 13차례의 전쟁과 10차례의 강화 조약으로 이루어져 있다. 하지만 유럽 도처에서 발생한 다른 전쟁, 민중 봉기, 쿠데타, 반란의 맥락 속에서 파악해 보면 30년 전쟁은 이 시대를 특징지었던 하나의 범주로 다루어 볼 수 있을 것이다.[41] 이때에도 보도 매체 체계는 중요한 역할을 수행했

---

* **영방화 정책** 중세 말부터 독일의 봉건 제후들은 사방에 흩어져 있는 자신의 영지와 역시 여기저기 분산되어 있는 예속 영민領民들을 상호 교환이나 구매 등의 방법을 동원해서 하나의 일원적인 영방 국가와 그 신민Untertanen으로 통합해 나가는 정책을 펼치게 되는데, 이를 "영방화 정책"이라고 한다.

다. 30년 전쟁에서 가장 중요했던 역사적 사건들을 몇 개의 표제어로 정리해 보면 다음과 같다. 보헤미아의 개신교 신분 세력들로 하여금 자신들의 권력과 영향력 상실을 두려워하게 만든 재가톨릭화는 예전의 협정과 특권들을 폐지함으로써 독일의 개신교도들을 불쾌하게 만들었다. 반종교개혁의 적극적인 옹호자인 에스파냐가 전쟁에 개입하게 되었다. 가톨릭교도인 발렌슈타인은 강력한 군대로 황제를 지원했고 회복령(1629년)으로 제국의 많은 지역에서 강제로 가톨릭 신앙이 재도입되면서 수도원과 교회 재산이 "도로 반환되었다." 국왕 구스타프 2세 아돌프가 이끄는 스웨덴 군의 개입은 단지 표면상으로만 독일 개신교도들을 구원하는 데 도움을 주었을 뿐이다. 실제로 독일은 스웨덴의 지배권 하에 들어갔고 이는 스웨덴과 프랑스 간의 상호 원조 조약을 통해 유지되었다. 경제적, 사회적 동기에서 유발되었고 종교·정치적으로 단지 위장한 것에 불과했던 권력 투쟁은 결과적으로 제대로 급료를 지급받지 못하거나 탈영한 군인들의 약탈과 파괴로 인해 사회적인 대재앙으로 확대되었다. 많은 지방의 인구가 감소하였는데, 예컨대 "뷔르템베르크에서는 주민의 3/4 이상이 희생되었다."[42] 베스트팔렌 강화 조약은 교파 간의 공존을 더 관대하게 규정했고 그럼으로써 영방 국가 확립을 향해 일보를 내딛는 셈이 되었지만 전쟁의 결과는 충격적이었다. "1650년경 독일에는 단지 1천만에서 1천3백만 명가량의 인구만이 살고 있었다."[43] "전체적으로 보아 사람들의 수명은 16, 17세기에도 30세 이상을 넘기기가 어려웠다."[44]

## 1.6. 절대주의

봉건 제후들의 전통적인 "미완의" 통치권은 17세기에 이르러 종교 분쟁, 전쟁, 내전의 결과 "일원적인" 영역 국가*로 발전해 갔는데, 이 국가는 더 이상 종교개혁의 강화된 "가부장적 이데올로기"를 통해 단지 종교적으로만 정당성을 부여받은 것이 아니라 17세기 말에 와서는 로마법과 주권에 대한 정치 이론을 통해서 합리적으로도 뒷받침되기에 이르렀다. 이에 따르면 군주는 단지 신에게만 종속되어 있고 군주만이 입법과 법을 해석할 권리를 갖고 있으며 그의 주권은 불가분이고 저항은 군주가 권력을 남용하는 경우에도 금지되었으며 전체 성직자 집단을 포함하여 모든 사람들은 군주의 절대적 권위에 복종해야만 했다. "봉건적 통치 관행의 합리화 또는 통치권의 물화物化는 이에 부합하는 신분 세력들의 탈정치화와 독립적인 단체들의 일원적인 영역 국가로의 통합과 더불어 전 유럽에서 근대 초기 국가 체계가 형성되는 기반을 닦았다."[45] 도시, 신분 세력, 황제, 교황은 그 효력을 상실했다. 군주 속에 체현된 절대주의 국가는 모든 것을 한손에 장악했다. 절대주의 국가는 궁내부 대신에서 하인에 이르기까지 자기 과시적인 궁정인, 조세 및 재정을 관할하면서 사법, 경제, 정치의 핵심 부문에 집중된 중앙 관청, 관료 위계질서를 갖춘 지방 행정 기구, 그리고 특히 상비군과 함께 잘 조직된 군사 기구를 확립했다. 1700년경의 유럽은 매우 상이한 구조를 갖고 있지만 원칙적으로 동일하고 동등한 자격의 영역 국가들로 기워 놓은 양탄자와 흡사했다. 다만 독일에서는 베스트팔렌 강화 조약 이후 250개가 넘는 제후들의 영방 국가가 존재했다. 모든 차이점에도 불구

---

* **영역 국가**  근대 초기 유럽에서는 중세 봉건 사회에서처럼 봉건 영주들 사이의 인적 유대 관계에 기초한 느슨한 국가 조직이 아니라 일차적으로 특정한 영토에 기반한 일원적인 국가, 즉 Territorialstaat가 등장하게 되었는데, 이 책에서는 Territorialstaat가 유럽적인 맥락에서 쓰일 때는 영역 국가로, 독일의 경우에 국한될 때에는 국내 독일사 서술의 관행에 맞춰 영방 국가로 번역했다.

하고 무엇보다도 이미 언급했던 초기 자본주의적 상업·금융 자본과의 공생은 상수常數에 속하는 것이었다. 만성적인 국가 재정 적자와 통치자의 점증하는 재정적 수요와 더불어 절대주의에는 거의 예외 없이 경제 시장에 대한 국가적 안전 보장 조처가 뒤따랐는데 이 시장의 탈정치화된 지위는 양측에 동일하게 중요한 것이었음에 틀림없다.

루이 14세(1643~1715년 재위)의 절대 군주정만 보더라도 프랑스는 절대주의의 고전적인 국가로 간주될 수 있다. 유럽의 가장 강력한 국가인 프랑스는 내부적으로 위그노 전쟁과 같이 야만적인 폭력과 결합된 팽창적인 병합 정책을 추진했다. 권력 행사에서 프랑스는 다른 많은 국가들의 모범이 되었다. "유럽의 다른 어느 곳에서도 군주의 절대주의가 프랑스에서처럼 유기적인 통일체 및 보완적인 체계를 이루지 못했고 그렇게까지 성공을 거두지도 못했다. 왜냐하면 절대주의는 정치적, 법적, 종교적, 문화적 측면에서 그 최종 목표인 복합적인 신민 집단으로의 침투 및 신민 집단의 동질화, 규율화라는 목표를 프랑스에서 가장 광범위하게 성취했기 때문이다."⁴⁶ 태양왕의 궁정은 특히 귀족의 통제, 순치와 같은 정치적인 안정화를 가져왔을 뿐만 아니라 예술, 문화적으로도 유럽 전역에 상당한 자극을 불러일으킨 통치 표현 양식을 통해 탁월함을 과시했다. 이와 관련하여 17세기의 절대주의가 권력을 장악해 그 권력을 유지하고 자신의 영향력을 확대하기 위해서 어떤 매체를 사용했는지에 관한 문제가 다시금 제기될 수 있을 것이다.

## 1.7. 근대 초기의 매체

이 시대를 포괄적으로 특징지을 때 항상 별도로 매체라는 현상이 역사와 사회 변화의 중요한 사건에 포함된다는 것은 이전 시기의 역사와 비교해 보았을 때 새로운 현상이라고 말할 수 있다. 인류 문화의 초창기부터 중세 말까지의 시기를 놓고 볼 때, 매체는 일반 사회사와 문화사에서 보통 누락되거나 기껏해야 주변적으로만 언급되어 왔다. 이제 근대 초기 매체의 사회적 중요성에 대한 인식은 이전 시기에 비해서 훨씬 더 나은 연구 성과를 기대하도록 만드는 것이 사실이다(비록 여전히 근대 초기에 대한 많은 정치사, 경제사, 사회사, 심지어는 문화사적인 기본 학술서들이 매체에 대해서는 거의 언급하고 있지 않지만 말이다). 이 시대의 많은 매체들이 여전히 거의 다루어지고 있지 않은 실정이지만 사실 수많은 개별 매체들에 대해서는 이미 탁월한 연구 성과들이 존재한다(비록 그 개별 매체의 선구적인 형태나 초기 형태에 대해서는 관심을 기울이고 있지는 않지만 말이다). 하지만 여전히 베른트 죄제만의 평가가 유효하다고 할 수 있는데 그는 비교적 최근에 "서적 인쇄", 소책자, 전단지, 검열, 공공영역, 신문과 같은 표제어와 관련해서 다음과 같은 평가를 내린 바 있다. "지금까지도 16, 17세기의 '의사소통 및 매체 혁명'에 대한 총체적인 서술은 나오고 있지 않다. 이 종합적 서술은 다양한 의사소통 과정에서 매체가 수행한 역할과 중요성에 대한 핵심적인 질문들에 대답해야 할 것이다."[47] 쿠르트 코스치크는 이 점을 더욱 첨예하게 표현했다. "해명되어야 할 문제는 사회 구조가 매체의 기능을 규정했는지 아니면 그 반대였는지의 문제이다."[48]

바로 이 문제의 해명을 이 책에서 시도할 것이다. 이 문제에 대한 모든 답변은 다방면에서 중요하다고 할 수 있는데 이와 관련하여 미하엘 기제케는 수기 매체에서 인쇄 매체로의 이행에 대한 정보 이론적인 모델을 제시하면서 다음과 같이 지적한 바 있다.[49] 인쇄 매체의 성과 즉, 다량 복사와 그로 인한 정보 교환의 촉진은 필사본들이 유통되는 전통적이고 제도화된 연결망을 시장이 대체했을 때만 제대로 이루어질 수 있었다는 것이다. 인쇄 매체들은 정치·세속적 영역과 교회·종교적 영역에서 더 이상 위계질서에 따라 배열된 가지치기 모양의 구조(트리 구조) 속에서 확산되지 않았고 인가 및 통제 기구가 없는 새로운 방사선 모양의 구조 속에서 유포되어 나갔다. 수기 매체의 저자들은 여전히 낡은 선포Verkündigung의 상황에 종속되어 있었는데, 그 상황의 위계질서는 종국적으로 "신의 말씀"을 원천으로 삼은 것이었다. 이와는 달리 인쇄 매체의 저자들은 자신들이 초점을 맞추고 있는 독자들을 위한 잠재적인 "이익"을 언급함으로써 스스로를 정당화해 나갔다. 볼프강 하름스는 저자의 의도와 독자들의 기대 사이의 이러한 매개 과정을 16세기 박물학 도서들의 표제 그림의 실례를 통해서 잘 보여 준 바 있다.[50] 이런 기획안들이 제도적이고 일상적인 행동 속에서 수용되면서 세상에 대한 경험을 표준화하고 세계를 판단하는 척도가 될 수 있었다.

물론 우리는 근대 초기의 사회 변화의 주된 구성 요소인 매체를 단지 새로운 인쇄 매체에만 국한시켜 논의하는 실수를 저질러서는 안 된다. 제시 겔리치는 이미 중세 시대에 문자 체계와 텍스트 체계가 충분히 발전했는데도 왜 구술 체계의 파급 효과를 줄일 수 없었는지에 대해 문제를 제기한 바 있었다.[51] 또한 폴커 카프가 "바로크의 특징 중 하나로 연구되어 왔던 표상의 시각화 경향"이 15~18세기의 시기에 존재했음을 지적했던 것은 타당하다고 할 수 있다. "비언어적인 의사소통은 근대 초기의 문화에서 높은 위상을 차지하고 있었다."[52] 근대 초기 신분제 사회에서 계층과 직업의 위계질서적 세분화는 이미 매체사적인 변화를 보여 주고 있다. 물론 그 변화는 인쇄 매체 이외에도 전통적인 인간 매체, 조형 매체, 수기 매체를 포괄하는 것이다. 근대 초기를 통틀어 어떤 특정한 매체 문화가 중요했는지는 최종적으로만 판단할 수 있을 것이다. 어쨌든 롤프 빌헬름 브레트니히[53]는 한 냉혹한 귀족이 개로 변하는 벌을 받는 이야기를 언급하면서 하나의 소재가 거쳐 가는 매체들의 이력을 통해 이 시대의 새롭고도 특정한 방식의 매체 결합을 잘 드러내 보여 주고 있다. 즉, 1633년에 소문으로 나돌던 이 이야기는 같은 해에 소식 노래Zeitungslied*의 형태로 가인들에 의해 대목 장터에서 유포되었고, 다음에는 요하네스 클뤼버(1657년), 요한 콘라트 단하우어(1661년)와 같은 설교자들에 의해 인용되었으며, 유명한 역사서인 《유럽의 무대Theatrum Europaeum》*(1670년)와 같은 서적 매체의 형태 속에 포함되기도 했고, 다음에는 《노르디셔 메르쿠리우스Nordischer Mercurius》(1673년),* 《알토나이셰 렐라치온Altonaische Relation》(1673년),* 베를린에서 발행된 《아인콤멘데 오르디나리 운트 포스트차이퉁엔Einkommende Ordinari- und Postzeitungen》*(1673년)과 같이 주기적으로 발행되는 신문과 삽화가 실린 전단지(1701년)에도 등장했다. 인쇄 매체들은 전체 매체 체계 속으로 파고들었고 이런 자리매김을 통해서 그 중요성을 유지할 수 있었던 것이다.

　─ 이 책에서 주장하고자 하는 핵심 명제는 다음과 같다. 여기서 선

---

* **소식 노래** 이른바 "소식 가인Zeitungssänger"들이 여기저기를 돌아다니면서 다양한 사건이나 시사적인 소식을 내용으로 하는 가사를 잘 알려진 민요 곡조나 성가 곡조에 맞춰 부른 노래. 소식 노래에 대해서는 9장 1절 1을 참조하라.

* **《유럽의 무대》** 독일의 유명한 출판업자 마테우스 메리안Matthäus Merian과 그 후손들이 1635년부터 1738년까지 주기적으로 펴낸 당대의 연대기적 역사 기록물로서 총 21권으로 구성되어 있으며 주로 독일과 유럽의 정치, 군사적 사건들을 다루고 있다.

* **《노르디셔 메르쿠리우스》** 함부르크에서 발행된 주간 신문으로 제호의 의미는 "북유럽의 머큐리(헤르메스)"이다. 이 신문에 대해서는 9장 3절 2를 참조하라.

* **《알토나이셰 렐라치온》** Relation은 17세기 독일에서 발행된 주간 신문들이 제호로 즐겨 사용하던 단어로, 공적인 보고, 보도 등의 의미를 지니고 있다. 렐라치온의 시작에 관해서는 9장 2절을 참조하라. 알토나Altona는 함부르크 근처에 있었던 도시의 이름으로 20세기에 들어와서 함부르크 시의 한 구역으로 편입되었다.

* **《아인콤멘데 오르디나리 운트 포스트차이퉁엔》** "정기적으로 들어온 우편 소식들"이라는 뜻.

별된 제반 핵심 영역 속에서 언급된 이 시대의 사회, 경제, 정치, 문화적 현상들은 각 매체들을 제대로 고려할 때에야 비로소 충분히 이해될 수 있다는 것이 바로 그것이다. 사회 변화는 상이한 구성 매체들에 따라, 혹은 그 매체들이 도구화하는 가운데 수행되었다. 사회 변화는 결정적으로 매체의 변화였다.

이에 걸맞게 여기서 시도된 1400년에서 1700년까지의 시대 구분은 비록 정신사적으로는 중세로부터의 이반이 뚜렷해진 것은 사실이지만 정치적, 경제적 혹은 사회적 관점에 따라 결정된 것은 아니다. 역사 연구에서는 15세기를 "미정未定의 세기"나 교회사적으로 쇠퇴의 시기 또는 종교개혁의 도입기, 혹은 일반적으로 모호하게 "이행기"나 "중세 말기"로 평가하는 경향이 특징적으로 나타나곤 했다.[54] 하지만 적어도 매체사적인 관점에서 이 시대는 근대 초기에 속하게 되는데, 이는 단순히 1450년경 구텐베르크에 의해 인쇄술이 시작되었거나 1490년 프란츠 폰 탁시스가 우편 제도를 설립했기 때문만이 아니라 중세의 매체 문화가 이미 15세기 초 이래로 일반적으로 전혀 새롭고 예전과는 다른 의사소통 구조를 통해 교체되었기 때문이다.[55] 이미 1400년경에 인쇄 매체로의 근본적인 변화의 징후들이 나타나기 시작했다. 이탈리아에서 제지업의 발전은 이미 14세기에 이루어졌고, 1390년 이후 라벤스부르크 시내와 뉘른베르크 근교에는 최초의 제지 작업장이 들어섰으며, 1398년경 유럽에서 목판화가 출현했고 목판 인쇄는 14세기 말에 수많은 나라들에 퍼져 있었다. 금속 활자를 이용한 최초의 광범위한 인쇄 작업은 1403년 한국*에서 이루어졌다. 이미 15세기 초에 설치된 필사

---

* **1403년 한국** 태종 3년(1403년) 주자소鑄字所에서 만들어 낸 조선 최초의 금속 활자인 계미자癸未字는 거의 단절된 고려 시대의 금속 활자 제조술을 다시 되살렸다는 점에서 큰 의미를 갖는다.

작업실Schreibstuben은 예컨대 하게나우에 있는 디볼트 라우버의 작업실에서 볼 수 있는 것처럼, 중세의 주문 필사 방식과는 다르게 부분적으로는 멀리 떨어져 있는 서적 시장에 공급하기 위해서 미리 대량으로 제작하는 방식을 택했지만 이것도 이내 생산 능력의 한계에 부딪치고 말았다. 또한 특히 여러 대학 도시에서 제본업이 독립적인 수공업으로 확립된 것도 중요했다.

시야를 인쇄 매체에서 매체 전반의 상황으로 확대해 본다면 1400년경의 전환기적 성격은 아주 분명해진다. 궁중의 익살 광대, 학위 소지 교사, 탁발 수도사, 스테인드글라스, 떠돌이와 같은 중세의 전통적인 매체들이 매체로서는 사라졌거나 가인, 서적, 연극, 서신과 같이 명백한 기능적 변화를 겪었다. 고대의 오랜 매체들(교사와 같은 인간 매체, 낱장 문서, 두루마리, 그리고 나중에는 입상立像과 같은 조형 매체, 춤, 벽)이 새로운 맥락과 전혀 다른 의미를 지닌 채 되살아났다. 그리고 소책자, 달력, 신문, 벽보와 같은 완전히 새로운 매체들이 출현했다.

1700년 이후로는 형태와 기능 면에서 매체의 또 다른 구조 전환이 이루어졌는데 그것은 잡지라는 새로운 매체와 계몽적, 오락적 기능을 갖춘 다른 매체들의 성립, 다양하게 세분화한 서적 시장의 전적으로 새로운 중요성 및 "문학협회"의 형성과 더불어, 그리고 서신 매체의 새로운 형태 및 기능 변화와 함께 일어났다.[56] 1400년과 1700년 사이의 매체 문화는 중세와 같이 더 이상 포괄적인 사회 보도 매체적 기능을 갖출 수 없게 되었다. 대신 매체들은 전반적으로 지배와 반란 사이의 긴장 구조 속에서 하나의 체계로서 압도적으로 도구화하면서 무엇보다도 선동적인 기능을 지니게 되었다.

## 2
# 르네상스의 매체사적 의미

포괄적인 매체사의 맥락에서 르네상스는 "새로운 시작"이나 "재생"을 의미하지 않고 이 시대 변화의 구성 요소와 전제 조건의 측면에서는 도리어 종말을 의미한다고 할 수 있다. 근대의 "출발"은 먼저 종결로 특징지을 수 있는 것이다. 전통적인 인간 매체, 조형 매체, 수기 매체의 우월성은 15, 16세기에 사회적 조정과 방향 설정 기능 면에서 매체로서는 돌이킬 수 없는 종언을 고하고 말았다. 고대 말기 이래로 두드러지게 나타났던 인간 매체, 조형 매체, 수기 매체의 여흥, 미술, 교육으로의 해체 경향은 르네상스에서 최종적으로 완결되었다. 이러한 변화에서 중세는 일종의 효소로서 작용했다. 다시 말해서, 르네상스의 매체사적 의미는 중세와 고대를 되돌아보고 사실상 다른 초기 고도 문화들과 인류 문화사의 시작으로까지 거슬러 올라가는 연속성 속에서만 제대로 파악할 수 있는 것이다. 이것은 시원기의 인간 매체인 여성, 춤, 연극과 조형 매체인 입상, 피라미드/신전, 그리고 수기 매체인 벽, 서신 모두에 해당된다고 하겠다.

## 2.1. 인간 매체와 여흥

시원기 매체인 지모신[1]에서부터 고대 이집트의 이시스 여신*과 그 딸들,[2] 그리고 여성에 대한 기독교의 적대감 혹은 귀부인에 대한 중세 기사들의 궁정식 연모Minnedienst의 형태로 충동을 억제했던 기독교의 역할[3]을 거쳐 근대 초기의 마녀 사냥과 종교재판에까지 이어지는 일련의 과정은 르네상스기에 이르러 기능적 전환을 경험하게 되었다. 고대 시기 데메테르,* 아르테미스,* 아프로디테 혹은 비너스와 같은 수많은 여신들에 대한 숭배[4]에서 여전히 발견되는 여성의 초월성은 이제 모두 사라져 버렸다. 여성의 육체는 더 이상 내세로 가는 다리가 아니었고 신성한 결혼은 더 이상 우주론적으로 의미 있는 다산 숭배의 정점이 아니라 현세적 기쁨의 도구였다. 이로써 여성은 매체적 특징을 종국적으로 상실했다. 여성은 법적으로나 사회적으로 —— 실제적인 면에서뿐만 아니라 이데올로기적인 면에서도 —— 종속적인 존재가 되었고 객체이자 도구였으며 가부장적인 표준에 따라 스스로 결정할 능력을 부여받지 못했고 완전히 내재적으로 기능화하고 말았다.[5]

근대 초기가 시작될 무렵 애정과 성의 문제는 중세와는 다른 위상을 획득했다. 르네상스기에 삶의 즐거움은 이전 세기들보다 훨씬 더 강력하게 육체와 관능에 대한 긍정으로 표출되었다. 에두아르트 푹스는 《풍속의 역사》에서 그 시대의 육체적 미의 이상을 강조했다. "남성은 자신의 성적 활동력 즉, 힘과 에너지에 상응하는 신체적 특징이 출중하

---

* **이시스 여신** 고대 이집트에서 숭배되던 가장 중요한 여신 중 하나로, 병자들을 치유하고 죽은 자를 소생시키는 생명의 어머니로 간주되었다.
* **데메테르** 그리스 신화에 나오는 대지의 여신이자 곡물을 관장하는 농업의 여신.
* **아르테미스** 달의 여신이자 사냥의 여신으로, 로마 신화의 디아나에 해당된다.

68

게 나타날 때 아름답고 완벽한 것으로 간주되었다. 여성은 자연이 그녀에게 부여한 모성의 천직에 가장 유리한 육체를 갖출 때에 아름답다고 간주되었다. 생명을 기르는 원천인 유방이 가장 중시되었다. 르네상스가 진행되어 감에 따라 유방은 더욱더 자체 권리를 보장받았던 것이다. (……) 남성에게서 사람들은 단지 넓은 가슴만이 아니라 초인적인 풍채를 좋아했다. 남성은 아폴론과 헤라클레스의 형상을 지녀야만 했다. 여성에게서 사람들은 풍만한 몸매를 좋아했다. 여성은 비너스이자 동시에 주노(헤라) 여신이 되어야 했다. 그런 여성에게는 최고의 가치가 부여되었고 그렇기에 처녀들도 근사한 젖가슴을 자랑했다."[6] 종종 완전히 통째로 혹은 깊게 파인 옷을 통해 드러내 놓거나 코르셋 형 조끼로 젖가슴을 위로 눌러 올려 크기를 과장하였던 "유방에 대한 숭배"[7]는 몸에 꼭 끼는 바지와 짧은 저고리를 통해 자신의 "남성다움"에 이목을 집중시키고자 하는 남성들의 유행에 따른 음부 주머니Latz 꾸미기와도 맞물리는 것이었다.[8] 근대 초기 사회에서 애정과 성의 문제는 이제 더 이상 성스러운 생활 준칙으로 간주되지 않았고 우선적으로 궁정과 도시 축제의 여흥과 즐거움에 봉사하는 것이 되었다. 이 시기의 수많은 예술적 묘사는 단지 전통과 교육이라는 이유를 내세워서 예컨대 레다와 백조,* 음탕한 판과 님프, 바쿠스와 아리아드네*가 짝을 이루고 있는 것이나 혹은 호색한 노인과 계산적인 젊은 여인의 "어울리지 않는 한 쌍"과 같은 신화, 설화를 참조했다. 여기서 준거가 된 기본 틀은 문화적인 것이었지 더 이상 제의적인 것이 아니었다.

---

* 레다와 백조  그리스 신화에서 백조로 변신한 제우스 신은 스파르타의 왕비 레다를 유혹해 육체 관계를 맺었다.
* 바쿠스와 아리아드네  크레타 섬의 왕 미노스의 딸인 아리아드네는 낙소스 섬에서 주신酒神 바쿠스(디오니소스)를 만나 사랑에 빠져 그의 아내가 되었다.

여기에는 중세 기독교도 중요한 몫을 담당했다. 성인 숭배, 성유물 보존, 기적에 대한 믿음은 말세의 분위기로 특징지어진 15세기의 종교에 독특한 특징을 부여했고 특히 마리아 숭배가 전면에 부각되었다. 구드룬 아커가 기술한 바에 따르면 "초승달 위에서 별로 된 왕관을 쓰고 손에는 왕홀을 들고 있는 성모 마리아는 이 시대의 진정한 '여신'이었다."[9] 육체는 더 이상 단지 내세를 지향하는 아름다운 영혼의 가련한 외피에 불과한 것이 아니었고 현세 지향적인 자신의 장점들 역시 깨닫게 만들었다. 푹스는 예컨대 유방 숭배의 기독교적, 종교적 위장의 가장 잘 알려진 역사적 사례로서 프랑스 국왕 샤를 7세의 연인인 아네스 소렐을 아기 예수와 함께 있는 마리아의 모델로 활용한 장 푸케*의 그림을 언급하고 있다(그림 5). "육체의 아름다움과 무엇보다도 가슴의 아름다움을 예술적으로 가장 교묘하게 보여 준 형태는 동정녀 마리아라는 성화의 형태로 가장한 것이었다."[10] 이후 로마 가톨릭교회의 엄격한 검열과 파괴욕[11]에도 불구하고 종종 젖을 빠는 아이와 함께 있는 풍만한 가슴을 지닌 성모 마리아에 대한 수많은 묘사들은 예컨대 자코모 세르포타*의 마리아 상처럼 여전히 전해지고 있는데, 이것은 퐁텐블로 유파의 그림에서 보이는 것처럼 집단적인 모성애의 상징이었다. 고대 이집트의 달의 여신 이시스가 기독교적으로 변형된 결과인 마리아는 종교적으로나 예술적으로 은폐된 성적 욕망의 대상이 되었다.

이와 유사하게 15세기 중엽에는 중세 말의 성인 축제도 세속화했는데, 본래 이교적인 하지 축제의 기독교적 표출 양식으로 6월에 피렌체에서 열리던 성 조반니 축제가 바로 그러했다. 이런 축제는 민중들의

---

\* **장 푸케**  15세기 프랑스의 초기 르네상스 미술을 대표하는 세밀화가이자 패널화가.
\* **자코모 세르포타**  로코코 시대에 이탈리아의 시칠리아를 중심으로 활약했던 조각가.

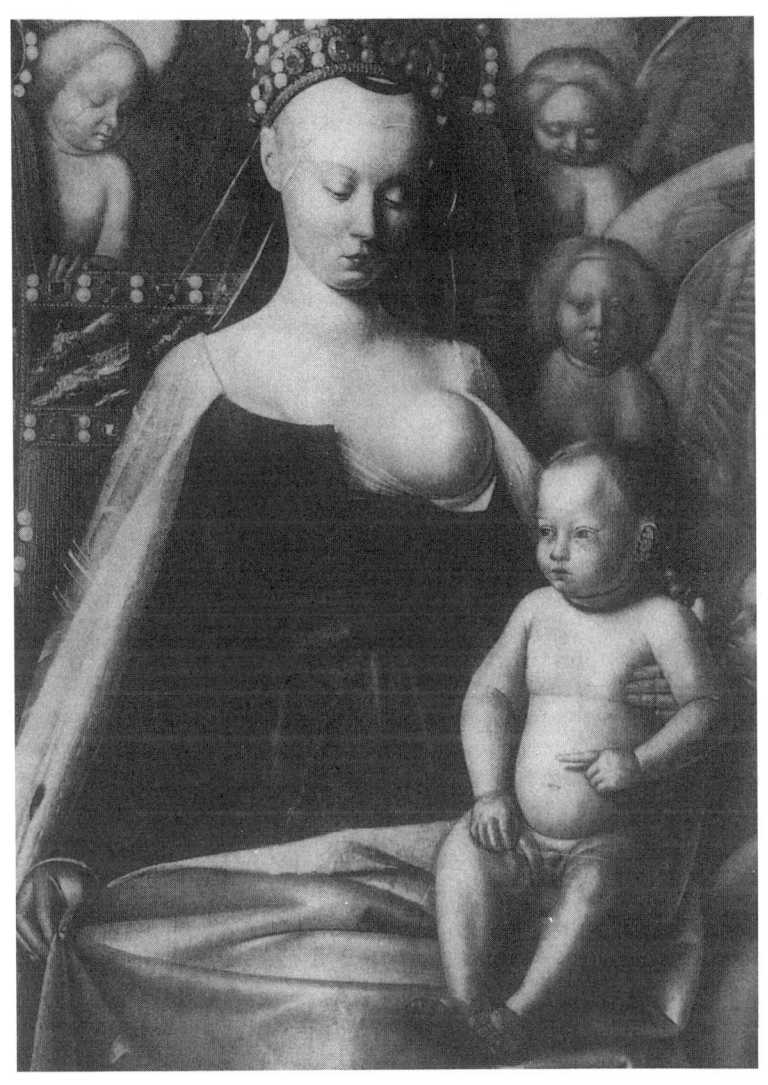

그림 5  장 푸케가 은폐된 성적 욕망의 대상으로 묘사한 성모 마리아.

여흥, 재미에 따르게 되거나 그렇지 않으면 통치자와 시민들의 자기 연출에 이용되었다.[12] 문장관紋章官*들은 거리에서 축제 행렬에 참여할 것을 독려했다. 동시에 상인들은 방문자와 잠재적인 고객들에게 깊은 인상을 남기고 상인 도시의 고유한 위상을 알리기 위해서 대규모 상품 전시회를 열었고 죄수들은 축제에 즈음하여 방면되었다. 대성당 광장에는 거대한 축제용 천막이 설치되었다. 진짜 축제는 성직자와 평수도사들이 휴대용 제단, 성화, 성유물, 변장한 천사들과 함께 화려하게 장식된 거리를 행진해 가는 축제 행렬인 "트리온포Trionfo"*에서 시작되었다. 여기에 익살꾼, 마술사, 곡예사, 죽마 탄 사람들이 함께함으로써 이 성스러운 광경은 무대 장치 같은 배경 속에서 사치스러운 "연극 장면 묘사"로 발전되었다. 그 다음에 모든 사람들이 밀랍으로 된 초를 태웠는데, 이는 본래 시원기 매체인 희생 제의의 변형을 의미하는 기독교 미사가 특징적으로 세속화한 것이었다. 트리온포의 장관[13]은 축제 예식을 통해 광범위하게 의례화하기는 했지만 성대한 식사와 술자리를 갖춘 가족 잔치를 위한 자리도 충분히 마련되어 있었다. "15세기에는 축제에서 재미있고 미학적인 부분이 명백히 점점 더 많은 부분을 차지하게 되었다. 1454년 코시모 데 메디치*의 치하에서 공표된 법령은 신도 단체들이 함께 추진하던 그림 행사 계획을 위해 축제 일정 중 하루를 독자적으로 쓸 수 있도록 허용해 주었다."[14] 로렌초 데 메디치*와 그 후

---

* **문장관**   Herold. 중세 유럽 봉건 제후들이 공식적으로 파견한 사신을 지칭하는 말로, 오늘날 외교관 혹은 의전관의 선구적인 형태로 평가할 수 있다. 이들은 자신이 모시는 주군의 가문 문장紋章으로 장식된 외투를 입고 다녔고 전시나 마상 시합에서는 문장을 통해 기사들의 정체를 확인해야 하는 의무를 지니고 있었다.

* **트리온포**   고대 로마 장군들의 개선 행진을 모방한 르네상스 도시들에서의 축제 행렬.

* **코시모 데 메디치**   피렌체를 지배한 메디치 가문의 중심 가계를 창시한 인물로 15세기에 교황청과의 거래를 통해 막대한 부를 축적했다.

72

계자들 치하에서 축제는 고대의 연극과 마찬가지로 정치적인 기능을 부여받았고, 이는 16세기에 재차 변화하였다. "축제는 점차 가장 중요한 것으로 발전해 갈 부속물을 보존하고 있었다. 이 부속물은 '오락', '재미', '구경거리'였다. 피렌체 축제 협회의 태도는 능동적인 설계에서 종국적으로는 수동적인 관찰로 변화하였다."[15] 인간 매체에 기초한 여흥은 특정 계층 특유의 것으로 제한되어 버렸고, 이런 기능 변화와 더불어 여성과 같은 시원기 매체, 그리고 축제와 같은 중세적 매체와의 간극은 극복할 수 없는 것이 되어 버렸다.

이렇게 해서 애정과 성의 문제 그리고 짝짓기는 신화적인 언어로 표현되거나 기독교적으로 은폐되었다. 그것은 또한 1524/1525년에 제작된 유명한 〈체위I Modi〉, 즉 마르칸토니오 라이몬디의 동판화에 붙인 피에트로 아레티노*의 소네트(14행 시)에서처럼 시각적으로 외설적이면서도 문학적인 방식으로 묘사되기도 했고[16] 혹은 이미 냉정하게 자연과학적 연구의 대상으로 나타나기도 했다. 특히 후자에서 특징적인 것은 레오나르도 다빈치가 그린 성행위의 해부학적 묘사(그림 6)인데 이 소묘는 그 어떤 관능, 육욕, 쾌락뿐만 아니라 더 고차원적인 상징화도 거부하고 있다. 우주론적인 혹은 중세의 종교적 섭리와 질서의 불가피성은 르네상스에 이르러서는 인간적 본성의 질서와 불가피성에 의해 대체되었다. 그리고 축제에서 그 제의적 기초와 공동체적인 의미 부여가 사라져 버린 한, 축제는 단순한 오락이 될 수밖에 없었다.

상당히 일찍부터 오락적 기능을 갖추었던 시원기 인간 매체인 춤[17]은 이 시기에 기능화를 경험하게 되었는데, 이런 기능화는 나중에 조형

---

* **로렌초 데 메디치** 15세기 후반에 피렌체를 통치했던 인물로, 예술과 문학의 후원자로서 르네상스기 정치가의 전형으로 평가받고 있다.
* **피에트로 아레티노** 포르노그라피의 원조로 일컬어지는 16세기 이탈리아의 문필가.

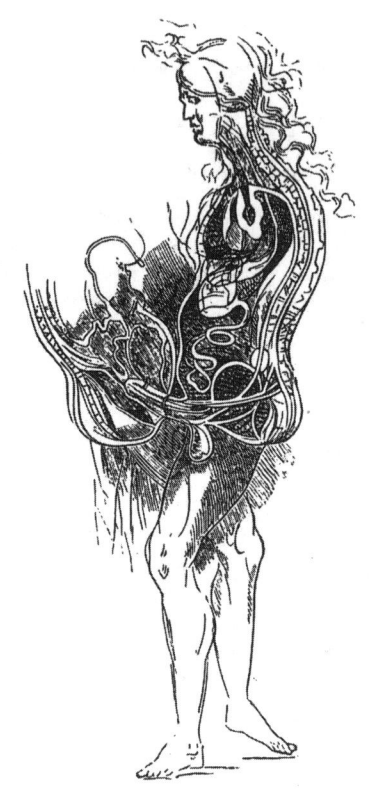

그림 6 성행위에 대한 레오나르도 다빈치의 해부학적 묘사.

매체 일반에도 특징적인 것이 되었다. 이제 춤은 예술이 되었다. 르네
상스는 고대를 재수용하면서 중세에는 단순히 농촌의 농민들의 춤과
"죽음의 춤"[18]으로서만 존재했던 춤을 축제에 대한 즐거움의 자연스런
표출로서 재발견했다. 또한 르네상스는 중세의 가장무도회에서 "과도
한 특징"을 더욱 발전시켰다. 이탈리아 귀족, 상인, 수공업자의 축제
행렬은 앞서 언급한 것처럼 무엇보다도 로렌초 데 메디치, 필리포 브루
넬레스키,* 페데리고 다 몬테펠트로*의 계획에 따라 여러 날에 걸친 대

규모 축제 행사 속에 포함되었다. 사람들은 가면을 쓰고 변장한 채로 노래를 부르며 춤을 췄는데 특히 윤무와 모리스카,* 바스 당스Basse Dance 혹은 "낮은 춤(도약 없이 땅에서 발을 떼지 않고 천천히 격식을 갖추어 추는 춤)", 살타렐로*를 췄다.[19] 이와 함께 중세부터 이어져 내려온 은유에 대한 선호도 계속 유지되었다. "춤추는 한 쌍의 스텝과 몸동작, 회전과 인사는 말을 한 마디도 꺼내지 않고서 서로 대화를 나누는 은유가 되었다. (……) 춤에 대한 그들의 관념은 여전히 기사 정신의 규범에 기초해 있었다."[20] 당시 이탈리아에서 춤은 무엇보다도 굴리엘모 에브레오 다 페사로, 안토니오 코르나차노, 그레션 아치츠, 안코나의 에마뉴엘 데 랍비 얄로마치스와 같은 유대인 무용 교사들에 의해 진흥되었다. 15세기 이탈리아에서는 또한 무언극, 익살스러운 춤, 발레도 발전했다. 민속춤과 궁정 무용 그리고 이후 무대 무용의 선구적인 형태들이 최종적으로 서로 분리되었다. 하지만 우리의 맥락에서 결정적으로 중요한 것은 춤이 르네상스기에 열정과 연애의 표현에서 "예술 작품"으로 변화한 것이었다. 당시 무용 교사들의 춤 이론과 교과서에 따르면 이제 춤은 동작, 자세, 스텝을 힘들게 배워야 하는 것이 되었다.[21] 가야르드*의 시대(1500~1650년)에 춤은 이미 확립된 예술과 고급 문화의 당연한 구성 요소였다.

---

\* **필리포 브루넬레스키**  르네상스 시대의 대표적인 건축가로, 피렌체 두오모 대성당의 돔을 완성한 것으로 유명하다.

\* **페데리고 다 몬테펠트로**  움브리아의 도시 국가 우르비노의 공작. 용병 대장으로 화려한 전력을 쌓았으며 학문과 예술을 집중적으로 장려했다.

\* **모리스카**  15~17세기에 걸쳐 전 유럽에 퍼져 있던 약간 빠르고 발에 단 방울에 박자를 맞추어 추던 춤.

\* **살타렐로**  남부 이탈리아와 에스파냐에서 유행한 빠른 3박자의 도약 무용.

\* **가야르드**  16~17세기에 프랑스에서 유행한 3/4박자의 경쾌하고 빠른 춤.

연극(12장 참조) 역시 인간 매체로 자리매김한 연극이라는 의미로 여기에서 미리 거론되어야 할 것이다. 1427년 이후의 르네상스 연극[22]은 테렌티우스*와 플라우투스*의 희극, 부분적으로는 세네카의 비극들의 재발견 및 재공연과 이탈리아의 새로운 희곡 장르의 발전에 의해 특징지을 수 있다. 중세 말의 대규모 그리스도 수난극[23]의 공연 방식과는 달리 이른바 테렌티우스 무대가 도입되었는데, 이는 세 가지 측면에서 급격한 혁신이었다. 첫째 관객들과 구분하기 위해서 높이 설치한 연기자들의 무대, 둘째 연극 무대 뒤편에만 설치한 무대 장치와 세트 및 그로 인한 원근법 효과, 셋째 통일적인 공간 및 장소 공연, 즉 단일 현장 무대가 바로 그것이었다. 특히 세 가지 무대 장치 유형, 즉 비극의 경우 궁전, 희극의 경우 시민의 저택, 전원극의 경우 자연으로 구분된 1508년 이후의 투시 도법 무대는 연극 매체의 향후 발전을 규정짓게 되었다(그림 7).

이탈리아, 특히 로마와 페라라 그리고 나중에는 피렌체와 베네치아에서 연극은 초기 인문주의의 교양 연극Gelehrtentheater과 궁정 축제의 혼합물이었다. "이탈리아 르네상스 연극의 기원은 인문주의자들의 교양 연극에 대한 관심이 이탈리아 통치 가문들의 자기 과시적 이해관계와 결합한 데에 있었다."[24] 이미 언급한 트리온포 —— 민중들이 참여하는 거리 연극 축제 —— 는 늦어도 15세기 중엽 이후로는 희극 공연의 중간에 삽입된 막간극이나 음악극의 인터메초의 형태로 접목되었다. 무언극, 삽입된 우의寓意적 무용 혹은 음악 공연물이 고대의 합창 대신 연출되었다.[25] "코메디아 에루디타Commedia erudita"*는 관객의 구경하고자

---

* 테렌티우스  카르타고 출신의 해방 노예로서 고대 로마의 최대 희극 작가 중의 한 사람.
* 플라우투스  움브리아 출신의 고대 로마 희극 작가로, 후에 셰익스피어, 몰리에르 등의 작품에 영향을 미쳤다.

그림 7  비극을 위한 투시 도법 무대 장치 속의 궁전. 세바스티아노 세를리오의 목판화(1545년).

하는 욕구에 부응했고 종종 전대미문의 인기를 끌었다.

이후 종교개혁기에 비난받았던 로마 교황들의 성대한 연극 축제와 시민 계층을 참여시킨 제후들의 궁정에서의 관념적인 연극 문화는, 15세기에서 16세기로 가는 전환기에 밀라노 등지의 특별한 "상인 연극"[26]과 순수하게 이탈리아적인 희극 연극을 통해 확대되었다. 루도비코 아

---

* 코메디아 에루디타  이탈리아 어로 "박식한 코미디"라는 뜻으로, 고대 로마나 초기 이탈리아 작가들의 학구적인 작품들을 기초로 쓴 대본에 따라 비전문적인 배우들이 공연했고 주로 귀족들과 학자들이 향유하던 희극이었다.

리오스토,* 베르나르도 비비에나,* 니콜로 비비에나, 피에트로 아레티노가 그중 가장 대표적인 인물들이었다. 여기에 민속적인 거리 연극의 영향을 받아 유럽을 유랑하고 다니면서 관객의 취향 변화에 유연하게 대처함으로써 두각을 나타냈던 순회 극단들의 공연이 추가될 수 있겠다. 루찬테라는 이름으로도 잘 알려진 파도바 출신의 안젤로 베올코(1502~1542년)는 자신의 극단과 함께 상당한 영향력을 행사했다. 여기에서는 착각, 사랑싸움, 세대 갈등, 계략, 사기 등과 같은 상투적인 행동을 통한 즐거움과 익살스러운 연기에 대한 재미 그리고 사랑에 빠진 소년, 여자 포주, 허풍선이, 소심한 사람, 타락한 성직자 혹은 세상 물정 어두운 박사와 같은 특정 역할에 대한 여흥이 점차 지배적인 것으로 되어 갔다. 이것은 16세기 후반에는 유명한 아를르캉 혹은 할리퀸(어릿광대)*과 판탈로네(인색하고 호색한인 노인), 타르탈리아(말더듬이), 찬니(무지렁이 농민), 페드롤리노(하인) 등의 고전적인 가면극 배우들이 출연하는 코메디아 델라르테Commedia dell'arte*로 굳어지게 된다(그림 8 참조). 특히 소시민층에게 사랑받은 이러한 즉흥극을 점점 더 규정지었던 것은 우스운 상황과 웃는 즐거움이었다. 만프레트 브라우네크는 우리의 맥락과 관련하여 그 중요성을 다음과 같이 표현했다. "코메디아 델라르테의 무대 장면의 주인은 작가가 아니라 배우, 즉 앙상블을

---

* **루도비코 아리오스토**  이탈리아 르네상스기의 시인으로, 대표작으로는 영웅 서사시 《광란의 오를란도》가 있다.
* **베르나르도 비비에나**  교황 레오 10세 치하에서 활약한 이탈리아의 추기경 겸 시인으로, 대표작으로는 《칼란드리아》가 있다.
* **할리퀸**  이탈리아 어로는 아를레키노arlecchino, 독일어로는 하를레킨Harlekin. 아를르캉은 프랑스식 표기이고 할리퀸은 영어식 표기이다. 이 책에서는 영어식 표현인 할리퀸을 사용하도록 하겠다.
* **코메디아 델라르테**  16세기 중엽 이탈리아에서 발생한, 직업 배우들이 즉흥적으로 공연하는 희극으로 가면을 쓴 등장인물들이 출연했다.

그림 8  이탈리아 코메디아 델라르테에 등장하는 고전적인 가면 쓴 배우.

이룬 무대의 대가였다. (……) 희가극 가수의 우스개는 항상 코메디아 델라르테의 본질로 간주되었다. (……) 자신의 상품 판매를 짤막한 우스꽝스러운 공연과 결합시킨 행상인들을 사람들은 '희가극 가수 buffoni' 라고 불렀던 것이다. (……) 오락은 이 연극의 유일한 목적이었다. 코메디아 델라르테는 도덕에는 무관심했고 전적으로 상황과 결부된 재미는 직접적인 효과를 겨냥한 것이었다."[27]

교양 연극의 아마추어 배우들과 구별되는 직업 배우 집단, 그리고 전혀 다른 사회 집단과 계층을 위한 여흥 및 오락 기능은 근대 초기에 연극 전체가 매체로서 경험해야 했던 발전, 즉 확립된 공연 예술로의 발전을 특징짓고 있다(12장 참조). 코메디아 델라르테 자체는 무엇보다 프랑스에 엄청난 영향력을 행사했고 프랑스 절대주의의 매체 문화에 영향을 미쳤다(8장 참조).

## 2.2. 조형 매체와 미술

전통적인 조형 매체와 관련해서도 르네상스와 인문주의는 이미 고대 시기에 이루어진 건축과 조형 미술로의 기능 전환을 마무리하는 역할을 수행했다. 야콥 부르크하르트는 1860년에 나온 유명한 저작《이탈리아 르네상스의 문화》를 "예술 작품이라 할 국가"에 대한 장에서 시작했다.[28] 정신적 창조력에 대한 인문주의적 관념은 말하자면 영혼을 그 형이상학적 틀에서 취하여 거의 모든 측면에서 예술적 행위로 용해시켜 버렸다(피코 델라 미란돌라와 그의 1486년도 저작《인간 존엄성에 관한 연설》참조). 제의적 기능을 갖춘 조형 매체들처럼 인간은 더 이상 문화를 통해 여신이나 신에게 가까이 다가가지 않았고 그 자신이 창조자와 조형자가 되었다. 더 이상 초월적인 목적은 존재하지 않았고 삶 자체가 목적이었다. 진정한 모범으로 소크라테스가 예수를 대신하게 되었다.[29]

이제부터 미술은 초월성이 존재하지 않는 피안의 원리, 인간의 의식 영역 속에 내재해 있는 유토피아, 종교 없는 성스러운 영역으로 기능하게 되었다. 소위 미술의 자율성에 대한 테제는 더 이상 아무런 의미도 없는 것이다. 입상이나 조각은 고대 말기와 마찬가지로 일찍이 고대 이집트의 문화에서도 이미 매체적 성격을 상실했고 종교적 예술 작품이 되었다.[30] 이제 미술은 이탈리아의 부유한 후원자들의 자기 예찬에 우선적으로 봉사하게 되었다. 신의 형상을 닮은 초상화, 즉 "상징물, 의복, 동작 또는 자세를 통해 인간을 신에 동화시키는" 초상화가 등장했다.[31] 다음에 절대주의는 이런 초상화를 자기 과시적인 권력 도구로 정치화할 것이었다. 르네상스기에 "그리스 · 로마 시대의 신들의 존속"은 그 "위엄"을 희생하는 대가로 이루어졌다.[32] 그러므로 호르스트 벤첼이

에스파냐 인들의 정복 이후의 잉카를 예로 들면서 "고대의 신들의 침묵"을 기본적으로 "기억 문화"가 "문자 문화"로 변화된 결과로 본 것은 지나친 단순화라 할 수 있겠다.[33] 여기 잉카에서도 인간 매체에서 수기 매체 문화로의 이행 과정에서 르네상스기의 고대 그리스·로마 문화의 경우와 유사하게 미술을 일종의 피난처로 이용했음을 시사해 주는 조형 매체들이 존재했기 때문이다. 어쨌든 고대의 신과 영웅들의 입상과 예컨대 메디치 제후들의 입상 사이에는 더 이상 어떤 기능적 차이도 존재하지 않았다. 벤베누토 첼리니의 코시모 데 메디치 흉상(1544~1547년) 혹은 피렌체 시의 시뇨리아 광장에 서 있는 조반니 볼로냐의 코시모 데 메디치 기마상(1581~1594년)은 세속 통치자에 대한 경의의 표현이라는 그 기능과 더불어 가장 일차적으로는 예술 작품이었다. 이 예술 작품들은 오늘날까지도 자기 과시적 기능에서 전적으로 현세 권력과 관련되어 있다.

이 점은 특히 이 시기의 건축에 해당된다고 할 수 있다. 신전, 주교좌성당, 대성당 대신에 피렌체와 시에나에서와 같은 화려한 궁정풍 건물Palazzi과 브뤼셀, 브레멘, 쾰른, 브뤼헤, 아헨, 뤼베크, 브라운슈바이크 등에서처럼 세련되게 지어진 시청이 들어섰다. 본래 종교적인 목적에 쓰였던 건축술이 세속적 기능을 갖춘 비종교적 건물에도 도입되었다. 그와 함께 권력을 표출하는 수단으로 자기 과시가 특별히 중요한 것이 되었다. 바로 그렇기 때문에 북부 이탈리아의 많은 초기 시청들이 그 외벽 위에 상징적인 성벽형 요철, 건물 정면에는 인물상 그리고 내부에는 벽화 및 천정화, 기둥, 원형 아치, 난간 등을 갖추게 되었는데,[34] 이러한 것들은 지금까지는 단지 성이나 교회에만 있던 것이었다(10장 1절 참조).

## 2.3. 수기 매체와 교육

조형물은 매체적 성격을 상실하고 개인적인 예술이 되었다. 인간 매
체와 유사하게 조형 매체에서도 일어났던 일이 매체의 문화사의 3단계
시기〔시원기, 복합적인 고도 문화의 시기, 중세 기독교 시기 — 옮긴이〕가 흘
러가면서 점점 더 중요성을 띠게 된 세 번째 부류의 매체인 수기 매체
에서도 나타났다. 예컨대 벽이라는 매체는 제의 매체인 시원기 동굴 벽
화와 새겨 넣은 우주론적인 기호에서부터 기독교적 가르침과 선전의
매체인 중세 스테인드글라스의 형태[35]를 거쳐 이제 세속적인 건물의 모
자이크나 프레스코화 형태의 단순한 장식과 예술 작품에까지 이어지는
이 근본적인 변화를 피해 갈 수 없었다.

이 점은 서신 매체에서 더욱 명확하게 상술될 수 있다. 서신은 여행
과 학술적, 문학적 친교에 특별한 관심을 기울였던 인문주의자들이 아
주 많이 이용하였다. 프란체스코 페트라르카, 포조 브라촐리니,* 에네
아 실비오 피콜로미니,* 요하네스 로이힐린,* 로테르담의 에라스무스,
토머스 모어, 콘라트 켈티스* 등이 그 대표적 인물이었다. 우어줄라 헤
스는 켈티스의 자필 원고들에 근거해서 인문주의자들의 서신을 다음의
다섯 가지 유형으로 분류했다.[36] 첫째 오늘날의 전화 통지와 유사하게
그날 일어난 일을 즉흥적으로 반영하는 짧은 메모가 적혀 있는 쪽지,

---

\* **포조 브라촐리니** 피렌체의 인문주의자이자 서간 문학의 대표적 인물로, 수많은 고대 작
가들의 작품을 발굴해 냈고 피렌체의 역사를 다룬 8권으로 된 저서를 펴냈다.
\* **에네아 실비오 피콜로미니** 교황 피우스 2세(1405~1464년)의 본명. 르네상스기 교황
가운데 가장 뛰어난 인문주의자.
\* **요하네스 로이힐린** 독일의 인문주의자이자 히브리 어 학자.
\* **콘라트 켈티스** 독일 인문주의 최초의 시학 이론가이자 시인으로, 타키투스의 《게르마
니아》를 편찬했다.

둘째 시사적인 입장 표명을 담은 상황 서신, 셋째 논제, 청원, 소망을 담은 반半공식적인 서신, 넷째 다양한 기능을 갖춘 서신, 다섯째 수사학적으로 양식화되어 있고 전수와 보존을 겨냥한 학술적인 작품 서신이 바로 그것이다. 이 마지막 다섯 번째 유형이 바로 엄밀한 의미에서 인문주의자 서신이라고 할 수 있다. 이 서신은 라틴 어로 철학적 문제, 도덕적 가르침, 정치적 호소, 영향력 있는 후원자에 대한 공식적인 인사말을 그 소재로 삼은 개성적인 색조를 띤 논문이었다.[37] 서신은 전적으로 교육과 교양 있는 일상생활을 지향했던 르네상스 학자들의 의견과 경험을 교환하기 위한 핵심적인 매체였다. 그 밖에도 수많은 서신이 메디치 가문의 구성원이나 몇몇 르네상스 교황들과 같은 후원자와 보호자에게 헌정되었다. 자주 인용되는 근대 초기의 "주체의 창안"은, 단순히 "신앙 고백의 아우구스티누스적 모델이나 훌륭한 가장이 자신과 가족들을 위해 기억해야 할 것을 날마다 기록하고자 하는 의도, 혹은 화자 이외의 사람들에게도 기억될 만한 이 세계의 사건들을 기록하고자 하는 열망"[38]뿐만 아니라 인문주의자 서신에도 그 뿌리를 두고 있다고 할 수 있을 것이다.

하지만 여기서 서신은 개인적인 서신 왕래나 시적이고 은밀한 의사소통에 주로 사용되었던 것은 아니다. 또한 서신은 비전문가들을 위해 통속어로 쓴 저작뿐만 아니라 단지 상이한 분과 학문의 전문가들만 겨냥한 스콜라적인 작품과도 구별되었다. 도리어 서신은 사건 중심적이었고 특정한 방식으로 공중公衆을 지향했다. 연애편지나 신앙 고백 편지와 같은 장르는 인문주의자들의 서신 왕래에서는 찾아보기 힘들었다. 인문주의자들은 서신 매체를 가지고 문예에 관심이 있는, 즉 읽기를 지향하는 새로운 공공영역에 다가갔다. 여기서 중요했던 것은 제후, 고위 정치가, 성직자, 상인, 의사, 변호사 그리고 무엇보다도 모든 분과 학문의 학자들이었다. 독자 대중은 중세 대학의 신학도들과 마찬가지로 국제적이었다. "그것은 그 시대의 고전적, 인문주의적 문화에 관여했던 모든 교양인들을 포괄했다."[39] 1600년경의 독일 후기 인문주의가 "신분적 문화"로 불리는 것도 이러한 이유에서이다.[40] 여기서 서신은 확대 재생산되는 수기 매체, 즉 필사되고 나중에는 대개 그 서신이 헌정된 후원자들의 재정 지원으로 인쇄되기도 했던 수기 매체였다. 글쓴이가 자신의 글을 이용할 수 있도록 허가한 이후에는 손으로 베껴 복제하는 것이 가능했다. 가난한 대학생들은 직접 필사했고 부유한 학생들은 직업 필사가를 이용했다. 중세 말에 발전된 서적 시장과 인쇄 매체 시장(11장 2절)은 부분적으로는 단 한 부만 남아 있거나 혹은 수백 부 그리고 드물게는 수천 부까지 사본으로 남아 있는 인문주의자 서신의 유통 및 판매를 맡게 되었다. 당시의 인문주의 담론에 가담했던 사람들 중에서 많은 이들은 인쇄물의 확산 이후에 폭발적으로 증가하게 된 개인 도서관을 보유하고 있었다(콜루치오 살루타티는 대략 8백 종, 페데리고 다 몬테펠트로는 790권 가까이 되는 책을 가지고 있었고 교황 니콜라우스 5세는 심지어 1천2백여 종에 달하는 책을 소장하고 있었다). 거기에는 교부들과 중세 스콜라 학자들의 저작뿐만 아니라 고대 라틴 어, 그리스 어 고전들과 당연히 단테, 페트라르카, 보카치오 그리고 자기 자신의 인문주의적 담론의 결과물들이 포함되어 있었다.

비록 인문주의자 서신들은 명백히 키케로의 서신과 같은 고대의 서신들과 모범 서간 문집들에 더 가깝기는 하지만, 여기에서도 중세가 그 나름의 역할을 하게 되는데, 이는 특히 라틴 어의 중요성이나 무엇보다도 르네상스기의 수사학에서 모범적으로 통용되었던 서간 문집의 역할을 통해서 추론해 볼 수 있다.[41] 어쨌든 "학예 서신Kunstbrief"의 전통은 고대 이래로 중세 전반에 걸쳐 지속적으로 추적해 볼 수 있다. 이와 관련하여 인문주의자 서신은 단순히 정보 기능 —— 대개 전달할 내용에 언어적으로 적합한 표현이 특별히 고려되었다 —— 만을 가지고 있었던 것이 아니라 "하나의 대화체 장르", 즉 말을 건네는 상대 수취인을 생생하게 재현해 내는 의견 교환으로도 파악할 수 있다.[42] 그 대표적인 사례가 1497년의 피렌체 발發 서신인데 이 여러 장으로 이루어진 라틴 어 편지는 진정한 신앙 속에서 현혹되지 말 것을 인상적으로 경고하고 있다. 이 편지에 첨부된 목판화는 아이를 낳고 방종한 생활을 하는 교황에 반대하는 동시에 메디치 가문과 귀족들의 무절제, 소박한 민중들에 대한 억압과 착취에 반대하여 자신의 방에서 글을 쓰고 있는 수도사 사보나롤라를 묘사하고 있다(그림 9). 사실, 르네상스는 이 민중들의 등 위에서 삶의 기쁨, 즐거움, 교육과 문화를 향유했던 것이다. 그런 점에서 인문주의자 서신은 공개되거나 출판된 "서신"의 특수한 형태를 통해 나중에 등장하는 인쇄된 소책자의 초기 형태 기능을 갖추게 되었고(6장 4절 참조)[43] 역사적으로는 미래의 매체인 잡지로의 이행을 보여 주고 있다 하겠다.[44] 이로써 인문주의자 서신은 이치를 따지고 드는 새로운 부르주아 공중의 교육 매체로서 18세기에 들어와서야 형성되는 매체〔잡지 — 옮긴이〕의 결핍을 부상해 주고 있는 셈이다.

인문주의자들의 학술적이고 철학적인 서신 교환에서는 엄격하게 형식을 준수한 라틴 어 문체의 장려가 돋보인다. 그 대표적인 것이 키케로의 서간 문체를 지향하고 있는 로테르담의 에라스무스의 모범 서간 문집《편지 쓰기에 대한 안내》이다. 이 서간 문집은 무엇보다도 프란체스코 네그리, 마리오 필렐포, 술피치오 다 베롤리, 니콜로 페로티와 같은 이탈리아의 서간문 이론가들과 관련되어 있다. 이 작품은 1495년경 파리에서 완성되어 축약본과 해적판이 나돈 뒤에 저자의 동의 없는 최초의 문집이 1520년에, 저자의 인가를 받은 판본은 1522년에야 처음으

⟨Epiſtola di frate Hieronymo da Ferrara dellordi
ne de frati predicatori a tuti gli electi di Dio & fe
deli chriſtiani

⟨ Frate Hieronymo da Ferrara ſeruo inutile di ieſu
chriſto a tutti li electi di dio & figluoli del padre eter
no deſidera gratia pace & cöſolatione del ſpirito ſcö.

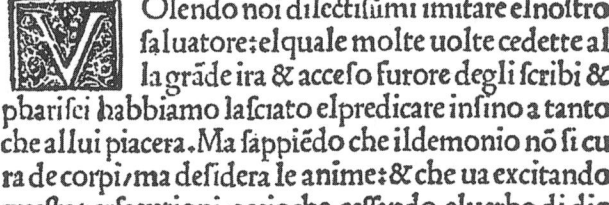

Olendo noi dilectiſſimi imitare elnoſtro
ſaluatore:elquale molte uolte cedette al
la gräde ira & acceſo furore degli ſcribi &
phariſci habbiamo laſciato elpredicare inſino a tanto
che allui piacera.Ma ſappiëdo che ildemonio nö ſi cu
ra de corpi/ma deſidera le anime:& che ua excitando
queſte perſecutioni/accioche ceſſando eluerbo di dio
poſſi meglio ingannare glihuomini: io penſo che lui

그림 9 금욕적인 수도사 사보나롤라가 시대의 악덕에 반대하는 고발장으로서 라틴 어 서신을 작성
하고 있다.

로 출간됐다. 당시에 라틴 어 서신의 작성 연습은 주로 라틴 어 학교(4장 2절 참조)의 수업 시간에 이루어졌다. 학술적인 서신은 18세기까지도 라틴 어로 쓰는 관례가 남아 있었다. 하지만 16세기 중엽 이후로 라틴 어 서신은 점차 통속어로 된 서간 작품들에 의해 내몰리는 신세가 되었다.[45]

인문주의자들의 학술 서적을 특징지은 것 역시 르네상스의 고대 교육 이상의 회복과 인문주의적 교육학이었다. "훌륭한" 서적들이 수집되고 필사되었으며 도서관에 비치되었다.[46] 지식 전달 이외에도 고대 작가들에 대한 비판적인 비평서와 해설서, 일상 도덕에 대한 실질적인 행동 지침과 규범, 도덕적 삶의 모범이라 할 유명한 동시대인의 전기가 중심을 이루고 있었다. 그러나 학교, 대학, 관청, 궁정의 인문주의자들은 점차로 "자신들을 위한 세계"를 형성해 나갔다. "그들이 쓰는 책의 대부분은 서로를 위해 쓴 것이었다. 저자와 독자들은 동일한 계층에 속했다. 후기 인문주의 시대의 학자들은 정신적으로 자신과 같은 사람들만이 따를 수 있는 학문적인 교육의 영역으로 물러나 있기를 선호했다."[47] 새로운 자연 과학이 성장하고 상층 시민 계층이 새롭게 발전해 가면서 민중 문화와는 담을 쌓았던 "학자들의 문화"는 해체되었다. 그리고 새로운 사회 발전은 전적으로 새로운 매체를 요구하게 되었다.

# 3
# 초기 자본주의와 서신 매체의 다기능적 역할

중세 성기와 중세 말기의 서신 매체[1]는 근대 초기에 들어와서도 부분적
으로는 완전히 새로운 기능들이 나타나고 끊임없이 세분화하면서 그
중요성이 계속해서 커져 갔다. 하지만 서신은 우선적으로는 여전히 교
파적 투쟁과 선전 매체로 남아 있었다. 이 점은 면벌부Ablaßbrief*와 이
른바 《이름 없는 사람들의 서신Dunkelmännerbriefe》의 예를 통해 다른
장에서 명확하게 해명될 것이다(6장 2절). 당시 사람들이 전단지, 카드,
서적 등에 실려 있는 목판화를 제작하는 채색 삽화가들을 "브리프 화가
Briefmaler"*로 불렀다는 사실[2]은 공적인 인쇄 매체의 초기 형태인 면벌
부와 비방 서신Schmähbriefe*을 시사해 주는 것이라 하겠다. 또한 순례

---

* **면벌부** '면벌부'라고 번역한 독일어 Ablaßbrief에서 Brief라는 단어는 영어의 letter와
마찬가지로 서신, 편지라는 뜻 이외에도 증서라는 의미를 갖고 있다. Brief가 증서라는
의미를 지니게 된 것은 이 단어가 예전에는 모든 짧은 텍스트를 통칭하는 의미로 쓰였기
때문이다. 실제로 Brief의 어원이 된 라틴어 breve는 "짧은"이라는 뜻을 가지고 있고 이
런 의미는 오늘날 영어 단어 brief에 그대로 남아 있다.

증서, 공증 문서 혹은 통행 증서(4장 1절 3 참조)의 기능 역시 예전 전통 그대로 유지되었다. 이와는 달리 교육 매체인 인문주의자 서신의 역할은 새로운 것이었는데, 이에 대해서는 이미 앞에서 다룬 바 있다(2장 3절). 독일과 관련하여 가장 두드러진 현상은 탁시스Taxis 가문이 우편 업무를 맡으면서 서신 왕래를 제도화한 것이었다. 이것은 시민 경제가 팽창해 나가는 과정에서 통치권자들의 서신 의사소통이 확대되었음을 보여 주는데, 이 점에 대해서는 다음 절에서 핵심적으로 다루게 될 것이다. 따라서 덜 분명하고 덜 현저하기는 하지만 그 대신 이 매체 문화적 국면의 특징을 더욱 분명하게 인식하게 해 줄 활용 관계, 즉 서신에 의한 의사소통과 초기 자본주의 경제 사이의 관계를 입문 형식으로 더 상세히 살펴봐야 할 것이다.

### 3.1. 서신(증서)에 의한 의사소통과 경제

지금까지 서신의 경제적 역할에 대한 연구는 명백히 매우 미진하게 진행되어 왔다. 서신의 경제적 역할과 관련해서는 적어도 세 가지 요인이 중요한데, 경제적 유동성과 실용적인 의사소통의 필요성, 자본 경제 내부의 대용 "매체"로 자리 잡은 서신(증서), 다시 말해서 **의사소통** 매체 서신에서 **상호작용** 매체 화폐로의 발전, 그리고 이후의 신문의 초기 형태인 정보 서신Informationsbrief이 바로 그것이다.

---

* **브리프 화가**　브리프 화가들은 목판 인쇄 기술이 사용되던 시기에 다양한 종류의 짧은 텍스트가 담긴 인쇄물들을 제작하기도 했다. 실제로 브리프 화가들은 브리프 인쇄업자 Briefdrucker와 동일시되는 경우가 많았고 같은 길드에 소속되어 있었다.
* **비방 서신**　곧 설명되겠지만 차용 증서Schuldbrief는 바로 이 비방 서신에서 발전되어 나온 것이다.

90

3.1.1.

원격지 무역의 확대, 새로운 시장의 개발, 국제 견본 시장들의 형성, 광범위하게 영향력을 확보한 상사들의 등장 — 독일의 경우에는 예컨대 한자 도시들, 라벤스부르크 상사 혹은 푸거 가문 — 은 교회와 수도원, 제후와 국왕, 대학, 길드와 도시 같은 부문 공공영역들에 국한된 전령 제도만 가지고서는 더 이상 해결할 수 없는 의사소통 체계를 필요로 했다. 중세적 생활 영역 또는 부문 공공영역 간의 경계가 소멸된 것은 무엇보다도 상업 경제가 관심을 기울이는 다양한 종류의 정보가 한데 뒤섞인 것을 의미했다. 정보에 대한 필요는 더 이상 단지 다른 도시들의 경쟁적인 상품 공급, 다른 시장과 견본 시장, 새로운 원료에만 국한된 것이 아니라 다른 곳의 정치적 상황과 권력 관계, 주민들의 필요와 수요, 도로와 통행로의 상태, 노상강도나 전쟁 수행 집단에 대처하는 운송의 안정성 확보, 새로운 발견과 발명, 일반적인 사회적 상황, 관습, 풍습, 지배적인 가치 위계질서로까지 확장되었다(물론 이런 정보들은 결정적인 이윤과 자본의 이해관계에 따라서 별로 중요하지 않은 문제로 상대화되기도 했던 것으로 보인다). 경제적 관점에서는 그야말로 모든 것이 관심의 대상이었다. 예컨대 서신 형식의 여행 보고서에 나타나는 정보에 대한 관심은 그에 걸맞은 행동으로도 표출되었다. 예를 들어, 1453년 콘스탄티노플의 함락 이후 뉘른베르크 시는 투르크에 대항한 십자군을 적극적으로 지원했는데, 이를 통해 기독교가 아니라 오히려 자신들의 흑해 무역과 그곳의 통상로가 보호되어야만 했던 것이다.[3]

따라서 다른 종류의 더 많은 정보가 요구되었고 이 정보들은 전령, 여행자, 순례자, 편력 직인, 거지, 유랑인, 학생, 배우, 방랑 시인, 도축업자와 같이 떠돌아다니는 중세인들[4]의 시대보다 훨씬 더 확실한 정보 가치를 지녀야 했다. 이 정보들은 광범위한 투자와 상업적 결정의 기초로 활용되었다. 그렇기에 이에 부합하는 서신 왕래의 증가는 의사소통 체계의 기획이 향상되고 심화되는 것과 맞물려 있었다. "16세기 중엽 안트베르펜에서는 서신이 연간 20만 통 정도 오간 것으로 추산되고 있다."[5] 쾰른, 아우크스부르크, 뉘른베르크, 프랑크푸르트, 함부르크, 스트라스부르와 같은 다른 견본 시장, 상업 중심지 역시 이에 뒤지지는 않았을 것이다. 뉘른베르크와 같은 도시에서는 상인들이 확고한 전령 노선을 갖춘 독자적인 전령 기관을 설치했다. 마리-루이제 파브로-릴리에는 사회적 유동성의 결과로 점증하는 의사소통의 문화적 의미에 대해서 다음과 같이 문제를 제기한 적이 있다. "중세 말과 근대 초기의 십자군 종군자, 순례자 혹은 편력하는 수공업자 직인들은 다양한 민족 집단과 상이한 사회 계층 사이의 의사소통 강화에 기여했는가?" 이 문제에 대해 그녀는 회의적으로 답하고 있다. "어쨌든 예로부터 전해 내려온 편견이 줄어든 것은 거의 확인할 수 없으며 오히려 그 반대라고 할 수 있다."[6] 그러나 경제적 기반을 갖춘 의사소통, 국제 무역과 자본, 화폐의 유통에서는 정반대의 현상이 나타났다. 여기서 정보 교환과 의사소통 당사자와 상업 파트너의 화폐 및 이윤 증대에 기여했다.

글을 쓸 줄 아는 능력이 확산되는 과정에서 관청 서신과 상업 서신은 "실제적인 관심사의 전달자"이자 "해방적 행위"가 되었다.[7] 이것은 또한 "공개서한"(6장 2절)과 예컨대 부부 간의 편지[8]와 같은 15, 16세기의 "사적인 서신"[9]에도 해당된다. 이와 함께 독일, 프랑스와 기타 유럽의 다른 나라들에서는 서신학Brieflehre이 발전했는데 그 대표적인 인물로는 공문서체를 지향했던 요한 루돌프 자틀러,[10] 편지는 오히려 "짧고 명확하며 우아해야" 한다고 주장한 게오르크 필립 하르스되르퍼(1607~1658년)(그림 10), 카스파르 슈틸러(1632~1707년), 크리스티안

그림 10 게오르크 필립 하르스되르퍼의 서신학(1655년).

바이제(1642~1708년) 등이 있다. 그 다음에는 "정중하고 친절한" 편지
가 뒤따랐고 이후 "서신의 세기"[11]인 18세기에 들어와서는 "꾸밈없는"
편지가 주류를 이루게 되었다.

### 3.1.2.

유럽의 민족적, 영토적 분열은 통용되는 화폐와 주화의 상황이 한눈
에 알아보기 힘들 정도로 복잡해지게 된 상황에 영향을 미쳤다. 특히
원격지 무역에 종사하는 상인들은 화폐들을 서로 비교해야 하는 문제
에 직면하게 되었다. 국제 거래에서 현금 결제는 이미 14세기 말이 되

면 가능한 한 기피되었다. 돈을 송금하기 위해서 사람들은 오히려 훨씬 더 안전한 어음 "증서"Wechselbrief를 사용했다.[12] 특히 이탈리아 상인들에게서 돈을 신용 대부받곤 했던 교황청의 수요는 어음의 확산을 촉진했다. 채권법상의 유가 증권인 어음은 오늘날과 마찬가지로 이자를 포함하는 지급 의무를 규정했는데, 그것은 어음 발행인이 지급인에게 제삼자, 예컨대 어음 수취인에게 일정 금액을 지불하도록 위임하든지(대부의 경우) 혹은 어음 발행인 스스로가 상품 공급자에게 지불 약속을 표명하는 식(구매의 경우)으로 이루어졌다. 상인들은 화폐 및 자본 시장과의 인접성 때문에 종종 프랑크푸르트와 라이프치히 같은 큰 견본 시장에서 어음을 발행했다. 예를 들어, 이탈리아 상인들은 외상으로 향신료를 판매했고 반대로 북유럽에서 직물을 외상으로 구매했다. 15세기 전반은 제네바 견본 시장의 전성기였고 그 뒤를 이어 리옹의 견본 시장이 16세기 말까지 전성기를 구가했다. 이 시기에는 이미 이른바 어음 견본 시장이 특히 제노바에서 발전했는데, 여기에서는 상품과 어음이 아니라 어음과 어음이 서로 거래되었다. 마지막으로 견본 시장에서 발전되어 나온 최초의 증권 거래소가 안트베르펜에 세워졌고 16세기 말에는 암스테르담이 그 뒤를 이었는데 여기에서는 고정 시세에 따라 어음 거래가 이루어졌다.

어음 증서 이외에도 경제적인 중요성을 지니고 있고 많은 경우 오늘날까지도 사용되고 있는 수많은 다른 서신(증서) 형태들이 존재했다. 즉, 매매 계약서Kaufbrief, 상업 서신Handelsbrief, 가격 표기 등기 우편 Wertbrief, 저당 증권Pfandbrief 혹은 차용 증서Schuldbrief가 바로 그것이다. 물론 이것들은 더 이상 의사소통 매체인 서신이 아니라 상호작용 매체인 화폐 쪽에 덧붙여질 수 있는 것이다. 차용 증서는 이러한 변화를 명확하게 보여 주고 있는데, 왜냐하면 차용 증서는 본래 채권자가

거의 공적으로 변제, 상환을 요구할 때 사용하던 이의 제기 서신과 비
방 서신(혹은 풍자화)에 속하는 것이었기 때문이다(10장 2절 참조).[13]

서신(증서) 매체가 상징적으로 일반화된 교환 매체*인 "화폐"의 대
체품적 성격을 갖고 있었던 것은 특히 재료적 가치 혹은 새겨 넣은 통
치자의 상징적 의미를 토대로 제 기능을 발휘했던 주화가 지폐로 대체
된 것을 통해 분명하게 드러난다.[14] 지폐는 중국에서는 단순히 실질적
으로 무게 —— 무거운 금속 조각들은 장거리를 운반하기가 쉽지 않았다 ——
를 고려해서뿐만이 아니라 중국의 다양한 여러 지방과 통상의 확대를

---

\* **상징적으로 일반화된 교환 매체**  미국의 사회학자 탈코트 파슨즈Talcott Parsons에게서
비롯된 체계 이론system theory적 매체 이론에서는 의사소통을 행위 단위acting unit들 사
이에서 공통된 코드의 도움으로 이루어지는 상호작용 과정으로 파악한다. 여기에서 의사소
통 행위를 통해서만 성립, 지속되는 전체 사회 체계를 안정화시키고 성공적인 의사소통을
가능케 하는 특별한 코드가 이른바 "상징적으로 일반화된 교환 매체symbolically gene-
ralized media of interchange"인데 이에 해당하는 것이 "화폐, 권력, 영향력, 가치 구속력"
이다. 여기서 화폐는 경제 체계(적응 기능), 권력은 정치 체계(목표 달성 기능), 영향력은
사회 공동체 체계(통합 기능), 가치 구속력은 문화 체계(유형 유지 기능)에 조응하는 매체
라고 할 수 있다. 이 네 가지 체계는 가장 거대한 체계인 행위 체계action system를 구성하
는 하위 체계들 중의 하나인 사회 체계social system의 하위 체계들이다. 행위 체계는 행위
자들 사이의 관계로 구성되어 있는 상호작용 체계로 행위자, 행위자가 선택하는 목표와 수
단, 그리고 선택을 제한하는 환경 등을 모두 포괄한다. 한편, 사회 체계는 행위 단위들 사이
의 사회적 상호작용 상태와 과정으로 구성되는데, 어떤 행위가 허용될 것인가의 여부를 규
정하는 규범에 근거하고 있는 사회 체계의 가장 중요한 기능은 통합 기능이다(체계와 하위
체계에 관해서는 166쪽 옮긴이 주를 참조하라). 파슨즈가 이야기하는 상징적으로 일반화된
교환 매체는 경제, 정치, 사회 공동체, 문화 체계와 같이 각각의 분화된 행위 체계 내에서 이
루어지는 상호작용을 기능적으로 조정하는 역할을 한다. 이상의 내용을 종합해 볼 때, 상징
적으로 일반화된 "교환 매체"는 "상호작용 매체" 또는 "행위 매체"로도 이해할 수 있겠고 파
울슈티히 역시 이 단어들을 같은 의미로 사용하고 있다. 파슨즈의 체계 이론과 매체 이론에
대해서는 I. 크레이브, 김동일 옮김,《현대 사회 이론의 조명: 파슨즈에서 하버마스까지》
(문맥사, 1988년)와 탈코트 파슨즈, 윤원근 옮김,《현대 사회들의 체계》(새물결, 1999년),
김성재,《체계 이론과 커뮤니케이션》(커뮤니케이션북스, 2005년, 개정판)을 참조하라.

저해하는 서로 다른 다양한 화폐 때문에 이미 송대宋代(960~1279년)에 도입된 바 있었다. 중국은 어음을 최초로 화폐로 인식하고 취급했던 곳이며 심지어 원대元代(1206~1367년)에 들어와서는 전적으로 화폐로만 취급하였다(마르코 폴로는 자신의 유명한 견문록에서 이에 관해 기록하면서 놀라움을 표한 바 있다). 유럽에서는 경제적으로 중요한 "서신(증서)"의 지폐로의 변화가 17세기 후반에 들어와서 이루어졌다. 현존하는 지폐 가운데 가장 이른 시기에 나온 것 중의 하나는 1666년 스톡홀름은행이 발행하고 서명, 개인 인장, 은행 직인이 찍힌 1백 달라르Dalar짜리 지폐였다. 이 지폐는 그 지폐를 제시하는 모든 사람들에게 은행에서 이 액수의 지급을 보장해 준다는 특별한 언급이 나와 있지 않은 "은행권"이었던 것이다(그림 11).

### 3.1.3.

이제 세 번째 중요한 요인으로 정보 서신에 대해 논의해야 할 차례이다.[15] 낱장 문서와 통치권자의 서신에서 유래한 정보 서신은 라틴 어 대신 독일어를 사용했고 이후 신문의 초기 형태가 되었다(9장 1절 참조). 게오르크 슈타인하우젠이 1928년에 밝혔듯이 "신문이 서신 교류에서 유래한 것"이라는 사실은 잘 알려져 있고 또 입증된 사항이기도 하다. 《모르겐포스트Morgenpost》*나 《아벤트포스트Abendpost》*와 같은 신문 이름은 아직까지도 두 매체 간의 관련성을 잘 시사해 주고 있다.[16] 나중에 "서한 신문Zeitungsbrief"으로도 불리게 되는 서신들에서는 이미 15세기와 16세기 초에 각 편지를 쓰게 된 개인적 계기를 넘어서

---

\* **모르겐포스트**  '조간 우편'이라는 뜻.

\* **아벤트포스트**  '석간 우편'이라는 뜻.

그림 11 가격 표기 등기 우편에서 지폐로 변하는 과정에 있는 최초의 "은행권".

서 "새 소식의 보고에 따르면" 혹은 "새 소식에 대해 본인이 쓰고자 하
는 바는" 같은 식의 표제가 붙은 일종의 기사란이 발전되기에 이르렀
다. "새 소식newe Zeitung" —— 신문이라는 뜻의 "Zeitung"이라는 단어는
당시에는 소식, 새로운 정보라는 의미로 사용되었다 —— 이라는 명칭은
1502년에 처음으로 등장했고[17] 1567년에는 이미 확실하게 이런 부류의
것들을 통칭하는 유類 개념이 되어 있었다. 여기에는 틈틈이 동맹, 전
쟁, 협상, 시장 가격 동향 등에 관한 최신 소식들이 덧붙여졌다. 때로
이 서신에는 "쪽지"가 추가되기도 했는데, 이것은 소식의 내용을 담은
일종의 정형화되지 않은 추신이라고 할 수 있었다.[18]

정치적, 상업적 동료들 사이에서 "소식"을 포함한 이런 서신들이 확

산된 것은 보편적인 접근 가능성을 향해 중요한 일보를 내딛는 것이었다.[19] 상호성의 원칙은 독특한 서신 정보들에서 의사소통 연결망을 만들어 냈다. 그렇게 해서 "첨부된 소식들"은 점차 서신 형태에서 해방되면서 동시에 통보가 개인적 성격으로 후퇴하는 것에서도 벗어날 수 있었다."[20] 그러한 소식들의 수집, 분류, 유포를 전문적으로 수행하는 통신원들이 서서히 생겨났다. 슈타인하우젠은 다음과 같이 쓰고 있다. "우편 노선과 전령의 노선의 규칙성은 배달되는 '소식들'의 규칙성에도 자연스럽게 영향을 미쳤다."[21] 예를 들어, 1621년 이래로 매주 프랑크푸르트에서 발행된 주간 신문인 《반론의 여지 없이 계속되는 우편 소식들Unvergreifliche continuirende Post Zeitungen》과 같은 제호는 규칙성뿐만 아니라 "반론의 여지 없이unvergreiflich"라는 단어를 통해 동시에 불편 부당성과 객관성에도 주의를 환기시키고 있다.[22] 이것을 그로트는 이미 "신문 문체"라고 특징지은 바 있다. "서술은 대개 판에 박힌 듯하고 짧고 객관적이고 선명하며 가장 중요한 것을 솜씨 있게 부각시켜 주었다."[23] 슈뢰더는 그러한 서술을 "사건 보도"라고 불렀다.[24] 그 예로 들 수 있는 것이 1586년 쾰른에서 나온 《네 가지 서로 다른 사안에 관한 진실된 소식》인데, 여기에서는 그라프 시의 포위 공격과 점령, 벤로 시의 함락, 비기독교적이고 끔찍한 전대미문의 흉악한 살인 사건, 노이스 시의 포위 공격, 점령, 약탈, 대大유혈극이 보도되고 있다(그림 12).

푸거 신문Fuggerzeitungen(1568~1604년)은 거대 상업 도시들 간의 수많은 서신 왕래와 마찬가지로 경제와 관련된 매체를 이용한 인상적인 사례이다. 물론 이른바 "푸거 신문"은 푸거 가문에 의해 발행된 자체 편집국을 갖춘 주간 신문이 아니라 시간이 흐름에 따라 푸거 집안 내에 자꾸 늘어나게 된 수많은 소식, 자료, 보고, 서신, 정보를 필립 에두아

# Viererley
## Warhafftige Zeitung,
### so sich in diesem I 586. Jar,
#### Zugetragen hat.

Die erste von der Stadt Graff / an der Maß in Bra
bandt wie sie belegert / vnd sich den Zweyden Sturm
ergeben / vnd Waß weiters darauff erfolget.
Von der gar festen Stad Venlo / in Gellerland wie die
selbige sich auch ergeben / alles Kürtzlich Beschriben.

### Die dritte / von der vnchristlichen / vnerhör-
ten / Erschrecklichen vnd Tirannischen Mörderey / so ge-
schehen ist / zu Junckersdorff bey Cölln vber die Gül-
chische Connoy / oder Geleydt.

#### Die Vierdte Zeitung.
### Von der Belägerung / Eröberung / Plünde-
rung vnd grosser Blutuergiessung / so sich In der
Stad Neuß Zugetragen / Im Ertzstifft Cölln.

그림 12 이후의 신문의 초기 형태인 정보 서신의 사례.

르트 푸거가 단순히 모아서 묶은 모음집에 지나지 않는 것이고 거의 예외 없이 원본 보고서의 사본들이다.[25] 그 내용을 몇 가지만 예로 든다면 에스파냐의 왕비 엘리자베트*의 사망, 안트베르펜증권거래소의 지불 불능, 빈의 유대인 추방, 한 은둔자의 기적적인 치료, 쾰른 근교에서 발생한 우편물 강탈, 인도에서 보내 온 보고, 메리 스튜어트*의 처형, 에스파냐의 아메리카 식민지에서 채굴된 금, 빈의 시장 가격, 에스파냐의 재정 정책, 포르투갈 인들의 통상을 압박해 오는 네덜란드 인 등에 관한 것이었다.[26] 푸거 신문의 텍스트는 독일어 이외에도 이탈리아 어, 프랑스 어로, 심지어 일부는 라틴 어로까지 쓰였다.

일반적으로 상인 신문은 정치적으로 중요한 새로운 정보들이 포함된 상업 관련 소식들의 모음집과 같은 기능을 수행했다. 이러한 보고에서 기준이 된 것은 대개 시장과의 관련성이었다. "당시에는 그 어느 누구도 원격지 무역업자보다 이것을 더 잘 수행할 수 없었는데, 원격지 무역업자들은 도시에서 도시로, 견본 시장에서 견본 시장으로 돌아다니면서 제후들의 궁전을 방문하고 도처에서 '최신 소식'을 듣고서 이를 구두로나 서면으로 대체로 정확하게 전달할 줄 알았다."[27] 베네치아, 뉘른베르크, 아우크스부르크 등의 도시들은 소식이 전달되는 중심지를 형성했다. 베네치아와 독일 도시들 간의 활발한 서신 교환은 이미 15세기에 신뢰할 만한 수준에 이르렀고 15~17세기에 상인들의 옥외 회합에서 결국 증권 거래소가 발전되어 나온 이후로, 이 서신 교환은 더

---

* **엘리자베트** 프랑스 국왕 앙리 2세의 딸로, 에스파냐의 국왕 펠리페 2세의 세 번째 왕비가 되었다.
* **메리 스튜어트** 영국 국왕 헨리 7세의 증손녀이자 스코틀랜드의 여왕으로, 1568년 잉글랜드로 망명했다가 왕위를 둘러싼 음모의 주인공이 되면서 결국 1587년에 엘리자베스 여왕에 의해 처형당했다.

욱 늘어나게 되었다. "시장과 다른 것에 관련된 소식을 담은 현존하는 가장 오래된 독일의 서신들은 한자 동맹 도시들에서 비롯된 것이다." 근대 초기에는 무엇보다도 뉘른베르크가 독일의 정보 통신 체계의 중심지로서 대단히 중요한 역할을 수행했다(나중에는 아우크스부르크가 뉘른베르크를 대신하게 되었다). "세상에서 일어난 모든 일에 대한 보고들이 여기로 모여들었다. 이 도시가 그렇게 된 데에는 경제 지리적으로 탁월한 입지 조건, 잘 발달한 제조업계, 세계 무역, 그리고 자유로운 제국 도시이자 황제 도시이며 수많은 제국 의회와 제후, 성직자들의 모임이 열리는 곳인 동시에 문화와 학식의 중심지로서 도시가 갖고 있는 위상이 크게 작용했다. (⋯⋯) 날마다 사방에서 뉘른베르크로 흘러 들어온 것은 무엇보다도 시장과 관련된 보고, 환율, 물가, 시장의 상품 물량, 곡물 수확에 대한 전망, 교통 두절에 대한 통지와 이와 유사한 소식들이었다."[28]

16세기 전반에는 예컨대 히에로니무스 뮌처, 외르크 포크, 크리스토퍼 콜럼버스, 아메리고 베스푸치, 피에트로 파스쿠알리토, 발렌틴 페르난데스와 같은 위대한 (상업적) 발견자들의 수많은 서한 신문, 보고서, "새 소식"이 중요한 역할을 했다면, 16세기 후반에는 세계 경제의 확대와 정치적 변화의 진행 과정 속에서 서신을 통한 정보 교류가 전문화하고 세분화한 것이 특징이라 할 수 있겠다. 그 대표적인 예로는 "스크리토리 다비시scrittori d'avisi", 즉 베네치아의 직업적인 소식 기고자들과 무엇보다도 프랑크푸르트, 라이프치히, 쾰른과 같은 대규모 견본 시장의 직업적인 소식 기고자들을 거론할 수 있다. 유럽의 모든 대규모 상업 중심지, 궁정 도시와 대학 도시에는 통신원 사무실 또는 "통지 사무소Avisenhäuser", "소식 사무소"가 생겨났고[29] 결과적으로 기고자였던 상인, 시 참사회 의원, 학자, 관리는 직업적인 소식 기고자들에 의해 대체되기에 이르렀다.

중간 결산을 해 보도록 하자. 근대 초기의 서신 매체의 변화를 게오르크 슈타인하우젠은 다음과 같이 도식적인 발전 과정으로 요약하고 있다. 즉, "경우에 따라 서신 속에 포함되어 있는 정치적·상업적 소식, 서신 속에 확고히 자리 잡은 자체 기사란, 특별한 부록의 형태를 띠거나 전체를 이루고 있는 서한 신문, 서신 형태의 퇴조, 우편 제도의 조직화에 따른 정기적 서한 신문인 정기 신문Ordinari-Zeitung과 상인 신문, 필사 주간 신문, 인쇄 주간 신문"의 순으로 발전되어 나갔다는 것이다.[30] 물론 우리는 이 모든 형태들이 상당 기간 병존하면서 유지되었다는 점을 분명히 기억해야 할 것이다. 예를 들어, "예전 방식의 비정기적인 '새 소식'은 최초의 정기 신문들이 등장하면서 쓸모없게 된 것이 아니라 심지어는 18세기에 들어와서까지도 주간 신문과 나란히 인쇄되었다."[31] 또한 인쇄업자들과 인쇄 매체 판매업자들의 중요성 또는 인쇄 능력을 한계치까지 끌어올리려고 신문도 같이 인쇄하는 경향을 보였던 새로운 "서적" 제작업체의 경영학적 요인도 함께 고려되어야 할 것이다.[32] 신문의 성립에서 경제 관련 서신이 갖고 있는 중요성은 논란의 여지가 없는 사실이다. 하지만 의사소통 매체인 서신이 단지 사업상의 역할만 한 것이 아니라 교육과 관련하여, 선전·선동을 위해, 정치적으로 그리고 특히 사적인 정보 교환을 위해 기능화했던 것과 마찬가지로, 신문의 성립에는 서신뿐만 아니라 다른 선구적 매체들 역시 중요한 의미를 지니고 있었다(9장 1절).

근대 초기의 서신을 통한 의사소통과 경제 사이의 연관은 더욱 자세히 연구되어야만 한다. 많은 연구자들은 당시 서신에서 매체와 사회의 경제화의 초석이 놓여졌다는 것에 동의하고 있다. 상징적으로 일반화된 행위 매체인 화폐는 사람들의 수요에 따라 서신이라는 의사소통 매체에서 직접 생겨났던 것이다.

## 3.2. 자본주의적 영업으로 제도화한 우편

근대 초기에 서신이 매우 중요한 의미를 갖는 경제적 매체였다는 사실은 무엇보다도 탁시스 가문의 우편업의 창설, 즉 15세기에서 16세기로의 전환기에 서신 매체가 경제화한 것을 통해서도 잘 드러난다. 서신을 통한 의사소통이 유통의 제도화란 형태로 조직화된 것은, 독점적 성격을 지닌 하나의 자본주의적 영업이 예전 중세 시대의 궁정 파발꾼들의 릴레이식 전달 체계 및 서신 왕래 관할 지역[33]이나 혹은 그 이전 로마 제국의 "쿠르수스 푸블리쿠스cursus publicus"[34]*의 새로운 형태로 설립된 것이라 할 수 있다. 물론 조합 전령 제도, 도시의 전령 기관, 영방 군주의 전령 기관, 황제의 제국 우편 등이 오랫동안 나란히 공존하고 있었던 것은 사실이다.[35] 하지만 늦어도 1595년에 황제 루돌프 2세가 레온하르트 폰 탁시스를 신성 로마 제국의 우정 총괄 대신Generalober-postmeister에 임명함으로써, 서신 매체는 기본적으로 한정된 기간에만 통용되는 정치적 지배의 의사소통 및 안정화 매체에서 경제적 지배의 조정 및 방향 설정 매체로 변화하였다. 이후 18세기에 들어와서야 서신은 국가의 운영권 하에서 부르주아들의 보편적인 문화 · 의사소통 매체로 발전하게 되었다. 이로써 "서신 교환의 기능 변화가 새로운 의사소통 매체의 성립과 어떤 관련이 있는지"[36]에 대한 질문에 대답할 수 있게

---

* **쿠르수스 푸블리쿠스**　공적인 명령과 정보 전달을 목적으로 창설된 고대 로마의 공용 역참 제도.

되었다. 물론 여기에서는 단지 근대 초기 우편 서신과 부르주아 계층의 시작과 관련해서만 그런 것이고, 예컨대 20세기의 전화나 시민 사회의 쇠퇴를 염두에 두면서 서신 매체의 사회적 지배력의 종말에 대해서 이야기하는 것은 아니다.

먼저 프랑스의 국왕 루이 11세는 독일에서처럼 영토 분열로 방해받는 일 없이 1464년부터 파리 대학의 전령 기관과 경쟁하면서 중앙 우편 제도의 초기 단계로 평가될 수 있는 독자적인 전령 기관을 발전시켰다. 이 전령 기관은 처음에는 전적으로 국왕의 서신이나 왕의 위임을 받아 여행하는 사람들만을 위한 것이었지만, 1480년 이후로는 수수료를 받고 개인들에 대해서도 그리고 1576년 이후로는 왕실과 상관없는 소식들도 실어 나르게 되었다.

독일 우편 제도의 발전 과정은 잘 규명되어 있는데, 이를 대략 3단계 국면으로 나누어 볼 수 있을 것이다.[37] 1488년에 황제 프리드리히 3세와 협약을 맺은 막시밀리안 1세*는 확대되어 가는 자신의 영토에서 정보 통신 연결을 극대화하기 위해서 이탈리아 베르가모 근처에 있는 코르넬로 출신의 야네토 폰 탁시스*에게 매 5마일마다 역참을 갖춘 우편 노선 연결망의 구축을 위임했다. 이를 위해서는 무엇보다도 신뢰할 수 있는 지도가 필요했다(낱장 문서 매체의 중요성에 대해서는 5장 3절 참조). 순례자들의 길을 표시한 지도에서 세속적인 도로 지도가 발전되어 나왔는데 에어하르트 에츠라우프의 1501년 중부 유럽 지도의 경우와 같이 경우에 따라서는 그 가장자리에 낮의 길이에 대한 언급과 다른 정보들이 적혀 있기도 했다. 15세기에서 16세기로의 전환기에 가장 중요

---

* **막시밀리안 1세**   신성 로마 제국의 황제 프리드리히 3세의 아들로서, "제국 최후의 기사"로도 불리며 제국의 통치 체제를 개혁하기 위해 노력했다.
* **야네토 폰 탁시스**   이탈리아식으로는 야네토 데 타시스Janetto de Tassis.

한 지도 제작자로 간주될 수 있는 인물[38]은 특히 1511년의 〈유럽 도로 지도Carta Itineraria Evropae〉(그림 13)*로 유명한 마르틴 발트제뮐러 (1470년경~1518년)였다. 야네토의 형인 프란츠 폰 탁시스는 1501년에 막시밀리안의 아들인 에스파냐 국왕 펠리페 1세*에 의해 "우정 대신" 으로 임명되었다. 그는 비록 정기적이지도 않고 모든 사람들이 이용할 수 있는 것도 아니었지만 브뤼셀 혹은 메헬렌Mechelen*에서 막시밀리안의 궁정, 에스파냐의 궁정, 프랑스 국왕의 궁정으로 향하는 우편 연결망을 조직했다. "그 대신 그는 해마다 보수로 1만 2천 리브르를 받았고 브뤼셀에서 인스브루크*로 가는 서신들을 여름에는 닷새하고 반나절 안에 그리고 겨울에는 엿새하고 반나절 안에 우송해야 할 의무를 지고 있었다. 브뤼셀에서 파리까지의 구간은 44(54)시간, 그라나다까지는 15(18)일, 톨레도까지는 12(14)일이 예상되었다. 우편업의 구축에서 보여 준 뛰어난 성과를 인정하여 황제 막시밀리안 1세는 프란츠 폰 탁시스에게 세습 귀족 작위를 수여했다."[39] 어쨌든 그는 "수세기 동안 큰 변화 없이 하루에 25킬로미터씩 가던 중세의 운송 속도를 단숨에 166킬로미터로 끌어올린 최초의 인물"이었던 것이다.[40] 1505년에 에스파냐와 네덜란드를 잇는 최초의 우편 협약이 체결되었다. 처음으로 "한 자유로운 사업가 —— 프란츠 폰 탁시스 —— 와 국가 사이에서 동등한 권리를 갖는 협약이 체결되었다. 이러한 관점에서 1505년의 협약은 국

---

* 〈유럽 도로 지도〉 이 지도는 남과 북이 거꾸로 그려져 있어서 이탈리아는 위쪽에 덴마크는 아래쪽에 위치해 있다('그림 13' 참조).
* 펠리페 1세 에스파냐 합스부르크 왕조의 창시자인 그는 1496년에 에스파냐의 왕위 계승자였던 후아나와 결혼함으로써 후에 에스파냐 왕위에 오를 수 있었다.
* 메헬렌 벨기에의 안트베르펜 주에 있는 도시로, 프랑스식 이름은 말린Malines.
* 인스브루크 오스트리아 티롤 지역의 중심 도시인 인스브루크에는 막시밀리안 1세의 궁정이 자리 잡고 있었다.

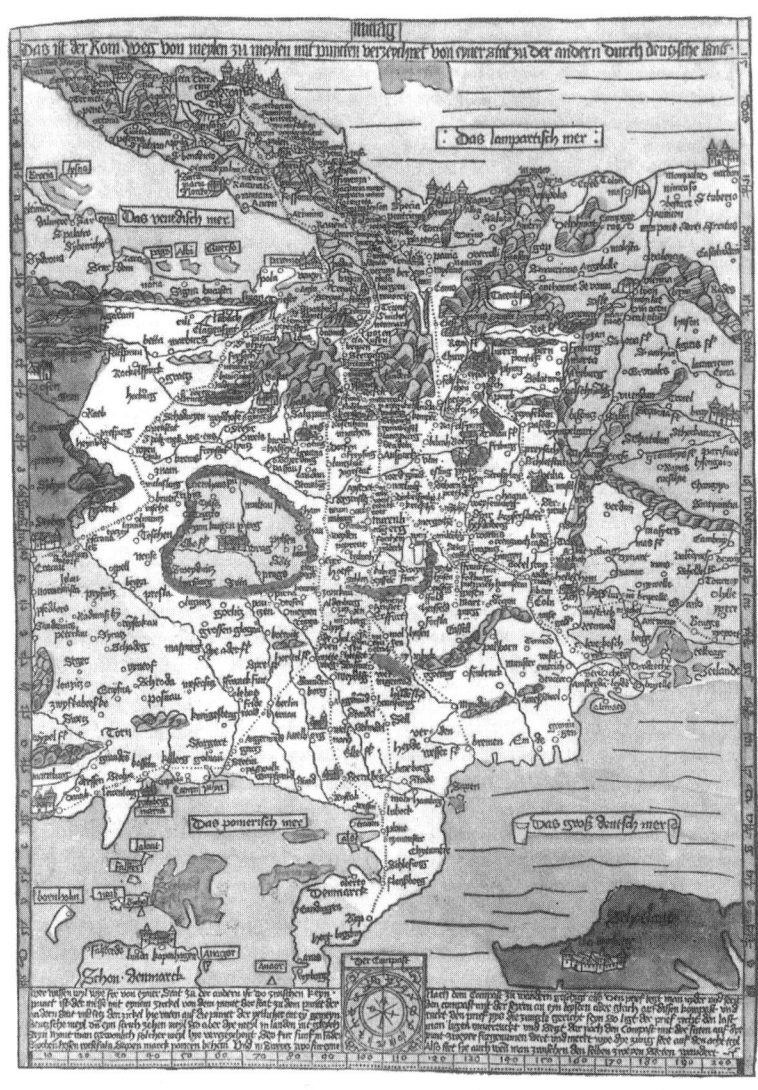

그림 13 마르틴 발트제밀러의 〈유럽 도로 지도〉(1511년).

제법상 하나의 선례를 남긴 것이었다. 우정 대신에게는 오늘날의 관점에서 보면 국가의 주권을 포괄하는 광범위한 관할권이 양도되었다."[41]

1516년 에스파냐의 국왕 카를로스 1세*는 프란츠 폰 탁시스, 그의 조카 요하네스 밥티스타와 우편 협약을 갱신했는데, 이에 따라 로마, 베로나, 나폴리 같은 더 넓은 지역이 우편 연결망에 추가되었다. 또한 사적인 다른 발송물의 우송도 수수료를 받고 허용하였는데, 이것이야말로 핵심적인 경제적 요소임이 드러났다. "개인들 역시 서신 왕래에서 제국 우편 노선을 이용하도록 독려되었던 본래 이유는 이를 통해 황제의 금고에서 나온 보조금 없이도 이 노선들의 유지 비용이 충당될 수 있었기 때문이었다."[42] 황제의 제국 우정 대신의 이런 부업은 많은 수익을 가져다주었다. 루트비히 칼무스는 이 점을 부각시키면서 다음과 같이 기술했다. "평범한 전령들(아네토와 그의 형은 베네치아와 교황령의 전통적인 전령 계층에 속했던 사람들이었다 — 저자)이 몇 년 지나지 않아 독일과 네덜란드 우편업의 부유한 소유주가 되었다."[43] 이는 우편업이 국가를 위해서 일하거나 국가에 의한 안전 조치를 보장받고서 국제적으로 활동하는 가문의 자본주의적 사업의 일환으로 성립되었다는 것을 의미했다. "16, 17세기 탁시스 가문의 사업은 초기 자본주의적 기업가 정신의 틀 속에서 파악되어야 한다."[44] 서신 비밀 보장권의 보호는 비록 종종 보장되지 않기도 했지만 당시에 이미 법적 원칙으로 인정받고 있었다. 1520년, 황제 카를 5세는 요하네스 밥티스타 폰 탁시스를 우정 대신에 임명했다. "이로써 탁시스 가문의 우편 독점권이 통용되던 지역은 신성 로마 제국 전역과 네덜란드, 에스파냐로 확대되었는데, 이는 당시로서는 엄청나게 거대한 지역이었다."[45] 독일 최초의 우체국은

---

* **카를로스 1세** 펠리페 1세의 아들로, 신성 로마 제국 황제로는 카를 5세.

그림 14 아우크스부르크에 설립된 독일 최초의 우체국. 루카스 킬리안의 채색 동판화(1616년).

1550년경 아우크스부르크에 세워졌다(그림 14). 이로써 발전 과정의 첫 번째 국면인 우편 제도의 수립(1488~1520년)이 종결되었다.

합스부르크 가문의 내분의 결과로 탁시스 가문의 우편업은 1556년부터 수십 년 동안 심각한 경제 문제에 빠져들었다. 칼무스는 이 두 번째 국면을 "중부 유럽 우편업의 위기"로 규정짓고 있다.⁴⁶ 전혀 급료를 받지 못하거나 급료를 제대로 지급받지 못했던 독일의 역참 책임자들은 파업을 일으켰다. 이제 우편업의 경쟁적인 자금 조달 모델이 대두하게 되었는데 예컨대 야콥 헤노트*의 계획안에 따르면 제국 우편은 국가의 보조 없이 오로지 독자적으로 운영되어야 했다. "하지만 우편업의 자체 자금 조달은 1577년부터 누적되어 온 이전의 빚더미로 말미암아 실패했다."[47] 16세기 말에 가서야 레온하르트 폰 탁시스는 아우크스부르크의 부유한 상사들의 도움으로 재기하는 데 성공했다. 수많은 공문서와 상업·업무 서신들의 안전하고 정기적인 우송을 목적으로 한 파발꾼, 전령, 역참의 촘촘한 연결망을 설치, 운영하기 위해서는 도시의 전령 기관들로서는 조달할 수 없는 막대한 자본이 필요했다. 물론 탁시스 가문은 주로 수익성 높은 구간에 국한된 서신 우편업에 집중했고, 소화물 및 여객 수송과 손실이 많은 서신 왕래 구간은 외부에 넘겨주었다. 탁시스의 파발 우편업은 이후의 영방 국가의 우편 기관들에 비해서도 더 믿을 만하고 신속하면서도 지역적으로 광범위한 것이었지만 전체적으로 그 "유통 가치"는 제약되어 있었다.[48] 다시 말해서 탁시스 우편업은 그 시대의 일반적인 정보 교류의 단지 특정한 작은 부분만을 충족시켰던 것이다. 황제 루돌프 2세는 에스파냐의 우정 대신 레온하르트를 1595년 새로이 우정 총괄 대신으로 임명했고 —— 이로써 이른바 "우편 개혁"(1578~1595년)이 완결되었다[49] —— 1596년에 우편 법령을 확정지었으며 1597년에 우편 제도를 "황제의 독점 수익권"으로 만들었다. 황제는 다시 확산되고 있던 부가적인 전령 제도를 탁시스의 우편업을 위해 금지하였다. 이로써 이탈리아, 독일, 네덜란드에서는 황제뿐만 아니라 제후, 신분 세력, 도시, 상인들의 서신과 사적인 서신의 왕래가 특정 구간에서 다시 제도화되고 독점화되었다. 이 사업에서 벌어들인 탁시스 가문의 수입은 우편 연결망이 점점 더 확장되어 가면서 엄청나게 커졌다. 많이 인용되는 레온하르트의 말을 빌리자면 "그는 해마다 우편업에서 십만 두카텐이 넘는 이윤을 얻었다."[50]

---

* **야콥 헤노트**  1586년에 신성 로마 제국 황제에 의해 쾰른의 우체국장으로 임명되었고 탁시스 가문의 영향에서 벗어나 당시 퇴락한 우편 제도를 개혁하는 임무를 부여받았다.

위기와 공고화(1556~1600년) 이후의 세 번째 발전 국면 기간에 독일에서는 안트베르펜과 이탈리아 사이의 핵심 우편 노선에서 다양한 지선 노선이 생기기 시작했다. 그러나 이런 비약적인 발전 속에서도 도전적인 반격이 다시 늘어났는데, 예컨대 1610년 뉘른베르크 시의 전령에 관한 법령(그림 15)이 보여 주고 있듯이 부가적인 전령 제도가 바로 그런 반격의 일환으로 등장했다. 그 결과로 나타난 것은 "16, 17세기 정보 교류의 본질적인 특징"[51]인 운송 체계의 분산이었다. 이 과정에서 프랑크푸르트의 우체국장Postmeister 요하네스 폰 덴 비르크덴*이 예전의 야콥 헤노트와 비슷하게 중요한 역할을 했다. 30년 전쟁, 우편 제도에 대한 스웨덴의 간섭,[52] 제국 신분 세력들과의 분쟁, 특히 브란덴부르크-프로이센의 독자적인 노력[53]이 17세기 말까지의 발전 과정을 규정지었다. 17세기 후반에 서신 매체 유통의 조직화는 "중상주의 경제 정책의 도구"가 되었다.[54] 점차 전통적인 "달리는 전령"[55]을 대체하면서 1648년에 빈, 파리, 스톡홀름을 오고 갔던 "기쁨과 평화를 가져다주는 기마 우편 배달부"(그림 16)*의 행로를 심각하게 방해하는 세력이 나타났다. 특히 브란덴부르크의 선제후* 프리드리히 빌헬름은 영방 군주의 통치권을 주장하면서 자신의 영토에서 황제의 우편업을 더 이상 허용

---

* **요한 폰 덴 비르크덴** 프랑크푸르트의 우체국장이자 신문 발행인이기도 했던 그는 처음에는 브뤼셀에서 제국 우정 대신으로 활약하다가 30년 전쟁 기간 동안에는 스웨덴의 우정 대신으로 봉직하기도 했다.
* **그림 16** 이 그림에서 기마 우편 배달부는 1648년 10월 25일에 뮌스터 시에서 체결된 베스트팔렌 강화 조약의 소식을 30년 전쟁 당사국들에 전파하고 있다.
* **브란덴부르크의 선제후** 중세 이래로 브란덴부르크 지방을 통치하는 변경백은 신성 로마 제국의 황제를 선출할 수 있는 막강한 권력을 지닌 7선제후 중의 하나였다. 또한 브란덴부르크 변경백은 제국 밖에 있는 프로이센 공국의 통치자이기도 했는데 1701년 황제의 동의 하에 프로이센 국왕으로 즉위하게 되었다. 하지만 봉건법상으로 프로이센 국왕은 여전히 신성 로마 제국 황제의 봉신으로 남아 있었다.

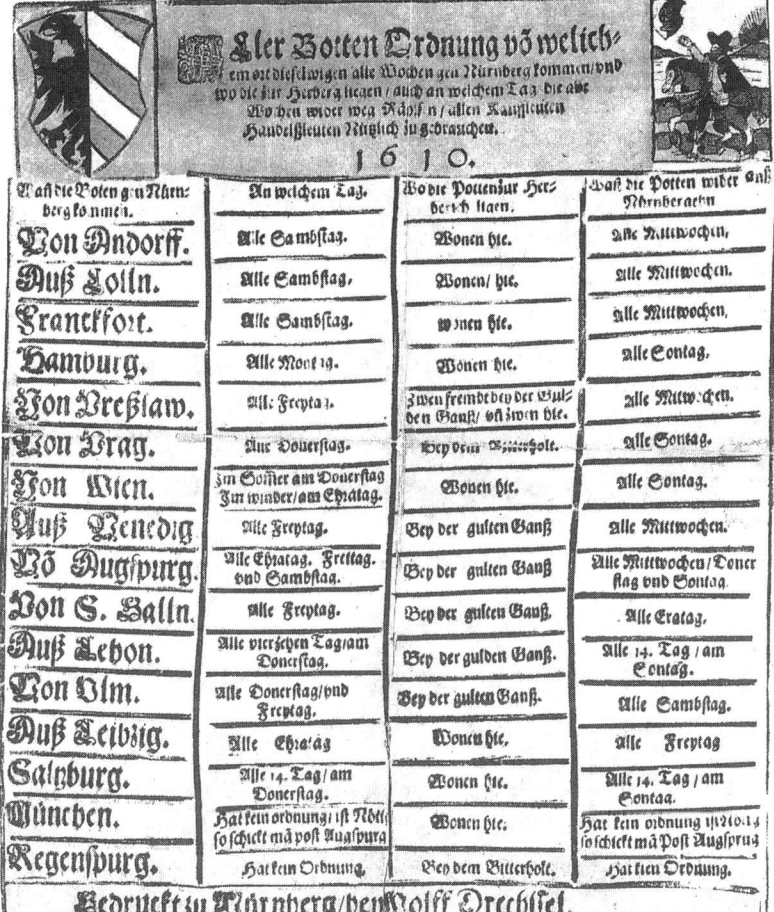

그림 15 투른 운트 탁시스 가문과 경쟁하던 뉘른베르크 시의 전령에 관한 법령.

하지 않았고, 그 대신 독자적인 우편 연결망을 구축했다.

이와는 반대로 1653년 이후 투른 운트 탁시스로 이름을 바꾼 탁시스 가문은 마음대로 우편료율을 높였던 수많은 우체국장들의 탐욕과 맞서 싸워야 했다. 1646년 뤼네부르크의 경우와 같이 고정적인 새로운

그림 16 빈, 파리, 스톡홀름을 연결해 주는 1648년의 기마 우편 배달부.

우편 마차 역참들이 세워졌고 최초의 제국 승합 우편 마차들이 도로를 누비고 다녔다. "이미 1653년 브라운슈바이크의 제국 우체국장에 의해 설치된 제국 우편업 최초의 정기적인 승합 우편 마차가 브라운슈바이크에서 첼레와 뤼네부르크를 거쳐 함부르크까지 운행했다. 이 마차는 세간에서 큰 호응을 얻었고 제국 우편업에 적지 않은 이익을 안겨다 주었다."[56] 하지만 1660년대부터 도처에서 부가적인 전령 제도가 다시 증가하게 되었고 심지어는 지역의 경계를 뛰어넘어 조직되기도 했다. 이런 이유로 1680년 황제 레오폴트 1세는 황제의 우편업 외부에서 이루어지는 우편물, 승객, 소화물의 운송은 허용하되 무엇보다도 말을 갈아타는 것 — 바로 이것이 16세기에서 17세기로의 전환기 이후 탁시스 가문만이 누릴 수 있는 특권이었다 — 을 금지하는 조건을 집어넣음으로써 부가적인 전령 제도를 단지 지역 차원에 국한시키는 법령을 새롭게 공

그림 17 오이겐 알렉산더 폰 투른 운트 탁시스는 1695년에 세습적인 제국 제후 신분에 봉해졌다.

포했다. 1695년 오이겐 알렉산더 폰 투른 운트 탁시스는 황제 레오폴 트 1세에 의해 세습적인 제국 제후 신분의 지위에 봉해졌다(그림 17). 하지만 얼마 지나지 않아 에스파냐 계승 전쟁(1701~1714년)*이 끝난 이후 자본력이 막강했던 이 귀족 가문은 에스파냐령 네덜란드*에 있는 모든 소유지와 우체국을 잃은 채 프랑크푸르트로 이주하게 되었다.

이 세 번째 국면은 장기적으로 제국 우편업의 민간 자본주의적 성격에 중대한 결과를 초래하게 된다. 17세기에 우편업은 "수지맞는 사업"이 되었다.[57] 30년 전쟁 기간 동안 황폐해진 브란덴부르크 선제후령에는 아직 탁시스 우편업의 역참이 존재하지 않았다. 투른 운트 탁시스 가문은 선제후의 친한 친구인 미하엘 마티아스를 매수하고자 헛되이 시도했다. 마티아스는 이 사실을 프리드리히 빌헬름에게 알렸고 협상은 갑작스럽게 끝나고 말았다. 1646년 선제후 프리드리히 빌헬름은 지금까지 쾨니히스베르크*의 전령 책임자였던 마르틴 노이만을 우정 대신에 임명했고, 자국의 독자적인 우편업의 효율성을 높이기 위해서 승합 우편 마차들의 운행을 무제한적으로 보장해 주는 1648년 12월의 칙령(그림 18)과 같은 수많은 칙령들에 서명했다. 하지만 노이만이 자신에게 요구된 정기적이고 신뢰할 수 있는 서신 왕래와 여객 수송을 보장할 수 없게 되자, 베를린의 국가추밀원은 1649년 우편 제도의 관리와 운영을 전적으로 국가의 감독 하에 둘 것을 결의했는데, 선제후도 이에 동의하였다. 미하엘 마티아스는 탁시스 우편업이 한 해의 전체 지출을 충당하기 위해서는 열흘에서 12일 정도의 우편물 배달일 수입만으로도 충분할 것이라고 계산 —— 확실히 이것은 공정한 계산은 아니었다 —— 하여[58] 프로이센 우편업의 관리를 맡게 되었다. 그는 함부르크와 단치히* 시와의 분쟁에서도 성공을 거두어 우편 요금과 운송 수입이 아무

---

* **에스파냐 계승 전쟁**  가계가 단절된 에스파냐의 왕위 계승을 둘러싸고 프랑스와 영국 · 오스트리아 · 네덜란드가 벌인 전쟁. 전쟁의 결과, 루이 14세의 손자인 필리프가 에스파냐 국왕으로 즉위했지만, 프랑스와 에스파냐의 통합은 저지되었다.
* **에스파냐령 네덜란드**  현재의 벨기에.
* **쾨니히스베르크**  현재 러시아의 칼리닌그라드로, 프로이센 공국(훗날의 동프로이센)의 수도였다. 한편, 베를린은 브란덴부르크 선제후령의 수도였다.

그림 18 브란덴부르크 선제후 프리드리히 빌헬름의 우편업 보호를 위한 1648년 칙령.

런 방해 없이 선제후의 금고로 흘러 들어오게 하였다. 하지만 프로이센에서는 더 이상 재정적 이해관계가 절대적으로 우선시되지는 않았다. 어쨌든 17세기에서 18세기로의 전환기에 브란덴부르크-프로이센 국가 우편업의 지출 대비 수익은 50% 이상 증가한 것으로 알려져 있는데,[59] 다른 학자들은 1700년경에 100%를 훨씬 상회하는 수익을 거두었다고 주장하기까지 한다.[60]

우편업을 둘러싸고 황제 및 탁시스 백작과 브란덴부르크 사이에서 벌어진 대립은 오래 지속되었다. 하지만 우편 독점 수익권을 둘러싼 투쟁은 기본적으로 황제의 대권이자 주권이라 할 서신 매체 체계, 그리고

* 단치히 현재 폴란드의 그다니스크.

수입과 결부된 용익권 —— 이 두 가지 모두는 봉신에게 봉封으로 부여될 수 있었다 —— 사이의 양자택일을 둘러싸고 이루어진 것은 아니었다. 그것은 일차적(정치적)으로는 황제에 대항한 영방 군주의 주권을, 그리고 이차적(경제적)으로는 비용이 들지 않는 대신 수익성은 높은 서신 우송과 국가 운송 조직의 최적화를 둘러싸고 일어난 투쟁이었다. 1660년, 프리드리히 빌헬름은 탁시스 가문의 우편업에 유리한 쪽으로 개입한 황제의 조처를 단호하게 거부했고, 1662년 뤼네부르크에서 열린 니더작센 제국 주州*의 신분 회합에서는 다른 제국 신분 세력들의 지원을 얻을 수 있었다. 이런 지원에는 "탁시스 백작은 독일인이 아니고 독일에 체류하지도 않으면서 돈을 제국 밖으로 빼돌리고 외국인들을 채용하며 관리 행정에서 외국어를 사용한다"는 불만이 일정한 역할을 했다 (제국의 관리 행정에서는 오직 독일어와 라틴 어만 사용해야 했던 것이다!).[61] 그러한 광범위한 저항에 직면하여 황제와 탁시스 가문은 프로이센의 우편업을 일시적으로 내버려 두었고, 이것은 프로이센 국가 재정과 우편 영업의 능률 향상에 도움이 되었다.[62] 지역 자체의 우편업이 존재하지 않는 지역에서는 제국 우편업이 용인되었다. 1700년경에는 점점 더 촘촘해지는 우체국의 연결망 속에서 일주일에 두 번 왕래하는 승합 우편 마차는 일반적인 것이 되었고 할레와 라이프치히 사이와 같이 많이 이용하는 구간에서는 우편 마차가 이미 매일 왕래하고 있었다.

프로이센에서는 사회적 유동성과 교통이 점점 증가하고 있었기 때

---

* **제국 주**  1512년 이래로 신성 로마 제국은 10개의 제국 주Reichskreise로 나뉘어 있었는데, 이러한 제국 주 체제는 실질적인 집행 기관을 갖추지 못한 제국을 대신하여 외부의 침입에 맞선 제국 전체의 방어나 제국 차원의 조세 징수 등의 분야에서 중요한 역할을 했다.

문에 기마 우편 이외에 이동 우체국도 설치되었다. 하지만 승합 우편 마차의 전성기는 18세기였다. 점점 더 많은 제국의 도시들이 자체 우체국을 설립했다. 프로이센과 황제의 우편업을 둘러싼 경쟁은 지속되었다. 하지만 때로는 서로 경쟁하는 우편 마차 역참들이 합쳐지기도 했다. 1690년대 이후 프로이센의 우편 제도는 다른 지역으로도 확대되었다. 동시에 브라운슈바이크, 헤센-카셀, 메클렌부르크와 마찬가지로 작센은 증가하는 우편 수입을 외부의 지배 세력, 즉 황제나 다른 제국 신분 세력들의 우편 기관 혹은 도시의 전령 기관에 뺏기지 않도록 하기 위해서 1692년부터 독자적인 우편 제도를 창설하기 위해 노력했다(한편, 작센은 1721년부터 오늘날의 킬로미터 이정표의 전신격인 우편 이정표를 최초로 세웠다). 심지어 비록 한정된 기간이기는 했지만 브란덴부르크와 작센의 우편 제도 사이에는 공동 협력이 이루어지기도 했는데, 황제에 대항하여 영방 군주들은 언제나 동맹 세력이었던 것이다. 향후 발전을 규정지을 전기를 마련했던 것은 "우편 제도에 관한 최초의 유기적으로 통일된 법률이면서 프로이센 지역에서 이후의 모든 해당 입법의 기초이자 출발점"으로 평가받고 있는 1712년 프로이센의 일반 우편 법령이었다. 그 핵심은 "숭객과 봉함封函 서신의 운송을 위해서 우편 제도의 특징(규칙성, 운행 수단의 교체 등)을 갖춘 운송 기관을 설치할 수 있는 권리는 전적으로 국가에 있다"는 것이었다.[63] 프로이센 국가 우편 제도에 대한 선제후 프리드리히 3세*의 이러한 구상에는 분명 민간 경제적 어조의 영향이 여전히 엿보인다*고 할 수 있는데, "이 우편 법령의 목적은 국가 예산에 현저히 기여하는 우편 수입의 안정화와 증대였

---

* 프리드리히 3세  브란덴부르크 선제후로서는 프리드리히 3세이지만 프로이센의 초대 국왕으로서는 프리드리히 1세였다.

다."[64] 18세기 중엽을 훨씬 넘어서도록 경쟁적인 민간 경제 부문인 탁시스 우편업의 전성기는 지속되었다. 그러나 프로이센의 우편 제도는 독일-오스트리아우편연합의 창설을 거쳐 북독일연방*의 우편 행정에 이르기까지 국가적 체계로서 점차 공고해졌고, 결국 기본적으로 영리 본위의 민간 경제적인 기반에 대항하여 확고한 위치를 차지하게 되었다.

따라서 17세기 말, 황제와 투른 운트 탁시스 가문이 브란덴부르크 우편업을 사실상 용인한 것은 서신 매체의 발전에서 근본적인 변화가 시작되었음을 의미했다. 하인리히 폰 슈테판은 이로써 우편이 다시 "국가의 배타적인 특권"으로 간주되었다는 점을 강조했다. "당시 사람들이 우편이라는 개념의 핵심적인 특징으로 설명했던 것은 규칙적인 운행, 일정한 발송 및 도착 시간, 비용을 지불하는 대가로 이루어지는 서신(나중에는 돈꾸러미와 소포)의 우송, 모든 사람들의 이용 가능성 그리고 무엇보다도 운송 수단의 교대였다."[65] 이와 함께 우체국장은 체신 공무원이 되었고 그 직업적 역할도 우체국 서기, 우편 마차 마부로 더욱 세분화했으며 이후 매년 일정한 급료를 받는 우체국 관리인, 우체국 수위, 우체국 사환, 우편배달부, 전령 등이 여기에 추가되었다. "대선제후*는 자신의 우편 기관을 명확하게 일반 공중이 이용할 수 있도록 만든 최초의 인물이었다. 그의 우편 기관은 오늘날의 의미에서 우편업의

---

* **민간 경제적 어조의 영향이 여전히 엿보인다** 프로이센의 일반 우편 법령이 탁시스 우편업이 추구했던 것과 마찬가지로 일차적으로 공익적인 측면보다는 영리 본위의 측면을 지향했다는 점을 지적한 것이다.

* **북독일연방** 1866년의 전쟁에서 오스트리아에 승리를 거둔 프로이센이 주도해 마인 강 이북 지역의 독일 국가들이 1867년에 결성한 연방 국가.

* **대선제후** 이미 여러 번 언급한 브란덴부르크의 선제후 프리드리히 빌헬름(1640~1688년)을 가리킨다.

과제와 원칙을 처음으로 실현했다."[66]

## 3.3. 요약

이상의 내용을 요약해 보도록 하자. 서신 매체의 사례와 초기 자본
주의에서 서신이 수행했던 다기능적 역할의 사례 —— 저항과 투쟁 매체,
학식 있는 인문주의자들을 위한 교환 매체, 상인들을 위한 상업 서신, 현금이
든 등기 우편, 정보 서신 —— 를 통해 우리는 경제적인 동기에서 비롯된
수요가 어떻게 한 의사소통 매체로 하여금 특정한 성과들을 낳게 했으
며 이 성과들이 다시 어떻게 경제 체계에 영향을 미치는 새로운 형태로
발전하게 되었는지, 그리하여 이 경제 체계가 구조적으로 변화하면서
화폐라는 그 자신의 상징적으로 일반화된 행위 매체를 만들어 냈는지
를 잘 관찰할 수 있었다. 따라서 서신 매체는 역사적으로 의사소통 매
체에서 상호작용 매체로의 발전에서 연결 고리와 같은 역할을 수행했
다. 근대 초기에 특징적인 점은 우편업이 처음에는 국가의 주권적 조직
형태보다 우위에 있었던 민간 경제 조직 속에서 제도화했다는 사실이
다. 동시에, 이 과정에서 새로운 의사소통 매체, 즉 민간 경제적 특징을
지닌 신문(9장 1절)이 형성되었던 반면에, 신문의 초창기 매체였던 서
신은 나중에 점차로 공공 이익에 귀속될 수 있는 기능 변화, 즉 18세기
의 개인적인 사적 서신으로의 발전*을 겪었음을 지적해야 할 것이다.

---

* 개인적인 사적 서신의 발전이 어떻게 공공 이익에 귀속될 수 있는지 의문이 들 수도 있
  지만, 사실 공공영역에 대한 논의에서 사적 부문과 공공영역은 서로 분리된 것이 아니
  다. 이와 관련하여 하버마스는 "핵가족의 사생활 영역으로부터 출현하는 주체성이 공공
  영역의 고유한 공중Publikum을 형성한다"고 주장했다. 위르겐 하버마스, 한승완 옮김,
  《공론장의 구조 변동: 부르주아 사회의 한 범주에 관한 연구》(나남출판, 2001년), 97쪽.

서신이라는 의사소통 체계의 "국가화"는 그 시대의 전체 매체 문화의
틀 속에서 다른 의사소통 체계들〔예컨대 신문―옮긴이〕의 "민간 경제
화"와 밀접하게 관련되어 있는 것이다.

# 4
# 도시 신분제 사회의 매체

입상과 같은 조형 매체와 서신(증서)과 같은 수기 매체는 근대 초기의 진행 과정에서 매체사의 이전 시기의 선구적인 매체들에 비하여 많이 달라졌다. 그러면서 종종 이 매체들은 자신의 순수한 매체적 특징을 잃어버리고 예술 작품이나 "은행권"이 되었는데, 이것들은 그 자체로는 더 이상 특정한 매체에 고정된 의사소통 체계를 구성하지 않았고* 더 이상 제도화하거나 조직되지 않았으며 포괄적인 사회적 조정 및 방향 설정 기능을 더 이상 지니지 않게 되었다. 다른 전통적인 매체들도 자신의 형태를 변화시켰고 영향권을 국한시켰으며 그 기능들을 수정했다는 점에서는 마찬가지였다. 이 점은 특히 문장관, 교사, 가인, 축제와 같은 도시 신분제 사회의 선별된 매체들을 통해 명확히 밝혀 볼 수 있다. 여기서 예외 없이 인간 매체가 문제가 되고 있는 것은 결코 우연이 아니

---

* 앞의 3장 1절에서 설명한 것처럼 예컨대 화폐(지폐)는 더 이상 서신과 같은 '의사소통' 매체가 아니고 '상호작용' 매체(혹은 '교환' 매체)의 범주에 들어간다.

다. 새로운 맥락에서 "오래된" 매체들을 우선적으로 사용한다는 것은 결정적으로 사회 구조의 취약함 혹은 반대 방향으로의 발전을 암시해 준다. 단지 특정한 신분과 계층만이 이와 병행하여 그리고 점점 더 많이 "새로운" 매체를 이용했다. 농민 전쟁 시기의 농촌에서조차 예컨대 설교자와 전단지 간의 혁신적인 매체 결합 형태에서 완전히 새로운 매체 문화의 맹아적 형태들이 발견된다. 이상의 상황을 종합해서 단순하게 표현해 본다면, 전통적인 지배는 사회를 특징짓는 우월성을 상실하고 예컨대 직업적 역할로 용해되어 버린 전통적인 매체들에 근거하고 있었던 데 반해, 반란은 경향적으로 새로운 의사소통 매체를 사용했다고 할 수 있다. 이 점은 종교개혁 및 반종교개혁(6장)과 절대주의(8장)와 관련해서, 그리고 신문(9장), 벽보(10장), 서적(11장)을 갖춘 초기 부르주아 계층과 관련해서도 확인해 볼 수 있을 것이다.

## 4.1. 교황 사절에서 문장관을 거쳐 포고자로

도시 신분제 사회의 매체를 이해하기 위해서 우리는 잠시 과거의 상황을 되돌아볼 필요가 있다. 도시에서는 일정 기간 동안 다양한 예전 매체들이 서로 결합되어 있었다. 즉, 시원기의 "인간 서신"이 고대의 달변 수사학자들,[1] 중세의 다양한 형태의 학위 소지 교사와 선생 그리고 설교하며 돌아다니는 탁발 수도사들[2]과 결합되었던 것이다. 이들은 문장관이라는 형태 속에서 특정한 방식으로 체계화, 제도화하고 새롭게 기능화하였다. 여기에서도 역시 무엇인가를 공개하고 큰 소리로 알리며 발표하고 무엇인가를 보도 매체를 통해 전달하는 것이 중요했다. 하지만 문장관은 단순한 "보도 매체적 현상" 이상의 것이었다.[3] 오히려 중세에서 근대로의 이행기에 이 문장관을 통해 완전히 독자적인 매체가 형성되었는데, 이 매체는 그 활동 면에서는 확실히 특정 신분 또는 계층 특유의 공간이나 의사소통 행위의 맥락에 국한되어 있기는 했다. 축제나 장례식 때의 연사 혹은 격언 시인, 결혼식 초청자와 같은 형태는 부정기적인 임시 사안과 관련이 있었고 그렇기 때문에 오히려 가인 매체에 속해야 하는 데 비해서(4장 3절), 주기적으로 파견된 문장관에 대해서는 적어도 다음 세 가지의 발전 단계 또는 보도 매체 유형이 구분될 수 있는데, 이들은 그 시대의 변함없는 안정화와 방향 설정 과제들을 떠맡았다. 즉, 초기 형태인 교황 사절Legat, 본래적인 매체라 할 황제 문장관, 그 후속적 발전 형태로 구술 문화와 문자 문화 사이의 긴장 관계 속에서 법규 명령과 새로운 법률을 공포하는 포고자Ausrufer가 바로 그것이다. 이와 함께, 문장관 매체와 단지 간접적으로만 관련되어 있긴 하지만, 예컨대 한자 동맹 도시들의 호위 보호 제도Geleitschutz 역시 언급되어야 할 것이다.

### 4.1.1.

여기서 매체로 묘사된 문장관의 선구자 혹은 초기 형태는 늦어도 12세기 이후에는 출현하였던 **교황 사절**이었다.[4] "로마의 사절Romanus legatus"은 13세기의 그레고리우스 7세 이후로 자신에게 지정된 활동 범위 안에서 전적으로 교황을 대표하는, 즉 교황을 대신해서 행동할 수 있는 지위를 부여받았다.[5] 따라서 교황 사절은 성직자의 결혼, 성직 매매, 평신도 서임권에 대항한 투쟁에서 자신의 목적을 실현하기 위해 권위를 요구하거나 교황의 "믿을 만한 추종자들"과 중재자들의 복종과 경외심을 요구할 수 있는 권력의 대변 기구였다. 이에 걸맞게 교황 사절은 주교와 대주교를 포함하여 각 지역의 최고 교회 권력에 대한 재판권과 처벌권을 갖고 있었다. 이들에게는 종종 세속 제후들과 관련된 외교적 임무가 맡겨지기도 했다. 외교적 수단으로 사절단을 파견하는 제도는 이미 중세[6]와 심지어는 고대[7]에도 확립되어 있던 것이었다. 그러나 사절 제도는 예컨대 밀라노, 베네치아 같은 이탈리아의 국가들이 서로 지속적으로 외교 사절을 교환하기 시작했던 15세기에 들어와서야 비로소 교황청 외부에서 확고한 관행이 되었는데, 이 외교 사절들은 강화된 이해관계의 공유라는 의미에서 자신의 위임자에게 대개 서면 형식으로 끊임없이 최신 정보를 제공했다. "사람들은 군사 행동, 전투에서의 교전, 정치 활동, 외교 활동, 협상 등을 서로 비교했다. 이탈리아의 교육은 전투의 성공보다 외교적 성공을 위한 노력을 더 높이 평가했다."[8] 비토레 카르파치오는 자신의 유화에서 "선포자"로 등장한 외교 사절들을 시각적으로 묘사한 바 있다(그림 19). 따라서 이미 기술한 르네상스의 매체사적 의미(2장)를 보완하는 의미에서 사절 제도의 확립 역시 그 가치가 인정되어야 할 것이다. 물론 이 의사소통 기제는 공표보다는 차라리 비밀 외교를 그 목표로 삼았다(비록 이 비밀 외교가 종종 공식적인 보고라는 미명 하에 이루어지기는 했지만 말이다). 여기에서 이미 이 매체의 직업적 역할 혹은 외교관 신분으로의 발전이 예견된다고 할 수 있겠다.

4.1.2.

문장관은 고대 시기에는 선전 포고를 위해 적에게 보낸 사신이었다. 여기에서도 다시 법적인 차원이 거론되는데, 왜냐하면 이 사신은 치외법권의 특권을 누렸기 때문이다. 중세에 들어와서 문장관은 궁정 예식, 마상 경기 규칙, 봉건 제도의 특정한 결정 사항들을 관장하고 결투가 벌어질 때 도전장을 제출하며 이외에도 연대기를 작성해야 하는 궁정 관리로 변화하였다. 이미 당시에 이 직책이 특별한 의미를 지녔다는 것

그림 19 비토레 카르파키오의 유화에서 "선포자"로 묘사된 외교 사절들.

은 권력 승계를 규정하는 문제에서 한 후보자의 가계 혈통의 정확하고 명백한 입증이 얼마나 중요한 일이었던가를 고려해 보면 분명해진다. 바로 그런 이유에서 문장학紋章學이 독자적인 학문 영역으로 나타나게 된 것이다.[9] 독일에서 문장관은 관직 명칭으로서는 14세기 후반에 처음으로 등장했다.[10] 나중에 문장관은 단지 경축 행사에서 손님들의 등장을 알리는 사회자로서만 기능하게 되었다는 점에서 배우의 역할로 축소되고 말았고[11] 그럼으로써 예컨대 익살 광대, 가인과 같은 다른 연극적 역할들에 가까운 모습을 보이게 되었다. 하지만 루츠 룀헬트가 문장 관을 방랑 시인과 떠돌이의 사회 집단 속에 포함시킨 것은 확실히 부당 하다.[12] 이와는 달리 중세에 문장관이 갖고 있던 체계 내적인 의미는 부 분적으로나마 기업이나 거대 조직체 그리고 정부의 "대변인"을 통해 오늘날까지 여전히 유지되고 있다.

근대 초기에 특징적이었던 것은, 문장관이 길드와 유사한 조직 내부 의 규칙적인 서열에 따라 세분화하고 그 임무가 궁정과 성 외부로 확대 또는 이전되었다는 점이다.[13] 예를 들어 문장관은 제국 의회와 같은 공 식적인 사건에 대해 보고해야 하는[14] 정보 제공 및 보고 기능을 갖게 되 었고,[15] 그런 점에서 일정 정도 이후 신문의 선구자 역할을 수행했다고 할 수 있다(9장 참조). 루츠 룀헬트가 15세기의 수많은 사례들에서 명 확하게 밝히고 있는 것처럼, 문장관은 우선 소식 전달자, 교서 전달자, 전쟁 외교 분야의 협상 지도자였고 그 밖에도 숙영지 설치 담당자, 서 기, 대변인, 중재자, 협상 전권 위임자였으며 정치 외교와 관련해서는 스스로 외교 사절이 되기도 했다.[16] 무엇보다도 문장관은 법적 분쟁과 정치적 동맹 관계에도 투입되었다. 그것은 1464년 루이 11세가 영국과 프랑스 간의 전쟁을 휴전과 강화 조약으로 끝내려는 목적으로 영국의 문장관을 접견하면서 그 문장관에게 자신의 처제를 보여 줌으로써 영 국의 에드워드 4세로 하여금 그녀의 자질을 확인토록 하고 결국 왕실 간의 혼인을 성사시키려고 했던 것에서 알 수 있듯이 혼인 협상도 포함 하는 것이었다.[17]

"문장관의 외교 활동의 전성기는 15세기 중엽부터 16세기 초까지였 다."[18] 영국에서 국왕의 문장관들은 늦어도 1484년 이후로는 "문장원紋 章院 college of arms"*에 통합되었다. 문장관은 독특한 특징들로 구분되 던 인간 매체였는데, 그 우선적인 특징으로는 외국어 구사 능력, 말재

주, 신중함과 같은 특정한 개인적인 전제 조건을 들 수 있다. 그 다음으로 문장관은 봉건적 사회 질서 속에서 사회적으로 제도화하였다. 영국뿐만 아니라 프랑스와 독일에서도 국왕과 제후들이 문장관의 복장 마련 비용과 이미 15세기에 종종 고정된 연봉 형태를 취했던 급료를 지급했다. 외교적 목적으로 파견될 때 문장관에게는 당시의 모든 이동 수단이 제공되었다. 문장관은 문장이 그려진 상의를 입었고 그와 동시에 종종 보호 증서 혹은 통행 증서를 소지하고 다님으로써 관직자로서의 자신의 역할을 알리거나 증명해 보였다. 동시에 중세적 의미에서의 문장관의 "과시적인" 복장[19]은, 비록 때로는 존중받지 못했다고 하더라도, 15세기에 현저하게 나타나고 일반적으로 인정되던 문장관의 불가침성을 뒷받침해 주었다. 문장관은 무기를 소지하지는 않았지만 여기에 묘사된 16세기 전반기 황제 문장관처럼 종종 왕홀을 지니고 다녔다 (그림 20). 루츠 룀헬트는 16세기 중엽 이후 문장관이 몰락하게 된 요인을 종교적인 긴장 상태와 문장관의 외교적 신성 불가침성이 점차 무시되었던 상황에서 찾고 있다. 하지만 제국 문장관 카스파르 슈투름*이 1524년에 스스로를 지칭하여 표현했던 "신들과 인간들 사이의 중재자"[20]의 몰락은 사실 한편으로는 문장관의 자체 변화를 일으킨 부르주아 계층의 흥기와 다른 한편으로는 전통적인 문장관의 기능이 외교관의 직업적 역할로 변화하도록 강제한 인쇄 매체와 같은 새로운 매체들의 성립에서 비롯된 것이라고 할 수 있겠다.

---

\* **문장원**  영국 각 지역의 문장 인가나 문장과 가계도의 기록 보관 등의 사무를 통괄했던 기구.

\* **카스파르 슈투름**  신성 로마 제국 황제 카를 5세의 문장관으로서 1521년에 루터가 황제의 소환으로 보름스로 향할 때 그를 호위했던 인물이었다.

그림 20 "중재자"인 황제 문장관.

4.1.3.

이른바 호위 보호 제도는 문장관의 시민적 변형이었다. 비록 카스파르 슈투름은 명백히 종교개혁가 루터를 호위 보호함으로써 역사적으로 알려지기는 했지만, 호위 보호 제도에서는 더 이상 매체가 아니라 사람과 물건에 대한 지역 당국의 폭력적 점유, 개별 영토에서의 습격과 탈취 및 부당한 법률적 공격에 대해 자신을 보호하기 위한 상호 협약이 중요한 것이었다. 알프레트 하퍼라흐는 이를 다음과 같이 정의했다. "〔호위에 대한 관할권은 ─ 저자〕 도시의 특성에 내재하는 근원적인 것이어서 결코 제3의 외부 권력에 의해 부여되거나 혹은 논박되지 않았다. 따라서 도시들의 호위 '권'에 대해서는 기껏해야 도시 내부 권력의 이원성과 관련지어 설명하면서 예컨대 도시 영주의 호위권을 시 참사회의 경쟁적인 호위권과 대립시킬 수 있을 뿐이다."²¹ 호위 보호 제도는 이미 13세기에 뤼베크, 함부르크, 브레멘, 브라운슈바이크, 쾰른 등과 같은 도시들 사이에서 체결된 우호 조약에 그 기원을 두고 있었다. 여기서 "호위"는 중세의 "시장 평화"와 유사한 "상업 평화"의 의미에서 일반적인 왕래의 안전성과 질서 정연한 법률 관계를 나타내는 것이었다. 그렇기 때문에 14, 15세기에 상업적 교환을 촉진시키고 그 안전을 보장하기 위해서 "통행 증서"가 발급되었다. 이 통행 증서는 예컨대 15세기의 쾰른에서는 "통행 등기부"로 고착되었다. 단지 예외적인 경우에만 실제로 호위 부대가 상인을 보호하기 위해 동행했다. 호위자 개개인은 지역 당국의 권위를 대표하는 대변자로 간주되었다. 이때 호위자나 도시영주 혹은 시 참사회에 지불하는 수수료는 많은 경우 위장된 관세에 지나지 않았다. 호위자와 그의 종자從者들이 도로 통행의 안전을 보장해주기는 했지만, 이들이 더 선호했던 것은 상인들이 호위를 받아들여 수수료를 지불하고 있는지와 마부들이 "불법적으로" 관세 납부처를 우회하려는 것은 아닌지를 통제하는 일이었다. 어쨌든 뤼베크 시와 뤼네부르크 시는 15세기에 용병 부대를 투입하여 뤼네부르크 대목 장터를 방문하는 뤼베크 시민들의 안전을 지켜 주었다.²² 외교 사절이나 문장관의 치외 법권은 여기에서는 경제적으로 전환되었고 정보의 전달이나 의사소통 대신 단지 상품 교환하고만 관련을 맺게 되었다.

4.1.4.

마지막으로 포고자는 일종의 사법 대변인이었다. 포고자는 아마도 지금까지 법제사[23]에서 매우 불충분하게만 고려된 다음의 질문에 대한 대답을 줄 것이다. 즉, 세속 당국에 의해 공포된 수많은 법률들은 어떻게 전달되었으며, 특히 인간 매체인 설교자와 수기 매체인 낱장 문서, 서적을 통해서 이루어지는 중세의 고전적인 방법이 구조적으로 변화된 사회에서 더 이상 작동하지 않게 되었을 때, 법률이 주민들이나 적어도 결정 권한이 있는 법률의 적용자들에게 어떻게 알려지게 되었을까? 여기에서 이야기하고자 하는 것은 단지 신민들이나 민주적인 시민들을 위한 법률 공시[24]뿐만 아니라 수많은 법령들이 법률의 적용자들 사이에서 매체를 통해 유포되는 것도 포함한다. 예컨대 《작센슈피겔》*이 대표하는 중세 이래로의 법의 문자화가 통일적인 법률 개념을 촉진시켰다는 것은 의심의 여지가 없다. 하지만 17세기까지 지배적이던 일반 속인들의 구술 문화를 고려한다면, 이것만 가지고서는 실제적인 법 집행으로의 전환 과정은 결코 설명되지 않는다. 바로 이 과정에서 특히 도시 당국의 명령과 법률의 중개자 역할을 수행하던 포고자(그림 21)가 지역 당국의 공무원이자 대변인으로 자리 잡을 수 있었던 것이다.[25] 포고자는 종종 울려 퍼지는 신호 소리 —— 안전성, 의무감, 신앙심으로 특징지을 수 있는 "일종의 통제"[26] —— 로 사람들에게 매번 시간을 알리고 다녔던 야경꾼의 전통 위에 서 있었다. "종을 울리고 다니는 런던의 야경꾼"은 이를 시각적으로 잘 표현해 주고 있다(그림 22). 이와 함께 이른바 "런던의 외침Cries of London"* 속에 잘 보존되어 있는 중세의 시장

---

* 《작센슈피겔》  1224~1231년경 아이케 폰 레프고우Eike von Repgow에 의해 편찬된 중세 독일의 가장 영향력 있는 법전으로 작센 지방의 관습법을 성문화한 책이다.

그림 21  지역 당국의 대변인인 포고자.

그림 22 시간을 알리는 포고자인 야경꾼.

호객 상인들의 전통도 지적할 수 있겠다.[27] 그것은 길거리에서 "큰 가자미 사세요"라고 외치는 생선 파는 여인의 틀에 박힌 외침과 "작은 아가씨 이리 와서 인형 하나 사 봐요, 이처럼 좋은 기회를 만나기는 어려울걸요Come buy a doll my little miss/ You'll find no time as good as this"라고 말하며 인형을 파는 여인이 사용한 간단한 각운脚韻, 그리고 오렌지 판매인의 다음과 같은 세련된 가락까지를 포함한 것이었다.

---

\* **런던의 외침** 런던의 길거리에서 큰 소리로 물건을 팔고 다니는 호객 상인들의 모습은 17~18세기에 다양한 형식으로 출판된 여러 인쇄물들 속에서 짤막한 텍스트와 함께 연작 그림으로 즐겨 묘사되곤 했다.

여기 좋은 오렌지가 있어요,

그것도 굉장히 저렴한 가격이에요,

1페니에 두 개씩 판답니다.

잘 익고 수분도 많고 달콤한,

먹기에 딱 적합한,

그래서 고객들은 이 좋은 것을 많이 사 간답니다.

하지만 "포고자"는 일차적으로 개인에 유리한 법률 적용이란 의미에서도 또 하나의 상반된 중요성*을 지니고 있었다. 베른트 튐은 "소리 지르고 외치고 보고하며 발표하고 선포하고 알리는" 행동 양식을 갖춘 보도 매체 체계에 의한 법적 보호라는 의미에서 "공표"의 사법적 중요성을 묘사한 바 있다.[28] 법률이 적용되는 해당 사회 집단은 능동적으로 영향력을 행사해야 했고, 법률의 실상은 공표라는 과정을 거침으로써 망각과 날조에 맞서 공공영역 속에서 면역성을 갖추어야 했던 것이다. 여기에서 포고자는 단순히 당국의 지침을 전달한 것이 아니라 자기 자신을 위해 법률과 명령의 준수를 요구했다. 포고자가 시민적 이해관계의 맥락 속에서 활용되면서 이후 광고 및 선전 매체로 발전해 나간 것은 논리적인 귀결이었고, 이 광고 및 선전 매체는 인간 매체 포고자가 결국 수기 매체 벽(10장 참조)으로 바뀌는 것을 보여 줄 것이었다. 그 좋은 실례로 17세기 스위스에서 자신의 연극단이 특정 지역을 방문한 것을 선전하면서 북을 치고 다니는 포고자를 들 수 있겠다(그림 23). 포고자의 정치적이고 법률적인 반관적半官的 성격은 여기에서 다시 도구

---

* **상반된 중요성** 포고자의 공표가 법률을 제정하는 당국의 입장에서뿐만 아니라 그 법률이 적용되는 피적용자들에게도 중요한 의미를 지니고 있다는 뜻이다.

화하면서 경제적인 것으로 바뀌었다. 선구자라 할 교황 사절 이후에 등장한 문장관은 특정 시기에 국한된 매체로 발전했는데, 그 다음에 이 매체는 포고자를 거쳐 "호객 선전원"이라는 직업적 활동으로 변화했던 것이다.*

## 4.2. 교사에서 "수공업자"를 거쳐 국가 공무원으로

고대의 순수한 인간 매체[29]에서 중세 대학의 학위 소지 교사[30]로 발전했던 교사는 근대 초기에 들어오면서 매체가 단순한 직업으로 변화하는 세분화를 경험했다. 그런데 이 직업은 사회 발전을 위해서는 매우 중요했지만 그 시대의 다른 매체들과 비교해 보았을 때 더 이상 사회적 지배력은 갖추지 못했다. 여기에서는 아마도 개략적으로 네 가지 발전 단계로 나눠 볼 수 있을 것이다. 즉, 성직자였던 중세 교사의 뒤를 이어 처음에는 인문주의 교사, 그 다음에는 쓰기, 산수, 훈육 담당 선생 그리고 이와 나란히 종교개혁기의 초등학교 종교 교사, 마지막으로 18세기에 직능 계층으로서 공무원에 임용된 학교 선생Schulmeister이 출현했던 것이다.[31] 이러한 발전 과정은 시각적 증거물을 통해 특히 분명하게 잘 설명될 수 있다.

### 4.2.1.
중세의 학교 제도를 특징지은 것은 여전히 교회 교육과 학문의 독점

---

* 실제로 독일어 Ausrufer는 포고자란 의미 이외에도 가두 선전원, 호객 상인 등의 뜻을 지니고 있다.

그림 23 "호객 선전원"인 포고자.

기구인 교사가 있는 수도원 학교, 성당 부속학교, 주교좌성당 부속학교, 교구 학교였다.[32] 여기에 인문주의적 자극을 가했던 것은 무엇보다도 로테르담의 에라스무스와 《우신 예찬》(1509년)이었는데, 이 책에서 에라스무스는 당대의 학교 실태를 날카롭게 비판했다. 그에게는 무엇보다도 학자 양성 교육, 즉 라틴 어 학교의 철저한 개혁이 중요했다. 뷔르템베르크 공작 크리스토프의 모델에 따라 도시에, 그리고 비록 축소된 형태이기는 하지만, 부분적으로는 농촌에도 특히 인문주의자들의 저작을 가르치는 라틴 어 학교 혹은 이른바 제후 학교가 세워졌다. "일차적으로는 고전 라틴 어를 말이나 글로 능숙하게 사용할 수 있도록 하는 데 적합한 교육과 그리스 어, 히브리 어 지식이 중요했다. 그 다음으로 중요한 것이 교의敎義, 경건, 규율이었다. 그와 반대로 기초 자연 과학과 수학은 거의 어떠한 역할도 하지 못했고, 이에 대한 얼마 안 되는 지식은 기껏해야 언어 교육의 부산물일 따름이었다. 라틴 어 학교의 지도 이념은 경건, 언어, 학예였다."[33] 제바스티안 브란트*의 《품위 있는 교습에 관한 책》(1496년)에 나오는 목판화에 따르면, 인문주의자들이 편안하게 생각했던 수업은 전체적으로 조화를 이룬 주변 환경 속에서 한 명의 학위 소지 교사와 주의 깊고 지식욕이 넘치는 적은 수의 학생들이 함께하는 학문 위주의 수업이었다(그림 24). 수업에서는 당연히 라틴 어만을 사용했다.[34] 여기서 교사는 교육자가 아니라 실제로는 대개 사제직 하나가 공석이 될 때까지의 시간을 보내고 있는 대학 졸업자들이었다. 인문주의교사는 고대의 교육 이상을 참조함으로써 예전의 인간 매체가 성직자라는 신분적인 특징을 가지면서도 종교개혁의 영향을 받아

---

* **제바스티안 브란트** 독일의 인문주의자로서 법률 서적을 출간하기도 했으며 대표 저서로는 당대의 폐해를 풍자한 《바보배Narrenschiff》(1494년)가 있다.

그림 24  인문주의자의 관점에서 본 교사.

변화된 종교적 행위 역할Handlungsrolle*로 세분화하는 길을 열어 놓았다.

4.2.2.

일반적인 세속화 과정이 이런 특화 경향을 지속시켰다. 이미 13세기 이래로 새로운 도시에서는 유복한 시민 계층을 위한 시립 학교와 시 참사회 학교가 생겨났다. 이곳의 교사는 제국 도시의 공무원이었다. 이

---

\* **행위 역할**  행위 역할의 개념에 대해서는 11장 2절을 참조하라.

그림 25 라틴 어 학교에서 가르치는 중세 학위 소지 교사의 전통.

라틴 어 학교는 여전히 교회의 보조 기관이었고, 따라서 수업 내용에서도 성직자들의 학교와 거의 구별되지 않았지만, 1485년 혹은 1510년경의 뉘른베르크의 경우와 같이 학칙을 공포하기도 하는 시 참사회 당국의 감독 하에 놓여 있었다. 그러한 학교 교실의 모습을 묘사한 그림(그림 25)은 강단 책상과 한 무리의 학생들을 통해 당시 수업 풍경이 중세적인 교수법에 매우 가까운 것이었음을 보여 준다. 이 밖에도 도시에는 초등학교도 존재했는데, 여기서는 라틴 어 학교와는 반대로 독일어로 수업이 진행되었다. "그러한 '독일어' 학교들이 14세기 이래로 뤼베크, 함부르크, 프랑크푸르트, 아우크스부르크, 스트라스부르, 밤베르크, 브라운슈바이크, 콘스탄츠, 린츠 등에 존재했다는 것은 문서로 입증할 수 있다."[35] 한 실례로 뉘른베르크를 들 수 있을 것이다. 이곳의 교사들은 14세기 이래로 길드와 유사한 단체를 통해 쓰기와 산수 담당 선생Schreib- und Rechenmeister으로 조직되었다. 쓰기와 산수는 자유업으로 간주되

138

었기에 쓰기와 산수 담당 선생 역시 개인 자영업자였고, 아마도 1굴덴의 수업료를 요구했다는 것에서 유래한 듯한 표현인 "굴덴 작가Guldenschreiber"로 불리기도 했다. 종종 사람들은 이들을 경멸조로 "무허가 사설 학교 선생private Winkelschulmeister"으로 부르기도 했다. 그들은 대개 라틴 어 학교의 졸업생이거나 대학 중퇴자였고 일반 수공업 분야의 관례대로 교사로 양성되는 대가로 교육비를 납부해야 했다. 경쟁은 불가피한 것이었다. 예컨대, 로텐부르크 시 서기이자 "독일어" 학교 선생이었던 하인리히는 1403년에 학생을 열여덟 명 둔 학교를 설립했는데, 이에 대해 라틴 어 학교 선생은 시 참사회에 불만을 토로하면서 자신도 독일어로 수업하고 싶다고 제의했던 것이다. "16세기 동안 뉘른베르크에서 독일어 학교 교사들의 지위는 명백히 절정에 이르렀는데, 이것은 이 제국 도시의 주민 수와 경제력에 비추어 볼 때 이해할 만한 것이었다. 점점 더 많은 쓰기와 산수 담당 선생들이 이 제국 도시에 정착했고, 이는 결국 학교 선생들의 공급 과잉과 상호 간의 치열한 경쟁을 불러일으키게 되었다. 그 때문에 시 참사회는 독일어 학교의 수를 75개에서 48개로 축소했고 다른 학교들은 모두 폐쇄시켰다."[36] 이와 유사한 일이 밤베르크와 콘스탄츠에서도 일어났다. 이 도시들에서는 "능동적인 경제 시민들을 위해서 실생활에 직접적으로 활용할 수 있는 자격 조건의 전수"가 중요한 문제가 되었다.[37] 즉, 인문주의자들과는 전적으로 다른 유형의 교사가 필요했던 것이다. 15세기 말 이후로 쓰기와 산수 담당 선생들은 스스로를 "기예 작가"라고도 즐겨 불렀다. 전반적으로 이들은 수공업자 신분에 속해 있기는 했지만 예외적인 경우에는 "존경할 만하고 학식이 풍부하며 예술적으로 유명한" 존재로 간주되기도 했다(그림 26).

많은 교사들이 여러 나라에서 온 제자들을 거느렸고 특별한 업적으

그림 26 산수와 쓰기 담당 "독일어" 학교 선생.

로 이름을 널리 알리기도 했다. 하지만 대개의 교사들의 경우에는 상황이 전혀 달랐다. 본래 교사의 업무는 많은 이들에게 단지 하나의 부업일 뿐이었다. 로텐부르크의 하인리히는 시 서기였고 한스 크란츠는 트럼펫 주자였으며 한스 외펠은 잡화점 주인이었다. 시 참사회가 교사 자리 수를 제한했기 때문에 교육받은 많은 젊은 교사들이 교사로 발령받기 전까지 회계 담당자, 상인의 서기, 성가대 지휘자 혹은 연대聯隊 배속 서기 자리를 받아들여야만 했다. 학교 선생의 경제적 곤궁과 참담한 학교 사정은 일반적으로 낮은 사회적 위신이라는 결과를 가져왔다. 도시나 농촌에서 교사는 거부, 멸시, 비방에 직면했다. 경우에 따라 교사의 위신은 하인의 지위로까지 강등되었는데, 특히 촌락 공동체가 여름철에 학교를 여는 것을 허락하지 않았던 이른바 "겨울 교사"의 경우가 그러했다. 왜냐하면, 농번기에는 아이들도 밭에 나가 일해야 했기 때문이었다. 이런 경우 교사들은 종종 부업으로 농가의 머슴, 재단사, 유리 세공인, 소목장이, 구두 수선공, 맥주집 주인으로 일할 수밖에 없었다.

17세기에 시 참사회는 독일어 학교들을 위해서도 학칙을 공포했다. 같은 시기에 예컨대 뉘른베르크에서는 학교 운영과 예비 교사들의 시험에 대한 감독권을 부여받은 고등 정교사Oberlehrer들을 임명하였다. 당시에는 견습 기간과 시험 이외에도 시민권과 결혼이 교사로서 활동하기 위한 전제 조건이었다. 이 마지막 조건[결혼 — 옮긴이]은 일반적으로 소년들만이 아니라 소녀들도 수용했던 학교 부속 기숙사와 수업에 교사의 아내가 참여하는 것을 고려한 결과였다. 얀 스테인(1626~1679년)*의 유화 〈소년, 소녀를 위한 학교〉는 다양한 연령대의 남녀 어린이들이 서로 다른 방면(쓰기, 산수, 읽기, 뜨개질)에서 동시에 수업을 받고 있음을 명확하게 보여 준다(그림 27). "1701년 뉘른베르크에서는 산수 담당 선생 20명과 [단지 쓰기만을 담당하는 — 저자] 일반 교사 8명이 소년 824명과 소녀 987명을 가르쳤는데, 이는 한 학교당 학생이 평균 65명인 것에 해당하는 수치였다. 학생 대부분은 수공업자와 상인

---

* 얀 스테인  네덜란드의 화가로 주로 네덜란드 소시민들의 생활상을 즐겨 그렸다.

그림 27 한 반으로 이루어진 학교의 교사와 그 아내, 얀 스테인의 유화.

신분 출신이었는데, 이들에게는 쓰기와 산수 담당 선생들의 실제적인 지식이 필수적이었다. 가난한 계층의 아이들은 이제 새롭게 설립된 빈민 학교를 무상으로 다니게 되었다."[38]

수공업자적 성격을 띤 쓰기와 산수 담당 선생들은 무엇보다도 울리히 바그너의 독일어로 된 산수책(1482년)과 J. 비트만의 《모든 상인들을 위한 독일어로 된 능숙한 계산법》(1489년), 발렌틴 이켈자머의 독본 讀本《정확하게 빨리 읽는 법 배우기》(1527년)와 같은 인쇄된 교재들을 이미 다양하게 사용하고 있었다. 나중에 여기에 다양한 이른바 "상업 서적들"과 백과사전, 지식 사전들이 추가되었다.[39] 경향적으로는 이미 "일종의 문화 혁명이라 할 문맹 퇴치"가 시작되었다고 할 수 있는데,[40]

다시 말하자면 새로운 매체인 서적이 사회적 지배력을 더해 가면서 예전의 중개, 저장 매체인 교사를 대체해 갔던 것이다(11장 3절 참조).

### 4.2.3.

종교개혁이 도입되면서 사설 학교들이 도시의 공공 기관이 되었는데, 왜냐하면 이제 교리 문답 교육이 이 학교들에 위임되었기 때문이다. 규모가 작은 도시나 읍에서는 수업을 독일어와 라틴 어로 동시에 진행하는 "통합 학교"들이 존재했다.[41] 루터는 학교의 진흥을 목적으로 여러 차례 교육 체계의 주무 기관에 경고하는 글을 써 보냈는데, 예컨대 세속 당국을 위한 회람 문서 〈기독교 학교를 세우고 유지해야 할 독일의 모든 도시의 참사회원들에게 고함〉(1524년), 부모들을 위한 〈아이들의 학교 양육에 대한 설교〉(1530년)가 그 대표적인 사례이다. 루터의 목표는 도시와 농촌의 모든 아이들에게 적어도 매일 1~2시간은 종교 수업을 하는 것이었다. 종교개혁 신학은 일반 의무 교육에 대한 요구를 내포하고 있었다. 글을 읽을 수 있는 능력은 구원의 원천을 향한 열쇠였다. 이것은 개신교 지역 학교 제도의 구성에서 근본적인 사항이었다. 그리하여 예컨대 1528년 9월 6일 브라운슈바이크에 있는 모든 교회의 설교단에서는 필립 멜란히톤*과 함께 학교 개혁을 조직적으로 주도한 요하네스 부겐하겐의 새로운 종교 개혁 학칙이 선포되었다. 이에 따르면, 시에는 단지 "양질의 라틴 어 남학교 두 곳", "독일어 남학교 두 곳", 독일어 "여학교" 네 곳이 존재하게 될 것이었다. 이로써 중등학교와 초등학교의 근본적인 이분 체계가 확정되었다.

---

\* **필립 멜란히톤**  독일의 종교개혁가이자 루터의 동역자로, 1530년 아우크스부르크 신조를 기초했으며 교육 제도를 개편하는 데에도 많은 노력을 기울였다.

16세기에 소박한 민중들을 위한 개신교 독일어 학교는 농촌 지역에서도 확산되어 갔다. 이곳에서는 무엇보다도 교회 사찰이나 교회 관리인들과 부분적으로는 목사 자신들도 교사의 임무를 수행했다. "여기서 중요한 것은 오로지 교리문답서나 찬송가를 연습하여 외우는 것이었고 성경 구절을 단순히 되풀이해서 말하는 것은 모든 학생들이 응당 배워야 하는 것이었다."[42] 에른스트 힌릭스가 올덴부르크 지역의 사례 연구에서 확인하고 있듯이, 읽기, 쓰기, 계산하기의 형식적 능력보다는 기도와 찬송, 즉 교회의 규칙이 더 많이 전수되었다.[43] 학교 공간이 부족했기 때문에 수업은 정기적으로 하긴 했으나 매주 번갈아가면서 농가를 빌려 사용하는 이른바 "순번제 학교Reihenschule"가 등장했다(그림 28). 이런 유형의 개신교 종교 교사는 인문주의 교사나 수공업자적 성격을 띤 학교 선생 그리고 특히 가톨릭 성직자 교사와도 구분되었다. "가톨릭 지역에서는 본질적으로 예전의 학교 제도를 그대로 유지했지만, 대략 1600년 이후 예수회는 반종교개혁이 진행되는 과정에서 학문 위주의 학제와 미약한 수준에서나마 초등학교의 지속적인 발전을 위해 집중적인 노력을 기울였다."[44]

동시에 대학에서도 이에 상응하는 교육 개혁이 일어났다. "개신교 진영에서 최초로 신설된 대학은 마르부르크 대학(1527년)이었고 멜란히톤의 생전에는 쾨니히스베르크 대학(1544년)과 예나 대학(1558년)이 그리고 그가 죽은 이후에는 헬름슈테트 대학(1576년)이 그 뒤를 이었다. 비텐베르크 대학, 튀빙엔 대학, 라이프치히 대학, 프랑크푸르트 대학, 그라이프스발트 대학, 로스토크 대학, 하이델베르크 대학은 대개 1530년대에 부분적으로 새로운 설립이나 다름없는 역할을 하게 될 종교개혁을 경험했다."[45] 여기에 16세기와 무엇보다도 17세기에 들어와서 예수회가 이끄는 다수의 가톨릭 대학들이 추가되었고, 베스트팔렌

그림 28 농촌의 "순번제 학교" 교사.

강화 조약 이후로는 반대로 콜베르크(1653년), 뤼네부르크(1655년), 할레(1680년), 볼펜뷔텔(1687년), 에어랑엔(1699년), 브란덴부르크(1704년), 베를린(1705년) 등지에서 귀족 전문학교들Ritterakademien이 설립되었다.

4.2.4.

18세기 절대주의 시대에 도입된 새로운 형식의 초등학교는 쓰기와 산수 담당 선생의 시대가 끝났음을 의미했다. 학교는 부르주아적 기관이 되었고 교사는 공무원이 되었다. 이 시기까지 그리고 나중에도 매를 사용하는 것은 일반적이었다. 교사는 훈육 담당 선생 역할을 했던 것이다. 다양한 부류의 아이들이 읽기, 산수, 음악 수업을 동시에 받았고, 개별 학생들에 대한 체벌은 겁을 주기 위한 수단으로 남들이 보는 앞에서 이루어졌다(그림 29). "거칠게 머리나 손, 혹은 그 밖의 다른 신체 부위를 때리는 것이 아니라 엉덩이를 매질하는"[46] 체벌은 합법적인 교육 수단이었고 당국과 부모들은 이를 용인하고 심지어 요구하기까지 했다. 이런 사정은 독일 초등학교 교육 제도의 창시자인 프리드리히 빌헬름 1세(1683~1740년)가 1717년의 일반 의무 교육 칙령과 1736년의 "종합 교육 지침"에 서명할 때에도 매한가지였다.

## 4.3. 장인 가인, 노상 담시 가인, 장돌뱅이 가인, 오페라 가수

예전 매체인 가인들 역시 두드러진 세분화 과정을 경험하게 되었다(찬양 설교자나 소식 가인Zeitungssänger과 같은 특수한 형태들은 다른 곳에서 언급될 것이다. 이에 대해서는 6장 6절과 9장 1절을 참조하라). 여기서는 다시 다양한 갈래의 전통과 특징, 발전 단계들을 구분해 볼 수 있는데, 물론 유형적 특징과 역사적 순서가 서로 구별될 수 있는 것은 아니다. 고대의 아오이도스와 음유 시인[47]에서 중세 궁정의 서사시 가인, 연가 가인과 켈트 족의 음유 시인Barde을 거쳐서 중세 성기와 중세 말의 유랑하는 방랑 시인[48]에까지 이르는 계통과 연결지어 아래에서는 네 부류의 핵심 유형이 언급될 것인데, 장인 가인Meistersinger, 노상 담시 가인

그림 29 훈육 담당 선생이자 공무원인 교사.

Straßenballadensänger, 장돌뱅이 가인Bänkelsänger, 오페라 가수가 바로 그들이다.

### 4.3.1.

호르스트 브루너[49]는 1400년경 독일에 있던 다양한 유형의 노래 시들을 다음과 같이 구분하고 있다. 첫째, 고전적인 중세 연가 문학 Minnesang의 전통에 서 있는 오스발트 폰 볼켄슈타인*이 쓴 것과 같은

---

* **오스발트 폰 볼켄슈타인** 독일의 마지막 연가 가인으로 평가받는 인물로, 130여 편에 달하는 연애 시와 권주가 등을 썼는데 그의 작품들은 중세와 르네상스 사이의 독일 문학의 가장 중요한 성과로 인정받고 있다.

사랑의 노래, 둘째, 해학적인 노래 시(나이트하르트리트Neidhartlied), 셋째, 하인리히 프라우엔로프*의 전통 속에 있는 하인리히 폰 뮈겔른*과 같은 편력 직업 가인들의 노래 격언 시, 넷째, 예컨대 미헬 베하임*이 쓴, 서정적인 악곡의 확대된 형태라 할 수 있는 이른바 라이히Leich,* 다섯째, 예배에서 부르는 찬송, 종교 행렬 시 부르는 노래, 크리스마스 찬송 등과 같은 종교적 노래 시, 마지막 여섯째는 시류와 결부되어 있고 대개 작자 미상인 정치적인 노래 시 문학 작품이다. 이미 이 구분을 통해서 근대 초기 가인 매체가 그 형태와 기능 면에서 점점 더 다양해지고 있음이 명확하게 드러난다. 최초의 새로운 가인 유형은 프라우엔로프, 베하임과 직접 연관되고 주로 15, 16세기에 활약했던 장인 가인이었다.[50] 장인 가인은 처음에는 떠돌아다녔지만,[51] 나중에는 대개 도시에, 특히 중부와 남부 독일의 도시들에 정착했다. 이들은 수많은 규약이 담긴 학칙을 갖추고 있고 검열관 또는 이른바 "심사관Merker"으로 불렸던 우두머리가 이끄는 장인 가인 학교를 통해 일종의 길드 형태로 조직되었다. 많은 장인 가인들은 별도로 수공업을 영위하고 있든지 아니면 상인들이었고 시민의 지위를 누렸으며 "예술을 애호하는 겸업 시인들"[52]이었다. 그 대표적인 인물로는 이발사이자 격언 시인이고 사육제극 배우였던 한스 폴츠(1450~1515년경)와 구두 수선공 장인이자 격

---

* **하인리히 프라우엔로프** 본명은 하인리히 폰 마이센Heinrich von Meißen. 서정 시인이자 격언 시인으로 활약한 인물로, 후에 장인 가인들에게 큰 영향을 미쳤다. 프라우엔로프Frauenlob라는 그의 별칭은 "여성을 찬양하는 사람"이란 뜻을 가지고 있다.
* **하인리히 폰 뮈겔른** 한때 프라하에 있는 카를 4세의 궁정에서도 활약했던 시인으로, 황제를 찬양하는 격언 시와 연가 등을 썼다.
* **미헬 베하임** 중세 말의 운문 작가로, 연대기적 연시聯詩 작품들을 썼다.
* **라이히** 각기 동일하지 않은 시연詩聯으로 구성되어 있고 각 연마다 다른 곡조가 붙은 중세의 이야기조 시 형식.

언 시인으로서 라틴 어 학교를 나왔고 최소한 영국의 희극 배우들이 등장하기 전까지는 연극에 특별한 관심을 기울였던 한스 작스(1495~1576년)를 들 수 있다.[53] 주도적인 장인 가인의 도시들로는 특히 마인츠(1315~1600년), 아우크스부르크(1449~1772년), 뉘른베르크(1450~1774년) 이외에도 울름, 브레슬라우, 스트라스부르와 오스트리아에 있는 다른 도시들을 들 수 있다. 다른 나라에서도 이와 유사한 현상이 있었는데, 예컨대 네덜란드의 레데레이커Rederijker*가 그 대표적인 경우이다.

장인 가인들은 처음에는 "장인가인협회의 성문화된 규정과 법규에 따라 노래 시를 작사하고 때로는 작곡도 하며 노래 시를 낭송할 줄 아는 탁월한 가인들"이었고 나중에는 탁월한 노래 시를 읊었던 가인들로서[54] 여전히 인간 매체에 속해 있었다.[55] 하지만 장인 가인들은 또한 자신들의 텍스트를 인쇄 매체를 통해 유포시키거나 반대로 문자로 된 작품을 사람들의 청각에 호소하는 것으로 변형시키기도 했다. 그들은 인간 매체의 우위에서 인쇄 매체의 우위로 이행해 가는 긴장의 영역 속에 자리 잡고 있었던 것이다.[56] 궁정의 연가 가인들에 비해 장인 가인들은 주제 면에서 훨씬 폭넓은 레퍼토리를 갖고 있었다. 물론 그들은 교회의 엄격한 "주요 영송詠誦"과 유쾌한 "연회 영송"을 구분했다. 전자는 "각운을 갖춘 신학이었고 종교개혁이 도래하기 전까지는 성모학學이기도 했다. 그들의 수수께끼 같은 노래 시 역시 대개 삼위일체, 선재先在, 동정녀 수태, 종말론과 같은 신학적 문제들을 겨냥하고 있었다. 세속의 역사는 곧 구원의 역사로 나타났다. 우의적이고 모형론*적인 성경 해

---

* 레데레이커  15~16세기 네덜란드의 문예 협회인 "수사학협회Rederijkerskamer"의 구성원들을 지칭하는 이름으로, 이들은 제후나 시장을 위해 시를 쓰거나 축제와 같은 공적인 행사에 사용될 희곡을 쓰기도 했다.

석과 16세기 루터 성경의 축어적 운문화, 현세를 비관적으로 평가 절하하고 내세만을 높이 평가하는 기독교적 도덕 철학이 장인 가인들의 창작의 핵심 부분이었다." 세속적인 작품은 일화, 화젯거리, 현학적인 것, 역사, 설화, 민간 의학, 모든 종류의 교육 지식과 같은 광범위한 주제 분야를 포괄했고 대체로 여성, 사제, 세상 전체의 도덕적인 타락이라는 관점에서 표현되곤 했다.[57]

정선된 율격의 준수는 핵심적인 것이었다. 장인 가인들의 노래 시는 예술로 간주되었고 속된 유행가나 민요 혹은 그와 유사한 노래들과 엄격히 구분되었다. 종교적 교화, 도덕적 가르침, 교육, 건실한 즐거움이 그 목적이었다. 여기에서는 밀교密敎 공동체적인 기풍의 분위기 속에서 개인적인 형상화가 거부되었다. 장인 가인 학교의 핵심 요소는 매번 수상자를 뽑을 수 있는 시가詩歌 경연 대회에 있었다. 문화적으로 "듣기와 읽기 사이에" 위치했던 시대[58]에 장인 가인들이 수행한 역할의 의미는 예술적인 것에 있었다기보다는 오히려 신新고지독일어 문어체의 확산과 종교개혁의 도덕적 뒷받침, 루터 성경의 유포, 그 시대의 학문적 지식의 대중화에 있었다고 할 수 있다.[59] 그렇기 때문에 호르스트 브루너가 장인 가인을 언급하면서 "그 시대의 종교적이고 세속적인 교육을 단지 소수만이 접근 가능한 읽기Lesbarkeit의 상태에서 모든 사람들이 접근 가능한 듣기Hörbarkeit의 상태로 바꾸어 준 의사소통 매체"라고 말한 것은 정당한 판단이었다.[60] 16세기 말에 이르러서는 장인 가인들의 점차적인 퇴조가 시작되었다. 테오도르 함페는 이 퇴조의 원인을

---

* **모형론** Typologie. 구약의 말씀, 사건, 인물, 제도를 모형으로 간주하여 그 모형들과 상응하는 것이 신약에 있다는 성경 해석의 한 방법이다. 예컨대 구약 성경에 나오는 요나가 큰 물고기의 배 속에서 사흘을 지내다가 다시 살아나온 것은 예수 그리스도의 부활을 암시한다고 보는 것이 모형론적인 해석의 대표적인 사례라고 할 수 있다.

무엇보다 "장인 가인들이 결혼식이나 장례식 초청자들의 조합과 유사해진" 탓으로 돌렸다.[61] 결혼식 초청자나 무도회 초청자, 장례식 초청자, 격언 시인, 악사, 연시聯詩 가인, 공동묘지 관리인 등은 외교관, 야경꾼, 포고자, 호객 선전원, 학교 선생과 마찬가지로 실제적인 직업 종사자들이었다.

4.3.2.

가인의 세분화가 신분제의 세분화에 뒤따른 것이었다는 사실은 특히 두 가지 다른 유형, 즉 노상 담시 가인과 장돌뱅이 가인을 통해 잘 엿볼 수 있다. 노상 담시 가인은 잉글랜드, 스코틀랜드, 아일랜드에서 대략 1550~1650년경의 시기에 등장했다.[62] 고전 고대의 서사시와 중세 궁정 서사시의 전통 속에서 근대 초기에 "민속 담시folk ballads"와 "노상 담시street ballads"가 나타났다. 민속 담시를 "전통 담시"로 이해하는 것은 정당한데,[63] 왜냐하면 여기서 나타나는 옛 것의 재현이나 변형에는 엄격한 형식성, 공연성의 강조, 언어적 형상화 과정과 핵심적인 전수 및 저장 기능에서의 구술적 구성과 같은 요소들이 특징적이기 때문이다. 이에 비해 노상 담시를 특징짓는 것으로는 첫째, 가인이 여기에서는 예로부터 전승되어 오거나 변형된 시구를 그대로 재현하는 것이 아니라 시장성을 고려해 다른 작가들의 텍스트들을 재현해 낸다는 사실과 둘째, 예술적이고 문학적인 것보다는 오히려 흥행 위주의 경향이 있는 공공영역과의 관련성 그리고 셋째, 민속 담시에서와 같이 단순한 구두 전달과는 별 관련이 없어진 인쇄 매체 낱장 문서와의 결합을 들 수 있다. 노상 담시 가인에서 우리는 다시 구술 문화에서 문자 문화로 우위가 바뀌어 가는 과정을 잘 관찰할 수 있는 것이다.

노상 담시 가인이란 현상은 새로운 것이었다. "담시 텍스트는 그 텍스트가 인쇄된 낱장 인쇄물을 판매할 때 노래나 서창敍唱을 통해 입으로 낭송되기도 했기 때문에 거리나 시장 광장, 여관집, 대목 장터를 통한 유포가 그 분명한 특징이라 할 수 있었고, 서적 판매소를 통해 유포되는 경우는 매우 드물었다."[64] 그것은 "즉석 중상주의Sofortmerkantilismus"라고 불릴 수 있는 것이었다. 노상 담시 가인 ── "담시 판매인 ballad-monger" ── 은 일차적으로는 목판 인쇄를 통해 제작된 낱장 문서의 판매를 목표로 삼고 있었기 때문에[65] 입으로 낭송할 때 결정적으로 설득력 있는 연극적 연출에 의존하고 있었다. 노상 담시 가인은 생생하게 형상화하고 사람들을 매료시킬 수 있을 때만, 특히 런던과 같이 경쟁이 극심한 곳에서, 확고한 위치를 차지할 수 있었다. 동시에 노상 담시 가인은 미니스트렐ministrel*이나 방랑 시인의 전통에도 의존했다. "미니스트렐이 악사, 시인, 가인, 이야기꾼, 낭송자, 배우, 곡예사, 춤꾼, 익살꾼으로서 다양한 기능과 능력을 보유했던 데 비해 담시 판매인은 이미 하나의 전문가였다."[66] 노상 담시 가인들의 공연은 항상 낭송과 인쇄물 판매로 이루어졌는데, 다시 말해서 구술 문화와 문자 문화, 인간 매체와 인쇄 매체가 여기에서는 특징적인 공생 관계를 이루었던 것이다. 일정한 관점에서 특히 공중과의 관련 속에서 파악해 볼 때, 노상 담시 가인은 떠돌이 흥행사와 앞서 언급한 유통 및 선전 매체인 포고자(호객 선전원)와 닮은 점이 있었다. 즉, 이들 모두는 특히 구경꾼에 적합한 인지 영역을 구성한다는 측면에서 표현력을 중시했고 진실과 확실성에 대한 허구적인 보장으로 개개인을 겨냥했으며 가까이 다가서서 경청하고 같이 따라 부르면서 무엇인가를 구매하도록 권유함으로써 호

---

* 미니스트렐  프랑스에서 영주에게 고용되어 활약했던 떠돌이 가인들을 지칭하는 표현으로 편력 시인인 트루베르나 트루바두르가 주로 자작시를 낭송했지만 이들은 반드시 그럴 필요가 없었다.

소력도 갖추었던 것이다.

　부분적으로 노상 담시 가인들은 농촌을 돌아다니며 치료제, 화장품, 달력 등과 함께 "낱장 광고 인쇄물"이나 "담시 인쇄물"을 가지고 다니면서 판매하는 행상인이었다. 하지만 대개 그들은 점차 정기적으로 도시에서 가인이자 판매인으로 활동하게 되었는데, 이들은 완전히 봉건적인 후견 체제 바깥에 그리고 전통적인 출판업 체제의 주변부에 위치했던 사람들이었다. 나타샤 뷔르츠바흐는 이를 다음과 같이 생생하게 기술하고 있다. "노상 담시 텍스트의 전달과 유포를 특징지은 것은 공공성, 담시 판매인의 등장에 따른 담시 인쇄물의 개별적인 주기적 구매, 흥행성에 역점을 둔 오락과 교훈의 의도뿐만 아니라 경제적인 측면에 의해서도 유발된 공중과의 관련성이었다. 노상 담시는 소매업소, 수다를 떠는 길모퉁이, 여관집, 오락거리가 있는 대목 장터와 같이 공중에게 익숙한 활동 공간에서 낭송되고 제공되었다. 모든 엘리트 문화적인 후광의 결핍은 하층민들이 심리적으로 전혀 주저하지 않고 쉽게 텍스트에 접근할 수 있게 해 주었다."[67] 노상 담시 가인들은 사회적으로 얽매이지 않았고 지역 당국에 의해 어떤 실제적인 통제도 받지 않았기 때문에, 많은 경우 정치적 혹은 교회 · 교파적 검열망을 피해 갈 수 있었다.[68]

　노상 담시들은 내용과 형식 면에서 굉장히 다양하고 변형된 특징을 보인다. 여기에는 이야기조의 보고, 짧은 해학, 사건 중심 보도, 역할 갈등, 대화체의 줄거리, 실생활에 유용한 논리적인 조언들, 난센스, 종교적 교화, 정치 비판, 기적, 도덕적 경고, 화젯거리 등이 담겨 있었고, 그런 점에서 독일의 수많은 전단지들의 형태 및 주제와 유사한 측면이 많았다. 노상 담시에서 특징적이었던 것은 16세기에서 17세기로 넘어가는 과정에서 일어난 변화였는데, "종교적인 내용에서 세속적인 내용으로, 제대로 교육받지 못한 연사에서 스스로 책임지는 전달자의 위치로, 포괄적인 대상에서 특정 목표 집단을 대상으로 한 말 걸기로, 확정된 의미를 가진 사례에 대한 묘사에서 자유롭게 활용할 수 있는 구체적인 개별 사례에 대한 묘사로, 교조적인 속박에서 다원화된 의견 표출로의" 변화가 바로 그것이었다.[69] 그러므로 노상 담시의 지배적인 기능은 민속 담시에서와는 전혀 다른 중간·하층 계층의 여흥, 교훈적인 가르침 그리고 기능적인 정보에 있었던 것이다. 시사성을 지향하고 있다는 점에서 영국의 노상 담시 가인과 독일의 소식 가인(9장 1절)은 유사하다고 할 수 있다.

노상 담시의 인쇄업자들은 텍스트의 대중성, 인쇄물의 저렴한 가격, 효과적인 유포로 인해 엄청난 성공을 거두었다. "담시 제작과 유포를 전문적으로 수행했던 인쇄업자이자 서적출판업조합Stationers' Company*의 창립 회원인 윌리엄 피커링이 이미 1557년 런던 브리지에 자신의 가게를 갖고 있었음이 확인되고 있다. 1580~1600년에 이르면 인쇄업자들 간의 극심한 경쟁과 높은 인쇄 비용으로 인해 인쇄와 판매는 점차 분리되는 양상을 보인다. 이와 함께 독자적인 시장 지향적 집단으로서 서적 판매업자들이 인쇄업자들에게 영향력을 행사하기 시작했다."[70] 출판업자들 역시 이 사업에서 이득을 보았다. 이와 반대로 담시의 작가들과 가인들은 매우 적은 보수만을 받았다. 인간 매체의 우위가 인쇄 매체의 우위로 전환된 것은 경제적 변화의 측면에서는 생산 수단의 중요성을 통해서도 표출되었던 것이다.

영국에서 값싼 인쇄 매체들의 발전과 유포 사이의 관계, 그리고 1만 6천 개가 넘는 목로주점, 여관집에서의 벽 매체의 이용과 민중의 개신

---

* **서적출판업조합**  1556년 영국 런던에 설립된 서적 판매업자, 인쇄업자, 출판업자, 제본업자, 문방구 상인 등으로 구성된 동업 조합.

교적 경건성이 대중화된 것 사이의 관계를 상세하고도 포괄적으로 다루었던 테사 와트[71]는 이 새로 생긴 노상 담시 시장 부문의 주요 담당자들을 세분하여 설명했다.[72] 엘리자베스 여왕 시대의 대략 40여 명에 달하는 출판업자들 가운데 한 사람이었던 리처드 존스 같은 거대 인쇄업자 겸 출판업자는 1564년에서 1602년까지 164편이나 되는 담시를 시장에 내놓았다. 이외에도 그는 —— 상이한 발행 부수는 고려하지 않더라도 —— 106종이나 되는 서적과 팸플릿을 간행했다. 그의 구매자들은 대도시 런던의 귀족들과 부유한 상인들이었다. 1630년대에는 서적 판매업자 존 라이트와 다른 출판업자 다섯 명이 사실상 모든 주요한 담시의 판권을 가로챘고 새로운 매체의 간행과 유통에 대한 대략적인 독점권을 획득했다. 이들은 목판 인쇄한 삽화를 싣는 것과 같은 잘 짜인 시장 전략과 전국적인 판매망의 구축, 표준화된 "싸구려 책자penny chap-book"의 발전 덕택에 세기 말까지 독점권을 유지할 수 있었다. 담시들은 더욱더 빈번히 인쇄된 형태로만 유포되어 갔다. 찰스 티어스 같은 한 출판업자가 1664년에 해마다 총 30~40만 부에 달하는 담시 간행물 중 대략 9만 부 정도를 보관할 상품 창고를 건립했다는 것은 아마도 이 새로운 매체가 거둔 경제적 성공을 가장 잘 보여 주는 것이 되겠지만 또한 17세기에 급격하게 증가한 중 · 하층 신분들의 독서 능력을 시사해 주는 것이기도 하다. 16세기 중엽에 방랑 시인 리처드 쉴과 같은 이동 행상인들은 자신들의 담시를 여전히 매우 다양한 사회 계층과 집단에게 제공하고 있었다. 하지만 사회적 유동성이 줄어들면서 노상 담시 가인들은 여러 계층에 걸쳐 있던 청중의 범위가 줄어드는 것을 경험했고 가창 기술이 사라지게 되자 도리어 인쇄된 텍스트에 역점을 두게 되었다. 이것은 다시금 매체가 직업으로, 가인이 행상인으로 발전해 갔음을 의미했다. 17세기 말 담시 판매인들의 수는 대략 2천5백여 명을 헤아렸다. 노상 담시 가인들은 매체 문화적으로 더 이상 어떤 역할도 수행하지 못하게 되었다.

### 4.3.3.

근대 초기 가인의 또 다른 유형인 장돌뱅이 가인은 한 국가에 고유한 특수성이 다양성에 기여할 수 있다는 것을 보여 준다. 스칸디나비아 반도의 나라들과 프랑스, 발칸 반도 혹은 러시아에서와 마찬가지로 독일에서도 영웅 서사시, 민속 담시, 예술 담시가 존재했다. 하지만 주로 독일, 특히 북·중부 독일에 확산되었던 장돌뱅이 가인은 여러 가지 면에서 영국의 노상 담시 가인과는 구분되었다. 노상 담시 가인과 마찬가지로 장돌뱅이 가인도 유랑자, 방랑 시인, 떠버리 장사, 떠돌이, 곡예사, 집시, 어릿광대, 점쟁이, 담시 판매인, 소식 가인, 떠돌이 흥행사와 같은 부류, 즉 사회적으로 하층 신분 계층에 속해 있었다. 1767년의 한 동판화는 이빨을 뽑는 돌팔이 의사와 알약을 나눠 주고 있는 한스부르스트Hanswurst*를 보여 주고 있다. 뒤에 걸려 있는 도판은 점성술과 관련된 내용을 묘사해 놓은 것이다(그림 30). 노래와 인쇄된 낱장 문서 혹은 가철본의 결합을 넘어서서 장돌뱅이 가인을 특징짓는 것은 그가 등장할 때의 독특한 연출 방식이다. 즉, 장돌뱅이 가인은 다른 방랑자들과 마찬가지로 긴 의자나 일종의 연단 위에 서 있고 그 옆에는 입간판이나 그림이 있는 도판이 있으며 그림에 묘사된 사건들을 막대기로 가리키면서 노래로 부른 이야기를 청중들에게 설명해 주었다. 그 동안에 장돌뱅이 가인의 조수들은 "전단지들"을 판매했다. 종종 "간판Schild"

---

* **한스부르스트** 16세기 이후의 독일 소극笑劇에 자주 등장하는 상스럽고 익살스러운 배역. "부르스트Wurst"는 본래 소시지를 뜻하는 단어로, 먹는 것만 밝히는 단순한 민중 출신의 익살꾼을 염두에 둔 표현이라고 하겠다.

그림 30 돌팔이 의사와 힌스부르스트로서의 징돌뱅이 기인.

으로 불리기도 한 도판은 사람들의 시선을 끌고 그림을 통해 시각적으로 광고하는 역할을 했다. 이야기를 몇 개의 "그림"으로 풀이하는 것은 스테인드글라스나 성극에서의 "십자가 수난의 길의 14지점Stationen" 과 같은 중세적 매체들[73]을 접한 민중들에게는 이미 익숙한 것이었는데, 여기서는 다만 이 매체들이 세속적인 이야기를 위해 동원된 것이었을 뿐이었다. 근대 초기에는 낱장 문서, 벽보 그리고 특히 목판 인쇄본 서적(11장 3절)과 같은 매체들이 그런 이야기 전략을 사용했다. 몇 세기가 지난 후에 이러한 표현 원칙은 처음에는 네 컷 이상의 연속 만화 Comic-Strip에서, 그 다음에는 만화책에서 다시금 특징적인 것이 되었다. 무대 공연적인 특징을 지니면서 시청각적인 측면이 현저했는지 아니면 텍스트적인 측면이 두드러진 것이었는지에 따라 사람들은 이들을 장돌뱅이 가인 혹은 모리타트 가인Moritatensänger*으로 부르곤 했다. 장돌뱅이 가인의 보조 수단 —— 종종 여성 장돌뱅이 가인이 남편과 함께 등장하기도 했다(그림 31) —— 은 신파극적 요소를 겨냥한 것이었다. "애원하며 쳐든 손, 권총에서 나오는 불꽃, 공포로 일그러진 입술, 무릎 꿇음, 솔직한 고백, 자살과 돌로 쳐 죽임, 단도에 찔린 상처와 도끼의 살인적인 일격, 십자가와 화환, 사랑하는 사람들의 부드러운 포옹, 눈물, 결혼식 의복과 관을 덮는 보, 이 모든 것들이 혼란스럽고 자극적인 인상을 불러일으키며 보는 이들을 엄습했다."[74]

레안더 레촐트[75]는 장돌뱅이 가인들이 선호한 주제와 소재를 다음과 같이 분류했다. 무엇보다도 사랑 이야기와 개인적인 비극, 그 다음으로는 범죄, 도둑, 밀렵꾼, 사형 집행 등에 대한 소송 보도, 사고, 자연 재해, 시사적인 주제와 전투 경과, 이국의 예술품, 종교적인 주제, 마지막으로 예언과 같이 여전히 대중적인 주제가 바로 그것이다. 일반적으로 멜로디는 잘 알려져 있고 널리 유포된 민요, 찬송, 연회 노래에서 차용했으며 대개 손풍금이 사용되었다. 장돌뱅이 가인들은 시사성이 아닌 즐거움과 도덕적 훈계를 목표로 삼았다. "그들은 사람들을 감동시키고 충격을 주며 경악하게 만들고 동시에 개심改心시키고자 했다."[76] 이들의 담시는 평온한 도시 생활에서 화제를 불러일으키는 효과를 갖는 전율

---

* **모리타트 가인**  살인과 같은 무서운 사건을 소재로 한 담시풍의 노래를 부르며 떠돌아다 닌 가인.

그림 31 신파조로 낭송하고 있는 여성 장돌뱅이 가인과 그 남편.

의 담시Schauerballaden였다(그림 32).[77] 그 구체적인 기능은 무엇보다도
신분제 질서의 고착화, 엄격한 도덕적 가치 체계의 재확인, 사회적인
진정鎭靜, 사건들의 숙명적 성격에 대한 근거 제시, 정치적 선전 등이었
다. 더 단순하게 표현하자면 악인은 처벌받고 불행 뒤에는 행운이 뒤따
르고 못된 시어머니(장모)는 그에 응당한 운명을 맞이하게 된다는 것

그림 32 평온한 도시 생활에서 화젯거리 역할을 한 장돌뱅이 가인.

등이다.[78] 형식적인 면에서는 줄거리의 도식적 특징, 전형적인 등장인물, 이야기 상황의 탈현실화, 점증법, 양극화 같은 단순한 구성 형식들이 결정적으로 중요했다.

18세기에 장돌뱅이 가인의 노래는 기성의 예술·문화 영역과 일반 대중 교육의 영역 안으로 들어왔다. 장돌뱅이 가인들은 잡지와 같은 새로운 매체들의 출현과 연극과 같이 오래된 매체의 새로운 기능적 발전과 함께 점차 사라져 갔거나 혹은 낱장 문서, 가철본 판매인으로 축소되었다. 즉, 이전의 인간 매체는 예컨대 요제프 2세 시절, 빈의 "노랫말 판매 여인"*(그림 33)처럼 새로운 인쇄 매체들의 뒤로 물러나고 말았

---

* **노랫말 판매 여인**  당시에 악보를 인쇄하는 데에는 상당히 많은 비용이 들어갔기 때문에 이 여인들이 판매하는 종이에는 노랫말과 곡조의 제목만이 적혀 있는 것이 일반적인 관례였다.

**그림 33** 가창을 하지 않았던 노랫말 판매 여인.

다. 그러한 "노랫말 판매 여인" 혹은 "낱장 문서 판매 여인" —— 1797년 빈에서만 적어도 50명이 활동하고 있었다.[79] —— 은 도시의 모습을 전형적으로 특징짓는 것이었고, 19세기의 상당 기간까지 이들의 모습을 찾아볼 수 있었다.[80]

4.3.4.

마지막으로 16세기에서 17세기로의 전환기에 축제와 연극 부문(8장과 12장 참조)에서 형성된 오페라 가수는 직업 배우의 음악적 변형을 의미했다. 요제프 그레고르[81]나 헬무트 슈미트-가레[82]의 널리 잘 알려진 오페라의 문화사는 오페라의 뿌리를 르네상스에서 찾는다(2장 1절 참조). 르네상스기에 노래와 연주는 귀족, 도시 문벌, 교양 있고 부유한 시민 계층의 사교 모임 형식을 규정지었다. "샹송, 론도,* 발라드, 비를레,* 칸초네, 프로톨라,* 스트람보토,* 마드리갈,* 카차,* 궁중 곡조와 이와 유사한 "연회 노래" 그리고 다성 악곡으로 편성된 민요는 풍부한 레퍼토리를 이루었고, 음악 애호가들이 이를 베껴 쓰고 수집하면서 널리 퍼져나갔다."[83] 16세기 초의 한 동판화(그림 34)는 낱장으로 된 악보나 악보집 대신에 고대의 고전적인 교육 매체인 두루마리[84]로 된 악보를 사용하고 있는 가수 세 명을 보여 주고 있다.

자신이 가수이자 동시에 비올라 연주자, 작곡자였던 클라우디오 몬테베르디(1567~1643년)는 대체로 오페라의 역사에서 최초의 정점에 이른 인물로 간주되는데, 그의 첫 오페라《오르페우스》는 1607년 만토바에서 초연되었다. 이 오페라는 이탈리아의 다른 도시에서도 바로크 오페라가 발전하고 특히 프랑스와 독일로 오페라가 확산될 수 있는 기반을 마련해 준 작품이었다. 여기에서도 장돌뱅이 가인들의 경우와 마

---

* **론도**  13~15세기에 선창자와 합창단이 교대로 부른 후렴이 딸린 윤무가.
* **비를레**  13~15세기 프랑스에서 유행한 후렴구가 딸린 3절로 이루어진 춤곡.
* **프로톨라**  13~16세기 이탈리아 중북부에서 번창했던 여러 가지 다성부 세속 가요의 통칭.
* **스트람보토**  시칠리아에서 유행한 8행으로 된 민속 시가.
* **마드리갈**  14~16세기 이탈리아에서 성행한 2중창, 3중창의 성악곡.
* **카차**  14세기 피렌체에서 유행했던 사냥, 전투, 축제 등을 노래한 돌림 노래.

그림 34 고대 매체인 두루마리를 갖고 있는 가수들.

찬가지로 감동과 충격을 주려는 경향이 존재하긴 했지만, 그러한 경향은 완전히 다른 의미, 즉 놀라움을 일깨우고 경이로운 것에 대한 쾌락주의적 감정을 불러일으킨다는 의미를 지니고 있었다. 오페라 가수들은 중·하층 신분들을 겨냥하면서 똑같이 감정을 자극했던 노상 담시 가인과 모리타트 가인의 제후적, 상류 시민 계층적 변형으로 파악할 수 있겠다. 하지만 이 시대의 벨칸토 오페라*는 더 이상 단지 가수가 만들어 낸 창작품에 머무르지 않았는데, 사실 벨칸토 창법이라는 음악 양식은 가수의 중개자적 중요성을 상대화시켜 버렸던 것이다. 로돌포 첼레티는 벨칸토의 구성 요소와 기능을 다음과 같이 정의했다. "오페라 가수는 독특하고도 다양한 음색, 성악적 형상화의 기교적 완벽성, 서정성에 완전히 몰입한 무아지경으로써 사람들의 경탄을 자아내야 했다. 이를 위해 벨칸토 오페라는 사실주의와 극적 진실을 진부하고 평범한 것으로 경시하면서 포기해 버렸고, 그 대신 우화의 세계에서 빌려온 자연과 인간적 감정에 대한 몽환으로 대체했다. 따라서 벨칸토 오페라는 다음과 같은 중요한 기능을 갖는다. 1) 소위 쾌락주의, 하지만 이것은 실제로는 노랫소리의 울림이 갖는 감미로움과 장중한 우아함의 표현일 뿐이다, 2) 대가다운 재능, 즉 환상적인 세계와 그 경이로움을 묘사하는 데 필수적인 놀라운 기술적 모험, 3) 등장인물들의 신화적인 특징을 강조하는 상징적이고 장식적인 노랫말, 4) 대위법적 능력과 즉흥적 연기술, 5) 카스트라토*와 희화화한 작품의 배역 속에서 표출된 성性과

---

* **벨칸토 오페라** 벨칸토bel canto는 이탈리아 어로 "아름다운 노래"라는 뜻을 가진 단어로 17세기 이탈리아에서 발전하기 시작한 벨칸토 창법의 오페라에서는 고난도의 기교와 폭넓은 음역대, 음의 빠르고 분명한 분절, 가사의 정확한 발음 등을 중시한다.
* **카스트라토** 여성이 교회 성가대나 무대에 서는 것이 금지되어 있던 16~18세기 유럽에서 여성의 높은 음역을 내도록 하기 위해서 변성기가 되기 전에 거세한 남성 가수를 일컫는 말.

배역 사이의 추상적 관계, 6) 평범하고 조야한 목소리에 대한 일종의 알레르기 반응과 결부되어 있는 독특하고도 멋 부린 음색에 대한 선호가 바로 그것이다. 한 오페라에서 이 모든 요소들이 함께 작용할 때 그 오페라는 벨칸토 오페라가 되는 것이다."[85] 이것은 가수가 악기 연주자와, 성악가가 배우와 굳게 결합된다는 것을 의미했다. 악기는 목소리가 되고 목소리는 악기가 되었으며 가수는 포괄적인 전체에 통합되어 기능적으로 종속되었다. 또한 오페라는 전적으로 예술이었다. 노상 담시가인과 장돌뱅이 가인과는 달리 오페라 가수에게는 특히 절대주의의 매체 문화(8장 참조)가 발전하는 과정에서 윤곽이 뚜렷하게 드러날 확고한 지위를 갖는 예술가의 표지가 주어졌고, 이것은 오늘날까지 직업으로서의 오페라 가수에게 그대로 남아 있다.

## 4.4. 축제 매체에서 카니발로

잘 알려진 대로 시원기의 희생 축제를 거쳐 모계 중심적인 히에로스 가모스Hieros Gamos*에까지 거슬러 올라갈 수 있는 전통적인 인간 매체인 축제는 근대 초기 도시의 신분제 사회 속에서 종국적으로 그 매체적 성격을 상실해 버렸다. 이것은 우선 인간 매체가 르네상스기 축제들의 단순한 여흥물로 해체되어 가는 사례(2장 1절)와 같이 축제가 시민들에게서 사유화되는 경향 속에서 명백하게 드러난다. 그 다음으로는 처형이나 충성 서약식과 같은 도시의 공적인 축제들과 마지막으로 할리퀸, 소란스러운 희가극 가수와 함께 중세 말의 샤리바리*를 계승한

---

* 히에로스 가모스  26쪽 '신성한 결혼' 옮긴이 주를 참조하라.
* 샤리바리  5장 1절을 참조하라.

카니발의 성립을 통해서도 축제가 매체적 성격을 상실하는 것을 확인할 수 있다.[86]

### 4.4.1.

알라이다 아스만은 총체적이면서도 적절하게 다음과 같이 지적한 바 있다. "도시의 시민 계층은 축제와 관련해서는 문제점이 있었다. 이것은 전혀 놀라운 일이 아닌데, 왜냐하면 이 계층은 무엇보다 본능의 억제와 성과를 통해서 자신의 위신을 내세울 수 있었기 때문이다. 사치와 화려함의 과시는 이교적인 관능적 쾌락과 마찬가지로 본래 이 계층과 융합되기 어려운 것이었다."[87] 여기서 말하고자 하는 것은 농민의 축제 문화(5장 1절 참조)나 궁정 문화(8장 4절 참조)가 아니라 전적으로 시민적 축제 문화이다. 도시의 신분제 사회 속에서 전통적인 공동체는 동업 조합, 길드, 신도 단체, 사회 집단과 계층으로 분절되고 분류되었다. 이와 함께 인간 매체에 기반을 두고 있는 공공영역 역시 체계로서의 조직으로 말미암아 분할되어 있었다.* 이곳에서 축제는 집단적 성격을 잃

---

* 파슨즈에 따르면 조직은 하나의 체계로 간주될 수 있는데, 여기서 체계는 일정한 특징과 속성을 매개로 상호 관계와 상호작용 그리고 이를 통한 의미의 상관관계를 맺어 주는 요소 혹은 대상을 나타낸다. 달리 표현하자면 체계는 상이한 부분들로 이루어진 하나의 관계망network이며 부분과 부분, 부분과 전체가 서로 의존되어 있는 상태를 말한다. 그런데 이 체계는 각기 다른 수준에서 추상화되는 상위 체계와 하위 체계로 구분해 볼 수 있다. 파슨즈는 어떤 수준의 체계이든 그 체계가 존속하려면 특정한 기능적 선결 요건들(적응, 목표 달성, 통합, 유형 유지)을 충족시켜야 하며, 각 체계마다 이 요건들을 충족하기 위해서 특정한 하위 체계들이 발전되어 나온다고 주장한다. 이를 조직에 적용해 보면, 조직은 개인, 집단, 부문과 같은 여러 하위 단위들로 구성될 수 있고 조직 그 자체도 예컨대 경제 체계와 같은 더 큰 단위의 하위 단위로 인식할 수 있는 것이다. 본문에서 도시 공동체와 마찬가지로 공공영역 역시 체계로서의 조직으로 말미암아 분할되어 있었다는 말은 이런 하위 단위(하위 체계)로의 필연적인 분화 현상을 일컫는 것이라고 할 수 있다.

어버리고 일정 정도 민주화하거나 다원화하였다. 그것은 무엇보다도 축제가 특정 신분이나 직업 혹은 계층과 관련하여 거행되었다는 것을 의미한다. 또한 축제는 더 세속화되고 개인화되었다. 축제는 단순한 축하 모임이 되면서 매체의 성격을 상실했다. 이러한 변화의 형태는 다양했다. 예컨대 본래 집단적으로 개개 성인들을 기념하면서 행해졌던 수호성인의 날은 개인의 생일에 의해 완전히 보완되고 중첩되었다. 이제 세례, 결혼식, 건물의 상량식, 장례식 때의 잔치도 점점 더 "사적인" 것이 되었다. 축제 매체는 단지 오락으로 해체된 것이 아니라 가족 잔치로 변해 가는 경향을 보였다.

### 4.4.2.

축제가 아직 도시·시민적 성격을 갖고 있는 한, 축제는 예전보다 더 명확히 정치화하면서 준국가적인 수준에 이르렀고, 다른 통치자들의 극적인 연출을 위한 단순한 배경 정도로 위축되었다. 이것은 범죄자의 처형이나 공식적으로 이루어진 제후들의 방문, 대관식, 강화 조약 체결 등과 같이 더 포괄적으로 행해진 모든 축제에 다 해당되는 것이었다. 리하르트 반 뒬멘은 "죽음의 연극" 혹은 "공포의 연극"[88]이라 할 근대 초기의 재판, 처벌, 처형 의식을 집중적으로 연구했다. "이것은 당국이 조직하고 수많은 민중들이 몰려드는, 가장 큰 흥분을 불러일으키는 광경의 하나였다. 이 광경은 종종 행진이나 기념 행렬, 민속극, 교회 헌당 기념 축제보다 훨씬 더 '셀 수 없이 많은' 구경꾼들에게 깊은 인상을 남겼다. 한 도시에서 중요한 처형식이 벌어지면 도시 문벌, 단순한 민중, 여성, 성직자, 노인, 젊은이 할 것 없이 그야말로 주민 전체가 참석했다."[89] 피고인으로는 무엇보다도 살인자, 강도, 영아 살해 여성, 반역자, 도둑, 반란자, 성 범죄자와 같은 "일반적"인 범죄자도 있었지만,

그림 35 도시의 처형 의식인 이단자 화형식.

이단자와 소위 마녀도 포함되었다. 이 구경거리는 예컨대 17세기 네덜란드의 이단자 화형식(그림 35)에서처럼 공중이 지켜보는 가운데 시장광장에서 거행되었다. 게다가 특히 프랑스에서 특징적이었던 마녀들의 연회(사바트)에 대한 통념은 공동 식사, 윤무輪舞, "흑미사(악마 숭배)", 광란적인 성적 탐닉과 같은 다양한 에로틱한 연상을 통해 부정적으로 도치된 형태이기는 하지만, 고대의 다산 숭배 또는 시원기 매체인 여성과 히에로스 가모스의 유산을 간직하고 있었다.[90] 하지만 마녀들의 연회에 대한 통념은 16세기 말 이후로 단지 집단적 환상과 어떠한 매체적 속성도 수반하지 않는 신학적 사변의 산물이었을 따름이다.

물론 범죄자의 실제 처형이 일종의 의식으로 치러지는 것은 단순한 통치적 연출 이상의 의미를 갖고 있었다. 그것은 법률 운용의 객관화, 법률 체계의 가시적 설명, 민중의 개입과 반작용의 방지에 봉사하는 것이었다. 반 뒬멘은 이를 다음과 같이 요약하고 있다. "의식의 엄격한 준수, 나중에는 거의 좀스럽다 할 정도의 의식에 대한 꼼꼼한 감독과 종교적 고양은 단순히 완벽한 야만성과 당국의 형식주의적인 과시욕의 표출도 아니었고 그렇다고 민중들의 호기심을 충족시키는 수단도 아니었다. 차라리 그것은 처형 절차에 법적 성격과 구속력을 부여해야 할 필요성에서 비롯되었다. (……) 특히 처형 의식은 신에 의해 재가된 법질서의 재확립을 분명하게 보여 주는 것으로, 18세기까지도 당국과 민중들은 바로 이것이 모든 사람들의 생명과 번영을 좌우한다는 생각을 갖고 있었다. 법질서의 위반은 굶주림과 불행, 질병과 죽음을 가져올 수 있었다. 말하자면 의식을 통해 신의 분노를 누그러뜨리고 사회가 그 범죄에서 벗어날 수 있었던 것이다."[91] 이로써 죄를 씻는다는 의미에서 익사형, 화형과 같은 "정화하는" 처형 방식과 범죄자들을 위한 속죄의 기능을 수행하는 예식의 중요성, 그리고 빼놓을 수 없는 처형 전의 마지막 식사("최후의 만찬")에 이르기까지 공개적인 처형 의식이 시원기의 희생 제의에 그 뿌리를 두고 있음이 명확해진다.[92] 하지만 민중이 항상 공공영역의 보증인이자 무대 배경으로서 구경꾼의 역할에만 만족했던 것은 아니었다. 예컨대 16세기 쿠어Chur 시의 형장(그림 36)에서 도둑의 목을 단칼에 베지 않고 "톱질하듯이" 썰었던 사형 집행인이 분노한 시민들이 던진 돌에 맞아 죽었을 때, 한순간이나마 옛 질서는 다시 회복되었고 축제는 다시 매체의 특징을 지니게 되었다. 왜냐하면 돌로 쳐 죽이는 방식은 희생의 성격을 띠는 것[93]임과 동시에 전체 공동체를 실제로 함께 끌어들이는 행위였기 때문이다. 그러나 그런 예외적인 경우를 제외하고는 민중의 참여는 상징적 차원에 머물렀고 처형 축제는 더 이상 모든 의사소통 매체에 고유한 전 사회적인 조정 및 방향 설정 기능을 갖지 않게 되었으며 여흥과 구경거리가 되고 말았다.

그림 36 민중들이 사형 집행인을 돌로 쳐 죽임. 처형 의식의 기능 전환.

이것은 이 시대의 다른 도시 축제에도 마찬가지로 적용된다. 구체적인 사례에 근거해서 제후들이 도시를 방문할 때 이루어진 공공 축제 광경을 살펴보는 것은 매력적인 일이 될 것이다. 여기에서는 뤼네부르크 시의 경우를 들어 보도록 하자. 역사가 빌헬름 라이네케가 쓴 뤼네부르크의 **충성 서약식**에 대한 기술[94]을 보면 흥미로운 변화가 감지된다. 근대 초기, 뤼네부르크는 처음에는 영방 군주*의 통치로부터 대체로 독립적인 위치에 있었다. 1520년 조정자 하인리히 공작에 대한 시의 충성 서약은 이를 명확히 보여 준다. 즉 공작은 20여 년 동안 충성 서약식 없이 지내다가 새로운 축제를 개인적이고 비공식적으로 도입했을 뿐만 아니라 세세한 예의범절에 이르기까지 뤼네부르크의 독립성을 고려해야만 했던 것이다. 비록 충성 서약식은 전통에 따라 도시가 공작에게 황소, 양, 포도주, 맥주를 건네는 것에서부터 시작되었지만, 공작은 시청에서 충성 서약을 받기 전에 증서와 맹세를 통해 시의 특권을 분명히 확인해 주었고 그 다음에야 비로소 시 참사회와 시민들은 영방 군주에 대한 충성 서약을 했던 것이다. 그리고 나서 공작에게 값진 선물들을 바쳤고 다 같이 먹고 마시는 연회를 열었다. 하인리히와 빌헬름 형제가 공동으로 가문을 계승한 후인 1562년과 이후 통치자가 바뀐 1593년과 1611년에도 이러한 의식이 계속 유지되긴 했지만, 그로 인한 시의 높은 재정 지출 비용은 뤼네부르크의 경제적 몰락으로 더 이상 감당하기가 어려웠다. 1634년에는 충성 서약식에 소요되는 비용이 이미 시 참사회의 그 해 지출액의 1/6을 차지했던 것이다.

그러자 1640년의 충성 서약식은 완전히 다른 방식으로 진행되었다.

---

\* **영방 군주**  브라운슈바이크-뤼네부르크 가문의 통치자를 말한다. 이 가문의 에른스트 아우구스트 공작은 1692년 신성 로마 제국의 아홉 번째 선제후 지위를 확보했고 그의 아들인 게오르크 루트비히는 1714년 영국 국왕 자리에 오르게 되었다.

이제 더 이상 제후의 개인적인 맹세나 시의 특권에 대한 문서화된 보장은 없었고 뤼네부르크는 당시의 용어를 빌리자면 "영방 군주의 호의와 은총" 속에서 받아들여졌을 뿐이었다. 참사회와 시민들은 일방적으로 당시의 영방 군주에게만이 아니라 그가 죽은 뒤에는 그 후계자에게도 충성을 다할 것을 맹세했다. "더 이상 특권적인 도시 대표들은 자신의 권력을 의식하면서 스스로 충성 서약을 하기 전에 영방 군주가 먼저 맹세하도록 할 수 없었다. 복종하는 신민들을 찾아와 명령을 내리는 통치자는 시장, 참사회, 시민이 마땅히 해야 하는 의무 수행과 충성 서약에 이미 순응했다는 사실을 관대하게 받아들였다."[95] 그러는 사이에 이미 연 지출의 1/4을 넘어 버린 엄청난 축제 비용이 뤼네부르크 시에 다시 전가되었다. 성에서 발사하는 축포, 군인들의 의장대, "집총한" 시민들의 도열, 군사 퍼레이드, 팡파르가 울려 퍼지는 가운데 거행된 규율 잡힌 도시 입성, 시청에서 이루어진 엄격한 서약 의식, 축하 연회, 대규모 불꽃놀이로 이루어진 화려한 축제를 위해 시가 엄청난 비용을 부담했던 것이다. 1666년 게오르크 빌헬름, 1706년 게오르크 루트비히* —— 그는 추가로 시민들이 발행한 어음을 선물로 받았다 —— 에 대한 시의 충성 서약식은 그 광휘와 비용 면에서 이전 충성 서약식들을 능가했지만, 충성 서약 축제는 1706년이 마지막이 되고 말았다. 라이네케는 애틋한 마음으로 다음과 같이 결론을 내리고 있다. "의연한 한자 동맹 도시*로서

---

* **게오르크 루트비히**  하노버의 선제후였던 게오르크 루트비히는 어머니 소피아가 영국 국왕 제임스 1세의 손녀였던 관계로 1701년 영국 의회가 마련한 왕위 계승법에 따라서 1714년 스튜어트 왕조의 마지막 통치자인 앤 여왕이 사망하자 조지 1세로 영국 국왕의 자리에 올랐다.

* **한자 동맹 도시**  오랫동안 북부 독일 지역의 소금 공급지로 유명했던 뤼네부르크는 이미 12세기부터 뤼베크, 함부르크 등과 함께 북해와 발트 해를 중심으로 북방 무역을 주도했던 북부 독일 도시 상인들의 동맹체인 한자 동맹에 가입하고 있었다.

그림 37 1742년 프랑크푸르트 뢰머 광장에서 열린 카를 7세의 대관식 축제.

갖고 있던 자부심은 두려움으로 시들어 가는 신민들의 정서로 대체되
었다. 도시가 제후 권력과 경쟁하는 과정에서 결국 후자가 무조건적인
성공을 거둔 것이다." 예전의 충성 서약식은 "새로운 영방 군주가 자신
이 상속받은 도시를 방문함으로써 시를 명예롭게 하고 시청에서 열리
는 축제를 받아들이는 관행"으로 대체되었다.[96]

　다른 곳에서는 그러한 축제가, 1742년 프랑크푸르트의 뢰머 광장에
서 개최된 황제 카를 7세의 대관식 축제를 묘사한 동판화가 보여 주는
것처럼, 더 오래 지속되었다(그림 37). 그러나 16, 17세기에 이미 충성
서약식이 더 이상 매체로서 의미를 지니지 못했다는 것에 대해서는 의
심의 여지가 없다. 처형과 마찬가지로 제후들의 방문은 시원기의 희생
제의나 중세 교회력에 따른 기독교 축제와는 달리 매우 불규칙적으로

이루어졌다. 여기서는 "성직자"와 "공동체" 간의 본래적인 성스러운 통일성은 사라져 버렸고, 조정 기능에 비해 일종의 쇼show가 지닌 특징이 지배적인 것이 되었다. 제후들의 방문은 무엇보다도 당국과 민중, 영방 군주와 도시의 관계에서 힘의 균형을 결정짓는 데 도움이 되었고, 그 밖에는 어떤 의사소통적인 기능도 갖지 않았다. 제후들이 방문할 때 벌어지는 도시의 공공 축제는 그 축제가 신분제적 의무에서 비롯된 것이 아니라면 단지 호기심과 구경거리에 대한 관심으로 사람들을 불러 모으는 것에 불과했다. 처형 역시 18세기 초 이후로는 종종 종교적 교화의 의미에서 그리고 프랑스 혁명기에는 "무대 기계 장치"라 할 기요틴[97]이 주도하는 가운데 무엇보다도 전율과 충격을 확산시키기 위한 도덕적 연극으로 기능하다가 결국 공식적인 행사로서는 완전히 사라지고 말았다. 어떤 종류의 "공적인" 축제 연출도 근대 초기의 신분제 사회에서는 종국적으로 더 이상 매체가 될 수 없었다.

### 4.4.3.

처음에는 오로지 카니발에서만 축제라는 근원적인 매체의 유물이 보존되었다. 밥 스크라이브너[98]는 카니발을 매우 다양한 입장에서 해석할 수 있다는 것을 분명히 보여 주었다. 즉, 결혼과 재혼의 규제를 목적으로 한 중세 샤리바리의 사회적 기능에 대한 강조, 재미와 놀이의 실제적 대안인 카니발 혹은 반란 의식儀式을 통해 신분제 체제의 불만을 해소하는 수단인 카니발,[99] 그리고 낱장 문서와 설교자에 맞서 대안적인 대중 의사소통의 역할을 수행하는 카니발에 이르기까지 다양한 해석을 내릴 수 있는 것이다. 이 모든 것은 카니발을 "거꾸로 된 세상"으로 파악하는 견해로 묶을 수 있다. "세상은 뒤집어졌다. 왜냐하면 결코 있어서는 안 되는 일이 갑자기 일어났기 때문이다. 자연적인 질서가 전복되

174

었으니, 이는 몰락의 징표였다. 바로 이것이 15세기 말에 널리 퍼진 견해였다. (……) '거꾸로 된 세상'에 대한 이 비관적인 시각은 전도顚倒에 대한 예언적, 천년 왕국적인 시각을 반영하는 것이었다. '거꾸로 된 세상'은 최후의 심판의 징표로 이해되었다."[100] 그렇기 때문에 스크라이브너는 카니발이 종교개혁에 이르는 길을 닦는 역할을 수행했다고 보았다. 이보다 더 적절하게 노르베르트 쉰들러는 인간의 육체성과 밀접히 결부된 "16세기의 웃음 문화", 즉 평범한 민중, 도시 수공업자, 도시 문벌, 귀족이 똑같이 참여한 신체극[101]에 대해 지적한 바 있다. 1519년에 하인리히 공작이 뤼네부르크 시의 충성 서약식을 뤼네부르크 카니발 축제에 참석하기 위해 도시에 머물렀던 사흘 중에 거행하도록 한 것은 우연이 아니었다.[102]

그 이후의 시기와 관련하여 피터 버크는 특히 남부 유럽의 카니발이 가지고 있는 세 가지 요소를 다음과 같이 구분했다. 첫째는 카니발 마차와 함께하는 축제 행렬이고 둘째는 달리기, 경마 혹은 말을 타고 달리면서 창으로 높이 걸린 고리를 떼 내는 경기와 줄다리기 같은 다양한 종류의 시합이며 셋째는 대부분이 해학극인 연극 공연이다. 하지만 카니발의 이런 구성은 본래 자발적이던 민중 문화가 변형된 것을 의미했다. 그 기본 경향은 계속 유지되었고 "세 가지의 주요 주제가 실제적으로나 상징적으로 카니발을 특징지었는데, 그 세 가지는 음식, 성性, 폭력이었다." 이 중에서 폭력은 종교, 정치와 관련되어 있었다. "카니발 기간은 1월이나 심지어는 12월 말에 이미 시작되었다. 사순절 기간이 가까워질수록 축제 분위기와 흥분이 고조되었다. 카니발의 무대는 몽펠리에의 노트르담 광장, 뉘른베르크 시청 주변의 시장 광장, 베네치아의 산 마르코 광장 등과 같이 도시의 노천 중앙 광장이었다. 카니발은 도시의 도로와 광장이 주요 무대가 된 거대한 연극으로 볼 수 있을 것이다. 도시는 노천극장으로 변하였고 주민들은 배우이자 동시에 관객이 되었다."[103] 그러나 이러한 기본 경향은 도시의 신분제 사회가 세분화하면서 "개혁"되어,[104] 앞서 언급한 것처럼 축제 자체가 세분화하고 특정 계절, 지역, 계층에 고정되었다는 의미에서 상대화되어 갔다. 카니발은 점차 추가로 선택할 수 있는 단순한 장난거리가 되었다. 여기서 유념할 것은 18세기와 19세기에 들어와서도 변장, 패러디, 희화화, 조롱과 함께 샤리바리는 여전히 사회 비판과 정치적 항의의 수단으로 유럽 전역에 널리 퍼져 있었다는 것이다. 한마디로 샤리바리는 대중적인 노상 공공영역의 매체였다. 이에 대응하여 제후들과 시 당국은 "요술 모자와 같은 기능을 하는 카니발 참가자들이 쓰는 배 모양의 모자와 권위를 손상시키는 카니발 법정의 법정 패러디에 반대하는" 투쟁을 벌였다. "카니발의 불경스럽고 자유로운 경험 및 의견 교환은 공공영역과 의사소통에 대한 당국의 독점적 요구와 충돌했다."[105] 그런 점에서 "경험과 의견이 교환되고 입장과 태도가 형성되는 대중적인 의사소통 연결망"인 축제, 그리고 "사회적인 자기 이해관계와 정치적인 자기 주장이 결정화結晶化하는 지점"이던 축제[106]에는 여전히 매체적 기능이 부여될 수 있다고 하겠다. 물론 이러한 축제는 이제 더 이상 모든 사람들이 참가하지 않게 되었고 사회적으로 지배적인 통치권자의 매체들과 점점 더 많이 중첩됨으로써 순수한 매체적 특징을 종국적으로 상실하게 되었지만 말이다.


## 4.5. 정리


지금까지의 내용을 정리해 보도록 하자. 매체 문화의 변화는 도시 사회의 모든 신분들에게서 일어났다. 그중에서도 다음과 같은 세 가지 경향이 두드러졌다.

첫째, 예전의 수많은 인간 매체들은 단순한 직업적 역할로 용해되어 갔다. 교황 사절, 외교 사절, 문장관은 전문 외교관과 "기업 대변인"으로, 포고자는 시 당국의 고용인과 "호객 선전원"으로, 학위 소지 교사, 학교 선생, 수공업자, 교사는 국가 공무원으로, 장인 가인은 결혼식 초청자로, 노상 담시 가인과 장돌뱅이 가인은 판매인으로, 예전의 축제 매체는 당국에 의해 규정된 신분제적이고 "사적"인 잔치 또는 추가로 선택할 수 있는 장난거리인 카니발로 바뀌었다.

둘째, 특히 장인 가인, 노상 담시 가인, 장돌뱅이 가인, "호객 선전원"에게서 보이는 것처럼, 문화적 비중은 명백하게 인쇄 매체 쪽으로 옮겨 갔다. 지속적인 기능 분화 과정 속에서 외교 사절과 통행 증서, 교사와 서적, 가인과 두루마리 혹은 낱장 문서와 같이 수많은 새로운 매체 결합 형태들이 발전되어 나왔는데, 이는 모두 본래의 인간 매체에 수기 매체 또는 새로운 인쇄 매체가 부가된 것이었다.

셋째, 가수, 배우, 악기 연주자처럼 예전에 분리되어 있던 행위 역할들이 서로 합쳐지는 현상이 나타났는데, 이는 오페라를 통해 새로운 음악극의 기초가 만들어지는 계기기 되었다. 매체 문회의 변화에서 나타나는 이러한 변종은 신문의 성립을 다룬 부분(9장 1절)에서 더 자세하게 다루게 될 것이다.

무엇보다도 기능의 변화로 묘사될 수 있는 이러한 변화는 결정적으로 매체의 결핍을 낳았다. 전통적인 인간 매체들은 도시 공간에서 그 매체적 성격, 즉 조정 및 방향 설정 기능을 상실하였다. 반대로 전단지, 소책자, 신문과 같이 별도로 다루어야 할 전혀 새로운 매체들이 이 공백을 메우게 되었다. 물론 근대 초기의 이 매체 혁명은 처음에는 인간 매체, 수기 매체, 인쇄 매체가 병존하는 가운데 점차적으로 이루어지다가 17세기에서 18세기로 넘어가는 전환기에 와서야 인쇄 매체의 새로운 패러다임이 최종적으로 관철되었다고 할 수 있다.

# 5
# 농민 전쟁 시기까지의 농촌 지역 매체

근대 초기 농촌의 매체사적 발전은 이중으로 진행되었다. 한편으로 중세와 비교해 보았을 때 거의 아무 것도 변한 게 없었다. 이것은 특별히 축제와 이야기꾼 같은 전통적인 매체들에 해당하는 것이다. 다른 한편으로 전단지, 소책자 그리고 무엇보다도 달력의 형태로 새로운 매체들이 일찍부터 확산되어 갔다. 이미 언급한 도시 매체 문화의 변화와는 다르게, 농촌에서는 인간 매체를 희생시키지 않고서도 인쇄 매체를 통해 매체 문화가 확대되고 풍부해질 수 있었다. 이것은 전혀 새로운 형태의 매체들과 매체 결합 형태를 낳았는데, 여기에는 사제와 설교자 같은 중세의 인간 매체들도 편입되었다. 인간 매체에서 인쇄 매체로의 일반적인 기능 전환은 농촌에서는 매우 완만하게 이루어졌고 훨씬 더 잠재적인 성격을 띠고 있었다.

방랑자와 같은 중세의 다른 인간 매체들은 이 새로운 환경에서 더 이상 근본적인 역할을 수행하지 못했다. 농촌, 도시, 수도원, 성과 같이 상대적으로 고립된 부문 공공영역을 서로 연결해 주고 그 한계를 지적하는 데 기여하면서 중세 성기와 중세 말에 탁월한 체계 간 의사소통 매체로 기능했던 것[1]이 이제는 서신(우편), 전단지, 소책자, 신문 같은 새로운 매체 체계들과 중첩되어 나타났다. 물론 다이허르트의 말을 빌리자면,[2] 방랑자는 여전히 늘 존재하고 있었다. "16세기는 모든 방면에서 대격변의 시대였다. 그러한 시대에는 인간 사회의 다종다양한 계층들에서 떨어져 나온 사람들이 늘어났다. 유랑하는 성직자, 수도원에서 도망쳐 나온 수도사, 빈둥거리는 대학생과 학생, 일할 의욕이 없는 젊은 수공업자, 방탕한 여인, 호객 상인, 집시, 유대인 거지가 바로 그들이었다. 여기에 수많은 빈민, 장애인, 실향민의 무리가 더해졌다."[3] 루카스 반 레이덴*은 자신의 작품 〈유랑하는 민중〉(1520년)에서 이를 시각적으로 잘 보여 주고 있다. 여기서 제바스티안 브란트의 바보*는 악기를 연주하는 거지와 그 아내, 자식들 앞에 가고 있는 어린 오일렌슈피겔*로 묘사되고 있다(그림 38). 방랑자의 범주에 더 추가될 수 있는 부류로는 순례자와 참회자,[4] 도시와 마을의 실직한 하인, 도둑떼, 대목 장터를 돌아다니는 예술가와 악사, 떠돌이 배우, 연금술사, 마술사, 농촌 설교자, 뜨내기 의사, 돌팔이 의사[5] 그리고 무엇보다도 퇴역 직업 군인과 용병이 있었는데, 그들의 "일거리는 약탈, 살해, 방화, 노름, 음주, 신성 모독"이었다.[6] 이 방랑자들은 상인, 행상인들과 함께 거리와 주요 교통로에 위치한 여관들을 가득 메웠다. 하지만 그들은 사회에 영향을 미칠 수 있는 힘을 상실했고 그럼으로써 매체적 성격을 잃어버렸다.

---

* **루카스 반 레이덴** 네덜란드의 화가이자 동판화가로, 그의 동판화 작품은 나중에 렘브란트 등에 영향을 미쳤다.
* **바보** 독일어 Narr는 바보라는 뜻 이외에도 '익살 광대'란 뜻도 있다.
* **오일렌슈피겔** 틸 오일렌슈피겔Till Eulenspiegel은 14세기 북부 독일에서 활약했다는 전설적인 익살꾼이다. 오일레Eule는 올빼미란 뜻인데, '그림 38'에서도 오일렌슈피겔의 어깨에 앉아 있는 올빼미의 모습을 볼 수 있다.

**그림 38** 거지와 그 아내, 자식들 앞에 가고 있는 제바스티안 브란트의 바보.

그럼 과연 무엇이 변했을까? 손님 접대의 오랜 형태들과 방문자에 대한 교회와 수도원의 후한 대접에서 중세 초기에 "일반 선술집taber-nae perpetuae"이 발전되어 나왔는데, 그곳에서는 맥주 판매, 식사 제공, 여행자들을 위한 온갖 잡화 판매가 이루어졌다. 그 뒤를 이어 중세 말에는 여관Gasthöfe과 숙소가 등장했고, 그로부터 오늘날 우리가 알고 있는 요식·숙박업소가 출현했다. 모리츠 호프만은 이를 다음과 같

그림 39 여관 앞에 있는 여행객으로서의 방랑자들.

이 정리했다. "경제생활의 성장과 잦은 사업상의 여행, 한마디로 말해서 점점 더 관철되어 가는 화폐 경제 체제의 영향으로 중세 말에 손님 접대의 장소로서 여관이 출현하였다."[7] 물론 도처에 퍼져 있는 여관과 음식점, 그리고 주요 교통로와 수로 근처에 위치해 있으면서 이 업소들을 보완했던 호텔은 의사소통에서 단지 상대적인 중요성만을 지닐 뿐이었다. 왜냐하면, 이 시설들은 이제 다양한 직업 집단, 신분, 사회 계층, 생활 영역이 아니라 개인들만의 정보 교환과 여흥을 촉진시켰으며, 정보 교환과 여흥은 당연히 "출타 중에" 함께 만나고 같이 기거하는 제한된 시간 동안에만 이루어졌기 때문이다(그림 39). 근대 초기에 "방랑자들"은 "여행객들"과 뒤섞였고 새로운 매체들과의 경쟁 속에서 예전에는 그렇게 현저했던 의사소통적, 사회 보도 매체적 기능을 잃어버리고 말았다.

## 5.1. 축제

15, 16세기 촌락 농민들의 놀이, 민속, 축제에 대해서는 대체로 중세 때와 동일한 내용을 이야기할 수 있을 것이다.[8] 이 행사들은 특히 다음의 세 가지 경우에 행해졌다. 먼저 봄의 윤무나 수확기의 춤과 같은 계절 행사들과 그 밖의 본래 이교적인 의식을 들 수 있는데, 이런 행사는 포어알베르크* 같은 많은 지역에서는 특정한 "무도회장"에서 치러졌다. 무도회장이 법적으로 중요했던 전통적인 마을 중심지인 집회소Tie 나 풀밭을 대체해 갔던 것이다.[9] 다니엘 호퍼(1470년경~1536년)*가 그린 〈농민들의 춤〉은 어느 정도 에로틱한 요소를 갖고 있는 윤무 형태를 보여 주고 있는데(그림 40), 농민들이 짝을 이루어 춤추는 광경은 삽화가 들어 있는 17세기의 전단지들에서도 잘 묘사되어 있다. 두 번째로는 부활절이나 교회 헌당 기념 축제 같은 일반적인 교회 축제를 들 수 있는데 14세기에는 이미 해마다 50여 일에 이르는 각종 축일들에다가 52개의 일요일이 더해졌다.[10] 다비드 빙크본스*의 〈농민들의 교회 헌당 기념 축제〉(1629년)는 나무가 늘어서 있는 마을 거리에 위치한 음식점에서 흥청거리며 노는 축제의 모습을 비판적으로 묘사하고 있다. 그림의 배경에는 노점과 마을 교회가 있고, 그 앞에는 거리를 가로질러 걸려 있는 밧줄에 묶인 살아 있는 거위가 말 탄 사람들에 의해 놀잇감으로 무자비하게 찢겨 나갈 운명을 기다리고 있다(그림 41). 마지막으로는 출생, 혼인, 장례와 같은 사회적 사건에 즈음해서 열리는 축제가 있

---

* 포어알베르크  오스트리아의 서쪽 끝 지역으로 스위스 동부와 맞닿아 있는 지역.
* 다니엘 호퍼  15~16세기 남부 독일에서 활약한 부식 동판(에칭)화가.
* 다비드 빙크본스  16~17세기 네덜란드 암스테르담에서 활약한 화가로, 풍속화가 피터 브뤼겔의 영향을 받았다.

그림 40 농촌 축제. 다니엘 호퍼가 그린 〈농민들의 춤〉.

었다. 농촌에서는 놀이와 함께 의례화된 축제의 본질적인 기능, 즉 오락, 방향 설정, 의사소통 등의 기능이 계속 유지된 채로 남아 있었다. "중세 공공영역의 의사소통 규칙"[11]이 여전히 작동하고 있었던 것이다. 도시 축제와는 반대로 근대 초기 농촌의 축제는 여전히 매체의 성격을 띠었다(8장 4절 참조).

　연구자들은 예컨대 프랑스 농촌의 샤리바리를 초기 다산 숭배 의식과 관련지으면서 무엇보다도 미혼의 젊은이들을 위한 방향 설정 기능

**그림 41** 다비드 빙크본스가 그린 〈농민들의 교회 헌당 기념 축제〉.

과 성 생활에 대한 일반적인 규범화를 부각시키고 있다.[12] 여기에서는
규제된 교제의 놀이가 행해졌다. 청년들은 결혼할 연령이 된 처녀들의
집 앞에 자작나무 가지*들을 갖다 놓았는데, 때로 그 처녀의 도덕성이
의심스러울 때에는 냄새나는 나뭇가지를 이용하기도 했다. 자기 마을
의 처녀에게 구애하는 다른 마을의 청년에게는 벌금을 징수하기도 했
고, 결혼식 하객 행렬이 벌어지는 길 위에다 줄을 단단히 묶어 두어 신
랑이 그 줄을 벗겨 내야 할 때도 있었다. 특히 나이 차이가 많이 나는
신랑, 신부가 재혼할 경우 사람들은 그 부부를 공개적으로 비난했다.
여자가 결혼한 지 일 년 후에도 임신하지 못하는 경우에는 신혼부부 집
앞에서 소란을 피웠고, 아내에게 꼼짝하지 못하는 남편들은 웃음거리

---

* **자작나무 가지**  자작나무 가지는 봄의 상징물인 동시에 농민들이 마녀나 악귀로부터 농
  가를 보호하기 위해 빗자루와 함께 사용하는 등 부적의 역할을 하기도 했다.

로 만들어 버렸다. 농촌 지역에서 사회적으로 자유로운 공간을 활용하고 성인 세계의 규범을 체득하는 연습을 고수하던 젊은 남성들은 말하자면 "지역의 풍기 단속관"으로 기능했던 것이다.[13]

특별히 축제로 치러지는 결혼식은 의심의 여지 없이 여전히 매체적 성격을 지니고 있었다. 리하르트 반 뒬멘은 이에 대해 다음과 같이 쓰고 있다. "근대 초기의 결혼식은 오늘날과는 다르게 사랑하는 두 사람의 사적이고 개인적인 행위가 아닌 공적이고 사회적인 사건이었기에, 가족, 이웃, 더 나아가 마을 또는 길드의 요구가 사적이고 감정적인 관심을 덮어 버렸다."[14] "도둑 결혼" 혹은 "비밀 결혼", 즉 부모나 영주의 동의 없이 이루어지는 혼인이 없는 것은 아니었지만, 예외적인 경우에 속했다. 일반적으로 결혼은 그 규정이 정해져 있고 모든 사람들이 각각의 단계 —— 신부를 찾고 구하는 것에서부터 혼담, 약혼, 혼인 계약을 거쳐 본래의 결혼식과 피로연에 이르기까지 —— 에서 가능한 한 따라야 하는 공적인 의식이었다. 결혼식 하객 행렬 예식, 혼례식, 동침, 결혼식 다음날 아침에 신랑이 신부에게 주는 선물Morgengabe, 때로 많은 가계를 재정 파산으로 몰고 가면서 수많은 하객들과 함께 며칠 간이나 지속된 결혼 피로연과 더불어 "결혼은 결코 두 가족만의 잔치가 아니라 공적이면서도 자기 과시적인 축하 행사"였던 것이다.[15] 춤, 향연, 선물이 딸린 결혼식은 이웃과 전체 마을 공동체의 이해관계와 무관하지 않았고 지역 공공영역과 그 규범의 일부였으므로, 교회와 공공 관리의 통제를 받았다. 두 사람의 혼인은 마을 공동체의 경제적, 사회적 기본 구조와 관계된 문제였다. 단지 재정적으로 독립적인 가계를 꾸릴 수 있는 능력이 있는 사람들만이 결혼할 수 있었기 때문에, 하인이나 수공업자 길드의 도제 같이 재산 없는 사람들에게 혼인은 허용되지 않았다(이런 이유로 이미 중세에 "여인의 집"이라고 불리는 유곽이 설치되었다). 일반적으로 결혼은

**그림 42** 피터 브뤼겔이 그린 〈농민들의 결혼식〉의 부분화.

당사자의 배우자 선택이 아니라 부모, 마을 공동체, 길드의 이해관계에 따라 준비되고 이루어졌다. 부모가 배우자를 구했고 배우자의 물질적 조건을 살펴보았다. 그럼으로써 축제로 자리매김할 수 있는 결혼은 경제적, 도덕적, 사회적 가치 관념과 행동 지침의 포괄적인 집합체를 대표했다. 공적인 축제와 함께 이루어진 공적인 결혼식 ─ 피터 브뤼겔의 〈농민들의 결혼식〉(부분화, 1568년경)은 이를 전형적으로 잘 보여 준다(그림 42) ─ 은 사회 제도로서 혼인이 갖는 적법성, 성관계의 지배적인 도덕, 당사자의 마을 공동체로의 편입 및 공동체의 후원을 보장해 주었다. 따라서 결혼식의 기능은 부부의 단순한 과시적인 자기표현 이상의 것이었다. 결혼식에서는 "집단적 이해관계의 보존이 중요한 일"이었고[16] 또한 모든 매체에 고유한 조정 및 방향 설정 기능이란 의미에서 사회

질서 구조를 정당화하는 것이 중요했다.[17]

## 5.2. 이야기꾼

중세의 전통적인 두 번째 매체는 농촌의 중요한 오락 및 사회화 매체인 이야기꾼이었다.[18] 이 인간 매체는 근대 초기에도 명백히 집단적인 구전 전통 전수의 중심에 서 있었고 동화, 이야기, 역사 및 마을 공동체의 규범과 가치를 전해 주었다. 구드룬 아커는 다음과 같이 쓰고 있다. "농촌 여성들은 구전된 민중 문화의 담당자였다. 농촌 여성들은 겨울밤에 실잣기를 하면서 어린 소녀들에게 자신들의 지식을 전해 주었다. 오랜 관습과 설화를 보존한 것도 그녀들이었고, 치료술과 조산법은 그녀들의 수중에 놓여 있었다."[19] 이와 함께 여전히 중요했던 것은 특정한 코드, 형식, 표현 방식을 갖춘 언어 운용과 일종의 의식儀式적인 행위라 할 이야기 전달이었는데, 그것은 행위자들Aktanten*의 역할과 마을 공동 방적실, 빵 굽는 곳, 세탁실, 마을 우물 같은 특정한 이야기 장소 및 특정한 이야기 시간(저녁, 겨울)에 의해 규정되는 것이었다. 하지만 16세기 이후로 이야기꾼의 전수 기능은 점점 소규모의 내부 공공 영역, 특히 가족 안으로 밀려났고, 그 저장 기능 역시 점차 인쇄 매체,

---

\* **행위자들** 지그프리트 J. 슈미트Siegfried J. Schmidt 등이 주창한 "경험 구성주의 문예학empirische Literaturwissenschaft" 이론에 따르면, 언어는 의사소통 행위를 위한 도구이고 의사소통은 사회적 행위로 간주할 수 있기 때문에 언어적 의사소통의 참여자(수행자)는 곧 "행위자"라고도 할 수 있다. 행위자는 사회화 과정을 겪으면서— 즉, 가정이나 학교와 같은 사회적 맥락 속에서 행동하는 것을 배우면서— 그때그때 서로 다른 능력, 욕구, 동기, 의도를 개발해 가는 개체라고 규정할 수 있는데, 이 행위자들은 항상 특정한 공간과 시간의 좌표 속에서만 행동한다는 것이다. 더 자세한 사항에 대해서는 S. J. 슈미트 · H. 하우프트마이어, 차봉희 옮김, 《구성주의 문예학》(민음사, 1995년)을 참조하라.

특히 달력이 넘겨받게 된 것으로 보인다. 예컨대, 루돌프 셴다가 설화 이야기꾼 요하네스 슈툼프(1500~1577/1578년)를 연구 주제로 삼았을 때, 거기에서는 이미 "종이에 의한" 전달이 문제가 되고 있었다.[20]

하지만 농촌 매체의 역할을 수행하던 이야기꾼이 16세기 이후 내몰리게 된 것은 특히 "미혼 청춘 남녀들의 자발적인 공동 사교 모임의 형태"로 기능했던 마을 공동 방적실이 당국에 의해 금지되거나 최소한 통제되었던 상황에서 연유한 것일 수도 있다.[21] 노동과 즐거움, 젊은이의 성 문화와 농촌의 일과 후 자유 시간 활용 관행의 공간화하고 제도화한 상호 연관성은 지배 질서를 위협하는 것으로 여겨졌던 것이다. 사람들은 그 속에서 명백히 "마을 공공영역의 비판적인 토론장"을 보았다. "마을 공동 방적실과 그곳의 사교적인 자유분방함은 예컨대 젊은이들의 부모가 배석함으로써 "가족화"하는 것을 통해 어느 정도 도덕화하고 순치되어야만 했다."[22] 교회와 세속 권력의 통제, 규제, 감독은 자연스럽게 이야기꾼으로까지 확대되었다. 그러나 이것은 다만 추정일 뿐이다. 구전 이야기에 대한 체계적인 성찰[23]과는 달리 적어도 1400~1700년 동안의 구전 이야기의 의미에 대한 역사 연구는 여전히 부족한 실정이라고 말할 수 있겠다.

## 5.3. 전단지와 소책자

흔히 많이 언급되고 있는 서적 매체나 이른바 "서적 인쇄"보다도 이 시대의 초창기에 훨씬 더 중요했던 인쇄 매체는 인쇄된 전단지와 소책자라는 새로운 형태를 갖춘 낱장 문서와 가철본 매체들이었다(11장 도입부 참조). 특히 전단지는 근대 초기의 매체사에서 우선 설교자, 가인, 서신 및 특히 소책자와 같은 다른 인쇄 매체들과의 결합을 통해 종교개혁과 반종교개혁의 매체(6장 3절)로서, 그 다음으로는 특히 30년 전쟁 기간의 정치적 이해관계의 표출이자 홍보 및 선전 매체(7장)로서 많이 다루어져 왔다. 그러나 전단지와 부분적으로는 소책자 역시 이미 농민 전쟁 시기 이전의 농촌에서 주요한 매체로 자리 잡았기에 여기에서 먼저 언급할 필요가 있다 하겠다.

낱장 문서는, 비록 유감스럽게도 지금까지의 매체 연구에서 응당한 대접을 받지는 못하고 있지만, 예로부터 다양한 기능을 갖고 있던 매체였다. 그에 대한 몇 가지 예만 언급하는 것으로도 여기에서는 충분할 것이다. 노래 시의 유포에서 낱장 문서 매체가 갖는 중요성에 대해서는 이미 언급한 바 있다(4장 3절). 종교개혁과 관련해서는 나중에 상세히 다루게 될 것이다(6장 3절과 6장 6절). 또한 낱장 문서는, 비록 문화 전체에 해당하는 것이 아니라 개인적이고 전문적인 측면에 국한된 것이기는 했지만, 근대 초기인 16세기 중반기에 "세계 지도"와 "국가 지도"로서도 중요한 역할을 수행했다. 이제부터 지도가 그려진 낱장 문서는 신세계를 기록으로 확정짓는 역할을 수행하게 되었고 혹은 적어도 모델 형성의 의미에서 이 세계와 사회에 대한 새로운 인식을 규정짓게 되었다.[24] 그리고 그 모델 형성이 예전에 교리를 뒷받침하기 위해 직접 손으로 그린 "지도"보다 훨씬 더 중시되었다.

또한 여기에서는 예컨대 도시와 농촌에서 의사와 환자 간의 의사소통에 쓰이는 "처방전"에 낱장 문서가 수기 매체로 계속 사용되어 온 것에 대해서도 언급할 수 있겠는데, 이것은 기본적으로 오늘날 우리가 알고 있는 것과 별반 다를 바가 없었다. 물론 이 경우에는 약초와 그 성분에 대한 기술 내용이 종종 베껴 적는 사람에게는 익숙한 것이 아니었기 때문에 여전히 일차적으로는 구두로 이루어지는 경험 전달("일반 지식")의 부가물("전문 지식")에 불과한 것이기는 했지만 말이다.[25]

5.3.1.

전단지는 대개 글과 그림을 한쪽 면에만 인쇄한 낱장 인쇄물이다.[26] 이와는 달리 여러 장으로 되어 있고 일반적으로 그림이 들어 있지 않은 소책자는 전적으로 다른 매체로 파악해야 할 것이다(6장 4절 참조). 농민 전쟁 이전과 이후 시기의 농촌 전단지는 다양한 제작 이해관계와 상이한 형태와 내용, 다양한 기능과 의미를 가지고 있던 인쇄 매체였다. 인쇄라는 측면을 제외한다면 전단지는 이미 훨씬 이전 시기부터 만들어졌는데, 예컨대 중세 말에는 죽음의 춤을 묘사한 연작 그림의 형태로 나타났던 것이다. 아래에서는 15세기 말 독일어권에서 지배적이었던 전단지의 형태, 내용, 기능에 대해서 간단히 언급해 보도록 하겠다.[27]

전단지는 무엇보다도 상품이었다. 다시 말해서 전단지는 작가, 출판업자, 인쇄업자, 삽화가, 브리프 화가, 주형鑄型 제작자, 동판화가 등이 분업으로 생산하였고, 소매상인과 서적 행상인이 전문적으로 시장에서 판매하였다. 더 이상 주문에 따라 생산하지 않았고, 판매할 목적으로 자체 비축분을 따로 두었다. 초기 자본주의적 의미에서 전단지는 무엇보다도 돈을 버는 수단이었고, 이때 돈을 버는 주체는 일반적으로 보수를 빋지 않고 친구들과 지인들에게 나누어 줄 증정본만을 빋었던 작가 쪽이 아니라 일차적으로 인쇄 출판업자 쪽이었다. 바로 이 점에서 당시의 전단지는 일반적으로 무료로 배포되거나 비치되어 있는 오늘날의 전단지와는 구분되었다. 이 매체의 극단적인 시장 지향성은 그 매체가 잠재적인 구매자들의 취향, 관심, 필요를 지향한 것에서도 잘 드러난다. 이미 텍스트를 목판화 그림으로 꾸미는 것 자체가 농촌 주민들의 높은 문맹률을 고려한 결과이고 삽화에 대한 필요성을 시사해 주는 것이었다. 전단지의 복제와 해적판이 비일비재했는데, 이는 특히 당시 인쇄업이 수공업자 규정이나 길드 조직을 갖추고 있지 않았기 때문이었다. 잘 알려진 세속적인 전단지 작가로는 제바스티안 브란트와 한스 폴 츠가 있었다.

처음에 판매(11장 2절)는 인쇄업자의 수중에 놓여 있었지만, 노상 담시 가인과 장돌뱅이 가인의 경우(4장 3절 참조)와 유사하게 이미 1500년 이전에 공공 광장, 대목 장터, 교회 문 앞에서 독자들과 직접 만날 수 있는 서적·잡지 행상인과 일반 행상인을 통한 이동 판매가 주 도권을 잡게 되었다. 소책자와 특히 달력(5장 4절) 같은 다른 매체들이 종종 솔, 빗, 가위, 필기도구, 카드, 묵주 등과 함께 제공되기도 했다. 하지만 전단지는 도시에 정착한 소매상인, 전통적인 서적 소매상, 도매 상, 견본 시장을 통해서도 판매되었다. 때로 전단지는 심지어 음식점에 서 노름에 거는 판돈으로 사용되기까지 했다.

전단지의 가격은 품질, 주제, 발행 부수에 따라 천차만별이었다. 게 다가 이에 대해서는 신뢰할 만한 자료도 거의 없다. 하지만 대략 전단 지 한 장당 평균 판매 가격은 2~4크로이처로 추정되는데, 이는 당시 직업 교육을 받은 미장이의 시간당 임금에 해당하는 액수였다. 따라서 농촌 주민 대다수는 전단지를 구매할 여력이 없었다. 그러나 지식이나 정보의 확대 재생산자로 기능하던 소수의 수공업자와 영업 활동을 하 는 중산 계층의 대표들, 대학 교육을 받은 이들, 특권적인 상위 계층은 이 낱장 인쇄물을 구입할 수 있었다. 이 밖에도 전단지의 수용과 관련 해서는 글을 쓸 수 있는 사람보다 글을 읽을 수 있는 사람이 더 많았다 는 점이 고려되어야 한다. 따라서 전반적으로 농촌에서 전단지를 수용 할 때에는 관련 텍스트를 읽는 것보다는 관련 그림을 보는 것이, 그리 고 보는 것보다는 낭독된 텍스트를 듣는 것이 특징적인 현상이었다고 할 수 있다. "구매된 전단지는 가정에서 벽, 궤짝 혹은 장롱의 잘 보이 는 곳에 부착되었다." 프란츠-하인리히 바이어[28]는 이런 전단지의 편재를 이 매체가 인기를 끌게 된 본질적인 조건으로 파악하고 있다. 전체적으로 전단지는 최소한 85% 가량이 독일어로 작성되었고 농촌에서 보는 전단지는 거의 전적으로 독일어로만 되어 있었다. 전단지가 결코 통치 매체로 간주될 수는 없지만 그렇다고 해서 "평민의" 저작물, "민중 문학" 혹은 특히 하층민과 농민을 위한 매체로 잘못 해석되어서는 안 된다는 것도 도시보다는 농촌에 명백히 더 잘 들어맞는 이야기라고 할 수 있겠다.

5.3.2.

15세기 말과 16세기 초의 농촌 전단지는 주제 영역에 따라 이념형적으로 다음과 같이 세 종류로 분류해 볼 수 있을 것이다(물론 이 주제 영역들은 다양하게 서로 연결되어 있다).

– 화젯거리와 경이로운 일을 다루면서 오락 기능을 갖춘 전단지.

– 교리 문답적 가르침과 신앙심 고양이라는 의미에서 예배문 성격을 갖고 있으며 공포, 고통, 죽음을 극복하고 어려운 시기에 위안을 주는 기능을 갖춘 전단지.

– 정치적 사건이나 전쟁에 대한 정보 전달자 역할을 하는 전단지.

연구자들에 의하면, 전단지에서 텍스트와 그림 간의 관계[29]가 종종 조화롭지 못하고 지면 배치가 전문적이지 못한 것은 패널화, 책의 삽화, 작은 성화聖畵, 중세의 연작 그림, 목판 인쇄본과 같이 독자들에게 여전히 익숙한 전통적인 텍스트·그림 구조에 제작업자들이 적응한 결과라는 것이다. 미학적인 측면에서 이 시기의 전단지들은 1530년대부터 나타나고 18세기에 이르기까지 표준으로 남아 있게 될 "고전적인" 유형과는 구분된다. 그림은 사람들의 시선을 사로잡고 구매 충동을 불러일으키는 기능을 수행하기 위해 여러 가지 면에서 천편일률적으로 구성되었다. 텍스트는 신빙성, 명료성, "중요함"(즉, 강렬한 흥미 유발, 익숙함, 시사성)을 지향했고 대개가 운문 형식으로 작성되었다.

아래의 몇 가지 사례들은 위에 언급한 지배적인 주제들을 명확하게 보여 줄 것이다. 첫 번째 유형은 다른 두 가지 유형에 비해 가장 많이 퍼져 있던 것이었다. 예컨대 1578년의 채색 목판화 〈기형아의 묘사〉는 돼지머리와 여섯 개의 손가락과 발가락, 한쪽 손이 들러붙은 커다란 배, 비정상적인 성기를 갖고 태어난 기형아와 한 에스파냐 인이 암소와 수간한 결과라는 설명이 덧붙여진 기형적인 송아지의 모습을 보여 주고 있다(그림 43). 일반적으로 그런 선정적이고 기묘한 내용의 전단지들은 별다른 사건이 일어나지 않는 농촌의 삶 속에서 특별한 관심을 불러일으켰음에 틀림없다. 팔 넷과 머리 둘 혹은 유방이 셋인 기형적 존재, 라틴 어를 말하는 낙타, 시신 훼손, 마녀의 처형, 성의 폭파, 에스키모의 그림을 가져온 원정대, 아일랜드에서 사로잡힌 "식인종", 괴물의 형상을 한 이탈리아의 악마, 홍수 예언, 피땀을 흘리는 아이, 도시 전체를 전소시킨 대화재, 악령에 사로잡힌 처녀, 살인광, 영아를 살해한 여인 등이 바로 그런 이야기들이었다.[30] 게다가 16세기 말에는 구상球狀 번개, 회오리바람, 오로라, 유성이 하늘을 휩쓸고 지나갔다. 예컨대 1680년 뉘른베르크에 혜성이 나타난 것을 묘사한 전단지(그림 44) ─ 뒤에는 밤하늘 아래 도시의 모습이, 앞에는 놀라 처다보고 있는 한 무리의 군중이 보인다 ─ 는 혜성이 출현했던 시각을 정확하게 언급하면서 그 혜성을 회개하라는 신의 촉구로 해석하고 있다. 아래쪽에 2단으로 구성된 텍스트와 가로가 세로보다 긴 그림은 "고전적인" 형태를 보여 주고 있다. 특별한 범죄, 형사 사건, 천문학적 징조, 기형아 출산, 처형과 같은 특이한 사건들은 널리 퍼져 있는 편견, 공포, 희망을 재확인시켜 주는 한, 농촌 지역에서 빈번히 믿을 만한 것으로 수용되었다. 이런 면에

194

Abreiſſung eines vngeſtalten Kinds/ ſo am Neu=
wen Jars abent/ M. D. Lxxviij. geborn.    Auch eines vngeſtalten Kalbs/ von einem
Kü geworpffen/damit ein Spanier vorhinzu thun/vnd ſein vnzucht getrieben hat. rc

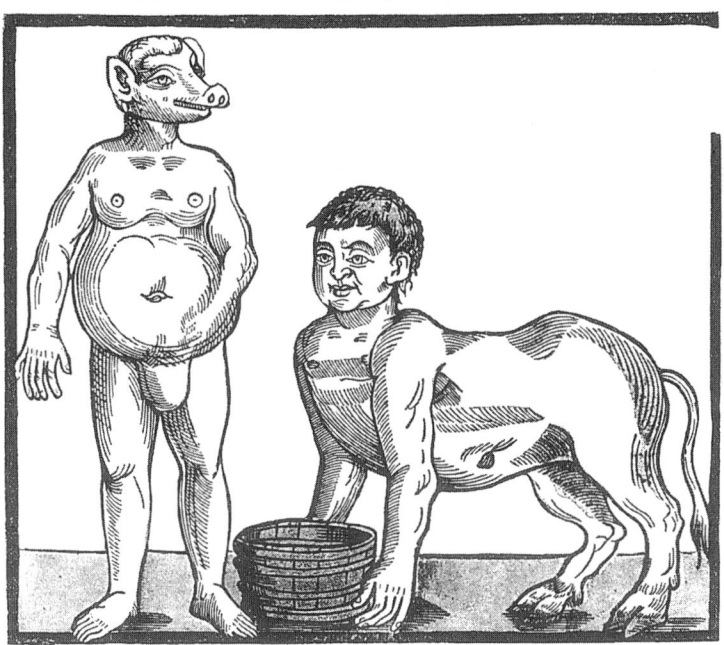

M Abent dieſes Neuwen Jaers M. D. Lxxviij. iſt dieſe mißfellige vnd vnge=
ſtalte Monſter eines Kindes/in dem Lande Cleeff/in ein Dorff genennet Praeſt geborn/in form
vnd geſtalt/wie alhie vor augen zu ſehen/nemblich/ mit einem Schweinſmaul/vñ einem groſſen
Bauch wie ein Trum/darjnnen der eine handt vnd Arm inwendig vermiſcht vnnd ingewachſen/
an die ander Handt ſechs Finger/ an beiden Füſſen ſechs Zehen/ ein Gemächt wie ein Blaß/ iſt
geſtorben auff den Newen Jars tag/ vnd heimlich begraben vnd hingeſtickt worden

Dieſe vnd ander dergleiche Monſtra vnd vngeſtalte Mißburten geſchehen feſt viel vnd allerley dieſer zeit/
vnd ſeind nicht dann ernſtlicke warnungen/ darmit alle Schwangere Frauwen verurſacht mochten worden/ zu
Gott den Allmechtigern Schepffer aller Creaturen mit dem gebete/in warer Gottes fruchten ſtets an zuhalten/
daß er ſie gnedichlich/wenn die zeit da iſt/erlöſe/vnd mit rechtſchaffene Leibes Frucht begnaden wölle/ damit ſein
heyliges Nam gelobt vnd gepreiſt mocht werden.    Iſt auch ein erſchrecklich fürbildt allen liechtfertigen Frau=
wen/die ſich dann offtmal mit Buben vnd Geſellen in vntucht anlegen/ vñd wenn ſei alſsdenn bekomen/darnach
ſie ſelber geringt haben/ſich vnd jhrem frucht mit groſſer vngedult erſchrecklich verfluchen vnd verſchweren/ vnd
damit offtmal verurſachen zu ſulchen mißſtalten geburten.

Diß ander vngeſtalte Kalb/ mit dem halben Leibe einem Menſchen gleich/ iſt vorgangener zeit im Lande
Berge/damals da die Spanier dat Stettlin Hernberg in hetten/von einem Kü geworpffen/vnd iſt vielen leuten
ennlich/daß ein Spanier mit derſelben Kü ſein vnzucht ſolte gedreuen haben.

그림 43 오락적인 전단지.

Abbildung der Neuen Comet: und dergleichen geschehen Wunder Sterns
Welcher sich zu Endlauffendes 1680 Jahrs den 15/26 December zu Nurnberg. Abens um 3 der grossen: u: um 5. der Kleinen Uhr sich hat sehen lassen.

Schau hier O. Sunden Mensch, schau ohne Wüdern nicht,          Der Feuer -heissen Buß, wen dieser Both nicht schrecket,
Wie Gott dir anzünde ein neües wunder: Liecht,                 Den ist die Ruthen schon der Straffe auff gesteckt.
    Das dessen Eyffer : grim wie feuer brennen werde,          Ach, kome dem zuvor, du teütsches vatter land,
    Zeigt diese Feuer : kerzt schon Bildungs weis der Erde,    und stehe eilent ab, vom sichern Sodoms : Tand,
Dein Feuer schnöder Lust, zünde diese Fackel an,                   Die Buß der Sünden: Reu, ist eslend dir von nöthen
Die man mit anders nichts als Trönen löschen kan :            Dis zeigt der schnelle Lauff, des Feurigen Cometen.

그림 44 회개를 촉구하고 있는 화젯거리 전단지.

서 그러한 종류의 전단지 독자들은 오늘날의 《빌트Bild》* 독자들과 본
질적으로 구분되지 않을 것이다. 이에 따라 전단지들이 사안을 과장하
거나 완전히 거짓말을 하는 경향이 있다는 것은 당대인들에게도 낯선
것이 아니었다. 전단지가 그 오락 기능을 수세기 동안 단순히 유지하는
데 그치지 않고 확대해 갈 수 있었음은 17세기의 이른바 "숨은 그림 찾
기 전단지"를 통해서도 잘 드러난다.[31]

두 번째 유형인 종교적 가르침이나 신앙심 고양을 위한 전단지[32]는

---

* 《빌트》 현재 독일에서 최대 발행 부수를 자랑하는 일간지로, 선정적인 기사와 여자 사
  진을 싣는 것으로 유명한 황색 저널리즘의 대표 신문.

예컨대 중세 대성당의 스테인드글라스와 유사하게 십자가상의 예수, 비탄에 잠긴 마리아, 부활, 다양한 성인들과 같은 성경의 상황과 주제 이외에도 특히 십계명, 주기도문, 신앙고백, 7성사,* 일곱 가지 대죄* 등을 다루었다. 그러나 교리문답서의 주요 부분은 다른 매체들이 전달하는 경우가 많았다.[33] 이와는 달리 신앙심을 고양하기 위한 저작물은 낱장 인쇄물의 형태로 널리 퍼져 있었다. 특별히 사람들의 끔찍한 운명을 묘사함으로써 자신의 곤경과 운명을 수용하게끔 만드는 감정에 호소하는 비통한 이야기들이 인기가 있었다. 물론 그 속에는 동시에 사회 비판적 요소들도 들어 있었다. 브라반트의 루뱅*에서 굶주림으로 인해 세 아이와 함께 목매달아 죽은 여성에 대한 진실하고도 아주 새로운 소식 ── 〈진실한 새 소식〉 ── 이 그 대표적인 사례라고 말할 수 있겠다 (그림 45). 1591년 인쇄업자 니클라우스 슈라이버가 쾰른에서 제작한 이 그림은 텅 빈 공간을 통해서 가족의 극단적인 빈곤을, 그리고 넘어지려는 의자를 통해서는 사건의 극적 긴장감을 인상적으로 묘사하고 있다. 한편 텍스트는 구체적인 사건 배경을 상세하게 서술하면서 신에 대한 믿음과 도덕적 무장을 그 지향점으로 삼고 있다. 사람들은 신과 성인들에게 간구하는 것을 통해 그러한 운명에서 벗어나서 자신의 고통을 훨씬 더 잘 감내할 수 있게 된다는 것이다. 여기에서는 위협으로 다가오는 불쾌한 상황을 예방하고 슬픔과 죽음이라는 상황 속에서도 심리적인 부담을 더는 것이 가장 중요했다. 그런 전단지들은 신앙심을

---

* **7성사** 가톨릭교회의 핵심적인 전례인 7성사에는 세례 성사, 견진 성사, 고백 성사, 성체 성사, 성품 성사, 병자 성사, 혼인 성사가 있다.
* **일곱 가지 대죄** 가톨릭교회에서 말하는, 영혼의 구제를 받지 못하는 일곱 가지 대죄는 탐식, 탐욕, 나태, 음란, 교만, 시기, 분노이다.
* **루뱅** 오늘날 벨기에의 중부에 위치한 브라반트 주에 속한 도시로, 1425년에 최초로 설립된 대학인 루뱅 대학이 유명하다.

## Warhafftige newe Zeittung von einer Frawen sampt dreyen

Kindern wie sich selbst durch hungers noth erhangen geschehen in Brabant
in einer Statt Löwen genandt, den 4. Martij, Anno 1591.

### Im don Kombt her zu mir spricht
#### Gottes Sonn.

Wolt jhr hören ein newes gedicht/
Ich lanes Underlassen nicht/
O Mensch wolst diß an hören/
Biß Löben wollt diß Vorstand
Darob ein reicher Edelman/
Kein arm Leutt möchter hören/
Er reiche Juncker so vnmildigk
Er het ein Arbeiter mühseligk/
Der hatt vier kleine Kinder/
Sie solten für hunger haben vorgehnt/
Er Arbeiter Fund kein Gelt entpfan/
Die woch must er vorbringen.

Es ist geschehen mit grosser Klag/
Daß der Arbeiter kranck zu bett lag/
Die Kinder schrien für hunger/
Sie solten vor hunger haben vorgan/
Der Arbeiter Fund kein lohn empfan/
Die woche must erst sein zu ende.

Es ist geschehen auff ein sontag/
Daß man sie zum Juncker gehn sach/
Mitt sorgen vnd mitt klagen/
Der Juncker war geritten auff die Jagt/
Die fraw die beret mitt grosser Klag/
Ach Jungkfraw last mich ein Brod erwerb/

Die Junckfraw sprach von stunden an/
Kein brott darff ich euch nicht thun/
Kein brott darff ich euch geben
Wist mein Juncker daß ich euch het/
Er solt mich woll stehen dohr geben
Er solt mich woll er schlagen.

Die arm fraw viell auff jhre knie/
Ach liebe Junckfraw last mich erwerben/
Meine Kinder vor hunger müssen sterben/
Biß sontag wen die woch vmb ist/
Dan soll ich euch bezalen gewis
Sonst muß ich sambt mein Kindern verderben.

Die Jungfraw hatt ir ein brot gerban/
Daß möcht jr vmb 74. Weißpfennig enpfan/
Ewer hunger dücht mich tauren/
Kompt euch mein Juncker vnd vorsonnen/
Sagt jr habs vmb 18. Weißpfennig genomen
Sonst solt er mich woll ermorden.

Die fraw gieng zu huß sehr wol bedacht/
Der Juncker kam jr entgegen von der Jagt/
Er sprach als ein vnvorsaumer/

Waß habt jr da in ewren schoß/
Mein Juncker hie hab ich ein Brot/
Wer hatt euch das brot geben?
Der Juncker hat geruffen vnd geschwert/
Daß Brott ist woll ein Thaler werdt/
Er zog ein kurtzen stungen/
Sein Messer sehr neidig auß der scheide
Vnd schnit das brott mitten entzwey
Vnd gabes seinen Hunden.

Die fraw kam heim mit grosser Klag/
Vnd hats alda jhren man gesagt/
Mein hertz lieber Man merckt eben/
Vnsers Junckers fraw gab mir ein brot zu essen
Er Juncker kam vnd nam mirs wider/ (den
Vnd gabes seinen Hundin.

Der Man sprach: Gott sey lob vnd gebenedeyd
Mein liebe fraw nicht vhngedultig seid/
Ruffet den Herren ahne/
Die steine soll en ehe werden brott/
Ehe ein rechter Christ soll bleiben Todt/
Gott würt vns nicht verlassen/

Darnach die fraw durch hungers note/
Sich selbst ahn ein Balcken gehangen hat/
Mit jhren drey Kindern garneben/
Er Man kam zu Haß mit grosser Klag
Als er sein Weib vnd Kinder hargen sag
Denckt was traurigkeit jhn hat getrieben.

Der Man war betrübet in sein sinn/
Er ruffet all seine Nachbauren/
Zum Schultheiß ist ergangen/
Er beklacht sich vber den Juncker nit nott/
Daß er wehr vrsacher an seines Weibes Todt
Die sich selbst hatt erhangen.

Da schwur der Juncker sehr kün/
Warumb solt ich der arm Frawen thun/
Er schwur ohn allenad dencken/
Hab ich diße Fraw gekennt/
Oder jhr daß brott eutfremht
Geb Gott das ich müst vorsicken.

Die Herren erschracken vber deß/
Als wehren sie zusam Todt geweße
Dar Juncker fing ahn zu beben
Die Stein zubrachen als ein Staub
Hernach dabt sich die Erde auff/
Der Juncker ist hinunter vorsuncken.

Gedruckt zu Cölln/ bey Niclaus Schreiber/ Anno 1591.

그림 45 종교적 전단지.

198

자아내거나[34] 아니면 사회 비판적인 어조가 두드러진 노랫말을 간혹 포함하기도 했다.

서신 매체에 관한 부분(3장)에서 이미 서술했고 소책자(6장 4절), 신문(9장 1절)과 같은 이후의 매체들에서도 다루게 될 것이지만, 보도 매체의 역할을 수행하는 전단지는 다른 정보 매체들과의 맥락 속에서 다루어져야 한다. 여기에서는 무엇보다도 독자(관찰자)들과 직접적으로 관련되어 있거나 그 관련성이 제기될 수 있는 전쟁과 정치적 사건들의 전달이 중요했다. 이런 유형의 전단지들은 종종 세계 종말에 대한 당대인들의 전반적인 기대감을 일반적인 배경으로 언급하고 있지만, 실제로는 샤를 8세의 이탈리아 원정, 농민 전쟁 혹은 투르크 전쟁과 같은 구체적인 사건과 관련된 것들이었다.[35] 미하엘 쉴링은 "일반적으로 알려진 견해와는 달리 근대 초기의 삽화가 실린 전단지들은 단지 드물게만 명시적인 저항 매체로 사용되었다"는 점을 밝혀냈다(7장 3절 참조).[36] 비록 텍스트의 분량이 많고 대개 그림이 없기는 했지만 소책자 매체 역시 농촌에서 낯선 것이 아니었다는 점을 명확히 하기 위해서, 여기에서는 1525년 아우크스부르크에서 인쇄된 메밍엔 동맹 강령Memminger Bundesordnung*을 정보 기능의 본보기로서 언급할 수 있겠다. 동맹 강령의 표지(그림 46)는 반란을 일으킨 무장 농민들을 묘사하고 있고 텍스트는 이들의 정치적 요구를 집약하고 있다. 그런 소책자들은 대외적으로는 정치 · 선동 기능을, 대내적으로는 연대 기능을 갖고 있었다. 토

---

* **메밍엔 동맹 강령**  1524/1525년 독일 농민 전쟁 당시 오버슈바벤 지역에서 봉기한 농민들이 결성한 기독교연합Christliche Vereinigung의 규약과 농민들의 요구 조건을 다룬 문건으로 1525년 3월 남부 독일의 메밍엔 시에 집결한 농민들에 의해 채택되었다. 메밍엔 동맹 강령은 "12개조Die Zwölf Artikel"와 함께 농민 전쟁 시기에 활자로 인쇄된 대표적인 문건 중의 하나였다.

Handlung/Artickel/vnnd Inſtruction/ſo fürgeno-
men wo:den ſein vonn allen Rottenn vnnd
hauffen der Pauren/ſo ſich deſamen
verpflicht haben: M: D:xxv:

그림 46 한 소책자의 사례에서 나타난 정보 기능.

마스 뮌처가 이데올로기적, 정치적 지도자로 활약하던 농민 전쟁 시기
의 동맹 강령은 12개나 14개, 혹은 25개의 "조항"으로 구성되어 있고,
아우크스부르크, 에어푸르트, 뉘른베르크, 레겐스부르크, 스트라스부
르, 취리히, 마그데부르크 등지에서 인쇄된 25종의 다양한 인쇄본들이
알려져 있다. 경우에 따라 이 문건들은 "요구 조항 서신Artikelbrief"으
로도 불렸지만 실제로는 소책자였다고 할 수 있다. 농민 전쟁과 종교개

혁이 여기에서 명백히 서로 분리된 것[37]은 일차적으로는 상이한 매체 형태와 기능이 아니라 서로 다른 매체 공공영역에 근거한 것이었다(6 장 8절 참조).

### 5.3.3.

앞의 내용들을 요약하면 다음과 같다. 교파적 논쟁에 관한 부분을 예외로 한다면, 전단지와 소책자는 농민 전쟁 시기 이전과 이후의 농촌 에서도 어느 정도 유포되어 있었다. 전단지는 대개 작자 미상이었고 무 엇보다도 경제적 이해관계에 의해 좌우된 것에서도 알 수 있듯이 하나 의 상품이었다. 텍스트와 그림의 결합 속에서 전단지는 결정적으로 명 료성, 신빙성, 감정적 성격을 지향했다. 이는 핵심적으로 농촌 주민들 의 오락, 신앙심, 정보에 대한 관심과 연관되었고, 이에 따라 전단지도 강렬한 흥미, 친숙함, 시사성에 의해 특징지을 수 있었다. 전단지는 소 책자 이외에도 이야기꾼 또는 낭독자와 같은 인간 매체, 그리고 특히 축제가 일반적인 의사소통의 장으로서 일정한 역할을 수행하던 다중 매체 체계 속으로 편입되었다. 이러한 결합 속에서 전단지에는 의심할 여지 없이 일정 정도 사회 조정적인 의미가 부여되었다.

### 5.4. 달력

전단지와 소책자에 비해 훨씬 더 중요한 농촌의 인쇄 매체는 달력이 었다. 달력은 근대 초기 이전에 이미 존재했고 오늘날까지도 존재하고 있다. 하지만 15세기 중엽에서 18세기 중엽까지의 기간에서 달력은 중 요한 사회적 조정 및 방향 설정 매체였다. 하르트무트 쉬리히는 달력과 관련해서 "사회와 지배를 안정화시키는 기능"을 이야기했는데, 다시 말해서 이 매체는 "압도적으로 회고적, 보수적인 태도 및 노력의 전달 수단으로서 기능했다"는 것이다.[38] 이러한 기능 규정이 과연 적합한지, 그리고 달력을 하나의 독자적인 매체로 간주할 수 있는지가 검토되어야 할 것이다. 기존의 종합적인 서술들[39]과 수많은 개별 연구들[40]은 달력을 일반적으로 문학, 민속학, 의학사 혹은 도시사의 관점에서만 평가해 왔다(때로는 "달력학"에 대해서 이야기하기도 한다). 최근에 들어와서야 달력은 "문화사적인 의미에서 지금까지 별로 주목받지 못했던 대중적인 의사소통 매체"로 파악되기에 이르렀다.[41] 루트비히 로너는, 비록 매체 개념에 대해 심사숙고한 것은 아니지만, 1978년에 달력 역사의 기본 특징을 소개하면서 처음으로 "달력 매체"에 관해 언급한 적이 있다.[42] 그는 달력을 특별히 "허구적 매체"[43]로 묘사함으로써 문학 장르의 측면에서 달력의 역사가 갖는 매체적 특징을 지적했다.[44] 아래에서는 먼저 달력이 발전되어 가는 주요 단계들을 기술할 것이다. 물론 이에 대한 연구가 미진한 관계로 "현 수준에서는 제대로 된 달력의 역사에 대해서는 아직 생각할 수 없는"[45] 상황이라고 할 수 있지만 말이다. 그 다음으로는 달력의 매체적 특징을 특정한 조직 구성, 특수한 형태, 근대 초기의 기능 변화라는 측면에서 상론할 것이다.

### 5.4.1.

천체 관측과 천문학적 계산에 토대를 두고 자연이 정한 일 년의 테두리 안에서 시간을 날, 주, 달로 구획하는 달력은 이미 인류의 초기 고도 문화 단계에서도 존재했다. 당시 성직자들은 달력을 공적으로 고시해야 할 책임, 즉 매달의 첫 날을 공포해야 하는 책임을 맡고 있었다(달력의 어원이 된 라틴 어 "calare"는 "공포하다"라는 뜻을 가지고 있다). 하지만 실제 계절과 달력 산정은 항상 일치하지는 않았다. 따라서 이런 부

정확함을 시정하기 위해 이미 로마 시대의 달력에서 개혁이 이루어져, 기원전 46년 가이우스 율리우스 카이사르는 막 정복한 이집트의 모델에 따라 달력 산정의 기초를 태음력에서 태양력으로 바꾸었다. 나중에 이 역법은 "율리우스력"으로 불렸다. 율리우스력은 1582년 교황 그레고리우스 13세의 새로운 달력 개혁("그레고리력")이 있을 때까지 유럽 대부분의 지역에서 통용되었다. 후자의 이 역법은 사무실 달력이나 매일 한 장씩 뜯어 내는 일력日曆을 포함한 다양한 종류의 달력에서 볼 수 있는 것처럼 오늘날에도 여전히 통용되고 있다.

초창기 기독교 교회는 율리우스력을 받아들이기는 했지만, 325년의 니케아 공의회 이래로 교회력의 중심인 부활절을 춘분 다음에 오는 첫 만월滿月 이후의 첫 번째 일요일에 지키게 되었고, 이로 인해 태양이 아닌 달을 기준으로 삼게 되는 문제에 직면했다. 따라서 두 가지 천문학적 요소, 즉 태양과 달의 운행이 서로 조화를 이루어야만 했다. 이로부터 실제 천문학적 사실과는 항상 정확히 일치하지 않는 달력 주기가 산출되었다. 달력 산정 체계의 변화는 서기西紀의 시작과도 관련이 있었다. 원래는 디오클레티아누스 황제의 즉위에서부터 연대를 계산했지만, 수도사 디오니시우스 엑시구스*는 "디오클레티아누스 이후" 247년을 "주후主後" 531년으로 환산했고, 이로써 532년부터 기독교적 연호, 즉 서기가 도입되었다. 앵글로 색슨계의 수도원장 존자尊者 비드*는 부활절 주기표*와 달의 주기표를 결합했고 "콤푸투스computus(날짜 계산

---

* 디오니시우스 엑시구스   스키타이 지역 출신 수도사로 많은 중요한 그리스 어 신학 서적을 라틴 어로 번역했고 공의회 결의나 교황의 교령들을 수집했으며 무엇보다도 오늘날 전 세계의 표준이 된 서력 기원西曆紀元의 창안자로 유명하다.
* 존자 비드   잉글랜드의 재로우에 있는 베네딕트 수도원에서 활약했던 학자로, 40권이 넘는 역사학, 과학, 신학 부문의 저작을 남겼다. 그의 대표작으로는 로마의 정복부터 731년까지의 영국사를 다룬《잉글랜드 인의 교회사》가 있다.

법)"로 알려진 지식 체계에 따라 기독교 달력 주기를 산출해 냈다. 중세의 달력들은 이에 따라 일요일과 고정된 교회 축일, 가변 축일의 순서를 정해 놓았다. 순교자와 수호성인의 날, 즉 이들의 사망일은 성인 축일 달력 속에 통합되었는데, 이 달력은 시간이 흐르면서 점점 더 많은 성인들이 추가됨에 따라 자꾸 두꺼워졌다. 교회력은 중세의 달력에 무엇보다도 전례典禮적 의미를 부여했다. 이른바 "성무일도서聖務日禱書"*라는 필사본 서적 형태로 달력은 신앙심을 불러일으키는 과제를 떠맡았다. 달력의 제의적 배경은 특히 초기의 축일 묘사에서 12궁도를 거쳐 농업 활동 묘사에 이르기까지 다양하게 변화해 갔던 "각 달을 상징하는 그림들" 속에 잘 표출되어 있다.⁴⁶ 하지만 여기서는 아직 달력을 독자적인 매체로 이야기할 수는 없고, 오히려 이에 따른 교회 축제가 매체에 해당한다고 할 수 있을 것이다.

1877년에 J. B. 트렌클레는 달력의 발전 과정을 다음의 3단계로 구분했다. 즉, 첫 번째는 "서적 인쇄"가 출현하기 이전으로, 기독교 축일 규정을 갖춘 "날짜 계산법 시기"이고, 두 번째는 "의학과 농업에 관련된 추가 사항이 실린 점성술의 시기"이며, 세 번째는 "천문학, 점성술, 의학, 농업과 관련된 다양한 부가적 내용이 추가된 시기"라는 것이다. 한편, 17세기가 진행되면서 달력은 "세계적 사건, 전쟁, 국가 중대사도 기록하게 되었고, 18세기에는 이야기, 교훈, 제후 가문의 족보"를 포함하게 됨으로써, 18세기 말에는 "광의의 민중본 Volksbuch"*으로 확대될

---

* **부활절 주기표**  532년마다 한 사이클을 이루는 부활절 날짜를 계산하기 위해서 만들어 놓은 표.
* **성무일도서**  본래 로마 가톨릭교회에서 하루 여덟 차례 있던 성무일도 시간에 성모 마리아를 예배하면서 드리는 기도문들이 실려 있는 기도서.
* **민중본**  중세부터 전해져 내려오는 대중적인 이야기들을 산문체로 서술한 근대 초기의 인쇄 서적을 말한다. 민중본에 대해서는 11장 3절 2를 참조하라.

수 있었다는 것이다.[47] 지금까지의 내용을 통해서 명백히 밝힐 수 있는 것은 달력의 역사가 인간 매체에서 인쇄 매체로, 성스러운 것에서 비종교적인 것으로, 단순한 것에서 세분화한 복합체로 변화한 것과 깊은 관련이 있다는 사실이다.

### 5.4.2.

그런 초기 형태와는 달리, 달력은 근대 초기에 이르러서야 사회적인 동시화同時化의 보도 매체적 현상으로 발전해 갔다. 특수한 형태의 달력으로는 날짜와 축일이 상이한 부호들로 새겨져 있는 "루네 달력",* 목판 달력, 막대 달력이 있었다. 이 달력들은 인쇄된 달력이 생겨난 이후에도 오랫동안 문맹자들과 농민들 사이에서 널리 퍼져 있었다. 이런 맥락에서 슈타이어마르크*의 "만들 달력Mandl-Kalender" 역시 중요한 의미를 지녔다. 여기서 "만들"*은 난쟁이, 선線으로 그린 인물화 혹은 농민을 뜻하는데, 이 단어는 고지 슈타이어마르크, 동부 슈타이어마르크, 저지 슈타이어마르크 같은 지역들보다는[48] 오히려 성인의 초상화와 인물의 형태로 달력을 시각화하는 것과 관련되어 있다고 할 수 있다. 예컨대 "사혈瀉血 인물화Aderlaßmännlein"(그림 47)는 당시 건강을 위해 중요하게 여겼던 피 뽑기를 어느 달에 시행해야 하는가를 알려주는 역

---

* **루네 달력**  목판 위에 고대 게르만 족의 문자인 루네 문자를 새겨 만든 달력.
* **슈타이어마르크**  오스트리아 남동부와 중부에 위치한 지역으로, 중심 도시는 그라츠 Graz 시이다.
* **만들**  슈타이어마르크를 포함한 오스트리아에서 사용되는 "만들Mandl"이란 사투리는 난쟁이 이외에도 허수아비 등의 뜻을 지니고 있으며, 이 지역 사람들이 흔히 쓰는 성姓 가운데 하나이기도 하다. 여기서는 "만들 달력"의 "만들"을 그런 지역 방언의 의미에서 파악할 것이 아니라 이 단어의 표준 독일어 형태인 Männchen(Männlein)이 뜻하는 것처럼 "선線으로 그린 인물화"로 이해해야 한다는 점을 말하고 있는 것이다.

그림 47 "만들 달력" 속의 "사혈 인물화".

할을 했다.[49]

구텐베르크는 1454년부터 1459년까지 세 가지 달력을 인쇄했는데, 라틴 어 지식을 갖춘 성직자들을 위한 〈사혈 및 하제下劑 달력〉(1456년) 과 〈독일 키시아누스〉(1457년), 별자리 운세를 보는 아마추어 점성가들을 위한 〈천문 달력〉(1458년/1459년)이 바로 그것이었다. 교황, 황제, 제후들에게 투르크에 맞서 싸울 것을 촉구하는 내용이 들어 있고 4절판 종이 여섯 장으로 구성되어 있으며 단지 일 년만 쓸 수 있는 구텐베르크의 이른바 〈투르크 달력〉(1454년)은 그 이름과는 달리 달력이 아니고 소책자였다.[50] 앞서 언급한 세 종류의 "낱장 달력" 역시 일반적인 달과 날의 구분이 없기 때문에 기껏해야 특수한 형태의 달력으로나 간주될 수 있을 것이다.[51]

처음에 달력은 "만세력萬歲曆"이었다. 그 좋은 예를 보여 주는 것이 빈 대학에서 교편을 잡았던 요하네스 데 가문디[52]의 달력 앞면인데, 이것은 1439년에 목판으로 인쇄되었고 76년 간을 계산해 놓은 달력이었다(그림 48). 이것은 현존하는 독일의 달력 중에서 가장 최초로 인쇄된 "초기 활자 간행본 달력Inkunabelkalender"이었다. 여기서 특징적인 것은 무엇보다도 각 달을 상징하는 그림[53]인데, 1월은 식사 장면, 4월은 쟁기질, 5월은 연애 장면 등을 묘사해 놓고 있다(이런 방식은 오늘날에도 자연 풍경이나 사진이 들어간 달력 속에 여전히 남아 있다). 적어도 60쪽에 달하는 서적 형태를 띤 최초의 달력들 역시 다년간 사용할 수 있도록 만들어졌지만, 특히 상대적으로 적은 발행 부수를 이유로 값이 매우 비쌌다. 예컨대 천문학자이자 후일 레겐스부르크 주교가 되는 레기오몬타누스에 의해 1474년 뉘른베르크에서 간행된 라틴 어 달력의 가격은 12두카텐이었다.[54] 달력의 본래 형태는 낱장달력 또는 벽걸이용달력이었다. 오늘날에도 이런 형태의 달력은 잘 알려져 있는 편인데, 매해 연

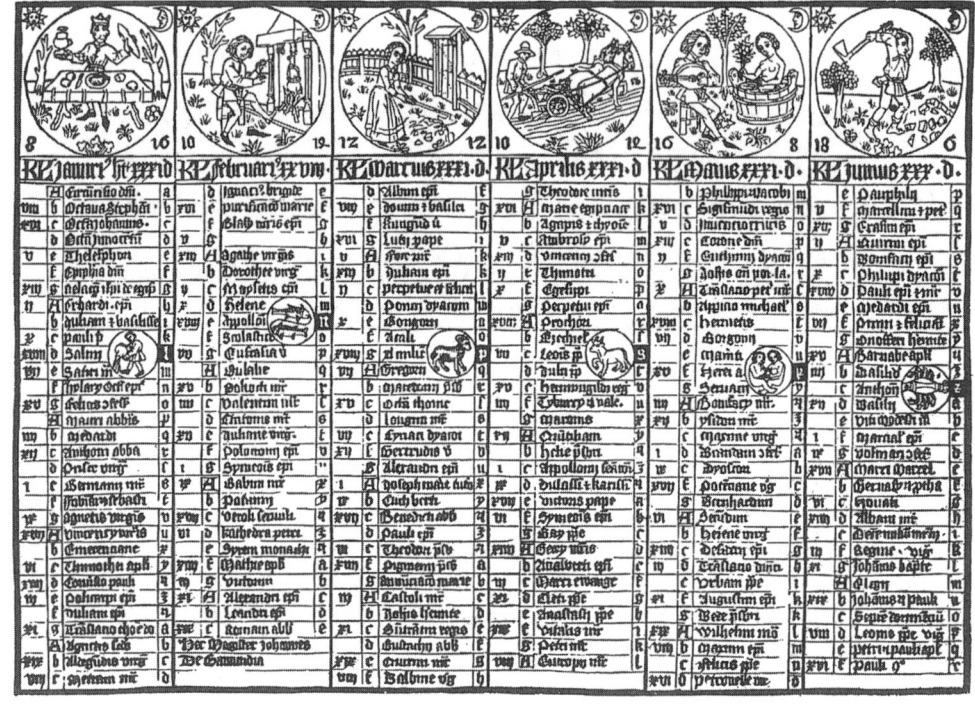

그림 48 벽에 붙이는 낱장 달력(앞면).

말마다 많은 일간지들에 이 달력이 첨부되어 배부되고 많은 사람들이
실제로 그 달력을 벽에 붙여서 스케줄 관리하는 데 사용하고 있다. 대개
이런 달력들에서는 일요일, 교회 축일, 소위 "사혈 인물화"와 함께 표시
된 사혈 일정, 달의 변화, 행성들의 위치가 두드러지게 강조되었다.

낱장 달력은 1462년 울리히 한스의 빈Wien 달력에서 처음 나타나는
것처럼 곧 일 년 용 달력의 형태를 띠게 되었다(에른스트 치너는 가장 오
래된 일 년용 달력이 이미 1457년에 나온 것으로 추산하고 있다). 아우크스
부르크의 인쇄업자 귄터 차이너는 이미 1470년부터 해마다 달력을 인
쇄했다. 이미 15세기에 나온 달력 수만 하더라도 최소한 400부로 추산

되고 있다.[55] 특히 1480년과 1500년 사이에 레기오몬타누스 달력의 뒤를 잇는 "계승자"로 "독일 달력"이 널리 유포되었다.[56] 18세기 초 이후로는 날씨 및 상황 변화의 징조Prognostica와 관련된 예전의 전통 속에서 "백년력"이 미래에 대한 예견으로서 등장하게 되었다.[57] "민속 신앙에서는 매해의 기상 상태가 1백 년 후에 정확히 되풀이된다고 믿었다. 이 소박한 미신에는 우수리 없이 딱 떨어지는 수가 갖는 매력도 함께 작용했을 것이다."[58] 실제로 당시에는 몇몇 예언이 나타나기도 했는데, 예를 들어 요하네스 케플러는 1618년에 자신의 비망록 달력에서 전쟁의 혼란을 예견했고 이후 실제로 30년 전쟁이 발발했던 것이다. 그러나 대부분의 예언은 실현되지 않았고, 이 때문에 달력 작가들은 이 점에서 더 조심스러운 태도를 보였다. 수년간 날씨를 기록하여 이로부터 일정한 개연성을 도출해 냈던 수도원장 마우리티우스 크나우어*의 7년간의 자연 관측은 1701년 의사 크리스토프 헬비히가 수도원장의 축약된 원고에서 우주적 질서를 도출하여, 이를 달력으로 출간, 큰 성공을 거두게 하는 계기가 되었다. 이 달력의 표지에는 다음과 같은 문구가 적혀 있었다. "1701년에서 1801년까지 1백 년을 겨냥한 진기한 달력. 신분 고하를 막론하고 모든 기장들은 이 달력을 통해 언제든지 일곱 개의 행성에 따른 영향을 어찌 판단해야 하고 자신의 집안일 일체를 어떻게 하면 유익하게 조정할 수 있는지를 알 수 있다." 이로부터 이른바 가장家長 문헌Hausväterliteratur, 즉 경제적으로 유익한 가계 운영을 위한 지침서로 간주될 수 있는 정선된 "가정 도서"나 가정용 달력이 발전되어 나왔는데, 특히 요하네스 콜레루스가 1593년에서 1599년 사이에

---

* 마우리티우스 크나우어  독일 시토회 소속 랑하임Langheim 수도원의 수도원장으로 1652년부터 1658년의 기상 관측을 토대로 작성한 "백년력"의 원저자.

다섯 권으로 펴낸《농촌 가정 경제》와 같은 선구적인 형태들은 이미 16, 17세기에 출간되었다.[59]

벽걸이용 달력 다음에 늦어도 16세기 중엽 이후로는 가철본 혹은 4절판 유형의 달력, 즉 이른바 "비망록 달력"이 확고한 위치를 차지하게 되었는데, 이 달력은 친척과 친구의 생일과 기일, 물건 구입, 계획한 일, 가족 잔치 등과 같은 개인 정보를 추가로 기입하는 데 아주 적합했다. "비망록 달력은 8절판 크기의 얇은 가철본이었다. 항상 왼쪽 페이지에는 달력이 배치되어 있었고 오른쪽 페이지는 기입할 수 있도록 공란으로 비워 두었다. 모든 비망록 달력은 겉표지까지 합쳐 일곱 장의 종이로 구성되었고 전체 분량은 28쪽이었다. 보통 처음 두 쪽에는 달력에 꼭 필요한 내용과 기호 설명이 나와 있는데, 특별히 그 해의 일식과 월식에 대해서는 항상 기록해 놓았다. 설명된 기호 중에는 행성들과 그 위치, 12궁도, 달이 변하는 모습, 예컨대 사혈, 목욕, 약의 복용과 중단, 특히 씨 뿌리기와 나무 심기같이 삶을 영위하는 데 필요한 다양한 개념들을 표시하는 부호들도 있음을 확인해 볼 수 있다."[60]

당시 점성가들은 종종 의사이기도 했는데,[61] 그 결과로 별자리와 12궁도에 대한 지식, 천체 현상, 페스트와 기근 같은 "숙명적인" 사건, 계절의 변화 및 날씨에 대한 정보가 이발, 손톱·발톱 깎기까지 포함하는 의학적인 결정들과 나란히 달력에 수록되었다. 좁은 의미의 달력은 나중에는 별도로 출간되기도 했던 각종 예측과 지침에 의해 보완되었다.[62] 점성술의 징조, 즉 별자리에 따른 예측은 날씨만이 아니라 생산력, 전쟁과 평화, 질병과 건강에도 해당하는 것이었다. 이것은 1699년 제국 의회가 날씨 및 상황 변화의 징조들을 민속 달력에 포함시키는 것을 금지할 정도로 사회생활에 큰 영향을 미쳤다.[63] 달력은 종교적인 축일과 관련된 생활과 일반적인 세계관 형성뿐만 아니라 씨 뿌리기, 나무 심기, 포도나무 가지치기, 과일 수확, 나무 베기와 같은 농민들의 실제적인 활동과 심지어는 성 생활과 몸 가꾸기에 이르기까지 농촌 주민들의 일상 전체를 규정지었다. 종종 금언으로 표현되기도 했던 특정한 "통찰들"은 예컨대 "7인의 잠자는 성인*의 축일Siebenschläfertag(6월 27일)에 비가 오면 7주 간 비가 내린다"든지 "1월에 두더지가 새끼를 낳으면 겨울이 5월까지 지속된다"는 사례에서 보는 것처럼 하나의 기준으로 통용되었다. 사람이나 가축의 생식력이 특별히 커지는 시기로 간주되는 달이 있는가 하면 또 다른 달에는 사혈이 계획되기도 했다. 그 대표적인 예가 에어푸르트 출신의 프리드리히 멜키오르 데데킨트가 작성한, 목욕과 사혈에 관한 정확한 지침이 담긴 〈행성의 위치와 운행, 그리고 그것이 이 아래 세상에 미치는 영향과 효과를 덧붙여 설명한 비망록 달력〉(1642년)이다(그림 49). 이런 종류의 달력은 모든 부류의 주민들 사이에서 널리 퍼져 있었는데, 각 가구는 비망록 달력이 아니면 하다못해 벽걸이용 달력이라도 갖추고 있었다. 물론 16세기 전체를 놓고 보았을 때에는 "초승달과 보름달의 연年 주기표, 수년 간 통용되는 달력, 일 년용 달력, 낱장 인쇄 달력이 공존하고" 있었다.[64] 하지만 달력의 핵심은 역시 농민력*이었다. 오토 에른스트 주터에 따르면 "날씨와 관련된 농민들의 금언과 달력은 마치 신랑과 신부처럼 짝을 이루는 것"이었고,[65] 리타 호이슬러의 견해에 따르면 "달력과 〔농촌의―저자〕관습은 서로 불가분의 관계로 결합"되어 있었다.[66] "달력의 권위는 미

---

* **7인의 잠자는 성인** 전설에 따르면 고대 로마 제국의 데키우스 황제가 기독교도들을 박해하던 당시, 7형제가 박해를 피해 에페수스 부근의 동굴에 숨어 들어갔다가 갇히고 말았는데, 이들은 기적적으로 죽지 않고 200년 동안 잠들었다가 다시 부활했다고 한다.
* **농민력** 농민들의 경험이나 미신에 의거하여 날씨나 수확을 예측하는 방법들을 계절의 변화에 따라 정리해 놓은 모음집.

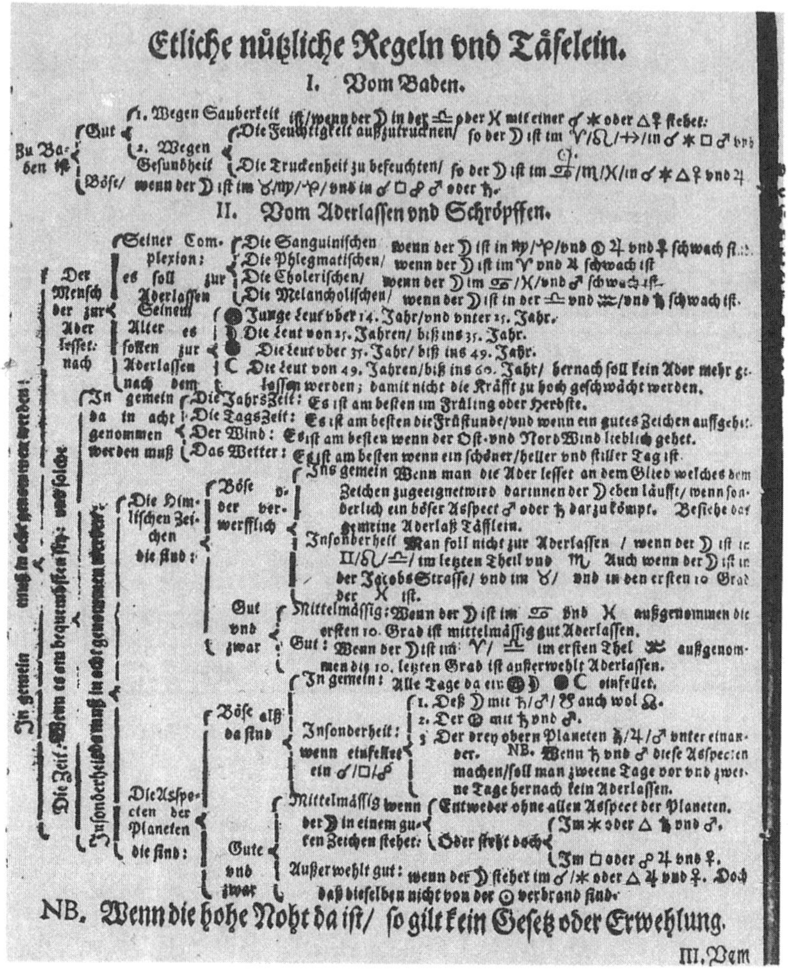

# Etliche nützliche Regeln vnd Täfelein.

## I. Vom Baden.

Zu Baden ist
- Gut
  - 1. Wegen Sauberkeit ist/ wenn der ☽ in der ♎ oder ♓ mit einer ☌ ✱ oder △ ♀ stehet.
  - 2. Wegen Gesundheit
    - Die Feuchtigkeit außzutrucknen/ so der ☽ ist im ♈/♌/♐/in ☌ ✱ □ ♂ vnd
    - Die Truckenheit zu befeuchten/ so der ☽ ist im ♋/♏/♓/in ☌ ✱ △ ♀ vnd ♃
- Böse/ wenn der ☽ ist im ♉/♍/♑/ vnd in ☌ □ ☍ ♂ oder ♄.

## II. Vom Aderlassen vnd Schröpffen.

In gemein
- Der Mensch der zur Ader lesset: nach
  - Seiner Complexion: es soll zur Aderlassen
    - Die Sanguinischen wenn der ☽ ist in ♍/♑/vnd ☉ ♃ vnd ♀ schwach ist.
    - Die Phlegmatischen/ wenn der ☽ ist im ♈ vnd ♃ schwach ist
    - Die Cholerischen/ wenn der ☽ im ♋/♓/vnd ♂ schwach ist
    - Die Melancholischen/ wenn der ☽ ist in der ♎ vnd ♒/vnd ♄ schwach ist.
  - Seinem Alter es sollen zur Aderlassen nach dem
    - ● Junge Leut vber 14. Jahr/vnd vnter 25. Jahr.
    - ☽ Die Leut von 25. Jahren/ biß ins 35. Jahr.
    - ● Die Leut vber 35. Jahr/ biß ins 49. Jahr.
    - ☾ Die Leut von 49. Jahren/biß ins 60. Jahr/ hernach soll kein Ader mehr gelassen werden; damit nicht die Kräfft zu hoch geschwächt werden.
- Die Zeit: Wenn es am bequemsten sey: vnd solche muß in acht genommen werden:
  - In gemein da in acht genommen werden muß
    - Die JahrsZeit: Es ist am besten im Früling oder Herbste.
    - Die TagsZeit: Es ist am besten die Früstunde/vnd wenn ein gutes Zeichen auffgehet.
    - Der Wind: Es ist am besten wenn der Ost- vnd NordWind lieblich gehet.
    - Das Wetter: Es ist am besten wenn ein schöner/heller vnd stiller Tag ist.
  - Insonderheit das muß in acht genommen werden:
    - Die Himlischen Zeichen die sind:
      - Böse vnd der verwerfflich
        - Ins gemein Wenn man die Ader lesset an dem Glied welches dem Zeichen zugeeignet wird darinnen der ☽ eben läufft/ wenn sonderlich ein böser Aspect ♂ oder ♄ darzu kömpt. Besiehe das gemeine Aderlaß Täfflein.
        - Insonderheit Man soll nicht zur Aderlassen / wenn der ☽ ist in ♊/♌/♎/ im letzten Theil vnd ♏ Auch wenn der ☽ ist in der Jacobs Strasse/ vnd im ♉/ vnd in den ersten 10 Grad der ♓ ist.
      - Gut vnd zwar
        - Mittelmässig: Wenn der ☽ ist im ♋ vnd ♓ außgenommen die ersten 10. Grad ist mittelmässig gut Aderlassen.
        - Gut: Wenn der ☽ ist im ♈/ ♎ im ersten Thel ♒ außgenommen die 10. letzten Grad ist außerwehlt Aderlassen.
    - Die Aspecten der Planeten die sind:
      - Böse als da sind
        - In gemein: Alle Tage da ein ● ☽ ● ☾ einfellet.
        - Insonderheit: wenn einfellet ein ☌/□/☍
          - 1. Deß ☽ mit ♄/♂/☋ auch wol ☊.
          - 2. Der ☉ mit ♄ vnd ♂.
          - 3. Der drey obern Planeten ♄/♃/♂ vnter einander. NB. Wenn ♄ vnd ♂ diese Aspecten machen/soll man zweene Tage vor vnd zweene Tage hernach kein Aderlassen.
      - Gute vnd zwar
        - Mittelmässig wenn der ☽ in einem guten Zeichen stehet:
          - Entweder ohne allen Aspect der Planeten.
          - Oder stehet doch
            - Im ✱ oder △ ♄ vnd ♂.
            - Im □ oder ☍ ♃ vnd ♀.
        - Außerwehlt gut: wenn der ☽ stehet im ☌ /✱ oder △ ♃ vnd ♀. Doch daß dieselben nicht von der ☉ verbrand sind.

NB. Wenn die hohe Noht da ist/ so gilt kein Gesetz oder Erwehlung.

III. Vom

그림 49 의학적 지침 등이 실려 있는 비망록 달력.

래의 사건에 대한 징조로부터 하나의 연대기를 만들어 내게 되었다."[67]

새로운 변화를 가져온 것은 1640년부터 등장하는 "절름발이 전령"*
유형의 달력이었다. 이 달력은 새로 등장한 신문(9장 참조), 특히 브라
운슈바이크에서 1607년부터 발간된 신문인 《절름발이 전령》을 본떴고
천문, 점성술, 징조, 실생활과 관련된 것을 달력 형태로 사건 지향적인
보도와 결합시켰다.[68] 이러한 유형의 달력은 때로 역사 달력으로 불리기
도 했다. 여기에는 화젯거리, 독일 역사, 도시들에 대한 기술, 전쟁사와
예술사, 교회사, 세계사, 탐험 이야기 등이 덧붙여졌다.[69] 이런 달력 형
식의 정점을 이루었던 것이 1668년 소설 《짐플리치시무스》로 커다란
성공을 거두었던 한스 야콥 크리스토펠 폰 그림멜스하우젠의 〈모험가
짐플리치시무스의 만세력〉(1670년)이었다(그림 50).[70] 점차 지배적으로
되어 가는 오락적 성격[71]과 함께 이런 유형의 달력은 계몽주의 시기[72]와
20세기에 들어와서까지 문화적으로 중요한 의미를 지니게 되었다. 루
트비히 로너는 이 달력의 다섯 가지 중요한 오락적 장르가 이미 17세
기부터 존재했음을 언급하고 있다.[73] 첫째, "새로운" 달력과 비교한 "예
전" 달력*의 장점에 관한 것이라든지 달력 학자에 대한 조롱까지를 포
함하여 모든 가능한 논쟁적 주제들에 관한 달력 화제, 둘째, 대중적인
교훈과 신앙심 고양 등을 목적으로 처음에는 일화 형식을 띠다가 이후
대화를 곁들인 이야기로 발전한 달력 이야기, 셋째, 신앙심 고양을 목
적으로 한 성인에 대한 설교 예화, 그리고 항상 천편일률적으로 묘사되

---

* **절름발이 전령** 17세기 독일 속담에서, 나무 의족을 한 관계로 소식을 천천히 사려 깊게
  전달할 수밖에 없는 절름발이 전령은 소식의 진실성을 보장하는 상징적인 의미로 즐겨
  사용되었다.
* **새로운 달력, 예전 달력** 새로운 달력은 그레고리력을 뜻하고 예전 달력은 율리우스력
  을 의미한다.

그림 50 역사적 사실 등을 기술한 역사 달력.

는 소위 달력 인물들이 등장하는 여흥 위주의 해학, 넷째, 역사, 기이한 이야기와 소식("Zeitung"), 마지막 다섯 번째, 속담과 관용구 혹은 격언 (예컨대, "자는 사람은 죄를 범하지 않는다")이 바로 이 오락적 장르에 속한다는 것이다.

당시 지배적이던 농민력과 비망록 달력 이외에도 수백에 달하는 유

214

그림 51 계보학적 정보 등을 갖춘 문장 달력.

럽의 제후 가문들이나 교회, 특정 지역의 문장紋章을 강조함으로써 문
장 달력으로도 불렸던 계보 달력과 같은 다른 유형의 달력들도 존재했
다.[74] 그 대표적인 예로 들 수 있는 것이 다양한 도시들의 모습을 보여
주는 1613년판 빈의 비망록 달력이다(그림 51). 또한 그림멜스하우젠
처럼 달력의 "비술秘術"을 조롱했던 요하네스 피샤르트가 만든 달력과

같은 풍자적인 달력들도 이미 일찍부터 간간이 존재했다.[75] 문장 달력은 벽걸이용 달력과 같은 낱장 인쇄물이나 4절판 크기의 여러 상으로 된 비망록 달력 형태를 띠었다. 이 밖에도 영국의 소형 달력이나 독일, 오스트리아, 스위스의 휴대용 달력 또는 달력 메달과 같은 기타 형태들을 구분할 수 있지만,[76] 이것들은 일반적인 벽걸이용 달력과 비망록 달력의 변형일 따름이다. 관청 명부Staatskalender,* 대중 교육 수단으로 활용된 문고본 달력, 그리고 18세기의 "문학 연감Musen-Almanach"*에 와서야 달력은 한 걸음 더 나아간 발전 단계를 보여 주었다. 민속 달력 형태의 달력들은 일반적으로 대략 1500년 정도까지, 그리고 18세기에 들어와 다시금 ── 물론 이때에는 문학 연보란 의미에서 ── "역서曆書(알마나흐Almanach: 아랍 어로 "신년 선물"이란 뜻)" 혹은 "프락티카practica"* 로 불리게 되었다. 영국에서는 이미 훨씬 이전부터 역서가 성행하고 있었는데,[77] 여기에서는 예컨대 1589년 월터 그레이의 역서가 담고 있는 것처럼 인간 육체의 해부도(그림 52)와 같은 주제별 핵심 사항들을 다루었다. 클라우스 마테우스는 17세기 후반에 나온 뉘른베르크의 달력들을 장르별로 세분했는데,[78] 그에 따르면 당시에 이미 특별한 역사 달력, 렐라치온(보도) 달력, 약제 및 가계 달력, 교화 달력, 풍자 달력, 천문 달력이 발전되어 나왔다는 것이다.

---

* **관청 명부**　오늘날에도 스위스의 각 칸톤(주)들은 칸톤의 여러 관청들과 공공 기관, 사법 기구, 교회 등에 대한 각종 정보와 주소를 수록하고 있는 관청 명부를 매년 인쇄된 책자 형태로 발행하고 있다.
* **문학 연감**　18세기 말에 등장해서 19세기에 유행한 문학 작품의 간행 형태 가운데 하나로서 아직 발표되지 않은 시들을 선별해서 매년 연보年報 형식으로 출간한 모음집.
* **프락티카**　일종의 농민력으로 농사 지침, 날씨 예측법 이외에도 점성술, 건강법 따위를 담고 있는 달력.

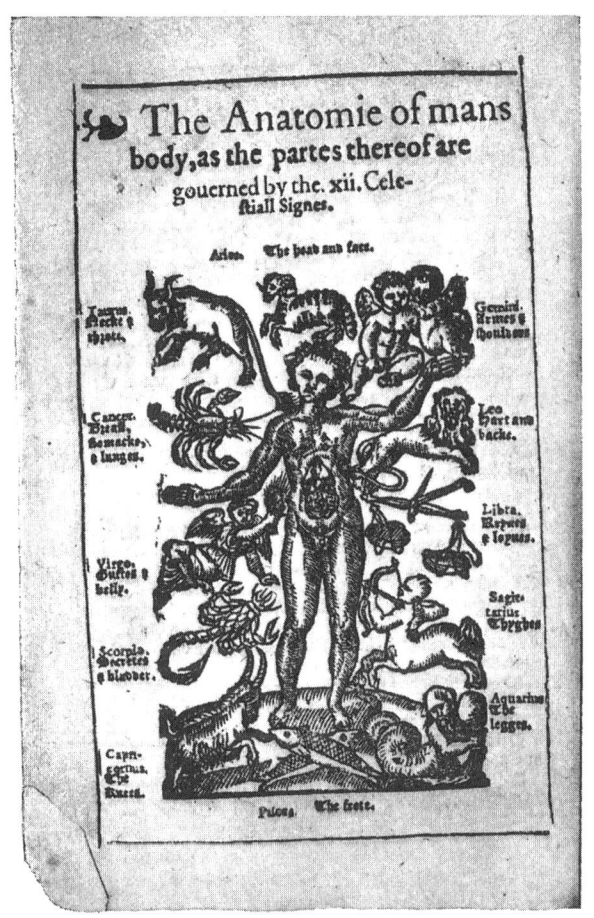

그림 52 재미있는 이야기 등을 다룬 "역서"로서의 달력.

### 5.4.3.

1582년 2월 24일 교황 그레고리우스 13세의 교서 〈인테르 그라비시마스Inter gravissimas〉에 의해 새로 도입된 그레고리력은 특히 아우크스부르크 시에서 1591년까지 지속된 이른바 달력 논쟁을 불러일으켰다.[79] 그레고리우스 13세의 결정에 따라 열흘 간의 오차를 시정하기 위해 10

월 4일(목요일)의 다음날이 10월 15일(금요일)이 되었다. 새로운 윤년 규정을 도입하여 장차 시간 구분이 자동으로 사연 그내로의 여건에 맞춰질 수 있게 되었다. 하지만 독일에서 이 개혁은 교파 간 논쟁의 표현이 되고 말았다. 가톨릭 신분 세력은 교황의 권위에 의거하여 "새로운" 달력을 수용했지만, 개신교 신분들은 교황을 거부함으로써 교황의 새로운 달력 역시 적그리스도의 작품으로 거부했고 "예전의" 달력을 고수했다. 이제 종교적 평화는 깨진 것처럼 보였고, 다음과 같은 논쟁적인 글이 등장했다.[80]

> 교황의 나침반이 고장났다네
> 그는 콧등에 주름을 짓고선
> 거꾸로 돌아보았지
> 자신의 성인들이 제자리에 있지 않다는 것을
> 그는 달력을 새로 만드는 게
> 필요하다고 생각했지
> 새로운 달력은
> 농민들을 헷갈리게 만들었다네.

이런 이유로 적어도 1590년까지는 종종 〈신·구 비망록 달력〉이라는 이름으로 예전 달력과 새로운 달력이 나란히 쓰였는데, 예를 들면 12월 22일(구력) 옆에 동시에 1월 1일(신력)이라고 표기되어 있는 식이었다. "새로운 달력"은 1700년에 가서야 비로소 전 독일 지역에서 통용되었다. 그레고리력은 영국에서는 1753년, 일본에서는 1872년, 러시아에서는 1918년, 그리스에서는 1923년, 중국에서는 1949년부터 통용되었다.

달력 시장은 거대해졌고, 그에 따라 인쇄업은 엄청난 성장을 경험했다. 달력은 수많은 곳에서 1천 부나 6천 부 혹은 그보다 훨씬 많은 부수로 제작되면서 널리 유포되었다.[81] 프랑스에서는 〈목자들의 대★달력과 편집물〉*이 17세기에 총 30만 부를 기록했다.[82] 루돌프 센다는 전통적인 민속 달력의 평균 발행 부수를 10만 부 정도로 추산했다.[83] "덧붙일 점은 달력 한 부가 동일인에 의해 여러 번, 그리고 여러 사람의 손을 거치면서 한 번 이상 읽혔다는 점이다."[84] 17세기 니더작센 지역에서만 154종의 다양한 일 년용 달력이 제작된 것으로 확인되고 있는데,[85] 이 지역의 사례를 통해 몇 가지 결정적인 판단을 내릴 수 있을 것이다. 즉, 달력은 아우크스부르크, 뉘른베르크, 울름, 마그데부르크, 에어푸르트와 같은 거대한 남부 독일의 중심지들에서 대량으로 제작되었을 뿐만 아니라 제국의 북쪽 지역에서도 독자적으로 생산되었다.[86] 니더작센 지역 최초의 달력 인쇄소가 이미 15세기 후반에 뤼네부르크에 세워졌고, 16세기까지는 총 여덟 곳이던 인쇄 지역에 17세기에 들어와서는 또 다른 15곳이 추가되었다. 사실상 모든 인쇄업소들이 "달력 제작 특권"을 얻고자 노력했는데, 왜냐하면 이 시장은 큰 수익을 얻을 수 있는 기회를 제공했기 때문이었다. 달력이 담고 있는 핵심 내용은 "교회력"과 "점성술적 징조"였다. 수많은 달력이 유포된 데 비하면 달력 작가의 수는 비교적 적었다(17세기 니더작센에서는 그 수가 15명이었다). "달력 편찬자"로 불리던 달력 작가들은 예외 없이 대학 교육을 받았고 시민 계층에 속했으며 대개는 천문학자, 김나지움 교사, 의사, 신학자였다. 당시 뉘른베르크의 달력에 대한 연구는 농촌의 농민들뿐만 아니라 도시의 시민들과 노동자들도 달력을 사용했음을 보여 준다.[87]

---

* 〈목자들의 대달력과 편집물〉 유럽에서 가장 인기 있었던 역서 중의 하나로서 1491년 파리에서 처음으로 출간되었으며 점성술 등의 내용을 포함하고 있다. 여기서 "목자"는 예수 그리스도와 노동하는 모든 사람들을 지칭하는 것이다.

5.4.4.

달력은 낱상 문서, 가철본, 서석의 형태로 존재했다. 그런데도 달력을 순수한 매체로 부를 수 있을까? 대답은 그렇다는 것이다. 달력은 낱장 문서, 가철본, 서적과 같은 다른 매체들과는 구분되는 의사소통 체계의 특징을 지녔다. 달력은 낱장 문서 매체를 사용했지만——1500년 이후 인쇄된 사혈 지침표는 엄청나게 팔려 나갔다[88]—— 거기에만 국한되지는 않았다. 달력은 전단지와는 다르게 집안에 걸어놓았고 장기간 활용되는 중요성을 지니고 있었다. 달력은 가철본 형태를 이용했고 그런 점에서 이 시대의 지배적인 가철본 형태인 소책자에 비견될 수 있다. 하지만 달력은 가철본과는 전혀 다른 내용을 포함하고 있었고, 사람들이 스스로 그 안에 무엇인가를 적어 놓기도 했는데, 이는 이 매체에 특징적인 사용 방식이었다. 그리고 서적 매체와는 다르게 달력은 일차적으로 읽거나 낭독하는 것이 아니라 항목별로 매일 이용하는 행동 지침이었다. 따라서 하르트무트 쥐리히가 "소재, 인식, 지배적인 견해, 익숙한 관념들을 전달, 변형, 편집, 서술하는 과정을 통해" 달력의 특징을 설명하면서 "대다수가 일자무식이고 개개 정보원에 접근할 수 없던 공중을 겨냥한 것이 달력이다"라고 본 것은 올바른 판단이었다.[89] 달력은 낱장 문서, 가철본, 서적이라는 전통적인 의사소통 매체를 단순히 재료적 도구로 이용했고 15세기 중엽부터 18세기 중엽 혹은 말까지 이 매체들의 특성 위에 새롭고 매우 독특한 기능들을 덧붙여 나갔다. 즉, 근대 초기의 달력은 낱장 문서, 가철본, 서적과 같은 조직화된 의사소통 경로를 둘러싼 복잡하게 제도화된 체계로서 특정한 능력[90]과 함께 사회적인 지배력[91]을 갖추고 있었다고 말할 수 있는 것이다. 방향 설정의 척도로 기능하던 달력은 사실상 어디에나 퍼져 있었고 일상의 행동 지침, 특히 가장 큰 인구 집단인 농민들의 개인적 행동을 위한 의사소통 규범

으로서 확고한 위치를 차지했다. 달력은 "공공 여론의 핵심 담당자"였다.[92]

달력 매체의 형태는 필사한 것에서 인쇄한 것으로, 만세력에서 일년용으로, 낱장 인쇄물과 벽걸이용 달력에서 비망록 달력, 역사 달력, 역서로 변화해 나갔다. 여기서 흥미로운 점은 종교적인 축일, 일요일 혹은 점성술적 별자리의 질서에서 실제적인 천문, 의학, 농업을 거쳐 탐험 이야기, 사회와 사건들에 관한 이야기, 오락 장르에 이르기까지 달력의 주된 내용이 그때그때 바뀐다는 것이다. 그 속에는 달력의 기능들의 특징적인 변화가 반영되어 있다고 할 수 있다. 이와 함께 다음의 세 가지 측면이 구분되어야 할 것이다.

첫째, 달력은 기도 시간을 알려 주던 중세 수도원 및 교회의 종, 하루를 가장 작은 단위로까지 분절해 놓았던 14, 15세기의 자명종, 벽걸이 시계, 회중 시계가 갖고 있던 의미와 비견될 수 있다. "농민에게 달력은 위안이고 희망의 복음이었다. 점성술사와 의사들이 예고한 별들은 항상 더 나은 미래를 약속해 주는 듯이 보였다."[93] 여기에서도 질서는 교회 축일의 질서와 종교적 세계관의 보호라는 의미에서 안전함을 약속해 주었다. "'온전한' 달력은 시간을 고정시키고 '조정'하면서 안전함을 보장해 주었다. (……) 정교한 체계 속에서 모든 것이 '정돈'되었다. 세계의 운행은 정적이거나 기껏해야 순환적인 것으로 묘사되었다. 규칙적으로 되풀이되는 시간의 체계가 달력이었다. 미래 역시 정돈되어 있기 때문에 두려움은 사라졌다. 심지어는 죽음과의 관계조차도 달라졌음에 틀림없다. 달력은 과거를 되돌아보고 미래를 예견했다. (……) 시간은 안전하고 한눈에 조망할 수 있으며 예측할 수 있는 움직임의 척도가 되었다."[94]

둘째, 하지만 달력은 매체 문화사의 중세 시기에 교회의 지배 하에서 사제, 설교자와 같은 기독교적 인간 매체의 우월성을 통해 억압되거나 혹은 단지 제한적으로만 보존될 수 있었던 기독교 수용 이전의 원시적이고 미신적인 세계관을 다시 수용했음을 알리는 것이기도 했다. 점차 믿을 수 없고 중요성을 잃어 가고 있으며 종교개혁의 와중에는 모순적이기까지 했던 기독교적 가치의 위계질서를 대신하여, 별자리의 위치가 운명과 권력을 결정할 수 있는 기구로 등장했다. 이것은 기독교적 시각에서 보면 미신이었고, 문화사적인 시각에서 보면 시원기의 모계 중심적인 전통이 되살아난 것이었다. 따라서 달력은 비록 회고적인 측면이 있기는 하지만 결코 부정적인 의미에서 보수적이거나 지배를 안정시키는 역할을 했던 것이 아니라, 월경 주기를 통해 계절의 순환을 의미 있게 실현했던 시원기의 매체 여성에서 초기 고도 문화 시기의 점쟁이였던 점술가나 점성술사, 치료사, 치료 주술사를 거쳐[95] 중세의 성극과 교회 축제[96]로까지 이어지는 매체의 문화사적 전통의 연장선상에서 우주의 질서를 내적 세계의 질서로 재확립했던 것이다. 달력은 주기적이고 대중적인 성격, 형태 면에서의 대체적인 통일성, 내용의 다양성과 같은 특징으로 말미암아 "잡지의 선구자"[97]로 부를 수 있을 것이다.

셋째, 모계 중심적·우주적 세계관과 부계 중심적·기독교적 세계관이 문자화하고 인쇄되는 과정에서 달력은 널리 확산되었을 뿐만 아니라 동시에 현저하게 세속화했다. 지금까지는 별자리나 운명 혹은 기독교적 섭리의 수중에 내맡겨져 있던 것이 점차 개인이 영향을 미치고 원하는 대로 다룰 수 있고 계획할 수 있는 것으로 변했다. 때에 맞춰 쟁기질하고 파종하고 수확하는 것이 초목 숭배와 다산 숭배 의식 혹은 교회의 축일 행렬보다 훨씬 더 경작지에서의 풍작을 보장해 주었다. 건강을 위해서는 사혈과 신체 위생의 예방 조처들이 마술적인 의식, 금식, 기도보다 더 많은 것을 약속해 주었다. 이제 인간은 시간에 영향을 미치고 또 시간을 지배할 수 있게 되었는데, 이것은 특히 달력에 적응하는 것을 통해 잘 드러났다.

이상의 내용을 요약해 보도록 하자. 흔히 서적 매체에 잘못 포함되곤 하는 달력은 16, 17세기의 근대 초기에 특히 농촌 지역에서, 즉 독일어권에서는 인구의 90% 이상을 차지하던 주민들에게 중요한 조정 및 방향 설정 기능을 가지고 있던 독립적인 매체였다. 예컨대, 오늘날 매일 한 장씩 뜯는 달력, 즉 종종 그날의 "금언"이 실려 있기도 한 일력은, 비록 더 이상 우리에게 어떤 행동 지침을 의미하지 않고 그렇기 때문에 더 이상 매체라고 부를 수는 없지만, 낱장 문서, 가철본, 서적과 같은 매체들과는 다른 독특함을 분명하게 잘 보여 주고 있다. 하르트무트 쥐리히의 말을 빌리자면 "본질적으로 달력은 세 가지 핵심적인 기능을 수행했는데, 그것은 방향 설정, 정보, 오락과 교육 기능으로 특징지을 수 있다. 이 기능들이 바로 이 매체의 사용 가치를 결정했다."[98] 여기서 의미하는 바는 실제적이면서도 이데올로기적인 방향 설정인데, 이는 관습, 도덕, 신앙심 고양, 교육의 측면에서 행동 방식을 안정시키는 데 기여하는 특정한 가치와 규범을 말하는 것이고, 다음으로는 달력의 정보와 글로 된 부분의 실제직인 이용 가치와 마지막으로 인식 지평의 확대 및 이후 18세기의 계몽주의적 요소까지를 모두 이야기하는 것이라고 할 수 있다.[99] 달력 매체의 역사는 아마도 이런 기능 변화를 통해 가장 잘 기술될 수 있을 것이다. 즉, 달력은 종교적인 교회 축일의 정확한 순서를 기억하기 위한 단순한 보조 수단에서부터 정보 제공 기능, 정리 기능, 조절 기능 그리고 점차 오락에까지 이르는 독자적 도구화의 기능을 단계적으로 수행하게 되었다. 이후 18세기에 달력은 계몽주의의 매체[100]로서 다시금 다른 매체들과 중첩되었으며, 새로 등장하는 근대 문예 · 교양 사회 속으로 사라지면서 순수한 매체적 성격을 차

즘 상실해 버렸다. 오늘날 월력月曆은 단순히 꽃, 동물, 풍경, 스타, 자동차 등의 사진을 담고 있는 벽 장식물일 따름이고, 주간 달력과 일력은 개인이 시간과 업무를 계획하는 단순한 도구에 불과하다. 다만 성인들의 이름과 금언이 실려 있는 매일 한 장씩 뜯어 내는 일력과 화보에 실려 있는 별자리 운세에는 아직 예전 매체의 흔적이 숨어 있다고 할 수 있겠다.

# 6
# 매체의 역사로 본 종교개혁과 반종교개혁

자본주의의 흥기 다음으로 1400년에서 1700년에 이르는 이 시대의 사건들 중에서 가장 파장이 컸던 것은 종교개혁이었다.[1] 종교개혁의 다양한 원인과 상황에 대해서는 이미 충분히 연구된 바 있지만, 매체사의 관점에서 비판적으로 보완하고 교정하는 작업이 필요한 것 같다. 종교개혁의 매체사적 의미는 이미 루터의 핵심적인 공격 목표에서 잘 드러나 있다. 즉, 교황의 교회에 대한 공격과 함께 현세의 세속적 · 정치적인 권력과 내세의 초월적 · 종교적인 권력의 일치에 대한 공격, 따라서 자칭 성스러운 중요성을 가진 한 인간 매체의 지배 기능에 대한 비판이 바로 그것이다. 이 신앙의 "반란"에서 매체들은 도대체 어떤 역할을 수행했는가? 어느 편이 어떤 방식으로 어떤 매체를 사용했는가? 당시 매체들은 어떤 기능을 수행했고 과연 이 매체들은 변화를 경험했는가? 매체들은 서로 어떤 관계에 놓여 있었는가? 어떤 이유로 개신교도들은 로마 가톨릭교회의 확립된 권력 기구에 대항하여 확고한 위치를 차지할 수 있었던가? 혹은 로버트 W. 스크라이브너의 단순한 질문처럼 "어떻게 평민들은 종교개혁 사상을 갖게 되었는가?"[2] 이 질문들에 대한 해답을 얻기 위해 기존의 연구 방법들을 종합해 보면, 루터와 종교개혁의 성공에 대한 지금까지의 설명 체계가 상당 부분 수정되어야 한다는 것을 알게 된다. 그뿐만 아니라 종교개혁은 포괄적인 매체의 역사 속에서 두드러진 역할을 수행했다고 말할 수 있다.

아래에서는 먼저 종교개혁의 일곱 가지 매체, 즉 설교자, 서신, 전단지, 소책자, 서적, 가인, 연극에 대해 각각 서술하도록 할 것이다. 연구서들의 일반적인 서술 방식과는 달리, 여기에서는 이 매체들의 차이점이 특히 강조될 것이다. 이런 전제 하에서야 비로소 이 매체들이 함께 작용하던 과정을 제대로 파악할 수 있기 때문이다. 그 다음으로 이 매체들이 서로 맺고 있던 관계의 의미뿐만 아니라 한편으로는 중세 말의 매체들과의 관계에서, 다른 한편으로는 시작되는 로마 가톨릭교회의 반종교개혁과의 관계에서 종교개혁 매체들이 가지고 있던 의미를 판단하고 해석하도록 할 것이다.

## 6.1. 설교자

종교개혁의 주요 매체로 간주될 수 있는 것 가운데 첫 번째로 언급해야 할 것이 설교자이다. 언뜻 보면, 중세의 설교자가 매체 문화에서 차지하고 있던 현저한 비중은 근대 초기에 들어와서도 계속 유지되었고, 종교개혁이 일어났던 곳에서 설교자는 제한된 시기나마 "이전에는 한 번도 누려 본 적이 없었던 번영"을 다시 한 번 경험했다.[3] 하지만 문제를 좀 더 정확하게 파악해야 한다. 중세 성기에 도미니크회 수도사들과 탁발수도회가 출현한 이후로 설교자들은 15세기에 일단 그 매체적 성격을 상실했다가 이후 루터와 개신교도들 사이에서 설교자가 기능을

226

회복한 결과 다시 한 번 매체적 특징을 되찾았다. 그 이후 설교자는 도시 신분제 사회의 매체들(4장 참조)과 유사하게 부분적인 직업 자격으로 축소되면서 결국 사회적으로 지배적인 매체적 중요성을 16세기에 이미 인쇄 매체에 빼앗기고 말았다.

기독교 설교의 역사[4]에서 15세기는 탁발수도회가 예전부터 추진해 온 대중 목회의 결과로 기독교 미사, 예배, 교구 체계와 나란히 그리고 독립적으로 직업적 역할을 수행하는 설교자가 전문화하던 시기였다.[5] 설교는 자체 독립하였고 신학 교육을 받은 사람들에 의해 행해졌는데, 이들은 종종 신학자들이긴 했지만 성직자는 아니었다. 테사 와트는 이와 관련하여 "시장 광장의 신학자들"에 대해서 언급한 적이 있다.[6] 교육받지 못한 설교자들을 위한 소박한 자습서로 이른바 "설교의 저장소"라고 불리던 설교집들이 널리 유포되었다. 가장 잘 알려진 설교집은 "설교자가 항상 완성된 형태의 훌륭한 설교를 서랍 속에 두고 있기 때문에 토요일에 푹 잘 수 있게 해 주던"《도르미 세쿠레Dormi secure》* 였다.[7] 종교개혁 이전의 설교는 평범함과 전통주의적인 특징을 지니고 있었고 신학적 궤변으로 장식되었으며 상세하게 묘사된 이야기와 도덕적 물음들을 갖춘 간단한 구조 속에서 목소리, 표정, 몸짓이 어우러진 일률적이고도 "표현력 풍부한 신체극"을 전면에 부각시켰다. 설교자들은 때로 서툴렀고 의도하지 않았음에도 우스꽝스러웠으며 기껏해야 애매하거나 오해받기 십상이었다. 이와 함께 설교의 내용은 그 폭이 광범위했다.[8] 파리, 옥스퍼드, 빈, 쾰른 등 대학 도시들의 대학 설교자들(가브리엘 비일, 니콜라우스 쿠자누스, 토마스 에벤도르퍼, 고찰크 홀렌 등) 이외에도 무엇보다 재미있고 유쾌하며 장미 소설,* 시, 재담과 같은 세속

---

\* 도르미 세쿠레 '편안한 잠'이라는 뜻.

적인 문학 작품들을 활용하던 익살스럽고 해학적인 강단 설교자들(가브리엘 바를레타, 미셸 메노 등)이 존재했다. 종종 편타鞭打 고행자들과 함께 방랑하는 참회·대중 설교자들은 섬뜩하게 최후의 심판과 지옥의 형벌을 선포했고 회심과 참회를 요구했다(베르나르디노 다 시에나, 지롤라모 사보나롤라, 요하네스 가일러 폰 카이저스베르크 등). 특히 사순절 기간에는 일련一連 설교라는 것이 있었는데, 이것은 칠 일 동안 매일 일곱 가지 대죄 중 하나씩을 설교하거나 열흘 동안 매일 십계명 중 하나씩을 설교하는 것이고, 여기에 그리스도의 수난과 성 금요일 설교가 추가되었다. 대규모 공의회에서 하는 개혁적인 설교들은 교회의 불법과 성직자의 사치, 여성, 도박, 연회에 반대하여 라틴 어로 행해졌다. 교리 문답 설교는 논쟁적으로 이단자와 유대인, 도박과 음주벽, 재물과 윤무輪舞에 반대했다. 마지막으로 잘 알려진 면벌부 설교는 이미 언급했던 교회의 얄팍한 현금 수입 정책에 요란스럽게 따른 것이었다. 베르너 쉬츠는 다음과 같이 정리하고 있다. "이 세기(15세기 — 옮긴이) 동안에는 설교를 자주 많이 들을 수 있었는데, 농촌에서는 종종 성직자의 대리인들과 보좌 신부들이 설교를 하기도 했다."[9]

6.1.1.

하지만 종교개혁 이전 15세기의 이러한 폭넓은 설교 유형, 형태, 주제는 종교개혁기의 설교자들로 하여금 결과적으로 매체적 기능을 회복할 수 있게 한 네 가지 요소에 대한 통찰을 차단하는 측면이 있다. 이 네 가지 요소는 첫째, 대개 일반적으로 자질이 떨어지는 사람들의 내키지 않는 의무이자 직업 활동으로서의 설교이고 둘째, 성경과 본질적인

---

*  **장미 소설**  퇴폐적인 경향이 강한 연애 소설.

관련이 없는 가능한 모든 주제들에 대한 설교이며 셋째, 세속적이고 정치적인 영역과는 아무런 관련도 없이 전적으로 도피처 구실만 하는 종교적인 것에 대한 설교이고 넷째, 위계질서와 언어의 측면에서 신도들과 그들의 일상 세계를 도외시하면서 거리를 두는 설교이다. 수도원/대학, 교회, 도시와 같은 부문 공공영역을 연결해 주는 체계 간 매체로서 설교하며 다니는 탁발 수도사들의 사회 보도 매체적인 기능[10]은 중세 말과 근대 초의 사회 변화와 더불어 시대에 뒤떨어진 것이 되고 말았다.

문화적인 방향 설정에서 드러난 이런 새로운 공백을 마르틴 루터는 설교자에게 새로운 위상을 부여함으로써 채워 나갔다.

첫째, 설교는 다시금 성직자의 소명이자 핵심적인 과업으로서 "신학 체계 전체에서 설교의 새로운 장場"[11]이라 할 예배의 중심이 되었다. 신의 말씀의 선포는 교회의 결정적인 특징이 되었다. 설교자의 핵심적인 양대 기능은 "가르침"과 "훈계"였다.

둘째, 성경── "오직 성경sola scriptura" ──이 모든 설교의 출발점이 되었다. 내용 면에서는 회중들의 상황도, 자신을 당국의 권위자로 이해했던 설교자 자신의 자아도 중요한 것이 아니었다. 루터의 설교는 텍스트와 결합되었고 성경에 대한 해석이었으며 핵심적으로는 복음서와 관련되어 있었다. 루카스 크라나흐*의 제단화에 묘사된 루터는 설교단 위에 서 있지만 그의 앞에는 전형적인 방식으로 펼쳐진 성경이 놓여 있음을 볼 수 있다. 설교자는 서적 매체를 인용했고 이로써 신학적인 방향 설정에서도 더 신뢰할 만하고 신의 말씀의 진정한 저장 매체라 할

---

* **루카스 크라나흐** 뒤러와 함께 독일 르네상스기의 대표적인 화가로 루터를 비롯한 여러 종교개혁가들의 초상화를 통해 새로운 종교 미술의 창시자가 되었다.

인쇄 매체에 유리하게끔 전통적인 인간 매체의 독특한 중개 기능을 제약했다(그림 53). 이것은 인간 매체 설교자가 인쇄 매체 서적과 분리되지 않고 결합되었음을 의미하는 것이었다.

셋째, 종교개혁가들의 설교는 명백히 세속적인 요구, 즉 소유 관계의 개혁, 자본주의에 대한 비판, 법률 관계, 농노제, 전시 복무, 교육에 대한 비판 등을 내포하고 있었다. 예컨대 농민 전쟁에서 종교개혁이 갖고 있는 중요성[12]은 이 점을 분명하게 보여 준다. 기독교적이고 종교적이며 문화적인 영역은 정치적이고 경제적인 분야와 긴밀하게 결합된 것으로 생각되었고, 그런 점에서 설교자들은 다시 한 번 포괄적인 조정 및 방향 설정 원칙으로서 기능하게 되었다.

넷째, 루터는 단호하고 거칠며 논쟁적으로 말하는 달변의 설교자였다. 이후 경우에 따라서 지나치게 투쟁적인 많은 성직자들의 설교 방식은 때로는 의도했던 것과는 정반대의 결과를 가져왔다. 어쨌든 종교개혁 신학의 주제들은 루터에 의해 간결하고 직접적이며 설득력 있고 대중적으로 모든 사람들이 이해할 수 있도록 전달되었다. 그의 효과 지향적인 의도는 특히 논리적인 언어와 감정적인 음악을 서로 결합시키고자 시도했던, 설교의 일종인 "찬양 설교"에서 잘 드러난다.[13] 베르너 쉬츠는 "인상 깊은 이 설교의 비밀은 어디에 있었는가?"라는 질문에 대해서 다음과 같이 답하고 있다. "이 설교 속에서 그리스도의 현존은 루터의 언어를 통해 직접적이고 실제적이며 구체적으로 16세기의 세상과 연관되었기 때문에 그 가운데에서 온갖 위선이 정체를 드러냈다. 시간의 차이는 사라졌고 생생한 재현이 그토록 직접적인 것이었기에, 신약 성경의 세계는 그대로 비텐베르크 시와 작센 선제후국의 세계였고 헤롯은 교황, 바리새인들*은 수도사, 제자들은 현재의 교회와 신도였다. 이제 비텐베르크에서 죽음의 권세가 공격받았고 독선이 파괴되었

그림 53 설교단 위의 루터. 설교자와 서적의 매체 결합.

으며 믿음이 생겨났고 자유가 속박에서 풀려났다. 이것은 적용이나 전이, 구체화가 아니라 루터의 말 속에서 그리고 그의 정신과 함께 그리스도가 직접 현존한 것이었다. 이리하여 설교는 토론과 논쟁이 되었고 악마와 논박을 벌이는 것이 되었으며 청중은 말참견하면서 발언할 기회를 얻게 되었고 "안경 좀 써 보게나!"*는 말로 질책당하기도 했다. 마치 교황이 비텐베르크의 설교단 아래에 앉아 있기라고 한 듯이 "교황 선생"과 논쟁을 벌였다. 모든 것이 인격화하여 사형 집행인은 마이스터Meister*로 불렸고 귀족은 융커 한스, 수공업자는 마이스터 클뤼클링Klügling,* 그리고 악마조차도 융커로 체현되기에 이르렀다. 사람들은 설교에서 황제와 궁정, 제후들과 시민, 농민들과 하인, 부담과 즐거움이 공존하고 부엌과 아이들 방을 갖춘 결혼 생활과 같은 모든 것들을 분명하게 볼 수 있었다. 그 어떤 일상적인 것도 설교와 동떨어져 있지 않았다. (……) 두 왕국론(Lehre von den beiden Reichen)*에도 불구하고 공적인 사회생활 역시 설교에서 다루어졌다."[14]

---

\* **바리새인들**  헬레니즘에 반대하여 유대 율법의 엄격한 실천을 중시했던 경건주의자들로 신약 성경에 따르면 예수를 죽이는 데 앞장섰던 장본인들이 바로 그들이었다. 훗날 기독교 세계에서 위선자의 대명사가 된 집단이기도 하다.

\* **안경 좀 써 보게나!**  성경을 제대로 읽어 보고 이야기하라는 의미.

\* **마이스터**  예컨대 "마이스터 헴멀링Meister Hämmerling"은 악마 혹은 사형 집행인이라는 뜻으로 사용되었다.

\* **클뤼클링**  "똑똑한 체하는 사람", "궤변가"란 뜻을 가지고 있다.

\* **두 왕국론**  흔히 "두 정부론"으로도 불리는 마르틴 루터의 두 왕국론은 교부 아우구스티누스 사상의 영향을 받아 "그리스도의 나라regnum christi"와 "지상의 나라regnum mundi"를 이원론적으로 구분하고 있는데, 특히 루터의 초기 사상에서 두 왕국은 기본적으로 상호 보완 관계가 아닌 대립 관계 속에 놓여 있다.

6.1.2.

루터는 36년 동안 설교했고 때로는 일주일에 여러 번 설교하기도 했다. 그의 설교문 중에서 대략 2천여 편이 아직 남아 있는데, 대개가 독일어로 된 것이고 거의 모든 것이 텍스트와 관련되어 있다. 무엇보다도 울리히 츠빙글리, 장 칼뱅과 같은 다른 설교자들이 루터의 설교 방식을 모방했다. 하지만 16세기 후반에 개신교의 정통 교리가 확립되어 가는 과정에서 설교자가 실제적인 측면에서는 오히려 교구의 봉사자로 평가되었기 때문에 종교개혁의 설교 안에서도 자꾸 의례화해 가고 학교식 학습으로 변해 가는 경향이 만연해졌다. 이것은 충분치 않은 급료만을 받고 교직자회와 교구민의 선의에 의존할 수밖에 없었던 종교개혁 성직자들의 실존적인 상황에서 그 이유를 찾을 수 있을 것이다.[15] 어쨌든 16세기 중엽부터 17세기 말까지 전성기를 이루었던 루터의 교리 문답 설교들 가운데 한 가지 중심 주제가 강조될 수 있겠는데, 그것은 기독교 가정과 가족 경제의 중요성에 관한 것이었다.[16] 이후 신약 성경의 가정 교훈Haustafel*과의 관련 속에서 가족 구성원의 상호 의무 규정들 ── 가장인 남편, 아내, 부부, 부모, 자녀와 자녀 양육, 자녀의 권리와 의무, 하인과 하녀 및 날품팔이꾼과 관련한 규정 ── 은 종교적 가르침의 기조를 이루었는데, 이것은 모든 인간이 일상 속에서 도덕적인 생활을 영위하는 것을 목표로 삼았다. 그러한 설교들은 곧 가계 운영과 농장 관리를 위해 종교적으로 체계화된 지식 전반을 포함한 두꺼운 책자들인 소위 "가장家長 문헌"들을 통해서 보완되었다. 이 가장 문헌에서 다루는 내용은 가옥 건립에서부터 다양한 경제 분야는 물론 가축 사육, 가

---

* 가정 교훈  신약 성경의 내용 중에 기독교 가족 구성원들이 지켜야 할 의무를 다룬 가정 교훈과 관련된 부분으로는 골로새서 3:18~4:1과 에베소서 5:22~6:9 등을 들 수 있다.

계 관리 기술, 꿈의 해석과 점성술, 법률 상식, 친구와 이웃 혹은 빈민과의 관계 설정에까지 이르는 포괄적인 것이었다.[17] 설교자와 서적의 새로운 결합을 제외한다면 여기에서 주목할 만한 점은 각자에게 더 많은 책임과 인생 설계의 책무를 부여하면서 "사적인 것"을 추구해 나가는 경향이었다. 인문주의(2장)의 경우와 유사하게 이로써 개인이 더 강력하게 부각되었는데, 다만 주체적인 예술가로서가 아니라 소규모 가족 집단 내의 책임 있는 일원으로서 그랬다. 그리고 이 변화는 초기 자본주의 시대의 서신(3장)과 도시의 전통적인 매체들의 직업적 역할로의 해체(4장)가 그랬던 것처럼 다시금 매체와 관련된 것이었다.

이미 카르스텐 빈터[18]는 이런 유사성을 언급한바 있다. 즉, 13세기 도미니크회 수도사들의 성공과 유사하게 16세기 루터의 성공은 "예기치 못한" 것이었고, 이 성공은 각 시기의 심대한 문화 변화와 관련되어 있었다는 것이다. 두 운동 모두 공공영역을 새로 구성했던 시대별 매체 체계 안에서 "문화적인 자기 확인 방식"을 확립시켰다. 여기서 본질적인 차이는, 도미니크회 수도사의 경우에는 이 매체 체계가 로마 가톨릭 교회에 의해 전적으로 통제되고 기능화할 수 있었지만 루터의 경우에는 매체 체계가 경제적 시장 법칙에 종속되어 있었기 때문에 더 이상 그럴 수 없었다는 점이었다. 종교개혁 공공영역은 새로운 인쇄 매체들에 의해 구성되고 경제적으로 뒷받침된 공공영역으로 정의할 수 있다. 이것은 자기 과시적이고 우연적이며 인간 매체에 의해 뒷받침된 공공영역과는 현저한 차이를 보여 주는 것이다.[19] 이 점에 대해서는 나중에 다시 이야기할 기회가 있을 것이다. 매체사의 관점에서 보았을 때 종교개혁 시기 설교자의 중요성을 판단하는 데 결정적인 것은 예전의 인간 매체인 설교자가 더 이상 수기 매체가 아닌 인쇄 매체 서적과, 더 일반적으로는 모든 새로운 인쇄 매체들과 통합적으로 결합되었다는 점인

그림 54 요한 에벌린 폰 귄츠부르크. 소책자의 표지 그림 속에 나타난 설교자와 서적.

데, 이 결합은 종교개혁에 의해 창출되고 의식적으로 이용된 측면이 많았다. 이러한 결합의 결정적인 중요성은 예컨대 소책자 〈아우크스부르크의 모든 경건한 기독교인들에게 보내는 온정 어리고 위안을 주는 훈계〉(1522년)의 표지 목판화에서 저자 요한 에벌린 폰 귄츠부르크*가 왼손에는 십자가, 오른손에는 성경을 들고 신도들 한가운데에서 설교하는 모습으로 표현된 것에서도 명백하게 드러난다(그림 54). 이것은 다

---

\* 요한 에벌린 폰 귄츠부르크  16세기 초 남부 독일을 중심으로 활약하던 종교개혁가이자 사회 개혁가로서, 루터를 제외한다면 종교개혁가들 중에서 소책자를 가장 많이 쓴 것으로 알려져 있는 인물이다.

중적인 매체 결합을 묘사한 것인데, 왜냐하면 인쇄된 소책자를 광고하는 도상圖像으로서 "책 중의 책"[성경을 지칭하는 표현— 옮긴이]이 설교자와 함께 등장하기 때문이다. 여기서 로버트 W. 스크라이브너는 설교가 "바깥", 즉 교회 설교단이라는 관례적이고 공식적인 속박의 외부에서 이루어졌던 점을 모범적인 경우로 이야기하고 있다. "그러한 비공식적인 상황은 설교자와 청중을 공식적인 설교의 제약에서 해방시켰으며, 그런 상황이 새로운 생각을 교환할 수 있는 좀 더 자유로운 분위기를 만들어 냄으로써 청중의 집중력을 높일 수 있었다. (……) 그것은 주의를 끌고자 하는 설교의 변칙적인 방식이었다."[20]

반종교개혁의 진행 과정에서 가톨릭 설교자들도 독일어를 쓰고 복음서를 인용하며 부분적으로는 정치적 요구들과 대중적인 수사를 이용하는 경우가 늘어났는데, 이 점은 예수회 설교자들과 절대주의 궁정의 설교자들 그리고 특히 바로크 설교자들에게서 추적해 볼 수 있다.[21] 그러나 16세기 말 국가 교회가 형성되고 사회의 교파화가 절정에 이르던 과정에서 가톨릭 측뿐만 아니라 종교개혁가들에게서도 설교자의 중요성은 근본적으로 줄어들었다. 반종교개혁 설교자와 비교할 때 드러나는 종교개혁 설교자의 독특성, 즉 인쇄 매체와의 통합적인 결합과 (신의) 기록에 대한 (인간) 설교자의 예속적인 복종으로 말미암아 설교자는 그 매체적 특성을 상실하고 말았다.


## 6.2. 서신

근대 초기, 종교개혁 운동에서 서신 매체가 갖는 중요성을 보여 주는 배경으로는, 인문주의자 서신(2장 3절)과 자본주의적 "가격 표기 등기 우편"(3장 1절) 이외에도 특히 "면벌부"를 들 수 있다. 구텐베르크가 자신이 새로 발명한 인쇄술을 이용해서 처음으로 찍어 낸 것이 바로 이 면벌부였고, 이미 1452년에 그 인쇄 부수는 1만 부에 달하고 있었다(11장 참조). 굉장히 다양한 분야에서 공공영역을 구성하는 매체로 확실히 자리 잡았던 서신은 문화적, 경제적, 종교적 관점에서 핵심적인 중요성을 지니고 있었다. 서임권 투쟁에서 신성 로마 제국 황제가 그랬던 것처럼[22] 종교개혁은 이 의사소통 도구를 교황과 로마 가톨릭교회에 대한 투쟁 무기로 사용했다. 이것은 이른바《이름 없는 사람들의 서신》과 같은 개별 사례를 통해서도 드러날 수 있지만, 이런 보도 매체적 전략이 결정적으로 성공을 거두게 된 것은 루터의 서신들을 통해서였다.

### 6.2.1.

독일의 인문주의자 요하네스 로이힐린이 학자들과 주고받은 서신들의 모음집인《저명인사들의 서신》을 염두에 두고 작성된《덴벤터 출신의 존경할 만한 학위 소지 교사 오르트빈 그라티우스에게 띄우는 이름 없는 사람들의 서신》은 로이힐린을 옹호하기 위해서 총 110통의 익명의 편지를 한데 엮은 것처럼 꾸며 놓은 서한집을 가리킨다.[23] 로이힐린은 스스로 유대인들의 권리의 대변자로 자처했고, 그럼으로써 종교재판 소송을 자초한 적이 있었다. 자신을 변호하기 위해 로이힐린은 1514년에 자신이 교환한 서신의 일부를 출판했다. 1515년 "이름 없는 사람들" —— 실제로 그 뒤에는 울리히 폰 후텐과 크로투스 루비아누스* 같은 젊은 독일 인문주의자들이 숨어 있었다 —— 은 로이힐린이 자칭 수도사로 행세하고 있다고 공격했지만, 실제로는 의도적으로 서툴게 쓴 라틴 어를 통

---

* **크로투스 루비아누스**  독일의 인문주의자이자 신학자로 본명은 요하네스 예거Johannes Jäger.

해 쾰른 대학에서 스콜라 신학을 대변하던 도미니크회 수도사들*을 폭음과 폭식, 정신적 미숙함, 교육에 대한 반감을 들어 조롱함으로써 로이힐린에게 도움을 주고자 했다.[24] 그들의 풍자적인 비판 시도는 실패했다. 로이힐린은 1520년에 교황에게서 유죄 판결을 받고 자신의 입장을 철회했다.[25] 그렇지만 "적수의 행동과 사고방식, 견해를 조롱하고 웃음거리로 만들기 위해서 적수의 정신을 빌려 서신들을 날조해 내고 적수가 직접 쓴 것처럼 출판하려는"[26] 생각과 더불어 이후 보도 매체적, 풍자적인 목적을 지닌 수많은 허구적인 서한집의 기본 모델이 만들어졌다.

### 6.2.2.

서신 문화의 "가장 빛나는 산봉우리" 중의 하나,[27] "천재적인 서신 작가",[28] "독일 서신 역사의 최초의 정점"[29] 등으로 평가되는 마르틴 루터의 서신들은 완전히 다른 영향을 미쳤다. 루터 역시 부분적으로는 당시의 지도적인 인문주의자들과 질적으로나 양적으로 많은 노력을 필요로 하는 서신 왕래를 하면서 라틴 어를 사용했고 18세기에 이르기까지 교육받은 사람들과 학자들의 언어였던 라틴 어와 라틴 어 서간체의 부흥에 한몫을 담당했다. 하지만 동시에 그는 사적인 편지 대부분은 독일어로 썼다. "루터는 자신을 그 시대의 뛰어난 인물로 만든 개인적, 정신적, 종교적, 신학적, 정치적 중요성 때문에 동시대인들의 다양한 종류의 요구에 과잉 노출되어 있었다. 제후, 학자, 성직자, 추종자, 친구들은 항상 그에게서 조언, 위로, 도움, 자신을 괴롭히는 문제의 해명을

---

\* 도미니크회 수도사들  쾰른의 도미니크수도회는 유대 문학을 적대시하던 요하네스 페퍼코른Johannes Pfefferkorn을 내세워 유대 문학을 보존하고 연구해야 한다는 로이힐린의 주장을 공격하고 이단시했다.

구했다."[30] 그의 설교와 마찬가지로 속되고 때로는 거친 말투로 쓴 사적 서신들의 간행은 처음에는 굉장히 성공적이었다. 부분적으로 그러한 성공은 이 서신들의 기능을 통해 설명할 수 있다. 특히 1530~1531년 루터가 자신의 부모가 죽기 직전에 아버지 혹은 어머니에게 보낸 것과 같은 위로 편지들은 어디에서나 쓸 수 있는 특징을 갖고 있었다. 간행 된 편지에는 특정한 이름이 모씨某氏로 바뀌어 있었기 때문에, 이 편지 들은 필요한 사람들이 각기 개인적으로 사용할 수 있었다. 하지만 이 서신들은 부분적으로는 성경에 나오는 사도들이 초기 기독교 교회에 보냈던 서신의 목회적 전통에 서 있는 것이기도 했다.[31] 이 서신들은 신 앙의 용기를 잃어버린 친구들에게 보내는 목회 지침이었다. 이미 1556 년 가을에 1507~1521년에 쓴 편지 249통을 수록한 루터 서한집 1권 이 1천5백 부의 발행 부수로 출간되었다. 물론 1천여 통이 넘는 루터 서신을 완간한 것은 1960년대에 들어와서였지만 말이다.[32] 당시에는 다른 종교개혁가들의 서신도 널리 확산되었던바, 이런 전통은 예컨대 경건주의의 창시자로 간주되는 필립 야콥 슈페너(1635~1705년)의 서 신들에까지 이어졌다.[33]

독일어의 선호 이외에도 루터 서신들이 공공영역의 특징을 지니게 된 데에는 그 엄선된 형태가 기여를 했다. 루터의 "서신들" 중에서 많 은 부분은 원래 편지가 아니라 오히려 "회람 문서"로 이름 붙일 수 있 는 것들이었다. 그것은 루터가 자신의 견해의 많은 부분을 설명하고 선 전했던 방대한 양의 저작물이었다. 종종 이 기록들은 사람들에게 호소 하는 성격 때문에 원래 처음부터 혹은 일차적으로 대중 의사소통적 측 면에서 흩어져 있는 독자들을 겨냥한 일종의 "공개서한"의 유형에 포 함되기도 한다.[34] 확실히 이 문서들은 그 독특한 특징과 내용, 형태, 기 능으로 인해서 서신 매체와는 명백히 구분되는 또 다른 매체인 소책자의 성격을 띤다고 할 수 있다. 이 소책자에 대해서는 나중에 더 자세하게 다루게 될 것이다(6장 4절 참조).

## 6.3. 전단지

종교개혁과 반종교개혁 시대의 전단지는 "그림 보도 매체 체계의 우선적인 수용자"가 농촌 주민이 아니라 "도시 평민"이었다[35]는 점을 제외한다면 이미 서술한 농촌의 전단지(5장 3절)와는 단지 그 특정한 내용과 무엇보다도 광고 및 선전 매체로서 갖는 기능을 통해서만 구분된다. 특정한 정치적 개념으로 사용되는 "선전Propaganda"은 "정치 선전"을 겨냥한 것이라는 점에서 나중에 별도로 다루어야 할 것이다(7장). 그렇지만 종교개혁에서 전단지──16세기에 가톨릭 전단지의 역할은 "극도로 미미했다"[36]──는 단순한 선전 매체 이상의 것이었다. 도시의 전단지 매체에서 좁은 의미의 선전 기능Werbefunktion*은 무엇보다도 직업과 관련된 광고에서 찾아볼 수 있다. 상품과 서비스 시장의 점증하는 중요성은 경쟁과 함께 경쟁에 대한 압력을 키울 수밖에 없었다. 떠돌이 의사들과 돌팔이 의사, 치료사들은 15세기 말 이래로 시청과 교회 문에 붙여 놓은 대형 "증서"와 벽보를 사용했고(10장 참조) 16세기 초 이후로는 자신들의 도착과 머무는 장소를 알리는 낱장 문서 매체도 사용했다. 이국적인 동물들과 몸이 기형인 사람을 보여 주는 떠돌이 흥행주,

---

\* 선전 기능  Propaganda와 Werbe(혹은 Werbung)는 다 '선전'을 뜻하는 말이지만, Propaganda가 일정한 정치적, 종교적, 문화적 목표나 이념을 달성하기 위한 선전이라면 Werbe는 사람들에게 일정한 행동이나 결정을 내리도록 영향을 미치는 제반 선전, 광고, 홍보, 모집 등을 모두 의미한다는 점에서 Propaganda보다 더 포괄적인 개념이라고 할 수 있다.

복권 판매인, 그리고 16세기 후반 이후로는 떠돌이 곡예사, 우편 배달부, 격언 시인, 법령집을 인쇄하거나 삽화를 집어넣고 자체 상품을 선전하는 인쇄업자와 출판업자도 마찬가지로 낱장 문서 매체를 사용했다.[37]

넓은 의미의 선전 기능은 선동과 교화를 포함하는 것으로, 이는 전단지의 정보 기능보다는 남을 설득하는 기능을 의미한다. 예전부터 로마 가톨릭교회가 그리고 이제는 종교개혁가들이 수행한 종교적 선전역시 여기에 포함된다고 할 수 있다. 다만 종교개혁가들의 선전은 완전히 새로운 매체 문화의 테두리 안에서 이루어졌고 또한 당시의 경제적 위기 상황 속에서 대중적 필요로 제기되었지만 교회의 전통적인 제공수단으로는 더 이상 충족될 수 없었던 구원에 대한 열망과 관련되어 있을 뿐이었다. 따라서 낱장 문서 매체를 이해하기 위한 이론적 시도들은 종교개혁 전단지에 대한 고찰을 통해서 근본적으로 입증되고 좀 더 확장될 수 있는 것이다. 전단지는 오늘날에도 간혹 주장되는 것처럼 하나의 장르가 아니라 아주 다양한 텍스트와 구성 양식을 매우 상이한 이용방식 및 기능으로 묶어 주는 매체이다. 이 매체의 미학적인 풍부함은 연구 성과들을 통해 이미 어느 정도 밝혀졌다. 항상 특징적으로 강조되는 것은 간결함, 구체성, 감각적인 명료성이란 의미에서의 실체화, 상호 대조, 빠른 생산성, 저렴한 가격, 임시적 성격, 호소적인 구조, 저장기능, 통제 불가능성 등과 같은 것들로, 이 모든 것은 대중적인 확산과 의식적인 여론 형성의 전제 조건이라 할 수 있다. 종교개혁기에 전단지는 그 어느 때보다 더 분명하게 대중문화의 맥락 속에서 진정한 대중매체로서 그 모습을 드러내 보였다.[38]

6.3.1.

종교개혁 전단지의 발전은 성화聖畫에서 15세기의 초기 전단지와 제바스티안 브란트, 한스 제발트 베헴, 한스 홀바인 ── 그는 1523년 루터를 독일의 헤라클레스로 인상적으로 묘사했다(그림 55) ── , 한스 작스등의 중세 "비방 서신" 양식에 따른 "풍자화" 낱장 인쇄물을 거쳐, 가로가 세로보다 길고 압도적인 그림 효과를 지닌 "고전적인" 전단지로 이어졌다. 이 밖에도 전단지가 다루던 주제로는 "마르티누스 루터 박사"를 혁명적, 교회 비판적, 국민적, 정치적 요구들의 영웅적인 화신으로 묘사한 초기의 삽화, "평민"의 구현이자 동시에 경건하고 꾸밈없는 인간의 원형으로 묘사된 농민의 형상,* 루터의 반대자들에 대한 적의에 찬 묘사, 교황과 가톨릭 성직자의 적그리스도적 본질에 대한 묘사, 교리를 묘사한 그림과 우의적인 동물 묘사, 일차적으로 가르침과 계몽 기능을 지닌 신조화信條畵* 등을 들 수 있겠다.[39] 제바스티안 브란트의《바보배》(1494년)의 풍자적인 모범에 따라 토마스 무르너*는 후에《위대한 바보 루터에 대하여》(1522년)라는 풍자 작품을 썼다. 이것은 가톨릭에 대한 선전이나 다름없는 옹호[40]로 다른 풍자 작품들이 그 뒤를 이었다.[41]

　　종교적 차이에 대한 대조적인 묘사인 루카스 크라나흐의 〈가장 중요한 작품 속에 나타난 진정한 그리스도의 종교와 적그리스도의 잘못된 우상 숭배 가르침 간의 차이〉(1548년)는 종교개혁의 핵심 사상과 관련하여 이 매체가 갖고 있는 양극화된 정보 기능 및 교훈 기능의 사례로 늘 인용되고 있는 전단지이다(그림 56). 스크라이브너는 이것을 "가르

---

* 평민의 구현이자 동시에 경건하고 꾸밈없는 인간의 원형으로 묘사된 농민의 형상　농민에 대한 이런 이상적인 묘사는 주로 1524~1525년 농민 전쟁 시기에 집중적으로 나타났다.
* 신조화　루터파 제후들이 1530년 "아우크스부르크 신조"를 황제에게 제출하는 장면을 묘사한 그림과 같이 루터교회의 자기 정체성을 보여 주는 그림.
* 토마스 무르너　종교개혁기에 활약한 가톨릭 평론가이자 시인으로, 루터를 비판하는 작품을 많이 남겼다.

그림 55 한스 홀바인이 독일의 헤라클레스로 묘사한 루터.

그림 56 루터의 견해에 따른 "진정한 그리스도의 종교"와 "적그리스도의 우상 숭배 가르침".

244

침이 주된 목적인 선전"이라고 부른 적이 있다.[42] 이 그림은 한스 작스와 게오르크 펜츠*의 초기 전단지인 〈두 종류의 설교의 내용〉(1529년)을 시각적으로 구체화하면서 시류에 맞게 개작한 것이다. 프란츠-하인리히 바이어는 이 그림을 해석하면서 다음과 같이 쓰고 있다. "설교하는 루터는 성경과 모든 인간적 영향력에서 벗어난 그리스도의 대가 없는 희생을 가리키고 있다. 이에 대응하여 교황 측 설교자는 구원을 얻기 위한 로마 가톨릭교회의 관행에 주의를 돌리고 있다. 사도행전 10장 43절*과 요한복음 1장 23절*의 인용을 통해 밝혀지는 예언자들과 세례 요한이 루터라는 인물 속에 요약된 것 —— 이것은 루터에 대한 정당화이기도 한데 —— 은 교황 측 설교자의 독단과 비교된다. (……) 유일한 중재자인 그리스도의 반대편에는 자신의 공로로 성인이 된 프란체스코가 서 있다. 성부 하느님은 그리스도를 향해 자비롭게 서 있고 이로써 그의 희생을 인정하고 있지만 반면에 오른편에 있는 인간의 희생은 분노하면서 거부한다. 이러한 하느님의 판단은 왼편의 조용하고 쾌청한 하늘과 오른편의 폭풍우로 명확해진다. 마지막으로 경건하고 정직한 시민들로 이루어진 루터의 신도들 반대편에는 자신들의 악덕을 옷 속에 감춘 성직자들의 무리가 서 있다. (……) 또한 왼편에는 루터교의 신조와 관련된 묘사가 추가되었다. 여기에서 중요한 것은 삼위일체에 대한 루터의 신조와 세례와 성찬이라는 두 종류의 유효한 성례에 대한 묘사이다. 이러한 신조의 성격은 어깨에 십자가를 멘 작센 선제후

---

* **게오르크 펜츠** 뒤러의 뒤를 이어 뉘른베르크에서 활약하던 화가.
* **사도행전 10장 43절** "이 예수를 두고 모든 예언자가 증언하기를 그를 믿는 사람은 누구든지 그의 이름으로 죄 사함을 받는다고 하였습니다."
* **요한복음 1장 23절** (세례) 요한은 그제야 "나는 예언자 이사야의 말대로 '주님의 길을 곧게 하라' 하며 광야에서 외치는 이의 소리요" 하고 대답하였다.

를 강조한 모습과도 부합한다. 십자가를 진 모습이 뮐하우젠 전투 이후 선제후 요한 프리드리히가 포로로 잡힌 것을 상징한다는 것은 명백한 일이다." 이 후기 전단지에서 다시 한 번 논쟁적인 종교개혁 전단지의 다양한 측면이 압축적으로 드러난다. 여기에서는 로마 가톨릭교회에 대해 진노하는 성부 하느님과 상인으로 묘사된 교황과 같은 첨예한 논쟁점 이외에도 뚱뚱한 수도사, 주사위, 카드로 대표되는 조롱과 도덕적 비판도 발견된다. 또한 이 그림에는 교훈적이고 상호 대조적인 묘사 이외에도 루터라는 인물에게 다시 한 번 권위를 부여하는 자체 신조가 전면에 부각되어 있다.[43]

### 6.3.2.

종교개혁 전단지의 제작과 유통은 원칙적으로 세속적인 전단지와 마찬가지로 이루어졌고 단지 수용과 기능 면에서 다른 점이 나타난다. 종교개혁 전단지의 지리적 중심지로는 바젤, 뉘른베르크, 에어푸르트, 아우크스부르크, 스트라스부르, 비텐베르크, 츠빅카우 같은 도시들을 들 수 있다. 1520년 신성 로마 제국에는 적어도 62곳의 인쇄소가 존재했다. 전단지의 확산이 양적으로 가장 절정에 이른 시기는 1521~1525년의 기간이었다. 멜키오르 로터, 한스 루프트, 니켈 쉬를렌츠, 루카스 크라나흐 같은 대략 20명가량의 인쇄업자들이 교파적 논쟁을 담은 전단지들을 장악하고 있었다. 하지만 제국 도시 시 참사회들의 관용적인 검열 정책도 넓은 의미에서는 전단지의 확산을 촉진하는 요소에 들어간다고 할 수 있다." 도시에서 "글을 읽을 수 있어" 전단지 구매가 가능했던 집단은 1517년 이후 교육 부문에서 일어난 급격한 구조 변화 이후로는 도시 주민의 50% 정도 —— 과장된 수치인 것 같기는 하지만 —— 까지였던 것으로 추산되고 있다. 그 배경으로는 점차적인 문맹률 감소를 들 수 있는데, 글을 읽을 줄 아는 사람의 비율은 1500년 이전 전체 인구의 약 3~4%에서 16세기에는 5~10%로 증가했다.[45] 전단지를 수용한 소비자들은 "평민"이나 하층민보다는 오히려 종교개혁의 옹호자였던 "교육받은 평신도"와 "지식인"으로 이루어져 있었다. 어쨌든 여기에서도 전단지를 읽는 것은 사적인 행동이 아니라 낭독, 경청, 들여다보기와 같이 사회적인 행동이었다.[46]

이미 언급한 바 있는 시장과의 연관성은 종교개혁 전단지와 반종교개혁 전단지에도 적용된다. "이후 이 매체는 우선은 선전 도구로서 종교개혁 사상 전체의 보도 매체적 전달자가 되었다."[47] 특히 풍자적인 요소들, 익살, 조롱, 야유, 과장, 불신, 격정과 신랄함, 정곡을 찌르는 공격과 결부되어 있는 비방은 오락적 가치가 높았다. 미하엘 쉴링은 여기에서 속박에서 벗어나고자 하는 사회 심리적인 욕구가 작용하고 있다고 보았다. "우회적인 특징은 은밀하지만 환영할 만한 상반된 감정이 양립할 수 있는 길을 열어 주었다. 즉, 그것은 동시대의 독자들에게 도덕적으로 관습, 규율, 질서의 편에 서도록 하는 동시에 적어도 머리로는 방탕과 무절제에 대한 욕구, 비도덕, 외설, 무정부적 상태에 가담하는 것을 가능케 했다."[48] 그러나 많은 표현들이 희생양 심리의 영향을 받은 것도 사실이었다. 사회적 긴장과 곤경, 정치적 모순과 충격, 경제적 격변, 기독교 세계의 파렴치한 관행에 직면하여 그 책임자를 찾는 일이 중요했던 것이다. 하지만 "그 중심에는 폭로가 놓여 있었다."[49] 인기 있는 주제는 음식, 결혼, 성性, 금화를 낳는 당나귀와 다양하게 과잉된 모티브를 갖춘 이상향, 동물 세계의 영역에서 비롯된 것이 많았다. 주된 공격 대상이 된 것은 교황과 가톨릭 성직자였다.

이른바 〈로마의 당나귀 교황〉이 그 좋은 예라 할 수 있다(그림 57). 여기에서는 젖가슴과 여성의 음부, 오른손을 대신한 코끼리 발 그리고

그림 57 교황에 반대하는 선전용 전단지.

무엇보다도 엉덩이 부분에 있는 악마의 머리, 그 위에 있는 그리핀,*
황소의 발을 가지고 있는 당나귀의 형상을 통해 교황의 명예를 의도적
으로 훼손한 것이 명백히 드러난다. 테베레 강과 열쇠 그림*이 있는 성
곽 옆에 서 있는 교황은 적그리스도이자 요한 계시록에 나오는 짐승으

---

* 그리핀  독수리의 머리와 날개, 사자의 몸을 한 상상의 동물.

로 묘사되었다. 여기에서 중요하고 매력적인 것은 세부적인 사항들이다. 멜란히톤의 해석에 의하면 이 삽화는 다음과 같은 우의적인 의미를 가지고 있다.[50] 본래 영혼과 양심을 대변하고 기독교 법에 의해 규정된 오른손은 모든 양심을 땅에 내던져 버린 교황의 영적인 힘을 가리킨다. 갈퀴 발톱이 있는 왼발은 세상을 억압하는 교황과 교회 법학자들의 세속적 힘을 표현한다. 여성 신체적 특징은 교황, 추기경, 주교, 사제, 수도사의 부끄러움을 모르는 성적으로 방탕한 삶을 나타낸다. 목과 팔, 다리에 있는 비늘은 교회의 파렴치한 행동을 눈감아 주고 심지어 교황을 보호하기까지 하는 제후들의 연결망을 의미한다.

여기에 투입된 기법은 흑백 논리, 단순화, 상투적 판단, 개개 인물의 겨냥, 우의적 표현, 희생양 도식과 같이 고전적으로 선동적인 것들이다. 이 작품은 논쟁적인 묘사를 통해 일종의 휴식용 웃음거리를 제공하고자 했던 것이다. 이 그림은 루카스 크라나흐의 작품으로, 여러 차례에 걸쳐 활용된 이력을 갖고 있다. 원래 이것은 15세기 말 이탈리아에서 교황 알렉산데르 6세*를 정치적으로 비방하기 위해 만들어진 괴물 묘사였는데, 이를 미술가 벤첼 폰 올뮈츠가 독일로 가지고 와서 교황에 반대하기 위해 사용했던 것이다. 루터와 멜란히톤은 이 수입된 적의에 찬 이미지를 1522년에 받아들여 사용했고 1523년에 멜란히톤이 쓴 글에 삽화로 끼워 넣었다. 나중에 그 이미지는 〈테베레 강에서 1496년 죽은 채 발견된 로마의 괴물〉이라는 제목의 전단지에 다시 나타나게 되

---

* **열쇠 그림** 열쇠는 본래 예수 그리스도가 천국의 열쇠를 준 베드로를 상징하는 물건이지만, 로마 교황들은 자신들이 베드로의 후계자임을 주장하기 때문에, 여기에서는 교황을 상징하는 문장紋章이라고 할 수 있다.
* **교황 알렉산데르 6세** 르네상스기의 교황(1492~1503년)으로, 난잡한 사생활로 인해 악명이 높았지만 미켈란젤로와 라파엘로 같은 예술가들을 후원하기도 했다.

는데, 그 전단지에는 루터의 이름과 1545년이라는 연도와 함께 다음의
시가 수록돼 있다.

> 하느님께서 교황권에 대해서 어떻게 생각하시는지
> 여기 이 끔찍한 그림이 보여 주고 있다네.
> 그 점에 대해 모든 사람이 두려워해야 한다네
> 만일 마음에 새겨 두고자 한다면 말이지.

로마의 "죽은" 괴물에 대한 보도는 로마 교황권의 종말을 암시해 주는
것이었다. 1586년의 다른 전단지는 좌우가 뒤바뀐 채로 세부적으로는
완전히 다른 형태를 지닌 당나귀 교황을 "송아지 수도사"와 함께 묘사
하고 있다.[51] 기묘하게도 원래 목판화의 여러 모사화들은 그때마다 교
묘하게 조작되었는데, 예컨대 분명하게 보이는 여성의 음부는 이후의
복제물에서는 그것이 원본이든 아니면 사본이든 간에 수정 작업을 통
해 삭제된 채로 나타난다.[52]

## 6.4. 소책자

### 6.4.1.

소책자에 대해서는 유감스럽게도 오랫동안 그 개념을 둘러싸고 큰
혼란이 있었다. 한편으로 전단지와 소책자는 단순히 "팸플릿"이라는
암호 속에 함께 포함되기도 했고, 다른 한편으로 소책자는 "작은 책"이
라는 개념 속에서 서적 매체의 한 형태로 간주되기도 했으며 또 사적인
서신이 소책자의 출발점으로 여겨지기도 했다. 혹은 소책자와 신문, 또
는 소책자와 인쇄된 민요 사이의 "유동적인 경계"가 이야기되기도 했

다. 소책자의 매체적 특징을 분별할 수 없었기에 사람들은 종종 겉모양, 내용, 문체, 유포, 분량, 효과 혹은 기능을 서로 혼동하곤 했다. 이와는 달리 한스-요아힘 쾰러[53] 이래로 소책자는 하나의 독자적인 의사소통 매체로 간주되어 왔다. 소책자는 여러 장의 낱장 문서들로 이루어져 있고 보통 제본되지 않았으며 텍스트만을 포함하고 있는 대중적 의사소통 수단으로, 공공영역 전체를 지향하면서 공개적으로 선동하거나 영향력을 발휘하고자 하는 독립적이고 비정기적인 인쇄물로 개념 규정지을 수 있다.[54]

이런 이해 방식은 공시적으로 소책자를 다른 매체들과 잘 구분해 준다. 하지만 16세기 초 소책자에 특별한 의미를 부여하는 통시적인 관점도 덧붙여 고려해야 한다. 왜냐하면 특별히 소책자는 여러 가지 면에서 매체사적인 변화를 보여 주고 있기 때문이다.

첫째, 분량 면에서 소책자는 수세기 동안 형성되어 온 매체인 낱장 문서와 서적 사이의 중간 형태라 할 수 있다. 이것은 완전히 새로운 매체인 가철본의 최초의 형태로, 오늘날까지도 사용 설명서나 싸구려 가철본 통속 소설에 이르기까지 다양한 형태와 기능으로 남아 있는 인쇄 매체이다. 소책자에 비해 중세 교황의 교서나 황제의 칙령은 완전히 시대착오적인 것임이 드러났고, 이 문서들은 소책자들에 의해서 진부한 의사소통 및 조정, 규율화 도구로 조롱당하는 대상이 되었다.

둘째, 그 시대의 특정한 방향을 제시해 주는 공공영역을 지향하면서 소책자는 중세[55]와 르네상스 · 인문주의 시대(2장 3절)에 이미 형성되었고 종교개혁기(6장 2절)에도 그 자체로 유지되었던 "회람 문서" 혹은 공개서한과 인쇄 저장 매체 및 "훈계조의 설교Sermon"를 새로운 방식으로 진정하게 결합시켰다. 이것은 객관적인 상황 서술, 시대에 대한 보편타당한 판단, 사람들에게 호소하는 교훈들과 주관적인 당혹감, 사적인 사회 참여의 혼합을 의미하는 것이었는데, 이 혼합은 사회적인 일상 현실과 관련되고 지속성을 목표로 삼았다는 점에서 그 이전 시기에는 아직 존재하지 않았던 것이었다.[56] 또한 소책자는 초기 자본주의 시장의 상품이었다.[57] 이 사실은 소책자의 이용 방식을 변화시키는 결과를 낳았다. "소책자라는 통로를 통해 독자는 정보를 수용하면서 구두로 전해지는 상황과 관련된 사회적 환경에서 부분적으로 벗어나게 되었다. 독자는 소책자의 소비를 위해 지금까지 모든 것을 포괄하면서 효력을 발휘했던 전례典禮적 행사, 즉 사회적으로 규정된 표준 원칙과 결부되어 있는 의사소통을 더 이상 필요로 하지 않았다. 수용자는 '개인화' 했고 더 이상 전적으로 구두로 전달되어 정해진 것에 의존하지 않게 되었다."[58] 여기서 공공영역은 더 이상 현실적인 계기에 의해서나 전단지가 겨냥하고 있는 수용자 집단을 통해서 특정 지역에 국한되지 않았다. 소책자 매체와 더불어 새로운 유형의 공공영역이 나타났던 것이다(6장 8절 참조).

셋째, 최초의 종교개혁 소책자들인 루터의 회람 문서들은 내용 면에서도 근본적인 변화를 가져왔다. 루터는 예컨대 〈신약 성경과 거룩한 미사에 대한 설교〉(1520년)에서 미사의 희생적 성격, 즉 시원적이고 가부장적인 희생 제의의 매체적 성격[59]을 부인했다. 또한 〈기독교 신분의 개선에 관하여 독일 민족의 기독교 귀족에게 고함〉(1520년)이라는 소책자(그림 58)에서는 신과 신자 사이의 핵심적인 중재자로서 희생 제의의 후속 매체인 성직자 또는 교황의 매체적 성격[60]에 대해서도 이의를 제기했다. 이로써 루터의 소책자들은 두 가지 전통적인 인간 매체에 대한 거부를 공식화했고 매체적 중재의 필요성 자체를 문제 삼는 경향까지 보여 주었다. 왜냐하면 거룩한 미사의 무의미함과 만인 사제직에 대한 주장은 그리스도의 대리 성직자 또는 교황 그리고 공동체의 전통적

**그림 58** 종교개혁의 성공적인 저작.

인 조정 및 방향 설정 기능과 함께 원래는 모든 통치 매체를 근본적으로 부정하고 있기 때문이다(역시 1520년에 나온 루터의 소책자 〈기독교인의 자유에 대하여〉를 보라). 이 점이 루터의 글에서 명확하게 드러나지 않았다면, 그것은 단지 루터가 대안으로 그리스도를 인간 매체로, 성경을 새로운 조정 및 방향 설정 매체로 제시했기 때문이었다.[61] 따라서 루터의 종교개혁이 가져온 파괴력은 그 본질적인 면에서는 신학적이거나

종교적인 것이 아닌 매체사적인 성격 —— 그렇기 때문에 정치적인 성
격 —— 을 지니고 있었다고 할 수 있다. 그러므로 매체사적으로는 단지
새로운 인쇄 매체만이 실질적인 혁명을 의미하는 것이 아니었다. 인쇄
매체는 15세기 초의 목판 인쇄, 혹은 1450년경 구텐베르크의 발명 이
후로 이미 존재해 왔다. 최초로 소책자들이 등장하던 시기에 인쇄 매체
는 이미 적어도 70년의 연륜을 자랑하고 있었다. 1520년 이후 소책자
들은 단지 새로 생긴 빈자리를 채웠을 뿐이었다. 최초의 매체적 세계
변화의 핵심은 오히려 예전의 종교적 인간 매체들이 파괴된 점에 있었
다. 구텐베르크가 아니라 루터에 와서야 비로소 매체의 역사에서 구술
매체 문화에서 문자 매체 문화로의 전환이 이루어졌다. 매체사적으로
구텐베르크의 인쇄술은 루터의 소책자 없이는 생각할 수 없는 것이다
(11장 참조).

6.4.2.

당시로서는 엄청난 발행 부수인 초판 4천 부가 찍힌 소책자 〈기독교
귀족에게 고함〉은 유례없는 성공을 거두었다. 며칠 지나지 않아 초판
은 품절되었고 5일 뒤에 2쇄가 나왔으며 이 소책자가 빌행된 1520년만
해도 적어도 15차례 이상 쇄를 거듭했다. 〈대사大赦와 은총에 관한 설
교〉 —— 1518년과 1520년 사이에 22쇄를 찍었다 —— 와 루터의 다른 저작
들도 이와 유사하게 유포되어 나갔다. 이 시대의 다른 소책자들 역시
독일어를 사용했다. 소책자의 저자들로는 필립 멜란히톤, 안드레아스
카를슈타트,* 하인리히 케텐바흐,* 요한 에벌린 폰 귄츠부르크, 신학자

---

* 안드레아스 카를슈타트  루터의 초기 지지자였으나 이후 더 철저한 종교개혁을 주장하
  면서 루터와 대립했다.
* 하인리히 케텐바흐  독일 남부 울름 시에서 활약했던 종교개혁가.

와 수도사 이외에도 다양한 수공업자 장인,[62] 그리고 요하네스 에크,*
요하네스 코흐레우스,* 토마스 무르너, 울리히 폰 후텐, 토마스 뮌처
등이 있었다. 경우에 따라서는 이런 "신학적 소책자들"과 대개 익명이
고 가상의 대화 형식을 띠고 있으며 농촌 지역에서도 널리 유포되었던
"통속화된 소책자들"을 구분할 수도 있다.[63] 한스-요아힘 쾰러는 "1501
년과 1530년 사이에 독일어권 지역에서 대략 소책자 1만여 종 정도가
출간"된 것으로 추산하고 있다.[64] 하지만 루터의 소책자들이 초판본 전
체와 그 이후 판본들의 약 20%를 차지할 정도로 지배적인 위치를 차지
하고 있었다. 구스타프 프라이타크에 따르면 소책자 제작과 유포가 정
점에 달한 해는 1524년이었다.[65] 요하네스 슈비탈라는 종교개혁 소책
자들의 총량과 규모에 대해 다음과 같은 결론을 내리고 있다. "만일
1518~1525년 동안 소책자가 최소 3천 종 정도 출간된 것으로 추산하
고 각 판版당 1천 부를 곱하게 되면 적어도 3백만 부 정도의 수치가 나
오게 된다. 당시 독일에는 대략 1천3백만 명 정도가 살고 있었다. 소책
자 제작이 갑자기 극적으로 증가했듯이, 1524년 이후 소책자 생산의
감소도 마찬가지로 극적이었다. 이것은 많은 무허가 인쇄업자들에게는
더 이상 인쇄업자로 생계를 유지해 나갈 수 없음을 의미했다. (……)
1530년대에 소책자는 다시 증가하기 시작해서 1546년의 슈말칼덴 전
쟁에서 두 번째 절정기에 이르렀고 1555년의 아우크스부르크 종교 화
의 때까지는 비교적 높은 수치를 유지했다. (……) 소책자의 대량 작
성, 인쇄, 낭독은 새로운 현상이었다. (……) 1525년 이후 16세기의 나
머지 기간과 그 이후로는 상황이 달라졌다. 이제 소책자 매체는 종교

---

* **요하네스 에크**  독일의 가톨릭 신학자로, 1519년 라이프치히에서 마르틴 루터와 공개
  논쟁을 벌였던 인물.
* **요하네스 코흐레우스**  가톨릭 신학자로, 루터의 종교개혁에 반대하는 글들을 남겼다.

분열 및 분파 운동이 대두하는 가운데 '올바른' 견해를 선전하기 위한 것으로, 관청과 신학자들의 전유물이 되었다."[66] 페터 블리클레는 1500년과 1530년 사이에 아우크스부르크, 뉘른베르크, 스트라스부르, 취리히, 바젤을 중심으로 최소한 1만 2천 종의 소책자 인쇄물이 존재했다는 새로운 자료들을 인용하여 "공동체 종교개혁이 이루어진 남부 독일 지역에서는 소책자를 주민 한 사람당 거의 2~3부 정도 가지고 있었다"고 추산했다.[67] 이를 "비율로 환산해 보면, 글을 읽을 수 있었던 모든 사람들이 각각 소책자를 대략 15부에서 20부 정도까지 가지고 있었던" 셈이 된다.[68]

당시 소책자들이 거둔 특별한 성과는 "당시의 시급한 문제들에 대한 일반적인 정보 수준을 빠르게 향상시킨 데" 있었다. 소책자들은 "불안, 불만, 개혁 요구로 표현될 수 있는 주민들의 대체로 막연한 의견들을 내용 면에서 먼저 정확하게 규정해 냄으로써, 그 의견들을 서로 합의 가능하거나 불가능한 여론의 대상으로 표현해 냈다. 하지만 소책자의 가장 중요한 성과는 포괄적이면서도 세부적으로 그리고 대체로 같은 방식으로 정보를 얻는 주도적인 종교개혁가들의 지지자 집단을 창출해 낸 것이었다. 정치적으로 효과적인 종교개혁 운동의 성립과 상대적으로 동질적인 신학적 경향의 형성은 "이데올로기적인" 단일화를 통해 집단을 안정시키는 소책자의 기능이 없었더라면 가능하지 않았을 것이다."[69] 이런 성과는 소책자의 98%가 일차적으로 신학과 교회 관련 주제, 특히 성경 위주의 원칙, 믿음, 죄, 의인義認*에 대한 루터의 가르침, 로마 가톨릭교회에 대한 공격을 다룬 것이었기에 가능했다.[70] 17세기에

---

* 의인  죄인인 인간들이 인간 자신의 공로나 노력이 아닌 신의 은총으로 의롭다고 인정받는 것.

새로운 매체인 신문이 등장하면서(9장) 적어도 독일에서 소책자는 영구히 사회적인 중요성을 다시 상실한 것으로 보인다.

## 6.5. 서적

종교개혁의 또 다른 인쇄 매체는 서적인데, 이 서적의 발전 과정은 근대 초기 매체사의 포괄적인 틀 속에서 별도로 다루어야 할 것이다(11장). 여기에서는 다만 16세기 초 개신교의 매체 결합 속에서 서적이 갖고 있었던 의미만을 보여 주고자 한다.

종교개혁에서 서적 매체가 갖는 중요성은 대체로 너무 과대 평가되고 있는데, 이것은 일반적으로 소책자들과 그 밖의 인쇄 매체들 —— 프랑스에서는 "카나르canards"라고 불렸다[71] —— 이 손쉽게 똑같이 "서적"으로 다루어지고 있기 때문에 그렇다.[72] 롤프 엥엘징은 서적이 너무 과대 평가되고 있다는 것을 의미심장하게 다음과 같은 상호 비교를 통해 강조했다. "종교개혁 시기에 한 서적의 평균 발행 부수는 1천 부에서 1천 5백 부에 달했다. (……) 오늘날 학자들은 16세기에 찍어 낸 최고 발행 부수가 7천5백 부에 달한 것으로 추산하고 있다. 그러는 동안 1519년에서 1524년 사이에 레겐스부르크의 '아름다운 성모 마리아' 예배당 순례에서는 거의 6만 8천 개의 은과 납으로 만든 순례 기념 휘장이 판매되었다."[73] 학자들은 독일의 전체 인구 2천만 명 가운데 대략 1백만 명가량의 사람들이 루터의 저작들, 즉 서적뿐만 아니라 서신, 소책자, 전단지를 접했던 것으로 보고 있지만, 16세기 초에 학문 교육을 받고 책의 구매자 또는 독자로 간주될 수 있었던 사람들은 단지 5만여 명 정도 —— 그중의 2/3가 "박식한 사람", 즉 성직자, 재판관, 교사, 관리, 의사였다 —— 에 불과했다고 평가한다. 독일, 영국, 프랑스 등 유럽 국가 주민

들의 문자 해독률은 10% 안팎으로 추정되고 있다.[74]

　세 가지 측면에서 서적은 중요한 의미를 지니고 있었는데, 무엇보다도 가장 먼저 들 수 있는 것은 이미 언급한 바 있는 성경이다. "문헌학적으로 정제된 텍스트에 기초하고 원문에 충실한 구속력 있는 번역을 통해 똑같이 재현된 하나의 책을 신앙 선포의 출발점으로 삼으려고 한 것이 종교개혁이었다."[75] 중요했던 것은 1522년 9월 비텐베르크에서 출간된, 루터가 번역한 신약 성경 초판이었다. 《독일어 신약 성경》은 멜키오르 로터가 인쇄했고 요한 계시록 목판화를 그리기도 했던 루카스 크라나흐와 크리스티안 되링이 출판을 담당했다. 권당 1.5굴덴(=90 크로이처), 즉 당시 하녀들의 일 년치 임금에 해당하는 적지 않은 가격에 팔렸던 이른바 "9월 성경"은 1534년까지 80~85쇄를 거듭했다.[76] "이후에 루터가 번역한 성경은 개신교 독일 지역에서 가장 많이 읽힌 종교 서적이 되었다."[77] 한스 루프트가 인쇄하고 게오르크 렘베르거, 한스 브로자머가 삽화를 그린 1550년판에서 보듯이 인쇄 기술적으로 많은 노력을 기울였고 다채롭게 장식되어 있는 루터 성경(그림 59)은 1534년에 완간되었고 1574년까지 대략 10만 부라는 판매 수치를 기록했다. 루터 성경의 가장 중요한 인쇄 지역으로는 비텐베르크 이외에도[78] 바젤, 스트라스부르, 아우크스부르크, 뉘른베르크를 들 수 있고, 반종교개혁에서는 쾰른과 마인츠 이외에도 무엇보다도 딜링엔, 잉골슈타트, 뮌헨이 인쇄 중심지였다. "루터의 소小교리문답서는 1529년과 1563년 사이에 10만 부 이상 복제되었다."[79]

　외르크 요헨 베른스는 개신교의 성화상聖畫像에 대한 비판과 "책 중의 책"인 성경에 대한 지향 사이의 상관관계에 주의를 환기시키면서 이를 "기억술의 장비 교체"로 묘사했다.[80] 루터의 소책자 〈성화상의 근절에 관하여〉(1522년)가 나온 이후 일반적으로 시각적인 그림들은 중세

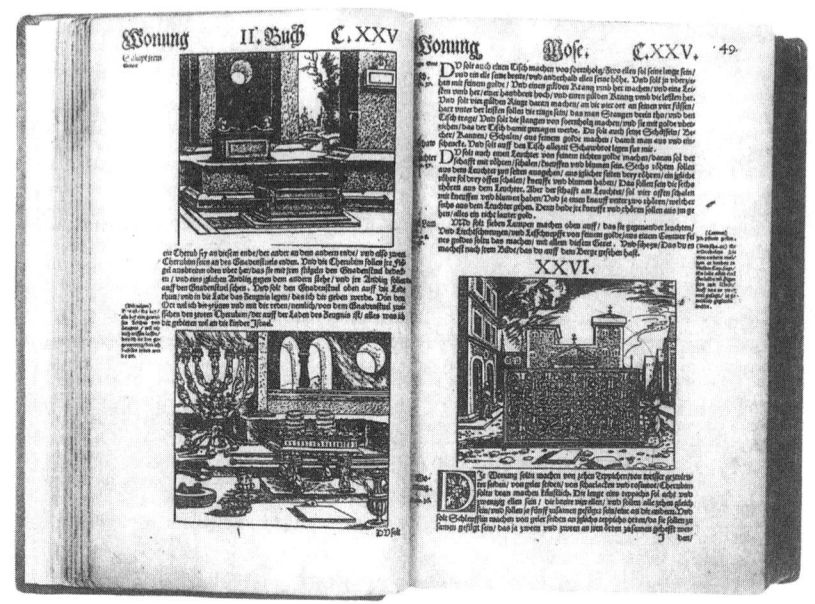

그림 59 풍부한 삽화로 장식되어 있는 독일어 루터 성경.

말 성화상과 성인 숭배에 대한 비판의 일환에서 악마의 물건이자 우상
으로 여겨져 파괴, 배척, 대체되었으며 기억력을 보조하는 그림의 기능
은 이야기되고 인쇄된 말과 언어적 표상이 대신하게 되었다. 그 속에는
중세 대성당의 스테인드글라스에서 볼 수 있는 것과 같은 무지한 평신
도들을 위한 벽 매체의 교육적 기능화에 대한 격렬한 거부가 숨어 있었
다는 점도 덧붙여 언급할 수 있겠다.[81] 하지만 이야기되고 인쇄된 텍스
트에서는 한 가지가 중심을 이루고 있었는데, 그것은 신의 말씀, 다시
말해서 성경책이었다. 서적 매체의 발전을 촉진시켰던 것은 책의 문자
그대로의 불변성이었고, 따라서 인쇄된 텍스트에서 언제나 다시 신의
말씀을 확인할 수 있는 가능성이었다. 얀-디르크 뮐러는 더 나아가서
그 속에서 "문화적 기억의 혁명화"[82]를 엿보았는데, 왜냐하면 인쇄 문

화는 결국 모든 분야의 서적을 갖추고 있는 종합 도서관, 즉 중립적이고 총체적인 정보 기억 장치와 완전히 새로운 기억 문화를 가능케 했기 때문이다.

둘째로 서적은 루터의 권고문인 〈기독교 학교를 세우고 유지해야 할 독일 모든 도시의 참사회원들에게 고함〉(1524년)에서 중요한 역할을 했다. 구원의 원천인 글을 읽을 수 있는 능력(4장 2절 3 참조)은 무엇보다도 서적을 읽을 수 있는 능력이었다. 설교집(6장 1절 참조)과 성경을 제외한다면 두 종류의 개신교 서적이 중요했다. 하나는 기도서로서 1550년 이후로는 아침 기도와 저녁 기도, 참회, 성찬, 교회력 혹은 시련, 고난과 같이 일반적인 경우에 드리는 기도와 나중에는 투르크인들과 페스트, 30년 전쟁과 같은 위험이 닥쳤을 때 드리는 기도가 포함되었다.[83] 두 번째로는 찬송가집(6장 6절)이 있었다.[84] 게다가 개신교의 교회 법령들에서는 서적 수집의 필요성이 강조되었고 교회 및 학교 도서관이 설립되었으며[85] 훗날 이 도서관들에서 시립 도서관이 발전되어 나왔다.[86] 이 도서관들은 지역 주민들이 관리하고 종교적, 교육적 목적에 봉사하는 공공 시설물이었다. 특히 도서관의 발전을 촉진했던 것은 기증과 유증이었지만, 도서관 자체는 얼마 가지 않아 민중들에게서 멀어지고 말았다. 도서관은 주로 교사와 성직자가 이용하였다. 도서관의 운영을 담당했던 것도 대개 교사들이었다. 도서관에서 이용할 수 있는 서적 수는 지역에 따라 편차가 심했는데, 17세기에 들어와서 장서 수는 대체로 몇 천 권 수준에 이르렀다.[87] 이런 상황으로 인해 중기적으로 문맹자들이 줄어들게 되었는데,[88] 그 영향은 18세기에 들어와서야 명백하게 나타났다.

셋째로 종교개혁은 루터 자신이 1520년 교황의 파문 위협 교서와 함께 교회법 서적들을 불태웠던 분서 사건과 루터의 스콜라 철학 서적에 대한 매도, 그리고 종교 전쟁의 진행 과정에서 수많은 대학 및 수도원 도서관들이 파괴된 것에 이르기까지 서적들에 완전히 부정적인 영향도 미쳤다.[89] 물론 교파 논쟁에서 "복음서가 이내 더 큰 의미를 지니게 된 것"은 부인할 수 없는 사실이지만 말이다.[90]

## 6.6. 가인

가인과 함께 우리는 종교개혁의 여섯 번째 매체를 다루는 동시에 다시 첫 번째 매체와 연결할 수 있게 되었다. 설교자의 경우와 마찬가지로 여기에서도 다시 한 번 인간 매체가 비약적으로 발전했지만 다시금 재기능화 과정 속에서 인간 매체의 조정 및 방향 설정 기능이 쇠퇴하기 시작했다.

종교개혁의 찬송가는 의심할 여지 없이 민요에 뿌리를 두고 있지만[91] 교파적인 맥락을 통해서 보면 독특하고 독자적인 현상이었다. 중세 교회의 내부 공공영역 속에서 가인 매체는 6세기 말 교황 그레고리우스 1세의 미사 전례 개혁의 결과로 그 기능을 상실하면서 거의 존재하지 않았다고 할 수 있다. 미사는 신자들과 함께하는 것이 아니라 신자들 앞에서 이루어지는 연출이었다.[92] 개신교의 찬송가[93]는 혁명적으로 초대 교회의 관행을 다시 끄집어냈다. 루터는 예배의 핵심적인 전례 소품으로서 통속어로 부르는 평신도 찬송을 다시 도입했다. 종교적인 노래들은 그 이전에도 존재했는데, 중세 연가 문학에서 유래한 독일의 성모송, 12세기 프랑스의 베르나르 드 클레르보*의 라틴어 성가, 13세기 프란

---

* **베르나르 드 클레르보**  클레르보에 시토회 수도원을 설립하고 교황의 고문으로서도 활약하는 등 12세기 전반에 서유럽 기독교 세계에서 커다란 영적 권위를 발휘했던 인물.

체스코 교단의 수도사 토마소 다 첼라노*의 라틴 어 성가, 14세기 편타 고행자들의 종교적 민요, 15세기 장인 가인의 노래(4장 3절 참조)가 그 대표적인 경우였다. 이러한 전통을 가장 잘 보여 주는 예로는 중세 성가곡이자 성모송인 〈좋은 말씀Verbum bonum〉을 번역한 제바스티안 브란트의 낱장 문서(1496년경)를 들 수 있는데, 여기에는 두 편의 기도문 사이에 낀 목판화 그림이 함께 실려 있는 것을 볼 수 있다(그림 60). 그러나 루터가 대단히 오래된 전통적인 매체[가인 — 옮긴이]를 재수용했던 것은 처음에는 라틴 어 성가를 변환시키는 것과 동시에 진행된 "결정적인 혁신"이었다. 교회에서 가인들은 이제 세속적인 가인들처럼 전단지 매체를 사용했다. 즉 여기에서도 처음에는 회중들이 노래를 배우고 결국 스스로 부를 수 있게 될 때까지 먼저 노래를 불러 주는 선창자가 존재했다.[94]

루터는 1523년에 처음으로 찬송가를 썼다. 그는 라틴 어 노래를 독일어로 번역했고 중세 독일의 민요들을 수정 보완, 확대했으며 시편과 성경의 몇몇 부분들을 개작하고 또한 새로운 노래들을 만들기도 했다. 이와 함께 전단지에 새로운 곡조와 함께 새로운 가사가 나와 있느냐 아니면 잘 알려진 옛날 곡조에 따라 부를 수 있도록 단지 새로운 가사만 나와 있느냐가 나름의 역할을 했다. 후자와 관련된 좋은 예는 1521년 울리히 폰 후텐의 "새 노래"가 실려 있는 전단지이다(그림 61). 파트리체 파이트는 루터의 노래들에서 네 가지 유형, 즉 기도, 교리문답, 신조의 노래, 예배를 구분했다.[95] 그 뒤에는 다양한 기능이 숨어 있었는데, 종교적 신앙심 고양("깊은 곤경 속에서 당신께 부르짖나이다"), 교리문답

---

* **토마소 다 첼라노**  성 프란체스코의 생애를 비롯해서 성인, 성녀의 전기를 쓴 이탈리아 출신의 프란체스코회 수도사.

그림 60 제바스티안 브란트의 견지에서 본 독일어 성가의 중세적 전통(1496년).

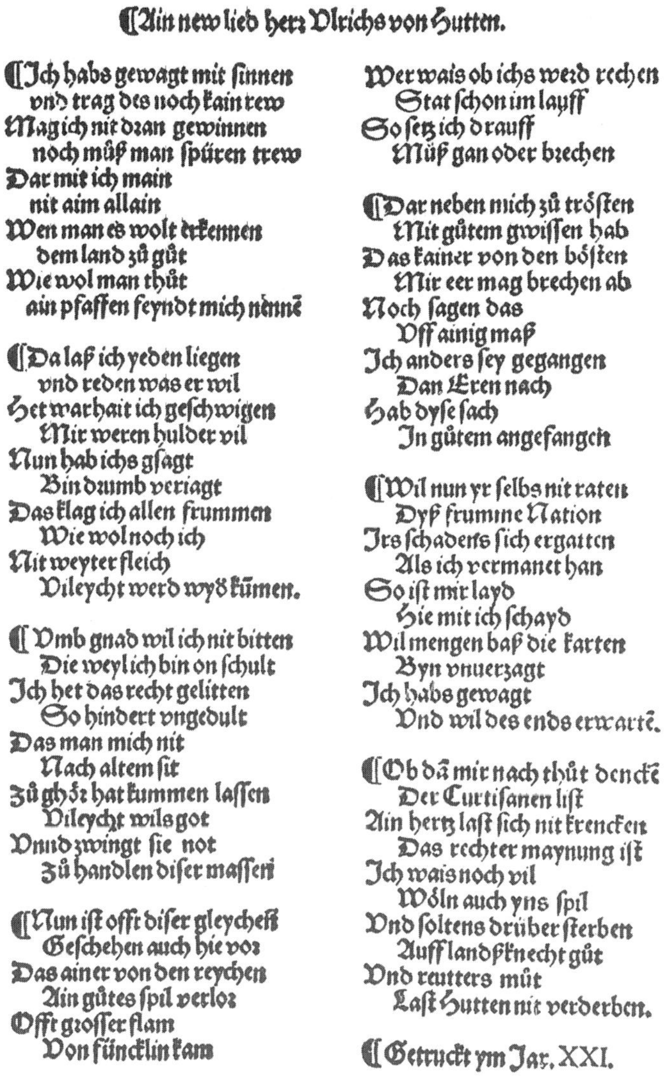

¶ Ain new lied herr Vlrichs von Hutten.

¶ Ich habs gewagt mit sinnen
vnd trag des noch kain rew
Mag ich nit dran gewinnen
noch můß man spüren trew
Dar mit ich main
nit aim allain
Wen man es wolt erkennen
dem land zů gůt
Wie wol man thůt
ain pfaffen seyndt mich nēnē

¶ Da laß ich yeden liegen
vnd reden was er wil
Het warhait ich geschwigen
Mir weren hulder vil
Nun hab ichs gsagt
Bin drumb veriagt
Das klag ich allen frummen
Wie wol noch ich
Nit weyter fleich
Vileycht werd wyß kůmen.

¶ Vmb gnad wil ich nit bitten
Die weyl ich bin on schult
Ich het das recht gelitten
So hindert vngedult
Das man mich nit
Nach altem sit
Zů ghör hat kummen lassen
Vileycht wils got
Vnnd zwingt sie not
Zů handlen diser massen

¶ Nun ist offt diser gleycheß
Geschehen auch hie vor
Das ainer von den reychen
Ain gůtes spil verlor
Offt grosser flam
Von füncklin kam

Wer wais ob ichs werd rechen
Stat schon im lauff
So setz ich drauff
Můß gan oder brechen

¶ Dar neben mich zů trösten
Mit gůtem gwissen hab
Das kainer von den bösten
Mir eer mag brechen ab
Noch sagen das
Vff ainig maß
Ich anders sey gegangen
Dan Eren nach
Hab dyse sach
In gůtem angefangen

¶ Wil nun yr selbs nit raten
Dyß frumme Nation
Irs schadens sich ergatten
Als ich vermanet han
So ist mir layd
Hie mit ich schayd
Wil mengen baß die karten
Byn vnuerzagt
Ich habs gewagt
Vnd wil des ends erwartē.

¶ Ob dā mir nach thůt denckē
Der Curtisanen list
Ain hertz laßt sich nit krencken
Das rechter maynung ist
Ich wais noch vil
Wöln auch yns spil
Vnd soltens drüber sterben
Auff landßknecht gůt
Vnd reutters můt
Laßt Hutten nit verderben.

¶ Getruckt ym Jar. XXI.

그림 61 1521년 울리히 폰 후텐이 쓴, 옛날 곡조에 따라 부르는 "새로운" 종교개혁 찬송가.

적 가르침("이것이 거룩한 십계명이요"), 선동적인 투쟁("이제 우리가 교황을 내쫓는다네"), 전례적인 각색("예언자 이사야에게 이 일이 일어났도다")이 바로 그 기능들이었다. 이 모든 것은 교파적 정체성을 형성하는 데 중요한 임무를 수행했다. 흔히 연구자들은 종교개혁 찬송가가 투쟁 도구로 작용했음을 강조해 왔다.[96] 아마도 가장 좋은 예로는 오랫동안 사라졌다가 1545년의 한 전단지에서 발견된 교황의 추방에 관한 루터의 노래일 것이다(그림 62). 이 노래는 교황을 영혼의 유혹자, "저주받은 아들", "바빌론의 붉은 신부新婦", "적그리스도"로 비방하면서 교황과 투르크 인들의 위험을 동일선상에 놓고 있다.

파트리체 파이트는 루터 찬송가의 교리 문답적 기능에 대해 다음과 같이 서술하고 있다. "공적 장소에서나 아늑한 집에서, 소리를 높이거나 조용하게, 항상 거의 독일어로 찬송가를 부르는 것은 기존의 확립된 종교적 질서에 대한 의심과 새로운 교회 공동체의 등장을 분명하게 표출한 것이었다. 그리고 동시에 이 노래들은 종교개혁 교리가 확산되고 신자들이 그 교리를 수용하도록 만든 하나의 매체였다."[97] 여기서 가인 대신 노래에 "매체"라는 단어를 잘못해서 사용한 것은 우리의 맥락에서 볼 때 결정적인 중요한 변화를 암시해 주고 있다. 즉 가인 자체는 더 이상 매체가 아니고 회중 개개인 모두가 사실상 스스로 가인이 되었던 것이다. 다른 말로 표현하자면 회중은 **특별한** 중개 기구의 역할을 하던 가인을 배제해 버렸던 것이다. 그와 동시에 노래는 단순한 도구이자 목적을 위한 수단이었다. 파이트는 종교개혁기 노래의 기능 변화를 개략적으로 묘사하고 있는데, 이에 따르면 처음 16세기 전반에 노래는 미사 전례를 지배하고 있는 성직자의 라틴 어 성가에 파괴적인 역할을 했다. 여기서 "노래 전쟁" 혹은 "난폭한 노래"란 말이 나왔는데, 왜냐하면 이 노래들을 통해서 전통적인 미사 집전, 오랜 예식에 따른 교회 설교

266

**Ein lied fur die Kinder/damit sie zu**
Mitterfasten den Babst außtreiben.

Nun treiben wir den Babst hinaus/
Aus Christus Kirch vnd Gottes haus
Da... ...ordlich hat Regirt/
Vnzelich viel Seelen verfurt.

Nůn trol dich du verdampter Son/
Du Rote braut von Babilon.
Du bist der grewel vnd Antichrist/
Vol lügen mords vnd arger list.

Dein Ablas brieff/ Bul vnd Decret/
eu nun versigelt im Secret.
mit stalst du der welt jhr gut/
Vñ schendst dadurch auch Christus blut.

Der Römisch Götz ist auff gethan/
Den rechten Babst wir nennen an.
Das ist Gottes Son der Fels vnd Christ/
Auff den sein Kirch erbawet ist.

Der ist der höchste Priester zart/
Am Creutz er auffgeopffert ward.
Sein blut fur vnser sünd vergoß/
Recht Ablas aus sein trunden Floß.

Sein Kirch er durch sein wort regirt/
Got Vater selbst jn inuestirt.
Er ist das haubt der Christenheit/
Dem sey lob preis in ewigkeit.

Der liebe Summer geht her zu/
Verleih vns Christen frid vnd Rhu.
Beescher vns Herr ein fruchtbar jar/
Vom Babst vnd Türcken vns bewar.

Ex Montibus & Vallibus,
Ex Syluis & Campestribus.

Wittenberg M. D. Xls.

그림 62 새로운 곡조에 따라 부르는, 교황 추방에 관한 루터의 논쟁적인 노래.

와 거리의 종교 행렬이 명백히 방해받았기 때문이다. 그 다음으로 16세기 후반에 노래는 인쇄된 찬송가집과 전례에서 특별한 가치가 부여된 정해진 노래 목록을 통해서 교회 통합과 "순치"에 기여했다. 부분적으로 "교회 찬송가집"은 "교회와 가정 찬송가집"에 의해 대체되거나 적어도 보완되는 경향을 보였다. 17세기 초에 노래는 설교 등에서 인용하는 출처이자 권위가 되었다. 또한 노래는 위로의 원천이자 아침 찬송, 저녁 찬송, 식사 찬송과 같이 사적인 용도로 사용되기도 했다. 노래는 항상 집단적이고도 개인적인 도구였고, 찬송가집은 가톨릭 신자들이 죽을 때 아이들에게 물려주는 로사리오(묵주)와 비슷하게 종종 감정적으로 높은 가치를 지니고 있었다.

종교개혁기의 가인들은 처음부터 인쇄 매체를 사용했는데, 처음에는 낱장 문서를 사용하다가 그 다음에는 이미 언급한 것처럼 서적(6장 5절)도 사용했다. 찬송가집은 "서적 출판 판매업자의 이해관계에 따른 것"이었던 뉘른베르크의 인쇄업자 욥스트 구트크네히트의 《8곡의 노래집》(1523/1524년)과 예배에 사용되는 것 이외에도 "종교적이고 문학적인 삶의 동반자"로 불렸던 에어푸르트 판 《입문서Enchiridion》(1524년), 최초의 비텐베르크 찬송가집인 《발터의 합창 찬송가집》(1524년), 요제프 클루크가 인쇄한 1529년 이후의 비텐베르크 찬송가집들, 루터가 죽기 2년 전에 주문했고 명백히 기능성 위주로 노래 모음집을 구성하여 "문자 문화의 결정적인 한 순간"으로 평가받는 라이프치히 인쇄업자 발렌틴 밥스트의 찬송가집에 이르기까지 다양하게 발전해 나갔다.[98] 루터 이외에도 필립 니콜라이와 같은 수많은 다른 작가들이 등장해서 종교개혁기의 노래를 풍부하게 만들었다.

덧붙여 이야기할 것은 가톨릭교회가 곧 이 찬송가집들을 모방해서 노래 전체를 "가톨릭화"했지만 그렇게 큰 성공을 거두지는 못했다는 점이다. "반종교개혁의 독일 가톨릭 성가곡집"으로는 요한 라이젠트리트의 성가곡집(1567년)이 거론되곤 하지만, 이미 라이프치히의 미하엘 베에의 《새로운 소小성가곡집》(1537년)이 그보다 앞서 출간되었다. 가톨릭 성가곡집이 별로 큰 성공을 거두지 못한 데에는 한편으로는 분명히 상이한 이데올로기적 정신 자세와 주제 선정을 이유로 들 수 있다. 다시 말해서 특히 전단지를 사용한 "옛 신앙의" 노래들은 무엇보다도 성모 마리아와 성인들의 생애, 예수 수난의 이야기, 삼위일체 등의 내용과 관련되어 있었다. 다른 한편으로 "봉헌 미사"에 비해서 회중의 성가에는 여전히 단지 유사 전례적인 기능만이 부여되었다. 그것은 "예배를 아름답게 꾸며 주는 부차적인 평신도 성가"일 뿐이었다.[99]

이상의 내용을 요약해 보면, 구술 문화가 압도적인 상황에서 가인들은 노래와 찬송가를 구두로 전달해 주었다. 종교개혁기의 회중들은 새로운 노래의 곡조와 가사를 듣고 따라 불렀다. 16세기와 17세기에도 종교적 노래들의 곡조와 가사들은 글자를 통하지 않고 전달되었지만, 예컨대 전단지나 반半공식적인 찬송가집의 형태로 인쇄물의 "원문"을 참조할 수 있게 되었다.[100] 가인들은 이제 곧 더 이상 매체가 아니게 되었고 말하자면 스스로 매체의 제공자Sendcr가 되었다. 이제부터 수세기 동안 가인의 저장 및 전수 기능은 주로 인쇄 매체들이 맡게 되었다.

## 6.7. 연극

마지막으로 종교개혁과 관련해서는 비교적 그리 크지 않은 역할을 했지만 반종교개혁의 맥락에서는 중요한 역할을 했던 연극 매체에 대해서 언급해야 할 것이다. 이 점은 개신교의 학교 연극과 예수회의 연극에 대해서도 마찬가지로 적용할 수 있다.[101]

6.7.1.

비교적 뒤늦은 시기인 1523년 이후로 개신교 학교에서 라틴 어 희곡과 독일어 희곡의 공연이 시작되었다. 루터에게 연극은 초기 기독교적인 의미의 "부도덕의 학교"가 아니라 도덕·교육적이고 정치적인 도구였다. 연극은 전적으로 기능적으로 규정되었다.[102] 중세의 축일 종교극Mysterienspiel과 비교해 볼 때 이제 더 이상 성인, 기적, 구원사의 위대한 사건들이 아니라[103] 종교개혁의 관점과 교황과 가톨릭 성직자에 대한 공격을 포함한 구약과 신약 성경의 비유들이 그 중심에 서게 되었다. 종교개혁가들의 희곡은 뚜렷한 경향을 보이는 희곡이었다. "당시의 투쟁 격문과 전단지가 그랬던 것처럼 연극도 열렬하고 절박하게 공격적인 모습을 드러냈다."[104] 인문주의 시대에 장려된 라틴 어 희곡(2장 1절 참조)의 모범에 따라 내용 면에서는 교훈, 형식 면에서는 수사학적인 암송이 일반 대중 앞에 나서는 연습으로서 중시되었다. 장차 법률가, 목사, 관리가 될 학생들은, 개신교적인 세계관을 별도로 한다면, 세련된 라틴 어를 능숙하게 할 줄 알고 자신감을 지녀야 했던 것이다. 독일어 희곡은 나중에 가서야 학교 연극의 공연 목록에 낄 수 있었다. 가장 인기 있었던 주제로는 돌아온 탕자의 비유,[105] 슬기로운 처녀와 미련한 처녀의 비유, 이집트의 요셉 이야기,[106] 요셉과 수산나의 이야기[107] 등이었다. "16세기 개신교의 가장 중요한 투쟁적 희곡"으로는 토마스 나오게오르구스*의 〈신新비극 파마키우스〉(1538년)를 들 수 있다.[108] 공연은 대개 학교 대강당에서 급우들과 부모, 도시의 명망가들이 보는 앞에서 이루어졌다.

---

* **토마스 나오게오르구스** 독일 종교개혁기의 대표적인 극작가로, 본명은 토마스 키르히마이어Tomas Kirchmeyer.

예컨대 돌아온 탕자에 관한 이야기는 그 이야기가 구원으로 이끄는 은사恩赦를 실례를 통해 분명히 보여 주는 데 아주 적합했기 때문에 "수많은 희곡들에서 다루어졌다."[109] 탕자 이야기를 다룬 중세의 스테인드글라스[110]와 유사하게 여기 연극에서도, 부르카르트 발디스*의 표현을 따르자면 "낭비는 실제적이고 경제적인 가계 운영의 의미에서 표현되었다."[111] 17세기 후반에 아브라함 바흐와 동명同名의 아들이 채색 목판화를 곁들여 만든 전단지는 개신교적 정신 속에서 탕자의 흥청망청한 생활을 후회로 가득 찬 개심改心과 대비시키고 있다. "참회하는 마음으로 아버지께 돌아오네, 자신의 죄를 고백하고 자비를 구하면서"(그림 63).* 이 사례는 벽〔스테인드글라스 — 옮긴이〕에서 인쇄된 낱장 문서〔전단지 — 옮긴이〕로의 매체사적 진전을 분명히 보여 주고 있다. 여기에서 연극은 단순한 막간극이고 부속물일 따름이었다.

개신교 학교 연극의 지역 중심지로 간주될 수 있는 곳은 비텐베르크와 요아힘 그레프, 파울 레푼, 토마스 나오게오르구스 등의 극작가가 있던 츠빅카우, 그리고 1538년 이후로는 요하네스 슈투름이 활약하던 스트라스부르를 포함하여 총 1백여 군데가 있었다.[112] 여기에서는 로마와 그리스의 고전극 이외에도 1565년 이후로는 성공을 거둔 인문주의 연극 작품들도 공연됐다. 하지만 티모시 R. 잭슨[113]은 교육적, 논쟁적, 수사학적, 이데올로기적, 방향 제시적 측면이 지배적이었던 순수 개신교 학교 연극이 단지 도식적인 줄거리 전개, 일차원적인 등장인물들과 소박하게 양극화된 세계관만을 용인했다는 점을 지적하고 있다. 즉 개

---

* **부르카르트 발디스**  16세기에 독일과 라트비아의 리가에서 활약했던 우화 작가이자 극작가.
* **그림 63**  이 인용 구절은 '그림 63' 전단지에서 제목 아래에 쓰여 있는 네 싯구 중 맨 오른쪽 구절을 옮겨 놓은 것이다.

그림 63 중세의 스테인드글라스와 17세기 아브라함 바흐의 전단지 사이의 개신교 학교 연극.

신교 학교 연극에서는 극적인 대화보다는 정적인 말이, 진정한 매체적
의미를 지닌 연극보다는 텍스트적 특징이 더 강하게 나타났다는 것이
다.

6.7.2.

이 시기의 가톨릭 학교 연극은 빈과 쾰른이 중심지였다. 근본적으로
상황이 달라지기 시작한 것은 17세기 후반 이후 예수회 회원들이 연극
무대를 반종교개혁의 투쟁 매체로 조직하면서부터였다. 딜링엔, 잉골
슈타트와 남부 독일 지역이 중요해졌고 개신교적 특색이 강했던 아우

크스부르크도 특별히 도전적인 의미를 지녔다.[114] 예수회 학교 연극을 대표하는 뛰어난 인물로는 폰타누스로 잘 알려진 야콥 슈판뮐러, 야콥 그레처, 마테우스 라더가 있었다. 예수회의 희곡은 복잡한 줄거리 구조, 좀 더 심리적인 측면에 강조점을 둔 배역, 넓은 무대 효과, 군중 장면, 인상적이고 암시적인 극적 과장을 통해 직접 신자들에게 다가섰다. 연극 공연에는 대개 음악, 합창, 발레도 포함되었다. 이런 연유로 해서 만프레트 브라우네크는 "연극의 오페라화"라고까지 말하고 있다.[115] 예수회의 희곡은 감정적 동원을 목표로 삼았고 개신교의 학교 희곡처럼 선전 위주의 특징을 보여 주었지만 다른 수단을 가지고 있었던 것이다.

　예수회 회원들에게 종교개혁에 대항한 무기라 할 연극의 교육적 도구화는 교파적 선전이 아니라 오히려 내부 선교를 지향하면서 교회와 성직자가 인문주의적 교육 이상을 회복하려는 모습을 띠었다. 그렇기 때문에 제일의 원칙은 엄격한 고전 라틴 어 어법의 준수였다. 예수회 연극이 주 목표로 삼은 집단은 따라서 일반 민중이 아니라 학교 공동체였다. "'거창한' 연극 공연은 기본적으로 장엄하게 연출된 라틴 어 수업이었다."[116] 하지만 많은 학생들이 귀족 출신이었기 때문에, 공연은 종종 학생과 학부모 이외에도 후작, 공작, 황제와 평범한 주민들이 참여하는 자기 과시적인 문화 행사가 되었다. 언어 전달 문제는 부분적으로는 라틴 어를 모르는 관객들을 위한 독일어 막간극을 통해, 그리고 부분적으로는 다른 매체들을 투입하는 것을 통해 해결했다. 예를 들자면 공연에 대한 추가 정보, 논평, 해석과 더불어 특히 통속어로 줄거리를 재구성한 공연 안내장과 연극 프로그램 등이 이용되었다.[117] 또한 예수회 연극의 오락적 특성이 중요한 의미를 지녔다. 볼거리와 바로크식 우의가 없었더라면 라틴 어 단어는 허공을 맴돌았을 것이다. 여기에서도 공연은 원래 대개 폐쇄된 공간에서 이루어졌지만 무엇보다도 예수회 교단의 선교를 향한 열정에 따라 좀 더 강하게 공공영역 속으로 파고 들어갔다. 1555년에 뮌헨에서 공연된 《에스더》와 같이 대단한 장관이었던 옥외 공연에서는 배우 1천7백 명이 함께 출연하기도 했다. 1680년대 니콜라우스 아칸치니의 주도 하에 빈에서 치러진 예수회의 대규모 연극 행사는 이러한 발전의 대미大尾를 장식했다. 따라서 예수회의 연극은 오늘날의 기준에서나 당시 매체 체계의 맥락에서나 분명 "근대 대중 매체의 선구자"[118]는 아니었다. 하지만 화려한 연출에 대한 귀족들의 열광[119]으로 인해서 예수회의 연극은 귀족적인 축제 기념 공연[120]을 통해 절대주의 매체 체계의 핵심으로 계속 이어져 나가게 되었다(8장 참조).

## 6.8. 정리

종교개혁과 반종교개혁의 일곱 가지 매체에 대한 서술을 통해 몇 가지 결론을 이끌어낼 수 있다. 전통적인 중세 성기의 인간 매체인 설교자는, 종교개혁기에 그 조정 및 방향 설정 기능을 통해 다시 한 번 매체로 등장했지만 인쇄 매체라는 새로운 매체와 결합될 수밖에 없었고, 위계질서 면에서 인쇄 매체에 종속되면서 특정 시기에 국한되어 버렸다. 이런 사정은 자신의 기능을 인쇄 매체인 낱장 문서와 서적에 넘겨주었던 가인 매체에도 역시 적용할 수 있다. 또한 학교 연극은 완전히 도구화하고 말았다. 그러므로 종교개혁기의 매체 결합을 특징지은 것은 "오래된" 인간 매체들의 목표 지향적인 이용과 재기능화, 그리고 인간 매체가 "새로운" 인쇄 매체에 종속되었다가 결국 사라지고 만 것이었다. 새로운 인쇄 매체와 전통적인 인간 매체의 통합적인 관계는 개별 인쇄물들을 사적으로 조용히 읽기보다는 여전히 들여다보고 낭독하는 것에 맞춰져 있었는데, 이는 "읽기(낭독)를 듣는다Lesen hören"라는 당대인들의 관념에 의해서도 입증된다.[121] 또한 이 통합적인 관계는 이 시대의 구술 문화와 문자 문화의 공존을 가능케 했다. 첫 번째 결론은 다음과 같다. 인쇄 매체에 의한 인간 매체의 급격한 대체가 아니라 "유연한" 과정으로 진행된 변화가 일어났는데, 이 변화는 전통적인 매체들이 갖고 있는 장점을 근대적인 매체들의 지배를 위한 일종의 디딤돌로 사용했다. 이런 특별한 매체 이용 방식이야말로 종교개혁의 본질적인 성공 메커니즘을 이루는 것이라고 말할 수 있겠다.

인쇄 매체들은 상호 비교를 통해 그 중요성을 평가해야 한다. 종교개혁기의 서신은 독일어가 주로 사용되고 개인이 기능적인 수취인으로 자리매김하는 것을 통해 새롭게 투쟁 매체로 도구화했다. 여론을 형성하는 인기 있는 선전 매체이던 종교개혁기의 전단지는 선동적이었을 뿐만 아니라 정보와 가르침을 전달하는 기능도 가지고 있었다. 루터의 소책자는 가철본 매체의 최초의 형태였고, 이제 막 생겨나는 시장에서 이데올로기적인 단일화와 집단을 안정시키는 기능을 통해 종교개혁의 가장 중요한 매체로 간주될 수 있는 완전히 새로운 교환의 장이었다. 이에 빈해서 서적은 비록 중립적이고 기본적으로 무제한적인 정보 기억 장치이자 문맹률을 줄이는 장치라는 기능적 측면에서는 이후 소책자보다 훨씬 더 장래성이 있는 것으로 드러나게 되지만 아직은 부차적인 역할만을 수행했다. 그렇기 때문에 종교개혁의 매체들을 매체사의 변화로 잘못 파악해서는 안 되는데, 왜냐하면 이 매체들은 서로 결합된 "체계"이자 소위 "단일 매체 문화에서 다매체 문화로" 발전하는 모습을 띠면서 등장한 것이기 때문이다.[122] 이에 비견될 수 있는 매체 결합은 이미 중세 시기와 심지어는 인류의 초기 고도 문화 시기에도 형성된 적이 있었다. 오히려 종교개혁기의 매체들은 ——이것이 두 번째 결론인데——모든 개개인을 위한 매체의 기능적 개별화, 모든 매체들의 일반적인 투쟁적 특징, 완전히 새로운 매체인 소책자의 혁신, 지배력, 독점적 성격을 바탕으로 하여 매체들의 위계질서화와 재기능화에서 일어난 변화를 보여 주고 있는 것이다.

더 나아가서 한편으로 종교개혁 이전의 매체들과 다른 한편으로 반종교개혁의 매체들과 비교해 보았을 때 하나의 중요한 차이가 분명하게 드러난다. 종교개혁의 매체 결합은 모든 부분에서, 즉 설교자와 가인, 심지어는 연극과 같은 통합적인 인간 매체들조차도 인쇄 매체에 기반을 두고 있었던 반면, 종교개혁 이전이나 반종교개혁의 매체들은 통합적인 인쇄 매체들조차도 결국에는 항상 인간 매체를 겨냥하고 있었다. 한 공개 처형에 대한 묘사는 이 점을 상징적으로 보여 주고 있다(그림 64). "인쇄된 영어 성경의 아버지" 윌리엄 틴들은 헨리 8세의 이혼과 가톨릭교회를 근본적으로 비판했을 뿐만 아니라 무엇보다도 1525~1526년에 영어로 된 신약 성경의 일부를 출판했기 때문에 1536년에 벨기에의 빌보르데 성에서 화형에 처해졌다.[123] 퇴색해 가는 인간 매체인 축제의 표현이었던 공개 처형식(4장 4절과 5장 1절 참조)은 인쇄 매체들의 저지할 수 없는 개선 행렬에 대항한 최후의 절망적인 무기였다. 마치 빗나간 이단적인 견해들을 아직도 그 대표자를 죽이는 것을 통해서 근절할 수 있다는 듯이 말이다. 가톨릭의 반종교개혁은, 특히 라틴 어로 된 희곡을 통해 무대를 투쟁 매체로 개조한 신설된 예수회 교단의 영향 하에서, 인문주의적 경향을 강하게 띠고 호교론護敎論, 논쟁법, 논쟁의 여지가 있는 신학적 질문 등을 갖춘 설교자를 전면에 내세웠다. 로마 가톨릭교회에서 커다란 법률적 중요성을 지녔던 15세기 공의회에서의 의사소통 역시 연설가와 설교자를 강조했다. "공의회의 공공영역"은 저장 기능과 함께 문자화를 지향하는 몇몇 경향에도 불구

그림 64 윌리엄 틴들의 공개 처형.

하고 인간 매체들에 기반을 두고 있었고, 비록 국제적이긴 했지만 전통적인 부문 공공영역인 교회/수도원과 대학에 국한되어 있었다. "여기에서 문자 체계는 구술 체계의 불충분한 대용품으로 사용되었다."[124] 이점이 특히 분명하게 드러나는 것은 연극 체계 내의 공연 안내장일 것이다. 그러므로 매체 정책을 가지고 있지 않은 교황 교회와 적극적인 매체 정책을 활용한 개신교도를 대비시키려는 논제[125]는 수정되어야 할 것이다. 세 번째 결론은 다음과 같다. 로마 가톨릭교회는 여전히 성직자, 연사, 설교자, 연극과 같은 "오래된" 인간 매체들을 선호했지만, 개신교는 "새로운" 인쇄 매체들을 선호했다. 로마 가톨릭교회가 개신교 교회로 변화한 것이나 기독교 세계가 두 교파로 분열된 것은 매체들의 서로 상이한 우선순위에 따라 진행된 것이었음을 간과해서는 안 된다.

여기에서 마지막 네 번째 결론을 이끌어낼 수 있다. 종교개혁의 매체 결합은 중세의 부문 공공영역들이나 고대 그리스 로마 시대 혹은 고대 이집트의 고도 문화의 초기 공공영역 형태들과는 근본적으로 구분되고, 반종교개혁에 의해서도 만회되지 못한 완전히 새로운 종류의 보도 매체 체계를 만들어 냈다. 해리 월케는 다음과 같이 쓰고 있다. "16세기에 〔설교자, 서신, 전단지, 소책자, 서적, 가인의─저자〕 협력과 상호결합은 종교개혁 이전에는 존재하지 않았던 공공영역의 한 형태를 성립시켰다. (……) 다른 매체들과 더불어 전단지는, 비록 이후에 약화되기는 했지만, 초기 종교개혁 시기에는 결정적이었던 새로운 형태의 공공영역의 구성 요소였다. 특히 교회 및 종교와 관련된 전단지는 선전 위주의 호소 구조를 통해서 목적의식적으로 매체 수용자Rezipient의 견해에 영향을 미쳤고 이런 방식으로 교파 진영의 공공영역의 양극화를 촉진했다."[126] 여기서 "공공영역"은 무엇을 의미하는가? 새로운 것은 "종교개혁 공공영역"의 성립이었다. 이미 페터 우케나는 종교개혁 공공영역이 당국의 과시적 공공성에서 이치를 따지고 드는 부르주아 공공영역으로의 이행이라는 단순한 도식* 에 들어맞지 않는다는 점을 명확히 밝힌 적이 있다.[127] 모두가 접근할 수 있고 모든 사람들이 이용할 수 있거나 인식할 수 있는 것이 공적인 것이라는 오토 그로트의 정의로 되돌아가는 것도 확실히 별 도움이 되지 않는다.[128] 라이너 볼파일이 명확히 밝힌 바에 따르면, 16세기 초의 공공영역을 부르주아 공공영역의

---

* 이러한 도식은 위르겐 하버마스Jürgen Habermas의 부르주아 공공영역의 성립에 관한 이론적 성찰을 그 밑바탕에 깔고 있다. 하버마스의 논리에 따르면, 18세기 유럽에서 부르주아 공공영역이 등장하기 이전의 중세 봉건제와 절대주의 시기의 공공성은 정치적 의사소통의 영역이 아니라 일종의 사회적 지위를 상징하는 "과시적 공공성 repräsentative Öffentlichkeit"의 형태로만 존재했다. 자세한 것은 하버마스, 《공론장의 구조 변동: 부르주아 사회의 한 범주에 관한 연구》를 참조하라.

시작으로 오해해서는 안 되는데(9장 4절 참조), 왜냐하면 명백히 정치적인 목표 설정과 문필적 이성에 따른 판단Räsonnement 같은 중요한 부르주아적 특징이 보이지 않기 때문이다.[129] 그 대신 "평민에 대한 핵심적인 고려", 여론에 영향을 미친다는 의미에서 보도 매체 체계가 갖고 있는 "지향성", "통속어인 독일어의 사용", "의사소통 중심지"인 도시의 중요성이 강조될 수 있을 것이다.

이미 서술한 800년과 1400년 사이의 매체들의 사회 보도 매체적인 기능[130]에 따른 중세의 부문 공공영역들과 그 영역들의 해체와는 대조적으로 새로운 "종교개혁 공공영역"에 대해서는 적어도 다음의 네 가지 특징을 언급해 볼 수 있겠다.

첫째, 종교개혁 공공영역은 중세적 "생활 영역"이나 가톨릭 반종교개혁의 교회 내부 공공영역과는 달리 계층과 신분을 넘나들었고, 그럼으로써 사회 전체를 포괄하려는 경향을 지니고 있었다.

둘째, 종교개혁 공공영역은 교회와 당국의 확립된 공공영역에 적대적인 일종의 반反공공영역이었는데, 중세 시대에는 그런 규모의 반공공영역이 존재한 적이 없었다.

셋째, 종교개혁 공공영역은 완전히 새로운 매체들에 의해 통제되었다. 종교개혁 공공영역은 더 이상 필사 및 수기 매체의 뒷받침을 받는 인간 매체에 의해 전적으로 규정되지 않았고, 소책자가 지배적인 위치를 차지하는 가운데 인간 매체와 인쇄 매체가 매체 결합 속에서 특정하게 혼합된 특성을 지녔다.

넷째, 종교개혁 공공영역은 보완적이었다. 즉, 당시에는 인문주의, 예술, 자본주의, 신분제 정치, 지역, 당국의 선전, 로마 가톨릭교회, 연극과 같은 기타 다른 분야의 공공영역들이 나란히 존재했다. 따라서 일차적으로 종교적인 공공영역인 종교개혁 공공영역에서 특징적인 것은 그것이 16세기 전반에 존재했던 여러 공공영역들 가운데 단지 하나일 뿐이라는 사실이다.

　종교개혁 1백 주년이 되는 1617년[131] 혹은 아우크스부르크 신조 1백 주년인 1630년[132] 무렵이 되면, 다양한 매체들의 기능적 결합은 세속적인 공공영역의 도구화를 위해 이미 오래전에 확립된 전략이 되어 있었다. "의사소통 관계"의 새로운 구조 변화, 즉 매체 문화의 구조 변화가 진행되는 과정에서 종교개혁 공공영역은 절대주의의 매체 체계(8장)와 신문의 초기 부르주아적 공공영역(9장)에 의해 대체되었다. 하지만 일단 먼저 종교개혁기의 종교적 전단지 선전을 보완하는 의미에서 30년 전쟁의 예를 통해 정치적 선전과 관련된 전단지의 적합성에 대해서 간단하게 살펴보는 것이 좋을 것 같다.

# 7

# 30년 전쟁 시기까지의 선전 매체 전단지

15세기 말 이후의 근대 초기에 전단지는 농촌과 무엇보다도 도시에서, 평민과 특히 교육받은 평신도들에게서, 일상생활이나 사회적 영역(5장 3절)에서, 그리고 종교·문화적 영역(6장 3절)에서 중요한 의사소통 매체였다. 늦어도 16세기 말 이후로는 정치 영역에서도 전단지가 그 이전 시기보다 훨씬 더 중요하게 되었다. 프랑스에서는 "플라카르 placard"로 불렸던 전단지[1]는 근대 초기에 정치적 투쟁 매체이자 선전 도구로서 가장 큰 사회적 지배력을 확보했다. 따라서 전단지가 이런 측면에서 간단하게나마 소개되어야 할 것이다.

여기에서 선전은 특정한 사회 집단과 관련된 당파적, 편파적 목적에 유리하도록 계획적이고 체계적이며 암시적이고 감정적으로 공공영역에 영향을 미치는 행위로 이해된다.[2] 이와 관련해서 특징적인 것은 특정한 심리적 메커니즘 혹은 기술의 이용 및 상호 결합된 매체들의 도구화라 할 수 있다. 후자는 선전에 대한 통상의 관념과 비교해 볼 때 새로운 것이다. 즉 선전은 매체의 투입 없이는 생각할 수 없고 그렇기 때문에 매체는 선전의 구성 요소로서 특별한 주목의 대상이 되어야 한다는 것이다. 여기에서 선전은 경제적인 광고, 교육학적 육성, 철학적 의미 부여, 홍보 활동 같은 것이 아니라 정치적 선전을 의미한다. 정치 선전 에서 중요한 것은 권력과 지배이고, 또한 우리의 맥락에서는 매체 체계 가 수행하는 역할에 대한 물음이 중요하다.

광범위한 의미에서 선전은 오래전부터 존재해 왔다. 선전은 시원기 의 종족 형성 과정과 희생 제의, 춤, 성직자와 같은 매체에서도 찾아볼 수 있고, 다양한 고도 문화 단계에서는 예컨대 그리스와 로마 통치자들 에 의한 연극의 정치 도구화³의 형태로 나타나기도 했다. 중세에 들어 와서는 예컨대 학위 소지 교사, 사제, 설교자, 서적, 스테인드글라스, 성극의 매체 결합 형태를 통해서 십자군이나 로마 가톨릭교회의 종교 일반을 선전하기도 했다.⁴ 그리하여 이교도들에 대항한 성전聖戰의 재 정 지원을 위해서 이미 전단지가 선전 매체로서 체계적으로 투입되었 는데, 예컨대 1529년의 한 전단지가 보여 주는 것처럼 투르크 인들이 빈을 포위 공격하면서 야만적으로 어린아이들을 칼로 찌르고 학살했다 는 식으로 매도하는 형태가 특히 즐겨 사용되었다(그림 65). 이 그림에 서 나타나는 중무장한 군인들과 벌거벗은 아이들, 아래에서 속수무책 으로 발버둥치는 아이들과 위에 보이는 의도적인 야만성을 통해, 적의 모습은 상투적으로 극단적인 대립 양식 속에서 감정적으로 파악되었 다. 선전이라는 단어는 독특하게도 종교적 기원을 갖고 있는데, 프로파 가레propagare*는 씨를 뿌린다는 말로 올바른 믿음을 확산시키는 것을 뜻한다. 교황 그레고리우스 15세(1621~1623년 재위)는 1622년 6월 22 일 교서 〈인스크루타빌리 디비내Inscrutabili Divinae〉를 공포하면서 "그

---

* **프로파가레** 선전을 뜻하는 "Propaganda"의 라틴 어 어원 동사.

**Des Turcken Erschreck:**
liche belagerung/ vnd Abschiedt
der Stat Wien.
1 5 2 9.

그림 65 성전을 재정 지원하기 위한 종교적 전단지의 선전.

리스도의 이름을 전하기 위한 거룩한 추기경 회의Sacra Congregatio chris-
tiano nomini propagando"라는 이름으로 포교 성성布教聖省을 설립했다.
종교적 선전은 그것이 가톨릭적인 것이든 아니면 시민적, 종교개혁적
인 것이든 처음부터 정치적인 측면을 내포하고 있었다.[5]

이와 반대로 좁은 의미에서 선전은 무엇인가 다른 새로운 것, 특히
"국가적, 정치적 이해관계"와 관련하여 "여론" 일반에 영향을 미치는
것을 뜻한다고 할 수 있다. 근대 초기의 정치 선동에서 특징적인 것은
다음의 두 가지였다. 그 하나는 예전의 부문 공공영역들이 포괄적인 전

체 사회 공공영역의 초기 형태로, 그리고 흩어져 있는 공중公衆, 오늘날의 의미에서의 대규모 공중으로 확대된 것이었고(9장 4절 참조) 다른 하나는 사회 전체Gesellschaft가 경제, 정치, 사회Soziales, 문화의 부문 체계들로 세분화하는 과정에서 전적으로 세속적이고 정치적인 측면에 특화된 것이었다. 한정된 정치적, 국가적 관점에서 여론이 형성되는 데 결정적이었던 것은, 여론 형성과 관련된 매체들의 도구화 또한 전적으로 정치적인 성격을 띠었다는 사실이다. 본질적으로 "여론"*은 "이런 의견의 공공영역"을 의미하는 것으로, 곧 "널리 알리는 것"을 의미했다. 따라서 여론은 곧 매체 공공영역이라고 할 수 있다.

이미 17세기에 이에 걸맞게 기능화한 매체로는 신문(9장) 이외에도 무엇보다 인쇄 매체 전단지가 있었다. 전단지는 단순히 시장 상품, 광고 매체, 오락, 신앙심 고양, 정보, 종교적 선동, 교화의 매체였을 뿐만 아니라 그 매체적 특성 때문에 전적으로 정치적인 선전 매체이기도 했다. 매체사의 이후 국면[6]에서와는 달리, 30년 전쟁까지의 정치적 전단지 선전에서는 통치자들의 선전이 특히 중요했고, 바로 이 점에서 절대주의의 매체 체계(8장)와 비교해 볼 수 있을 것이다.

## 7.1. 권력 정치적 성격을 지닌 전단지

전단지 매체에서 정치 선전의 고전적인 사례는 1605년 폴란드에서 발행된 전단지로, 여기에는 드미트리 이바노비치*의 커다란 초상화가 있고 그 밑에 전투에 대한 묘사와 2단으로 된 폴란드 어 텍스트가 실려

---

* **여론**  흔히 '여론'으로 번역되는 öffentliche Meinung(public opinion)의 원뜻을 그대로 옮기면 '공적 견해, 공적 의견'이 된다.

있다(그림 66). 여기서 정치 선전은 명백히 인물에 초점을 맞추고 있다. 이 전단지가 유포된 것은 "1605년 5월 모스크바에서 러시아의 차르로 즉위한 가짜 드미트리를 기념하기 위해서였다. 초상화에서 그는 커다란 곰털 모자를 쓴 모습으로 그려져 있고, 그의 오른쪽 책상 위에는 왕관이 보인다. 초상화의 왼쪽과 오른쪽에는 성경 구절이 쓰여 있다. 아래쪽에 있는 작은 목판화의 양편에는 이 군주의 간략한 이야기가 실려 있다. (……) 가짜 드미트리 세 명 가운데 첫 번째인 이 인물은 1603년에 처음 나타나 리투아니아의 비스니베츠키 후작에게 자신의 정체를 드러내고 후작을 위해 봉사했다. 산도미르의 지방 최고 관리인 므니셰크를 통해서 그는 국왕 지그문트 3세*를 알현했고 나중에 므니셰크의 딸인 마리나와 결혼했다. 폴란드 인들의 지원을 받아 그는 러시아의 차르 보리스 고두노프*와 맞서 싸웠다. 고두노프가 죽은 뒤 그는 모스크바에서 즉위식을 올렸다."[7] 이 묘사에서 특징적인 것은 화려함과 호화스러움, 자기표현에서의 위압적인 자세인데, 여기에 왕관, 성경, 칼, 방패형 문장紋章을 통한 지배권 정당화 전략이 결합되었다. 그 밑에 있는 전투 장면의 묘사는 권력에 대한 요구를 폭력과 결부시키고 있다. 〔미국의 정치학자　옮긴이〕헤럴드 D. 라스웰의 전통적인 견해를 빌리자

---

* **드미트리 이바노비치** 모스크바 공국의 차르 이반 4세의 아들로 자처했던 인물로, '가짜 드미트리'라고도 불리며 1604년 러시아를 침공하여 차르가 되었지만 1606년에 귀족들의 쿠데타로 살해당하고 말았다.
* **지그문트 3세** 폴란드의 왕(1587~1632년 재위)이자 스웨덴의 왕(1592~1599년 재위)으로, 두 나라 간의 항구적인 동맹 관계를 추구했으나 실패하였고 오히려 양국 간의 전쟁을 초래하고 말았다.
* **보리스 고두노프** 류리크 왕조가 단절된 이후 모스크바 공국의 차르(1598~1605년 재위)로 추대된 인물로, 그가 통치하면서부터 러시아는 1613년 로마노프 왕조가 시작될 때까지 혼란기에 빠져들었다.

그림 66 통치권 요구의 조작을 위한 정치 전단지.

286

면, 여기에서 선전은 완전히 명백한 조작 혹은 날조라고 할 수 있다.

## 7.2. 통치 매체 전단지

이보다 더 중요했던 것은 예컨대 30년 전쟁 시기에 다른 매체들과 결합된 전단지 선전이었다. 헤르베르트 랑어는 《30년 전쟁의 문화사》에서 다음과 같이 결론 내리고 있다. "다량의 낱장 팸플릿은 전쟁 초기와 불량 주화 제조 시기*에 처음으로 크게 증가했고, 걸출하면서도 비극적인 인물인 스웨덴 국왕 구스타프 2세 아돌프와 수상쩍은 인물인 발렌슈타인이 사람들의 관심을 끌게 되었을 때 다시금 증가세를 보였다."[8] 특히 1634년의 유명한 뇌르틀링엔 전투*에서 황제군과 에스파냐 연합군이 거둔 공적은 50종이 넘는 서신, 전단지, 소책자, 렐라치온 Relation의 결합을 통해 선전의 측면에서 최대한 활용되었다.[9] 황제군과 가톨릭 동맹군의 총사령관인 요한 체르클래스 폰 틸리 백작과 같은 군 지휘관들은 다양한 매체에서 조롱거리가 되었다.[10] 구스타프 2세 아돌프 같은 다른 인물들은 죽은 이후에도 "그 스웨덴 인은 여전히 살아 있고 또한 영원히 실아남아 있을 것이다"라는 표어와 함께 빛나는 모습으로 미화되었다(그림 67). "이 묘사는 승리에 대한 확신을 표현하고 있다. 바다 한가운데의 바위 위에 서 있는 구스타프 아돌프와 올리브 나뭇가지로 휘감긴 칼은 관찰자에게 스웨덴의 승리가 성공적이었고 앞

---

\* **불량 주화 제조 시기** 신성 로마 제국에서 16세기 중엽 이후로 시작된 화폐 부족 현상을 타개하기 위해 불법적으로 은의 함유량이 적은 불량 주화를 대량으로 제작하여 인플레이션을 초래하게 만들었던 1620~1630년대의 시기.

\* **뇌르틀링엔 전투** 이 전투에서 황제군과 에스파냐 군이 스웨덴 군을 격파함으로써 남부 독일에 대한 스웨덴의 지배가 막을 내리게 되었다.

그림 67 다매체적 선전의 구성 요소로 기능한 전단지.

으로도 계속될 것이라는 점을 확신시켜 준다. 구스타프 아돌프의 머리 위에 월계관을 씌워 주며 종려나무 잎을 흔드는 천사들은 배경 오른쪽에서 도망치고 있는 적군과 계시록의 괴물*을 향해 불고 있는 구름 속의 폭풍우와 마찬가지로 스웨덴이 패배하지 않을 것이라는 인상을 더욱 강화시켜 주는 역할을 한다. (……) 작센과 스웨덴의 문장은 구스타프 아돌프의 오른쪽과 왼쪽에 있는 관冠으로 장식된 바위 위에 놓여 있다. 텍스트는 그림의 내용을 더 분명하게 설명해 주고 있는데, "슬픈 소식"과 "기쁜 소식"이 장식 띠로 강조된 중간축의 좌우편에 실려 있는 것이다."[11] 이 인물 중심 묘사는 가짜 차르의 통치권 요구에서처럼 일차적으로 개인적인 권력 정치의 의미를 갖고 있었던 것이 아니라 무엇보다도 여러 매체에 의해 수행되었던 종교 정치적 교파 투쟁의 표현이자 구성 요소를 의미하는 것이었다. 경건한 신앙의 투사이자 군 지휘관의 성경적 모습을 환기시키는 의미에서 구스타프 아돌프는 삼손과 유다 마카베오*와 결부되었고, 그럼으로써 구약과 계시록 예언의 집행자가 되었다.[12] 그런 점에서 역사는 구원의 역사로 재해석되었다고 할 수 있다. 이를 위해 이 독특한 전단지는 여러 매체를 통한 선전 활동에서 단지 하나의 초서을 놓은 것일 뿐이었다.

카를 보첼카는 신성 로마 제국 황제 루돌프 2세(1576~1612년)의 경우를 통해 정치 선전의 의미와 그 매체적 토대를 강조하고 있는데, 그에 따르면 당시 다음과 같은 다양한 매체들이 사용되었다.

---

* **계시록의 괴물** '그림 67' 전단지에 나오는 괴물은 교황의 삼중관을 쓰고 있기 때문에 교황 혹은 가톨릭 진영을 의미한다. 많은 전단지에서 교황은 머리가 일곱 개 달린 계시록의 괴물로 묘사되곤 했다.
* **유다 마카베오** 유대인들에게 헬레니즘을 강요하는 것을 막고 유대교 신앙을 지키기 위해 셀레우코스 왕조에 대항하여 유대인의 독립 투쟁을 이끌었던 인물로, 구약 성경의 외경外經에 그 활약상이 나와 있다.

– 소위 "특허장" 혹은 "명령서": 선별된 개인에 대한 특권 부여를 목적으로 한 필사본 공개서한으로 중세의 "윤허장" 혹은 포고령,[13] 특권과 독점 수익권(3장 2절)에 비견될 수 있다.

– 통치자의 현시로서 초상화의 형태나 상징적 문장을 갖춘 주화와 메달: 때로 즉위식, 강화 협상, 전승戰勝 기념제, 제국 의회 혹은 단순히 선제후들이나 주요 고위 성직자들과 루돌프 2세가 갖는 회합처럼 선전에 활용될 수 있는 사건들에 즈음해서 발행된 것으로 오늘날의 수많은 스타 사진들에 비견될 수 있다.

– 일상적인 궁정 예식과 루돌프가 참석하여 정치적으로 격상된 교회 축제, 그리고 화려한 즉위식 기념행사와 결혼식같이 통치자의 자기 과시를 목적으로 한 축제.

– 개선문이나 황제 동상 같은 기념물과 건축물.

– "모든 선전 매체 중에서 소책자 부문이 가장 중요하고 영향력이 큰 매체였다."[14] 여기서 보첼카는 소책자를 말하고 있기는 하지만 소책자, 전단지, "새 소식", 서신, 서적 사이의 구분이 불충분하다는 점이 눈에 띈다. 소책자라는 용어로 그가 이야기하고자 한 것은 많은 경우 그림이 실려 있는 인쇄된 텍스트였다.

우리의 관점에서 중요한 것은 루돌프 2세의 선전이 다양한 매체들을 통해 목적의식적으로 "개별 사회 집단들", 즉 다양한 수용자들을 겨냥하고 있었다는 점이다. 귀족, 성직자와 같이 신분제적 특징을 지닌 공공영역을 위해서는 특허장, 축제, 소책자로, 시민들에게는 주화와 전단지로, "평민"에게는 건축 기념물로, 하지만 때로는 특허장이나 설교자를 통해서 선전 활동을 벌였던 것이다. "간단히 요약해 보면, 루돌프 2세 시대에 선전의 수용자들은 우선적으로 통치를 뒷받침하는 기능을 수행하고 있던 제국 신분과 영방 신분이었다고 말할 수 있을 것이다. 이

양질의 과시적 "공공영역"은 귀족과 성직자, 관료주의적이고 위계질서적인 통치 체제를 뒷받침했던 제국 도시의 시민들과 도시 문벌, 그리고 대개 법률 교육을 받은 제국과 영방 국가의 다양한 분야의 행정 관리들로 구성되었다."[15] 결론적으로 확인할 수 있는 사실은 "루돌프 2세의 선전에 당시 이용할 수 있는 모든 매체들이 사용되었다"는 것이다.[16]

미하엘 쉴링은 뉘른베르크, 아우크스부르크, 스트라스부르, 프랑크푸르트와 같은 제국 도시들이 인쇄 지역으로서 지니는 중요성에 대해서 언급하면서 제국 도시의 정치적 보도 매체 체계가 특별히 전단지 매체에 의해 지탱되었다는 점을 입증해 보인 바 있다.[17] 전단지는 시 당국이 인쇄 특권을 부여하고 주문하는 가운데, 그리고 이에 부응하여 경제적 이해관계가 있는 인쇄업자들이 적절하게 처신하는 가운데 통치자의 정보 정책의 효과적인 도구로 사용되었다. 이러한 점은 예컨대 1593년에서 1606년까지 투르크 인들과의 전쟁이 발발했을 때 만든 전단지들의 사례에서 잘 입증된다. 남을 사악한 존재로 매도하는 잘 알려진 선전 양식(그림 65 참조)은 실제적인 위협을 고려한 것이라기보다는 오히려 투르크 세금*으로 인한 주민들의 부담을 정당화하고 정치적, 교파적 화해를 위해 애쓰는 제국 도시들의 노력의 틀 속에서 사회적 평화를 보존하기 위한 것이라고 볼 수 있다. 투르크 인들과의 전투에서 승리한 소식을 담고 있는 전단지들 역시 정치적 선전 방법을 써서 "회의주의적인 공공영역에 기존 정치 질서의 정상적인 작동 능력을 입증해 보였고, 그럼으로써 정치 질서의 안정화에 기여했다."[18]

전단지를 통한 선전은 1620~1621년 보헤미아-팔츠 전쟁과 1630~

---

* **투르크 세금** 16~17세기에 투르크 인들이 신성 로마 제국을 위협해 오자, 이를 막기 위한 엄청난 군사 비용을 마련하기 위해서 제국 전체에서 징수되었던 세금.

그림 68  전단지의 정치 선전을 보완했던 정치적 정보.

1631년 스웨덴 전쟁 기간 동안 특히 증가세를 보였다(5장 3절 2 참조).[19] 하지만 전단지 선전은 다른 매체들과의 맥락, 특히 최신 정보를 통해 정치 선동을 보완하던 "렐라치온" 형태로 등장하기 시작한 신문(9장 1절 참조)과의 결합을 고려하지 않고서는 제대로 파악할 수 없다(그림 68). 이 시기에 전단지는 일방적인 선전 위주의 통치 매체로 기능했고 검열 조치에 의해 규제되었다.

## 7.3. 항의 매체 전단지

하지만 모든 선전에 고유한, 여론에 영향을 미치기 위한 감정적 편파성의 원칙은 통치 이해관계에 완전히 구속되지는 않았다. 억압받고 지배받는 사람들의 이해관계를 "대변하는" 선전도 분명히 존재했다. 그러나 일반적으로 저항·반대 매체로 활용된 전단지는 이후 시기에야 비로소 등장하게 된다. 근대 초기, 특히 16세기 말과 17세기에 저항·반대 매체로 사용된 매체는 벽과 벽보였다. "시청과 교회 같은 공공건물의 문뿐만 아니라 성문도 당국이 게시문을 붙여 포고령을 공포하는 장소였다. 이곳에서는 최대한의 공공성을 기대할 수 있었기 때문에 반항적인 문서들 역시 주로 여기에 나붙었다."[20]

30년 전쟁 기간 동안 전단지가 항의 매체로 사용된 유일한 예외는 이른바 〈농민들의 불만〉이었다. 이 전단지는 특정 개인이나 신분의 이해관계를 대변했던 것이 아니라 특히 독일의 농촌 주민들이 처해 있던 곤궁의 표현으로서 약탈을 일삼는 모든 전쟁 당사국의 군인들에 대한 반대를 명료하게 표출했던 수단이었다(그림 69). 대체로 이 노래의 텍스트에서는 "우리는 피와 골수까지 완전히 빼 먹힐 정도로 착취당하고 있다"는 것이 주조를 이루고 있고, "경고"하고자 하는 농민들의 "분노"는 단지 끝부분에서 조심스럽게 언급되고 있을 뿐이다. 이를 통해 이 전단지들이 농민들의 적극적인 저항을 촉구한 것은 아니었다는 쉴링의 해석이 입증된다고 볼 수 있다. 그것은 오히려 "평화에 대한 촉구로 이해될 수 있고, 그럼으로써 제국 도시들의 평화를 염원하는 보도 매체 체계 속에 포함시킬 수 있는 것이었다. (……) 추측컨대 언급했던 전단지들의 항의 가능성은 공식적으로나 비공식적으로 제국 도시들의 검열 정책의 허용된 사전 지침에 국한되어 있었던 것 같다."[21] 비록 감정적인

그림 69 항의 매체적 성격을 지닌 정치 전단지의 최초 형태.

문체가 인상적이기는 하지만, 그것은 선동이라기보다는 오히려 "농민 위에 올라탄 이 시대의 무자비한 기병에 대한* 불만"이었다. 헤르베르트 랑어는 그러한 전단지와 농민들의 노래에서 불만, 고소, 조롱과 같은 "민중의 목소리"를 보고 있다.[22] 레나테 하프틀마이어-자이퍼르트는 이를 다음과 같이 해석했다. "인간을 탈 수 있는 동물로 이용하는 모티브는 무엇보다도 필리스와 아리스토텔레스*에 대한 삽화와 서술을 통해 잘 알려져 있으며 문학과 미술에서는 억압과 폭정의 표상으로도 등장한다. 이 모티브를 통해서 농민들이 군인들에 의해 굴욕적으로 억압당하고 있다는 인식이 관찰자에게 전달되고 있는 것이다."[23] 따라서 〈농민들의 불만〉은 이미 언급했던 교화적이고 사회 비판적인 전단지들(5장 3절 2)과 크게 다르다고 볼 수는 없다.[24] 그렇지만 쉴링에 따르면 〈농민들의 불만〉은 농민 신분의 통합, 세속화 과정, 통치의 신성한 성격의 상실에 기여했다는 점에서 마찬가지로 선전 위주의 특징을 지니고 있었다. 그러한 묘사들이 갖고 있는 기능은 해당 관계자들의 요구와 소망을 분명히 보여 주는 것에서부터 농민들에게서 단지 영사막(스크린)이나 희생양을 보면서 재미를 찾는 도시적 관심의 배출구에 이르기까지 실로 다양한 것이었다.[25]

---

* 농민 위에 올라탄 이 시대의 무자비한 기병에 대한  이 인용문은 '그림 69' 전단지의 맨 위에서 두 번째 줄에 쓰여 있는 제목이기도 하다. 첫번째 줄에는 "농민들의 새로운 불만"이라고 쓰여 있다.

* 필리스와 아리스토텔레스  알렉산더 대왕의 가정 교사였던 철학자 아리스토텔레스가 육체적인 사랑의 위험에 대해 경고하면서 알렉산더와 그의 연인이었던 필리스 사이를 떼어놓으려 하자 복수심에 불탄 필리스가 아리스토텔레스를 유혹한 끝에 이 철학자의 등에 올라타서 재갈을 물리고 기어 다니게 하고 또 이 장면을 알렉산더에게 보여 줌으로써 아리스토텔레스의 명예를 훼손시켰다는 전설적인 이야기.

## 7.4. 전단지와 정치 문화

　선전 매체 전단지는 정치적 의사소통과 정치 문화에 영향을 미쳤다는 점에서 근본적인 중요성을 갖고 있었는데, 올라프 뫼르케는 이를 전단지의 "핵심 기능"으로 강조한 바 있다. "그것은 적대자에 대한 고발과 자신의 정치적 요구의 정당화뿐만 아니라 국가 간 동맹의 강화에도 이용되었다. 팸플릿은 국내 정치의 대립에서와 마찬가지로 국제적인 맥락에서도 국가와 왕조 간의 관계에 위기가 닥칠 때면 항상 그 상황에 걸맞게 등장하곤 했다. (……) 팸플릿은 중세적 보편성이 해체되고 제도적으로 통합된 거대 영역 국가들이 형성되는 과정에서 생긴 상황을 극복하기 위한 기술적인 보조 수단이었다. (……) 팸플릿의 대중 선전은 더 이상 합의를, 규정되고 근거를 물을 수 없는 규범 일원론으로서가 아니라 공적인 논쟁의 산물로서 이해할 수 있는 가능성을 열어 준 정치 문화가 최종적으로 나타나게 될 발전 과정을 촉진시켜 주었다. 통일성을 항상 다원성 속에서 찾을 수 있고 다원성에서 비롯된 합의로 이해했던 것이야말로 이 진행 과정의 핵심 개념이라고 말할 수 있을 것이다."[26] 이로써 전단지 매체는 명백히 신문 매체의 선구자적 위치를 차지할 수 있게 되었다. 또한 전단지 매체는 그 보도 매체적 중요성이 예컨대 인쇄의 새로운 기술적 가능성에서 비롯된 것이 아니라 반대로 당면한 충돌과 대치의 상황 속에서 조정 및 방향 설정 매체로 사용되면서 바로 이 유용성으로 인해 비약적인 발전을 경험했던 도구로 특징지을 수 있을 것이다.

# 8
# 절대주의의 매체 문화

이미 서신 매체의 경우에서 의사소통 매체의 행위 매체(화폐)로의 발전을 근대 초기의 전형적인 특징으로 제시한 바 있었다(3장 1절). 마찬가지로 과거의 특정한 조형 매체들과 춤이나 특히 축제와 같은 예전의 인간 매체들의 한 시대를 특징짓는 교차 역시 행위 매체로의 변화로 설명할 수 있다. 하지만 이것은 경제 분야나 화폐가 아니라 정치 분야, 즉 상징저으로 일반화된 행위 매체인 권력*과 관계가 있다. 전통적인 개별 의사소통 매체들이 새로운 거대한 행위 매체적 결합으로 변형된 것은 절대주의 매체 문화의 핵심을 이루었는데, 이 결합은 내부적으로는 17세기의 귀족 사회에, 외부적으로는 당시 통치자들의 자국 문화와 유럽 문화 전반에 결정적인 영향을 미쳤다. 연구자들은 여기에서 때로 "종합 예술"이라는 말을 사용하고 있다.[1] 그러나 이 용어는 잘못된 해석을 낳을 수 있는데, 왜냐하면 중요한 것은 "예술"이 아니었고 예술의

---

* 상징적으로 일반화된 행위 매체인 권력  95쪽 옮긴이 주를 참조하라.

매개 형식이 특히 완전히 비예술적인 기능과 더불어 결정적인 사항이었기 때문이다.

그 가장 좋은 예로는 루이 14세의 프랑스를 들 수 있다.[2] 비록 루이 14세에 대한 국제적인 기본 문헌들은 거의 예외 없이 매체의 문화적 중요성에 대해서 언급하고 있지 않지만 말이다. 이 문헌들에서 사용된 "숭배", "에티켓", "예식" 혹은 "홍보 활동"과 같은 명칭들로는 충분치가 않다. 피터 버크는 태양왕의 연출을 고찰하면서 처음으로 "전체적인 측면에서 매체들"을 평가하려고 시도하긴 했지만, 그런 시도는 매체사의 맥락에서가 아니라 "위대한 인물들의 작품"에 대한 사례 연구로서 이미지와 이미지 변화에 대한 분석 차원에서 이루어진 것이었다.[3] 절대주의는 그 특정한 매체 문화 없이는 이야기할 수 없다. 더 정확하게 말해서 매체들은 당시 지배 관계의 본질적인 구성 요소였다. "루이 14세 치하의 문화는 프랑스를 의미했고 프랑스는 베르사유를 의미했다. 베르사유 궁전은 바로크 시대의 궁정 생활과 궁정 문화의 모범이 되었고 독일과 이탈리아의 군소 제후들에게까지 이르는 유럽의 수많은 통치자들로 하여금 어떤 대가를 치르고서라도 이를 모방하도록 만들었다."[4] 이와 함께 무엇보다도 빈과 드레스덴이 17세기 후반에 서로 가장 화려한 축제를 개최하기 위해 경쟁을 벌였다. 하지만 에스파냐의 궁정역시 특별히 언급할 만한 가치가 있다고 하겠다.[5]

수많은 매체들은 절대주의의 매체 문화에 부차적으로 편입되었다. 예컨대 시원기 매체였던 여성은 애첩이 되면서 그 가치가 완전히 축소되고 말았다. 만프레트 코소크는 이를 다음과 같이 기술했다. "기사 시대의 귀부인에 대한 봉사와 사랑의 이상은 애첩 제도에서 변질된 형태로 지속되었다. 과시적으로 드러내 보이는 여성의 아름다움에 대한 숭배는 남성의 가치관이 지배적인 사회 분위기 속에서 여성이 조종되고 있음을 궁색하게나마 감추어 주었다. '애첩maitresse'이란 말은 결코 불쾌감을 유발하는 것으로 간주되지 않았고 '여주인'이라는 그 본원적인 의미처럼 오히려 긍정적인 뉘앙스를 지니고 있었다."[6] 하지만 여기에서 여성은 도구가 되었고 세계에 대한 거대광巨大狂적인 연출 속에서 소품과도 같은 역할을 했다.

비록 민중들에게 알리기 위해서 인쇄된 수많은 명령서들과 치안령 Polizeiordnung*들이 프랑스에서도 공공질서의 유지와 초기 부르주아 공공영역의 구성에서 결정적인 역할을 했던 것이 틀림없는데도, 절대주의 시대 프랑스의 낱장 문서 매체의 중요성에 대해서는 지금까지 거의 연구 성과가 나오지 않고 있다. 잘 알려진 것으로는 다른 모든 절대주의 국가에서처럼 프랑스에서도 국민 경제에 필요한 통화량이 주조된 동전의 형태로는 충분하지 않았기 때문에 "은행권"을 발행했고 이것이 나중에 우리에게 익숙한 지폐로 발전한 사실을 들 수 있다. 또 낱장 문서의 형상화된 변형이자 국왕을 예찬하기 위해 만든 수많은 메달들의 중요성[7]도 잘 알려져 있다. 이 밖에도 예컨대 팔츠 계승 전쟁 시기(1688~1697년)의 영국 혁명*과 관련해, 특히 적대적인 선전과 정치적 보도 매체 체계에서, 전단지와 소책자 매체가 중요한 역할을 했다는 것 또한 익히 알려져 있다. "루이 14세와 그의 정책에 반대했던 전반적인 소책자 투쟁"[8]은 단지 구체적인 폐해 및 사건뿐만 아니라 기본적으로 절대주의 군주정 자체와도 관련된 것이었다. 하지만 태양왕 스스로는 새로운 인쇄 매체들을 선전 위주의 기능에서조차 비교적 조심스럽게

---

* **치안령** 근대 초의 "Policey"라는 개념은 오늘날의 Polizei(경찰)와는 다르게 행정부의 한 산하 기구를 지칭하는 것이 아니라 사회 질서를 유지하려는 당국의 시도 전반을 총칭하는 것으로, 법령Verordnung과 질서Ordnung 모두를 포괄하는 개념이기 때문에 Policeyordnung(Polizeiordnung)은 "치안령"이라고 번역할 수 있다.

사용한 것으로 보인다. 그 대신 태양왕의 체제는 팸플릿의 검열과 주기적으로 발행된 새로운 신문들, 특히 "가제트Gazette"*의 도구화에 집중되었다.[9]

프랑스의 절대주의는 "감동적인 설교의 시대"로 특징지을 수 있다. 설교자 매체는 어쨌든 이 체계에서 확고한 자리를 차지했다. "루이 14세 시대에 사람들은 아름다운 장례식과 감동적인 조사弔辭, 성인들의 생애를 찬미하는 묘사, 궁정과 도시에서 이루어지는 설교에 열광했다."[10] 국왕의 궁정 예배당은 전문 설교자들이 열망하는 설교 장소였고, 국왕과 궁신들은 일반 평민들 못지않게 설교자들의 말을 경청했다. 1661년에서 1715년 사이에 루이 14세와 그의 궁신들은 1천 번이 넘는 대림절, 사순절 설교를 들었다.[11] 디터 브로이어는 17세기의 궁정 설교자들을 "성공한 작가"로 불렀고 무엇보다도 그들의 설교가 내포하고 있는 "경건"의 기능을 강조했다.[12]

서신 매체 역시 귀족들 간의 다양한 서신 교환 형태나 프랑스 전역의 지역 인쇄소에서 복제된, 지방의 지사知事나 주교에게 보내는 국왕

---

* **팔츠 계승 전쟁 시기의 영국 혁명**  아우크스부르크 동맹 전쟁이라고도 부르는 팔츠 계승 전쟁에서 영국과 네덜란드, 신성 로마 제국(특히 오스트리아 합스부르크 가문)의 동맹 세력은 프랑스 루이 14세의 팽창 정책에 맞서 싸웠다. 프랑스군이 1688년 독일 서부의 팔츠 지역을 침략하면서 시작된 이 전쟁은, 1688~1689년의 명예혁명의 결과로 네덜란드의 오라녜 공작 빌렘이 윌리엄 3세로서 영국 국왕에 즉위한 이후로는 영국과 프랑스의 해외 식민지(북아메리카, 인도)로까지 확대되었다. 1697년에 네덜란드의 레이스웨이크에서 체결된 강화 조약에서 프랑스는 대체로 전쟁 이전의 현상 유지에 동의했지만 4년 뒤 에스파냐 왕위 계승 전쟁에서 다시 동맹 세력들과 전쟁을 벌이게 되었다.
* **가제트**  본래 1536년 이탈리아 베네치아에서 발행된 《가제타Gazetta》에서 유래한 말로, 프랑스와 영국 등에서 시사적인 소식들이 실린 신문의 형태로 발전하게 되었다. 파리에서는 1631년에 창간된 《라 가제트La Gazette》가 곧 정부 기관지의 성격을 띠게 되면서 1789년까지 당국의 지원을 받으며 계속 발간되었다.

의 "공개서한" 형태로 절대주의 매체 문화에 통합되었다.[13] 라인하르트 니키쉬는 다음과 같이 쓰고 있다. "프랑스 사교계 문화가 독일의 궁정에 미친 강력한 영향력은 1650년 이후에 프랑스 어로 쓴 서신들만이 상류 사회의 규범에 맞는 것으로 간주되는 결과를 가져왔다." 그리고 이런 상황은 18세기로까지 이어졌다. 17세기 프랑스의 서신 문화는 새로 등장하는 독일의 18세기 서신 문화에 깊은 영향을 미쳤다.[14] 예컨대 세비녜 부인*이나 리젤로테 폰 데어 팔츠*의 방대한 서신들이 아직 남아 있어서 그 서신들을 통해 당시 궁정 생활을 세세한 부분까지 재구성해 볼 수 있다.

하지만 무엇보다 중요한 것은 다른 매체들이었다. 프랑스의 루이 14세의 경우를 보면, 절대주의 매체 문화를 구성하는 지배적인 요소들은 궁전과 정원이나 공원 같은 조형 매체, 무도회, 무용극이나 음악극 혹은 언어 연극의 형태로 표현된 연극, 마상 시합과 전설적인 불꽃놀이와 춤추는 분수를 갖춘 기마 곡예, 매일 있는 접견과 열병식, 일상의 연출들로 세분화할 수 있다. 이 모든 것들은 연출된 궁정 축제에서 절정에 이르렀다.

## 8.1. 궁전과 정원

고대 이집트 문화의 매체인 피라미드처럼, 가장 눈에 띄는 것은 조

---

* **세비녜 부인** 프랑스 부르고뉴 귀족 출신으로, 파리 상류 사회의 사교계에서 활약했고 멀리 남부 프랑스로 시집간 딸에게 보낸 1천7백여 통에 달하는 서신들은 이후 서간체 문학의 발전에 획기적인 전기를 마련한 것으로 평가되고 있다.
* **리젤로테 폰 데어 팔츠** 독일 팔츠의 선제후의 딸로 태어나서 루이 14세의 동생인 오를레앙 공작과 결혼했으며 루이 14세의 궁정 생활을 묘사한 수많은 서신을 남겼다.

형 매체들이었다.[15] 매체사의 두 번째 국면인 복합적인 고도 문화 시기를 특징지었던 것이 이제 궁전과 정원의 형태로 다시 되살아났다. 루이 14세는 처음에 시험 삼아 베르사유로 거처를 옮겼다가(1674, 1675, 1677년) 이후 이곳을 자신의 본궁으로 삼기 전까지는 중세 시기의 이전 국왕들과 마찬가지로 수십 년 동안 수행원들과 함께 여러 성을 전전하며 지냈다. 만프레트 코소크가 베르사유를 "절대주의의 권력 신장과 자기표현이 돌로 체현된 장소"로 기술한 것은 정확한 표현이었다.[16] 바로크식 화려함은 공간 속에서 형상화했다. 궁전 진입로, 정문, 계단은 하인들이 도열해 있는 사이로 마차를 타고 지나가고 의례적인 인사가 이루어지는 무대 장치였다. 웅장한 바로크 궁전은 그 거대한 무도회장 및 연회장과 더불어 새로운 세계관에 적합한 무대를 제공했다. "17세기 말 건축 예술의 세계적 기적인 베르사유 궁전과 정원, 소리 내면서 춤추는 분수, 거의 끊임없이 이어지는 궁정 축제는 눈과 감각을 위한 광란의 향연이었고 석재로 형상화한 권력이 발산하는 매혹이었다. (……) 궁전은 프랑스 절대주의 전성기의 고유한 양식을 감각적으로 가장 잘 표현해 냈다. 부르봉 왕조를 상징하는 황금색과 흰색, 연한 푸른색의 빛나는 실내 장식, 대리석과 세공한 유리로 꾸며진 긴 회랑식 홀은 베르사유 궁전의 거울의 방과 루브르 궁전의 아폴론의 방에서 그 시대의 다른 어느 것에도 비할 수 없는 형태를 갖추었다. 거기에다가 주요 모티브로 태양과 교차된 두 개의 L자가 새겨진 다량의 환상적인 장식과 예술적으로 포함된 식물군, 특히 월계수와 도금양挑金孃, 이국적인 과일들이 추가되었다. 조형의 기본 색조인 황금색과 흰색은 베르사유 궁전을 밝게 빛나게 했고 예전 통치자들의 거처에서 사용되던 어두운 장식용 널빤지의 우울한 분위기는 더 이상 느낄 수 없었다. 금으로 만든 태양의 상징이 곳곳에 자리 잡고 있었다. 거대한 문들은 공간

302

효과를 극대화했고 궁정에서 많은 손님들이 자유롭게 움직일 수 있도록 해 주었다. 화려한 벽걸이용 양탄자와 우의적인 회화들은 촛불로 환하게 비추어진 벽면을 장식했다. 이전 시기 건축물들의 협소함은 더 이상 느낄 수 없었다."[17]

궁전은 주변 환경과 조화를 이루었다. 조형 매체인 조각품 또한 여기에서 도구화하고 새롭게 기능화하였다. 베르사유의 정원과 공원은 "인간의 손에 의해 바로크식 형태로 강제된 자연의 모습"을 띠었고 좌우 대칭의 구성은 건축의 엄격한 원칙을 반영한 것이었다.[18] 테라스와 넓은 대리석 계단, 온실, 분수가 있는 인공 저수조, 베네치아 곤돌라 뱃사공이 있는 대운하, 색정적인 부인들과 신사들을 위한 인공 동굴 형태의 울타리, 작은 숲, 청동과 대리석으로 만든 인물상, 이 모든 것들은 자연과 풍경을 세분화한 안무按舞의 구성 요소였다. 이 점은 예컨대 베르사유의 정원에 1687~1688년 건립된 별궁인 트리아농 드 포르슬렌*을 묘사한 아당 프렐의 동판화에서 시각적으로 잘 드러나고 있다(그림 70).

정원이 딸린 베르사유 궁전은 유럽에서 가장 중요했던 군주의 거주지였다. 궁정에는 대략 2만 명가량의 사람들이 있었는데, 그중에서 1천 명이 궁에 사는 귀족이었다면 4천 명은 궁에 사는 하인들이었으며 또 다른 4천 명은 파리의 호화로운 저택에 살고 있었지만 통치자의 총애를 얻고 신분과 위신의 위계질서 속에서 자리를 차지하기 위해 매일 베르사유 궁전을 찾던 귀족들이었다. 이 밖에도 9천 명의 군인들과 셀 수 없이 많은 기타 하인들, 그리고 매일 1천 명에까지 이르는 청원자들

---

* 트리아농 드 포르슬렌  흔히 "그랑 트리아농"으로도 알려져 있는데, "포르슬렌Porcelaine"이란 명칭이 붙은 것은 이 별궁의 지붕이 도기로 만든 타일로 덮여 있었기 때문이다.

그림 70  베르사유 정원의 별궁. 공간의 매체적 연출.

이 궁전으로 모여들었다.[19] 실로 베르사유는 개인적인 통치 중심지가
아니라 귀족 정치의 특징을 지니고 있는 대중 매체였다.

## 8.2. 무도회와 연극

궁전, 정원, 조각품 같은 조형 매체들은 다양한 인간 매체들, 특히
무도회와 연극을 통해서 보완되었다. 무도회는 도박과 함께 궁정에서
누릴 수 있는 최고의 즐거움이었는데, 특히 국왕 자신이 춤에 열심이었
기 때문에 그랬다. 예를 들어 루이 14세는 1654년 작자 미상의 무대 의
상 초안 그림이 보여 주는 것처럼 보통 때에는 주피터나 아폴론으로 분
장했지만 1653년 작품 〈밤의 발레〉에서는 태양의 환한 광채와 함께 태
양왕Roi soleil으로 등장했다(그림 71). 쿠르트 작스는 《춤의 세계사》에

그림 71 "태양왕"의 무대 의상을 입은 무용수 루이 14세.

서 "어느 누구도 두려워하지 않으며 모든 사람들이 춤추는 루이를 경
탄의 눈으로 바라보았다. 그는 신들린 것이 아니었는데, 왜냐하면 그가
믿는 신을 춤으로 표현한 것이 아니었기 때문이다. 태양왕의 춤은 자기
몰입의 본능적 행위였다"라고 기술했다.[20] 처음에 궁정에는 단지 소수
의 직업 무용수들만이 존재했는데, 이제 그 대신 궁정인들 스스로 춤을
추었다. "하지만 궁정 무도회는 단순히 즐거움을 가져다주는 대상이

아니라 엄격하고 다양한 예법 속에서 하나의 학문으로 간주되었고, 1661년 이후로는 독자적인 무용아카데미와 루이 14세 궁정의 제1 무용수였던 발롱이 그 규정의 준수를 감독할 정도였다. 심지어는 의무적인 사순절 기간에도 무도회는 교회 규범을 준수해야 하는 의무를 완화시켜 주는 역할을 했다. 춤의 종류는 수도 없이 많았는데, 가보트, 파스피에, 샤콘, 부레, 지그, 카나리, 사라방드, 파사칼리아, 뤼를라나, 베르가마스카, 브랑르 등이 그 대표적인 경우였다."[21] 여기서 중요했던 것은 남녀 혼성으로 추는 춤과 윤무였는데, 이것은 그 뿌리를 거슬러 올라가면 부분적으로는 시원기의 다산 숭배를 기원하는 춤으로까지 이어지게 된다. 하지만 춤을 추면서 위로 도약하는 동작이나 한쪽 다리를 높이 치켜드는 동작은 없어졌다. 1661년 파리에 설립된 무용아카데미는 16세기에 지배적이던 이탈리아식 춤(2장 1절 참조)을 대체했고 프랑스식 춤을 유럽의 모범으로 만들어 놓았다.

17세기 중엽에 점잖게 스텝을 밟는 폴로네즈*가 절대주의 프랑스에서 형성된 것은 우연이 아니었다. 발터 소렐은 1573년의 폴로네즈 발레(그림 72)를 "궁정 발레"에 무대 이미지를 부여한 최초의 시도로 해석했다.[22] 하지만 바로크 시기의 가장 중요한 춤으로 간주할 수 있는 것은 미뉴에트Menuett였는데, "므뉘menu"는 "작은"이란 뜻을 가진 단어로, 다시 말해 작은 스텝의 춤을 의미했다. 리하르트 알레빈은 이를 다음과 같이 생생하게 묘사하고 있다. "바로크 시대의 사교춤은 오락거리가 아니었다. 그것은 관중의 경탄을 수반한 격식을 갖춘 예식이었다. 말하거나 웃거나 상대 여성의 손끝 이외의 부분을 건드리는 것은 금지

---

* 점잖게 스텝을 밟는 폴로네즈  3/4박자의 전형적인 귀족 춤인 폴로네즈를 출 때 사람들은 사회적 지위에 따라 둘씩 짝을 지어 무도회장을 돌면서 세 번째 스텝마다 무릎을 약간씩 굽힘으로써 스텝에 강세를 주었다.

그림 72 루이 14세 궁정의 인간 매체로 기능한 "폴로네즈 발레".

되었다. 모든 스텝과 모든 움직임이 측정되었다. 남성은 모자를 벗고 고
개 숙여 인사하고 조심스럽게 발을 내디디면서 상대 여성에게 다가섰
다가 멀어지고 미끄러지듯 지나가면서 자리를 바꾸었으며, 그 예식을
여러 가지 변형된 형태로 되풀이했다. (……) 이 춤은 여느 춤과 마찬
가지로 에로틱한 무언극이었다. 경의와 감사, 구애와 거부, 반항과 승
낙이 생생하게 분출되는 것이 아니라 하나의 기하학적 장식으로 굳어
졌다."[23] 활기, 자기 표출, 자연 친화성의 자리에 흡사 건축과 유사하게
명료함, 규칙성, 대칭성과 같은 고전주의적인 이상들이 대신 들어섰다.[24]

그림 73 베르사유 궁전의 정원에서 공연된 무용극.

여기에서 춤과 연극은 다시 서로 분리될 수 없게끔 결합되었다. 루이 14세는 특히 "궁정 발레"를 장려했는데, 이 궁정 발레는 "호화 가면 무도회"와 "궁정 가면무도회"에서 유래하였고 극적 긴장과 가면극을 통해 내용이 풍부해졌다.[25] 공연은 이스라엘 실베스트르의 1678년 동판화가 보여 주듯이 거의 베르사유 궁전의 정원에서 이루어졌다(그림 73). 루돌프 마이어는 프랑스, 이탈리아, 독일의 "노천극장"을 상세하게 기술한 바 있다.[26] 하지만 그 이외의 공연장은 궁전 내부와 파리의 오페라 극장에 위치해 있었다. 여기서 중요했던 인물은 장-바티스트 륄리(1632~1687년)였는데, 그는 1671년까지 "서사적인 발레곡"을 30편 이상 작곡했고 때로 몰리에르*와 공동으로 작업했으며 1672년부터는 왕립음악아카데미를 이끌어 나갔다. 륄리는 "궁정 발레"에 이중주, 삼중주, 대화 장면, 서곡 장면, 오페라 마지막 악장을 삽입했고 몰리에르의 희극을 통합시켰으며 신생 프랑스 오페라를 성립시켰다. "프랑스는 이탈리아와 더불어 독자적인 오페라 형태를 발전시킨 최초의 나라였다."[27] 여기서 텍스트는 거의 역할을 하지 못하거나 대개 필리프 키노*의 손을 거쳐 가극 각본으로 변형되곤 했다. 사람들은 새로 생긴 장르를 "코메디 발레"라고 불렀는데, 이것은 연극풍의 발레, 줄거리가 있는 희극, 사회 풍자, 인물 성격의 회화를 춤, 말, 익살극, 제스처, 의상을 통해 하나로 통합한 것으로, 격정을 묘사하는 것은 음악의 몫이었다. 프랑스의 "국립오페라극장"에서는 춤과 발레, 합창과 관현악, 희극적인 것과 비극적인 것이 만나게 되었다.

세련된 무대 장치들도 중요했는데, 이 장치들은 무대 배경의 지속적인 변화와 함께 특히 무대 위의 무대로까지 무대의 세로 폭을 투시 도법화하는 형태를 취함으로써 전체 공간을 효과적으로 이용할 수 있게 했다. 증기로 된 구름, 불, 이리저리 떠돌아다니는 신화적인 동물의 머리, 비행기구, 복잡하게 얽힌 수많은 공연 공간을 갖춘 46미터에까지 이르는 무대의 세로 폭, 모든 종류의 착시錯視와 빛에 의한 효과, 천둥소리, 움직일 수 있는 산과 협곡, 인물과 동물이 무대 위로 오르거나 무법자가 지옥 입구로 사라지는 통로인 무대 바닥의 입구 등을 포함한 "바로크식 기계 장치 연극"은 핵심 개념이 되었다. 그리고 모든 발레 작품과 오페라의 중심에는 국왕이 있었다. 그는 주인공이자 영웅이었다. 공연 연출은 예외 없이 국왕을 예찬하는 데 봉사했다. 국왕은 모든 것을 알고 있으며 천하무적이고 신과 유사한 성스러운 특징을 지닌 영

---

* **몰리에르** 17세기 프랑스의 위대한 희극 작가이자 배우로, 대표작으로는 《타르튀프》 등이 있다.
* **필리프 키노** 17세기 프랑스의 희비극 작가이자 가극 각본 작가로, 륄리와 함께 프랑스 오페라의 발전에 크게 기여했다.

그림 74 몰리에르가 연극조로 《타르튀프》의 낭독을 연출하고 있다.

웅으로 표현되었다.[28]

궁정의 고전주의 비극을 대표한 인물로는 피에르 코르네유(1606~
1684년)*의 전통에 서 있는 장-바티스트 라신(1639~1699년)*이 있었
고, 희극에서는 몰리에르로 잘 알려진 장-바티스트 포클랭(1622~1673
년)이 있었다. 장-루이 앙셀름의 동판화는 궁정의 사교 모임에서 인쇄
된 작품을 연극조로 낭독하고 있는 모습 ── 여기에서는 몰리에르가 자
신의《타르튀프》를 읽고 있다 ── 을 보여 주고 있다(그림 74). 1680년 루
이 14세의 지시로 그때까지 경쟁해 오던 오텔 드 부르고뉴와 팔레 루
아얄에 있는 파리의 두 연극 공연 극장이 합쳐지면서 특별한 궁정 극장

---

* **피에르 코르네유**  프랑스 고전주의 비극의 창시자로 평가되고 있는 인물로, 대표작으로
  는《르 시드》등이 있다.
* **장-바티스트 라신**  프랑스 고전주의 비극의 대가로, 대표작으로는《페드르》등이 있다.

인 코메디 프랑세즈가 생겨났다. 다른 아카데미들처럼 코메디 프랑세즈도 일차적으로는 국왕을 예찬하기 위해 기획된 것이었다.

바로크 매체 문화의 구성 요소였던 연극은 일차적으로 사람들의 구경하고자 하는 욕구와 (음악적으로) 듣고자 하는 욕구를 만족시켜 주었다. 연극은 격정 속에서 세상을 완전히 구체화하는 것이었고 무엇보다도 구경거리였다. 하인츠 킨더만은 연극을 "바로크적 삶의 형태의 전형"으로 부르면서 다음과 같이 썼다. "삶은 연극이고 세상은 무대로 표현되어야 한다. (……) 왜냐하면 모든 것이 다만 허상이고 세상과 삶은 항상 새로운 변형으로 나타나기 때문이다."[29] 이와 함께 뒤에서 눈에 띄지 않게 결정적인 영향력을 행사하는 것은 단지 표면적으로만 신이었을 뿐이고 실제로는 절대주의적 통치자가 그 주체였다. 따라서 연극에서도 다음의 사실은 유효한 것이었다. "궁극적으로 중요한 것은 자연을 지배하고 자신의 존재를 자유롭게 규정할 수 있는 힘을 가능한 한 최고로 끌어올리는 것이다."[30] 프랑스 절대주의의 운영과 기능이라는 관점에서 바라볼 때 연극 작품을 공연하는 것은 권력을 행사하는 것이 되었다.

## 8.3. 환영식과 기마 곡예

왕궁에서 유희는 단지 무대 위에서만 존재했던 것이 아니라 범속한 형태인 도박벽으로도 존재했다. "오크"나 "바세트" 같은 카드놀이와 "르베르시"나 "랑스크네" 같은 도박은 특히 인기가 있었다. 축제나 환영식은 다른 종류의 유희를 즐길 수 있는 계기였다. 예컨대 1685년의 베네치아 총독의 예방은 그 자체가 외교적 환영식이었고 하나의 거대한 축제로 발전되었다. 1699년에 모로코 대사가 왔을 때에도 이와 유사한 상황이 전개되었다. 1687년도 역서가 보여 주듯이(그림 75), 샴의 외교 사절단에 대한 국왕 루이 14세의 접견은 마치 전 세계가 프랑스 왕에게 충성을 서약하는 것 같은 연출된 모습을 보였다. 제후들의 도시 입성과 행진은 화려하고 찬란한 장식과 함께 거행되는 요란한 경축 행사였다.[31] 또 다른 계기를 제공한 것은 결혼식, 대관식, 생일과 수호 성인의 날, 장례식이었으며 혹은 도시의 패배도 여기에 포함되었다(4장 4절 2 참조). "궁정 축제 행사의 절정으로 간주될 수 있는 것은 기마 곡예 Carrousels였다." 이와 유사한 기마 곡예는, 비록 부르는 이름은 달랐지만, 피렌체와 빈에도 존재했다. 만프레트 코소크는 다음과 같이 기술하고 있다. "베르사유에서 1664년에 개최한 최초의 기마 곡예 행사는 1주일 간 지속되었으며, 이러한 종류의 축제들 중에서 가장 뛰어난 것으로 간주할 수 있는 것이었다. 루이 14세는 신사·숙녀 5백여 명과 함께 입장했다. 개선문, 원형극장, 꽃 장식, 벽걸이용 양탄자와 벽지로 장식된 칸막이 벽, 군상群像, 인공 언덕, 춤추는 분수, 거대한 야외 음악당이 마술과 같이 고대 세계를 불러냈다. 궁신들은 판, 디아나, 바쿠스 등의 다른 신화 속 인물들을 생생하게 만났다. 루이는 황금색으로 빛나는 태양신의 마차 안에서 다이아몬드가 박힌 왕관을 과시해 보였다. 그를 둘러싸고 있는 것은 황금시대, 은의 시대, 청동의 시대, 철의 시대에 대한 상징적 묘사였다. 음악과 춤에 맞춰 격식을 갖춘 시구가 낭송되었고, 또한 궁신들과 그들의 약점을 조롱하는 노래들도 불렀다. 성대하게 차린 긴 식탁에는 손님 2백 명이 자리를 잡았다. 거대한 지역의 경계를 구분하기 위해서 금빛 난간이 사용되었다."[32] 특별한 계기에 축제의 일부로 행해지는 불꽃놀이는 빼놓을 수 없는 것이었다. 장시간의 전투와 5막으로 구성된 줄거리가 폭죽, 순환하는 태양, 반짝거리는 별, 활활 타오르는 곡식단과 함께 하늘에 묘사되었다.

그림 75 충성 서약식으로 연출된 루이 14세의 샴의 외교 사절단 접견.

그런 기회에 사람들은 때로는 아서 왕의 기사나 십자군, 때로는 아르고 호에 승선했던 영웅들 역을 맡았고 기사들의 마상 시합을 재연하거나 — 늦어도 16세기 초에 화승총에 화약을 사용함으로써 갑옷과 창은 진부한 것이 되고 말았다 — 다른 역사적 인물로 분장했다. "전쟁놀이는 연극으로 변형되었던 것이다."[33] 사람들은 사랑, 춤, 사냥, 도박을 즐겼고 더 나아가 예컨대 루이 14세가 돌격할 준비가 돼 있는 자신의 군대로 하여금 적대적인 도시를 포격하도록 하고 이후 궁정의 관료들과 함께 화려하게 입성하면서 도시의 항복을 경축할 때에는 전쟁마저도 즐길 수 있는 것이 되었다. 한편, 그때까지는 보통 다양한 복장을 하고 있었던 병사들이 역사상 처음으로 동일한 의복인 제복을 지급받았다. 그러한 세부 사항은 아마도 당시의 온갖 종류의 궁정 연출의 기능 변화를 가장 잘 설명해 주는 것이 될 것이다.

## 8.4. 절대주의 축제

조형 매체와 인간 매체는 축제에서 정점에 이르렀다. 물론 절대주의 축제를 성스러운 기독교 축제, 즉 축일과 혼동해서는 안 된다.* 토마스 아퀴나스와 중세를 지향하던 가톨릭의 종교 철학은 다음과 같은 주장들을 제기하였다. "축일은 휴식의 원천이다." "제의에서 유래하지 않고 바로 이 기원에 의거하지 않고서도 축제일 수 있는 축제는 존재하지 않는다. 그것이 카니발이든 아니면 결혼식이든 간에 '신들이 없는' 축제는 존재하지 않는다." "기독교적 예식 거행이 그리스도의 희생을 통해 그 최고의 긍정과 완성을 경험했던 창조의 한가운데서 일어난 희

---

\* 독일어 Fest에는 축제라는 의미 이외에도 교회 축일이라는 뜻도 있다.

생이라는 점에서 실제로는 영속적인 축일이 생겨나게 되었고, 그 결과 평일조차도 페리아feria,* 즉 축일로 불리게 되었다. 교회 전례는 단지 축일만을 인정했던 것이다."[34] 절대주의의 축제는 이러한 전통과 연결되어 있긴 했지만 그 전통을 완전히 새로운 것으로 변형시켰다. 우리가 기억해야 할 것은 시원기의 여성 매체에서 수렵인들의 희생 제의 매체로의 변화, 히에로스 가모스에서 아티카의 축제로의 변화[35] 이후 중세 시대에는 농촌의 축제와 더불어 단지 성극과 시장 광장의 연극*만이 번영하는 도시들에 남게 되어 오늘날 우리가 알고 있는 연극 매체의 뿌리가 되었다는 사실이다.[36] 축제가 단순한 "의사소통 체계" 이상의 것이 되는 것은 언제부터인가?[37] 언제 축제는 매체가 되는가? 축제가 단순히 제도화되면서 의사소통을 규칙적이고도 의미를 지닐 수 있도록 조직하고 특별한 방식으로 연출하는 것에 그치는 것이 아니라 문화적, 사회적인 상호작용 과정의 매개 메커니즘으로서 사회 전반에서 지배적인 것이 될 때에 축제는 매체가 되는 것이다. 여기서 지배적인 정도는 주어진 공간 속에서 주어진 시기의 다른 매체들과 비교하여, 즉 매체 문화의 맥락 속에서 차지하는 주도적인 위치에 따라 결정된다. 따라서

---

* **페리아** 라틴 어 feria는 고대 로마 시대에는 특히 노예를 비롯한 사람들이 일을 하지 않고 법정도 문을 닫는 휴일을 의미했다. 이후 유럽에 기독교가 확산되면서 페리아는 종교적인 안식을 취하고 신자들이 미사에 참석해야 하는 축일의 의미를 지니게 되었다. 그런데 부활절부터 시작되는 일주일은 일찍부터 종교적 축일로 지켜졌기 때문에 초기 기독교인들은 부활절 다음날을 두 번째 축일, 즉 "페리아 세쿤다feria secunda"라고 부르기 시작했고 또 모든 일요일은 작은 부활절이나 다름없었기 때문에 매주 월요일 역시 페리아 세쿤다로 부르게 되었다. 이 관행에서 본래 축일을 의미했던 페리아가 나중에 가톨릭 교회에서는 월요일과 같은 평일을 의미하게 되었다.
* **시장 광장의 연극** 경제적 상행위에서 비롯된 각종 연극적 요소들, 예컨대 돌팔이 약장수의 노래와 연기를 곁들인 판매 행위와 거리에서 벌어지는 시민들의 가장행렬 등을 포괄하는 표현.

축제는 그 조정 및 방향 설정 기능이 다른 매체들과 겹치거나 일치하고 상대화하거나 대체되지 않는 한도 내에서 매체로 간주될 수 있다. 근대 초기에 대해서는 세 가지의 상이한 변화 경향을 구분해야 할 것이다. 그 첫째는 시민적 특색을 지닌 도시에서 매체로 간주될 수 있는 축제가 쇠퇴하는 것이고(4장 4절 참조), 둘째는 농촌에서 축제 매체가 갖는 연속성이며(5장 1절 참조), 마지막 세 번째는 절대주의 매체 문화의 중심이 된 절대주의 축제이다.

절대주의 축제의 역사적 독특성과 유일무이성은 다음과 같은 다섯 가지의 서로 다른 특징들을 그 근거로 삼고 있다.[38]

첫째, 절대주의 축제는 초기 고도 문화 시기의 희생 제의, 춤, 음악, 성직자의 결합과 중세의 학위 소지 교사, 사제, 설교자, 스테인드글라스, 서적, 성극의 결합 등과 유사하게 귀족의 모든 매체들(궁전, 정원, 조각품 같은 조형 매체와 무도회, 연극, 기마 곡예 같은 인간 매체)과 통합될 수 있었다. 이러한 결합은 18세기에는 부르주아 문학 협회의 매체들을 통해 다시 이루어지게 될 것이었다.

둘째, 이데올로기적으로 이전의 선구적인 형태들과는 완전히 반대로 절대주의 축제의 기본 체계는 더 이상 제의적이거나 종교적이지 않았고 일정 정도 탈신성화하였다. 여신이나 남신, 그리스도가 아니라 신성한 인간인 세속 통치자, 군주가 중심에 들어서게 되었다. "루이 14세 치하의 궁정 축제는 언제나 신이 세운 제왕에 대한 제의적 숭배를 의미했다."[39] 루이 14세의 견해에 따르면 군주를 절대적 통치자로 만든 것은 신이 결정한 일이었다. 고위 귀족, 관직 귀족, 행정 관리, 군대, 전체 민중은 태양왕이 말한 "짐朕"("짐이 곧 국가다")에게 복속되었다. 절대주의는 입헌 체제가 아니었고 오히려 하나의 과정, 즉 법적, 정치적, 사회적, 문화적인 온갖 종류의 전통적인 속박에 맞서 절대 주권을 지향했던 군주들의 끊임없는 노력으로 이해할 수 있다.[40] 리하르트 알레빈의 말을 빌리자면, 축제는 "궁정의 신들[군주들 — 옮긴이]이 스스로 불러낸 마법이자 스스로에게 바친 제의"와도 같았다. "축제의 방탕하고 무절제한 특징이 마지막으로 나타났던 것이다."[41] 이런 맥락에서 피터 버크는 루이 14세에 대한 묘사가 입상立像, 회화, 찬가讚歌에서뿐만 아니라 연극무대, 메달 혹은 궁정 설교자의 설교 속에서도 항상 "대성공의 묘사"였다고 말하고 있다. 모든 정복과 모든 승리한 전투가 찬란한 대성공을 거둔 정복이자 전투였고, 모든 승전은 국왕이 몸소 거둔 승리였다. 모든 강화 협정은 순전히 국왕의 성과로 칭송되었다.[42] 그것은 일종의 내재적인 신의 찬미였다.

셋째, '비일상적인 것의 제도화'라 할 축제[43]는 일상생활 전체를 남김없이 연출하는 결과를 초래했다. 리하르트 알레빈은 이를 다음과 같이 특징지었다. "궁정 세계에서 모든 공간은 축제의 공간이고 모든 시간은 축제 기간이었다. 궁정 생활 자체가 총체적인 축제였다."[44] 궁정 생활을 특징지은 것은 엄격한 위계질서와 잘 짜여진 예법 체계였다. 하루 일과가 엄격히 규제되고 타인에 의해 의례적으로 규정되었다. 국왕의 기상, 복잡한 외복 착용, 이른바 아침 접견으로 불리는 언격하게 규정된 첫 손님들의 침실 방문에서 국왕의 저녁 기도, 탈의, 재차 규정된 취침에 이르기까지 하루 일과는 세심하게 연출된 행동거지의 연속이었다.[45] "이런 명문화된 상징적인 몸짓은 상상할 수 없을 정도로 사람들이 열심히 따랐던 안무에 대한 관념과 견줄 만한 것이었다."[46] 원칙적으로 모든 것이 공적으로 이루어졌는데, 여기에는 아침 화장, 침실, 신방新房 잠자리에 들기, 출산, 루이 14세가 때로 손님들을 접견하기도 했던 "좌변기" 또는 "냄새나는 옥좌" 위에서의 회의,* 죽음도 포함되었다. 특히 여기서 신분과 계급의 차이를 외형적으로 보여 주는 유행복이 그 가치를 발휘했는데 남성들은 화려한 신사 복장을 하고 여성들은 어깨와 가슴을 노출시킨 깊게 파인 옷을 입었다.[47] 외양이 모든 것을 말해 주던 이 시대는 멋쟁이의 시대였다. 단순한 옷은 화려한 의상이 되었고 겉모습은 과장되게 꾸며졌다.[48] 둥근 테를 속에 넣어 부풀게 만든 치마, 위로 틀어 올린 머리, 재킷과 조끼, 휘장과 옷깃, 리본과 목걸이, 그리고 특히 매독에 걸려 탈모된 머리를 숨기기 위한 가발이 이 시대의 특징이었다. 사람들은 씻지 않았고, 그 대신 사실상 화장실을 거의 알지 못했거나 이용하지 못했던 문화 속의 공간과 복도에 진동하는 소변 냄새를 감추기 위해서 향수를 뿌렸다.

넷째, 우리의 관심을 끄는 것은 절대주의의 축제, 조형 매체, 인간 매체에서 모두 "예전" 매체들이 문제가 되고 있다는 사실이다. 종교개혁 운동에 반대한 로마 가톨릭교회의 투쟁과 유사하게, 절대주의의 통치는 일차적으로는 전통적인 매체들에 기반을 두고 있었다. 예전의 조형 매체와 인간 매체에 기반을 두고 있다는 것은 의문의 여지 없이 절대주의를 "역사에 의해 몰락이 예정된 세계의 황혼이자 최후의 빛나는 장휘"[49]으로 간주할 수 있는 하나의 이유가 된다. 절대주의는 어제의 매체들의 세계였다. 고대 그리스, 로마 시대가 문화 모델로서 지녔던 의미의 상실과 유사성의 쇠퇴, 국왕의 탈신화화와 탈신비화를 통해 유발된 17세기 말 자기 과시의 보편적 위기[50]는 이러한 매체사적 변화의 반영으로 해석해 볼 수 있을 것이다. 봉건 사회의 자기 정당화의 위기는 일어나고 있는 매체적 세계 변화의 한 결과물이었다. 절대주의의 매체

---

* **좌변기 또는 냄새나는 옥좌 위에서의 회의**  루이 14세는 장 속에 남아 있는 음식물 찌꺼기가 독성 물질로 변해 만병의 근원이 된다는 주치의들의 조언에 따라 정기적으로 설사약을 복용하거나 관장을 했다. 이로 인해 루이 14세는 잦은 배변 증상에 시달렸고 종종 화려하게 장식된 휴대용 좌변기 위에 앉아 정무를 보기도 했다.

문화는 귀족과 하층 민중의 기묘한 공생 관계 속에서 실현되었던 반면에, 시민 계층은 자신의 문자 문화와 새로운 인쇄 매체들과 더불어 절대주의 매체 문화에서 외면당한 채로 남아 있다가 결국 독립해 나갔다.[51] 전통적인 인간 매체와 조형 매체에서 새로운 인쇄 매체로 우위가 바뀐 것은 결정적으로 봉건 사회의 몰락에 기여했다. 오늘날 사전에서 축제를 "문화적 총체"로 일반화하여 지칭하고 있다면, 그것은 축제가 예전에는 실제로 하나의 "매체"였지만 오늘날에는 포괄적인 조정 및 방향 설정 기능 없이 다소간 사적인 여가 문화의 한 표현이 되고 말았다는 사실을 슬쩍 은폐하고 있는 것이다.[52] 이미 절대주의 시대에 축제는 전적으로 "생활 세계의 미학적 형상화"에 봉사하는 것이 되고 말았다.[53]

마지막으로 다섯째, 절대주의의 축제는 일차적으로 정치적 기능을 가지고 있었다. 절대주의 매체 문화는 귀족 통치의 자기 과시에 이용되었고, 여기서 축제는 권력의 매체가 되었다. 따라서, 비록 궁정의 공공 영역이 후대의 부르주아 공공영역이나 그 이전의 종교개혁 공공영역과 큰 차이를 보이고 있기는 하지만, "공공영역의 형성에 기여한 매체"로 간주할 수 있는 정치적 축제의 시작을 19세기로 미루는 것[54]은 잘못된 것이다. 세심하게 연출되고 "가장 엄격한 궁정 예식 속에서 보존된 개인 숭배는 원래 화려한 무대 뒤의 태엽 장치처럼 작동하는 관료 기구의 눈부신 외형에 지나지 않았고", 효과적인 재정 제도, 엄격한 재판, 전투력이 강한 군대가 중앙 집중화된 관료제와 더불어 권력의 가장 중요한 요소들이었다고 주장하는 것 역시 분명 온당한 평가는 아니다.[55] 근대 초기 매체사의 맥락에서는 피상적으로 보이는 외형이 도리어 새로운 행위 매체인 권력의 본질적인 구성 요소로 드러나게 되는 것이다. 새로운 거주 문화, 새로운 음식 문화, 살롱에서의 새로운 대화 방식, 새로운 의복 문화, 새로운 춤과 생활 문화, 새로운 축제 및 경축 문화, 이 모든 것들은 통치 수단으로 기능화하였다. 일상의 예식 역시 "복종을 장려하기 위해 연출되어야 하는 일종의 연극 작품으로 여겨졌다."[56] 여기서 기품 있는 의례의 전통적인 자기 과시 기능은 단순한 자기표현을 훨씬 넘어서는 것이었다. 국왕은 회화적, 문학적 초상화 속에서 거리를 두는 듯하면서 움직임이 없는 모습으로 묘사되었고, 바로 이러한 자세에서 권력, 신비로운 기운, 위대함, 고상함이 상징적으로 표현되었다.[57] 또한 이에 걸맞게 위신의 암시적 기능으로 숭배, 카리스마 부여, 거리 두기를 언급할 수 있을 것이다.[58] 루트비히 판들이 시원기의 매체인 성직자, 치료 주술사, 샤먼[59]에서 유럽의 궁정 예식으로 직접 이어지는 계통에 대해 언급한 것도 우연이 아니었다.[60] 아르민 레제[61]는 궁정 축제의 핵심 기능을 "체제의 안정"이라고 말한 적이 있다.[62] 그렇기 때문에 절대주의 축제의 엄청나게 잦은 빈도, 막대한 비용, 높은 조직화 정도와 복합적인 특징이 다 가능했던 것이다. 이론적으로 자신을 정당화해야 했던 절대주의는 한편으로는 지배자를 종교적으로 드높이는 것을 통해 그 작업을 수행했다. 외부적으로는 유럽의 패권을 쥐는 것이 중요했다. 다른 한편으로 절대주의는 반대파를 실제적으로 제압해야 했는데, 내부적으로 그것은 특히 귀족의 순치와 사회적 규율화의 형태로 이루어졌다. "구 귀족들이 견고하게 쌓은 성의 시대는 최종적으로 지나갔다. 왕실과 귀족, 혹은 경쟁하는 거대한 귀족 당파들 간의 파벌 투쟁 대신에 이제 군주의 총애를 얻기 위해 분투하는 궁정 파벌 집단들의 다툼이 나타났다. 그 이전이나 그 이후의 어느 시기에도 귀족이 통치자의 '속박'에 그렇게 강하게 예속되어 있었던 적은 없었다."[63] 농촌 영지에서 궁정으로 유인된 봉건 귀족은 궁정 귀족이 되면서 자신들의 특권을 점차 빼앗겼다. "호전적인 봉건 귀족에서 장식을 추구하는 궁정 귀족으로의 변모와 함께 자기 과시가 전투력을 대신하게 되었다."[64]

320

## 8.5. 정리

이상의 내용을 정리해 보도록 하자. 석재로 만들어 낸 베르사유의 권위, 건축 조형에 의해 인간적 특성이 부여된 정원과 녹지, 축제에서 드러난 정치적 사건의 각색, 개인적이고 가족적인 사안들의 공개, 일상 생활의 연출, 예술의 도구화 등 이 모든 것들은 권력의 구체화, 확립, 기능화의 관점 하에서 축적된 결과물이었다. 에티켓과 예식 이외에도 예컨대 "사회 구조의 계기판 역할을 하는 주거 구조"를 포함시켰던 노르베르트 엘리아스[65] 식의 사회학적 연구 방법은 매체사적으로 선구적인 형태들을 언급하지 않음으로써, 비록 그가 절대주의 문화의 권력 기능을 언급하고 있기는 하지만, 이 사회를 구성하는 특징이라 할 매체 문화의 역사성과 의미에 대한 통찰은 소홀히 하고 말았다. 그 다음 세기에 일어난 바스티유 습격과 프랑스 혁명은 기근과 역병, 야만적 폭압으로 고통당하는 농민들에게서 강요해 얻어낸 프랑스의 절대주의 매체 문화에 대한 지출 비용 없이는 설명할 수 없다. 행위 매체인 권력에는 그 대가가 뒤따랐던 것이다. "1661년에서 1715년까지 베르사유 궁전의 전체 지출액은 대략 8천2백만 리브르로 추산된다. 궁정은 국가 재정의 1/4 이상을 먹어 치웠다. 2백만 리브르가 넘는 액수가 군주의 사재私財로 유입되었다."[66] 사회적 변화는 절대주의 매체 문화에서도 18세기에 인간 매체와 조형 매체의 우위가 새로운 인쇄 매체의 우위로 변화해 감에 따라 성취될 수 있었다.

# 9
## 신문
### 17세기에 나타난 초기 부르주아 공공영역의 핵심 매체

오늘날에는 카이사르가 공시한 고대 로마 제국의 원로원 의사록acta senatus이나 기원전 206년 중국의 관보官報*와 같은 초기 현상들이 근대적인 신문의 "연결 고리"가 될 수 없다는 것에 대해서 대체로 의견이 일치하고 있다.[1] 독일에서 최초로 신문이 생겨났다는 점 — 이 사실은 나치 시대에 선전의 일환으로 최대한 이용되었다[2] — 역시 의심의 여지가 없다. 그런데 오늘날 우리가 알고 있는 신문과 같이 완전히 새롭고 여태 존재해 본 적이 없던 형식의 매체, 시점을 확정할 수 있고 지리적인 장소를 확인해 볼 수 있는 매체가 어떻게 해서 생겨나게 되었을까? 이에 대해 해명하려는 다양한 시도들은 서로 상이한 요인들을 강조하고 있다.

예컨대 로베르트 E. 프루츠는 신문의 "기원" 문제에서 종교개혁 이

---

* 관보  중국의 한대漢代에 처음으로 등장한 "저보邸報"를 지칭하는 것으로, 주로 황실 소식이나 관리 임면, 정부 발표문 등을 취급하였다.

외에 "서적 인쇄술의 발명과 우편 제도의 점진적인 형성"을 언급하고 있다.[3] 이와 유사하게 귄터 키즐리히는 "초기 신문 제도의 직업 요람"을 고찰하면서 네 가지 중요한 요소, 즉 "첫째 활판 인쇄술의 발명과 점진적인 개발, 둘째 정보 가치가 있는 사건에 대한 지식을 대가를 받거나 단순한 호의로 혹은 알리고자 하는 욕구에서 다른 이들에게 전해 주려는 사람들의 준비 자세, 셋째 정기적이고 잘 정돈된 전령 및 우편 업무의 점진적인 조직화, 넷째 주기적인 소식의 입수가 중요한 사회나 사회 집단의 존재"를 지적했다.[4] 물론 여기에서는 신문의 고유한 뿌리를 말하고 있다기보다는 오히려 신문의 성립에 필요한 전제 조건을 이야기하고 있다고 할 수 있다. 이에 반해 예컨대 파울 로트는 연대기, 관보, 서신, 설교, 소책자, 민요와 같은 다양한 형태의 혼합체에서 "본래의" 혹은 "진정한" 새 소식Neue Zeitungen이 발전되어 나왔다고 주장한다.[5] 헤르만 디츠는 다음과 같이 말하고 있다. "신문 제도는 인간 사회의 필요에서 자생적으로 유래한 것이지 국가 이성에 의해 만들어진 것이 아니었다. 그리고 그 네 가지 뿌리는 방랑하는 가인들의 노래, 전단지, 서신, 그리고 이른바 견본 시장 렐라치온*Meß-relation*이다."[6] 물론 여기서 적어도 신문 성립의 자생적 성격을 강조한 주장은 문제가 있어 보인다. 이와 유사하게 오토 그로트는 중세의 방랑하는 가인들에서 도시와 상인 계층의 전령 노선을 거쳐 "근대의 자식"인 신문에 이르기까지의 계통을 이야기하면서 매체의 변화를 가져온 불가항력적인 상황으로 무엇보다도 증가하는 주민 대중을 언급했다.[7] 테오도르 슈타인은 필사 신문이나 인쇄 신문과는 다르게 "말하는 신문"이라 부를 수 있는 방랑 가인, 격언 시인, 떠돌아다니는 민중 설교자와 같은 "전 단계"에 주

---

* **견본 시장 렐라치온** 9장 1절 4를 참조하라.

의를 환기시켰다.[8] 다른 저자들의 연구는 예컨대 이른바 "우체국장 이론"에 따라 신문이 당시 교통의 교차점이었던 우체국을 근거지로 삼아 대체로 우체국장들에 의해 배달되었는지[9] 아니면 서적 판매업자, "서적 행상인", 서적 인쇄업자가 새로운 매체의 발전에 중요한 몫을 담당했는지[10]에 대한 예전의 논쟁에 국한되어 있는 형편이다.

신문의 기원에서부터 오늘날의 온라인 신문에 이르기까지 신문 역사의 기본 특징을 다룬 종합적인 연구 성과는 이상하게도 수많은 선결작업[11]이 있었는데도 오늘날까지 나오고 있지 않다. 이것은 아마도 특히 언론 정보학의 유감스러운 "역사에 대한 공포"의 결과로 돌릴 수 있는 문제일 것이다.[12] 게다가 신문의 시작에 대한 지금까지의 연구에서는 오히려 구분해서 고찰해야 할 많은 것들이 서로 뒤섞여 버리고 말았다. 그렇기 때문에 아래에서는 신문의 뿌리(9장 1절), 그 초기 역사(9장 2절), 17세기 후반의 신문의 확산과 내용 변화(9장 3절), 신문의 근본적인 사회적 의미(9장 4절)를 각각 별도로 기술하게 될 것이다.

## 9.1. 신문의 뿌리

우리는 신문을 통해 새로운 매체 시대의 개막을 확인해 볼 수 있다. 토마스 슈뢰더는 20세기 말 디지털 매체로의 매체 혁명을 넌지시 암시하면서 다음과 같이 쓰고 있다. "17세기 초 근대 언론의 탄생은 상대적으로 별 주목을 받지 못한 사건이었다. 새로운 매체는 명백히 어떤 축하 기념식이나 어떤 공식적인 관심도 끌지 못한 채 '소리 없이' 생겨났다. (……) 1609년이 신문이 시작된 영年의 시점으로 간주될 수 있겠는데 왜냐하면 이 해에 현존하는 가장 오래된 주간 신문이 나왔기 때문이다. 즉, 스트라스부르에서 요한 카롤루스에 의해 《렐라치온》이 발행되었고 볼펜뷔텔에서 같은 시기에 《아비조Aviso》*가 나왔던 것이다. 필사 신문, 새 소식 혹은 견본 시장 렐라치온과 같은 예전의 혹은 그 시대의 경쟁적인 정보 매체들과는 달리 최초의 주간 신문들은 처음으로 근대 신문의 전형적인 모든 특징들, 즉 주기성, 시사성, 보편성, 공공성 Publizität을 그 안에서 조화시켰다."[13] 때로 그 선구적 형태들이 진짜 신문으로 잘못 파악되기도 하고[14] 연속성이나 공적 이해관계와 같은 다른 속성들이 신문의 특징으로 거론되기도 한 이후,[15] 1920년대에 일찌감치 언론 정보학에서 채택되었던 신문의 네 가지 "전형적인 특징"[16]은 어디에서 유래한 것인가? 그 대답은 매체 문화사적으로 선구적인 형태들에서 찾아볼 수 있는데, 여기에서는 신문의 선구적 형태들, 즉 인간 매체인 가인과 설교자, 그리고 수기 및 인쇄 매체인 전단지와 서신에 대해서 간략하게만 살펴보고자 한다.

### 9.1.1.

구술 매체인 가인은 오랜 전통을 지니고 있다.[17] 이야기꾼이었던 가인은 이미 미케네 문화 시기(기원전 1600~1200년경)에 존재했음이 확인되고 있다. 나중에 호메로스는 가인에게 "신성한 아오이도스"라는 칭호를 붙여 주었다. 아오이도스는 류트에 맞추어 스스로 작곡한 신과 영웅들의 노래를 낭송했고 때로는 오랜 전설, 신화, 무곡舞曲, 애도가를 읊기도 했다. 고대 초기에 아오이도스는 통치자들의 궁정에서 특권적인 지위에 있던 제의적인 직업 가인들이었다. 아오이도스를 통해 공동체에서는 보편적인 가치에 대한 합의가 이루어졌고 행동 규범이 집단 기억 속에 남게 되었으며 갈등이 극복되고 의미가 창출되었다. 고대 초

---

* **아비조** Aviso 혹은 Avis는 통지, 통보, 소식 등을 뜻한다.

기에 아오이도스의 영웅들은 당시의 문화적 모범이나 다름없었다. 그런 면에서 적어도 미케네 궁정 문화의 틀 속에서 아오이도스에게는 명백히 조정 기능이 부여되어 있었다.

고전기 그리스 시대의 초창기(기원전 900~500년경)에 아오이도스는 음유 시인으로 대체되었다. 음유 시인들은 편력하는 서사시 가인들로 때로는 방랑 가인으로 불리기도 했으며 원칙적으로 그 선구자들과는 구분되었다. 그들은 개인적으로 활동했고 임시로 고용될 수도 있었다. 예전의 제의 매체인 아오이도스에서 하나의 축제, 오락 매체가 발전되어 나왔던 것이다.

중세[18]에도 가인은 매체로서 존재했는데, 이제는 우선적으로 기사적 삶의 맥락 속에서 그러했다. 궁중 익살 광대의 경쟁 매체인 중세의 궁중 시인은 봉건적인 산문과 서정시의 표준적인 중개 매체였다. 직업적인 연가 가인 혹은 트루바두르의 존재는 익살극과 고상한 여흥이 분화되었음을 알리는 것이었다. 그와 동시에 가인은 기사도의 수호자가 되었고, 그런 점에서 봉건적 가치 체계의 표현이자 보증인이 되었다. 가인에게는 봉건적인 내부 공공영역의 지배 질서를 안정화하는 기능이 부여되었는데, 이는 성적 충동의 승화란 외피에서도 중요했다. 여인들은 몇몇 소수가 거주한 데 비해 기사와 가신은 다수가 거주하던 성城의 사회적 내부 공간에서 이렇듯 성비가 불균등한 상황을 타개하기 위해서는, 가까이 다가가기 어려운 주군 부인에 대한 기사의 열정적인 충성 봉사를 의례화한 역할극이 연출되어야만 했던 것이다.

하지만 이로써 가인이 매체로 활약하던 시대가 끝난 것은 결코 아니었다. 근대 초기 신분제 사회의 테두리에서 우리는 예컨대 영국과 아일랜드의 노상 담시 가인(4장 3절)과 이른바 "소식 가인"을 만날 수 있고 그럼으로써 새로운 매체인 신문의 첫 번째 뿌리를 확인해 볼 수 있다.

중세 말 방랑자들의 새로운 집단인 소식 가인[19]은 대체로 잘 알려진 오래된 민요 곡조나 성가 곡조의 노래 형태로 "멋지고 새로운 이야기들"을 낭송했다. 소식 가인들은 때로는 끔찍하고 때로는 기적 같은 그리고 때로는 역사적이고 정치적인 사건들, 즉 하늘의 혜성, 경이로운 출산, 가정의 비극, 약탈, 전쟁, 한 도시의 몰락, 제후의 선출이나 퇴위 등을 이야기하였다. 귄터 키즐리히는 여기에서 보도 매체적 현상이라 할 "역사 민요"에 대해 언급하면서 이 민요를 창작자나 그 의도 그리고 서정시, 서사시, 연출법과 같은 "기본 입장"에 따라 분류한 바 있다.[20] 후대의 많은 민요들이 "소식 노래의 반향"에 지나지 않았는데도[21] 민요와 역사 노래 사이의 차이점을 크게 강조한 롤프 빌헬름 브레트니히[22]는 (대체로 선정적인 소식을 담고 있는) 소식 노래를 (무엇보다도 정치적, 역사적이며 완결되지 않은 사건들과 관련된) 역사적 사건 노래와 구분했다. 이런 소식이나 사건은 이미 전단지라는 유포 형식 속에서 언급된 바 있다(5장 3절, 6장 3절, 7장). 그러나 1856년에 루돌프 힐데브란트가 도입한 개념인 "소식 노래"를 매체사의 입장에서 보았을 때 실제로 "역사적 사건 노래"와 구분할 수 있는 것인지는 의심스럽다. 특히 소식 가인 매체가 완결된 사건이나 아직 완결되지 않은 사건, 실제 일어난 일과 허구적인 이야기를 보고하면서도 동시에 선동적으로, 훈계조이면서도 편파적으로, 정치적이고 지역사적이면서도 선정적인 것을 추구하면서 두 종류의 소식을 모두 다 전해 주었기 때문에, 상이한 내용들이 나타나는 경향이 있다는 것만으로는 소식 노래와 역사적 사건 노래 사이의 구분이 충분하다고 볼 수는 없다.[23] 어찌됐거나 신문은, 그 모든 오락적 기능에도 불구하고, 정보와 관련해서 특징적으로 나타나는 시사성을 선구적 매체인 가인에게서 이어받았다고 할 수 있다. 가인의 이야기는 항상 시사적이거나 현실에 맞게 개작되곤 했다. "노래를 통해 보도된 사건은 시사적인 관심사를 포함하고 있었고 광범위한 대중을 상대했음에 틀림없다."[24] 종종 특정 주제에 적합한 시사성은 눈앞에 생생하게 그려 내는 형태로 현실에 맞게 개작하는 작업을 통해 보충되었다. 형식 면에서 소식 가인들의 보도는 청중들에 대한 호소, 음유 시인들이 사용하곤 하는 일정한 도입 부분, 특정한 각운 형식, 번갈아 나타나는 운율, 단순화, 과장, 조롱과 같은 수사학적 형식, 도덕적이고 교훈적인 종지부 형식을 통해 구두 전달이 갖는 특징을 명확하게 드러냈다.[25] 새로운 소식을 제공하던 소식 가인들은 당시 사회적으로 제도화된 존재였고 나중에 정기적으로 많은 부수로 발행되는 신문이 주로 맡게 될 연대기적 기능을 명백히 갖추고 있었다. 다시 말해서 그들은 "최대한 상세하고 정확한 보도"를 지향했다. "20절 이상 되는 노래들도 결코 드물지 않았고 심지어 40절까지 있는 노래들도 있었다."[26] 안드레아스 게스트리히는 다음과 같이 쓰고 있다. "소식 가인들은 보통 당시의 떠돌이와 불량배에게 가해졌던 것과 동일한 제재 조치를 받았고, 이들의 인쇄물은 비록 완전히 금지되지는 않았지만 최소한 검열의 대상이었다. (……) 주로 떠돌이들에 의해 확산되는 소문의 정치적 성격과 아울러, 갈등의 시기에 신민들의 정치적 여론 형성에서 민요가 차지하는 중요성을 통해 바로 이 소식 가인들이 '매체 결합'에서 [심지어 18세기 초까지도 — 저자] 여전히 중요한 구성 부분을 이루고 있다는 사실을 직감할 수 있다."[27]

물론 여기에서 구두로 이루어지는 표출 행위는 예컨대 얀 게오르크 반 클리트의 에칭 동판화 〈소식 가인 겸 판매자〉(그림 76)에서 잘 묘사되고 있듯이 이미 부차적인 선전 행위로 기능화하고 말았다. 이와 함께 소식 가인은 선전 매체 또는 상품 판매자로 변형되었다. 이로써 가인은 이미 여러 번 언급한 인쇄 매체인 낱장 문서/전단지(4장 3절, 5장 3절, 6

그림 76  인쇄된 정보지의 판매자인 소식 가인.

330

장 3절, 7장)와 영업, 판매, 이윤의 관점, 즉 종교개혁 시기의 "자본주의 정신"에 직면하여 그 매체적 성격을 잃어버리지 않을 수 없었다.[28] 예컨대 19세기 필립 카임의 경우에서처럼 이후의 시기에도 여전히 "소식 가인"이 존재했다 하더라도[29] 거기서 통상 문제가 된 것은 정반대의 경우였다. 즉 그것은 사건과 관련된 신문 보도가 한 사람의 가인을 통해 각운을 갖춘 노래의 형태로 재미있게 부차적으로 확산된 것에 지나지 않았다.

9.1.2.

신문의 두 번째 뿌리는 지금까지 매체의 문화사에서 거의 가치를 평가받지 못한 설교자이다. 카르스텐 빈터[30]는 중세 시대의 문화적 변동에서 설교하는 탁발 수도사들이 얼마나 중요한 역할을 수행했는지를 보여 준 바 있다.[31] 탁발 수도사 설교자들은 동시대인들의 자기 확신 과정에 결정적으로 영향을 미쳤고, 막 태동하는 도시의 공중들에게 새로운 가치와 문화적 지향점을 제시했으며, 이전에는 대체로 서로 구분되어 있었던 중세 사회의 다양한 부문 공공영역, 특히 수도원과 교회, 수도원과 대학, 수도원/대학과 도시 사이를 연결하는 데 중요한 공헌을 했다.

설교자는 예로부터 기독교적 구원의 보증인이었고 신자들에게 천국으로 가는 길을 제시해 주는 기구였다. 여기에서 결정적이었던 것은 일종의 정보 행위적 의미를 지녔던 설교가 갖고 있는 규칙성이었다. 일요일의 설교는 중세 말과 근대 초기에 사람들이 수용하거나 혹은 거절할 수도 있는 선택 사항이 아니었다. 오히려 설교는 사회적으로 규정적인 의미를 지니고 있었고 모두에게 절대적인 의무이자 매주 되풀이되는 교회 예배 참석의 자명한 한 부분이었다. 특히 농촌에 살고 있는 많은

사람들에게 매주의 설교는 소식을 전해 주는 유일한 정기적인 정보원이었다.[32]

초기 기독교 시대의 사도들과 주교들에게까지 거슬러 올라가는 전통을 지닌 인간 매체 설교자가 신문 매체와 연관된 것은 중세 성기와 중세 말기 설교의 변화에서 비롯되었다고 할 수 있다. 당시에 성경을 해석하는 형식의 설교는 점차 훈계조의 설교로, 성경 이야기의 재구성은 주제별 설교로 대체되어 갔다. 이와 함께 시사적인 소식도 점점 더 많이 설교 안에 포함되었다. 말하자면 당대의 역사가 구원사의 전형이 되어 버린 것이다. 혹은 거꾸로 말해서 훈계조의 설교에 들어 있는 전형적인 본보기가 설교자의 주장을 뒷받침하는 특별한 확증 수단으로 시사적인 것을 인용할 수 있게 만들었다고도 말할 수 있겠다. 이러한 사정은 18세기에도 이어져 정치 설교와 영방 군주들의 주문에 따른 설교의 형태로 나타나게 된다.[33]

따라서 설교에 대단한 의미를 부여하고 매체의 중요성을 인식한 루터가 목적의식적으로 매체 결합체를 이용했던 것은 놀랄 만한 일이 아니었다(6장 1절 참조). 종교개혁과 반종교개혁 시기에 이른바 찬양 설교가 탄생했는데, 이것은 18세기 말에 정통 루터교와 경건주의 간의 투쟁으로까지 확산되었다. 찬양 설교는 노래의 특징과 아울러 전통적인 가인 매체가 갖고 있는 매력을 설교자라는 제도화한 매체가 지닌 설득력과 결합시키고자 했다. 이 분야에 대한 연구가 부족하긴 하지만 분명히 밝힐 수 있는 것은 근대 초기의 신문이 주기성이라는 중요한 특징을 무엇보다도 설교자 매체에서 전수받았다는 사실이다.

### 9.1.3.

물론 주기성이라는 특징과 관련해서는 신문의 세 번째 매체 문화적 뿌리인 수기·인쇄 매체 서신 역시 중요한 역할을 했는데, 이 점에 대해서는 더 자세하게 살펴보아야 할 것이다(9장 1절 4, 3장 1절 참조). 한편, 이미 언급한 바 있지만 신문 매체의 네 번째 뿌리는 인쇄 매체 전단지였다. 다만 여기서는 이 맥락에서 특히 강조할 만한 가치가 있다고 여겨지는 두 가지 서로 관련된 측면, 즉 그림적 특성과 공공영역에 대해서만 다시 한 번 생각해 보도록 하겠다.

루터가 명확히 표현했듯이 "소박한 평신도"들의 교육을 위해 투입할 수 있는 것은 그림밖에 없었다. 비언어적 의사소통 형태인 그림은 가인과 설교자 같은 구술 매체들과 함께 근대 초기의 광범위한 주민 대중에게 다가갈 수 있는 유일한 수단이었다. 17세기 말까지 주민의 90% 이상이 문맹이었다는 점을 잊어서는 안 된다. 시각화는 사람들의 일반적인 호기심과 구경에 대한 욕구를 자극함으로써 지금까지 유일한 정보원인 말이나 노래에 관심을 기울이던 정보의 수용자들이 그 시대의 문화생활에 참여하게 했다. 여기서 말하고자 하는 것은 정보의 확산이라기보다는 정보의 이해 가능성이라고 할 수 있다. 소식은 그 그림적 특성을 통해 신뢰성과 신빙성을 획득했다. 그것은 이미 언급했던 〈발견된 로마의 괴물〉 또는 〈당나귀 교황〉(그림 57 참조)의 예에서 보이는 것처럼 종종 아주 단순한 형태를 띠곤 했다.

동시에 전단지의 의사소통 전략으로 활용된 그림적 특성은 나중에 더 부연 설명되어야 할 두 번째 측면인 새로운 공공영역에 주의를 환기시키고 있다(9장 4절 참조). 이 공공영역은 두 가지 특징, 즉 인쇄업자, 출판업자, 판매상 측의 이윤 추구와 구매자, 독자 측의 오락 및 지향성에 의해 규정되었다. 낱장 문서 하나당 평균 1천5백 부로 추산되는 발행 부수를 갖춘 이 매체와 함께 완전히 새로운 종류와 새로운 규모의 공공영역이 성취되고 구축되었다. 공중은 연극이나 설교자의 경우에서처럼 더 이상 눈앞에 보이는 존재가 아니었고, 정보는 가인 매체에서처럼 더 이상 입에서 입으로 확산되지 않았다. 오히려 가장 신뢰할 수 있는 소식에서 중요했던 것은 다수의 분산된 공중의 존재였다. 근대 초기의 전단지 —— 그 핵심어는 공공성이다 —— 는 다시금 완전히 새로운 유형의 공공영역의 밑바탕이 될 매체〔신문 — 옮긴이〕를 향해 내딛는 결정적인 일보였던 것이다.

### 9.1.4.

보도 매체적 특징을 지닌 서신은 1차 매체Primärmedien*인 가인과 설교자보다는 명백히 연구가 더 잘 되어 있는 편이라고 말할 수 있다. 특히 중세 서임권 투쟁 기간 동안, 서신은 황제와 교황 간의 대립에서 투쟁 매체로 쓰였다.[34] 당시 황제의 회람 문서들은 특히 이 시대의 여론 주도층을 대상으로 한 정치 선전과 홍보 활동에 사용되었다. 서신은 세속 권력이 교회의 매체들, 특히 그중에서도 방랑 설교자, 탁발 수도사, 교회나 대성당의 설교단에서 설교하는 사제에 맞설 수 있는 유일한 매체였다.

근대 초기의 서신은 규칙성과 불편 부당성을 특징으로 한다(3장 1절 3 참조). 하지만 이미 로테르담의 에라스무스가 강조했던 서신 매체의 특성 역시 그에 못지않게 중요한 것으로 보인다. 즉 서신은 원칙적으로 그 주제 면에서 **다양한 기능**을 갖춘 모든 종류의 소식에 개방되어 있었

---

* **1차 매체**  언론 정보학자 해리 프로스Harry Pross는 매체의 종류를 1차 매체, 2차 매체, 3차 매체로 나누고 있는데, 여기서 1차 매체는 사람들 사이의 의사소통에서 특별한 별도의 장치를 필요로 하지 않는 언어나 표정, 제스처를 포괄하는 개념이다. 파울슈티히의 인간 매체는 프로스의 1차 매체와 비슷한 개념이라고 할 수 있다. 한편 2차 매체는 정보의 제공자만 특정한 기구를 필요로 하는 그림, 문자, 인쇄물을 의미하고 3차 매체는 정보의 제공자나 수용자 모두 장치를 필요로 하는 라디오, 텔레비전 등을 지칭한다.

다. 교회·교파적 서신 교환과 이미 기술한 바 있는 경제적 서신 교환 이외에도 여기에서는 정치적 자필 서신의 교환을 추가로 지적할 수 있을 것이다. 예컨대 가톨릭 측 "소식 기고자"인 요한 울리히 차지우스가 가톨릭교도인 바이에른 공작 알브레히트뿐만 아니라 외교적인 이유에서 개신교도인 뷔르템베르크 공작 크리스토프와 헤센 방백方伯 필립에게도 제국의 여러 사안들과 종교 분쟁에 관한 소식들을 전해 주었고 뉘른베르크 시 참사회*의 원로들에게도 그러한 내용들을 보도 매체적, 상업적 의도에서 전해 준 사례에서 드러나는 것처럼 때로는 여러 기능들이 서로 결합되기도 했다.[35] 여기에서 서신은 예전에 문장관들이 수행하던 역할의 배경 위에서 파악될 수 있을 것이다.

16~17세기 브라운슈바이크 공작들이나 바이에른, 작센, 헤센 궁정에서의 광범위한 서신 왕래들은 정치적 관심을 보여 주는 좋은 사례들이다. 이미 16세기 중엽에 상호 긴밀한 서신 왕래를 하곤 했던 제후들로는 라인 궁중백 프리드리히, 바덴 변경백 카를, 브란덴부르크의 요아힘, 브란덴부르크-안스바흐의 게오르크 프리드리히, 작센 선제후 아우구스트, 헤센 방백 빌헬름 등을 들 수 있는데, 이들은 잘 알려진 대로 서로 친인척 관계를 맺고 있었다. 이러한 "제후들의 서신 왕래"는 "공동의 친족적, 정치적 이해관계에 근거"하고 있는 것이기는 하지만 동시에 일반적인 "소식에 대한 욕구"를 보여 주는 것이기도 했다. 정치적이면서 부분적으로는 비밀스러운 소식들과 더불어 일반적이고 지극히 선정적인 성격의 "소식들"도 등장했다. "독일 도처에서 최고위직에서 말단 관직에 이르기까지 모든 궁정인들이 제후들의 정보 통신 체계에

---

\* **뉘른베르크 시 참사회**  당시 뉘른베르크는 종교개혁을 수용했던 대표적인 제국 도시 중 하나였다.

몰두했고" 이런 사정은 관청의 특별 부서나 공식적인 전담 기구의 필요성을 제기했다. 늦어도 1575년 이후로는 매주 제후들의 서신 왕래를 담당하는 전령들을 위한 특정한 우편 노선이 존재했다(3장 2절 참조). 때때로 궁정 우편물을 송부하기 위해서 상인들의 전령을 이용하기도 했다. 이 경우 당연히 우체국장은 어떤 실제적인 역할도 하지 않았다.[36] 의문의 여지 없이 여기서 오락적 기능보다 더 중요했던 것은 통치 기능이었다. 쿠르트 코스치크는 경제적인 필요 이외에 무엇보다도 소식의 이런 정치적 필요성을 강조했다. "16세기에 '통치'는 더 이상 직접적으로 관철될 수 없었다. 그것은 다양한 경쟁에 맞서 싸워야 했다. 황제는 선제후와 제후에게 의존했고, 제후들은 다시 황제와 교황에게 의존하는 관계에 놓여 있었으며 황제와 마찬가지로 재정 문제에서 도시 문벌들에게 의존해야만 했다. 문자에 기초한 통일적인 의사소통 체계 없이는 이렇게 다양하게 얽힌 지배 체계는 더 이상 쉽게 관리할 수 없게 되었다. (……) 정보와 의사소통은 이런 방식으로 정치, 군사적 행동의 가장 중요한 전제 조건이 되었던 것이다."[37]

하지만 여기에서 필사 신문들[38]은 단지 낱장 문서와 서신 매체가 신문으로 이행해 가는 과정에 있는 것일 뿐이지 인쇄 신문[39]과 더불어 독자적인 매체로 간주될 수는 없다. 비록 양자가 오랜 기간 동안 서로 공존했다 하더라도 말이다. 또한 "우편 신문"과 "견본 시장 렐라치온" 역시 나름의 역할을 했다고 할 수 있다. 전자가 예컨대 "매주 신성 로마 제국 안팎에서 일어난 기억할 만한 것"*(그림 77)에 대한 시사성을 강조했다면,[40] 후자는 비록 신문의 발전에서 직접적인 연결 고리를 이루

---

* 이 인용문은 '그림 77'에 나와 있는 신문의 제호이기도 한데, 이 신문의 정식 제호는 《매주 신성 로마 제국 안팎에서 일어난 기억할 만한 것에 관한, 정기적으로 배달되는 우편 소식》이다.

ユ림 77 시사적이고 징기직인 우편 신문.

는 것은 아니지만 달력 매체에 근거한 연대기적 기능(5장 4절)을 강조
했다.[41] 견본 시장 렐라치온에서는 단순히 상업적, 정치적 소식뿐만 아
니라 "혼합된" 소식도 중요한 의미를 지녔다(보편성). 견본 시장 렐라치
온은 반년마다, 특히 프랑크푸르트, 라이프치히, 쾰른에서 견본 시장이
열릴 때(주기성) 대개 서적 판매업자들이 필사 신문들을 취합해서 인쇄,
발행했다(공공성). 하지만 당시의 다른 매체들과 비교해 보았을 때 시사
성은 수반되지 않았다. 상인들을 가장 중요한 목표 집단으로 삼았던 반

년 주기의 이 연대기적 기록물은 17세기 중엽까지 —— 그 수는 1백 종류 이상을 헤아렸다 —— 그리고 부분적으로는 18세기에 이르기까지 견본 시장의 고정적인 관행으로 남아 있었고, 견본 시장 렐라치온과 정기적인 월간 간행물에서 후에 신문과 구별되는 새로운 매체인 잡지가 발전되어 나왔다(가장 오래된 잡지로는 1682년 라이프치히에서 발행된 《학자들의 보고Acta Eruditorum》*를 들 수 있다).

예전의 매체 비판과 관련된 두 가지 사례는 서신의 신문으로의 발전을 시각적으로 일목요연하게 잘 보여 주고 있다. 첫 번째 그림(그림 78)은 테오도르 홀트만과 게르하르트 알첸바흐의 동판화(1600년경)로서 완전히 문명화된 풍경을 배경으로 소식을 담은 서신의 제도화한 전달자인 정기 전령Ordinari-Boten을 묘사하고 있다. 그 밑에 있는 3단짜리 텍스트는 전령들의 고충을 기술하고 있는 동시에 전령들이 팁 때문에 종종 소식을 꾸며내기도 하고 돈을 선술집에 탕진함으로써 아내와 아이들에게 피해를 입히는 것을 비판하고 있다. 약 30년 뒤에 다비트 마나서가 그린 다른 그림(그림 79)은 거의 텅 빈 공간의 자갈길 위에서 등 뒤에 소식들로 가득 찬 자루를 메고 있을 뿐만 아니라 모자, 양말대님, 주머니, 들고 있는 창에도 소식들이 넘쳐나는 "새 소식을 지닌 전령"의 모습을 풍자적으로 보여 준다. 텍스트는 신문 구독자를 조롱하면서 예컨대 프랑스에서의 공중누각의 건설과 같은 허구적인 소식들을 통해 구독자의 정보 욕심과 "신문 애호"를 웃음거리로 만들고 있다. 처음에는 필사 방식을 취하다가 나중에 인쇄되었던 "정기 신문Ordinari-Zeitung" —— "ordinari"라는 단어는 "정규의, 정식의"라는 뜻 이외에도 도시의

---

* 《학자들의 보고》 독일 최초의 학술 잡지로, 1782년까지 발간됐으며 주로 자연 과학과 수학에 관한 글이 실렸다.

그림 78 "새 소식"을 지닌 정기 전령 (1600년경).

그림 79 온갖 소식을 담은 인쇄 신문을 팔고 다니는 전령에 대한 조롱 (1630년경).

전령을 통해 "규칙적으로" 전달된다는 의미도 가지고 있다 —— 은 그 극도로 다양한 기능과 함께 당시의 고급 독자들을 위해 포괄적인 주제들을 다루었던 정보원으로 간주될 수 있을 것이다.

9.1.5.

신문의 전사前史 또는 초기의 역사에 대한 많은 지역 연구들 가운데에서 철저하게 규명된 뉘른베르크 시의 경우는 좀 더 자세하게 살펴볼 필요가 있다. 이곳에서는 1673년 《프리덴 운트 크릭스쿠리어Frieden- und Kriegs-Kurier》*라는 제호로 최초의 신문이 발행되긴 했지만, 앞서 언급했듯이 제국 도시 뉘른베르크는 이미 15세기 말과 16세기에도 독일의 가장 중요한 정보 중심지로 간주될 수 있는 곳이었다.[42] 정치적으로 당시 뉘른베르크는 제국의 비공식적인 수도로 간주되었고, 특히 황제와 관계가 좋아서 다수의 제국 의회, 제국 주州 회의, 제후들의 회합, 도시 회의, 신분 회의 등을 그 성벽 안에서 개최할 수 있었다. 그렇지만 도시의 이런 탁월한 위상을 뒷받침한 기반은 다른 모든 이해관계를 종속시켜 버린 상업의 경제적 중요성에서 찾아볼 수 있다. 시 참사회 역시 사실상 대상인들로 구성되어 있었다. 뉘른베르크의 도시 문벌들은 원격지 무역에 종사했고 유럽 전역에 걸친 영업망을 두고 있었으며 일찌감치 전 세계에서 들어오는 정보들과 국제적 접촉이 갖는 중요성을 인식하고 있었다. 후에 시 참사회에 포함된 상인, 법률가, 의사, 그 밖의 "명예로운" 직업 종사자들 역시 이런 상황을 근본적으로 변화시키지 않았다.

뉘른베르크의 사례를 통해서 당시 그물망처럼 형성된 정보 중심지

---

* 프리덴 운트 크릭스쿠리어  '평화와 전쟁의 파발꾼'이란 뜻.

들의 구조[43]를 제시할 수 있을 뿐만 아니라 중세 말에서 근대 초에 이르기까지 새로운 신문 매체로의 연속적인 발전 과정을 수많은 주요 단계별로 모범적으로 재구성할 수 있다. 시 참사회가 이미 1377년 제후들의 궁정, 도시, 개별 인물에게 소식을 전하기 위해 전령을 파견했다는 것이 입증된 바 있고, 14세기의 상인 서신들도 여전히 남아 있다. 1431년에서 1440년 사이의 후스 전쟁과 바젤 공의회 시기에는 서신 및 외교 사절들의 왕래가 잦아졌다. 1449년 시 참사회는 네 명의 직업적인 서신 전령들을 고용했다. 1474년에 참사회는 보헤미아, 헝가리, 폴란드에서 보내 온 "새 소식"을 쾰른에 있는 황제의 한 측근에게 보냈는데, 이는 참사회가 반대 급부로 쾰른과 노이스 ── 이 지역은 주요 통상로가 지나가는 곳이자 뉘른베르크 상인들에게 중요한 판매 시장이 위치한 곳이었다 ── 에서 벌어진 전투에 대한 믿을 만한 정보를 얻어내기 위함이었다. 또한 독일의 수많은 제후들과의 정보 교환이 장려되었다. 시 참사회는 가장 중요한 경제적 환적장換積場이 위치한 곳에는 비밀 정보원, 대리인, 로비스트를 두었는데, 이들은 첩보 활동에 이르기까지 뉘른베르크의 이해관계를 추구했다. 이미 1477년에 정기 전령 제도가 마련되었고 16세기 초에는 일종의 "전령 기관"이 창설되었다. 1570년 이후로 참사회는 상인 계층의 대표자들에게 자체적으로 전령을 임명하고 전령 노선을 조직하도록 허용했는데, 이런 조처는 상인들이 빈번하게 활용하곤 했다. 특히 프랑크푸르트, 라이프치히, 리옹, 스트라스부르, 잘츠부르크, 비텐베르크, 빈, 함부르크로 향하는 전령 노선이 설치되었다. 함부르크로 가는 노선만도 전령 다섯 명과 마차 한 대가 파견될 정도였다. 1615년에 탁시스 가문이 뉘른베르크에 우체국을 짓기 시작함으로써 시의 전령 제도와 치열한 경쟁이 불가피해졌다(3장 2절).

　뉘른베르크 발發 "서한 신문들"은 수많은 사람들이 받아 보면서 유명해졌다. 여기서 중요한 역할을 한 사람들은 한편으로는 통신원의 의미를 지닌 임시직 소식 기고자였고 다른 한편으로는 직업적인 소식 기고자들Novellanten이었는데 이들 모두는 소식을 조달하고 전달해 주는 대가로 돈을 받았다. 반대로 뉘른베르크로 유입되던 "새 소식"들은 예컨대 1520년에는 이탈리아에서, 1541년에는 폴란드에서, 1543년부터는 프랑스에서, 1557년부터는 네덜란드에서, 1566년에는 헝가리에서 입수된 것이었다. 1570년에서 1670년까지의 기간 동안 활발하게 활약한 시 참사회의 외교 사절 및 통신원이 주목했던 사건은 무엇보다도 막시밀리안 공작이 병합하려고 했던 제국 도시 도나우뵈르트에 대한 제국의 법적 보호 박탈*이었는데, 이것은 공작의 야심이 결국 성공을 거둠으로써 다른 자유로운 제국 도시들에게 위협적인 선례가 되었기 때문이었다. 또한 뉘른베르크가 30년 전쟁 기간 동안 스웨덴과 동맹을 맺었기 때문에 스웨덴의 국왕 구스타프 아돌프의 죽음도 관심을 끌었고, 1665~1667년의 대대적인 전염병의 창궐도 관심의 대상이었는데, 왜냐하면 그로 인해 수많은 통상로와 시장이 폐쇄되었기 때문이었다. 이상의 사실에서 드러나는 것처럼 소식은 항상 "특정 목적과 결부되어 있었던" 것이지 화젯거리나 통상적인 지식욕을 지향했던 것은 아니었다. 그렇기 때문에 검열이 특별한 역할을 수행한 것은 당연한 일이었다. 검열은 복잡한 힘의 균형을 유지하기 위해서 불쾌한 소식의 확산을 저지하고 서투른 관계 교란을 피하는 것에 맞추어져 있었다. 1513년

---

* **도나우뵈르트에 대한 제국의 법적 보호 박탈**   1606~1607년 개신교도가 다수였던 도나우뵈르트에서 신·구교 간의 충돌이 일어나자 가톨릭 황제 루돌프 2세는 황제의 조처에 반항적이던 도나우뵈르트 시의 법적으로 보장된 자유를 박탈했고 평소 도시를 병합할 기회를 노리던 바이에른의 공작은 황제의 명령에 따라 군대를 파견하여 도시를 강제로 공국령으로 편입시켰다.

이후로 "용의주도한" 검열, 즉 모든 인쇄물에 대한 사전 검열이 있었던 것은 이러한 이유에서였다. 인쇄업자, 서적 판매업자, 브리프 화가, 주형 제작자가 모두 검열 조처의 대상이었다. 특히 "위험한" 것으로 간주된 것은 문맹자들도 이해할 수 있는 목판화가 실린 전단지였다. 하지만 단지 금지만 한 것이 아니라 이미지 관리라는 측면에서 뉘른베르크가 갖고 있는 중요성을 공공영역 속에서 긍정적으로 돋보이도록 하기 위해 참사회가 능동적인 보도 정책을 추진하기도 했다. 또한 1689년에는 환영받지 못하는 저작물의 공개적인 소각이 일종의 구경거리로 행해졌다는 기록도 전해지고 있다.

뉘른베르크에서 독자적인 인쇄 신문의 창간이 지체된 것은 아마도 시 참사회의 성공적인 검열 혹은 그 밑바탕에 깔린 영리 본위 소식들의 비공개성에서 연유한 것이 아닌가 싶다.⁴⁴ 대신 필사 신문들이 인쇄 신문들의 출처로 활용되었다. 예컨대 1614년 이래로 《아비조》는 소식의 출처로 뉘른베르크를 규칙적으로 언급("뉘른베르크에서 통지된 바에 따르면")하곤 했다. 이와 유사하게 1617년 이후의 힐데스하임의 《렐라치온》과 1625년 이후의 《뵈헨틀리헤 렐라치온 Wöchentliche Relation》* 같은 또 다른 신문들이나 수많은 우편 신문들에서도 그때그때 뉘른베르크를 유일한 정보원으로 언급하고 있는 경우를 확인해 볼 수 있다.

로레 슈포르한-크렘펠은 뉘른베르크에 대한 자신의 연구를 요약하면서 다음과 같이 강조하고 있다. "뉘른베르크 시 참사회는 확실히 14세기 후반 이래로 잘 발전된 정보 기관을 관리하고 있었다. 소식들의 출처 지역은 뉘른베르크와 상거래를 하거나 시의 통상로가 지나가는 지역과 거의 정확하게 일치했다. 보고들은 이탈리아, 프랑스, 네덜란

---

* 뵈헨틀리헤 렐라치온 '주간 보도'란 뜻.

드, 헝가리, 폴란드, 북유럽의 나라들 그리고 신성 로마 제국에서 나온 것이었다. 투르크의 소식은 이탈리아와 헝가리를 거쳐 뉘른베르크로 들어왔고 에스파냐의 소식은 대개 네덜란드를 거쳐, 러시아의 소식은 폴란드나 스칸디나비아 반도의 나라들을 거쳐 들어왔다. 소식의 전달자들은 참사회 외교 사절, 시 참사회원, 대리인, 상인, 동맹을 맺은 정부, 이방인 여행자 등이었다. 뉘른베르크에 들어온 소식 대부분은 동맹을 체결한 제국 도시들의 시 참사회나 성직 및 세속 제후들과 그 관리들에게로 다시 전달되었다."[45]

새로운 매체인 신문은 결정적으로 서신 매체에 기반을 두고 있었는데, 여기서는 무엇보다도 소식의 보편성이 중요한 의미를 지녔다. 근대 초기에는 서신처럼 광범위하고 원칙적으로 무제한적인 다양한 주제들을 전달할 수 있는 다른 매체가 존재하지 않았다. 그러나 정치, 경제 분야에서 폭발적으로 증가한 수요가 새롭고 기능적인 매체 및 의사소통 체계를 요구한 것과 마찬가지로, 다량의 정보들은 서신 매체의 한계를 무너뜨렸다.

9.1.6.

이상의 내용을 정리해 보도록 하자. 정치, 경제적으로 폭발적으로 증가한 정보 교환의 필요성이라는 배경 위에서 신문 매체는 같은 시기에 특정한 변화를 겪던 다른 매체들의 핵심적인 기능을 통합함으로써 성립되었다. 신문은 인간 매체 가인이 갖고 있던 시사성의 요소를 넘겨받았던 반면에 가인 자신은 그 매체적 성격을 상실하고 말았다. 주기성의 요소는 문화 영역이 세분화하는 과정에서 단지 종교적인 맥락에서만 중요성을 지니게 된 이전의 인간 매체 설교자와 서신 매체에서 비롯되었다. 가인과 설교자 모두는 단순한 직업적 역할로 축소되고 말았다.

공공성의 요소는 가인과 설교자 및 다른 선구적 매체들에 귀속될 수 있는 것이지만 인쇄된 전단지가 출현하면서 비로소, 오늘날의 신문에서 특징적으로 드러나듯이 대중적 시장을 통해 독자 대중을 확보할 수 있는 전제 조건이 만들어졌다. 마지막으로 **보편성**의 요소는 시대의 제약을 받는 다양한 현상 양태와 수많은 형태를 지닌 수기 · 인쇄 매체 서신 속에서 이미 그 특징이 드러나고 있었다. 오늘날까지도 매체로 남아 있는 서신은 일차적으로 주관적인 의사소통 매체로 변화하기 전까지 정보 매체의 기능을 발휘했고, 그 기능은 18세기에 들어와서까지도 지속되었다.

이러한 신문의 "탄생"에서 흥미로우면서도 특징적인 것은 무엇보다도 그것이 지금까지의 문화적 변화 과정과는 정반대의 방식으로 진행되었다는 점이다. 지금까지 매체 문화적 변화는 이미 잘 알려진 다음의 세 가지 형태로 진행되어 왔다.

첫째는 하나의 예전 매체가 다수의 새로운 매체들로 세분화한 것인데, 예컨대 시원기의 희생 제의가 성직자, 연극, 음악, 춤과 같은 개별 매체들과 예술 형태로 세분화한 것을 들 수 있다.[46]

둘째는 다양한 환경에 따라 한 매체가 변형되고 적응해 간 것으로, 예컨대 성직자 매체가 샤먼, 마술사, 점술가, 치료 주술사, 예언자와 같은 특수한 형태로 변화한 것을 들 수 있다.[47]

셋째는 원래 개별적으로 분리되어 출현했던 연출 형태가 결합된 것인데, 예컨대 번영하는 중세 도시에서 시장 광장의 연극과 교회의 전례적인 성극이 결합된 것을 들 수 있다.[48]

하지만 신문과 관련해서는 매체 문화의 변화가 다른 양태로, 즉 명백히 기능적 통합의 방식으로 진행되었다. 이러한 측면에서 신문은 매체 문화 발전의 완전히 새로운 단계를 대표하고 있으며, 이 기능적 통합이야말로 오늘날의 멀티미디어와 온라인 네트워크에까지 이르는 근대의 전형적인 특징이라 할 수 있을 것이다.

## 9.2. 초기 역사

연대기적으로 신문의 초기 역사를 기술해 보면 다음과 같다.[49] "새소식"은 1502년에 나온 것이 가장 오래된 것으로 알려져 있다. 최초의 견본 시장 렐라치온은 1583년 미하엘 폰 아이칭이 발행한 《렐라치오 히스토리카Relatio historica》*였다. 1588년부터 견본 시장 렐라치온은 반년마다 한 번씩 발행되었다. 매달 규칙적으로 발행된 최초의 간행물로는 1597년 아우크스부르크의 언론가 자무엘 딜바움이 로르샤흐*에서 발행한 월간지 《아누스 크리스티Annus Christi》*를 들 수 있다.[50] 최초로 인쇄된 주간 신문은 스트라스부르의 《렐라치온》 또는 볼펜뷔텔의 《아비조》였다. 최초의 일간지는 1650년 라이프치히에서 티모테우스 리치가 발행한 《아인콤멘데 차이퉁엔Einkommende Zeitungen》*이었다.[51]

통상 오늘날의 문헌에서도 여전히 《아비조》를 매체의 역사에서 규칙적으로 발행된 최초의 주간 신문으로 설명하면서 1609년을 "(신문) 탄생의 해"로 언급하고 있는 것을 볼 수 있다. 하지만 최근의 연구들에 따르면 《아비자, 렐라치온 오더 차이퉁Avisa, Relation oder Zeitung》이란 제호 하에 1월 15일에 창간호가 발행되었던 이 신문(그림 80) ── 2호부

---

* 《렐라치오 히스토리카》 '역사적 보도'라는 뜻으로, 이 간행물은 1580년 이후 네덜란드에서 벌어진 사건들을 기술했다.
* 로르샤흐 스위스 북동부의 칸톤 장그트 갈렌St. Gallen에 속해 있는 도시로 보덴 호湖에 인접해 있다.
* 《아누스 크리스티》 '그리스도의 해'라는 뜻.
* 《아인콤멘데 차이퉁엔》 '들어온 소식들'이란 뜻.

**Avisa**
*Relation* oder Zeitung.

# Was sich begeben vnd

zugetragen hat / in Deutsch: vnd Welsch-
land/ Spannien/ Niederlandt/ Engellande/ Franck-
reich/ Vngern / Osterreich / Schweden / Polen/
vnnd in allen Prouintzen/ in Ost: vnnd
West Indien etc.

So alhie den 15. Januarij angelange.

Gedruckt im Jahr/ 1609.

그림 80 근대 언론사의 초창기에 볼펜뷔텐에서 최초로 규칙적으로 발행된 주간 신문.

348

터 "아비조"로 불렸다 — 보다 앞서 나온 신문이 있었던 것 같다. 이 앞선 신문은 비록 남아 있는 최고본最古本이 1609년으로 기록되어 있긴 하지만 1605년에 처음 발행된 것임에 틀림없다.[52] 서적 인쇄업자 요한 카롤루스가 스트라스부르에서 발행한 《렐라치온》이 바로 그것이었다 (그림 81). 하지만 완벽을 기하기 위해서 덧붙인다면 그 시작은 이미 1580년대였던 것으로 추정된다.[53]

새로운 매체를 둘러싼 최초의 각축전은 프랑크푸르트에서 벌어졌다. 이곳에서 서적 판매업자 에게놀프 엠멜이 1615년부터 주간 신문 하나를 발행했는데, 이 주간 신문은 우체국장이자 통행세 관리인이며 재판관이었던 요하네스 폰 덴 비르크덴이 1617년에 발행한 《운페어그라이플리헤 포스트차이퉁엔Unvergreiffliche Postzeittungen》*과 경쟁을 벌였다. 그런데 이 경쟁은 단순히 경제적인 의미만을 지닌 것이 아니었다. "서적 판매업자의 신문과 우편 신문 간의 싸움은 엠멜이 시민들과 개신교의 이해관계를, 그리고 비르크덴이 황제와 가톨릭의 이해관계를 대변한다는 점에서 동시에 정치적인 여운이 있는 것처럼 보였다."[54] 1619년 프랑크푸르트에서는 이미 세 번째 신문이 발행되었다. 1620년 경에는 이 밖에도 베를린, 단치히, 함부르크, 힐데스하임, 쾰른, 슈투트가르트 등의 도시에서도 유사한 신문들이 발행되었다. "여기서 중요했던 것은 인쇄물이 기본적으로 보편적인 내용에 대한 시사적인 보도 체계를 갖추고 있으면서 규칙적으로, 적어도 일주일에 한 번은 발행되었다는 것인데, 이 인쇄물들은 공개적이면서도 상업적인 방식으로 판매되었다."[55]

이미 언급했듯이 신문의 발행은 때로는 "우편업의 특권"으로 불리

---

* 《운페어그라이플리헤 포스트차이퉁엔》 '반론의 여지 없는 우편 소식들'이란 뜻.

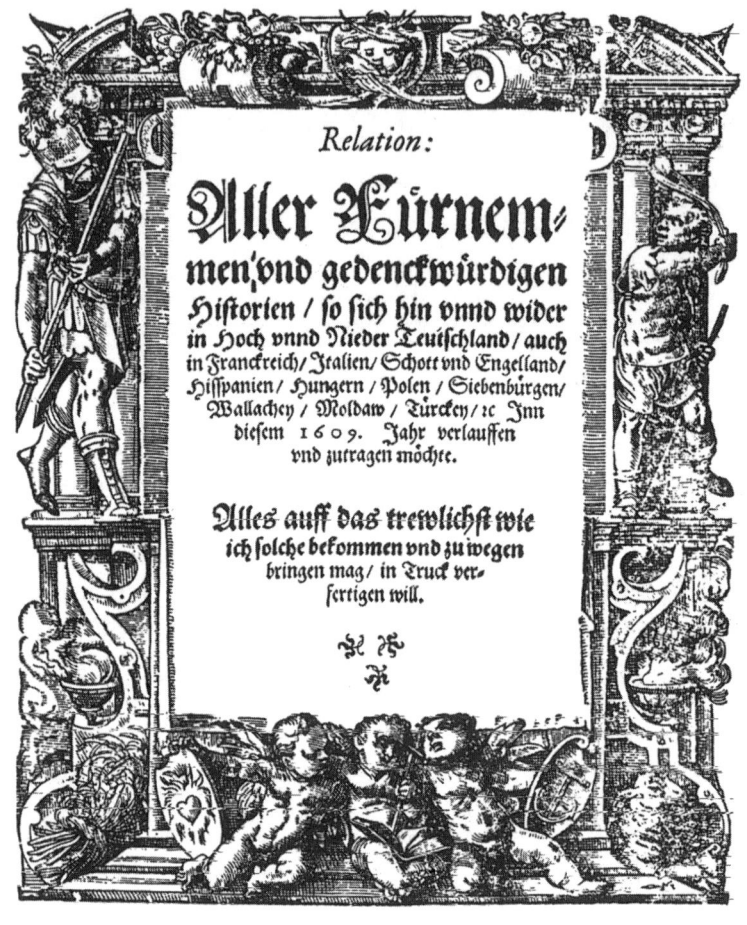

**그림 81** 근대 언론사의 초창기에 스트라스부르에서 최초로 규칙적으로 발행된 주간 신문.

기도 했고[56] "우편과 신문의 밀접한 결합"이 강조되기도 했다.[57] 물론 이런 평가는 두 매체의 역사적인 의존성과 발전 과정보다는 탁시스 백작들의 경제적인 독점권 요구(3장 2절 참조)와 관련된 측면이 많은 것이 사실이기는 하지만 말이다. 이론의 여지 없이 우체국장들은 당시의 여행 및 의사소통 중심지였던 우편 마차 역참에 도착하는 소식들을 모으고 복제하고 유포하는 것을 통해서 종종 보잘것없었던 봉급을 보충해 줄 수 있는 수지맞는 부수입을 올리곤 했다. 또한 18세기와 그 이후에까지 우체국은 신문을 배포하는 주요 기관이었다. 그러나 통신원들을 통한 소식의 입수와 인쇄업자들을 통한 물질적 생산, 행상인이나 전령들을 통한 유포, 그리고 무엇보다도 새로운 공중을 고려했을 때 서신과 신문 매체의 이른 분리 또한 의심할 여지가 없는 사실이었다.[58]

권터 키즐리히는 1609년에서 1650년까지의 기간 동안 이와 관련된 주요 자료들을 수집한 바 있다.[59] 그에 따르면 제후들에게 여러 소식뿐만 아니라 특히 스트라스부르의 《렐라치온》, 볼펜뷔텔의 《아비조》, 베를린 최초의 신문을 공급해 주던 필립 하인호퍼*와 같은 **통신원**들 이외에도 신문 발행인들과 계약을 맺고 이들에게 취합된 신문 통신문을 공급한 "최초의 저널리스트"였던 직업적인 이름 없는 소식 기고자들도 처음부터 존재하고 있었다. 17세기 전반에 독일에 존재하던 신문은 73종으로 확인되고 있다.[60] 직업이 알려져 있는 **신문 발행인** 40명 가운데에서 27명이 서적 인쇄업자 또는 인쇄소 주인이었고 부분적으로는 동시에 서적 판매업자 — 당시에는 "서적 행상인"으로 불렸다(11장 참조) — 이기도 했다. 그중에 적어도 8명은 사회적으로 높은 지위에 있었는데, 예컨대 스트라스부르의 요한 카롤루스는 대규모 인쇄소의 소유주이자 저명한 서적 판매업자였고 율리우스 아돌푸스 폰 죄네*는 "볼펜뷔텔 제후의 서적 인쇄업자"였으며 안드레아스 미헬젠은 뤼네부르크 시 참사회의 서적 인쇄업자였다. 다른 발행인 여섯 명은 우체국장으로 활동하

---

* 필립 하인호퍼  아우크스부르크의 도시 문벌 가문 출신으로, 상인이자 예술품 수집가로 활약했다.
* 율리우스 아돌푸스 폰 죄네  볼펜뷔텔에서 1609~1632년 사이에 간행된 《아비조》의 발행인.

고 있었다. 이미 언급한 요하네스 폰 덴 비르크덴과 같은 나머지 발행인들은 다양한 직업을 갖고 있었다. 필사 신문 시기의 "행상인Umbträ-ger" 혹은 신문 전령, 그리고 행상인으로서 주로 전단지와 그 밖의 상품들을 공급하던 신문 소매상을 별도로 하면, 신문은 거의 기본적으로 우체국과 (드물게는) 서적 판매업자들을 통해 정기 구독 방식으로 판매되었다. 예컨대 1크로이처에 달하는 신문 한 부 가격은 저렴하지는 않았지만 그렇다고 감당할 수 없을 정도로 비싼 것은 아니었고, 일 년치를 구독할 경우에는 가격이 좀 더 유리하게 책정되었다.[61] 어쨌든 가격 문제에서도 중요했던 것은 "설령 글을 읽을 수 있다 하더라도 광범위한 민중들은 소식지의 구매자로 고려되지는 않았다"는 사실이었다.[62] 한스 비보는 "소식 중개업의 산물인 서한 신문과 인쇄된 주간 신문 사이의 결정적인 차이점"을 언급하면서 새로운 독자들이 갖는 특별한 의미를 지적한 바 있다. "구매자가 무엇보다도 상인들과 국가 부서에 있는 사람들인 한, 소식의 가치는 그 소식이 유포되는 빈도와 함께 증가했던 것이 아니라 도리어 감소했다. 이 경우 소식의 가치는 무엇보다도 다른 사람들이 소식을 듣지 못하거나 혹은 뒤늦게야 듣게 될 때 생겨났다. 이와는 반대로 소식의 복제에서 영업상의 이득이 나오기 위해서는 지금까지 소식을 구입하던 구매자 집단 바깥에 다른 방식으로 구성된 또 다른 구매자 집단이 존재해야만 했다. 중요한 것은 그 집단을 찾아내는 것이었다. (⋯⋯) 여기에서 소식은 소식으로 평가되었고 그 특유한 내용과는 전혀 상관없이 독자들의 흥미를 유발했다. (⋯⋯) 이와는 달리 단순한 호기심이 충족될 수 있는 곳에서는 소식을 충분히 수집할 수 없었다."[63] 정치, 경제적으로 폐쇄적인 의사소통 체계들에 비해서 신문 매체에 특유한 공공성은 이러한 내부적인 소식망 외부에서도 정보들을 영업적으로 거래하게 되면서부터 비로소 생겨날 수 있었던 것이다.

따라서 신문——17세기에 신문은 보통 4~8면으로 구성되어 있었다[64]
—— 이 결국 성공을 거두고 "모두를 위한 신문"이 될 수 있었던 데에는
이 발전 단계와 17세기 말까지는 지역적인 보도가 사실상 이루어지지
않았기 때문에 생겨난 당대인들의 호기심이 작용한 결과라고 말할 수
있지 않을까? 당대인들의 수용과 판단을 살펴보면 "새로운 것을 열망
하는" 독자들[65]에게서 이 새로운 매체가 지녔던 이용 형태와 기능을 파
악할 수 있을 것이다. 고대 그리스의 연극[66]과 인쇄된 서적의 도입(11장
1절 5)이 그랬던 것처럼 새로운 매체인 신문 역시, 비록 뒤늦게 출현하
기는 했지만, 17세기에서 18세기로의 전환기에 벌어졌던 이른바 "신문
논쟁"이 보여 주고 있듯이 완전히 "문화 충격"의 모습을 띠고 나타났다
고 말할 수 있다.

## 9.3. 17세기 후반의 신문의 확산

### 9.3.1.

하지만 그 전에 얼마나 빠른 속도로 이 새로운 매체가 독일 내에서
뿐만 아니라 전 유럽으로 확산되어 갔는지를 잠시 살펴볼 필요가 있
다.[67] 요하네스 베버는 다음과 같이 요약하고 있다. "1620년까지 인쇄
된 정기 신문들은 볼펜뷔텔(1609년), 프랑크푸르트(1615년), 베를린
(1617년), 함부르크(1618년), 할버슈타트(1619년), 힐데스하임(1619
년), 단치히(1619년), 귀스트로우(1619년), 슈투트가르트(1619년), 쾰른
(1620년)에서 발행되었다. (……) 17세기 중엽까지 신문 업체의 수는
배로 증가했다. 1630년대 말, 전쟁으로 인한 불황이 시작되기 전에는
30종이 넘는 신문들이 동시에 발행되기도 했다. 전체적으로 보았을 때
1605년에서 1700년 사이 대략 80곳에 달하는 발행처에서 약 2백여 개

의 신문 업체가 존재하고 있었다. 따라서 이 시대에는 시사적인 소식들
이 전국적으로 공급되고 있었다고 할 수 있다."[68] 이는 "17세기 독일에
서는 당시 유럽을 전부 합친 것보다 더 많은 신문이 존재하고 있었다"[69]
는 것을 의미한다. 새로운 매체의 이런 신속하고도 분화된 발전이 신성
로마 제국의 영방 국가적 다양성을 통해 결정적으로 촉진되었음은 분
명하다.[70] 물론 당시의 신문들 중에서 그 어느 것도 오늘날까지 살아남
지는 못했다. 가장 오래 지속된 신문은 베를린의 《포시셰 차이퉁Vossi-
sche Zeitung》* (1617~1934년)이었던 것으로 추정된다.[71]

　다른 유럽 국가들은 부분적으로는 상당한 시간 간격을 두고 독일의
뒤를 따랐다. 1610년에 스위스에서 최초의 신문이 발행됐고 1618년에
는 네덜란드, 1620년에는 영국[72]과 프랑스, 1638년에는 이탈리아, 1645
년에는 스웨덴, 1661년에는 폴란드, 1703년에는 러시아, 1720년에는
노르웨이에서 최초로 신문이 발행되었다. 많은 국가들은 그 나름의 독
특성을 갖고 있었다. 예컨대 프랑스에서는 후에 순수한 광고 신문으로
발전하게 될 "최초의 신문 광고 형태들이 발전되었다."[73] 루이 13세의
발의로 1633년 파리에서는 르노도*가 창간한 최초의 광고 신문이 발행
되었다. 하지만 광고, 특히 서적 광고[74]는 개별적인 형태로는 독일의 신
문에서도 1622년 이후로 존재해 왔다. 영국에서는 《커먼웰스 뉴스페이
퍼Commonwealth Newspaper》*와 더불어 정보 전달의 매우 특수한 기능
이 형성되었고 게다가 검열 또는 1688년 혁명〔명예혁명 — 옮긴이〕이 특

---

* 《포시셰 차이퉁》 "포스Voss"라는 이름은 18세기에 이 신문을 발행했던 가문의 이름에
　서 유래한 것이다.
* 르노도 프랑스 근대 저널리즘의 창시자로 간주되는 인물로, 본래 루이 13세의 주치의였
　으며 1631년 이후로는 주간 신문 《라 가제트La Gazette》의 발행인이기도 했다.
* 《커먼웰스 뉴스페이퍼》 '공화국 신문'이라는 뜻.

별한 역할을 수행하게 되었다.* 하지만 여기에서는 국가별로 독특한 특징과 발전 과정에 대해서는 더 이상 자세히 언급하지 않도록 하겠다.

17세기의 신문 구독자들에 대해서는 보도된 내용의 분석을 기초로 해 추정해 볼 수밖에 없지만, "분명한 것은 독자층이 매우 빠르게 확대되었다는 것이다. 왜냐하면 17세기 초에는 신문을 구독하거나 정기적으로 읽었던 사람들이 거의 전적으로 고위직에 있는 사람들, 즉 대상인과 학자, 그 밖의 사회 상류층의 구성원들이었던 데 반해서 세기 말에는 '글을 읽고 쓸 줄 아는 수공업자 가운데 매주 신문을 읽지 않는 사람을 거의 볼 수 없는 지경에까지 이르렀기 때문이다'."[75] 17세기에 신문의 평균 발행 부수는 350~400부밖에 되지 않았지만 신문 한 부는 여러 사람들에 의해 읽히곤 했다. 전단지, 서적과는 달리 신문이 이미 이 시기에 모임에서 읽혔는지 아니면 18세기에 들어와서야 독서회에서 낭독되고 토론되었는지의 여부는 여전히 논란거리이다. 어쨌든 최근에는 단지 제후, 관료, 관청, 법률가와 귀족, 수도원, 시 당국자뿐만 아니라 도시에서는 학자, 서적 판매업자, 대학생, 상인이, 그리고 농촌에서는 목사, 농장 관리인, 촌장 등도 신문을 읽었을 것으로 추정하고 있다. 독일 전체를 놓고 보았을 때 신문 구독자가 30년 전쟁 이전에는 2만 4천에서 6만 명 정도, 그리고 전쟁 이후에는 2만에서 2만 5천 명가량 있었던 것으로 추산된다.[76] 이것은 당시 글을 읽을 수 있는 사람들의

---

* 영국에서는 1649년 올리버 크롬웰을 위시한 의회파가 국왕 찰스 1세를 처형함으로써 역사상 처음이자 마지막으로 공화국Commonwealth을 수립했다. 1640년대 왕당파와 의회파 간의 내전이 시작되면서부터 1660년 왕정 복고가 이루어지기 전까지 영국에서는 수많은 소식지들이 뉴스 책자newsbook 형태로 발행되었다. 한편, 이미 1643년에 사전 검열 제도를 공포한 바 있는 영국 의회는 왕정 복고 이후에 검열을 한층 강화할 목적으로 1662년 출판물 인허법Licensing Act을 제정하기에 이른다. 하지만, 이 법령은 명예혁명 이후 영국이 입헌 군주제로 발전하면서 유명무실해졌고 결국 1695년에 폐지되었다.

대략 20%에 해당하는 수치이다.[77]

　17세기 신문의 대부분은 주간 신문이었다. 하지만 신문 지면이 줄어듦과 동시에 일주일에 두 번씩 발행하게 되면서 주간 신문의 비중은 점차 줄어들었다. "18세기에는 일주일에 세 번 발행하는 것이 지배적이었고 1848년까지는 점차로 주당 네 번까지도 발행하게 되었다."[78] 이로써 시사성의 요소가 점차 중시되고 있다는 점이 명백해진다. "17세기 말 독일어권 지역의 모든 중요한 상업 도시와 궁정 도시에서는 주간 신문이 존재하고 있었다."[79] 이와 함께 내용적인 변화 역시 나타나고 있었다.

## 9.3.2.

　17세기에 신문이 점점 중요해지고 확산되었음을 보여 주는 사례로는 함부르크 시의 경우를 들 수 있다. 카르스텐 프랑에는 "작업가설로서 17세기 전반에 발행된 신문과 후반에 발행된 신문을 구별하는 것이 타당하다"고 주장했다. "이러한 구분은 수십 년이 흐르면서 이 인쇄물이 겪은 내용 변화와 당대인들의 의식 속에서 변화된 신문의 위상을 더 정당하게 평가할 수 있게 해 준다."[80] 프랑에의 주장에 따르면, 함부르크는 뉘른베르크의 경우와 비슷하게 북유럽과 중유럽 사이의 중요한 교통 요충지로서 원격지 무역과 상인들의 이해관계가 결정적이었는데, 이 이해관계야말로 도시를 정보 중심지로 만든 요소였다. 여기에 특수한 상황이 추가되었는데, 이곳에서는 궁정의 요구 사항을 거의 고려하지 않았고 이는 완화된 검열로도 표출되었다. 함부르크는 정치적으로 독립을 유지하면서 예컨대 30년 전쟁 기간 동안 수차례 참전국들의 협상 장소가 되기도 했고 신성 로마 제국 황제와 프랑스, 스웨덴, 네덜란드, 영국의 대표들에게 숙소를 제공하기도 했으며 특별히 도시를 둘러

싸고 있는 영방 국가들의 호의를 얻기 위해 노력했다. 게다가 함부르크
는 덴마크의 지배를 받으면서 자유 항(港)을 갖고 있던 알토나 시와 경쟁
관계에 있었고, 이는 현저한 경쟁의 이점과 신문 시장에서의 치열한 경
쟁을 가져왔다. 특히 남부 독일의 경제 중심지인 뉘른베르크와 아우크
스부르크의 중요성이 사라진 것이 함부르크의 흥기에 기여했다.

중세 말 이래로 17세기 중엽까지의 발전 과정, 즉 시의 상근 고용 전
령(1258년)에서 필사 신문과 인쇄된 새 소식, 견본 시장 렐라치온을 거
쳐 요한 마이어가 발행한 최초의 독자적인 주간 신문(1618년) —— 처음
에는 제호가 없다가 1619년부터 《뵈헨틀리헤 차이퉁》이란 명칭이 붙었다
—— 으로 이어지는 발전 과정은 뉘른베르크에서와 유사하게 진행되었
다. 하지만 17세기 후반에 함부르크에서는 일찍이 일간지로의 발전 경
향이 확고하게 자리를 잡았을 뿐만 아니라 새로운 매체의 기능 면에서
도 변화가 일어났다. 절대주의적 세계관의 틀 안에 머물러 있는 정치
정보에서 부르주아적 자각이란 의미를 지닌 계몽된 지식으로의 변화가
바로 그것이었다.

주간 발행 빈도수는 개별 발행인이나 한 신문에서가 아니라 신문업
분야 전체에서 증가했다. "함부르크는 1649~1675년의 기간 동안 《정
기 화요일 소식》(슈마허), 《유럽 수요일 소식》(J. B. 프린츠), 《주간 목요
일 소식》(슈마허), 《유럽 토요일 소식》(J. B. 프린츠)을 통해 거의 매일
발행되는 신문을 갖는 셈이 되었다. (……) 여기에 1660년대가 시작되
면서 부록이 포함된 그레플링어*의 《노르디셔 메르쿠리우스》가 추가
되었다."[81] 이미 언급한 《뵈헨틀리헤 차이퉁》이나 한스 야콥 클라인한

---

* 그레플링어  17세기 함부르크를 중심으로 활약한 작가이자 번역가. 《노르디셔 메르쿠리
  우스》는 그의 아들들에 의해 1730년까지 계속 발행되었다.

스의 《포스트 차이퉁Post Zeitung》(1630년 이후)과 같은 다른 신문들을 추가로 고려한다면, 이를 "밀집형 매체 결합"[82]으로 표현할 수도 있을 것이다.

이보다 더 중요했던 것은 농촌의 달력(5장 4절)이 그랬던 것처럼 도시에서 신문의 내용과 기능이 변화한 것이었다. 베스트팔렌 강화 조약 이후 함부르크의 신문들을 특징지었던 것은 공리주의적인 관점에 따라 더 광범위한 독자층에 호소하기 위해서 다양한 주제 영역들을 포괄하면서 평이한 서술을 지향하고자 하는 노력이었다. 함부르크가 영국에 인접해 있었던 관계로 "명예혁명"(1688년)의 이념들이 강력하게 전달되기도 했다. 하지만 오락에 대한 욕구 역시 이전보다 더 많이 충족되었다. 때로 도덕적이기도 한 교육적 의도는 1665년부터 정기적으로 날씨에 대한 정보를 알려주고 나중에는 소상인과 농민을 위한 시장 정보와 함께 여행 기록과 문학 작품을 게재하기도 했던 게오르크 그레플링어의 《노르디셔 메르쿠리우스》[83] 이외에도 특히 토마스 폰 비어링의 신문들, 즉 서적과 치료제 등에 대한 풍부한 광고란과 정치적 사건들에 대한 비판적인 성찰의 단초를 보여 준 《렐라치온스쿠리어Relations-Courier》*(1675년 이후)와 《튀르키셔 에타츠 운트 크리게스베리히트 Türckischer Estats- und Krieges-Bericht》*(1683/1684년), 니콜라우스 슈피어링크의 《렐라치온 아우스 뎀 파르나소Relation aus dem Parnasso》* (1687년 이후)에서 잘 드러났다. 《파르나소》에서는 철학 논문과 여행 기

---

* 《렐라치온스쿠리어》 "보도하는 파발꾼"이라는 뜻.
* 《튀르키셔 에타츠 운트 크리게스베리히트》 '투르크의 상황 및 전쟁 보고'라는 뜻.
* 《렐라치온 아우스 뎀 파르나소》 "파르나소스에서 온 보고"라는 뜻. 파르나소스는 그리스 신화에서 아폴론과 뮤즈들이 산다고 전해지는 그리스 중부의 산으로 문학계 또는 문단이라는 의미를 갖고 있다.

록의 비중이 전체 정보의 25%에까지 이르렀고 "함부르크의 여타 신문들보다 정치 · 군사 보도들이 더 포괄적인 맥락 속에서 다루어졌다."[84] 프랑에는 다음과 같이 결론내리고 있다. "신문이 독자들에게 가져다줄 수 있는 이점에 대한 발행인들의 거듭된 강조와 정치적 사건들뿐만 아니라 도덕적 · 교육적 측면에서 인간의 생활 방식 영역에 대한 비판적인 숙고의 단초들은 최초의 계몽주의적 경향들을 반영하는 것이었다. (……) 신문 기사의 작성자들은 이성에 따른 행동이 윤리적인 책임 의식을 내포한다는 생각을 가지고 있는 것처럼 보였다. 어느 정도 논증적인 성격을 띤 논문들과 가상의 대화들은 이러한 견해에 부합하는 것이었다."[85] 신문의 보도들은 점점 더 주위 상황과 관련되었고 평가하거나 해설하는 경향을 띠어 갔으며 점점 더 독자들의 잠재적 이해관계에 따라 다양화되고 실질적인 이익을 지향하게 되었다. 간단히 말해서 신문 보도들은 이미 편집되는 경향을 보였던 것이다.

한편 신문사들은 대개 증권 거래소와 시청 부근에 위치했다. 영국의 선례에 따라 설립된 한자 도시의 커피하우스[86]들에는 함부르크의 신문 이외에도 네덜란드 신문들[87]이 비치되어 있었고, 18세기에는 영국과 프랑스 신문들이 추가로 비치되었다. 전반적으로 평가해 볼 때, 이미 17세기에서 18세기로의 전환기에 함부르크에서는 인쇄된 정치적, 학술적 신문을 읽는 것이 다수의 주민들에게 널리 확산된 즐거움이었다.[88] 또한 비어링의 《진기한 보도Relationes Curiosae》, 《요한 프리쉬의 유익한 휴식 시간Johann Frischens Erbauliche Ruh=stunden》, 혹은 하인리히 호이스의 《월간 보도와 보편사Monatliche Relationes und Universal-Historien》(1684년 이후)와 같은 훗날 도덕 주간지의 선구적 형태들은 매체의 스펙트럼이 잡지라는 새로운 매체의 형태로 다시금 세분화하고 있음을 보여 준다.

## 9.4. 초기 부르주아 공공영역의 장으로 기능한 신문

17세기 초 근대 신문 제도의 성립은 그 시대와 사회의 발전을 특징 짓고 변화시켰던 매체사의 핵심적인 사건들 가운데 하나였다. 그것은 "역사적으로 가장 엄청난 결과를 가져왔다는 의미에서 아주 중요한 혁신 중의 하나였다."[89] 1674~1724년에 전개된 이른바 신문 논쟁은 신문 없는 문화에서 신문 사회로의 이행이 가져온 "혼란" 혹은 문화 충격의 양상을 아마도 가장 잘 보여 주는 예가 될 것이다.[90] 한쪽에는 신문의 비판자들이 있었는데, 가장 뛰어난 논객은 박사 학위를 받은 법률가이자 나중에 궁내부 대신이 되기도 했던 아하스버 프리치(1629~1701년) 였다. 그는 라틴 어로 쓴 논박문 〈새 소식으로 불리는 신문의 작금의 이용과 오용에 대한 논쟁〉(1676년)에서 수많은 오보와 악명 높은 불확실성 때문에, 그리고 근본적으로는 "새로운 것을 읽고 듣고자 하는 어떤 사람들의 끔찍한 호기심"을 근거로 들어 신문을 총체적으로 거부했다. 그는 특히 "사적 개인"이 정보를 얻고 시사적인 사건들의 논의에 관여할 수 있는 권리를 부인했다. 그가 권고한 것은 "공공의 이해관계"에 따르라는 것으로, 이는 곧 제후들의 검열을 의미했다. 신문에 대한 욕구를 묘사한 앞서 언급한 풍자화(그림 79 참조)가 바로 이런 정신에 부합하는 것이었다. 다른 한쪽에는 옹호자들이 있었는데, 대표적인 인물로는 교육학자이자 시인이고 정치학, 수사학, 시문학 교수였던 크리스티안 바이제(1642~1708년)를 들 수 있다. 그는 역시 1676년에 작성한 라틴 어 논문 〈신문 읽기에 대한 흥미로운 개요〉 —— 이 글은 1703년에 이미 독일어로 번역되었다 —— 를 통해 예컨대 지리, 계보, 역사, 정치 분야에서 신문으로부터 이끌어낼 수 있는 "유용성"을 고려하면서 자신의 학생들에게 올바른 신문 읽기를 지도하고자 했다. 여기에서는 신문의 정보 기능 이외에 교육 기능을 강조하였다. 신문의 폭발적인 확산과 멈출 줄 모르는 발전을 배경으로 또 다른 의견들이 논란에 반영되었다. 한편으로 신학자인 요한 루트비히 하르트만(1640~1684년)은 보편적인 신문 읽기를 통한 신분 세력들의 평준화에 반대하는 입장을 취했고 다른 한편으로 교장이자 저술가인 다니엘 하르트나크(1642~1708년)는 예컨대 "객관적인" 보도의 관점이 실종된 것을 문제로 삼았다. 한때 프리치 밑에서 일했던 카스파르 슈틸러(1632~1707년)는 언론에 대한 최초의 포괄적인 기술서인《신문이 주는 즐거움과 유용성》(1695년. 1969년 재판 출간)을 썼고 요한 페터 폰 루데비히(1668~1743년)는〈신문의 이용과 오용에 대하여〉(1700년)라는 논문을 썼다. 전체적으로 이런 견해들은 새로운 매체의 다양한 실질적인 "유용성"에 대한 통찰이 증가하고 있음과 아울러 신문의 "필요성", 특히 이 매체가 가져다주는 "즐거움"과 "감각적인 기쁨Ergetzlichkeit"을 명료하게 보여 주고 있다. 이와 더불어 검열의 문제는 점점 더 "너그럽게" 해석되었다. 또한 다음의 한 가지 사실은 더 이상 논란의 대상이 되지 않았다. "구독자 층에 대한 토론은, 신문은 모든 신분의 사람들에게 허용되어야 한다는 슈틸러의 정당화로 종결되었다."[91]

한편으로 경제적인 동기에서 비롯된 정보에 대한 수요 이외에도 새로운 매체에 영향을 미쳤던 것은 호기심과 화젯거리에 대한 욕구였다. 다른 한편으로 신문은 처음부터 일차적으로 정치적인 매체였다. 이 점을 토마스 슈뢰더는《렐라치온》과《아비조》를 통해 입증해 보였다.[92] 함부르크에서 발행된《노르디셔 메르쿠리우스》역시 예컨대 1668년에 게재된 보도 총 1,360건 가운데에서 단지 6건만이 "진기한 이야기"였던 데 반해 773건이 정치와 관련된 소식이었다.[93] 문학 저널리즘은 17세기 이탈리아와 독일에서 그 초기 형태가 나타나기는 하지만,[94] 18세기에 들어와서야 비로소 완전히 발전하게 되었다. 하지만 정치와 신문의 이러한 밀접한 연관은 "공공영역"의 범주를 통해서 더 정확하게 특징지을 수 있다고 하겠다.

여기서 "공공영역"이 의미하는 바는 무엇인가? 부르주아 공공영역의 시작에 대한 광범위한 논쟁에서는 "부르주아적"이라는 개념이 대체로 매우 불명확하게 사용되고 있을 뿐만 아니라 공공영역의 형태와 기능들 간의 구분도 종종 불충분한 모습을 보였다. 무엇보다도 매체의 기본을 형성하는 조정 및 방향 설정 기능과 함께 공공영역에서 매체가 차지하는 역할이 지금까지는 단지 개별적으로만 어느 정도 고려되었을 뿐이다. 주지周知, 확산, 접근(이용) 가능성, 따라서 "널리 알려진" 혹은 "공개적인öffentlich"*이란 의미에서, 그리고 지역적 한계를 벗어난 사회적 활동 단위의 의미에서 파악했을 때, 공공영역은 기본적으로 인류 초창기부터 존재해 왔다. 예컨대 시원기의 집단과 혈족에서 공공영역은 여성 혹은 희생 제의 매체를 통해, 나중에는 동굴의 벽과 춤 같은 매체를 통해 창출되었다. 고대 이집트와 같은 초기 고도 문화에서 공공영역은 무엇보다도 피라미드, 조각, 석판과 같은 조형 매체에 의해서, 고대 그리스의 폴리스에서는 아오이도스, 음유 시인, 수사학자, 연극에 의해서, 세계 제국 로마에서는 황제와 그의 사제들, 점술가, 예언자, 조형 매체, 수기 매체를 통해서 창출되었다. 중세에서도 궁중의 익살 광

---

\* **공개적인** '공개적인' 이라고 번역한 독일어 형용사 öffentlich는 "공개적인, 주지의"란 뜻과 아울러 "공적인, 공공의"란 뜻도 가지고 있다. 전자의 경우가 "비밀스러운geheim"의 반의어라면 후자의 경우는 "사적인privat"의 반대말이라고 할 수 있다. 이 두 가지 의미 가운데 전자가 öffentlich의 본래적인 의미라고 할 수 있는데, 이는 이 형용사가 본래 offen(개방된, 열린)에서 유래했다는 사실을 통해서도 잘 드러난다. öffentlich가 라틴어 publicus와 유사한 의미의 법률 용어로서 후자의 의미를 지니게 된 것은 대략 17세기 말 이후로 추정된다.

대와 성의 가인, 농촌의 축제와 이야기꾼, 또는 도시의 성극과 시장 광장 같은 다양한 의사소통 영역에서 공공영역이 나타났다.[95] 이런 다양한 형태의 공공영역의 기능은 그때마다 완전히 서로 다른 것이었다.

사회학적으로 보았을 때 절대주의의 선구적 형태들은 점차 지배적인 영향력을 획득하게 된 도시들이 중세 봉건 구조를 점진적으로 해체하고 난 이후의 발전 단계를 가리킨다. "도처에서 신분 세력들의 권리 제약과 통일적인 군대의 발전, 중앙 집권화한 행정이 모습을 드러냈다. 도시는 어디에서나 엄격한 법규의 지배를 받게 되었는데, 그 핵심은 조세와 관세, 독점이었다. 자유로운 제국 도시들과 한자 도시들은 점점 더 주변의 영방 군주들에게 종속되었고, 이 영방 군주들은 자국의 영토 내에 있는 도시들의 독립성을 박탈하는 작업을 체계적으로 전개해 나갔다."[96] 매체사적으로는 이러한 근대로의 이행에서 두 가지의 서로 상반된 발전 과정을 관찰할 수 있다. 한편으로는 특히 점점 더 많은 공공영역들로 세분화하고 인간 및 수기 매체의 우위에서 인쇄 매체의 우위로 변화함으로써 제반 공공영역의 사회적 중요성이 증가하는 경향이 계속되었다. 이런 기본 경향은 농촌의 달력 매체, 종교개혁 공공영역, 전단지 매체, 절대주의 매체를 통해 이미 설명한 바 있다. 다른 한편으로는 완전히 새로운 매체인 신문으로 인해 완전히 새로운 형태의 공공영역이 생겨났는데, 이 공공영역의 기능은 당시의 지배와 반란의 대립 속에서 점차 전 사회적으로 정치적인 성격을 띠게 된 것으로, 즉 일견 지배를 안정화시키기도 했지만 또한 혁명적인 경향을 띠기도 했던 것으로 평가되어야 할 것이다. 비록 그것이 당대인!들에게는 아직 명백하지 않은 것으로 보였고 18세기에 들어와서야 계몽주의와의 관련 속에서 분명하게 드러나기는 하지만 말이다.

신문은 공적인 정보와 의사소통의 다른 장과 매체들, 즉 영국의 경우에는 특히 1650년 이후로 커피하우스에서의 대화와 "부분적으로 매우 시사적인 공연이 이루어졌던 연극"을, 그리고 프랑스에서는 귀족적인 살롱을 보완하고 대체했다.[97] 신문을 통해 완전히 새로운 유형의 공공영역이 출현했는데, 그것은 처음에는 교회와 국가의 검열을 거의 유발하지 않았다.[98] 신문은 나중에서야 특히 "리벨리 파모시libelli famosi"* 라 불리던 팸플릿과 함께 검열의 대상이 되었다. 하지만 별도의 신문 검열은 존재하지 않았는데, 왜냐하면 "초기의 신문들은 정치적 이념의 대변자로 봉사했던 것이 아니었기 때문이다."[99] "어쨌든 독일의 제후국들이 신문의 확산에 특별히 강력하게 대처했다는 인상은 들지 않는다."[100] 17세기 후반에 검열은 이미 성직자의 영향권에서 벗어나 있었고 그 집행은 통일적인 법률 입법에 비해 영방 군주들에 의해서 지역에 따라 매우 상이한 양상으로 진행되었는데, 이는 제국에 비해 일반적으로 강력했던 영방 국가 권력이 낳은 부산물로 평가해 볼 수 있겠다. 예컨대 뷔르템베르크와 프로이센에서는 검열이 매우 엄격했지만 하노버에서는 관용적이었고 바이마르와 메클렌부르크에서는 사실상 검열이 없었던 것이다.[101] 등장하는 절대주의의 폐쇄적인 정보 체계를 신문이 마침내 깨뜨리고 18세기에 부르주아 혁명을 가능하게 하기 전까지는 새로운 신문 매체의 엄청난 영향력이나 신문의 공공성은 통치에 이용되는 과정 속에서 명백히 진가를 발휘하지 못했다.

"매체 경쟁"[102]의 개념은 당시 시효가 끝난 모델이라 할 신분제 사회와 로마 가톨릭교회의 경우에만, 즉 인쇄 매체에 비해 중요성이 줄어들고 있던 인간 매체 체계에 대해서만이 아니라, 반대로 공공영역을 구성

---

* **리벨리 파모시**  인신 공격성 비방문 또는 풍자문의 성격을 띤 소책자를 지칭하는 라틴어 단어.

하는 중요성을 지닌 신문에 대해서도 적용된다고 할 수 있다. 왜냐하면, 신문은 기본적으로 궁정과 교회의 정보 독점을 무력하게 하고 좌절시켰기 때문이다. 바로크식 화려함을 갖춘 조형 매체에 대항한 냉정함, 궁정과 교회의 지배 및 정보 독점에 대항한 부르주아적 특징, 교회 최고 성직자나 군주가 아닌 신문 영웅들의 영웅화, 이 모든 것을 통해 신문은 "비록 절대주의의 품 안에서 성립되었지만 반절대주의 매체"로서 그 모습을 드러냈다.[103]

이와 함께 "공개적인" 것과 "비밀스러운" 것의 개념 쌍은 정치적인 비밀과 종교적인 비밀 사이의 관련을 그 공준으로 삼고 있었다. "신이 부여한" 신분제 사회에서부터 절대주의 군주들의 비밀 정책에 이르기까지 세속적인 통치는 종교적인 재가를 받았다. "하지만 정치적 비밀의 종교적 내용이 취약해지자 비밀의 긍정적인 의미는 정반대로 바뀌어 버렸다. 비밀은 사기가 되었고 비밀 정책을 추진하는 통치자는 전제군주가 되었다. 이와 반대로 공개Öffentlichkeit는 솔직함과 합법성의 상징이 되었고, 그럼으로써 정당성에 대한 변화된 인식의 기초가 되었다. 비밀의 이러한 의미 변화는 근대 초기 역사의 본질적인 구성 부분이다."[104]

신문에서 드러나는 "새로운 것"에 대한 관심은 전통적인 것의 권위 상실을 내포했다. 왜냐하면, 그것은 이중적인 기대, 즉 첫째로 다원주의로 이어지는 포괄적인 내용적 측면에 대한 기대, 둘째로 선택 혹은 평가를 자체 판단에 맡기면서 형식적으로 따로 논평을 달지 않는 "객관성"에 대한 기대와 함께 나타났기 때문이다. 현재적이고 시사적인 것에 대한 강조는 특정한 대상을 지향하지 않는 보편적인 것이었기에 잠재적으로는 모든 사람들과 관련된 문제라고 할 수 있었다. 독일어에 의한 라틴 어의 대체, 통속어에 의한 학자, 법률가, 외교관의 언어의 대체는 그러한 국민적인, 적어도 신분을 뛰어넘는 공공영역이 출현할 수 있는 전제 조건이었다. "권력의 대변자는 자신에게 결정내릴 것을 재촉하고 자신의 활동 영역의 한계를 축소시키거나 확장시키는 여론에 직면하게 되었다. 그가 적절하게 대응하려 한다면 그 역시 공(개)적으로 행동해야 했다."[105] 이러한 대응 방식은 항구적인 현존과 연속성을 지향하는 [신문의— 옮긴이] 주기성을 전제했을 때 불가피한 것이 되었다. 지속적인 특징을 지닌 새로운 공공영역은 단지 인물들이나 특정 계기와 관련되었던 예전의 임시적인 공공영역과는 완전히 궤를 달리하는 것이었다.

따라서 신문에 기반을 두고 있는 공공영역은 전단지, 소책자, 달력과 같은 인쇄 매체나 설교자, 가인, 교사와 같은 인간 매체에 의해 구성되고 특징지을 수 있는 다른 공공영역들에 비해 새로운 것이었다. 이 새로운 공공영역은 생산적 측면에서 다원주의적이었고 형식적으로는 영속적인 유통의 장으로서 확고한 위치를 차지했으며 수용의 측면에서는 신분 세력과 특정 영역을 뛰어넘었고 가공 방식에서는 다기능적 특성을 보였다. 현재의 연구 성과를 바탕으로 다음과 같이 정리해 볼 수 있을 것이다. 17세기의 초기 부르주아 공공영역은 완전히 새로운 매체인 신문에 기반을 두고 있었고 그에 따라 잠재적으로 민주적인 기능을 떠맡게 되었기 때문에 새로운 형태의 공공영역이었다. 대개 18세기의 특징으로 간주되던 것,[106] 즉 정보 및 교육 기능에서뿐만 아니라 정치적 사회화의 기구이자 정치적 가치의 매개자로서 신문이 갖고 있는 확고한 지위는 적어도 독일에서는 이미 17세기 말에 나타나고 있었다. 다양한 수많은 공공영역에서 이미 포괄적인 "부르주아" 공공영역의 윤곽이 뚜렷해지고 있었다. 옌스 기젤러가 신문 매체에 대한 슈틸러의 기술 —— "신문은 모두가 이용 가능하고 진실되며 논평을 달지 않고 시사적이며 보편적이어야 한다" —— 을 인용하면서 "슈틸러가 논평의 배제와 진실을 통해 언급하고자 한 것은 신문에 대한 오늘날의 정의에는 포함되지 않는 광범위한 내용적 관점"이라고 주장한 것은 타당한 지적이었다.[107] 이로부터 매체의 문화사의 다음 국면인 18세기에는 통치에 비판적인 "여론"의 구성물이 형성되었다. 고대 그리스의 폴리스를 재수용함으로써 "공개적인" 것과 "비밀스러운" 것의 개념 쌍을 대신하게 될 "공적인öffentlich" 것과 "사적인privat" 것의 새로운 개념 쌍은 18세기에도 여전히 결정적으로 중요한 매체인 신문과 더불어 공공성Öffentlich-keit이 국가와 동일시되는 쪽으로 그 의미가 근본적으로 변화하는 양상을 보여 주고 있는 것이다.*

---

\* 하버마스에 따르면 전성기의 고대 그리스 세계에서는 자유 시민에게 공통된 폴리스 Polis 영역이 모든 개인에게 고유한 오이코스Oikos(가족, 노예, 집과 그에 딸린 토지를 포괄하는 용어) 영역과 분리되어 있었다. 공공 생활의 참여는 가장이기도 한 개개 시민들의 사적 자율성에 의해 좌우되었고, 이런 맥락에서 아리스토텔레스는 오이코스를 폴리스의 최소 기본 단위로 파악했다. 한편, 공공성이 국가와 동일시되는 쪽으로 그 의미가 변화했다는 말은 비밀 정책을 고수함으로써 "공개적인" 것과 대립하고 있었던 절대주의 군주들이 이제 '공공성'을 구현하게 됨으로써 "사적인" 것으로 간주된 부르주아의 경제 행위와 대립하게 되었다는 의미이다. 즉, 이제 öffentlich라는 단어가 단지 "공개적인"이란 뜻 이외에도 공권력öffentliche Gewalt의 용례에서도 볼 수 있듯이 "국가적인 staatlich"이란 의미도 내포하게 된 것이다. 특히, 궁정의 정보 독점을 무력하게 만들었던 신문은 "비밀스러운" 것이 더 이상 신성한 것이 아니라 사기라는 점을 폭로함으로써 이런 변화의 과정을 촉진시켰다고 볼 수 있다.

**10**

# 벽 매체와 벽보
### 정신적, 정치적, 사회적, 경제적 기능

지금까지 매체의 문화사 서술에서 가장 소홀하게 취급된 매체에 해당하는 것이 벽과 벽보이다. 벽 매체의 역사는 아직까지 나오지 않고 있으며 벽을 매체로 이해하는 개념 파악 자체도 이루어지지 않은 상태이다. 가장 두드러진 예외로는 군터 바이플의 연구를 들 수 있는데, 그는 《대중 매체 벽》이라는 제목으로 "직접적이고 검열할 수 없는 의사소통 형태에 대한 문화사적인 개요"를 시도했다. 바이플은 자신의 눈평에서 비록 20세기를 집중적으로 다루기는 했지만 "벽이 의사소통 수단으로 활용되었던" 상당히 많은 일련의 선구적인 형태들을 지적하고 있다.[1] 이미 그는 벽의 의사소통적, 제의·종교적, 과시적, 합법적, 미학·장식적, 경제·선전적, 저항적 기능을 구분했고 용어의 명료화를 위해 벽화와 벽서壁書의 구분을 제안했다. 이에 따르면, 벽화는 미학적인 목적이나 광고용으로 벽에 그린 그림으로서 특히 멕시코의 "무랄Mural"*과 같은 특수한 경우에는 정치적 의미가 전면에 부각되기도 한다. 벽서는 특히 이탈리아에서처럼 정치적인 설득력을 갖춘 단어, 문장, 상징이라 할 수 있는데, 대개 다른 모티브에서 생겨난 그라피티Graffiti*와 같은 특수한 경우도 존재한다. 기본적으로 이런 구분은 벽이라는 의사소통 매체의 최초 형태인 시원기의 동굴 벽면에 그린 그림들과 새겨 넣은 기호들에 상응하는 것이라고 할 수 있다.²

시원기에서부터 근대 초기가 시작될 때까지의 매체의 역사에서 벽이 모든 시기마다 의사소통 매체로서 중요한 역할을 했음은 이미 지적한 바 있다. 그것은 시원기에는 문화사 최초의 개별 매체인 동굴 벽면의 형태로, 복합적인 고도 문화의 시기에는 예컨대 고대 이집트 문화의 피라미드 내부 벽과 관棺의 바깥에 새겨진 신성한 수기 매체로,³ 중세 기독교 시기에는 대성당과 교회의 거대한 스테인드글라스의 형태로 나타났다.⁴ 그런데 전반적으로 살펴보았을 때 벽은 아직까지는 전적으로 미술사의 대상인 듯싶다. 즉 벽은 이러한 이데올로기적, 관점상의 제약과 함께 호르스트 슈미트-브뤼머가 표현한 것처럼 수많은 질문을 제기하는 벽화⁵의 틀 속에서 고찰되곤 했다. "고대 로마인들이 벽에 끼적거려 놓은 것들은 오늘날 스프레이 미술의 선구적 형태인가? 도시의 방화벽에 그린 그림은 고대 동굴 벽화나 인도의 암각화를 계승한 것인가? 만일 그렇다면 그 연대순의 연결 고리와 굉장히 이질적인 거주권 및 문화권 사이의 차이는 어디에 있을까? (……) 이에 대해서는 끊임없이 더 많은 질문을 던질 수 있고 유사성과 상호 연결 지점이 떠오를 수 있을 것이다. 그러나 좀 더 자세히 살펴보면 그것은 상상 속의 박물

---

* **무랄** 멕시코의 특징적인 벽화. 주로 에스파냐의 아메리카 정복, 독립 전쟁, 혁명과 같은 역사적인 주제를 모티브로 한 대형 그림으로, 대표적인 화가로는 디에고 리베라 Diego Rivera가 있다.

* **그라피티** 공공 장소의 벽이나 지하철 등에 스프레이 등으로 낙서처럼 휘갈겨 쓴 글씨나 그림.

관에나 보관될 수 있고 그 사회 · 문화사적 가치가 여전히 해명되어야 할, 지역적으로 흩어져 있는 증거들과 관련이 있을 뿐이다."[6] 그러한 질문들은 미술사라는 한정된 관점보다는 매체사적인 분석 방법을 통해 더 잘 해명될 수 있을 것이다.

　벽보의 역사에 대해서도 이미 나와 있는 것들이 있지만, 여기에서도 사료로 간주되는 정치 벽보와 실무 지향적인 활용 도구라 할 영업용 벽보의 이용 이외에는 예술 벽보에 대한 미술사적인 분석 방법이 주류를 이루고 있는 형편이다.[7] 오늘날 언론 정보학은 벽보를 기껏해야 주변적인 현상으로만 인식하는 경향이 있다. 예컨대 공공영역을 창출해 내는 의사소통 매체인 벽보의 기능에 대한 포괄적인 역사 서술은 아직까지 나오지 않고 있다. 다만 종종 근대 초기에 시작된 선전과 광고의 역사에 대한 개별적인 기술이 없지는 않다.[8] 초기 자본주의는 서신 매체(3장 참조)뿐만 아니라 벽보 매체와도 명백히 밀접한 관련이 있었다. 아래에서는 근대 초기의 벽과 벽보 매체에 대한 기본적인 논평 정도만이 시도될 것이다.

## 10.1. 벽

　근대 초기에 이르러 벽에 새로운 의사소통적 중요성이 부여되었지만 지금까지의 지배적인 고찰 방식에 따르자면 일단은 전통적인 제의 · 종교적, 미학 · 장식적 기능이 지배적인 위치를 차지하고 있었다. 벽 매체의 변형인 스테인드글라스에서와는 달리 근대 초기의 '벽 체계 Wandsysteme'[9] 혹은 벽은 건축 조형 매체[10]로서는 더 이상 어떤 특별한 역할도 하지 않았다. 기둥, 벽기둥, 벽에 둘러친 주름 장식, 가짜 창문 등과 같은 건축적 요소들은 이탈리아의 도시 베로나의 예에서 보이는 것처럼 기껏해야 건물의 전면에 그림으로 표현되었을 뿐이고 자기 과시적 기능 이외에는 원형原型을 넘어서는 어떤 의사소통적 의미도 지니지 않았다.[11] 벽은 수기 매체였고 초기 기독교 시대 로마의 카타콤[12]과 중세 대성당, 수도원, 교회의 프레스코화 및 회화와 유사하게 종교적 그림과 글씨로 장식되어 있었다. 이런 그림들은 성직자의 위계질서 구조를 매개하고 교회 내부의 긴장을 해소하는 것을 통해 철저하게 사회를 안정화시키거나[13] 혹은 이탈리아 프란체스코 수도원의 제단실에 마련된 일련의 그림에서처럼 "수도회를 선전"하는 데 효과적이었다.[14] 테사 와트는 16세기 영국의 목로주점과 맥주집에서도 시각화된 종교·도덕적 이야기, 특별히 탕자 이야기(앞의 '그림 63'을 보라)[15]가 벽면을 장식했음을 지적한 바 있다. 동시에 이런 여관들은 전국적으로 대략 1만 6천여 개에 달하는 단위들의 의사소통망을 형성했는데 —— 요크셔에만 4천여 개가 존재했다 —— 이 여관들은 식료품 시장이자 동시에 모든 종류의 최신 소식이 거래되는 장소였다.[16] 유통 장소라는 측면에서 여관은 이미 양적으로 근대 초기의 의사소통 관계에서 중요한 새로운 요소였던 것이다.

그 밖에도 중세 말에서 초기 르네상스로의 이행기에 이탈리아에서는 "내용 면에서는 종종 옛것의 전수에 구속되어 있지만 반대로 그 표현 양식에서는 시민적 도시 공화국의 공중에게 호소하는 새로운 모습을 갖춘 공공 벽화"가 발전하였다. 한스 벨팅에 따르면 벽은 "새로운 사회의 경험 세계가 발언할 수 있는 근대적인 매체"로 발전해 갔던 것이다.[17] 자연 관찰과 사회 현실에 대한 경험적 가치가 세부적인 측면에 반영되었는데, 그것은 처음에는 본래 의도했던 이상, 덕 혹은 악덕과 같은 추상적 개념을 여전히 우의적으로 표현했다. 예컨대 선정善政의 프레스코화*에는 이상 도시의 모델이 시에나 시의 지역 특징과 함께 묘

372

사되어 있다. 여기서 경험에 근거한 개별 모티브의 특징은 개인적인 고유한 인지認知를 가능케 했지만 반대로 공식 설명으로 기능하던 구성의 개념적 질서는 집단적 지식을 상징했고 그림의 수용자를 공동체로 되돌려 놓는 역할을 했다. 교회와 시청의 그림으로 장식된 벽면에 있는 글씨들은 그림을 설명하기 위한 "언어적 난외 주註"로 점점 더 많이 삽입되었다.[18] 이런 이행 과정을 특징지었던 것은 예전 교의의 경험적 지식이 점점 더 많은 저항에 부딪치게 되었다는 것과 공간, 중심 투시 도법, 대립 항의 극적인 표현 및 다른 서술적인 전략을 고려한 새로운 연출 기법 덕택으로 추상적인 원칙들이 단순히 설명되는 데 그치지 않고 그 자체로 더 큰 진리가 되었다는 사실이었다.[19] 관찰자의 현실이 관찰되는 대상의 현실에 비해서 지배적인 위치에 놓이게 되었다. 벽화는 "공식적인 신앙 및 가치 규범의 기념비"에서 "여론에" 영향을 미치는 요소로 변화되었다.[20] 하지만 성화상 논쟁의 맥락 속에서 개신교 교회의 벽면에 종종 성경 구절만이 쓰이게 된 실상은 한스 벨팅이 주장하는 것처럼 "근대 초기에 그림이 처한 위기"[21]를 나타내는 것이 아니라 인간 매체와 조형 매체에서 인쇄 매체로의 근본적인 매체 변화를 보여 주는 것이었다. 그림이 전단지, 달력, 벽보와 같은 완전히 다른 새로운 매체들로 옮겨 가면서 그 매체들이 거대한 성공을 거두는 데 이바지했다면 반대로 이 새로운 매체들의 인쇄된 문자는 벽과 같은 전통적인 매체에 마찬가지로 영향을 미쳤다.

이와 유사한 발전은 건물 벽면 장식화Fassadenmalerei, 즉 건물 정면, 현관의 홀, 안마당의 벽면 혹은 계단이 있는 홀의 시각적 형상화에서도

---

* 선정의 프레스코화　암브로조 로렌체티Ambrogio Lorenzetti가 1337~1339년에 시에나 시청사 내부에 그린 프레스코화로, 선정과 악정을 우의적으로 묘사하고 있다.

일어났다. 지그리트 울레-베틀러의 주장처럼 이 형상화가 한편으로는 고대 전통의 한계 안에 머물러 있기도 했지만 다른 한편으로는 "벽화에서 설립자의 그림은 이미 가족의 자기 묘사와 자기 과시"에 봉사하는 것이었다. 예컨대 신성 로마 제국 황제 막시밀리안 1세의 개선문 (1517년)*은 황제의 자기 묘사의 전형적 특징을 갖추고 있었다. 장식들은 공적인 자기 과시라는 의미에서 기능화했고 개선문에서 보이는 고대 건축의 웅장함은 그 특성상 당대의 정치적 선전으로 변화해 버렸다. 건물 벽면 장식화에 자주 이용되던 개별 모티브는 "이카루스"의 추락 장면이었는데, 이것은 공익을 위한 헌신과 용기의 반명제이자 위험과 악덕에 의한 몰락의 시각적 표현이었다.[22] 또한 예컨대 "아폴론과 뮤즈"와 같은 고대의 이야기와 신화에서 유래한 모티브, 베네치아의 확고부동한 통치의 상징인 성 마르코의 사자와 같은 권력 표장標章, 혹은 "네가 판단받고자 하는 그대로 판단하라(QVALIS VIS TALIS ESTO)"와 같은 인문주의적 모토 역시 널리 사용되었다.[23] 이전 시기의 내세 지향적 특징은 자기 과시를 통해 세속화했고 여기에서 교육 수준을 증명해 보이고자 하는 노력과 늘어나는 부를 표현하고자 하는 노력이 나란히 나타났다.

이미 일찍부터 "건물 벽면 장식화"는 공간 내부의 종교적이거나 세속적인 "천정화"를 통해 확장될 수 있었다.[24] 이런 상류층 시민들의 위신의 발현 속에서도 공공영역에 대한 새로운 초기 부르주아적 관점이 엿보인다. 여기서 중요했던 것은 신분적 의식의 표현이자 사회적인 신분 위계질서 속에서의 자리매김이었다. 고대 이집트 파라오의 석실[25]과

---

* **막시밀리안 1세의 개선문** 이 개선문은 실제 건축물이 아니라 독일 르네상스를 대표하는 화가 알브레히트 뒤러 등이 막시밀리안 황제의 주문에 따라 무려 192개나 되는 나무판으로 찍어낸 대형 목판화로서 그 높이가 3.5미터, 가로 길이가 3미터에 이른다.

그림 82 통치권을 드높일 목적으로 이용된 벽. 1529년에 완성된 뤼네부르크 시청의 법정.

의 유사성을 보여 주기 위해 선택할 수 있는 좋은 사례로는 1529년에 완성된 뤼네부르크 시청의 "법정Gerichtslaube"을 들 수 있겠다(그림 82). "목재로 된 거대한 아치형 지붕으로 덮여 있는 2층의 시 참사회 회의실(법정)은 전체가 그림으로 장식되어 있다. 이 그림들은 오로지 시 참사회의 통치를 우의적이면서도 도덕적으로 드높이는 데 이용되었다."[26] 뉘른베르크, 바젤, 뤼베크 등의 수많은 시청사와 제국 도시의 기타 건물들, 그리고 제후들의 성에서 볼 수 있는 것처럼, 이런 경향은 16, 17세기에 점점 더 늘어만 갔다. 여기서 통치권의 표현이라 할 의사소통 매체 벽은 예전의 조형 및 수기 매체의 결합이 수행하던 기능을 떠맡게 되었으며, 이런 경향은 절대주의적 매체 체계(8장) 속에서 기념비적인 조형 매체의 부활을 결정적으로 촉진했다고 말할 수 있다.

연구서들은 의사소통 매체 벽의 또 다른 형태와 기능에 대해서도 비록 부차적이긴 하지만 많이 언급하고 있는다. 예를 들면, 벽은 이탈리아의 웅장한 벽화의 밑그림에 사용되는 종이나 캔버스의 실용적인 대용물로 사용되기도 했다.[27] 또한 벽은 종종 목로주점에서 마신 술잔이나 깨진 유리잔과 망가진 의자를 분필 글씨로 "기록하기 위한" 일상적인 저장 매체로도 활용되었고, 그럼으로써 해당 손님은 "분필에 다 나와 있는(즉, 빚을 갚아야 하는)"* 처지가 되었다.[28]

하지만 이미 초기 고도 문화 단계에서부터 그랬던 것처럼, 벽은 일차적으로는 통치 당국의 정보를 공고하기 위한 매체로 사용되었다.[29] 두 번째로 벽은 이미 언급한 바 있는 교파 간의 분쟁에서 선전 도구로 유용하게 쓰였다는 측면에서 중요한 의미를 지녔다. 셋째로 벽은 점점 더 종교적, 정치적, 이데올로기적인 반대를 표출하기 위한 매체로도 이용된 것으로 보인다. 이 점은 무엇보다도 시청과 교회, 대성당, 일반 공공건물의 문과 시의 성문과 관련해서 이야기할 수 있을 것이다(7장 3절 참조). 루터의 유명한 95개조 반박문 게시가 비텐베르크 교회의 문에서 이루어진 것은 우연이 아니었다(물론 라틴 어로 작성한 반박문이 실제로 나붙었는지 아니면 당시의 일반적인 관행대로 이 "공표"에서 문제가 된 것은 단지 반박문에 대한 학문적 토론에 동료 대학 교수들을 초청한 것이었는지에 대해서는 논란이 분분하다). 벽과 벽보의 정치 · 저항적 기능에 대해서는 지금까지 제대로 된 연구가 거의 이루어지지 않고 있는 것 같다. 넷째로 벽은 벽과 밀접히 관련된 벽보 매체와의 연관 속에서 처음으로 경제적인 의미도 지니게 되었다. 이런 맥락의 상업적 활동은 그 선구적 형

---

* 분필에 다 나와 있는  독일어로 in der Kreide stehen이라는 숙어는 "(누구에게) 빚을 지다"라는 의미를 가지고 있는데, 이 숙어를 직역하면 "분필에 다 나와 있다"라는 뜻이 된다.

태가 있었다. 이미 중세 말에 수많은 직종의 종사자들, 여관업자, 돌팔이 의사, 소매상들이 영업용 마크를 마련했고 길드의 문장紋章과 동업조합의 상징이 존재했다.[30] 많은 경우 이러한 것들은 인상 깊고 눈에 띄는 형태를 취하고 있었으며 간판의 형태로 건물에 설치되기도 했다. "영국에서 영업에 종사하는 사람들은 문맹자들도 알아볼 수 있게 집에 간판이나 표시를 부착하도록 법적으로 규제받기까지 했다."[31] 광고 매체로 활용된 벽은 특히 주요한 통상로와 도시에 위치한 여관, 음식점, 목로주점, 선술집, 숙박업소에서 발견된다.

중간 정리를 해 보도록 하자. 벽 매체는 근대 초기에 들어오면서 최초의 기능적 세분화를 경험했다. 예전보다 더 많이 교파 간의 분쟁에 투입되고 항의 매체로 변형되던 종교적 선전 매체로부터 전체 사회의 다양한 부문 체계들 속에서 점차 세속적인 경향을 띠게 된 기능들이 분리되어 나왔다. 즉, 그것은 정치 체계에서는 통치권의 요구뿐만 아니라 항의와 새로운 공공영역의 발현으로, 경제 체계에서는 상품과 소매상을 위한 선전과 광고로, 사회 체계에서는 자기 과시와 신분적 자리매김의 표현으로, 문화 체계에서는 교육과 의미의 표명으로 나타났던 것이다. 이후에도 벽은 현저한 사회적 지배력을 지닌 의사소통 매체로 남게 되었다. 이를 잘 보여 주는 것으로는 문화 혁명기 중국의 "대자보",[32] 지하철 전동차에 그린 스프레이 그림, "화장실 벽"의 낙서, 그리고 일반적으로 "문신을 새긴 벽면"[*33]과 같은 비교적 최근의 현상들을 들 수 있다. 하지만 근대 초기와 마찬가지로 이런 최근 현상들에 대해서도 관련 매체사 연구는 여전히 부족한 상태라고 하겠다.

---

* 문신을 새긴 벽면  그라피티를 표현한 말.

## 10.2. 벽보

벽보Plakat는 말하자면 낱장 문서 매체의 공적인 표현 형태라고 할 수 있는데, 전단지와 같은 다른 표현 형태들과 비교해 보았을 때 훨씬 크기가 크고 고정되어 있으며 그래픽 수단이 사용된다는 점이 특징이라 할 수 있다. 게다가 벽보는 원래부터 그랬듯이 대개 통치 당국의 명령문인 경우가 많았으므로 반+공식적이거나 공식적인 특징을 추가로 언급할 수 있을 것이다. 그렇기 때문에 종종 벽보에는 시사적인 소식들에 비해 더 장기적이며 입법 기능을 전제로 한 지침의 요소가 특징적으로 드러난다. 하지만 16세기 네덜란드에서 "붙이다"라는 의미를 지닌 "플라켄plakken"에서 유래한 "플라카테Plakatte"는 에스파냐의 지배에 저항한 해방 전쟁에서 반란자들이 공공장소의 벽면에 부착한 전단지를 일컫는 말이기도 했다. 따라서 벽보에는 기본적으로 항의의 요소도 포함되어 있었다고 할 수 있다. 또한 벽보는 전단지처럼 구입할 수 있는 것도 아니었고, 예컨대 장돌뱅이 가인의 도판(4장 3절)처럼 단순히 시각화 전략에만 이용되었던 것도 아니었다. 일방적인 정치·입법 공고에서 경제적, 문화적 이해관계에 의해 규정된 새로운 공공영역의 의사소통장으로 발전하는 것을 통해 벽보는 고유한 형식의 인쇄 매체로 등장할 수 있었다.[34] 17세기의 한 동판화(그림 83)는 벽보를 아무 곳에나 무턱대고 붙이는 것이 아니라 접이식 가위같이 생긴 기구로 눈에 잘 띄는 장소의 벽면에 붙이고 있는 벽보 부착자를 시각적으로 잘 묘사하고 있다. 예컨대 도망친 노예를 잡아 오면 보상금을 지급한다는 내용을 담은 기원전 145년 고대 그리스 벽보의 개별적인 공공 현상수배[35]와 달리, 근대 초기에 들어와서야 비로소 벽보는 국가적 제도화를 넘어서 특정한 능력을 지닌 포괄적인 사회적 의사소통 체계로서 확고한 위치를

그림 83 벽보를 붙이는 사람. 새로운 벽보 매체의 성립.

차지하게 되었다.

　벽보의 성립 과정에서 특징적이었던 것은 수많은 혼합 및 특수 형태였는데, 여기에서는 아래와 같은 사례들을 언급해 볼 수 있을 것이다.

　－14, 15세기에 생겨나서 16세기에 절정에 이르게 된 패널화*는 테두

---

* 패널화　캔버스 대신에 나무나 금속 등과 같이 딱딱한 바탕 위에 그린 그림.

리를 둘러친 무대풍 양식의 회화 작품으로서 운반이 가능했고 어디에나 설치할 수 있었다. 종교적, 역사적, 상징적, 육감적, 예술적, 혹은 그밖의 세속적 양식의 모티브를 지닌 이 이동식 벽은 사적으로 구입하고 개인적으로 소유하며 재산 추구의 일환으로 수집할 수 있었다.[36] 15세기 초의 "회화의 발명"과 특히 "미술사의 풀리지 않는 수수께끼"[37]인 초기 부르주아적 초상화의 발명(2장 2절 참조)은 매체사적으로는 제의와 관련된 공동체에서 현세와 관련된 주체로 기능이 전이되면서 이루어진 벽과 벽보의 결합으로 설명할 수 있다.

 — 이미 1420/1421년부터 존재했던 **풍자화**는 처음에는 "비방 서신"(3장 1절 2 참조)으로 개인에게 발송되었지만 이후에는 채무 연체자에게 공적인 압력을 행사하고 공공 조직 속에서 법적 안정성을 독자적으로 회복하기 위해서 대개 형벌용 기둥이나 유곽에 명예 훼손용으로 붙이게 되었다.[38] 이런 관행은 당연히 영방 군주들과 법원에 의해 금지되었지만, 사회적 평화를 확보하기 위한 "집단적인 세계관과 가치 조정의 용인된 수단"으로 널리 확산되었다.[39]

 — 15세기 말 이후의 전단지, 소책자, 서적 출판업자 겸 판매업자들의 선전광고 역시 언급할 수 있겠는데, 왜냐하면 다른 인쇄 매체들과의 인접성이 혼합 형태와 변종을 만들어 내는 데 유리했기 때문이다.[40] 요식업소의 간판과 유사하게 인쇄 출판업자들은 자신들의 상징 도안 혹은 의장 등록 상표로서 비침무늬Wasserzeichen를 개발했는데,[41] 이것은 오늘날에도 여전히 사용되고 있으며 대개 종이질의 특별함을 보증해 주는 역할을 한다.

 — "전단지의 변종"[42]으로 잠재적인 고객에게 건네는 **업무용 카드**는 이미 15세기 말에 등장했던 떠돌아다니는 돌팔이 의사들의 광고 쪽지[43]와는 구별된다. 이 업무용 카드에는 상인이나 영업 종사자의 이름, 주

소, 전문 분야가 적혀 있어 오늘날 쓰이는 명함의 선구적 형태라고 할 수 있다.

— "기형아", "기괴한 동물", 그 밖의 "선정적인 것"을 그려 넣은 떠돌이 흥행주, 곡예사, 돌팔이 의사의 지역별 행사 광고[44]는 오늘날 도시의 서커스와 휴양지 공원의 주간 야외 연주회, 혹은 다음 일요일의 선거를 공고하는 안내판이나 "이동 광고대"와 기능적으로 유사한 것이었다. 그 외에도 사격 대회, 복권 추첨, 경마, 연극 공연 등을 알리는 행사 광고도 존재했다.[45]

벽보 매체는 벽 매체와의 결합 속에서만 기능을 발휘할 수 있다는 특징을 지니고 있다. 따라서 벽보 매체는 역사상 최초의 공생적 매체로 간주되어야 할 것이다. 이러한 벽과 벽보의 결합 가운데에서 오늘날에도 여전히 가장 널리 퍼져 있는 형태는 벽지가 아닐까 한다. 벽지는 15세기에 등장했는데, 처음에는 벽·기둥의 받침대나 방의 천정에 설치된 틀에 끼우는 넓은 띠 모양의 형태를 갖추고 있었다. 나중에서야 벽지는 직접 벽에 붙이게 되었고 동시에 벽지를 바른 벽은 "병풍", "칸막이", "입식 벽"으로 독립되기도 했다. 중국의 종이 벽지가 이미 16세기에 들어오긴 했지만 유럽에서 벽지는 가죽, 비단, 우단과 다양한 날염물들로 이루어진 경우가 대다수였다. 18세기에는 유성 물감으로 채색된 밀랍 벽지가 지배적이었다. 벽지의 문화사는 오늘날 사진 벽지 혹은 톱밥을 넣은 거칠거칠한 벽지에까지 이르고 있는데, 물론 이것들은 더 이상 의사소통 매체로 간주될 수 없고 단지 벽보나 포스터와의 결합 속에서만 매체적 의미를 지닐 뿐이다.

지금까지 근대 초기의 벽보는 일차적으로 통치 당국의 전통적인 정보 매체로 평가되어 왔다. "인쇄된 벽보의 주된 이용자는 16세기와 그 이후로도 오랫동안 국가와 지역 자치체였다. 정기적인 신문이 없었기 때문에 광범위한 부류의 사람들을 위한 고시는 광장과 거리에서의 낭독을 통한 포고에 만족하지 않는다면 벽보 게시를 통해 이루어져야 했던 것이다. 특별히 중요한 법령인 경우에는 구두 방식과 문서 방식이 결합되었다."[46] 이 시기에도 벽보는 여전히 의심의 여지 없이 일차적으로 당국의 게시물이었다. "대부분의 공지와 무엇보다도 당국의 공고는 일반적으로 시청, 관청, 교회의 문과 마을의 보리수에 게시되었다."[47]

하지만 만프레트 하겐은 또 다른 중요성이 부여될 수 있는 벽보 매체의 핵심적 특징을 다음과 같이 언급하고 있다. "정치적 호소가 벽보 형태로 게시된 곳에서 벽보의 제작을 위탁한 사람은 행인들의 사고에 일정 정도 '타격'을 가하게 된다. 즉, 그들의 결정과 행동에 다소간 근본적인 숙고를 배제하는 가운데 신속하게 영향을 미쳐야 하는 것이다. 벽보는 선전의 특수한 형태와 관련이 있다. (……) 정치적 게시물은 상업적 게시물과 마찬가지로 일상적인 유형의 상황에 맞추어 제작되었다. 다시 말해서, 심사숙고하고 경청하거나 토론하는 사람들, 즉 능동적이고도 의도적으로 정치 문제에 관심을 기울이는 사람들이 아니라 일터로, 물건을 사러, 혹은 약속 때문에 서둘러 길을 가고 있는 사람들이나 집으로 돌아가는 사람들 ── 바쁘고 딴 데 관심을 기울이고 고립된 사람들 ── 이 목표 대상이었다. (……) 객관적으로 보았을 때 가능한 한 간결하게 호소해야 할 필요성은 이런 의미에서 응용된 "대중 심리학"의 걸작을 만들어 냈는데, 여기에서는 예술적인 조형력이 강력한 선전적 추진력, 사람들을 모으고 일깨우는 설득력과 함께 작용했다. 그 과정에서 벽보는 주지하다시피 사실적인 정보에서 악의에 찬 선동 정치에 이르기까지 다양한 영역을 포괄했다."[48] 이런 맥락에서 특히 프랑스에서 17세기 상비군 병사들의 모병을 위해 사용하던 최초의 벽보들은 분명 언급할 만한 가치가 있다.[49] 달리 표현하자면, 근대 초기 벽보

의 등장과 함께 이 매체에서도 선전, 선동이 강조됨으로써 벽보가 투쟁
매체로 기능하게 된 것이다. 18세기와 무엇보다도 19세기에 화폐를 둘
러싼 투쟁이 점차 전면에 부각되면서 광고나 선전용 벽보가 등장하게
된 것은 여기에서는 대략 그 윤곽만을 제시했을 뿐이다.

# 11
# 인쇄
### 서신, 낱장 문서, 가철본, 달력, 신문, 벽보 그리고 서적

지금까지 근대 초기의 매체사에 대한 포괄적인 서술은 거의 예외 없이 균형 잡히지 못한 모습을 보여 주었고, 그런 점에서 잘못된 것이었다. 그 불균형성의 특징은 단지 이 시대의 수많은 인간 매체, 조형 매체, 심지어는 인쇄 매체를 배제한 것에만 있는 것이 아니라 특히 1400년에서 1700년까지의 기간 동안 사회를 변화시킨 혁명적인 혁신과 혁명적 영역으로 이른바 "서적 인쇄"를 언급하고 있는 것에서 찾을 수 있다(1장 7절). 여기에서는 서론 격으로 이 점에 대해 간단히 논의해 보고자 한다.

대개의 연구들은 책의 역사를 구텐베르크에서부터 시작함으로써, 마치 이전에는 서적이 존재하지 않았던 것처럼 취급하는 오류를 범하고 있다. 다른 연구들은 전단지, 소책자, 달력, 서적과 같은 다양한 매체들을 부당하게 하나로 파악하면서 일괄적으로 서적 인쇄에 대해서 이야기하는 모습을 보인다. 또 다른 방향의 연구들은 인쇄와 매체 사이의 차이를 제대로 고려하지 않은 채 인쇄의 역사를 일방적으로 기술사로 다루거나 책의 역사를 활자, 서적 애호, 서적 장식 기술, 서적 제작술의 역사로 다루든지 혹은 개별 서적들의 연속을 작품의 역사로, 책의 역사를 검열의 역사, 개개 인쇄업자, 제도, 서적 판매 조직, 혹은 독자의 역사로 다루곤 한다. 근대 초기 서적에 대한 지금까지의 다양한 형태의 접근 방식을 개관하는 작업은 이 책의 범위를 완전히 벗어나는 것이다. 무엇보다도 나와 있는 수많은 연구서와 논문, 거기서 거론되는 다양한 개별적 측면들이 그런 작업을 불가능하게 하고 있다. 에르트만 바이라우흐는 1840년 이후 서적과 관련된 출판물의 수를 대략 16~17만 종으로, 독일어로 된 서적사 연구 분야에서만 매년 3~5천여에 달하는 연구 성과들이 쏟아져 나온 것으로 추산한 바 있다.[1] 마리온 얀친과 요아힘 퀸트너는 자신들의 연구서인 《책의 책Buch vom Buch》을 고대의 점토판과 두루마리에서부터 시작하고 있다.[2] 바이라우흐는 구텐베르크에 의한 서적의 "발명"에 대해 이야기하면서 "대중 매체 서적"과 "서적 인쇄"를 세계사적으로 종교개혁보다 더 거대한 장기적 영향을 지닌 성과물로 평가한다.[3] 그런 사례들은 얼마든지 더 추가할 수 있을 것이다. 엘리자베스 아이젠스타인──그리고 영미 계통의 모든 연구[4]── 역시, 비록 그녀가 새로운 초기 부르주아 문화의 토대라는 의미에서 "서적 인쇄"에 주목하기보다는 "변화의 동인"으로 작용한 "인쇄기"를 염두에 두고 있긴 하지만, 예외는 아니다. 예컨대 그녀 역시 다양한 종류의 인쇄 매체들을 서로 구분하고 있지 않다.[5] 역시 "서적 인쇄"를 새로운 기술로 다루고 있는 미하엘 기제케조차도 매체 개념을 모순되게 사용하고 있고 "구두 매체, 필사 매체, 활판 인쇄 매체, 전자 매체"의 기본적인 분류에서 조형 매체를 완전히 배제하고 말았다.[6]

여기서 중요한 것은 책의 역사에 대해 상당히 유용한 연구 성과들을 낸 저자들에 대한 진부한 비판이 아니라 전적으로 서적에만 집중하거나 다양한 개별 매체들을 세분하지 않음으로써 결국 오류에 빠져 버린 기성의 시각을 바로잡는 것이다. 책의 역사는 2천 년 전에야 비로소 시작되었기 때문에 "5천 년의 서적사"[7]를 논할 수는 없다. 서적은 "근대 초기 의사소통 혁명의 담당자"[8]가 아니었다. 서적을 강조하는 연구에서 보이는 그 시대의 특징적인 중요성에 대한 왜곡과 과대한 강조는 교정되어야만 한다. 그러므로 "서적 인쇄"가 아니라 사회 변화의 요인으로 작용한 인쇄가 출발점이 되어야 한다. 이것은 결정적인 차이를 의미하는데, 왜냐하면 그럼으로써 비로소 의사소통 혁명 전체와 모계 사회에서 부계 사회로의 변화 이후의 최초의 매체적 세계 변화——인간 매체의 다양성에서 인쇄 매체의 다양성으로의 변화——에 대한 제대로 된 폭넓은 전망이 가능해지기 때문이다. 특히 부르주아의 문화 매체인 서적으로 발전해 가는 과정은 매우 점진적이었고 근대 초기에 서적은 18세기가 되기 전까지는 문화적 선도 매체의 지위에 여전히 이르지 못한 상태였다. 15세기에서 17세기까지 서적 매체는 차라리 수많은 매체들 가운데 하나에 불과했고 사회적인 의미에서도 다른 매체들에 비해 상대적으로 덜 중요했다. 이 장의 제목은 서적 매체의 이러한 제한적 중요성을 의식적으로 고려한 결과라고 할 수 있다.

이에 따라 먼저 인쇄 일반(11장 1절)과 행위 역할에 따른 인쇄·서적 시장의 세분화(11장 2절)에 대해 포괄적으로 살펴본 다음에 특별히 근대 초기 인쇄 매체 서적의 형태 및 기능 변화(11장 3절)에 관심을 집중하도록 할 것이다.

## 11.1. 인쇄

현재의 연구 성과에 의거하여 인쇄의 다섯 가지 핵심적 현상을 강조할 수 있겠는데, 재료(종이)와 기술(활자), 사회적 맥락(도시), 제작 과정에서의 조직화(직업적 세분화), 핵심 기능(영리), 상반된 수용("문화충격")이 바로 그것이다.

11.1.1.

인쇄의 전제 조건은 무엇보다도 종이에 의한 양피지의 대체였다. 종이는 고대 중국에서 처음 생산되었다. 종이는 이미 12세기에 유럽에 전래되었지만 "새로운 기술記述 재료가 양피지를 몰아낸 것은 17세기에 들어와서였다."[9] 토머스 프랜시스 카터는 기원전 100년경 중국에서부터 14~15세기 근대 초기의 목판 인쇄본에 이르기까지 종이의 발전 과정을 묘사하고 있다.[10] 근대의 종이는 못 쓰는 넝마 조각들을 기초로 하여 복잡한 과정을 통해 생산되었고 일반적인 양피지 가격의 1/4에도 못 미쳤다. 이렇게 불균등하게 경쟁하는 상황인데도 많은 경우 양피지는 여전히 "진정한" 기술 재료로 통용되기는 했지만, 새로운 종이는 더 저렴하고 잘 구부러지면서 양면에 인쇄 가능한 장점으로 인해 결국 확고한 위치를 차지하게 되었다. 종이는 이탈리아, 프랑스, 에스파냐를 거쳐 독일로 유입되었다. 1389년에는 뉘른베르크 부근에 최초의 제지 작업장이 설치되었다. 곧 다른 도시들이 그 뒤를 이었고 16세기 말까지 독일에는 190곳의 제지 작업장이 존재하게 되었다. 제지업자의 일종의 의장 등록 상표라 할 수 있는 "비침무늬"를 통해서 종이에 표시를 하는 관행이 널리 확산되어 갔다.

활자를 이용한 인쇄 역시 독일 외부에서는 구텐베르크 훨씬 이전부터 잘 알려져 있었다.[11] 중국에서는 이미 8세기에 종교 작품들을, 10세기에는 지폐를 인쇄했고, 13세기에는 나무 활자를 가지고 서적들을 인쇄해 냈다. 이미 1234년에 한국에서 50권으로 된 《상정고금예문》("도덕 규범")이라는 인쇄물을 찍어낸 것에서 알 수 있는 것처럼 다른 지역에서는 금속 활자가 사용되기도 했다. 하지만 그와 함께 인쇄기가 사용된 것은 아니었다.

11.1.2.

인쇄와 번영하는 도시 사이에는 불가분의 밀접한 관계가 존재한다. 인쇄업은 "전적으로 도시적 근면의 산물"이었고 "인쇄의 역사는 도시의 발전과 밀접히 관련되어 있었다"[12] 이 점은 특별히 설명될 필요가 있다. "도시와 서적은 서로 배타적으로 하나의 짝을 이루었다."[13] 인쇄업자, 작가, 독자는 일차적으로 도시에 거주하고 있었다.

마인츠의 도시 문벌 요하네스 구텐베르크는 출자인인 요한 푸스트와 함께 1440~1450년 사이에 스트라스부르 혹은 마인츠에서 활판 인쇄술을 실현해 냈다(그 정확한 날짜는 알려져 있지 않다).[14] 그러나 사실 인쇄 기술은 본래 구텐베르크에 의해 "발명"된 것은 아니었다. 그는 이미 존재하고 있던 여러 기술과 모형들, 즉 금을 녹여 부을 때 사용하는 것과 같은 주조 기구, 본래 주화와 도장 제조에 사용된 것이었지만 이젠 금속 활자로 쓰이게 된 개별 자형字型, 포도송이를 눌러 짤 때 사용하는 것과 같은 기계식 인쇄기, 비싼 양피지를 대신한 저렴한 새 종이 등을 최초로 기능적으로 결합한 것에 불과했다. 구텐베르크에게 실질적으로 가장 중요했던 것은 전통적인 필사본을 가능한 한 완벽하게 모사하는 일이었다.

구텐베르크와 푸스트가 갈라서게 되자, 인쇄술은 밤베르크, 스트라스부르, 쾰른, 뉘른베르크와 같은 수많은 다른 도시들에도 급속도로 유포되어 갔는데, 그 도시들은 대개 주교좌 도시이거나 대학 도시였다.[15] 도시에는 한편으로는 인쇄업자들이 작업장을 설치하고 종이와 금속을 구입하기 위해서 필요한 자본이 있었고 다른 한편으로는 주요 주문자 및 구매자 집단이 존재했다. 제버린 코르스텐[16]은 한 사례로 학문적 입문서인 바르톨로메우스 앙글리쿠스*의 백과사전 《사물의 이치에 대해》를 들고 있다. 1470년대 초에 쾰른에서 무명의 한 인쇄업자가 제작하고 윌리엄 캑스턴*이 제작 비용을 댄 이 책은 종이 248장으로 구성된 2절판 대형 서적으로 대략 130부가 출간되었다. 종이 비용만 해도 50~60굴덴이 들었는데, 이는 도시의 작은 집 한 채에 해당하는 가격이었다. 식자공 한 명과 인쇄업자 두 명이 일 년 간 이 책의 제작에 매달렸다. 아직 장정하지 않은 책의 최종 가격은 100~120굴덴에 달했다. 미하엘 기제케는 하인리히 슈타인회벨*의 《페스트 지침서》(1473년)의 사례를 이야기하면서 다음과 같이 지적했다. "도시는 작가들과 인쇄업자들이 구성 요소로 편입되어 있는 사회 체계였다."[17]

그런 값비싼 책을 위한 시장은 당연히 한정되어 있을 수밖에 없었다. 이로부터 편력하는 "서적 행상인"과 서적 광고 벽보 및 광고지의 필요성이 제기되었다. 물론 성공적이고 수익성이 좋거나 시사적인 간행물과 저서를 인쇄소에서 재인쇄함으로써 예컨대 페스트 관련 저작물처럼 동일한 텍스트나 텍스트 유형이 독일 도처에 널리 유포되는 것은 흔히 있는 일이었다. 이런 사정은 목욕 지침서와 그 밖의 의학 안내 책자는 물론 실제적인 일상 활동과 관련된 서적 일반에도 마찬가지로 적용된다고 할 수 있다.

---

* **바르톨로메우스 앙글리쿠스** 13세기 초에 파리에서 활약한 프란체스코 수도회 소속 스콜라 철학자로, 대표작 《사물의 이치에 대해》는 백과사전의 선구적 형태로 평가받고 있다.
* **윌리엄 캑스턴** 영국 최초의 인쇄업자이자 번역가, 출판인으로 활동하면서 영문학의 발전에 지대한 영향을 미쳤다.
* **하인리히 슈타인회벨** 15세기 독일 초기 인문주의 시대에 활약한 번역가, 저술가이자 의사.

11.1.3.

종이와 도시 이외에 인쇄에서는 **직업적 세분화**가 특징적이었는데, 엘리자베스 아이젠스타인은 이와 관련해 다음과 같이 강조하고 있다. "필사본의 시대에 서적의 제작은 다양한 직업 집단의 후원 하에 이루어졌다. 이들을 대표했던 것은 대학 도시들의 문방구 상인과 세속 필사가, 자신의 공방에서 교육받은 필사본 채식사彩飾師와 세밀화가, 특정한 길드에 소속된 금 세공업자와 가죽 가공업자, 수도원 필사실에 모여 있는 수도사와 평수도사, 궁정 사무국과 법원에서 근무하는 개인 서기와 교황의 비서, 독자적으로 설교 모음집을 편찬한 설교자, 자신의 글을 쓰는 인문주의 시인이었다."[18] 15세기 중엽 이후 서적 제작의 구조가 전환된 것은 새로운 기술과 그 성공으로 인해 이 분야의 종사자들이 다양한 직업 집단으로 재차 세분화한 것을 의미했다. 이에 따라 특정한 직업적 특화와 함께 인쇄 기술의 혁신과 그 확산의 조건, 특징, 영향을 강조해 볼 수 있을 것이다.

활판 인쇄에서는 일곱 가지의 특수한 숙련 기술 혹은 활동 영역을 각각 구분해 볼 수 있겠는데, 이는 요스트 암만*의 《제반 신분 집단에 관한 개괄서》(1568년)에 시각적으로 잘 묘사되어 있다. 주형 제작자(그림 84)는 주형을 적당한 형태로 잘라냈고 활자 주조공(그림 85)은 주형속에서 금속 활자를 주조해 냈다. 제지공(그림 86)은 재료〔종이―옮긴이〕를, 식자공(그림 87)은 인쇄용 활자 조판을 만들었다. 서적 제본업자(그림 88)는 책의 각 쪽 또는 인쇄 전지全紙를 서로 연결했고 양피지 제작업자(그림 89)는 서책을 장정할 준비를 했다. 좁은 의미의 인쇄공은

---

\* **요스트 암만**  16세기 후반에 독일 뉘른베르크에서 활약한 스위스 출신의 삽화가이자 동판화가.

그림 84~87 주형 제작자, 활자 주조공, 제지공, 식자공.

그림 88~90 서적 제본업자, 양피지 제작업자, 인쇄공.

그림 91 아브라함 폰 베르트의 목판화에 따른 17세기 인쇄업자의 작업장.

인쇄용 잉크를 칠한 활자가 전지에 찍힐 수 있도록 인쇄기를 사용했다 (그림 90). 아브라함 폰 베르트의 목판화는 이런 다양한 직업 능력의 결합 형태라 할 17세기 인쇄업자의 작업장을 보여 주고 있다(그림 91).

　도시의 수공업자 동업 조합과 길드에는 인쇄업자들을 위한 자리가 없었다. 따라서 그들은 금 세공업자 조합과 같은 명망 있는 동업 조합에 들어가거나 곧바로 시민의 지위를 획득하려고 시도했다. 이것은 "16, 17세기에 인쇄업자들이 도시 사회에 통합되었다"[19]는 것을 의미했다. "인쇄술schwarze Kunst"*은 비술秘術로부터 확고한 위치를 차지한 하나의 용인된 업종으로 변화했다.

---

* **인쇄술**　Schwarze Kunst라는 단어는 인쇄술이란 의미 이외에도 마법, 마술이란 뜻도 가지고 있다.

11.1.4.

분명히 인식해야 할 점은 활판 인쇄가 처음부터 영리에 의해 규정되었다는 사실이다. 인쇄업자는 "초기 자본가의 원형"이었다.[20] 서적은 예전과는 달리 전적으로 상품이었다.[21] "결코 존재한 적이 없었던 새로운 현상"인 인쇄물의 새로운 기능은 바로 이 상품적 특성에 있었던 것이지 베른트 뮐러가 추정하는 것처럼[22] 종교개혁의 대중 매체로서 갖는 특징에서 찾아볼 수 있는 것이 아니었다. "이미 구텐베르크가 면벌부의 인쇄──정확한 날짜를 알 수 있는 가장 오래된 두 가지 인쇄물은 면벌부였다──에서 경험해 본 이래로 최신 서적 인쇄술은 교황의 교서와 하급 임명 관리들을 위한 훈령, 그리고 무엇보다도 면벌부가 대량으로 제작되고 유포되면서 〔교회에 의해─저자〕 체계적으로 이용되었다."[23] 하지만 최초의 인쇄물에는 전단지, 달력(5장 4절), 교과서, "각종 칙령 Constitutiones"들을 모아 놓은 법령집, 벽보, 조반니 발비 다 제노바의 《카톨리콘Catholicon》*과 같은 백과사전, 그리고 나중에는 시가 지도와 소책자, 기타 다른 실용 서적들도 포함되었다. 예컨대 구텐베르크의 사위였던 인쇄업자 페터 셰퍼에 관한 연구와 같은 개별적인 연구들은 광고지, 회람 문서, 판매 상품 목록, 법령과 규정, 교서와 면벌부, 전단지와 소책자, 서적, 나중에는 악보의 인쇄에 이르기까지 인쇄업자들의 활동 범위가 대단히 다양했음을 보여 주고 있다.[24] 인쇄업자들에게 중요했던 것은 채권자에 대한 신용 대부금 변제, 노력 비용을 충당하기 위한 판매 차익, 종이의 비축, 최대한으로 가동할 수 있는 인쇄기의 생산 능력, 시장 경쟁 업체, 직원들에 대한 급료 지불 등과 같은 영리 본위의

---

* 《카톨리콘》 도미니크회 수사였던 제노바의 조반니 발비에 의해 1286년에 편찬된 라틴어 사전으로, 중세 말까지 성경을 올바르게 해석하기 위한 참고 서적으로 널리 활용됐다.

관점이었다. 이 시대의 또 다른 뛰어난 인쇄업자들을 몇 명만 더 언급해 보면 요한 멘텔린,* 로베르 에스티엔,* 크리스토프 플랑탱,* 알도 마누치오* 등을 들 수 있다. 서적 인쇄업자들 역시 석공이나 제지업자와 비슷하게 자체 문장紋章을 갖춘 "장서표藏書票", 즉 오늘날 의장 등록 상표의 기능을 지닌 인쇄업자, 출판업자의 상징을 점점 더 많이 삽입하여 인쇄하곤 했다.

미하엘 기제케는 인쇄 매체의 상품적 특성이 의사소통에 경쟁 논리를 도입했다고 지적한 바 있다.[25] 이런 방식을 통해 사람들은 돈뿐만이 아니라 명성도 얻을 수 있게 되었다. 이로써 사상과 발명의 혁신적 특성과 부단한 지식 축적에 대한 관념이 직접적으로 결합될 수 있었다.

### 11.1.5.

연극이 그 선구적 매체들인 희생 제의, 춤, 가인과 비교해서 하나의 "문화 충격"이었듯이,[26] 인쇄——서적 매체가 아니라——역시 처음에는 완전하게 지지를 받을 수 없었다. 오히려 상황은 정반대였고, 그렇기 때

---

* **요한 멘텔린**  15세기 후반에 스트라스부르를 중심으로 활약한 서적 인쇄업자로, 그가 1466년 출간한 독일어 성경(이른바 멘텔린 성경)은 루터 성경이 등장하기 전까지 남부 독일 지역에서 여러 차례 재간행된 바 있다.
* **로베르 에스티엔**  16세기에 프랑스와 스위스 제네바에서 활약한 인쇄업자로, 성경과 칼뱅의 저서 등을 출간했다.
* **크리스토프 플랑탱**  벨기에의 안트베르펜을 중심으로 활약한 서적 인쇄업자. 그가 1555년 안트베르펜에 설립한 인쇄소는 오늘날 박물관으로 사용되고 있으며 2005년 유네스코 세계 문화유산에도 등재되었다.
* **알도 마누치오**  라틴 어식 이름은 알두스 마누티우스Aldus Manutius. 이탈리아 베네치아의 출판업자이자 인쇄업자로 주로 고대 그리스와 라틴 작가들의 작품을 출간함으로써 르네상스의 인문주의 정신이 확산되는 데 크게 이바지했다. 알디네Aldine 출판사의 건립자로도 유명하다.

문에 수기 매체 서적이 인쇄 매체 서적과 오랫동안 병존했던 것도 우연이 아니었다.[27] 종교개혁을 통해 "신의 섭리에 의해 발명된 도구"로 평가되기 전에 인쇄는 전적으로 위험과 위협으로 간주되면서 거부당했다.[28] 여기에는 이미 언급했듯이 매체사적인 요인이 자리 잡고 있었다. 이단적인 입장은 이제 더 이상 인간 매체인 이단자 자신을 투옥하고 파문하거나 죽이는 것을 통해 제거될 수 없었다(그림 64 참조). 이단적 견해는 오히려 인쇄 매체를 거칠 때 제작된 부수만큼 복제되어 훨씬 더 지속적으로 영향을 미쳤던 것이다. 통치자들이 거기에서 자신들의 지배적 지위가 직접적으로 위협받고 있다고 느낀 것은 당연한 일이었다.

제바스티안 브란트의 《바보배》에서 바보를 규정지었던 것은 무엇보다도 자신이 읽지 않거나 이해하지 못하는 "쓸모없는 책들"을 가지고 있는 행위였다. 이와 유사하게 요하네스 가일러 폰 카이저스베르크,* 아브라함 아 산타 클라라,* 요하네스 트리테미우스*는 서적의 소지를 폄훼하는 입장을 보였다. 그 근거로 제시한 이유는 다양했다. 즉, 유일본인 필사본과 비교했을 때, 하나의 동일한 텍스트의 기술적 복제는 조판 과정의 오식誤植과 의미 왜곡마저도 복제하게 된다. 이단적인 견해들이 더 손쉽게 확산될 수 있다. 성스러운 텍스트 특히 성경을 교회에서 훈련받은 사람의 지도 없이 평신도들이 읽음으로써 오해할 소지가 있다. 필사실에서의 필사는 자본에 의해 규정된 시장을 위한 기계적 인쇄에 비해서 영적이고 명상적인 의미를 지닌다. 사람들이 스스로 텍스

---

* **요한 가일러 폰 카이저스베르크** 중세 말 스트라스부르크를 중심으로 활약하면서 성직자의 세속화를 강하게 비판했던 독일의 유명한 설교자.
* **아브라함 아 산타 클라라** 17세기 오스트리아를 중심으로 활약한 가톨릭 설교자이자 저술가로, 본명은 요한 울리히 메거를레Johann Ulrich Megerle.
* **요하네스 트리테미우스** 본명은 요하네스 하이덴베르크Johannes Heidenberg로, 독일 남부의 슈폰하임 수도원의 수도원장이자 마녀 이론가.

트를 작성하고 이를 복제하도록 현혹될 우려가 있다 등등이 바로 그 이유였다. 미하엘 기제케는 "트로이의 목마"로 인식된 인쇄의 사회적 수용 능력에 대한 그런 비판적인 견해들을 부각시키면서 다음과 같이 결론내리고 있다. "신분제 질서의 해체는 정보 및 의사소통 정책 분야에서도 느낄 수 있었다. 지식의 기억 장치에 대한 접근은 더 이상 특정 계층의 몫이 아니었다. '스스로 쓰기'와 '스스로 읽기'는 신분적인 행위에서 '평범한' 행위로 바뀌었다. 결국 이러한 발전 과정이 두려움을 자아냈고 글을 마구 양산해 내는 행태뿐만 아니라 새로운 활판 인쇄 매체에 대한 불신의 토양을 제공했다. (……) 새로운 매체들은 고전적으로 글을 사용하는 것에 의존하고 있던 기구들, 즉 대학과 교회뿐만 아니라 수공업 쪽에서도 수용되기에 이르렀다."[29] 기제케의 주장처럼 신기술에 대한 거부는 "예전의 가치관과 새로운 가능성 및 실재 사실 사이의 모순"으로 설명할 수 있을 것이다.[30] 다만 그런 명시적인 이유들은 함축적인 핵심 부분을 은폐하고 있었다. "중요한 것은 권력이고 통치의 보루에 대한 방어였다. 더 정확하게 표현하자면 이전 매체와 새로운 매체의 경쟁이 문제가 되었던 것이다."[31] 트리테미우스는 1494년에 나온 자신의 책 제목을 《필사가들에 대한 찬사》로 달았다. 바로 이들이야말로 인쇄술 때문에 일자리를 잃어버리고 식자공과 인쇄업자에 의해 대체되고만 직능 계층이었다. 설교자였던 가일러와 아브라함은 인쇄 매체들과 비교했을 때 자신들의 영향력이 크게 줄어드는 것을 경험해야 했고 신의 말씀을 선포할 수 있는 독점권도 깨지고 말았다. 근대 초기의 "문화충격"은 다시금 매체 경쟁의 문제에 지나지 않았다. 근본적으로 인쇄에 대한 거부감 자체가 얼마나 실효성이 없었는지는 트리테미우스가 자신의 저서를 마인츠에 있는 페터 프리트베르크로 하여금 인쇄토록 했고 나중에 그 인쇄물을 긍정적으로 평가했던 사실에서도 잘 드러난다고 하겠다.

### 11.1.6.

전반적으로 우리가 기억해야 할 것은 인쇄술 자체는 단지 인간 매체의 우위에서 인쇄 매체의 우위로의 포괄적인 변화를 위한 전제 조건이었고, 이미 15세기 이전에 예컨대 네덜란드와 프랑스에서 기본적으로 개발된 역량이 발휘된 것에 지나지 않았다는 사실이다.[32] 그 자체만 놓고 보면 인쇄는 당시의 사회적 격변에 대해서 아무 것도 설명해 주지 않는다. 이 점은 종이에도 마찬가지로 적용되는데, 사실 종이 없는 활판 인쇄는 생각할 수 없다 하겠다.[33] 따라서 "인쇄술", 혹은 대개의 경우에서처럼 "서적 인쇄"를 15세기 사회적 변화의 핵심 영역 혹은 심지어 "동인"으로 일컫는 것은 잘못된 것이다. 인쇄술의 실제적인 이용을 설명해 줄 수 있는 것은 지배와 반란의 대조 속에서 이루어진 상이한 매체들의 다양한 기능적 연관성이다. "의사소통 혁명"을 가져온 것은 새로운 의사소통 기술을 "발명"한 데 있지 않았다. 도리어 점점 더 세분화하는 사회 속에서 조정 및 방향 설정 기구로서 전통적인 인간 매체의 유용성이 사라져 간 상황이 보완되어야 했던 것이고 바로 이러한 공백과 이런 새로운 필요야말로 문화적 변화를 매체의 변화로 이해할 수 있게끔 만들어 주는 것이다. 상인, 관료, 설교자, 그리고 일반적으로는 근대 초기의 인간들이 새로운 욕구를 발전시켰기 때문에 그에 대응할 수 있는 새로운 매체들을 필요로 하게 된 것이다.

## 11.2. 행위 역할에 따른 인쇄 · 서적 시장의 세분화

신생 인쇄업 내부에서 인쇄 매체 시장 전체와 서적 시장에도 영향을 준, 새로운 직업 집단들로의 세분화가 진행된 것 이외에도 이미 16, 17세기에 직종별 행위 역할에 따른 포괄적인 세분화가 이루어졌다. 여기에서 행위 역할[34]이란 문화적으로 경계를 설정할 수 있고 역사적으로 특정 장소에 국한되는 행위 영역 속에서 욕구, 능력, 동기, 의도에 따라 상세하게 기술할 수 있는 행위자 집단의 일상적인 실제 행동으로, 그리고 더 포괄적인 기능적 맥락 속에서 통일적인 효과를 지니고 사회적으로 확고한 위치를 차지한 행위 모델로 이해해 볼 수 있다. 아래에서는 서로 상이한 수준으로 형성된 인쇄 매체 시장의 여섯 가지 행위 역할, 즉 작가, 인쇄 출판업자, 판매업자, 검열관, 사서司書, 독자에 대해 간략하게 소개하도록 할 것이다.* 근대 초기에는 독자적인 행위 역할로 자리매김할 수 있는 비평가는 거의 존재하지 않았다. 비평가의 비평 임무는 처음에는 저술가와 시인, 검열관, 시장市場 또는 구매자가, 그리고 부분적으로는 사서가 수행하고 있었다.[35]

## 11.2.1.

근대 초기에 지적 재산권의 개념은 아직 알려지지 않은 상태였다. 개별 작가의 권리나 지위는 작가에 대한 전통적인 집단적 관념과 비교

---

* 본래 지그프리트 슈미트의 "경험 구성주의 문예학" 이론에서는 광범위한 의미에서의 문학 —— 단순히 문학적 예술 작품에만 국한되지 않고 광범위한 문학적 현상과 관련된 인간 행위 전반 —— 을 사회의 여러 체계 중 하나인 "문학 체계"로 규정하면서 문학의 생산, 전달, 수용, 가공 작업을 이 체계를 구성하는 핵심적인 네 가지 행위 역할로 파악하고 있다. 그리고 문학 텍스트는 이 언어적인 구조물에 관여하고 있는 행위자Aktant의 행위 과정에서 나타날 때에만 생산, 전달, 수용, 가공된 텍스트로서 살아남게 된다는 것이다. 파울슈티히는 슈미트의 이론을 인쇄 매체 시장의 경우에 적용하여 여기서 중요한 행위 역할을 실제로 수행했던 행위자들을 여섯 가지 범주로 나누어 제시하고 있는 것이다 (행위자에 대해서는 188쪽 옮긴이 주를 참조하라).

해서 매우 완만하게 자리 잡아 갔다. 여기에서 중요한 발전 단계를 이루었던 것은 고대의 전형을 모범으로 하여 15세기 인문주의자들에 의해 형성된 개성에 대한 관념이었다. 전통적인 교육 이상에 따르자면 저자는 통상 보수를 받지 않았고 자신의 저서가 유포되는 것만으로도 충분히 "사례를 받은" 셈이었다. 저자에게 중요했던 것은 해당 직무에 따르는 자명한 의무, 명성과 명예, 혹은 그 저서를 헌정받는 대신에 종종 돈, 선물, 심지어는 관직과 같은 답례품을 제공했던 후원자에 대한 존경이었다. 인문주의 저술가들은 예컨대 시 서기[36]와 같은 전통적인 작가 집단보다 훨씬 앞서 나간 사람들이었다.

16세기의 종교개혁가들은 단지 매우 적은 액수의 사례를 한 번만 받았지만 자신의 작품의 증정본을 받을 수는 있었다.[37] 물론 종교개혁가들 ─ 루터가 가장 전형적인 경우인데 ─ 은 인쇄 작업과 유포의 종류와 질, 상태에 점점 더 많이 영향력을 행사해 나갔다. 그들은 오류투성이이고 성의 없는 재판再版 인쇄 작업과 자신들의 동의를 거치지 않은 불법적 인쇄에 대해서는 손을 쓸 수 없었다. 특권과 마찬가지로 검열 조치는 작가가 아닌 인쇄업자를 겨냥한 것이었다. 개별 저자로서 작가는 처음에는 자신의 작품 뒤로 물러나 있었다. 이 점에 대해 페터 자이베르트는 문학 작가를 언급하면서 다음과 같이 기술하고 있다. "이 시기의 글 쓰는 이들은 저술가로서가 아니라 글 쓰는 학자, 수도원의 글 쓰는 수도사나 환속 수도사, 교황의 성직자나 루터교 목사, 설교하는 모피 재봉사 직인, 혁명적인 교사로 모습을 드러냈다. 즉, 글쓰기와 문학은 학문적, 신학적, 사회적 사상을 설명하는 또 다른 방편으로 이용되었다. 켈티스와 같은 작가의 위엄은 인문주의 학자의 위엄이었고 저술가 루터의 인기는 종교개혁가의 인기였다. (……) 싹트고 있는 작가의 개성은 집단 의식과 집단적인 표현의 파도에 덮여 버렸다. (……) 수많은 작품들이 익명으로 출간된 것은 단지 확대되어 가는 검열 조치에 대한 두려움 때문만이 아니었다."[38]

기계 인쇄를 점점 더 많이 사용하면서 서적 작품은 "창작인"인 작가에게서 분리되고 독립되었다. 작가의 행위 역할은 그 윤곽이 분명히 드러나지 않은 상태였고 상대적으로 인쇄 매체 시장에서 그다지 중요하지 않았다. 물론 비트만의 다음과 같은 진단은 유효하다고 할 수 있다. "시급히 수행되어야 할 연구 과제는 16세기 작가의 사회사이다. 이 시기 개별 저술가들의 사회적 지위, 자기 이해 혹은 출판업자와의 관계에 대한 연구는 거의 전무한 상태이다."[39]

17세기에 상황은 다시 달라졌다. 바로크 시대의 저술가들은 압도적으로 학자 신분인 경우가 많았다. "그들은 고등 교육과 대학 교육을 받았고 개신교──드물게는 가톨릭──성직자, 법률가, 의사, 대학 교수, 제후나 도시의 관리로 활동했다. (……) 17세기에 적지 않은 작가들이 생활수준을 유지하기 위해 초기 단계의 문학 시장에 의존하고 있었다."[40] 인문주의의 작가 개념은 바로크적 학자 정신으로 계승되었다. 이 점을 군터 E. 그림은 17세기의 독일어학회, 시인협회를 포함하여 마르틴 오피츠,* 지그문트 폰 비르켄,* 크리스티안 바이제,* 크리스티안 토마지우스,* 크리스티안 볼프,* 요한 크리스토프 고트셰트*의 사례를 통해 상세하게 기술한 바 있다.[41] 그림은 그 반대 진영에 있는 풍자적이고

---

* **마르틴 오피츠**  슐레지엔시인학교의 설립자이자 바로크 시대의 대표적 시인으로, 인문주의의 기초 위에서 독일 시를 높은 예술적 수준으로 끌어올리려고 시도했다.
* **지그문트 폰 비르켄**  뉘른베르크시인협회의 시인이자 바로크 시대의 거의 유일한 자유기고가.
* **크리스티안 바이제**  9장 4절의 "신문 논쟁" 참조.
* **크리스티안 토마지우스**  독일의 법학자이자 철학자로, 마녀 재판과 고문 제도의 폐지를 주창했다. 대표작으로는 《자연법 및 국제법의 기초》(1705년)가 있다.

반지성적인 저술가들과 관련해서는 한스 야콥 크리스토펠 폰 그림멜스하우젠, 발타자르 슈프,* 에렌프리트 발터 폰 취른하우스*와 기타 수많은 작가들의 사례를 언급하고 있다.[42] 하지만 "자유로운 전업" 문학 생산자가 독립적인 행위 역할로 시장에 출현하게 된 것은 18세기에 들어와서였다.

### 11.2.2.

처음에는 작가와 인쇄업자를 겸하거나 인쇄업자와 출판업자, 출판업자와 판매업자를 겸하고 많은 경우 작가, 인쇄업자, 출판업자, 판매업자를 모두 겸한 것이 특징적인 현상이었다.[43] 서점에 대한 시기적으로 가장 이른 묘사는 리옹 출신의 마티유 위스의 1500년도 작품인 죽음의 춤 인쇄물에 실려 있는데, 이 그림은 서적 제작과 서적 판매의 이런 공존 현상을 잘 보여 주고 있다(그림 92). 그러나 얼마 안 되는 자본 준비금, 열악하거나 끊긴 상업 거래 관계, 상대적으로 흩어져 있는 시장의 제한된 구매자 집단은, 이미 일찍부터 상품인 서적의 제작과 판매에서 기능 분화가 생기는 것을 불가피하게 했다. 가장 빈번하게 그리고 가장 오랫동안 지속된 존재는 인쇄 출판업자였다. 하지만 이미 15세기 말에 인쇄소가 딸리지 않은 최초의 출판사들이 존재했던 것도 사실이다. 자본가적 출판업자들은 제작과 판매 사이에서 중요한 주무 기관으

---

* **크리스티안 볼프**  독일의 철학자이자 자연법 이론의 대가로, 프로이센의 입법에 결정적인 영향을 미쳤다.
* **요한 크리스토프 고트셰트**  독일 계몽주의 시대의 비평가로, 독일어와 독일 문학의 개혁을 위해 힘썼다.
* **발타자르 슈프**  17세기에 활약한 독일 풍자 작가이자 서정 시인.
* **에렌프리트 발터 폰 취른하우스**  독일 초기 계몽주의 철학자이자 수학자로, 1707년경 유럽에서 최초로 도자기 생산 기술을 개발해 냈다.

그림 92 서적 제작과 서적 판매의 공존.

로서 확고한 위치를 차지하게 되었다.

　이를 구체적으로 설명하기 위해서 한 가지 사례를 들어 보도록 하자. "자신의 직업으로 인해 빈곤해지고 채무자들에게 쫓겨 도시에서 추방당했던 수많은 초기 인쇄업자들과는 달리, 안톤 코베르거는 인상적인 정반대의 사례를 제공해 준다. 인쇄소와 서적 판매가 명성, 관직, 부를 안겨다 준 이 남자의 이름은 뉘른베르크 시와 밀접히 관련되어 있었다. 안톤 코베르거(1440/1445~1513년)는 단순히 성공한 인쇄업자 그 이상이었기에 그를 서적 산업 분야의 최초의 거대 사업가로 부른다 해도 손색이 없을 것이다. 그는 1470년에 자신의 인쇄소를 열었다. 이미 10년 뒤에 그 인쇄소에는 1백 명이나 되는 식자공, 인쇄공, 교정인, 활자 조각공, 활자 주조공, 판화 채식사, 서적 제본업자 및 다른 수공업자들이 고용되어 있었다. 한때 인쇄기 24대를 가동해서 인쇄한 적도

404

있었다. 코베르거의 사업장에는 독자적인 제지 작업장도 포함되어 있었다. 그가 만든 책들에 대한 수요는 상당했다. 1500년까지 2백여 종이 넘는 인쇄물 —— 그중 21종은 삽화가 실린 인쇄물이었다 —— 이 코베르거에게 맡겨졌다. 그는 그중에서 많은 부분을 바젤, 스트라스부르, 리옹의 다른 인쇄업자들에게 맡겨 제작토록 했다. 안톤 코베르거는 제작과 판매의 분업이 갖고 있는 이점을 재빨리 인식했던 것이다."[44] 무엇보다도 뉘른베르크의 의사 하르트만 셰델의 《세계 연대기》(1493년)를 간행한 바 있는 코베르거는 수직적인 집중, 독점 생산, 하청업자들 간의 경쟁 및 안트베르펜, 파리, 빈, 베네치아, 크라코프, 밀라노 등의 지점과 편력 서적 행상인을 통해 이루어진 사실상 유럽 전역을 무대로 한 국제적인 마케팅에 이르기까지 모든 가능성을 활용했다. 늦어도 1472년부터는 예컨대 출판업자 벽보의 형태로 서적에 대한 광고 역시 그에 걸맞는 중요성을 지니게 되었다.[45] 이 시대에 성공한 또 다른 인쇄업자들로는 안톤 조르크,[46] 고타르트 푀겔린,[47] 페터 슈미트[48] 등 수많은 인물을 들 수 있다.[49] 많은 개별 연구들은 개별 도시의 사례를 서술하는 데 집중되어 있는데,[50] 프랑크푸르트,[51] 뤼네부르크,[52] 오버팔츠 지역의 암베르크[53]가 대표적인 경우이다. 카를 쇼텐로어는 17세기 말의 "거대 출판업자"로 토마스 프리치, 요한 프리드리히 글레디치, 모리츠 게오르크 바이트만을 들고 있는데,[54] 이 인물들 역시 단지 모범적인 경우로 이해해야 할 것이다.[55]

처음에는 손으로 쓴 서적들, 그리고 나중에는 인쇄된 서적들을 확산하는 데 중요한 몫을 담당했던 것은 프랑크푸르트(1240년 이후)와 라이프치히(1268년 이후)에서 개최된 도서 견본 시장이었는데, 인쇄 출판업자들 역시 여기에 제품을 출품하였다.[56] 이미 15세기에서 16세기로 넘어가는 전환기에 프랑크푸르트 도서 견본 시장은 "서적 판매업자들의 정기적인 회합 장소"였는데, 여기에서는 주로 물물 교환 방식이 선호되었다. "이 원초적인 교역 형태에서 서적은 순전히 재료의 가치에 따라 평가되었고 사람들은 책의 내용이나 인쇄의 품질에 상관없이 한 꾸러미의 책을 두 꾸러미의 새 종이와 교환하거나 인쇄 전지와 인쇄 전지를 교환했다. 16세기 중엽 이후로 이런 교환 행위는 독일에서 점점 더 많이 통용되었고 세기 말에 이르러 확고하게 자리를 잡게 되었다."[57] 수요를 유발하고 구매 지침으로도 효과적인 신상품 견본 시장 목록[58]도 존재했다. 하지만 17세기 유럽에서 선도적인 역할을 했던 것은 독일이 아닌 네덜란드의 서적 시장이었다.[59]

### 11.2.3.

기계 인쇄에 의한 서적 제작은 자본주의적 조건 하에서 자체 논리를 발전시켰는데, 판매 수치 증가를 전제로 생산성을 높이거나 발행 부수를 늘려서 이윤을 증대하는 것이 바로 그 논리였다. 이와 함께 점점 더 새로워지고 확대되는 시장 판로의 개척이 핵심적인 과제로 제기되었다. 판매 또는 서적 판매업자가 행위 역할로서 등장하게 된 것이다. "편력하는 서적 판매업자라는 직업이 생겨났다. 서적 행상인으로 불렸던 서적 판매업자들 가운데 많은 이들은 대학 교육을 받았든지 아니면 적어도 라틴 어 학교를 졸업한 사람들이었다. (……) 분명한 것은 서적 행상인이 한 명이 아닌 여러 명의 출판업자를 위해 일했다는 것이다. 한 곳에서의 활발한 상거래 활동이 정착으로 이어졌던 지역에서는 시간이 지나면서 서적 행상인들 중의 일부가 독립적인 서적 판매업자로 자리 잡아 갔고 서적을 다량으로 갖춘 판매 영업을 개시했다. 이로써 소매 서점의 초기 형태가 탄생했다."[60] 이를 대략 요약해 보면 16세기의 상당 기간은 편력 상거래의 형태로 이루어진 서적 판매가, 그리고

그림 93  정착한 서적 소매상이 파리 고등법원 건물의 로비에서 다른 상인들과 나란히 책을 팔고 있다.

17세기까지 이어지는 기간에는 정착한 서적 소매상이 지배적이었다고 말할 수 있을 것이다. 그런 서점의 생생한 예를 제공해 주는 것이 아브라함 보스의 동판화 〈법원 회랑〉(1640년경)인데, 여기에서는 17세기 중엽 파리의 고등법원 건물의 로비에 다른 상품 진열대와 나란히 있는 서점을 보여 주고 있다(그림 93).

한편 라인하르트 비트만이 제안하고 있는 것처럼 변화의 국면을 더 세분화해 개략적으로 정리해 볼 수도 있을 것이다.[61] 이에 따르면 아래와 같이 서로 중첩되는 네 시기를 구분해 볼 수 있다.

1) 인쇄 출판업자들은 예컨대 1460년대의 페터 셰퍼, 1480년대 이후의 안톤 코베르거, 15세기에서 16세기로의 전환기의 요한 아머바흐

의 경우에서처럼 자신들의 제품을 직접 판매했다. 이후 유럽에서 학자들의 시장이 갖고 있는 제한된 성격으로 인해 결국 이들의 사업은 정체되었다. 그러나 이후의 시기에도 1560년대의 게오르크 빌러처럼 유명한 인쇄 출판업자들이 여전히 존재했다.

2) 루터가 영향을 미친 결과로 1520년대에 예컨대 멜키오르 로터와 수없이 많은 무면허 인쇄업자들을 포함한 여러 인쇄업자들이 독일어 인쇄 시장을 개척하였다. 이들이 제작한 다양한 매체들로 구성된 엄청난 양의 교파적 인쇄물들은 필연적으로 편력 서적 행상인 또는 이동 판매의 전문화를 가져왔다. 이 행상인들은 위탁을 받거나 자신의 책임 하에 다양한 부류의 인쇄 출판업자들이 제작한 전단지, 소책자, 서적, 달력 등의 판매의 대부분을 담당했으며, 예컨대 1520년대의 한스 헤어고트*처럼 대개 정치적으로나 종교적으로 동질적인 구성을 보였다.

3) 늦어도 16세기 중엽 이후로는 특정 지역에 정착하게 된 서적 행상인들과 고정적인 서적 판매업자들이 비교적 빠르게 확산되어 갔다. 이들은 "견본 시장을 드나들 능력이 있었던meßfähig" 사람들로 자신들의 서적 수요를 도서 견본 시장에 나온 상품에서 충당했다. 출판업자 겸 서적 소매상Verlegersortimenter들은 도서 견본 시장에 제품을 출품했다. 17세기 중엽 이후까지의 이 기간을 "교환의 시대"라고 부르는데, 10연連*(=전지 5천장)이나 전지 단위로 현금 없이 제품이 교환되면서 서적 확산을 엄청나게 촉진시켰다(그 이후에 책은 현장에서 바로 제본되

---

* 한스 헤어고트  뉘른베르크의 서적 인쇄업자이자 편력 서적 판매업자. 루터의 신약 성경과 뮌처의 저작들을 인쇄했다. 뮌처의 사상에 영향을 받아 사회 유토피아적인 글을 직접 쓰기도 했는데, 이 글로 인해 당국에 의해 사형 판결을 받았고 1527년 라이프치히에서 처형되었다.

* 연  종이를 거래하는 기준 단위인 1연(ream, Ries)은 통상 종이 500장 한 묶음을 말하는데, 원서에 나와 있는 단위인 Ballen(영어로는 bale)은 10연에 해당한다.

었다). 특별히 프랑크푸르트 도서 견본 시장으로 대표되는 서적 시장의 국제성과 라틴 어 문헌 위주의 특징은 라이프치히 도서 견본 시장과 같은 통속어 위주의 국민적 서적 시장의 발전으로 인해 크게 감퇴하였다. 일 년에 두 번씩 열리는 도서 견본 시장에 정기적으로 참석하는 서적 판매 업체의 수는 1650년경 대략 140여 개에 달했는데, 이는 전체 서적 판매 업종의 1/3에 해당하는 수준이었고, 대략 이와 비슷한 수의 업체들이 부정기적으로 도서 견본 시장에 참석했다. 나머지 서적 판매업자들은 견본 시장에서 취급하지 않은 라틴 어 학술 서적, 특수 전문 서적, 혹은 안내 팸플릿 등과 같은 특수한 종류의 출판물들을 판매했다. 서적 경매는 늦어도 1604년 이후로 암스테르담과 레이덴에서 일상적인 일이 되었다. 잘 알려진 최초의 영국인 서적 경매업자는 1676년 이후의 윌리엄 쿠퍼였다.[62]

4) 17세기의 마지막 4반세기에는 서적 판매업자들 간의 극심한 경쟁, 널리 유포되는 것을 지향하는 작가들의 이해관계와 이윤을 지향하는 서적 판매업자 또는 출판업자 겸 서적 판매업자의 이해관계를 조정하기 위해서 이 분야에서 최초로 개혁안들이 제기되었다. 하지만 본질적인 변화가 도입된 것은 18세기에 들어와서였다.

비트만은 이전의 연구들에 기초해서 1700년경 독일어권 중부 유럽의 "출판업자 겸 서적 소매상"의 수를 최대 5백 명으로 추산한 바 있다.[63] 무엇보다도 이들은 태동하는 근대 서적 시장에서 서적 판매업자의 행위 역할을 구현하였다. 비트만은 이들 이외에 넓은 의미에서 서적 판매업자라고 부를 수 있는 또 다른 세 집단을 구분하고 있다. 그 첫째는 "인쇄 판매업자"로 그 수가 수천 명에 달했는데, 이들은 지역적으로 매우 제한된 행동반경을 지녔고 무엇보다도 직접 인쇄한 간행물의 판매에 국한되어 있었다. 둘째는 대략 1천5백 명가량의 "서적 제본업자들"인데, 이들은 소규모 자영업자로서 견본 시장에서 유일하게 제본된 서적들을 공급할 수 있는 권리를 지녔지만 실제로는 대개 주문에 따라 전지들을 제본된 책으로 가공하곤 했다. 셋째로 "자칭 서적 판매업자"가 있었는데, 이들은 편력 행상인으로서 주로 안경, 묵주, 카드, 빗, 가위 등과 같은 다른 상품들을 판매했다. 여기서도 대개의 연구들이 거의 언급해야 할 필요성을 느끼고 있지 못한 사항, 즉 근대 초기의 "서적" 판매업자들은 무엇보다도 "인쇄 매체" 판매업자였다는 사실이 다시 한 번 명백히 드러나고 있는 것이다.

11.2.4.

처음에, 그리고 16세기 중엽까지는 새로운 인쇄 매체들에 대한 사전 검열은 거의 존재하지 않았다. 미하엘 기제케의 말을 빌리자면 "소 잃고 외양간 고치는 격으로 한참이 지난 후에야 정보 보호 조치가 취해지기 시작했던" 것이다.[64] 처음에 경제력의 자유로운 운영 방식〔경제력에 따른 인쇄물의 자유로운 출판─옮긴이〕은 이단적인 저작물을 겨냥한 교황 식스투스 4세의 교회 검열(1479년), 독일어로의 번역을 통제한 마인츠 대주교 베르톨트 폰 헨네베르크의 검열 포고령(1485년), 유대인 저작물의 인쇄와 유포를 금지한 황제 막시밀리안 1세의 훈령(1512년) 등과 같이 단지 특별한 개입을 통해서만 제약받았다. 1487년 교황 이노켄티우스 8세는 기독교인 모두에게 해당되는 서적 검열 규정에 대한 교서를 반포했는데, 이 교서는 1501년과 1515년에 다시 갱신되었다. 그 뒤를 이어 교황 파울루스 3세는 1543년 종교 재판소를 새롭게 조직하는 과정에서 "서적 판매업자"와 "서적 인쇄업자"에 대한 검열 포고령을 내렸다. 마지막으로 1559년 교황 파울루스 4세 때, 트렌토 공의회에서 〈금서 목록 Index librorum prohibitorum〉이 공포되었다.[65]

410

종교개혁이 시작되면서 정치 세력들도 인쇄 출판업자와 서적 행상인에게 막대한 영향력을 행사해 나갔다. 1521년 황제 카를 5세는 보름스 칙령에서 루터의 저작물들의 인쇄, 관리, 독서를 금지했다. 이 검열법은 제국 의회에 의해 1524, 1529, 1530년에 재차 되풀이되었지만[66] 결국에는 별 효과가 없었다. 프랑크푸르트와 라이프치히의 도서 견본 시장에는 1569년에 황제에 의해 검열위원회가 설치되었다.[67] 독일에서는 1577년의 치안령으로 18세기 초까지의 검열 입법이 기본적으로 완결되었다. 영국에서는 헨리 8세가 1529년에 이미 금서 목록을 공포했으며 프랑스, 에스파냐 등 다른 유럽 국가들에서는 또 다른 상황이 전개되었다.[68]

교회와 국가 당국에 의한 인쇄 매체의 검열은 다양한 방식으로, 즉 노동 허가의 부여나 박탈, 서약의 도입, 제목과 내용의 금지, 책의 소각과 작가, 인쇄업자, 서적 판매업자의 처형, 공인 인쇄업자 혹은 궁정 납품업자로의 임명, 무엇보다도 황제의 "서적 독점 수익권"과 같은 인쇄 특권의 부여나 박탈을 통해 수행되었다.[69] 영방 국가 차원의 인쇄 특권은 특히 인쇄업자와 판매업자 사이의 잠재적인 경쟁 상황을 조정해 주고 복제를 금지했으며, 출판업자에게 일종의 지역 독점권을 부여함으로써 판매 수익을 정치적으로 보장해 주었다. 이런 조처는 이후 18세기에 작가에 대한 보호의 일환으로 저작권 규정의 토대를 형성하는 데 이바지했다.

한편, 다른 영업 분야와 유사하게 본래 인쇄 출판업자에게 귀속되던 책임은 독자적인 실체로 선언된 구매자 또는 독자에게 점차 이전되어 갔다. 종교 · 정치 규범은 경제 규범과 중첩되는 경향을 보였다. 정보 통제와 정보 조절을 통해 "마음에 드는" 견해들을 유포할 수 없게 되자 교회와 국가 당국이 독자적인 정보 기여의 형태로 일반적인 정보 시장에 참여해야 할 필요성은 점점 더 커지게 되었다. 경제적 경쟁과 이•경쟁이 익명 형태의 시장에서 지니는 지배력은 장기적으로 이데올로기와 견해들의 상호 경쟁을 불가피하게 했고, 그럼으로써 민주주의와 계몽주의에 대한 관념이 확산되어 갈 수 있었다.

11.2.5.

사서는 직업적 활동 영역으로서는 이미 중세에도 존재하고 있었다. 하지만 근대 초기에 와서 사서와 수도원 필사실 간의 연관성은 사라져 버렸다. "서적의 수집과 제작은 분리된 행위가 되었다."[70] 축적되는 서적의 양은 인쇄술을 이용하면서 엄청나게 증가했다. 이제 구매와 수집 그리고 절도 행위가 예전의 필사와 교환을 대신했다. 도서관의 책들을 통째로 훔쳐 가는 것은 이미 예로부터, 따라서 30년 전쟁 기간에도 일반적으로 행해지고 있던 관행이었다.[71] 도서관에서 소장 도서들을 개괄할 수 있도록 점점 더 많아지는 서적들에 대한 목록과 분류 기호 체계가 도입되었다. 15세기 초의 도서관이 평균 2~3백 종의 장서를 보유하고 있을 때에는 17세기 말 10만 종 이상의 장서를 갖춘 도서관들에서 해결해야 할 문제점이 아직 드러나지 않았다. 모든 서적에 대한 개별적인 분류 기호는 그 작품의 개성, 그리고 결국에는 저자들의 개별적인 권리를 고려한 결과였다. "저자의 이름을 서적의 알파벳순 분류 기호로 사용하는 것은 서적의 분명한 식별에, 그리고 문자 숫자 병용 양식 코드에 의한 도서 분류 기호는 서적의 명확한 위치 확인이나 서고 비치에 도움이 되었다."[72]

일반적인 인쇄 매체 시장, 특별하게는 서적 시장에서의 행위 역할로 자리매김할 수 있는 사서의 발전 과정에 대해서는 이 책의 서두에서 언급한 사회 변화의 제반 핵심 영역들에 근거하여 역사 기술적인 유형 분

류 체계에 따라 다음과 같이 개괄적으로 재구성해 볼 수 있을 것이다.[73]

− 그에 따르면 르네상스 · 인문주의 시기에는 개인 도서관 혹은 학자들의 도서관 유형이 발전되어 나왔다. 핵심적인 기능은 교육과 전수였다. 이에 덧붙여 도서관 답사여행과 서적 애호가 특징적인 현상으로 나타났다.

− 초기 자본주의는 장서고를 단지 **상품** 창고 정도로만 여겼다. 정보 기억 장치의 역할을 하는 도서관 혹은 생산력의 측면에서 정보 중심지가 갖는 중요성은 이후의 시기에나 등장하게 될 것이었다.

− 종교개혁은 전통적인 수도원과 주교좌성당 도서관의 파괴나 이전에 기여했고 새로운 유형의 지역 도서관과 시립 도서관의 설립을 가져왔는데, 이 도서관은 종종 행정적 필요로 설치된 참사회 도서관과 결합되기도 했다. 반종교개혁의 진행 과정에서는 특히 예수회 도서관이 교과 추종주의적 요소로서 중요한 의미를 지녔다. 종교적 기능이 중시되던 것은 변함이 없었다.

− 16세기와 절대주의 시대에는 차라리 박물관의 성격을 지닌 제후 도서관 혹은 궁정 도서관이 발전했다. 여기에서 서적은 무엇보다도 자기 과시적 기능을 지녔다. 나중에 이로부터 **주립** 도서관과 국립 도서관이 발전되어 나왔다. 에드워드 브라운의 동판화(1686년)는 17세기 말 빈의 오스트리아국립도서관의 모습을 인상적으로 보여 주고 있는데, 뒤쪽 공간의 벽면에는 자연 과학 계통의 수집품들이 보완적으로 전시되어 있음을 볼 수 있다(그림 94).

− 개별 귀족과 시민 역시 개인적이고 사적인 장서 수집가가 되었다. 고등 교육 기관의 학교 도서관과 대학 도서관이 그랬던 것처럼 여기에서도 점차 근대적인 **이용** 도서관Gebrauchsbibliothek*으로 발전해 가는 경향이 두드러졌다. 비록 메디치 가문의 "공공 도서관bibliotheca

그림 94 17세기 말 빈의 국립도서관.

publica,"* 종교개혁기의 주민 도서관, 귀족의 개인 도서관, 혹은 초기 부르주아 계층의 시립 도서관이 존재하긴 했지만, 바로 이 이용 도서관과 더불어 서적 시장의 주무 기관인 도서관의 공공성이 실제로 관철될 수 있었다.

11.2.6.

근대 초기의 문맹 퇴치 과정과 독자의 행위 역할에 대한 언급들 대부분은 여전히 롤프 엥엘징의 해당 자료들과 평가에 기반을 두고 있는 것이 사실이다.[74] 그에 따르면 15세기 독일어권 지역에서 독자 수는 전

---

* **이용 도서관** 단순히 수집된 장서를 보관하기만 하는 것이 아니라 사람들이 실질적으로 이용할 수 있는 도서관.
* **공공 도서관** 코시모 데 메디치가 1444년 피렌체 북쪽 근교의 성 마르코 수도원 안에 건립한 도서관으로, 흔히 근대 최초의 공공 도서관으로 간주하곤 한다.

체 주민의 최대 3~4%에 지나지 않았다.[75] 다른 전거들은 그 수치를 1~2%로 낮게 잡기도 한다. 물론 여기서 중요한 문제는 "읽기"가 과연 무엇을 의미하느냐 하는 것이다. 엥엘징은 세 가지 형태의 "독서", 즉 글을 읽는 행위 자체, 경청, 들여다보기를 구분했다.[76] 연구서에 언급된 수치들은 대개 세 가지 형태 모두와 연관된 것이라고 할 수 있다. 종교 개혁 이후가 되어서야 비로소 글을 읽는 행위 자체가 우위를 차지하게 되었다.

에리히 트룬츠는 1600년경 독일에 살고 있던 인구 총 2천만 명 정도 가운데 대학 교육을 받은 사람들의 수를 대략 5만 명 정도로 추산하고 있는데, 그중의 2/3는 박식한 사람들, 즉 성직자, 재판관, 라틴 어 교사, 교수, 귀족, 관료, 의사, 법률가였다.[77] 때로 특정한 텍스트를 특정한 독자 집단에 정확하게 귀속시키려는 시도가 있긴 했지만, 이는 예컨대 라틴 어-독일어 대역對譯 고해서가 대학생들에게 사용된 것과 같은 특수한 경우에만 가능하다고 할 수 있다.[78] 그 당시에는 대학생이 대략 7천에서 1만 명가량이었다. 물론 도시에서는 박식하지 않은 수많은 사람들 역시 광의의 의미에서 "글을 읽을 줄 알았고" 달력 매체와 관련해서는 농촌에서도 마찬가지였다. 리인하르트 비트만은 15세기 중부 유럽의 독자 수를 최대 6만 명까지로 잡았고 17세기 말에는 그 수가 "10만 명을 넘어섰다"고 주장했다.[79] 디터 메르텐스는 다음과 같이 요약하고 있다. "1500년경 독일 전체 인구 중에서 독자들이 차지하는 비율은 3~5% 정도였다. 전체적으로는 3~4% 정도였고 성직자의 비율이 높은 도시만 염두에 둔다면 5%에 달했다. 물론 그 안에는 더듬더듬 제한적으로 글을 읽을 수밖에 없는 독자들도 포함되었는데, 이들은 인쇄된 무엇인가를 구매하는 경우에는 주로 달력과 기타 간단한 인쇄물을 구입했다."[80]

또 다른 평가에 따르자면 16세기가 진행되는 과정에서 독서 대중은 40만에서 80만 명으로까지 확대되었는데, 이것은 전 인구의 5% 혹은 그 이상을 의미하는 것이었다.[81] 16세기 말까지 도시에서 글을 읽을 수 있는 사람들의 수치에 대한 평가는 10~50% 사이로 상당히 큰 편차를 보이고 있다. 어쨌든 16세기에 안경의 보급이 급작스럽게 증가했던 것은 결코 우연이 아니었다.

근대 초기의 서적 보유에 대한 신뢰할 만한 자료들은 매우 제한적인 실정이고 시기별 독서 행태를 언급하고 있는 경우도 거의 없는 것 같다. 주민 2만 명이 거주한 16세기 프랑스의 한 도시의 경우, 유산 목록을 조사해 본 결과, 5명당 한 명꼴로 서적을 보유하고 있었던 것으로 밝혀졌는데, 물론 여기에서 고려 대상이 되었던 것은 단지 귀중한 서적들뿐이었다. 그러한 서적 보유자들 중에는 소매상인, 수공업자, 자영업자도 보이지만 의사, 법률가, 귀족, 성직자가 압도적으로 많았다. 특히 여기에서 언급되고 있는 성무일도서는 개인적인 서적 보유와 사적인 독서로의 이행의 특징적인 표현으로 간주될 수 있을 것이다.[*82]

17세기에 문맹 문제는 공적으로 토론되었다. 농촌에서는 약 80%, 도시에서는 50% 정도로 상이하게 나타나는 문맹률도 역시 논의의 대상이었다. 영국에서는 전체 문맹자의 수가 75%에서 최대 60%로까지 감소했다고 이야기된다.[83] 그러나 독일의 경우에는 이 기간에 경제적, 정치적 상황에 근거한 그런 변화가 아직 관찰되고 있지 않다.

한스-마르틴 가우거[84]는 근대 초기에 독서 문화가 시작된 시기를 1300년경으로 끌어올렸는데, 그 이유는 이미 중세 말에 집단적인 읽기

---

* 특히 중세 말 이후로 성무일도서는 부유한 귀족들 사이에서 크게 유행했고 고객의 희망에 따라 그 내용이 달라지면서 사적인 기도서의 전형으로 자리 잡게 되었다.

에 비해서 개인적인 읽기가 증가했기 때문이라는 것이다. 하지만 사적으로 조용히 글을 읽는 오늘날의 독서의 의미에서 파악해 본다면, 행위 역할로 자리매김할 수 있는 독자는 17세기에 들어와서도 여전히 완전하게 형성되지 않았다. 근대 초기에 좁은 의미에서의 읽기는 전체 주민의 최대 10%에 달하는 사람들의 압도적으로 집단적인 행위였는데, 이들은 종교적인 편안함을 선호했고 주로 전단지, 소책자, 신문 매체를 즐겨 읽었다. 당시의 읽기와 서적 사이에서 문화의 기본을 구성하는 연관은 거의 찾아볼 수 없었다.

## 11.3. 인쇄 매체 서적의 형태 및 기능 변화

서적과 관련해서 결산을 해 보면 역사적으로 여전히 덜 발전된 이 매체의 특징이 명백히 드러나게 된다. 동굴 벽화와 특히 교육 매체라 할 두루마리[85] 같은 예전의 수기 매체들의 뒤를 이어, 그리고 법률적으로 중요했던 낱장 문서와 정치적으로 중요했던 서신과 같은 수기 매체들과 나란히 책의 역사는 서기 100년경의 코덱스와 더불어 비로소 시작되었다.[86] 서적은 처음에는 수기 매체였다. 서적은 목회적이거나 전례적인 맥락에서 활용되면서 일차적으로 저장 및 전수 기능을 지닌 제의 매체이자 통치 매체였다. 늦어도 중세 성기에 탁발 수도사와 대학이 등장하면서 서적은, 비록 극소수 집단의 사람들에게만 해당되기는 했지만, 점점 더 세속적으로 되어 가는 시장에서 사용되는 작업 도구로 변하였다. 근대 초기가 시작될 때까지 서적은 다양한 인간 매체들에 비해서 양적으로나 질적으로 부차적인 중요성을 지니고 있었다. 서적은 그 발전 과정에서 그때그때 지배적이던 다른 매체의 발전과 연관되어 있었다. 서적의 발전은 인간 매체에 기반을 두던 이전의 종교들과 비교

해서 유럽에서 확고한 위치를 차지하게 된 책의 종교인 기독교를 통해
결정적으로 촉진되었다.

### 11.3.1.

사서司書 카를 쇼텐로어는 서적이 형태를 갖추는 데 가장 중요했던
시기를 근대 초기로 파악하면서 "서적은 바로 이때 본질적으로 자신의
영구적인 형태를 발견하게 되었다"고 말한 적이 있다.[87] 그가 여기서 이
야기하고 있는 것은 "서적 인쇄의 완성"[88]인데, 그것이 잘못된 판단임
은 아래에서 밝혀지게 될 것이다. 1400년에서 1700년에 이르는 기간
동안 인쇄 매체 서적의 네 가지 서로 다른 유형이 구분될 수 있겠는데,
이 유형들은 사회·문화적 지배력에 따라 부분적으로는 서로 중첩되는
발전 단계에서도 나타나고 있다. 첫 번째로 들 수 있는 유형은 이른바 목
판 인쇄본이다. 서적이 목판 인쇄본을 통해 수기 매체에서 인쇄 매체로
변화[89]하는 과정에서도 서적이 다른 개별 매체들과 매체 문화 전체의
특정 상황에 종속되어 있었음이 확인된다. 늦어도 15세기 초 이래로
유럽에서는 수요 지향적인 측면에서 카드와 작은 성화 그림의 대량 제
작에 목판 인쇄가 사용되었다.[90] 나중에 15세기 중엽 이후로는 이 목판
인쇄술을 이용하여 서적도 복제해 냈는데《인간 구원사의 모사模寫》,
축복받는 죽음에 대한 안내서인 1450년의《죽음의 기술》, 그리고 무엇
보다도 1470년의 이른바《빈자貧者의 성경》(그림 95)——진짜 빈민들을
위한 성경이 아니라 가난한 사제와 마을 사제와 같은 하급 성직자들을 위한
성경——이 그 대표적인 경우였다. 이런 서적들은 대개 여러 장의 낱장
인쇄물을 하나로 합친 것이었다. 이미 언급한 대로(11장 1절 참조) 중국
과 일본에서는 그런 목판 인쇄가 이미 7, 8세기에 사용되고 있었다. 목
판 인쇄에서는 좌우를 거꾸로 해서 인쇄할 부분을 돋을새김하고 거기

그림 95 목판 인쇄로 찍은 《빈자의 성경》.

에 인쇄용 잉크를 칠하게 된다. 그리고 물기를 적신 종이 전지를 그 위에 덮은 다음 가죽 뭉치로, 따라서 인쇄용 압축기 없이 문질러 붙이면 되었다. 이 기술에서는 뒷면은 인쇄할 수 없었기 때문에 대신 연이은 두 쪽의 뒷면을 용지 한 장이 되도록 붙여 버렸다. 당연히 제작에서 엄청나게 많은 시간과 노력이 필요했던 목판은 비교적 빨리 닳았기 때문에 발행 부수가 제한되어 있었다. 하인리히 크노블로흐처와 같은 수많은 인쇄업자들이 목판 인쇄를 통해 유명해질 수 있었다.

목판 인쇄본들은 대개가 라틴 어로, 그 외에는 네덜란드 어와 독일 어로 된 경우가 많았고 종교적이거나 교훈적인 내용을 지향하고 있었다. 하지만 16세기 초(대략 1530년까지) 독일의 목판 인쇄 서적들은 특히 이탈리아 르네상스의 확산을 보여 주고 있기도 하다. 여기서 특징적이었던 것은 아마도 "브리프 화가들과 서적 인쇄업자들의 경쟁에서 비롯되었을" 그림과 텍스트의 통합적인 결합이었다.⁹¹ 나중에 순수한 텍스트북에 일반적으로 삽화를 집어넣게 된 것도 바로 이 결합의 결과로 돌릴 수 있다.⁹² 종교개혁 시대에 목판화 삽화는 그림 위주의 전단지와 텍스트 위주의 소책자 사이에서 기호학적으로 중간 위치를 차지하고 있던 서적 매체의 포기할 수 없는 구성 부분이었다. 따라서 초기에 인쇄 형태의 서적은 결코 그림을 단순한 장식으로만 곁들이면서 텍스트가 지배적인 매체가 아니었다. 정반대로 15, 16세기의 화려한 라틴 어 미사 경본, 프랑스의 성무일도서, 독일의 기도서, 성물 도록聖物圖錄과 같은 전례용 인쇄물이나 황제 막시밀리안 1세의 "통치 권력의 예찬을 위한 서적 목판화와 인쇄 서적의 동원"⁹³은 모두 "눈요기"를 겨냥한 것이었다.⁹⁴ 15세기의 가장 유명한 인쇄업자 중 한 사람인 아우크스부르크의 안톤 조르크의 작품들은 이 점을 특히 현저하게 보여 주고 있다.⁹⁵ 16세기 말에 이르러 목판화는 상당 부분 동판화로 대체되었다. 개별 달력, 역서, 점성술서, 혹은 이른바 도나트Donat, 즉 고대 로마의 문법가 아엘리우스 도나투스의 이름을 딴 라틴 어 문법책과 같은 비종교적인 내용의 목판 인쇄본들은 소수에 지나지 않았다.

목판화 그림은 종종 텍스트로부터 독립하는 경향을 보였다. 그중에서 하르트만 셰델의 세계 연대기(1493년)와 제바스티안 브란트의 《바보배》(1494년)는 가장 잘 알려진 사례라고 할 수 있다. 40장 혹은 80쪽으로 구성된 《빈자의 성경》과 같은 종교적인 주제의 목판 인쇄본에서 특수한 도상학이 나타난 것은 우연이 아니었다(그림 96). 이 그림에서는 가운데에 있는 신약 성경의 한 장면("십자가에 못 박혀 조롱당하는 나사렛 예수")이 구약 성경의 두 장면("아담의 갈비뼈에서 하와를 창조함", 이스라엘 인들이 이집트에서 탈출하는 과정에서 "모세가 바위를 건드려 물이 흘러나옴")과 결합되어 있다. 이로써 오랜 예언이 이제 실현되었다는

그림 96 목판 인쇄본 《빈자의 성경》의 특수한 도상학.

메시지가 시각화한 형태를 통해 교육적으로 묘사되고 있는 것이다. 바로 여기에서 15세기 독일어권 지역에서 단지 2천여 종 정도로만 추산되고 있는 목판 인쇄본의 기능적 의미가 명백해진다.[96] 목판 인쇄본은 단지 제작 방식, 가격, 텍스트와 그림의 관계에서뿐만 아니라 수적으로도 전단지, 소책자와는 구분된다. 그 밖에도 목판 인쇄본은 수도원, 성직자, 귀족, 경제적으로 부유하고 잘 교육받은 시민과 같은 매우 협소한 엘리트 구매 이용 집단과 수도원·교회 학교, 도시와 농촌 지역 학교의 성직 교사들이 사용하던 도구라는 지배적 기능을 통해서도 다른 매체와 구분된다.[97] 여전히 중세에 얽매어 있는 목판 인쇄본 형태의 서적 매체는 스테인드글라스와 유사하게 교사, 학위 소지 교사, 설교자와 같은 전통적인 인간 매체들(4장 2절 참조)의 본질적인 기능을 맡고 있였던 것이다.

11.3.2.

인쇄 서적의 두 번째 유형은 이른바 **민중본**이었다. 이 민중본을 통해 중세의 서로 다른 세 인간 매체, 즉 궁정 서사시 가인, 이야기꾼, 방랑 시인(5장 2절 참조)[98]이 수기 매체였다가 나중에 인쇄 매체가 된 서적에 의해 대체되었다. 책의 역사[99]와 매체 문화를 기술하기 위해서라도 "민 중본"은 문학이나 민속학보다는 오히려 매체사적으로 이해해야 할 개념이다. 리타 쇼버는 민중본을 다음과 같이 규정 짓고 있다. "민중본은 전 유럽적인 현상이다. 민족을 초월한 소재원에 기초한 민중본은 중세 말부터 19세기에 이르기까지 거의 모든 나라에서 찾아볼 수 있다. (……) 민중본은 한 민족 전체의 구전 문학과 기록 문학의 기초 위에서 발전했다. 이 서적들은 15, 16세기에 출현했다. (……) 민중본은 작가의 저작물이라기보다는 시간이 흐르면서 서서히 생겨난 것이었다. 하나의 문학 작품은 서적의 형태를 띠고 판매를 통해 폭넓은 독자 계층에게 가능한 한 광범위하게 수용되었을 때에야 비로소 민중본이 될 수 있었다. (……) 민중본은 서사적 장르에 속하며 산문체를 선호했다. (……) 구전적 이야기나 필사본 판으로의 온갖 변형과 모든 개정판 서적들은 그 소재가 인기를 끌었다는 것의 표현이었다. 민중의 관여는 이야기꾼, 필자, 인쇄업자가 독자가 원하는 대로 이야기를 변형시켰다는 사실에서 드러난다. 민중본은 언제나 오래도록 생명력을 지닌 애독서였다. 민중본은 민중들의 생각과 느낌을 표현했다. 민중본은 집단 창작물은 아니지만 그 수용의 측면에서는 공동체와 결부되었다. (……) 모든 민중본에는 장기간의 기록 또는 구전 전통이 선행했다. (……) 민중본은 민중들을 위해 기록된 책이 아니라 민중들의 인기를 얻어 형성된 책이었다. (……) 민중본은 문학적 내용과 목적 그리고 서적 형태 사이의 의존성이 반영되어 있는, 사회학적으로 규정된 하나의 서적 장르였다. (……) 그것은 서적의 역사적 발전 과정의 부산물이었다."[100]

목판 인쇄본이 인쇄술에 의해 규정된 것이라면, 민중본에서는 시장의 확대 재생산 기구라 할 인쇄업자나 그 목표 집단인 "민중"이 결정적인 역할을 수행했다. 성직자 집단에 의해 대체로 거부되곤 했던 민중본이 중요한 의미를 지닌 시기는 대략 1450년에서 1550년까지의 1백 년 간이었는데, 이 시기는 민중본의 전성기로 간주할 수 있는 기간이다. 좁은 의미에서는 대략 50여 종의 책이 여기에 포함되는데,[101] 《알렉산드로스》(1472년), 《트로이의 멸망》(1474년), 《오일렌슈피겔》(1478년?), 《트리스탄과 이졸데》(1484년), 《투른의 기사》(1493년), 《라이네케 폭스》(1498년), 《랜슬롯》(1500년), 《프리드리히 바르바로사》(1512년), 《농담과 진담》(1522년), 《파우스트》(1587년)가 그 대표적인 사례라고 할 수 있다. 장편 소설이 압도적으로 많았지만 역사, 설화, 동화, 해학적 이야기, 우화, 단편 소설 모음집도 존재했다. 이 민중본의 평균 분량은 30~80장에 달했다. 이야기의 출처는 구전적, 기록적 전승이었다. 지배적인 주제는 "모험을 통한 영웅의 현시"와 "몇몇 잘 알려진 인물들의 삶 속에서 일어난 사건들"이었는데, 후자의 경우는 "현시된 영웅" 이야기의 일상적인 표현 형태에 지나지 않았다. 바로 여기에서 기사 · 궁정적 영역의 소재에서 시민들, 더 나아가서는 "평범한 사람들"의 세계로의 변화가 드러난다. 이와 함께 오락적 측면이 부각되면서 도덕과 행동규범은 점차 뒷전으로 밀려났다.[102] 쇼버[103]는 중세적 세계관의 전통적인 자산 속에 놓여 있는 민중본의 뿌리를 영웅의 유형화에 근거하여 설명했다. "민중본의 영웅들은 일정한 도덕적, 모범적 기능을 수행했다. 그들은 자신들 내부에서 일어난 일들을 표현한 것이 아니었고 어느 특정 신분에 고유한 가르침보다는 보편타당한 성격을 지닌 보편타당한 도덕률의 대변자가 되었다." 궁정 서사시에서와 마찬가지로 민중본의 영웅 역시 "개인이나 개성적 인간은 아니었다." 이는 예컨대 틸 오일렌슈피겔의 경우에서 현저하게 드러나는데, 오일렌슈피겔과 더불어 전통적인 궁중의 익살 광대는 민중적인 익살 광대로 대체되었던 것이다. "민중 출신의 영웅이 가장 인기 있는 민중본의 영웅이 되었다. (……) 민중본에는 사회적 상승을 위해 애쓰는 계급들의 자기 자신의 문학에 대한 욕구가 반영되어 있었다. 사회적 영역은 그 시대의 모든 신분 세력들을 포괄했다. 비록 시민적 개작자의 몫이 점점 커지고 있었고 시민 계층이 이 세기의 독자 대중의 핵심 부분을 구성하고 있긴 했지만, 문학적으로 가장 약하게 대변되었던 것도 바로 이 시민 계층이었다. 시민 계층은 독자적인 문학을 만들어 나가야 했는데, 그것은 사실 민중본에서 유래한 것이었다."

발행 부수와 판매 부수는 천차만별이었다. 가장 성공적이었던 《농담과 진담》의 경우를 보면, 단 28년 동안 26판이 발간되었음이 확인되고 있다. 프랑크푸르트의 서적 판매업자 미하엘 하르더는 1569년에 이 책만 적어도 202부를 판매했다. 당시 이 책의 가격은 36실링이었는데, 이는 비교적 비싼 가격이었다. 마찬가지로 성공적이었던 《오일렌슈피겔》과 유사하게 이 민중본은 16세기 후반에도 수많은 개작과 개명을 거치면서 평균 이상의 사랑을 받았다. 하지만 그 밖에는 전쟁과 같이 시기적으로 중요한 사건과 지역적 특성이 중요한 역할을 했다. 많은 민중본들은 예컨대 《페르스발》*(초판: 파리, 1530년)이나 프랑스의 이야기 전

---

* 《페르스발》 페르스발은 성배聖杯를 찾아 떠나는 전설적인 기사의 이름으로, 12세기 말 크레티앵 드 트루아의 작품에 처음 등장한다. 독일에서는 13세기 초에 볼프람 폰 에센바흐가 이 작품을 토대로 하여 《파르치발》을 썼다.

통 속에 서 있는 다른 작품들처럼 국제적으로 확산되기도 했다. 여기에는 엘리자베스 폰 나사우-자르브뤼켄 백작 부인과 같은 번역가들이 프랑스와 독일의 중개자로 활약하기도 했다.[104] 다른 민중본들은 이탈리아의 루도비코 아리오스토의 《광란의 오를란도》*(1532년)처럼 특정 민족에 고유한 특징을 보여 주기도 했는데, S. H. 슈타인베르크는 이 작품을 16세기의 유일한 베스트셀러로 평가한 바 있다.[105]

특징적인 현상은 모든 민중본의 초판본이 인쇄업자 32명 또는 도시 13곳에만 집중되어 있었다는 것인데, 그중에서도 6종의 초판본을 찍어 낸 요한 베믈러와 21종의 초판본이 나온 도시인 아우크스부르크가 선두를 달렸다. 주도적인 인쇄업자이자 출판업자는 특히 《농담과 진담》을 발행했던 스트라스부르의 요한 그뤼닝어였다. 각종 이야기들과 부분적으로는 《오일렌슈피겔》에서 차용한 해학적 이야기들의 모음집인 《농담과 진담》은 1550년까지 인쇄업자 13명이 도시 4곳에서만 출판했다. 이것은 "몇몇 인쇄 중심지와 인쇄업자로의 집중, 서적의 확산과 대중화 과정, 출판 도서 목록의 시작과 결부된 출판 제도의 형성"을 보여 주는 것이었다.[106] 아우크스부르크와 스트라스부르의 몇몇 출판사들은 적어도 한동안은 민중본에 치중함으로써 '민중본 인쇄업자'가 되었다. 막스 L. 베우머는 이런 형식을 띤 서적의 기능적 특성을 다음과 같이 강조했다. "광범위한 수많은 해학적 이야기책들은 무엇보다도 구두로 낭독하는 것을 목적으로 만들어진 모음집이었다. 이야기꾼이나 낭송자는 이런 모음집에서 이야깃거리를 얻었고, 이들은 이후의 모든 판본들

---

* **《광란의 오를란도》** 보이아르도Boiardo가 쓴 《사랑에 빠진 오를란도》의 독창적인 후속편이라고 할 수 있다. 이 작품의 주인공인 오를란도는 샤를마뉴 전설에 등장하는 영웅 롤랑의 이탈리아식 변형인데, 이 작품은 이탈리아 르네상스의 예술 경향과 정신 자세를 가장 완벽하게 표현한 것으로 평가받고 있다.

에 새롭고도 변형된 해학적 이야기들이 덧붙여지는 데 일조했다. 대개의 해학적 이야기 모음집의 제목 자체가 이 이야기들이 일차적으로 사회적 낭독과 구두 형식의 오락에 맞추어져 있다는 것을 명백히 알 수 있게 해 준다. 요하네스 파울리는 자신의 《농담과 진담》을 위한 동화 693가지와 해학적 이야기 대부분을 가일러 폰 카이저스베르크의 설교에서 수집했다."[107]

민중본은 인쇄 매체 서적을 통해 기사 서사시, 연애 서정시, 동화, 속된 해학적 이야기와 같은 중세 문학이 구술 문화에서 문자 문화로 변형[108]되는 결과를 가져왔다. 여기에서 읽기는 항상 낭독이었고 읽거나 들은 것을 자신의 방식대로 재구성해서 이야기하는 것이었다. "16세기 말까지의 민중 문학은 모든 민중 계층 앞에서의 낭독, 설교, 강연, 공연을 통한 구술적 확산에 이용되었다는 점에서 무엇보다도 '구두적인' 특성을 지녔다."[109] 힐데가르트 바이어는 이전까지의 결정적인 공백, 즉 "여성을 위한 통속 문학과 특히 아동 문학의 부재 현상"이 민중본에 의해 메워질 수 있었다는 점을 설득력 있게 지적한 바 있다.[110] 영웅 서사시를 읊는 궁정 가인, 방랑 시인의 서사시를 읊조리며 떠돌아다니는 "익살꾼"과 마찬가지로 인간 매체인 전통적인 이야기꾼도 자신들의 이야기가 종종 필사본으로 고착되는 중간 과정을 거친 이후에는 그 기능을 인쇄 매체 서적에 넘겨주고 말았다(5장 2절 참조).[111] 또한 이렇게 전이되면서 새로운 현실 모델이 만들어지기도 했다.[112]

전반적으로 민중본을 특징지었던 현상은 16세기에 들어와서야 비로소 관찰되는 점점 더 단순화된 장정으로의 발전 경향이었다. 서적은 2절판에서 소형 8절판으로까지 그 크기가 더 작아졌고 인쇄와 종이 질이 더 나빠졌기 때문에 가격이 저렴해졌다. "민중본은 17세기에 인기 있는 크리스마스 선물이었다."[113] 특히 이런 관점에서 신분과 계층을 뛰어넘을 뿐만 아니라 특정한 구매자 집단을 위해 계산적이면서도 기능적인 방식으로 가공되던 민중본은 근대 초기의 진정한 서적 시장 현상으로 규정지어 볼 수 있을 것이다.

11.3.3.

서적의 세 번째 유형으로는 1500년 이전의 초기 활자 간행본 시기 Inkunabelzeit보다는 오히려 16세기 전반기에 중요한 의미를 지녔던 성경을 언급해 볼 수 있겠다. 15세기에 활자로 인쇄된 서적들을 초기 활자 간행본 혹은 "요람 인쇄물Wiegendrucke"이라고 부르는데, 이는 이 책들이 활판 인쇄 매체 서적의 유아기에 간행된 것이기 때문이다(라틴어 인쿠나불라incunabula는 "기저귀", "요람"이란 뜻을 가지고 있다). 16세기 이전의 활자형은 비교적 컸고 모든 인쇄업자들이 자체 제작했다. 하지만 표준적인 서적 양식미의 기준에 따라 1500년 이전은 초기 활자 간행본, 1500년 이후는 "진짜" 서적으로 구분하는 방식은 오늘날에는 의심스러운 것으로 간주되고 있다. 더 합리적인 것은 1450년경부터 종교개혁 시작까지의 인쇄술의 지속적인 발전과 변화에 대한 견해, 혹은 루터 이전의 활자본과 종교개혁 시기의 활자본으로의 서적사적인 구분 방식이 아닌가 한다. 루터 이전의 활자본은 히에로니무스*가 번역한 라틴 어 불가타 성경을 원전으로 삼은 구텐베르크 성경과 함께 시작되었다. 이 성경은 42행, 2단으로 구성되어 있고 흑색·적색·청색을 사

---

* 히에로니무스  전통적으로 라틴 교부들 가운데 가장 학식이 높은 인물로 평가받고 있으며 영어식으로는 제롬Jerome이라고도 부른다. 교황의 명을 받아 4세기 말에서 5세기 초에 걸쳐 그리스 어와 히브리 어 성경 원본을 기초로 라틴 어 성경 "불가타Vulgata"를 펴냈다. 이후 불가타 성경은 로마 가톨릭교회에서 유일한 권위를 가진 성경으로 오랫동안 인정받아 왔다.

용했으며 덩굴무늬 장식과 머리글자 장식을 갖추고 있는 두 권짜리 2절판 서적으로 총 1,282쪽으로 되어 있으며 판당 약 150부를 찍었고 권당 가격은 20굴덴이었다. 이 액수는 필사가의 3년 이상의 노임이었다.[114] 면벌부, 달력, 교서, 벽보와 기타 다른 매체들을 제외한다면 본래적인 의미의 서적으로는 이 라틴 어 성경 말고는 무엇보다도 라틴 어 문법책인 도나트 —— 라인하르트 비트만은 도나트를 "15세기에 가장 널리 유포되었던 책"으로 칭한 바 있다.[115] —— 가 인쇄되었다. 이외에도 다양한 라틴 어 시편(1557년 이후), 라틴 어 기도서, 라틴 어로 된 백과사전식 사전 《카톨리콘》(1460년), 라틴 어 성인전, 부분적으로 독일어로 번역된 기타 성경들(1466년의 "멘텔린 성경", 1485년의 "그뤼닝어 성경")과 같은 서적들뿐만 아니라 영웅 서사시 《여기에 볼프디트리히라고 불리는 영웅 이야기책을 기록하다》(1480년), 약용 식물도감 《건강의 화원》(1485년), 인문주의 고전, 연대기, 통속 소설, 다양한 예절 교육서 및 법률 서적과 같은 세속적인 책들이 존재했다. 인쇄에 대한 이미지는 비술 또는 "마법"과 수공업 또는 영업 활동 사이를 오락가락했다.

종교 서적 일반이 그러하듯이, 찬송가, 기도서와 마찬가지로 성경 역시 악령을 막거나 행운을 가져다주는 마법 혹은 신탁의 일환으로 종종 마술적인 목적에 투입되기도 했다.[116] 이때 성직자들은 시원기의 매체인 마술사나 치료 주술사, 점술가[117]를 대신하긴 했지만 그 매체적 특성은 인쇄 매체인 서적으로 옮겨 간 상태였다.[118] 이런 변화는 하나의 해석 틀로서 놀라운 것, 초자연적인 현상, 기적이 "예상할 수 있는 신적인 개입"으로 실제 존재한다고 간주하던 이른바 기적서Mirakelbücher*

---

* 기적서  특정한 순례지에서 숭배되던 성인이 순례자들에게 행한 기적적인 은총, 예컨대 질병의 치유나 사고의 모면과 같은 이야기들을 기록해 놓은 책으로, 흔히 순례지의 성당에서 기념품으로 판매하곤 했다.

에도 통용될 수 있을 것이다. 16세기에 기적서는 전원 소설이란 의미에서 여전히 신앙심 고양을 위한 독서물의 역할을 수행했지만, 이미 17세기에 도시 생활의 오락거리용으로 크게 허구화했고 18세기에는 삶의 세계의 경험과는 아무런 관련도 없이 "글을 읽는 독자 대중의 공공영역"에 맞추어지면서 완전히 "학문적 영역"으로 변화하기에 이르렀다. "기적서는 구술 문화를 떠나 문자 문화의 일부가 되었다. (……) 종교적인 해석 틀의 의미 상실은 새로운 '고도 문화'의 형성에 본질적인 것이었다."[119]

종교개혁 시기에 서적의 이미지와 기능은 완전히 다른 것이었다. 종교개혁기에 책의 장정이 퇴락하고 말았다는 한탄은, 그 한탄이 순전히 미학적인 관점에 기반을 둔 것이 아니라면, 소책자와 서적 매체를 잘못 혼동한 것에서 기인한다. 실제로 종교 서적, 특히 독일어 성경은 루터 이후로 기독교라는 종교의 비약적인 발전을 가져왔고 "책의 종교"[120]라 할 기독교의 특징을 명확하게 드러내 주었다. 이제 서적 제작은 더 이상 도시와 상호 결합되지 않았고 어디에서나 가능하게 되었는데, 비텐베르크의 경우는 농촌에서도 서적 제작이 확산되었다는 가장 좋은 사례일 것이다. 이제부터 이 새로운 인쇄 매체의 이미지를 특징짓게 된 것은 자명함, 일상성, 친숙함, 근접성, 그리고 서적의 조달 가능성이었다. 서적의 도구적 특징이 확고하게 자리 잡게 되었고 서적은 모든 사람들을 위한 일상용품이 되었다.

목판 인쇄본과 민중본을 예외로 한다면, 루터의 독일어 성경──매체적 성격을 지닌 시원기 성직자의 사실상의 종말── 은 16세기 전반의 가장 중요한 서적 유형이었고, 이는 서적 형태의 교리문답서, 찬송가집, 설교집과 기도서를 통해 보완되었다. 새로운 인쇄 매체들은 사회적 변화의 원인인가 결과인가? 항상 되풀이 인용되는 베른트 묄러의 잘 알려진 "서적 인쇄 없이는 종교개혁도 없다"[121]라는 인용구는 에르트만 바이라우흐에 와서는 "종교개혁 없이는 서적 인쇄도 없다"[122]는 주장으로 도치되어 버렸다. 라인하르트 비트만은 다음과 같이 기술함으로써 이 문제에 대한 결정을 피해 가고자 했다. "서적 인쇄가 종교개혁을 촉진하였듯이 종교개혁도 서로 의존적인 상호작용이 이루어지는 가운데 서적 인쇄가 새로운 영향력을 발휘할 수 있도록 도와주었다."[123] 이 세 가지 입장은 전체적으로 평가해 볼 때 결함이 많기 때문에 결국 끝까지 견지할 수는 없는 것으로 보인다. 여기에서는 그 대신 효과를 발휘하기 위해서는 특정한 전제 조건과 특정한 상황이 필요하지만 이런 상황들에 대해 다시 결정적으로 영향을 미칠 수 있는 "촉매제"로서 매체[124]를 바라보는 편이 더 나을 것이다. 이런 의미에서 더 정확히 표현해 보자면 첫째, 인쇄술 없이는 근대 초기 사회적 변화의 핵심 영역이라 할 종교개혁이 가능하지 않았던 것이지 그 역은 아니었다. 둘째, 정정되어야 할 사실은 종교개혁 없이는 소책자가 형성될 수 없었다는 점인데, 이 시점에서 소책자는 아직은 선전 · 선동의 기능을 갖춘 매체, 즉 반란의 매체는 아니었다. 특히 루터 성경과 같은 인쇄 서적은 개별 매체로서 여전히 종교에 기반을 두고 있었고 새로운 종류의 목판 인쇄본에 비해 제의적 기능을 갖추고 있었다. 그런 점에서 개별 매체 서적은 종교개혁기에는 대체로 목판 인쇄본, 민중본과 동일하게 중세와의 연속성을 입증해 보이고 있다. 그 대신 근대 초기 서적 매체가 의사소통의 역사에서 지니는 혁신적인 중요성은 자연 과학적, 기술적, 의학적 영역, 즉 가장 넓은 의미의 세속적 영역 안에 놓여 있었는데, 《자연의 책Buch der Natur》*이 복합적인 기능을 갖춘 정보 서적과 안내서로 변화한 것이 이를 잘 보여 준다고 하겠다.[125]

11.3.4.

서적의 네 번째 유형인 인쇄된 안내서와 전문 서적은 세속적 기능들의 현저한 분화에 의해 특징지을 수 있는데, 이 세속적 기능은 이미 15세기 교과서 등에서 나타나는 전달, 사회화, 저장 기능과 특히 16세기 자연 과학적 인식에서 보이는 정보, 응용, 방향 설정 기능, 17세기 제후들의 경우에서 나타나는 자기 과시, 오락, 통치 기능까지도 포괄하는 다양한 것이었다.[126] 그 대표적인 저서로는 예컨대 베른하르트 폰 브라이덴바흐*의 식물학 관련 여행기들(1485, 1486년)을 들 수 있다. "미술사가, 과학사가, 서적사가는 이 저작이 중세적 전통에서 벗어나서 기술記述적인 근대 전문 서적의 성립으로 나아가는 도상에서 이정표 역할을 하고 있다고 생각한다. (……) 브라이덴바흐는 약용 식물도감을 편찬하면서 '풍문'에 의존하는 관행을 불충분하고 개선이 필요한 것으로 간주했다. 대신에 그는 식물들이 '자라나는' 장소 바로 '그곳에서' 식물들을 찾아내고 거기에서 직접 면밀히 관찰할 것을 주장했다."[127] 중세와 비교해서 완전히 새로워진, 자연에 대한 이런 자신의 관찰을 통한 접근 방식은 이 텍스트가 겨냥한 완전히 새로운 목표 집단과 결부되어 있었다. 즉, 이제는 더 이상 학자들을 위해 글을 손으로 직접 쓰는 것이 아니라 기본적으로 관심 있는 모든 사람들을 위해 "공익적인" 정보들을 인쇄하게 된 것이다. "인쇄 서적은 필사본과는 정반대로 '공적인' 지식의 기억 장치로 경험되었다. 그리고 축적된 경험들에 대한 이런 보편적인

---

\* 《자연의 책》 콘라트 폰 메겐베르크Konrad von Megenberg가 1348~1350년경 독일어로 펴낸 박물학적 성격을 띤 백과사전.

\* 베른하르트 폰 브라이덴바흐 마인츠의 부유한 주교좌성당 참사회원으로, 1483~1484년 동방 예루살렘으로 성지 순례를 다녀온 경험을 여행기 《성지 순례Peregrinatio in Terram Sanctam》로 남겼다.

접근이야말로 문화와 학문이 계속해서 진보한다는 징표라고 할 수 있다."[128]

　　16세기에 안내서와 전문 서적은 비약적인 발전을 경험했다. 이 서적들은 오늘날까지도 책의 역사에서 인용되는 저작들의 압도적인 다수를 차지하고 있다. 늘 언급되는 저서로는 히에로니무스 브룬슈비크의 독일어로 된 최초의 외과학 교과서(1497년), 루빈 폰 칼프의 《광업 서적》(1505년), 파라켈수스*의 《대大외과논문》(1536년), 레온하르트 푹스*의 《신新 약용 식물도감》(1543년), 인쇄업자 크리스토프 프로샤우어의 동물도감, 조류도감, 어류도감(1551년 이후), 게오르크 바우어의 광산·야금업에 대한 서적들(1556년 이후), 시몬 스테빈*의 《이자 계산표》(1584년), 다양한 여행기들, 최초의 지리부도인 아브라함 오르텔리우스*의 《세계의 무대》(1570년), 요하네스 케플러의 《신新천문학》(1609년), 여행기와 도시 안내서 형식을 취한 당대 연대기, 마테우스 메리안*과 그 아들들이 펴낸 《유럽의 무대》(1635년 이후), 지도 제작자 빌렘 얀스존 블라우*의 11권짜리 《대大지리부도》(1650년 이후), 요아힘 폰 잔

---

* **파라켈수스**　16세기 전반 독일, 스위스에서 활약한 의사 겸 연금술사로, 매독에 대한 뛰어난 임상적 묘사를 남겼으며 화학적 의학 분야의 개척자로 평가받는 인물.
* **레온하르트 푹스**　16세기 남부 독일을 중심으로 활약한 의사로, 치료에 약초를 적극 활용하여 식물학의 기초를 닦는 데 이바지했다.
* **시몬 스테빈**　16세기 네덜란드 출신의 수학자로, 소수의 계산 및 표기와 관련된 최초의 조직적인 설명서를 내놓기도 했다.
* **아브라함 오르텔리우스**　16세기 벨기에의 지리학자이자 지도 제작자로, 그의 대표작이자 서적 형태로 된 최초의 지리부도로 평가받는 《세계의 무대》는 1612년까지 7개 국어로 출간될 만큼 큰 인기를 끌었다.
* **마테우스 메리안**　17세기 독일의 유명한 출판업자이자 동판화가. 1635년부터 발간한 《유럽의 무대》 이외에도 여러 서적들을 출간했으며 특히 1642년부터 발행한 유명한 총서 《독일 지리서Topographia Germaniae》에는 수많은 도판들을 직접 그려 넣기도 했다.

트라르트*의 《독일 건축술, 조형 예술, 회화 예술 아카데미》(1675년 이후) 등이 있다. 엥엘징은 다음과 같이 밝히고 있다. "제바스티안 뮌스터* (1489~1552년)의 《천지학Cosmographia》은 이 시대의 가장 성공적인 안내서가 되었다. 이 책은 1541년에 독일어로 처음 출간됐고, 1650년까지 6개 국어로 46판을 찍어냈는데, 그중 27개의 판본은 독일어로 된 것이었다."[129]

이미 16세기에 안내서는 점점 더 많은 남녀 독자들의 지식 습득 및 확산뿐만 아니라 "독일의 여러 지역에서 지식의 유통과 축적을 촉진하는 데에도" 이바지했다.[130] 지식은 더 이상 한 세대에서 다음 세대로 전달되는 방식을 택하지 않았고 지식의 반감기半減期 역시 엄청나게 줄어들었다. 학자들이나 항해자들을 위한 새로운 전문 지식, 수공업자들을 위한 새로운 기술, 새로운 의학 정보, 새로운 상업 전략, 정보의 흐름과 왕래에 대한 새로운 인식 등은 점점 더 특정한 주민 집단과 직업 집단의 매우 중요한 운명을 결정짓게 되었다.

심지어는 "일반 소비자"를 위해서도 일상과 관련된 기능을 지닌 서적이 현저하게 모습을 드러냈다.[131] 예컨대 여행 안내서는 육체적 노고와 비교적 많은 비용을 줄여 줄 수 있었다. 낯선 나라, 낯선 꽃, 낯선 도시, 낯선 동물 등에 대한 안내서들은 경험 지평을 확대하거나 혹은 단순히 호기심을 충족시키는 데 도움이 되었다. 교과서와 전문 서적은 권위자, 전문가, 제도와는 독립적으로 예컨대 공중위생 분야에서 발전

---

\* **빌렘 얀스존 블라우** 네덜란드 암스테르담에서 활약했던 지도 제작자로, 1633년 네덜란드 동인도회사에 의해 공식 지도 제작자로 임명되기도 했다.

\* **요아힘 폰 잔트라르트** 17세기 독일의 화가이자 미술사가로, 그의 《독일 건축술, 조형 예술, 회화 예술 아카데미》는 독일어로 된 최초의 미술 이론서로 평가받고 있다.

\* **제바스티안 뮌스터** 독일의 천지학자이자 히브리어 학자로, 그의 대표작 《천지학天地學》에는 당대의 역사, 지리, 천문, 자연 과학, 지역학 지식이 총망라되어 있다.

을 보였다. "이렇게 보았을 때 활판 인쇄술 정보 체계의 확대는 인간의 자율 의식의 진전을 촉진시켜 주었다. 급속히 늘어나는 자기 조정에 대한 욕구는 활판 인쇄술 정보 체계의 확대를 위한 강력한 촉매제가 되었다."[132]

11.3.5.

마지막으로 다음과 같은 질문을 제기할 수 있을 것이다. 간행 작품과 발행 부수로 따져 보면 도대체 얼마나 많은 인쇄 서적들이 1450년에서 1700년 사이에 존재했을까? 그 수치는 천차만별인데, 왜냐하면 다른 매체의 산물들, 특히 신앙심을 고양시키고 정보를 제공해 주거나 혹은 논쟁적, 풍자적 성격의 대화체로 각색된 소책자도 단순히 서적으로 파악하면서 함께 계산하는 경우가 많기 때문이다. 예컨대 존 M. 렌하르트는 15세기 후반에 4만 종의 간행본이 나왔다고 이야기하고 있고,[133] 롤프 엥엘징 역시 4만 종,[134] 에르트만 바이라우호는 2만 8천에서 3만 종,[135] 라인하르트 비트만은 2만 7천 종으로 추정하고 있으며,[136] 렌하르트에 의거하여 헬무트 힐러는 같은 시기 유럽에서 출간된 서적이 대략 2천만 부,[137] 쇼텐로어는 3천만 부라고 추산하고 있고,[138] 리처드 크로프츠는 다양한 참고 문헌들을 활용하여 1510년에서 1520년까지의 기간에만 대략 3,390여 종의 책들이 나온 것으로 추정하고 있다.[139] 일반적으로 초기 인쇄 간행본 시기에는 출간 서적 하나당 1백 부에서 3백 부가량을 찍어낸 것으로 추산하고 있지만[140] 종종 평균 5백 부까지도 찍어냈고[141] 곧이어 그 수치가 2백 부에서 1천 부 사이로 증가했다가[142] 나중에는 출간 서적당 1천5백 부,[143] 심지어는 "5천 부 이상"으로까지 늘어났다.[144] 물론 이런 추정치들은 종종 소책자와 심지어 전단지까지도 함께 계산한 경우가 많다는 점을 기억해야 한다. 재판을 찍은 횟수에

434

대해서는 몇 안 되는 추정치만이 신뢰할 수 있는 것으로 보인다. 예를 들어 하이모 라이니처에 의하면, 1522년에서 1546년 사이에 루터 성경의 전체 혹은 일부가 고지 독일어로는 354판, 저지 독일어로는 91판이 간행되었고 1529년과 1546년 사이에는 루터의 대大교리문답서가 46판, 소교리문답서가 91판 출간되었다.[145] 하지만 그때그때 제작된 발행 부수는 단지 개별적인 경우에만 정확하게 계산할 수 있고 그 책의 독자와 이용자 수는 다만 어림잡아 평가해 볼 수 있을 따름이다.[146] 디터 메르텐스는 15세기 후반에 260개 도시에 인쇄소가 1천1백여 곳 있었고 대략 4만여 종에 이르는 출간 서적들의 총 발행 부수는 1천만 부 정도였던 것으로 추산하고 있다.[147]

16세기에 출판된 서적은 14~15만 종 정도로 추산된다.[148] 루터의 독일어 《신약 성경》은 2절판 크기로 만들어졌고 1522년도[루터의 신약 성경이 출간된 해― 옮긴이] 가격은 1.5굴덴으로, 수공업자 직인들의 3주치 임금에 해당하는 액수였다.[149] 초판은 3천 부가량을 찍어냈다. 비텐베르크의 인쇄업자 멜키오르 로터는 경영 관리를 잘 해 나갔고 수많은 후속판을 통해 엄청난 이득을 얻었다. 그의 뒤를 이은 인쇄업자 한스 루프트는 1534년에 최초로 루터 성경 완간본을 시장에 내놓았고 1524~1584년 사이에 10만 부에 달하는 성경 완간본 혹은 그 일부를 출간하였다.[150] 루터 성경과 관련해서는 비텐베르크 서적 판매업자 세 명, 즉 모리츠 골츠, 크리스토프 슈람, 바르텔 포겔이 출판업자로 활약했다. 성경의 가격은 2굴덴 8그로셴에 달했다. 하지만 루터는 자신의 수많은 소책자들을 시장에 내놓기 위해 더 많은 인쇄업자들을 활용했는데, 이들은 거의 예외 없이 비텐베르크에서 활동하고 있었다.

에르트만 바이라우흐는 다음과 같이 정리하고 있다. "확실한 것은 16세기 독일어권 지역에서 7천만 부에서 9천만 부에 달하는 인쇄 서적

이 제작되었다는 것이고, 따라서 이 세기에 구제국[신성 로마 제국을 지칭─옮긴이]의 영토에 살았던 사람들 전부를 합친 것보다 더 많은 책이 출간되었다는 사실이다. (……) 그 뒤에는 대략 2천4백만 일에 달하는 작업 일수가 숨어 있다. 인쇄업에 대해 알려진 모든 경험적 전거와 업체의 수를 계산하고 그 시대에 특징적인 그 밖의 모든 정보를 고려하여 신중하게 역산해 보면 16세기 동안 인쇄소가 대략 1천5백여 곳 존재하고 있었다는 결론이 나온다. 16세기에 인쇄업에 종사하고 있었던 직원들의 전체 수치는 6천 명 정도라는 것이 현실적인 추산일 것이다."[151] 17세기 독일어권 지역에 대한 근래의 연구들은 약 1백70만 부에 달하는 저작 26만 5천 종이 오늘날까지 보존되어 남아 있는 것으로 추산하고 있다"[152] 당시에 "서적 제작"은 널리 유포되었던 신문(9장 2절, 9장 3절)에 유리하게끔 엄청나게 줄어들었던 것이다.[153]

이런 수치들에서 소책자 또는 가철본, 그리고 낱장 문서와 같은 다른 매체들과 구분되는 개별 매체 서적은 여전히 불분명한 상태에 놓여 있다고 할 수 있다. 서적은 최소한 49쪽은 되어야 한다는 유네스코의 정의──물론 이것도 가철본의 일반적인 분량인 64쪽과 부합되는 것은 아니지만──를 따른다면 이 수치들은 훨씬 더 낮아질 것임에 틀림없다. 어쨌든 알려진 바로는 초기 활자 간행본 시기의 인쇄물 대부분은 면벌부, 신앙심 고양을 위한 유인물, 기도서, 관공서의 인쇄물, 달력, 소책자 등이었고, 따라서 본래적인 의미의 서적은 아니었으며,[154] 게다가 거의 80% 가까이가 라틴 어로 되어 있었기 때문에[155] "민중"들은 읽을 수 없는 것들이었다. 16세기에는 모든 간행 작품의 단 7%만이 2절판 서적으로 출간되었다.[156] 여기에다가 비교적 적은 분량의 대중 지향적인 소책자보다 가격이 더 높고 발행 부수가 적은 점을 고려하게 된다면 "서적 공급 과잉"이라는 말은 결코 쓸 수 없을 것이다.[157] 예컨대 요하네스 그뤼닝어는 1502년에 주민 2만 명이 살고 있는 스트라스부르에서 야코포 데 보라지네*의《황금 전설》의 독일어본을 최대한으로 잡아도 2백 부 정도 판매할 수 있을 것으로 예상했다.[158] 다만 수기 매체인 서적에 비해 인쇄 서적의 개별 가격이 엄청나게 저렴해진 것은 사실이었다. 그 외에는 "1480년의 가격 폭락 이후"에도 서적은 여전히 "부유한 소수를 위한 사치품"으로 남아 있었다.[159] 특히 서적은 소책자나 달력, 전단지에 비해 대부분의 사람들에게는 절대적으로 감당할 수 없었던 그런 품목이었던 것이다.[160]

이 장의 결론을 내려 보면 다음과 같다. 이 시대의 사회 변화의 핵심 영역으로 파악되어야 할 것은 인쇄나 인쇄 매체 서적이 아니라 인쇄 매체에 의한 인간 매체의 복합적인 대체 과정과 수요의 측면과 관련해서 특히 전단지, 소책자, 신문과 같은 개별 매체들의 점증하는 지배력, 특별한 적합성 및 이용이라 할 수 있다. 인쇄를 통한 기계화는 면벌부에서 전단지를 거쳐 서적에 이르기까지 모든 인쇄 매체 제작물의 표준화와 전체 매체 문화의 천편일률화를 의미했다. 인쇄 매체들이 일반적으로 인간의 인지, 가공, 언어, 사고방식을 크게 변화시켰음을 감안한다면——선형적이고 추상적이며 논증적이고 목소리를 내지 않는 방식으로의 변화가 바로 그것이다——이상하게도 지금까지는 이런 문화적 표준화의 개별적 측면들에 대해서 너무 기초가 빈약한 연구들이 양산되었던 것 같다.

따라서 근대 초에 벌써 "서적의 문화적 기능"[161]을 전면에 내세우는 것은 잘못된 것이다. 그것은 선도 매체 서적이 19세기의 대중적 출판

---

* **야코포 데 보라지네** 13세기 이탈리아 제노바의 대주교이자 라틴 어 작가로, 그의 대표작인《황금 전설》은 성인들의 전설을 모은 모음집으로서 중세 유럽에서 가장 널리 유포되었던 성인전 중의 하나였다.

물과 같은 다른 인쇄 매체들에 의해, 그리고 20세기의 라디오, 텔레비전과 같은 전자 매체들에 의해 이미 오래전에 대체되어 버리고만 시대에 대해서뿐만 아니라 새로운 디지털 매체의 문화적 기능이 점점 뚜렷해지고 있는 오늘날에 대해서도 부적절한 표현이다. 서적 매체는 18세기에 들어와서야 비로소 문화 매체로서 전성기를 맞이했고, 이는 아마도 단지 이 세기에만 국한된 현상이 아니었을까 싶다.

## 12
# 연극의 세분화와 새로운 입지

연극 매체는 이미 이 개별 매체의 전체 역사에 대한 몇몇 연구 성과들이 나와 있다는 점에서 운이 좋은 편이라고 할 수 있다. 그렇지만 서적 매체의 경우와 유사하게 근대 초기의 연극에 대한 지금까지의 서술 방식 역시 근본적인 수정이 가해져야 할 것이다. 그것은 무엇보다도 이 시대의 전체 매체 문화의 맥락에서 연극이 차지하는 비중과 관련된 것이지만, 특정 부분의 선택과 서술의 기준과도 관련이 있다. 이 문제를 구체적으로 설명하기 위해서는 적어도 연극사에 대한 기성의 해석들의 서로 다른 특징이 대강이나마 제시되어야 할 것이다.

하인츠 킨더만은 4권으로 된 《유럽 연극사》에서 근대 초기와 관련해 두 가지 사항에 중점을 두었다. 그 첫째는 "르네상스 연극"인데,[1] 이와 함께 독일에서는 인문주의 연극, 사육제극, 장인 가인 무대, 개신교 학교 연극, 예수회 연극이 강조되었다. 킨더만은 세속화와 개인주의 같은 이탈리아 르네상스의 새로운 자극과 그런 자극이 다른 민족들의 문화에 미친 영향력이 이 시대를 특징지을 수 있는 것으로 보았다.[2] 특히 독일에서는 "이행 단계의 특징과 엄청나게 다양한 무대 및 표현 형식이 서로 나란히 시도되었던 실험장의 특징"이 나타난다는 것이다.[3] 이 시대를 설명하기 위해 킨더만은 적어도 5백 쪽 이상을 할애했다. 두 번째 강조점은 "바로크 시대의 연극"인데,[4] 독일의 경우에는 순회 극단, 개신교 학교 연극, 예수회 연극, 바로크 연극, 오페라, 궁정 극장이 강조되었다. 이처럼 구체적인 내용에서 중복되는 서술 방식은 분명한 이분법적 구분과 모순되는데도 자기비판적인 의심은 어디에서도 찾아볼 수 없다. 킨더만은 일반적으로 이 두 번째 시기를 "유럽 연극이 가장 풍부하고 휘황찬란했던 시대",[5] "예술 작품으로 특징지을 수 있는 연극적인 것의 가장 완벽한 실현", "삶은 연극이고 세계는 무대로 표현되었다",[6] "연극은 기본적으로 세계라는 극장 안에서 이루어지는 연극이다"[7]라는 말로써 특징지을 수 있는 것으로 보았다. 여기에서 가인, 춤, 축제와 같은 다른 인간 매체들은 서적사의 관점에서 다른 인쇄 매체들이 서적 매체에게 그 지위를 찬탈당한 것과 유사하게(11장) 너무나 당연히 연극 매체를 위해 희생되었다. 이런 극찬의 근저에 놓여있는 평가 기준은 설명되지 않았고, 특히 독일에 대해서는 더 이상 어떤 독특성도 언급하지 않았다. 이 두 번째 시대를 기술하기 위해서 킨더만은 자그마치 750쪽이나 되는 분량을 할애했다. 이 두 권의 저서는 엄청나게 풍부한 소재, 열거해 놓은 여러 다양한 측면들, 수많은 나라들에 걸쳐 온갖 이름, 현상, 사건, 작품을 끊임없이 병렬해 놓은 특성으로 인해서 연극을 특정 시대의 특정한 매체로 파악하는 것을 방해해 버린다. 서술 원칙의 추상성은 세부 사항의 구체성을 통해 전달되지 못했고 사용된 은유적 표현들 —— "실험장"이나 "예술 작품으로 특징지을 수 있는 연극적인 것의 가장 완벽한 실현"은 무엇을 의미하는가? —— 은 해명되지 못한 채로 남아 있다. 변화의 양상들이 광범위하게 기술되고 있지만 설명되지는 않았다.

정신사적인 시대 형성의 전통에 대해서도 그 배경을 전혀 캐묻지 않았다.

헤르베르트 A. 프렌첼은 짤막한 《연극의 역사》[8]에서 마찬가지로 여러 국가를 포괄하면서 두 시기를 구분하고 있긴 하지만 부분적으로는 완전히 다른 관점에서 그렇게 했다. 즉 중세적 전통이 해체되고 인문주의적 교양극과 코메디아 델라르테와 같은 새로운 경향들이 나타나는 1450년에서 1590년경까지의 시기와, 연극이 하나의 사업이자 교파의 무대가 되고 오페라와 연극 극장이 출현하는 1590년에서 1710년경까지의 시기로 구분한 것이다. 여기에서 개별 국가들에 대해 연이어 제시한 핵심 개념들은 쉽게 개관이 가능한 전경全景을 보여 주는 데에는 성공을 거뒀지만 다시금 구조적인 관련성을 희생하는 대가를 치르고 말았다. 변화는 단순히 교체로 표현되었고 그 자체로 서술되거나 설명되지 않았다. 전환기가 되는 해들은 자의적으로 선정되었고 그 중요성을 인식하기가 쉽지 않다.

에리카 피셔-리히테는 《독일 연극 소사小史》[9]에서 사육제극을 단순히 중세의 도시 축제와 성극에 포함시킴으로써 마치 13세기와 16세기 사이에, 라틴 어 부활절극과 독일의 사육제극 사이에, 종교적인 삶의 세계와 근대 초기의 세속적인 공공영역 사이에 언급할 만한 가치가 있는 차이가 존재하지 않은 것처럼 취급했다. 그 다음에 그녀는 킨더만이나 프렌첼과는 완전히 구분되는 두 가지 사항을 강조하고 있다. 그 첫째는 "거대한 세계 극장"인 이른바 바로크 연극이다. 여기에서 르네상스 및 인문주의 연극은 전혀 나타나지 않으며 종교개혁극과 예수회 연극도 빠져 있다. 그녀의 두 번째 강조점은 "문명화 과정 속의 연극"인데, 이것은 순회 극단, 궁정 극장, 공연 연극 예술, 할리퀸이 함께 혼재해 있는 것으로, 노르베르트 엘리아스의 모호한 문구에 의해 인위적으로 결합된 구성물에 불과하다. 엘리아스에 따르면 연극은 한편으로는 격정의 통제와 신체의 제어이며 다른 한편으로는 "문명화 과정에 의해 자신에게 부과된 요구들에 따를 수 없거나 단지 힘겹게만 따르는 사람들을 위한 배출구이자 부담 덜어 주기"라는 것이다.[10] 피셔-리히테의 《희곡의 역사》[11]에서 근대 초기의 연극은 고대의 "제의적 연극"과 18세기의 "부르주아 환상극" 사이의 외견상의 연결 부분이라 할 수 있는 "인생극장Theatrum vitae humanae"으로 완전히 축소되고 말았다.

끝으로 만프레트 브라우네크 역시 최근에 여러 권으로 출간한 《유럽 연극사》[12]에서 얼핏 보면 다른 사람들의 구분 방식과 흡사해 보이는 두 부분으로 나누어 설명하고 있다. 첫째는 "인문주의 및 르네상스 연극"으로, 독일의 경우에는 초기 인문주의의 교양 연극, 사육제극, 장인 가인 연극 등이 중심을 이루었다. 둘째는 "르네상스와 계몽주의 사이의 17세기 연극"으로, 독일에서는 순회 극단, 개신교의 학교 연극, 예수회 연극, 궁정 및 노천극장, 궁정 축제에서의 바로크식 오페라가 핵심적인 역할을 했다. 킨더만의 경우와는 다르게 여기에서는 더 이상 "바로크 연극"은 존재하지 않는다. "사이zwischen"라는 묶음표는 시대에 대한 내용적인 상론詳論과는 거리를 두고 있는 것이며 피셔-리히테가 말하는 연결 부분과도 명백히 구분된다. 연대순으로 순차적으로 나타나는 변화는 다시금 발전으로 묘사되고 있다. 그리고 또다시 근대 초기 연극의 중요성에 대한 어떤 의심도 없애 줄 것 같은 다량의 자료들을 장황하게 설명하고 있다.

물론 본서 역시 적잖이 신세지고 있는 이런 연구 사례들의 가치를 전체적으로 부정해서는 안 될 것이며 논란의 여지 없이 연극사 연구에 크게 기여한 사람들을 비난해서도 안 될 것이다. 그러나 연극사라는 변함없는 무대 장치 가운데에서 일정한 소품들이 어떻게 상이하게 선택되고 분할되거나 그 중요성이 부여되고 있으며 어떻게 상이하게 서술되고 해석되고 있는지를 인식하는 것은 중요하다. 어떤 특정한 역사 서술 접근 방식이 이론의 여지가 없이 확실하다거나 적어도 그럴듯하게 보이게 하는 일 없이 말이다. 기존의 서술 방식은 대개 기술적이거나 연대순이며 지나칠 정도로 상세하거나 혹은 너무 선별적이고 특정 국가와 작가 혹은 작품에 편중되어 있으며 종종 이념사, 양식사, 희곡사 혹은 다른 어떤 방식으로든 정신사적이고 서로 비교해 보면 때로 상당히 자의적이기까지 하다. 근대 초기의 연극사는 하나의 포괄적인 매체의 역사에 단순히 통합될 수는 없다. 반대로 연극사는 수많은 사전 작업과 전체적인 서술에도 불구하고 특정한 다수의 질문들을 제기한다. 그 엄청난 차이들을 어떻게 설명해야 하는가? 연극의 다양한 이론들이 그 근저에 깔려 있는가, 만일 그렇다면 그것은 어떤 이론인가? 연극이 중요한 역할을 하던 시기와 연극이 단지 미미한 역할을 하던 시기는 어떻게 서로 구분될 수 있는가? 연극학은 그 대상의 역사성을 명백히 확실한 것으로 전제하고 있기에 다른 어떤 정당성도 필요로 하지 않는다. 하지만 포괄적인 매체사 서술을 위해 행운으로 여겨졌던 일, 즉 시초부터 현재에 이르기까지 개별 매체의 완벽한 역사가 존재한다는 점이 자세히 들여다보니 막다른 골목임이 드러났다. 이 분야[연극사―옮긴이]에서는 연극과 관련된 역사 서술의 원칙을 둘러싼 논쟁만이 시급한 것이 아니라 다른 모든 매체들과 문화적, 전 사회적 변화들을 도외시하면서 과연 연극만의 역사로 매체사를 서술할 수 있겠느냐 하는 문제를 근본적으로 제기해 볼 수 있는 것이다.

이에 비해 우리의 맥락에서는 연극의 포괄적인 변화들, 즉 다양한 다른 매체들과 연극의 관계, 연극의 주변 환경으로 작용하는 다른 매체들의 문화, 그리고 무엇보다도 1400년에서 1700년 사이의 연극의 사회적 기능의 변화에 더 큰 관심을 기울일 필요가 있다. 이에 대해서는 지금까지 거의 연구된 바가 없기 때문에 여기에서는 기본적인 실상을 제시하는 것만으로 만족해야 할 것이다.

## 12.1. 근대 초기 연극의 역할

대체로 통용되는 연극사의 중요도 판정 기준을 따른다면, 중세와 18세기의 부르주아적 양식 사이의 연극에는 양적으로만 국한시킨다 해도 이미 커다란 의미를 부여할 수 있을 것이다. 게다가 혼란스러울 정도로 다양한 연극의 현상 양태와 측면은 특별한 질적인 우수성까지도 암시해 주고 있다. 하지만 지금까지 우리가 근대 초기의 제반 핵심 영역과의 관련 속에서 연극을 논의한 것에서 드러나는 것처럼, 이는 결코 사실이 아니다. 그렇다면 당시 연극 매체는 실제로 얼마나 중요한 역할을 수행했던가?

우리는 1400~1700년 시기의 제반 핵심 영역과 관련해서는 단지 "서적 인쇄"만 언급했을 뿐이고(1장 7절) 연극에 대해서는 이야기하지 않았다. 여기에서는 중세의 성극과 세속극[13]이 부활절극, 수난극, 성탄절 성극, 기적극, 봄철 연극, 계절별 연극[14]의 형태로 여전히 계속 공연되었다는 점을 논의의 출발점으로 삼는 편이 좋을 것이다. "중세의 대중 매체"[15] 형태를 띤 연극은, 비록 그 중요성이 빠르게 줄어들고 있기는 했지만, 16세기에 들어와서까지 여전히 존속하고 있었다.

르네상스와의 관련 속에서 여성, 축제, 춤과 같은 전통적인 인간 매체들과 더불어 연극의 새로운 발전상에 대해서는 이미 언급한 바 있다(2장 1절). 특히 투시 도법 무대 위의 무대 장식과 트리온포에서 이루어지는 희극 공연, 연극 축제, 코메디아 델라르테와 같은 형식을 강조했다.

하지만 전체적으로는 매체의 여흥 및 오락 기능과 그 매체가 더 큰 현상에 봉사하는 일부로서 갖는 특징이 지배적이었다고 할 수 있다.

도시의 매체들에서는 장인 가인(4장 3절 1)과 사육제극이 언급되었는데, 일차적으로 교육 또는 선동, 가장무도회, 사육제 가장행렬과 함께 진행되는 익살 광대들의 야단법석, 공식 무도회에 관심을 기울였다.[16] 여기에서도 연극은 대체로 카니발의 구경거리와 다양한 축제들의 오락적 특성에 동화되었다. 그 밖에는 고급 예술로 양식화한 오페라의 성립을 지적했는데(4장 3절 4), 이것은 오페라의 "종교적 자매"라고 할 수 있는 오라토리오,[17] 순수 음악 공연인 기악과 연주회(궁정 연주회, 축제 연주회, 실내악 연주회),[18] 혹은 공동체를 공고히 하고 규범을 형성하는 메타언어이자 이미 당시에 "문자 문화에 대한 비판"[19]으로 작용했던 춤과 같은 예술 형식을 통해 보완되었다.

종교개혁에서 연극은 개신교 학교 연극이라는 형식 속에서 단지 부차적인 중요성만을 지녔다(6장 7절 1). 루터는 연극에 무엇보다도 도덕적, 교육적 기능을 부여했다. 반종교개혁의 예수회 연극(6장 7절 2)도 이와 유사하게 선전 기능을 가지고 있었지만 화려한 축제에 좀 더 근접해 있었더. 17세기 연극 일반과 마찬가지로 여기에서도 인쇄 매체인 낱장 문서는 기능 면에서 공연 광고지와 "공연 안내장"의 형태로 연극에 포함되었다.

절대주의에서 언어 연극, 음악극, 무용극은 포괄적인 궁정 축제에 통합되었고 동시에 귀족 지배의 자기 과시와 군주 권력의 안정화와 같은 적나라한 정치적 기능을 위해 봉사하는 도구가 되었다. 바로크식 가면과 환상적인 무대의 기계 장치들과 더불어 단지 소수의 지배 집단을 위한 연극은 세계와 인생에 사실상 동화됨으로써 "세계 극장theatrum mundi"이 되었다.[20] 당시의 연극은 여전히 비교적 소수의 사람들에게만 해당되는 것이었다. 존 러프는 작품당 공연 회수와 존재했던 극장 좌석 수를 통해 1700년경의 시기에 파리의 코메디 프랑세즈의 연극 관객이 연간 약 15만 명 정도였던 것으로 추산했다. 이 도시의 다른 두 극장에서 열리는 공연과 오페라의 관객들을 감안하여 이 추산을 보완하더라도 관객은 "상대적으로 소수의 엘리트"에 지나지 않았고[21] 중복해서 여러 번 관람하는 경우와 좌석이 항상 매진되지는 않았다는 점을 고려해본다면 그 수치는 현저하게 더 줄어들게 된다. 관객 중에서 압도적으로 중요했던 부류는 칸막이한 특별석에 귀부인과 함께 자리한 귀족들이었고 1층 관람석에는 그보다 작은 비중을 차지했던 중산 계층이 자리했는데, 이들은 전적으로 서서 보는 남성들이었으며 어쨌든 극장 수입의 50% 정도를 차지했기 때문에 경제적으로 연극 관객의 중요한 부분을 형성했다.

연극은 그 형식과 기능 이외에도 국가에 따라 세분화해 갔다. 에스파냐의 연극은 예컨대 네덜란드의 레데레이커의 연극, 영국 엘리자베스 시대의 윌리엄 셰익스피어의 연극, 스웨덴과 덴마크의 바로크 연극 등과는 현저하게 달랐다. 독일에서 직업 연극 제도가 형성되는 데 결정적으로 기여했던 영국의 순회 극단 같은 현상들은 그 매체 포괄적인 의미에서 중요도를 평가하기가 더욱 쉽지 않다. 그렇기 때문에 근대 초기의 이 매체에 대해서 전체적으로 적절한 판단을 내린다는 것은 매우 어려운 일이다. 연극사에서의 광범위한 서술과는 달리 근대 초기 연극 매체는 특히 독일에서 사회적 의미를 크게 상실한 것이 확실해 보인다. 이는 연극이 서로 상이한 분야로 세분화한 결과이자 점차 다양해지는 연극의 기능적 도구화에 근거한 것이며 특히 점증하는 양식화, 즉 춤과 성악, 희곡과 음악 작품에서 미학적 표준을 지향하게 된 결과로 나타난 것이었다. 연극은 예술 부문으로 밀려나고 말았다. 연극이 단지 문화적 부문 체계의 한 구성 요소로 게토화하고 그 체계에서조차도 독서와 같은 다른 문화 현상들에 비해 부분적으로만 중요성을 지니게 된 것은 예정된 일이었다. 이로써 연극은 몇몇 예외적인 경우를 제외한다면 오늘날까지도 해당되는, 사회적으로 격리된 상태로 나아가는 길을 따라 걷게 된 것이다.

그런 점에서, 근대 초기는 매체사의 거대한 발전 과정을 고려해 본다면 연극이 포괄적인 조정 및 방향 설정 기능을 가진 매체로서 종말을 고하기 시작한 시기였다. 특히 인쇄 매체와 같은 다른 매체들에 비해서 연극은 사회적 지배력을 상실하고 말았다. 이 점에 대해서는 마지막에 다시 한 번 언급할 기회가 있을 것이다.

## 12.2. 극장과 배우

하지만 우선은 현재의 연구 성과를 기초로 형식과 기능, 그리고 국가를 포괄하면서 1400년에서 1700년 사이의 연극의 발전 과정을 매체라는 측면에서 특징지어 주는 두 가지 사항을 강조하는 것이 중요하다고 하겠다. 첫째로 들 수 있는 것은 극장 건물의 건설이고 둘째로는 연극 특유의 직업, 특히 직업 배우의 형성을 들 수 있다. 프렌첼은 이를 "사업과 영업으로 자리매김한 연극, 오래됐지만 동시에 새로운 직업인 배우, 건축 장르로 등장한 극장, 폐쇄적인 사회 집단인 관객"과 같은 개념으로 파악한 바 있다.[22]

연극이 전적으로 연극을 위해 규정된 건물 속으로 옮겨 간 것이 점점 더 비용이 많이 드는 무대 장식과 공연 기술 및 기계 장치의 결과라는 것은 단지 피상적인 관찰일 뿐이다. 본질적으로 그것은 전통적인 종교적 인간 매체와 조형 매체의 공생을 표현한 것이었다. 시원기 희생 제의가 행해지던 초기 예배소, 고대 이집트 파라오의 피라미드, 고대 그리스·로마의 여신들과 신들의 신전, 중세의 교회와 대성당은 근대 초기에 들어와서는 전통적인 공연 문화의 세속적 장소인 "뮤즈의 신전"에서 그 대응물을 발견했다. 극장 건물의 발전 과정은 1585년에 개관해 "르네상스의 가장 탁월한 극장 건축물이자 인문주의 전문 소극장의 건축 예술적인 극치"로 평가받고 있는 비첸차 시의 올림피코 극장에서부터[23] 파르마의 파르네세 극장(1628년), 최초의 칸막이 좌석 극장 Logentheater인 볼로냐의 테아트로 델라 살라(1639년), 베네치아의 수많은 극장 건물들, 마드리드의 희극 대극장(1640년), 빈의 황실 오페라하우스(1668년), 런던의 브리지스 가에 있는 왕립극장(1663년)이나 도슨 가든 극장(1670년)과 그 밖의 "대중 극장들public theatres,"* 함부르크의 겐제마르크트에 있는 독일 최초의 시민 오페라 극장과 뮌헨, 드레스덴과 기타 수많은 독일 궁정들에 자리 잡았던 절대주의 극장 건축물에까지 이르고 있다. 고전적인 칸막이 좌석 극장을 구체적으로 보여 주는 실례로는 그리마니 극장*을 언급할 수 있겠다(그림 97). 이 극장은 부분적으로는 영리 본위로 운영된 공공 극장이었지만 다른 한편으로는 특권 계층의 궁정 극장이기도 했다. 이로써 연극은 편재하는 사회적 현존과 그 기본적인 공공성의 측면에서 제약을 겪으면서 한편으로는 예술로서 확고한 위치를 차지하기도 했지만 다른 한편으로는 특정한 부문 문화의 좁은 틈새로 물러나고 말았다.

---

* **대중 극장들**  영국 엘리자베스 시대의 상설 극장으로, 입장료가 저렴해서 빈민들도 연극 관람을 할 수 있는 기회를 제공했다. 대표적인 극장으로는 "로즈 극장", "포춘 극장", "스완 극장" 등이 유명했다.
* **그리마니 극장**  베네치아에 있었던 극장으로, 17세기에 파괴되어 그 자리에는 말리브란 Malibran 극장이 새로 건립되었다.

그림 97 극장 건물로 표출된 연극. 칸막이 좌석 극장인 그리마니 극장.

다음으로 연극 매체도 문장관, 교사, 가인, 축제와 같은 예전의 인간 매체들에 대해 이미 서술했던 것과 마찬가지로(4장) 직업적 역할로 발진해 갔다. 무용극과 관련해서는 무용 교사를(2장 1절), 음악극과 관련해서는 오페라 가수를 이미 언급한 바 있다(4장 3절 4). 이제 언어 연극과 관련해서는 배우를 추가해야 할 것이다. 처음에는 극작가, 비전문가, 귀족이 스스로 배우 역할을 했다면 얼마 지나지 않아 곧 무대 공연을 위한 일정한 표준과 규정이 형성되기에 이르렀고 이와 병행해서 수동적인 관찰이 능동적 참여를, 거리 두기가 참가를 대체하는 경향도 생겨났다(2장 1절 참조). 인쇄 매체에서와 마찬가지로 연극에서도 작가, 극장 경영자, 배우(무대 장식가, 무대 의상 디자이너, 무대 기술자 등), 관객으로 역할 분화가 진행되었다. 규칙적으로 반복되는 연극 공연 철에 장기 임대한 건물의 공연 일정을 확실하게 보장받기 위해서는 고정적인 고용 계약이 불가피해졌다. 극장이 건축적으로 한곳에 자리 잡게 되었다는 것은 배우들의 고용 계약 기간이 늘었다는 것과 아울러 배우들이 희극적이거나 비극적인 특정 배역에 일정하게 특화되었다는 것을 의미했다. 이에 따라 제대로 자격을 갖춘 개인들이 고전기의 가면을 대신하게 되었다. 이미 코메디아 델라르테에서는 국제적인 활동 영역을 지닌 특별한 연극 스타들이 존재하고 있었다.

게르하르트 에버트는 근대 초기와 관련해서 이미 언급한 연극의 중요한 형식 및 기능과 일치하는 일곱 가지 상이한 유형으로 배우들을 구분하고 있다. 여기에서 특히 흥미로운 것은 점차 확립된 직업으로까지 발전해 간 배우들의 명백히 상이한 지위였다. 이에 따르면 첫째 **사육제극 배우**가 존재했다. 이들은 종종 사육제협회에 소속되어 있었지만 그 외에는 대개 "명예로운" 수공업 직종을 갖고 있는 비전문가들이었다. 이와 유사하게 **장인 가인**도 여가 시간을 이용하던 가인 배우들이었는데, 주된 직업은 재단사, 유리 세공인, 제빵업자, 제화공, 직조공 등이었다. 하지만 여기에서 출연, 연출, 미학적 규범은 임시로 연기하는 사육제극 배우들의 경우보다 더 현저하게 표출되었다. 세 번째 유형인 **테렌티우스 배우**는 일정한 수련을 거친 "교육받은 아마추어"로 간주할 수 있다. 이탈리아에서는 제후들의 궁정에서 이 배우들에 대한 수요가 늘면서 최초로 전문적인 배우가 생겨났다. 전문화는 네 번째 유형인 **코메디아 배우**에게서 이미 완벽하게 나타났다. "코메디아 에루디타의 아마추어들에서 코메디아 델라르테의 직업 연기자들이 즉흥극 배우로 발전되어 나왔다."[24] 이 유형과 관련해서는 안젤로 베올코(1502~1542년), 프란체스코 안드레이니, 도메니코 비안콜레티(1640~1688년) 등 많은 사람들의 이름을 언급할 수 있다. 다섯 번째로 **르네상스 배우**를 특징지었던 것은

16세기 말 영국에 존재하던 직업 극단이었는데, 처음에는 국왕이나 제후의 전속 극단 형태를 취했다. 당시 영국에는 대략 150여 개에 달하는 극단이 존재했다고 한다. 이곳에서 처음으로 주연의 역할이 유일무이한 연기적 특성 묘사를 통해 개인화했다. 배우는 더 이상 맡은 배역을 유형화하지 말고 "구체적인 보편성을 대변하는" 것으로 분명하게 해석해야 했다.[25] 예컨대 로버트 브라운, 존 그린 혹은 존 켐프같이 자유롭게 편력하는 배우들과 유랑 극단은 청교도주의에 의해 촉발된 탄압으로 인해 유럽 대륙으로 이주했고 독일에서도 직업 배우의 모범이 되었다. 이 직업 배우들은 배우의 여섯 번째 유형인 **편력 배우**를 형성했다. 영국의 선례와 유사하게 독일의 극단들은 특히 직업적으로 도시에서 도시로 이동하는 대학생들로 구성된 경우가 많았는데, 예컨대 미하엘 다니엘 트로이(1634~1708년)의 극단처럼 부분적으로 큰 성공을 거두기도 했다. 이런 형태의 인간 매체 연극은 자연스럽게 인쇄 매체 낱장 문서와 밀접히 결부되었고, 연극 프로그램 안내서는 포기할 수 없는 선전 기능을 지니게 되었다.[26] 이와 함께 중세의 익살 광대와 할리퀸의 매체적 전통 속에서[27] 피에로, 익살꾼, 한스부르스트, 피켈헤링Pickel-hering*과 같은 등장인물이 종종 중요한 위치를 차지하게 되었다.[28] 그러나 배우는 중세의 떠돌이들과 유사하게 자주 시민들에게 비방당하거나 멸시받았고 하찮은 존재로 평가받았다. 배우의 낮은 지위는 종종 외설스럽고 속된 공연, 거친 말, 풍속과 규범에 대한 위협으로 간주된 배우들의 생활방식과 더불어 전쟁, 전염병, 근원적인 격변이 특징적으로 나타났던 시대에 이들이 희생양으로 전락한 것에서 비롯되었다고 할

---

* **피켈헤링**  17세기에 독일을 순회하며 다녔던 영국 유랑 극단의 작품에 등장하는 익살스러운 배역. "피켈헤링Pickelhering"은 소금에 절인 청어라는 뜻이다.

수 있다. 경제적으로 배우들은 자신들을 고용한 제후, 극장 소유주나 도시에 완전히 종속되어 있었다. 그들은 비록 법적으로는 자유로웠지만 사회의 이방인들이었다.[29] 이런 사정은 여배우들에게도 마찬가지로 해당될 수 있겠는데, 이들은 17세기에 들어와서야 언급할 만한 수치의 여성 배역을 맡게 되었다. 배우의 일곱 번째 유형인 궁정 배우는 이 점에서 결정적인 개선을 의미했다. 그들은 군주에게서 특권을 보장받았고 일정 기간 동안 고정적으로 고용되면서 정착할 수 있었으며 비교적 높은 수당을 받았고 높은 사회적 지위를 통해 두각을 나타냈다. 독일의 경우에는 요하네스 펠텐(1640~1693년경), 요한 프리드리히 셰네만(1704~1782년), 한스 콘라트 디트리히 에코프(1720~1778년)를 대표적 사례로 언급할 수 있겠다. 18세기에 등장하는 시 전속 배우의 유형은 이러한 직업적 특성을 단지 확대한 것에 지나지 않았다.

## 12.3. 연극 매체의 특징

하지만 여러 직업으로 해체되어 버린 다른 인간 매체들과는 다르게 연극에는 논란의 여지 없이 특별한 지위가 부여될 수 있겠다. 즉, 연극은 오늘날까지도 매체로서 계속 유지되고 있는 것이다. 새로운 인쇄 매체 혹은 문자 문화의 점증하는 지배력은 예전의 인간 매체들 혹은 구술 문화의 근본적인 평가 절하, 즉 형상화 수단이자 표현 수단으로 기능하던 육체의 평가 절하를 의미했다. 그러나 이런 평가 절하는 연극과 관련해서는 비록 연극이 사회적 지배력을 잃어버렸다 하더라도 매체적 가치를 완전히 상실했음을 의미하는 것은 아니었다. 오히려 연극은 오늘날까지도 틈새 매체Nischenmedium로 남아 있다. 왜 그렇게 되었을까? 해답은 연극의 기능에서 찾아야 할 것이다.

한스 게오르크 마레크는 배우 신분을 "세계 문화의 존재적 기능들" 중 하나로 언급하면서 그 몇 가지 기원 또는 측면을 다음과 같이 열거한 바 있다. "떠돌아다니는 방랑 시인들과 유랑하는 민중들은 배우에게 불안정성과 방랑벽을 물려주었다. 30년 전쟁에서 최초의 직업 배우들이 등장하던 시기에 방랑 시인들을 뒤따랐던 무면허 직인들은 배우에게 연기라는 기술을 규정짓는 요소 중의 하나인 자유에 대한 충동을 제공했다. 중세 독일의 본래적 방랑자들인 떠돌아다니는 성직자들이 배우에게 남긴 것은 자신의 기술에 대한 성직자적인 사명감과 연기해야 할 배역의 성격을 정신적으로 소화하는 것이었다. 도시 연극과 성극을 즐겨 공연하던 수공업자들이 배우에게 물려준 것은 수공업적 수련의 진지함과 기술적 능력에 대한 존중이었다. 이 모두가 배우에게 남겨준 것은 자신의 기술에 대한 즐거움이었다. 물론 모든 예술가들을 비로소 예술가로 만드는 영감은 신 이외에는 그 어느 누구도 배우에게 가져다줄 수 없었다."[30] 이 견해는 모든 언어적 과장과 부분적으로는 부정확한 사실 관계에도 불구하고 무대 연기자가 어떤 매체사적인 맥락 속에 포함될 수 있는지를 명확하게 알려 준다. 여기에서 중요한 것은 다른 경우에서처럼 하나의 직업이 아니었다. 종교적인 문화 공간에서 근대 초기의 극장 건축물로의 이전과 유사하게 배우들은 차라리 초기 문화 단계의 성직자, 샤먼, 점술가의 후예로 이해되어야 할 것인데,[31] 양자 사이를 매개해 주었던 것은 중세의 방랑 시인과 "익살꾼"이었다.[32] 중세 말에 관찰되는 성극과 시장 광장 연극의 중복과 통합적 결합[33]은 오늘날 우리가 알고 있는 연극의 이중적 기능으로까지 이어졌다. 즉, 인간 매체의 우위에서 인쇄 매체의 우위로의 이행 과정에서 세속적인 배우로 체현된 공연 매체 연극은 종교적 봉헌 미사의 매체적 경쟁자로서 태고적 수렵인들의 희생 제의의 종교적 핵심을 현재적 형태로 여전히 유지했던 것이다. 교회가 연극에 그렇게 혹독하게 맞서 싸웠던 것*도 바로 이러한 이유에서였다. 여기서 명백한 것은 서로 상이한 집단의 주민들에게 상이한 형태로 부응하던 하나의 동일한 욕구가 존재했다는 사실이었다. 즉, 소위 살해의 책임이 있는 인간들의 영혼을 정화시키는 실황공연의 의미를 지녔던 연극*[34]은 한편의 사람들에게 종교적 의미를 지니고 있던 것을 다른 한편의 사람들에게 제공해 주었던 것이다.

연극이 비록 단지 소수의 제한된 주민 집단만을 위한 매체이긴 했어도 근대 초기 인쇄 매체들이 승승장구한 것과 비교해 보았을 때 연극 매체가 지속될 수 있었던 것은 의미가 구성되던 방식의 유일성을 통해 설명해 볼 수 있다. 발터 하우크는 이 점을 통찰력 있게 강조한 바 있다. 즉, 공연에서 관람객과의 의사소통의 중심을 이루었던 것은 생생한

---

* **교회가 연극에 혹독하게 맞서 싸웠던 것** 대표적인 실례로 칼뱅이 종교개혁을 단행했던 스위스의 제네바에서는 춤, 축제와 더불어 연극 공연이 전면 금지되었다.

* **살해의 책임이 있는 인간들의 영혼을 정화시키는 실황공연의 의미를 지녔던 연극** "살해하는 인간homo necans"은 독일의 고대 그리스 종교사가이자 문헌학자인 발터 부르케르트Walter Burkert에게서 비롯된 개념이다. 그에 따르면 선사 시대에 인류가 수렵 생활을 했을 때부터 이어져 내려온 인간 고유의 특징은 회생 제의, 즉 의례적 살해——그것이 신에게 동물을 제물로 바치는 것이든 아니면 인간이 그 대상이든 간에——에서 찾아볼 수 있다는 것이다. 한편, 연극이 살해의 책임이 있는 인간의 영혼을 정화시키는 실황공연의 의미를 지녔다는 말은 서양 연극의 뿌리라 할 고대 그리스 연극이 디오니소스 제의에서 비롯되었고 이 제의는 다시 시원기의 회생 제의에서 유래했다는 것을 염두에 두고 쓴 표현이다. 그리스 연극의 제의적 성격은 언어에도 영향을 미쳤는데, 예컨대 비극을 의미하는 영어 단어인 tragedy는 제사 때 제물로 바치는 산양을 뜻하는 그리스어 tragos에서 유래한 말이다. 대표적인 그리스 비극 〈오이디푸스 왕〉에서 전형적으로 드러나는 것처럼, 인간의 죄를 미학적으로 형상화함으로써 연극이 지향했던 것은 관객들이 주인공과 자신을 동일시하면서 생기는 감정을 정화(카타르시스)하는 것이었다. 다시 말해서, 연극(비극)이 가져다주는 카타르시스는 '두려움'과 '연민'을 불러일으키는 효과를 통해 관객들의 영혼을 죄에서 벗어나게 하는 종교적 정화의 의미도 지녔다고 할 수 있다.

형상화와 이미 오래전부터 잘 알려져 있고 매번 똑같은 작품의 변형, 연출, 현실화라는 것이다. 하지만 그 목표는 새로운 구체적인 형상화가 아니라 결국 잘 알려져 있는 기본 도식의 확인이었다. 여기에서 늘 똑같은 의미를 현재적 형태로 유지하거나 언제나 새롭게 다시 접근할 수 있도록 하기 위해서는 변형이 필요했다. 더 많은 연출이 이루어질수록 표현하고자 하는 바의 핵심은 더욱 분명해졌다. 그렇기 때문에 연극이 비교적 좁게 한정된 표준적인 희곡 작품들에 국한된 것은 근대 초기 이후 연극 매체의 특성을 이루게 되었다. 이와는 달리 인쇄 매체의 경우에는 예술이 변형과 다의성을 통해 의미를 창출해 내는 것은 마찬가지이지만, 그 의미는 더 이상 동일성에 있지 않고 "차이 속에" 놓여 있었다.[35] 하나의 소설을 계속 개작한다는 것은 우스꽝스러운 일이 될 것이기 때문이다. 인간 매체인 연극이 무대 위의 배우를 통해 육체적 현존과 의사소통하는 것이 인쇄 매체에서는 수사학적으로 달성되었다. 인쇄 매체의 경우에는 특별한 언어적 형상화, 이야기를 연출해 내는 구성 형식과 함께 유일하면서도 번복할 수 없는 생생한 묘사가 늘 새롭고 색다른 공연의 생동감을 대신하게 되었던 것이다. 다른 말로 표현하자면, 독서의 상황(인쇄 매체)에 의한 공연 상황(인간 매체)의 대체는 의미 구성의 완전히 다른 방식을 뜻했다고 할 수 있겠다. 연극은 유일하게 여전히 구술 문화의 "오랜" 법칙을 따르고 있었다.

하지만 이런 사정은 더 이상 "사회"가 아니라 단지 소수에게만 해당되는 것이었다. 연극 개념을 "문화학적인 담론 요소로 취급한", 다시 말해서 연극을 고립된 것이 아니라 문화와 사회의 맥락 속에서 고찰한 헬마르 슈람[36]은 연극이 갖고 있는 역사적으로 연이은 세 가지 기능을 구분했다. 그에 따르면 16세기 프랜시스 베이컨과 미셸 드 몽테뉴에게 연극은 여전히 다수의 사람들을 위해 "거리감을 주는 방향 설정 모델"

의 역할을 수행했다. "무대"는 일반적으로 품위 있는 무엇인가가 제시되는 현장이었다. 17세기 토머스 홉스와 존 로크에게 연극은 다만 "수사학적 매체"에 불과했고 가정교사와 같이 "안전한 집으로 데려온 교육자"이자 동요하는 외부 세계와 균형을 맞추기 위한 예측 가능한 도구였다. 그 다음 18세기에 연극은 완전히 자율성을 요구하는 "아름다운 예술"이 되었다. 여기에서 근대 초기 연극 매체의 역사는 극장 공공영역 혹은 공적인 공간인 극장이 점점 경계 지워지면서 그 기능이 변화해 가는 모습을 보여 주었다. 근대 초기가 끝나갈 무렵에 일어난 연극의 이런 새로운 입지와 문화적 틈새 매체로의 변화, 즉 단지 소수의 주민 집단만을 위한 확립된 공연 예술로의 변화는 오늘날에 이르기까지 기본적으로 연극의 매체적 특성에 아직은 어떤 단절을 가져다주지는 않았다.

# 근대 초기의 매체 문화

의사소통 매체는 처음부터 핵심적인 조정 및 방향 설정 기능을 갖추고 있었기에 사회는 예로부터 매체 사회였다. 이 책의 서론 부분에서도 언급했던 이러한 역사적 판단은 장차 매체 이론의 기본적인 명제로 통용될 수 있을 것인데, 왜냐하면 이 명제는 여기에서 소개한 근대 초기의 경우에도 완벽하게 들어맞기 때문이다. 매체의 문화사의 초기 세 단계, 즉 시원기(기원전 2500년 이전), 복합적인 고도 문화의 시기(기원전 2500년~서기 800년), 중세 기독교 시기(800~1400년)에 대한 서술[1]을 거쳐 이 책에서는 네 번째 시기(1400~1700년)에 관심을 집중했다.

　이 시기에 전체적으로 유럽의 인구는 수적으로 명백히 증가했는데, 이것은 "새로운" 매체들이 필요함을 보여 주는 징후라고 할 만하다. 특히 독일에서는 "인구 곡선"의 두 차례의 중요한 전환점이 약 1450년부터 17세기에까지 이르는 거의 2백 년 동안의 증가 국면의 경계를 이루고 있는데, 17세기 후반에 접어들어 인구는 다시 가파르게 증가하게 되었다. 이 과정에서 근대 초기의 가장 중요한 매체들이 나름의 역할을 했다. 중세 말의 "위기"는 실제로 전통적인 인간 매체들의 위기로 드러났지만, 동시에 매체의 특정한 측면에서는 새로운 시작으로 자리매김할 수 있는 근대의 "출발"이기도 했다. 모계 사회에서 부계 사회로의 초기 변화를 제외한다면 이 3세기 동안의 획기적인 변혁은 인류 문화사 최초의 매체적 세계 변화로 특징지을 수 있을 것이다.

1400년에서 1700년 사이의 매체 문화사를 재구성한 결과는 네 가지 관점에 따라 정리해 볼 수 있는데, 포괄적인 매체사적 기술(13장 1절), 근대 초기와 관련된 주요 현상(13장 2절), 가장 중요한 현상 양태(13장 3절), 그 핵심 기능(13장 4절)이 바로 그것이다.

## 13.1. 첫 번째 결론

먼저 첫 번째로 이 책에서 주장한 핵심 명제는 놀라울 정도로 폭넓게 입증되었다고 할 수 있다. 사회적 지배, 종교적 지배, 경제적 지배, 학문적 지배, 정치적 지배 등을 모두 포괄하는 전체 사회의 역사는 매체들을 제대로 고려하지 않고서는 이제 더 이상 기술할 수 없다. 전체 사회사는 상당 부분 곧 매체사라고 할 수 있기 때문에, 근대 초기 역시 당시 매체 문화의 변화에 눈을 돌릴 때 비로소 제대로 이해할 수 있다. 이로써 매체사는 사회사, 경제사, 과학사, 정치사, 문학사, 예술사, 그리고 전체 사회사 일반을 기술하는 데 하나의 도전적인 과제를 제기하고 있는 것이다.

이상의 사실은 현재의 연구 성과에 근거하여 이 시기의 사회 변화의 일곱 가지 제반 핵심 영역을 통해서 때로는 현저하게, 때로는 덜 분명하게 개별적으로 밝혀낼 수 있을 것이다.

인문주의와 르네상스는 전통적인 매체들이 쇠퇴하는 징후를 보이는 가운데 등장했다. 여성, 축제, 춤, 연극과 같은 인간 매체들의 역할은 여흥과 재미로 축소되었다. 조형 매체들은 세속적이고 예술적인 기능에 전념했다. 벽, 서신, 서적과 같은 수기 매체들은 격리된 "학자들의 문화"의 협소한 영역에 국한되었다.

초기 자본주의와 중상주의는 무엇보다도 서신 매체의 다기능적 역할을 통해 특징지을 수 있다. 한편으로는 오늘날의 지폐의 초기 형태인 "가격 표기 등기 우편"으로의 발전, 그리고 다른 한편으로는 오늘날의 신문의 초기 형태인 인쇄된 "새 소식"과 "정기 신문"으로의 발전을 통해 서신에 기초한 정보 제도가 발전해 나갈 수 있었다. 또한 여기에 통치자가 국가적으로 조직한 것에 비해 우위에 있으면서 자본주의적 영업으로 등장한 우편의 제도화가 추가될 수 있을 것이다.

도시 신분제 사회는 2백 년이 채 못 되는 제한된 기간 동안 교황 사절에서 새로운 매체인 문장관을 만들어 냈고 문장관은 이후 외교관, 포고자 혹은 오늘날 "기업 대변인"의 초기 형태인 호객 선전원의 직업으로 동화되었다. 또한 수많은 다른 인간 매체들이 단순한 직업적 역할로 축소되었다. 교사는 "학교 선생"과 공무원으로, 가인은 낱장 문서 판매인 또는 고용된 오페라 가수로, 중세 말 샤리바리의 할리퀸은 연극 무대의 한스부르스트로 변했고 축제는 오락과 가족 잔치가 되어 버렸다. 처형과 충성 서약식과 같은 다른 공공 축제들은 구경거리의 특징을 지닌 채 가끔씩 치러지는 의식이 되었다. 카니발조차도 추가로 선택할 수 있는 단순한 장난거리로 변하였다. 이로써 전통적인 인간 매체들은 매체적 성격을 상실했고 채워져야 할 빈 영역을 남긴 셈이 되었다.

농촌의 발전은 이런 급격한 변화를 더욱 명확하게 보여 준다. 즉 축제, 이야기꾼과 같이 일단은 여전히 통용되었던 매체들 이외에도 전단지, 소책자, 그리고 무엇보다도 90% 이상의 주민들을 위한 조정 및 방향 설정 기능을 갖춘 새로운 매체인 달력이 등장했던 것이다.

특히 종교개혁, 반종교개혁에 대한 연구 성과는 분명한 실상을 보여 준다. 즉, 전통적인 매체들은 새로운 매체들이 발전하기 위한 디딤돌 역할을 했던 것이다. 새로운 매체인 소책자 형태의 가철본은 "아래로부터 이루어진" 운동의 핵심적인 투쟁 매체가 되었다. 새로운 "종교개혁 공공영역"은 사회적으로 포괄적인 성격을 띠면서 인쇄 매체에 기반을 두고 있었던 최초의 공공영역이었고 동시에 교회와 당국의 공공영역에 대한 일종의 반反공공영역이었다.

이 시대의 핵심 영역으로 부를 수 있는 수많은 전쟁에서는 문장관 매체의 변형과 함께 무엇보다도 정보 및 선전 매체의 역할을 담당한 전단지가 중요한 의미를 지니고 있었지만, 이 매체들에 대한 제대로 된 평가는 현재로서는 아직 가능하지 않은 것 같다.

매체 문화 없이는 결코 생각해 볼 수 없는 절대주의의 경우에는 사정이 달랐다. 여기에서는 세속적인 통치와 권력 아래 놓여 있는 인간 매체들의 최후의 분기奮起가 기록될 수 있을 것이다. 궁전, 정원과 같은 조형 매체와 무도회, 연극과 같은 인간 매체는 기마 곡예, 불꽃놀이, 일상의 연출과 함께 연출된 궁정 축제 속에서 절정에 이르렀다.

마지막으로 이 시대의 일곱 번째 핵심 영역인 소위 서적 인쇄는 처음으로 하나의 매체 현상을 문화사와 전체 사회사에서 중요한 것으로 분명하게 강조함으로써 매체의 중요성에 대한 인식을 환기시키고 있기는 하지만, 이것은 잘못된 관점에서 나온 것이다. 여기에서 본래 중요한 것은 서적 인쇄나 인쇄가 아니라 특히 낱장 문서와 새로 등장한 매체인 가철본, 달력, 신문, 벽보와 같은 새로운 인쇄 매체들을 사용하게 된 것이었다. 당시 서적 매체는 상대적으로 낮은 중요성만을 지녔으며 목판 인쇄본, 민중본, 성경보다는 무엇보다도 안내서와 전문 서적으로서 중요한 의미를 지녔다.

## 13.2. 두 번째 결론

이로써 1400년에서 1700년 사이의 매체의 역사에 적용될 수 있는 핵심적인 특징은 이미 언급한 셈이 되었다. 전통적인 인간 매체의 우위에서 새로운 인쇄 매체의 우위로의 근본적인 변화가 바로 그것이다. 이미 중세 말에 수기 매체가 점점 더 중요해졌던 예비 과정을 거친 이후 인간 매체, 조형 매체, 수기 매체는 3세기 동안의 변화무쌍한 과정에서 점차 밖으로 밀려났다. 그 과정에서 전통적인 인간 매체들은 부분적으로는 다시 한 번 새로운 발전을 경험하기도 했지만 이후 매체적 성격을 결국 상실하거나 그 기능이 전환되어 버렸다. 새로운 매체 문화는 단지 여러 전제 조건 중의 하나에 불과한 새로운 활판 인쇄술의 결과로 이룩된 것이 아니라 새로운 수요와 필요의 상황에 따라 예전의 낡은 매체들의 핵심적인 기능이 통합됨으로써 생겨난 것이었다. 예컨대 신문의 경우 그 특징인 시사성은 본질적으로 인간 매체인 가인에, 주기성은 특히 인간 매체인 실교자에, 공공성은 가인과 설교자 이외에도 무엇보다도 전단지에, 보편성은 수기 매체인 서신에 빚지고 있는 것이다. 따라서 새로운 사회적 상황이 요구한 인쇄 매체 신문의 "탄생"은 그 "아버지"인 매체적 선구자들과 연관시켜 보아야만 한다. 이와 유사하게 소책자의 "발명"은 당시 보도 매체적 투쟁에서 낱장 문서와 서적 매체에는 결핍되어 있던 적합성으로 설명해 볼 수 있겠는데, 구체적인 행위의 필요에 따라 이 매체들에서 기능적인 중간 형태가 생겨난 것이다. 또 벽보의 "발명"은 전통적인 인간 매체들이나 개별화된 낱장 문서를 통해 만들어 낼 수 있는 것보다 훨씬 더 광범위한 대중 보도 매체 체계에 대한 당시의 정치, 경제적 필요성에서 나온 것이었다.

　신문과 연극의 비교 및 대조는 전체적인 혁명적 매체 문화의 변화를 아마도 가장 두드러지게 잘 설명해 줄 수 있을 것이다. 연극은 세분화하고 기능이 전환되는 과정에서 소수의 주민 집단을 위한 틈새 매체로 퇴화했던 반면에, 신문을 통해서는 예전의 단지 우연적이고 사건이나 인물 중심적인 공공영역에 비해서 지속적인 담론의 장이라 할 수 있는 초기 부르주아 공공영역의 핵심 매체가 확립될 수 있었다. 이 공공영역은 매체에 기반을 두고 있으면서 경제와 정치, 사회화, 정보, 교육, 새로운 부르주아적 가치의 전달에 봉사하는 엄청난 기능들을 갖추고 있었다.

　근대 초기를 고찰하면서 우리는 매체의 역사와 관련해 앞서 제시한 역사적 공준을 전체 사회사의 포기할 수 없는 구성 요소로서 더욱 명확하게 파악할 수 있게 되었다. 다시 말해서, 사회적 변화는 그 상당 부분이 명백히 매체의 변화를 통해 촉진되었을 뿐만 아니라 심지어 매체의 변화를 통해 비로소 초래되었다고 할 수 있다. 특히 근대 초기에 매체들은 문화적, 사회적 변화의 촉매제로 나타났다. 예를 들어 로마 가톨릭교회가 여전히 성직자, 연사, 설교자 등과 같이 "오래된" 인간 매체를 신뢰했던 반면에 종교개혁은 대체로 인쇄 매체들을 사용했기 때문에 성공을 거둘 수 있었다. 절대주의의 축제는 귀족주의적인 대중 매체로서 결국 쇠퇴하고 말았는데, 왜냐하면 이것 역시 "어제의" 매체들 위에 서 있었기 때문이다. 오늘날 우리가 알고 있는 우리 사회의 보완적이고 상호 중첩된 활동 영역들로의 체계적인 분화와 내부 편성 역시 오래된 매체들의 기능이 전환되고 새로운 매체들이 성립함에 따라 이루어졌다. 그리하여 지금까지 별 매개 없이 그냥 병치되어 왔던 개념인 의사소통 매체와 행위 매체의 역사성을 이제 부각시킬 수 있게 된 것이다. 이 책에서는 그 전형적인 사례로 의사소통 매체인 서신에서 상호작용 매체인 화폐로의 진전을 근대 초기의 특징적인 현상으로 제시했다. 절대주의 매체 문화의 경우, 상징적으로 일반화된 새로운 행위 매체인 권력이 정치 체계 속에서 형성된 것도 이와 유사한 방식으로 설명하였다. 이런 연구 결과들은, 이미 연극 매체에서 명백하게 드러나고 있듯이, 예컨대 근대 초기에 당시의 문화 체계 속에서 특정한 가치 위계질서와 가치 구속력이 형성되는 것에 관한 연구가 앞으로 필요하다는 것을 여실히 보여 주고 있다 하겠다.

## 13.3. 세 번째 결론

당연히 이러한 변화는 전격적으로 이루어진 것이 아니라 점진적이면서도 그 관계자들에게는 단지 제한적으로만 이해할 수 있는 방식으로 수행되었다. 매체 군群과 개별 매체를 분리해서 고찰해 본다면 다음과 같이 분류해 볼 수 있을 것이다.

| 인간 매체 | 수기 매체 | 조형 매체 | 인쇄 매체 |
|---|---|---|---|
| 문장관 | 서신 | 궁전 | 서신(증서) |
| 교사 | 벽 | 정원 | 낱장 문서 |
| 가인(가수) | 낱장 문서 | | 소책자 |
| 춤(무도회) | | | 달력 |
| 이야기꾼 | | | 신문 |
| 설교자 | | | 벽보 |
| 축제 | | | 서적 |
| 연극 | | | |

이와 관련해서 세 번째 결론이자 가장 중요한 현상 양태로 언급할

수 있는 것은 사회적으로 중요한 매체들의 수가 중세와 그 이전 시기 혹은 오늘날의 경우와 비교해 보았을 때 거의 비슷한 수준에 머물렀다는 점이다. 물론 한편으로 인간 매체, 조형 매체, 수기 매체와 다른 한편으로 인쇄 매체 사이의 점증하는 매체 경쟁으로 인해 무엇보다 중요도를 판단하는 데 질적인 차이가 생겨난 것은 사실이다. 이 시대의 가장 중요한 매체로는 서신(처음에는 자필로 쓴 통지, 그 다음에는 인쇄된 면벌부, 마지막으로 경제 분야에서의 신문의 초기 형태), 문화 · 정치 분야에서의 전단지, 종교 분야에서의 소책자, 사회 분야에서의 달력, 마지막으로 사회 전반에 걸쳐 중요했던 신문을 들 수 있다. 대개 인간 매체와 인쇄 매체 간의 결합이었던 매체 결합 형태들은 이전 시기보다 더 뚜렷하게, 그리고 항상 거의 "예전의" 매체에 불리한 방식으로 나타났다. 예전 매체의 쇠퇴는 종종 특정 공간, 집단, 신분에 국한되어 있는 매체의 조정 및 방향 설정의 제약성과 관련된 경우가 많았다. 게다가 오락, 저장, 정보 전달, 자기 과시, 지배 혹은 항의와 같은 인간 매체의 주요 기능들을 인쇄 매체가 아무 문제 없이 효과적으로 인수하게 되었다. 이러한 전이는 중세와 비교해 보았을 때 매체들이 차례로 교체되는 속도가 현저하게 빨라지는 현상과 함께 나타났다. 비록 많은 매체들이 서로 나란히 이용되기도 했지만, 동시에 문장관, 궁전, 달력에서 볼 수 있는 것처럼 단지 제한된 기간 동안에만 매체의 역할을 수행한 경우도 있었다. 혹은 예컨대 전단지, 소책자, 그리고 이후에는 서적의 경우에서처럼 매체들은 몇 십 년 지나지 않아 곧 우월하고 확고한 위치를 차지하기도 했다. 많은 경우에 완전히 새로운 매체의 형성은 일단 처음에는 명백히 기능의 전이를 통한 매체의 표준화를 가져왔다. 매체의 확립은 어느 정도 시간이 지난 후에는 세분화와 상대화로 이어졌다가 마지막에는 필연적으로 그 기능을 상실하고 새로운 매체들에 그 기능을 넘겨

주었다. 이로써 순수한 매체적 특징도 사라져 버렸다. 이것이 혹시 이후 인쇄 매체의 우위에서 전자 매체의 우위로의 변화, 그리고 전자 매체에서 디지털 매체로의 변화에도 통용될 수 있는 매체사 일반의 기본 원칙이 될 수 있는지는 아직 결론내릴 수 있는 문제가 아니다. 어쨌든 수적으로 별로 변하지 않은 제한된 매체 문화 내에서 이루어진 이 과정은 근대 초기에는 특징적인 현상이었다고 말할 수 있다.

## 13.4. 네 번째 결론

네 번째 결론으로, 이 책의 첫 개관 부분에서 제시했던 내용적 작업 가설의 근거가 확보되고 입증되었다고 할 수 있다. 즉, 매체사의 시원기(시초부터 기원전 2500년까지) 매체들의 지배적인 제의적 기능, 복합적인 고도 문화 시기(기원전 2500년~서기 800년) 매체들의 일차적으로 세속적이고 의사소통 도구적인 기능, 중세 유럽 기독교 시기(800~1400년) 매체들의 압도적으로 사회 보도 매체적인 기능에 이어 네 번째 시기인 근대 초기(1400~1700년)에 매체들은 대립으로 점철된 사회 속에서 전반적으로 현저하게 선동적인 기능을 지니게 되었다. 근대 초기의 매체들은 무엇보다도 투쟁 매체였던 것이다.

이에 대한 증거들은 교회·종교적, 정치적, 경제적 관심사와 관련된 서신 매체에서부터 특히 소책자와 같은 종교개혁의 수많은 매체들, 연극과 같은 반종교개혁의 매체들, 선전 매체인 전단지, 마지막으로 새로운 매체가 지닐 광범위하게 파괴적인 성격을 인식하지 못했던 교회와 국가에 도전한 신문에 이르기까지 그 범위가 상당히 넓다고 할 수 있다. 근대 초기의 매체 문화는 변화된 환경, 더 넓어진 교역 및 의사소통 공간, 새로운 수요의 상황 속에서 그에 부합하는 새로운 방향 설정 및 조정 능력을 보여 준 매체들이 확고한 지위를 차지했다는 것을 분명히 보여 주었다. 매체들의 투쟁적 성격은 특히 당시의 인간 매체와 인쇄 매체 간의 경쟁 속에 반영되어 나타났다.

몇몇 사실들은 주체에 대한 관념 역시 이 시기의 포괄적인 선동적 매체 문화의 작용으로 형성되었다는 것을 보여 준다. 자아는 더 이상 중세의 매체 문화에서처럼 조화롭게 완결된 전체의 일부로서가 아니라 점차 세계에 대한 대척점이자 중심으로 작용하게 되었다. 이미 르네상스기에 개성적인 시인, 화가, 건축가와 개성적인 예술가의 모범, 그리고 이 예술가의 개인적인 영예의 모범이 확고하게 자리 잡았다. 유별난 상인과 기업가, 발명가와 발견자, 그리고 이들의 완전히 개인적이고 이기주의적인 이윤에 대한 관심이 초기 자본주의에서 그 윤곽을 드러냈다. 도시에서는 문장관, 교사, 가인, 축제와 같은 유기체적인 의사소통의 통로가 상이한 맥락 속에서 다양한 주관적인 차원의 개별적 구현에 매몰되어 버린 직업 역할이나 오락 활동으로 변모하였다. 농촌에서도 더 상위의 진리를 통한 규제가 이야기꾼이나 달력의 형태로 가족과 자신의 방 안으로 들어오게 되었다. 교황과 사제가 없는 교회에 대한 새로운 견해 및 구원 개념에서 인간이 차지하는 새로운 위치와 더불어 종교개혁은 희생 제의를 재수용하여 거기에서 핵심적인 공동체적 요소를 인간과 신의 개별적인 관계에 유리하게끔 완전히 제거해 냈고 예전의 집단과 결부된 행동을 개인적인 행동을 통해 교체해 버렸다. 전단지 선전은 목표 설정의 측면에서 노골적으로 당파적이었고 특정한 이해관계와 결부되어 있었다. 절대주의는 순수하게 현세 내적인 자기 과시를 위해 전통적으로 종교적인 매체들의 기능을 변화시켰고, 이로써 신들의 통치가 신과 같은 국왕이나 제후의 통치에 의해 대체되었다. 할리퀸은 더 이상 현실 속에서 등장하지 않았고 연극의 소품일 따름이었으며 무

그림 98 실제와의 거리 두기를 대가로 한 투시 도법.

대조차도 투시 도법을 이용하게 되었다. 심지어는 신문조차도 객관적
인 보도를 지향하려는 경향과 더불어 현실을 보는 관점과 의사소통의
포괄적인 상대화 또는 주관화를 부정적인 측면에서 계속 견지했다.

전체적으로 보았을 때 인간 매체에서 인쇄 매체로의 근본적인 변화
와 근대 초기 매체 문화의 압도적으로 선동적인 기능은 내용적인 측면
에서는 아마도 새로운 세계 경험의 기본 특징이라 할 "투시 도법"을 통
해 가장 그럴듯하게 묘사될 수 있을 것이다. 세계에 대한 미학적, 경제
적, 사회저, 정치적 투시 도법화는 세계에 대한 직접적인 접근(이란 환
상)의 상실을 의미했다. 한편으로 인지된 사실과 다른 한편으로 사실을
인지하는 주체 사이에 의사소통을 일률적으로 규정하는 매개 기구인
인쇄 매체가 엄청나게 압도적으로 밀고 들어왔다. 이것을 상징적으로
잘 보여 주는 것은 아마도 1538년 알브레히트 뒤러가 묘사한 〈누워 있
는 여성을 그리는 화가〉일 것이다(그림 98). 투시 도법이 실제와의 거
리 두기의 대가를 깨닫게 만드는 것처럼 인쇄 매체는 의사소통 상대와
의 거리 두기가 가져온 대가를 분명하게 보여 주었다. 새로운 의사소통
통로는 다시금 문화적인 완결성과 동질성의 상실을 대가로 치르고 얻

어 낸 것이었다. 이제 더 이상 모계 사회에서 부계 사회로의 변화에서
처럼 단순히 현세와 내세만이 서로 분리된 것이 아니라 내가 너와 분리
되었다.

# 후주

* 출전은 저자, 출판 연도, 해당 쪽수만을 밝혔다. 출전에 대한 자세한 정보는 뒤의 〈문헌목록〉에 나와 있다.

서론

1 Faulstich 1997.

2 Faulstich 1996.

3 Herrmann 1961.

4 Assmann 1995, 13쪽.

5 Grieshammer 1984, 288~289쪽.

6 Assmann 1995, 170쪽 이하.


1장

1 van Dülmen 1993, 16쪽 이하 참조.

2 Faulstich 1997, 62쪽 이하 참조.

3 Faulstich 1996, 19~20쪽 참조.

4 Grupe 1987, 29쪽, Wehler 1989, 69쪽.

5 Kellenbenz 1991, 122쪽, Cipolla et al. 1971, 32쪽 참조.

6 Kellenbenz 1991, 120쪽, Wehler 1989, 69쪽.

7 Kaufhold 1987, 53쪽, Münch 1996, 48~49쪽.

8 Wiegelmann 1987 참조.

9 Münch 1996, 14쪽 이하 참조.

10 Seibt/Eberhard 1984.

11 Jahn 1993.

12  Kossok 1992.

13  Faulstich 1997, 228쪽 참조.

14  Baron 1942/1969, 202쪽.

15  한편, 프랑스의 경우에 대해서는 Muchembled 1978을 참조하라. 그는 마녀 사냥을 프랑
    스 왕정에 의한 민중 문화의 복속과 문화적 동화 과정의 표출로 해석하고 있다.

16  Delumeau 1978/1985, vol. 2.

17  Faulstich 1996, 17~18쪽, Faulstich 1997, 35쪽 이하, Muchembled 1978, 68쪽과
    85쪽 이하 참조.

18  Faulstich 1996, 20쪽 이하와 271쪽 참조.

19  상세한 것은 Münch 1996, 78쪽 이하와 102쪽 이하 참조.

20  상세한 것은 Wehler 1989, 177쪽 이하 참조.

21  Weigel 1698/1987 참조.

22  이와 상반된 견해로는 Wunder 1985.

23  Hinrichs 1980, 153쪽.

24  Moeller 1989.

25  van Dülmen 1994, 12쪽 이하 참조.

26  van Dülmen 1994, 19쪽.

27  Soeffner 1992, 37~38쪽과 57쪽 이하.

28  Moeller 1994, 152~153쪽.

29  van Dülmen 1989, 15~16쪽.

30  Blickle 1987.

31  van Dülmen 1989, 26쪽.

32  Hinrichs 1980, 102~103쪽.

33  Schreiner 1984.

34  도시에 관한 포괄적인 기술로는 Boockmann 1986, Isenmann 1988을 참조하라.

35  Koszyk 1972, 34쪽 이하, Kellenbenz 1991, 124쪽, Münch 1996, 77쪽.

36  Münch 1996, 78쪽.

37  van Dülmen 1993, 52~53쪽.

38  Endres 1975, 1984, Blickle 1977 참조.

39  Endres 1984, 245쪽.

40  Blickle 1984.

41  Schmidt 1996, 8~9쪽, Rudolf 1977 참조.

**42** Münch 1996, 49쪽.

**43** Schmidt 1996, 86쪽.

**44** Kellenbenz 1991, 112쪽.

**45** van Dülmen 1993, 48쪽과 50~51쪽.

**46** Durchhardt 1989, 48쪽.

**47** Sösemann 1995, 67~68쪽.

**48** Koszyk 1987, 226쪽.

**49** Giesecke 1993.

**50** Harms 1984.

**51** Gellrich 1988, 461~462쪽.

**52** Kapp 1990, 8~9쪽.

**53** Brednich 1985.

**54** Boockmann 1994, 21쪽 참조.

**55** 이와 상반된 견해로는 Münch 1996, 273쪽을 참조하라. 그는 결정적인 시대의 경계를 16세기와 19세기 초로 보고 있다.

**56** Faulstich/Rückert 1993, 69쪽 이하 참조.


2장

**1** Faulstich 1997, 35쪽 이하 참조.

**2** Tyldesley 1996.

**3** Faulstich 1996, 42쪽 이하.

**4** Faulstich 1997, 76쪽 이하.

**5** Becker-Cantarino 1989 참조.

**6** Fuchs 1985, vol. 1, 94쪽과 96쪽.

**7** Fuchs 1985, vol. 1, 105쪽.

**8** Friedell 1993, 144쪽 이하 참조.

**9** Aker 1990, 22쪽과 251쪽 이하.

**10** Fuchs 1985, 123쪽.

**11** Zapperi 1994, 60쪽 이하.

**12** von Müller 1988, Kindermann 1959a, 29쪽 이하 참조.

**13** 상세한 것은 Kindermann 1984, 42쪽 이하를 참조하라.

**14** von Müller 1988, 160쪽.

**15** von Müller 1988, 162쪽.

**16** Hettche 1997, Faulstich 1994, 71~72쪽 참조.

**17** Faulstich 1997, 96쪽 이하 참조.

**18** Kaiser 1982 참조.

**19** Czerwinski 1862, 47~48쪽, Sachs 1976, 199쪽 이하, Sorell 1985, 56~57쪽.

**20** Sorell 1985, 47~48쪽.

**21** Kindermann 1984, 126쪽 이하 참조.

**22** Kindermann 1959a, 32쪽 이하, Zielske 1984a, Kindermann 1984, Kindermann 1986, Brauneck 1993, 414쪽 이하.

**23** Faulstich 1996 참조, 189쪽 이하.

**24** Brauneck 1993, 416쪽.

**25** 상세한 것은 Kindermann 1984, 207쪽 이하를 참조하라.

**26** Kindermann 1959a, 23~24쪽, Kindermann 1984, 246쪽 이하.

**27** Brauneck 1993, 431쪽.

**28** Burckhardt 1989.

**29** Gadol 1965/1969, 425쪽 참조.

**30** Faulstich 1997, 144~145쪽 참조.

**31** de Chapeaurouge 1968, 262쪽.

**32** Seznec 1940/1990, 248쪽.

**33** Wenzel 1994.

**34** Paul 1987.

**35** Faulstich 1996, 180쪽 참조.

**36** Hess 1979.

**37** Kristeller 1960, 220쪽.

**38** Braunstein 1990, 502쪽.

**39** Kristeller 1960, 223쪽.

**40** Trunz 1965.

**41** Smolak 1980, Buck 1983.

**42** Harth 1983, 88쪽.

**43** Harms 1986.

**44** Ammermann 1979, 256쪽.

**45** Harth 1983.

**46** Schottenloher 1968, 74쪽 이하.

**47** Trunz 1965, 153쪽.


3장

**1** Faulstich 1996, 251쪽 이하 참조.

**2** Weller 1866, Schreiber 1932, Paas 1990.

**3** 사회적 유동성의 일반적인 경제적 의미에 대해서는 Favreau-Lilie 1989, 66쪽 이하를 참조하라.

**4** Faulstich 1996, 227쪽 이하.

**5** Gerteis 1989, 26쪽.

**6** Favreau-Lilie 1989, 89쪽.

**7** Nickisch 1991, 34쪽과 206쪽.

**8** Beer 1994.

**9** Metzler 1987, Beer 1990, 44쪽 이하 참조.

**10** Braungart 1988, 50쪽 이하 참조.

**11** Büngel 1939, 68쪽.

**12** 상세한 것은 Schneider 1989를 참조하라.

**13** Hupp 1930.

**14** Williams/Errington 1997.

**15** Schottenloher 1928, Löffler 1954 참조.

**16** Friederici 1922, 260쪽.

**17** Friederici 1922, 261쪽.

**18** Steinhausen 1928, 54쪽.

**19** Steinhausen 1928, 52쪽, Lang 1987.

**20** Diez 1910, 13쪽.

**21** Steinhausen 1928, 61쪽.

**22** Rennert 1950, 810쪽, Friederici 1922, 264쪽 참조.

**23** Groth 1928, vol. 1, 358쪽.

**24** Schröder 1995, 12장.

**25** Kleinpaul 1921, Koszyk 1972, 34~35쪽 참조.

26 Klarwill 1922.

27 Werner 1975, 6쪽.

28 Werner 1975, 10~11쪽.

29 Groth 1928, vol. 1, 357쪽.

30 Steinhausen 1928, 63쪽, Baumert 1928 참조.

31 Beck 1953, 14쪽, Friederici 1922, 261쪽, Werner 1975, 40~41쪽 참조.

32 Fischer 1936, 39쪽, Berns 1983, 92쪽 참조.

33 Faulstich 1996, 251쪽 이하, Schneidmüller 1989, Rotter 1989, 1989a, Puhle 1989
   참조.

34 Faulstich 1997, 274쪽 이하.

35 Bräuer 1957, 75쪽 이하.

36 Hartwig 1976, 124쪽.

37 Veredarius 1885, Haas 1891, Stephan/Sautter 1928, Schwarz 1931, Kießkalt
   1935, Kalmus 1937, Sautter 1950, 123쪽 이하, Piendl 1967, North 1988, 31쪽 이하,
   Lotz 1989, Behringer 1990 참조.

38 Pfaehler 1989, 108쪽.

39 North 1988, 32쪽.

40 Korzendorfer 1936, 22쪽.

41 Behringer 1990, 35쪽.

42 Haas 1891, 16쪽.

43 Kalmus 1937, 64쪽과 51쪽.

44 Behringer 1990, 297쪽.

45 Kalmus 1937, 87쪽.

46 Kalmus 1937, 93쪽 이하.

47 Behringer 1990, 66쪽.

48 Bräuer 1957, 98쪽 이하.

49 Schwarz 1931, 37~38쪽, Kalmus 1937, 109쪽 이하, Behringer 1990, 58쪽 이하.

50 Schwarz 1931, 47쪽.

51 Bräuer 1957, 100쪽.

52 Rennert 1938, Kalmus 1937, 215쪽 이하, Barudio 1989.

53 상세한 것은 Kalmus 1937, 249~269쪽, Dallmeier 1989, Behringer 1990, 95쪽 이
   하를 참조하라.

**54** Gerteis 1989, 36쪽.

**55** Lauffer 1954, Oettermann 1984, 7쪽 이하, Neumann 1993.

**56** Behringer 1992, 57쪽.

**57** Behringer 1990, 111쪽 이하.

**58** Schwarz 1931, 79쪽.

**59** Stephan/Sautter 1928, 127쪽.

**60** Schwarz 1931, 80쪽.

**61** Stephan/Sautter 1928, 50쪽.

**62** Schwarz 1931, 73~74쪽.

**63** Stephan/Sautter 1928, 117쪽.

**64** Postler 1991, 25쪽.

**65** Stephan/Sautter 1928, 52쪽.

**66** Kießkalt 1935, 208쪽.


4장

**1** Faulstich 1997, 265쪽 이하와 225쪽 이하.

**2** Faulstich 1996, 128쪽 이하와 142쪽 이하.

**3** Rabbow 1962.

**4** Friedlaender 1928 참조.

**5** Grosse 1901, 8쪽.

**6** Menzel 1892.

**7** Adcock/Mosley 1975, Olshausen/Biller 1979.

**8** Ernst 1951, 65쪽과 70쪽 이하.

**9** Galbreath/Jequier 1978.

**10** Arndt 1971, 100쪽, Roemheld 1964, 4~5쪽 참조.

**11** Koischwitz 1926.

**12** Roemheld 1964, 78쪽 이하.

**13** 예컨대 von Berchem/Galbreath/Hupp 1939의 수많은 그림을 참조하라.

**14** Schottenloher 1929.

**15** Ernst 1951, 91~92쪽, Roemheld 1964, 5쪽 이하 참조.

**16** Roemheld 1964.

**17** Roemheld 1964, 52쪽 이하.

**18** Roemheld 1964, 129쪽.

**19** Althoff 1996, 63쪽 참조.

**20** Schottenloher 1929, 462쪽에서 인용, Hildebrandt 1894, Kolde 1906/07 참조.

**21** Haferlach 1914, 4쪽.

**22** Haferlach 1914, 159쪽.

**23** Conrad 1962.

**24** Diestelkamp 1983, 410쪽 이하 참조.

**25** von zur Westen 1925, 3쪽과 18쪽, Paneth 1926, 14~15쪽, Helmrath 1989, 166쪽 참조.

**26** Retzbach 1897, 249쪽.

**27** Hindley 1884/1969, Bridge 1921/1978, Schultz 1892, 104~105쪽, Miller 1970, Schulze 1983, 129쪽.

**28** Thum 1980, 21쪽 이하.

**29** Faulstich 1997, 225쪽 이하.

**30** Faulstich 1996, 128쪽 이하.

**31** Reicke 1901, Stolze 1916, Jäger 1925, Heisinger 1927, Paulsen 1966, Nieser 1978, Wagner 1980, Endres 1983, 1989, Walz 1988, Schiffler/Winkeler 1991.

**32** Rump 1989.

**33** Schiffler/Winkeler 1991, 67쪽.

**34** Endres 1983, 178쪽 이하 참조.

**35** Heisinger 1927, 92쪽.

**36** Endres 1989, 145쪽.

**37** Schiffler/Winkeler 1991, 50쪽.

**38** Endres 1989, 150쪽.

**39** Sachse 1989, 207쪽 참조.

**40** Giesecke 1998a.

**41** Endres 1983, 174쪽과 188쪽.

**42** Walz 1988, 31쪽.

**43** Hinrichs 1982, 26쪽.

**44** Schiffler/Winkeler 1991, 64쪽.

**45** Paulsen 1966, 36쪽.

**46** Endres 1983, 181쪽에서 인용.

**47** Faulstich 1997, 187쪽 이하, Wimsatt/Brooks 1957, Haymes 1977 참조.

**48** Faulstich 1996, 69쪽 이하와 227쪽 이하.

**49** Brunner 1983.

**50** Nagel 1962, Nagel 1967, Haase 1982 참조.

**51** Hampe 1894.

**52** Haase 1982, 15쪽.

**53** Spriewald 1990, 117쪽 이하 참조.

**54** Haase 1982, 6쪽과 141쪽.

**55** Kooznetzoff 1964/1967 참조.

**56** Spriewald 1990, 58쪽 이하, 120쪽 이하, 185쪽 이하.

**57** Nagel 1962, 80쪽 참조.

**58** Spriewald 1990, 187쪽.

**59** Weber 1921/1967, 116~117쪽.

**60** Brunner 1981, 21쪽.

**61** Hampe 1894, 40쪽.

**62** Würzbach 1981, Watt 1991.

**63** Anders 1974.

**64** Würzbach 1981, 18쪽.

**65** Brednich 1974, 286쪽 이하 참조.

**66** Würzbach 1981, 47쪽.

**67** Würzbach 1981, 39쪽.

**68** Brednich 1974, 292쪽 이하.

**69** Würzbach 1981, 363~364쪽.

**70** Würzbach 1981, 41쪽.

**71** Watt 1991.

**72** Watt 1990.

**73** Faulstich 1996, 168쪽 이하와 182쪽 이하.

**74** Stemmle 1962, 4쪽.

**75** Letzoldt 1974, 66쪽 이하.

**76** Naumann 1921, 1쪽.

**77** 다른 그림의 예들은 Brednich 1975, vol. 2의 그림 133, 136, 138을 참조하라.

**78** Stemmle 1962, 10쪽.

**79** Burke 1981, 107쪽.

**80** Gugitz 1954, 8쪽 이하.

**81** Gregor 1941.

**82** Schmidt-Garre 1963.

**83** Bowles 1977, 100쪽.

**84** Faulstich 1997, 247쪽 이하.

**85** Celletti 1989, 15~16쪽.

**86** Faulstich 1996, 220쪽 이하.

**87** Assmann 1989, 236쪽.

**88** van Dülmen 1984, van Dülmen1985.

**89** van Dülmen 1984, 203쪽.

**90** Faulstich 1997, 50쪽 이하, 상반된 입장으로는 van Dülmen 1993a를 참조하라.

**91** van Dülmen 1984, 206쪽.

**92** Faulstich 1997, 66쪽 이하.

**93** Fehr 1923, 102쪽 참조.

**94** Reinecke 1907/1977.

**95** Reinecke 1907/1977, 54쪽.

**96** Reinecke 1907/1977, 78쪽.

**97** Arasse 1988 참조.

**98** Scribner 1984, Muchembled 1982, 126쪽 이하 참조.

**99** Weidkuhn 1969 참조.

**100** Scribner 1984, 150쪽.

**101** Schindler 1984, 33쪽 이하.

**102** Reinecke 1907/1977, 30쪽.

**103** Burke 1981, 196쪽 이하와 200쪽.

**104** Burke 1981, 221쪽.

**105** Kaschuba 1992, 254~255쪽과 256쪽 이하.

**106** Kaschuba 1992, 265쪽.

5장

1 Faulstich 1996, 227쪽 이하.

2 Deichert 1908, 14쪽 이하.

3 Sachße/Tennstedt 1983 참조.

4 Schmugge 1985, Moraw 1985, Jahn 1993 참조.

5 de Francesco 1937 참조.

6 Deichert 1908, 3쪽.

7 Hoffmann 1954, 35쪽, 상세한 자료들은 Rauers 1942, Hoffmann 1961, Benker 1974
를 참조하라.

8 Faulstich 1996, 87쪽 이하, Muchembled 1982, 52쪽 이하와 98쪽 이하, Haftlmeier-
Seiffert 1991, 66쪽 이하, van Dülmen 1992, 126쪽 이하 참조.

9 Burmeister 1976, 268쪽 이하, Faulstich 1996, 90쪽 참조.

10 Schmugge 1987 참조.

11 Althoff 1993.

12 Davis 1987, 114쪽 이하.

13 Schindler 1990, 226~227쪽.

14 van Dülmen 1988, 67쪽.

15 van Dülmen 1988, 93쪽 이하, Blickle 1988.

16 van Dülmen 1988, 104쪽.

17 Gebhardt 1987, 70쪽 이하 참조. 한편, 그는 축제Fest와 잔치Feier를 이념형적으로 서로
구분하고 있다.

18 van Dülmen 1994, 156쪽, Degh 1995, 62쪽 이하 참조.

19 Aker 1990, 257쪽.

20 Schenda 1988, 91쪽 이하.

21 Medick 1980, 25쪽.

22 Medick 1980, 31쪽.

23 Pöge-Alder 1994 참조.

24 Giesecke 1994 참조.

25 Giesecke 1998 참조.

26 Brednich 1974, 31쪽 이하, Meuche 1976, 7~8쪽, Bangerter-Schmid 1986, 158쪽
이하, Berghaus 1989, 12쪽 이하, Schilling 1990, Oelke 1992, 18~19쪽 참조.

27 Ecker 1981, Schilling 1990, Oelke 1992. 영국에 관해서는 Huhndorf 1959, Watt

1991을 참조하라.

**28** Beyer 1994, 163쪽 이하.

**29** Beyer 1994, 13쪽과 183쪽 참조.

**30** Holländer 1921, Sonderegger 1927, Hämmerle 1928. 이와 유사한 주제의 소책자들에 대해서는 Talkenberger 1990을 참조하라.

**31** Kampmann 1993.

**32** Bangerter-Schmid 1986, 57쪽 이하 참조. 영국의 경우에 대해서는 Watt 1991을 참조하라.

**33** Schilling 1990, 248쪽.

**34** Westphal 1913, 77쪽 이하.

**35** Ebermann 1904, Hagemann 1959, Schrocker 1974.

**36** Schilling 1990, 199쪽.

**37** Wohlfeil 1982 참조.

**38** Sührig 1979, 335쪽과 339쪽.

**39** Muth 1938, Hohenecker 1949, Dresler 1972, Rohner 1978, Badische Landesbibliothek 1982, von Hahn 1984, Zemanek 1990, Wendorff 1993.

**40** Sutter 1920, Matthäus 1969, Sührig 1979, Roeck 1989.

**41** Sührig 1980, 145쪽, Münch 1996, 172쪽 이하. 비유럽 문화권의 달력에 대해서는 Wendorff 1993을 참조하라.

**42** Rohner 1978, 23쪽.

**43** Rohner 1978, 453쪽 이하.

**44** Kilchenmann 1970 참조.

**45** Sührig 1980, 165쪽.

**46** Husung 1923, Matthäus 1969, 1179쪽 이하, Heinzer 1982 참조.

**47** Trenkle 1877, 235쪽, Sutter 1920, 13쪽 이하 참조. 이에 대한 비판적 견해로는 Matthäus 1969, 971~972쪽을 참조하라.

**48** Dresler 1972, 32쪽.

**49** Häusler 1962, 18쪽, Rohner 1978, 26쪽.

**50** Giesecke 1991, 256쪽 이하.

**51** Dresler 1972, 12쪽 이하, Rohner 1978, 23쪽 이하.

**52** Häusler 1962, 35~36쪽.

**53** Marwinski 1969, 52~53쪽.

**54** Trenkle 1877, 239쪽, Dresler 1960, 5쪽, Rohner 1978, 27쪽.

**55** Dresler 1960, 1쪽.

**56** Sührig 1979, 366쪽.

**57** Dresler 1972, 69쪽 이하.

**58** Rohner 1978, 28쪽.

**59** Römer 1982a.

**60** Brod/Saffert 1964, 1쪽.

**61** Wehrli 1928, Matthäus 1969, 984쪽 이하 참조.

**62** Hohenecker 1949, 49쪽 이하.

**63** Muth 1938, 37쪽.

**64** Hohenecker 1949, 48쪽.

**65** Sutter 1920, 19쪽.

**66** Häusler 1962, 78쪽과 86쪽.

**67** Rohner 1978, 31쪽과 70쪽 이하.

**68** Dresler 1972, 61쪽 이하, Rohner 1978, 39쪽 이하와 78~79쪽, Matthäus 1969, 1191쪽 이하.

**69** Sührig 1979.

**70** 상세한 것은 Rohner 1978, 119쪽 이하를 참조하라.

**71** Sutter 1920, 25쪽 이하, Kilchenmann 1970 참조.

**72** Petrat 1991.

**73** Rohner 1978, 81쪽 이하.

**74** Dresler 1972, 35쪽 이하.

**75** Rohner 1978, 37쪽 이하.

**76** Dresler 1972, 76쪽 이하.

**77** Capp 1979, Kelly 1991 참조.

**78** Matthäus 1969, 1243쪽 이하.

**79** Stieve 1880, Hohenecker 1949, 59쪽 이하, Häusler 1962, 23쪽 이하, Dresler 1972, 55쪽 이하, von Hahn 1984, 79쪽 이하.

**80** Römer 1982, 72~73쪽에서 인용.

**81** Matthäus 1969, 1161쪽 이하 참조.

**82** Engelsing 1973, 44쪽.

**83** Schenda 1977, 285쪽.

**84** Rohner 1978, 315쪽.

**85** Sührig 1980, 146쪽.

**86** Sührig 1979, 378쪽 이하.

**87** Matthäus 1969, Schenda 1977, 281쪽 참조.

**88** Rohner 1978, 24쪽.

**89** Sührig 1980, 154쪽, 상세한 것은 Sührig 1979, 702~703쪽 참조.

**90** Saxer 1991 참조.

**91** Faulstich 1998a, 27쪽.

**92** Muth 1938, 49쪽.

**93** Trenkle 1877, 249쪽.

**94** Rohner 1978, 72~73쪽.

**95** Faulstich 1997, 35쪽 이하와 161쪽 이하.

**96** Faulstich 1996, 182쪽 이하.

**97** Muth 1938, 51쪽.

**98** Sührig 1980, 155쪽.

**99** Sührig 1979, 745쪽.

**100** Fischer 1783 참조.


6장

**1** 용어의 문제에 대해서는 Wohlfeil 1982 를 참조하라.

**2** Scribner 1991, 65쪽.

**3** Schütz 1972, 89쪽.

**4** Schütz 1972.

**5** Schindler 1993, 362쪽 참조.

**6** Watt 1991, 306쪽 이하.

**7** Schütz 1972, 73쪽.

**8** Schneyer 1969 참조.

**9** Schütz 1972, 77쪽.

**10** Faulstich 1996, 142쪽 이하와 162쪽 이하.

**11** Schütz 1972, 90쪽.

**12** Maurer 1979.

13 Rössler 1976.

14 Schütz 1972, 95쪽.

15 Schindler 1993, 378쪽.

16 Rublack 1992 참조.

17 Hoffmann 1959, Teuteberg 1989, 246쪽 이하.

18 Winter 1996.

19 Thum 1980, 47쪽, Bauer 1981, Wohlfeil 1984, Thum 1990 참조.

20 Scribner 1989, 85쪽.

21 Schneyer 1968, 233쪽 이하와 267쪽 이하, Breuer 1981, Herzog 1991 참조.

22 Faulstich 1996, 262쪽 이하 참조.

23 Rädle 1994.

24 상세한 것은 Riha 1991, 323쪽 이하를 참조하라.

25 Brod 1965, Rogge 1966, 15쪽 이하.

26 Rogge 1966, 15쪽.

27 Büngel 1939, 52쪽.

28 Raabe 1972, 110쪽.

29 Nickisch 1991, 35쪽.

30 Nickisch 1991, 36쪽.

31 Faulstich 1996, 257쪽 이하 참조.

32 Volz 1972.

33 Wallmann 1992 참조.

34 Nickisch 1991, 36쪽.

35 Schilling 1990, 231쪽.

36 Oelke 1992, 104쪽.

37 Schilling 1990, 141쪽 이하와 231쪽.

38 더 상세한 부분에 대해서는 Scribner 1981, 59쪽 이하, Oelke 1992, 92쪽 이하, Beyer 1994를 참조하라.

39 상세한 사항은 Scribner 1981, Beyer 1994를 참조하라.

40 Schutte 1973.

41 Könneker 1991.

42 Scribner 1981a, 190쪽 이하와 202쪽 이하.

43 Beyer 1994, 126쪽 이하.

44 Wettges 1978 참조.

45 Oelke 1992, 126쪽과 135쪽 이하.

46 Scribner 1981, 67쪽 이하 참조.

47 Oelke 1992, 20쪽.

48 Schilling 1990, 232쪽.

49 Meuche 1976, 25쪽.

50 Scribner 1981, 131~132쪽 참조.

51 Schilling 1990, 442쪽 참조.

52 Holländer 1921, 323쪽, Jowett/O'Donnel 1992, 51쪽 참조.

53 Köhler 1976.

54 Schwitalla 1983, 14쪽 이하 참조.

55 Faulstich 1996, 262쪽 이하.

56 Schwitalla 1983, 88쪽 이하 참조.

57 Lucke 1974, 51쪽.

58 Schmidt 1977, 50~51쪽.

59 Faulstich 1997, 66쪽 이하.

60 Faulstich 1997, 162쪽 이하.

61 종교개혁 소책자에 나타난 권력과 대항 권력에 대해서는 Lucke 1974를 참조하라.

62 Arnold 1990 참조.

63 Blickle 1987, 142쪽 참조.

64 Köhler 1986, 249쪽.

65 Schottenloher 1968, 200쪽, Engelsing 1973, 28~29쪽 참조.

66 Schwitalla 1983, 7쪽.

67 Blickle 1987, 130쪽, Edwards 1994 참조.

68 Köhler 1986, 250쪽.

69 Köhler 1987, 33쪽, Köhler 1986, 264~265쪽.

70 Blickle 1987, 131~132쪽, Köhler 1986, 255쪽 이하 참조.

71 Chartier 1990, 75~76쪽 참조.

72 Weyrauch 1981, 246쪽.

73 Engelsing 1973, 25~26쪽.

74 세부적인 사항에 대해서는 Engelsing 1973, 32쪽 이하를 참조하라.

75 Müller 1996, 81쪽.

**76** Krieg 1953, 19쪽 이하 참조.

**77** Schottenloher 1968, 203쪽.

**78** Weyrauch 1990 참조.

**79** Engelsing 1973, 29쪽.

**80** Berns 1993.

**81** Faulstich 1996, 168쪽 이하 참조.

**82** Müller 1996, 83쪽.

**83** Vogler 1992.

**84** Veit 1992.

**85** Schottenloher 1968, 207쪽.

**86** Buzas 1976, 64쪽, Kramm 1938, 54쪽 이하 참조.

**87** Buzas 1976, 63쪽 이하.

**88** Engelsing 1973, 39쪽.

**89** Schottenloher 1968, 205쪽 이하, Schütz 1990, 17쪽 이하, Schreer 1991, Hasse 1995.

**90** Schottenloher 1968, 217쪽.

**91** Salmen 1955 참조.

**92** Faulstich 1996, 158쪽 이하 참조.

**93** Westphal 1913, Dornseif 1950, Brednich 1974, 79쪽 이하, Veit 1985 참조.

**94** Ecker 1981, 112쪽 이하, Berger 1938/1967.

**95** Veit 1985.

**96** Brednich 1974, 81쪽.

**97** Veit 1995, 742쪽.

**98** Hahn 1996, 113쪽 이하, Suppan 1973, 47쪽 이하, Westphal 1913, 52쪽 이하.

**99** Ecker 1981, 179쪽 이하, Janota 1968.

**100** Suppan 1973 참조.

**101** Kindermann 1959a, 302쪽 이하, Michael 1984, Kindermann 1986, Brauneck 1993, 538쪽 이하.

**102** Jackson 1989, 109~110쪽.

**103** Faulstich 1996, 182쪽 이하 참조.

**104** Michel 1934, 5쪽.

**105** Michel 1934.

106 Wimmer 1982.

107 Casey 1976.

108 Berger 1935, 6~7쪽, Brauneck 1993, 542쪽 이하 참조.

109 Michel 1934, 7쪽.

110 Faulstich 1996, 171쪽 이하 참조.

111 Michel 1934, 33쪽.

112 Zielske 1984, 137쪽.

113 Jackson 1989, 113쪽 이하.

114 Rädle 1979, 181쪽 이하, Kindermann 1986, 197쪽 이하 참조.

115 Brauneck 1993, 553쪽.

116 Rädle 1988, 139쪽.

117 상세한 것은 Hänsel 1962를 참조하라.

118 Szarota 1975.

119 Rädle 1979, 195쪽 이하.

120 Valentin 1977, 136쪽.

121 Oelke 1992, 132쪽, Köhler 1986, 245~246쪽 참조.

122 Giesecke 1991, 59~60쪽.

123 Schütz 1990, 42쪽.

124 Helmrath 1989, 167쪽.

125 Giesecke 1991, 252쪽 참조.

126 Oelke 1992, 134쪽과 138쪽.

127 Ukena 1977.

128 Groth 1960, 209쪽.

129 Wohlfeil 1982, 123쪽 이하, Wohlfeil 1984.

130 Faulstich 1996.

131 Kastner 1982.

132 Hänisch 1993.


7장

1 Jouhaud 1989.

2 Jowett/O'Donnell 1992 참조.

**3** Faulstich 1997, 210쪽 이하.

**4** Faulstich 1996, 179쪽과 203~204쪽.

**5** Balzer 1973 참조.

**6** Daniel/Siemann 1994.

**7** Halle 1929, 164쪽.

**8** Langer 1978, 236쪽.

**9** Rystad 1960.

**10** Pfeffer 1993.

**11** Harms 1983, 190쪽.

**12** Pfeffer 1993, 90~91쪽 참조.

**13** Faulstich 1996, 80쪽 이하 참조.

**14** Vocelka 1981, 28쪽.

**15** Vocelka 1981, 94쪽.

**16** Vocelka 1981, 331쪽.

**17** Schilling 1990, 170~171쪽.

**18** Schilling 1990, 177쪽.

**19** Barton 1992.

**20** Schilling 1990, 187쪽.

**21** Schilling 1990, 190쪽.

**22** Langer 1978, 244~245쪽.

**23** Haftlmeier-Seiffert 1991, 157쪽.

**24** Schilling 1990, 197쪽 이하, Tschopp 1991 참조.

**25** Haftlmeier-Seiffert 1991, 109쪽 이하와 137쪽 이하.

**26** Mörke 1995, 26쪽과 31쪽.


8장

**1** Alewyn 1989, 27쪽, Reese 1991, 124쪽.

**2** 초크의 연구처럼 작센의 아우구스트 2세의 궁정에 대한 연구도 있다. Czok 1990 참조.

**3** Burke 1995, 11쪽 이하.

**4** Kossok 1990, 6쪽.

**5** Baur-Heinhold 1966 참조.

**6** Kossok 1990, 107~108쪽.

**7** Burke 1995.

**8** Kleyser 1935, 66쪽, Meyer 1955, Burke 1995, 183쪽 이하와 272쪽 참조.

**9** Klaits 1976, Malettke 1976 참조.

**10** Bluche 1986, 92쪽.

**11** Kossok 1990, 96쪽.

**12** Dieter 1981.

**13** Burke 1995, 209쪽.

**14** Nickisch 1991, 40~41쪽.

**15** Burke 1995, 84~85쪽 참조.

**16** Kossok 1990, 33쪽.

**17** Kossok 1990, 6쪽과 44~45쪽.

**18** Kossok 1990, 46쪽.

**19** Kossok 1990, 50쪽 참조.

**20** Sachs 1976, 264쪽.

**21** Kossok 1990, 148쪽.

**22** Sorell 1985, 63쪽.

**23** Alewyn 1989, 32~33쪽.

**24** Sachs 1976, 265쪽.

**25** Kindermann 1972, 14쪽 이하.

**26** Meyer 1934.

**27** Schmidt-Garre 1963, 52쪽, Kindermann 1972, 28쪽 이하, Brauneck 1996, 180쪽
이하 참조.

**28** Burke 1995, 18쪽.

**29** Kindermann 1959, 13쪽 이하.

**30** Reese 1991, 124쪽.

**31** Alewyn 1989, 23쪽 이하, Kircher 1955 참조.

**32** Kossok 1990, 150쪽, Baur-Heinhold 1966, 10~11쪽.

**33** Alewyn 1989, 19쪽과 21쪽.

**34** Pieper 1961, 55~56쪽, 78쪽, 90쪽, Pieper 1963, Bieritz 1987, Gebhardt 1987 참
조.

**35** Faulstich 1997.

**36** Faulstich 1996.

**37** Sievers 1986.

**38** Muchembled 1982, 221쪽 이하, Chartier 1984, van Dülmen 1992, 157쪽 이하, Münch 1996, 436쪽 이하 참조.

**39** Kossok 1990, 49쪽.

**40** Durand 1976 참조.

**41** Alewyn 1989,16~17쪽.

**42** Burke 1995, 36쪽 이하와 110쪽 이하.

**43** Gebhardt 1987, 35쪽 이하.

**44** Alewyn 1989, 14쪽.

**45** Kathe 1981, 106쪽 이하, Kossok 1990, 136쪽 이하, Hofmann 1990 참조.

**46** Sorell 1985, 133쪽.

**47** Alewyn 1989, 83~84쪽.

**48** Gleichen-Russwurm 1919.

**49** Kossok 1990, 6쪽.

**50** Burke 1995, 171쪽 이하.

**51** Alewyn 1989, 29~30쪽.

**52** Assmann 1997, 579쪽 이하 참조.

**53** Bubner 1989.

**54** Düding 1988, 10쪽, Schultz 1988 참조.

**55** Kossok 1990, 51쪽.

**56** Kossok 1995, 19쪽.

**57** Burke 1995, 47쪽.

**58** von Kruedener 1973, 29쪽 이하.

**59** Faulstich 1997, 161쪽 이하 참조.

**60** Hofmann 1990, 143~144쪽에서 인용.

**61** Reese 1991, 122쪽.

**62** Hofmann 1990, 143쪽 참조.

**63** Kossok 1990, 50쪽.

**64** Alewyn 1989, 51쪽.

**65** Elias 1983.

**66** Kossok 1990, 42쪽.

9장

1 Diez 1910, 11쪽, Bialowons 1975, 18~19쪽 참조.

2 Münster 1941.

3 Prutz 1845/1971, 89쪽.

4 Kieslich 1966, 253쪽, Brons 1959, 11쪽 이하 참조.

5 Roth 1914, 10쪽.

6 Diez 1910, 11쪽.

7 Groth 1928, vol.1, 3~21쪽.

8 Stein 1983, 23쪽.

9 Quetsch 1901, Steinhausen 1928, Bibo 1933, Rennert 1940, 5쪽 이하, Beyrer/Dallmeier 1994.

10 Dresler 1929, 98쪽, Fischer 1936, 24~25쪽.

11 von Prutz 1848/1971, Opel 1879, Salomon 1906, Groth 1928-30, Fischer 1936, Münster 1941, Lindemann 1969, Koszyk 1972, Bialowons 1975, Schröder 1995 등.

12 Lerg/Schmolke 1968, 3쪽.

13 Schröder 1995, 1쪽.

14 Dresler 1928, 180쪽.

15 Brons 1959, 6쪽 이하 참조.

16 Heide 1931, 13쪽 참조.

17 Faulstich 1997, 8장 참조.

18 Faulstich 1996, 69쪽 이하 참조.

19 Faulstich 1996, 11장, Höck 1968, 65쪽 참조.

20 Kieslich 1958.

21 Seemann 1932, 117쪽, Kieslich 1958 참조.

22 Brednich 1974, 133쪽 이하와 184쪽 이하.

23 Brednich 1974, 184쪽 이하.

24 Seemann 1932, 87쪽.

25 Seemann 1932, Kieslich 1958, Brednich 1974.

26 Seemann 1932, 88쪽, Crecelius 1888 참조.

27 Gestrich 1994, 144쪽.

28 Brons 1959, 24쪽.

29 Schutz/Sachs 1993.

30 Winter 1989.

31 Faulstich 1996, 142쪽 이하 참조.

32 Gestrich 1994, 151~152쪽.

33 Gestrich 1994, 153~154쪽.

34 Faulstich 1996, 251쪽 이하 참조.

35 Kleinpaul 1930, 105쪽 이하.

36 Kleinpaul 1930, 40쪽 이하, 46쪽, 125쪽, 143~144쪽.

37 Koszyk 1972, 42쪽.

38 Simecek 1987 참조.

39 Schröder 1995, 13쪽.

40 Rennert 1940 참조.

41 Lindemann 1969, 81쪽 이하, Bender 1987.

42 베네치아와 안트베르펜에 대해서는 Pieper 1995를 참조하라.

43 Lindemann 1969, 27쪽 이하.

44 Gravesteijn 1995 참조.

45 Sporhan-Krempel 1968, 137쪽.

46 Faulstich 1997 참조.

47 Faulstich 1997 참조.

48 Faulstich 1996, 9장과 10장 참조.

49 Diez 1910, 15~16쪽, Friederici 1922, Faulstich/Rückert 1993, 566쪽 이하.

50 Dresler 1953, Schröder 1995, 23쪽 이하.

51 Hauff 1963.

52 Weber 1992.

53 Fischer 1936, 100쪽 이하.

54 Diez 1910, 17쪽.

55 Weber 1993.

56 Rennert 1940, 7쪽 참조.

57 Friederici 1922, 265쪽.

58 Lindemann 1969, 88쪽 이하, Schröder 1995, 5쪽 참조.

59 Kieslich 1966.

60 Bogel/Blühm 1971.

61 Lindemann 1969, 35~36쪽.

62 Koszyk 1972, 45쪽.

63 Bibo 1933, 2~3쪽.

64 Wilke 1984, 38쪽 참조.

65 Fischer 1936, 28쪽.

66 Faulstich 1997, 220쪽 이하.

67 Quetsch 1901, 40쪽 이하, Koszyk 1972, 49~50쪽 참조.

68 Weber 1984, 19쪽.

69 Pürer/Raabe 1994, 19쪽.

70 Blühm 1982, 299쪽.

71 Fischer 1972 참조.

72 Frank 1961, Fraser 1956 참조.

73 Prutz 1845/1971, 241쪽 이하, Diez 1910, 18쪽 이하.

74 Ukena 1976.

75 Friederici 1922, 265쪽, Consentius 1904, 47쪽 참조.

76 Schröder 1995, 6쪽 참조.

77 Ukena 1977, 45쪽, Weber 1994, 20쪽.

78 Wilke 1984, 40쪽.

79 Schröder 1995, 7쪽.

80 Prange 1978, 22쪽.

81 Prange 1978, 93쪽.

82 Böning/Moepps 1996, XXI.

83 Gieseler/Kühnle-Xemaire 1995.

84 Prange 1978, 208쪽.

85 Prange 1978, 257쪽.

86 Koszyk 1972, 118쪽 이하.

87 Morineau 1995 참조.

88 Prange 1978, 144쪽.

89 Berns 1983, 88~89쪽, Blühm 1977, 55쪽 참조.

90 Kurth 1944 (상세한 사료 포함), Blühm/Engelsing 1967, Berns 1987, Gieseler 1996, 259쪽 이하 참조.

91 Prange 1978, 15쪽.

**92** Schröder 1995, 3장, Fritz/Straßner 1996, 45쪽 이하 참조.

**93** Blühm 1980, 131쪽.

**94** Blühm 1976.

**95** Hölscher 1979, Schneider 1992를 참조하라. 하지만 휠셔와 슈나이더는 어떤 종류의 매체도 고려하고 있지 않다.

**96** Koszyk 1972, 67쪽.

**97** Koszyk 1972, 118쪽 이하.

**98** 자세한 것은 Hemels 1982를 보라. 영국의 특수한 경우에 대해서는 Siebert 1965를 참조하라.

**99** Blühm 1977, 63쪽.

**100** Blühm 1982, 297쪽.

**101** Fischer 1981, 44쪽 이하, Fromme 1982 참조.

**102** Berns 1987.

**103** Berns 1987, 200쪽.

**104** Gestrich 1994, 35~36쪽.

**105** Ukena 1977, 41쪽.

**106** Saxer 1994.

**107** Gieseler 1996, 263쪽.


10장

**1** Waibl 1979.

**2** Faulstich 1997, 109쪽 이하 참조.

**3** Faulstich 1997, 109쪽 이하와 148쪽 이하.

**4** Faulstich 1996, 168쪽 이하.

**5** Herberts 1953, Philippot 1972, Schmidt-Brümmer 1982.

**6** Schmidt-Brümmer 1982, 11~12쪽.

**7** Buchli 1962, Rademacher 1965, Müller-Brockmann 1971, Gallo 1975, Henatsch 1994.

**8** Sampson 1874, zur Westen 1925, Paneth 1926, Redlich 1935.

**9** Deichmann 1966.

**10** Gieselmann 1994.

11  Schweikhart 1973, 19~20쪽.

12  Wilpert 1903.

13  Kupfer 1993 참조.

14  Blume 1983, Blume 1989.

15  Faulstich 1996, 171쪽 이하 참조.

16  Watt 1991, 195쪽 이하.

17  Belting 1989, 24쪽.

18  Kliemann 1990 참조.

19  Lavin 1990.

20  Belting 1989, 58쪽과 60쪽.

21  Belting 1990, 510쪽 이하, Stirm 1977 참조.

22  Uhle-Wettler 1994, 43쪽, 65쪽 이하, 156쪽.

23  Schweikhart 1973, 23쪽 이하, Baur-Heinhold 1975 참조.

24  Lindemann 1994 참조.

25  Faulstich 1997, 150쪽의 그림 47.

26  Dülberg 1991, 134쪽.

27  Oertel 1937/40, 267쪽.

28  Rauers 1942, 242쪽.

29  Helmrath 1989, 167쪽.

30  Paneth 1926, 24쪽 이하.

31  Müller-Brockmann 1971, 38쪽, Paneth 1926, 37~38쪽.

32  Weggel 1970, 81쪽 이하.

33  Müller 1985.

34  Faulstich/Rückert 1993, 483쪽 이하.

35  zur Westen 1925, 21쪽.

36  Baumgart 1935, Suckale 1990, Belting 1990, 457쪽 이하.

37  Belting/Kruse 1994, 33쪽.

38  von Künssberg 1965, 46쪽 이하, Meckseper 1985, 960쪽 이하.

39  Belting 1989, 28쪽, Schild 1980 참조.

40  Burger 1907, Engelsing 1969, zur Westen 1925, 32쪽 이하 참조.

41  zur Westen 1925, 55쪽 이하.

42  Paneth 1926, 49쪽.

**43** Schilling 1990, 142쪽.

**44** Trix/Nowak 1975.

**45** zur Westen 1925, 43쪽 이하와 71쪽 이하.

**46** zur Westen 1925, 68쪽.

**47** Paneth 1926, 64~65쪽.

**48** Hagen 1978, 412쪽.

**49** zur Westen 1925, 118쪽 이하.


11장

**1** Weyrauch 1995, 5쪽.

**2** Janzin/Güntner 1995.

**3** Weyrauch 1995, 2~3쪽.

**4** Steinberg 1955/1969.

**5** Eisenstein 1997.

**6** Giesecke 1991, 58쪽 이하.

**7** Janzin/Güntner 1995.

**8** Weyrauch 1995.

**9** Janzin/Güntner 1995, 95쪽. 상세한 것은 Sandermann 1992 참조.

**10** Carter 1925/1955.

**11** Giesecke 1991, 127쪽 이하.

**12** Schottenloher 1919, 142쪽.

**13** Moeller 1969, 31쪽.

**14** Widmann 1972 참조.

**15** Corsten 1983, 10~11쪽, Janzin/Güntner 1995, 106쪽 이하 참조.

**16** Corsten 1983, 21~22쪽.

**17** Giesecke 1991, 367쪽 이하.

**18** Eisenstein 1997, 23쪽.

**19** Corsten 1983, 31쪽.

**20** Eisenstein 1997, 26쪽.

**21** Giesecke 1991, 393쪽 이하.

**22** Moeller 1979, 30~31쪽.

23 Moeller 1989, 551쪽.

24 Lehmann-Haupt 1950.

25 Giesecke 1991, 436쪽 이하.

26 Faulstich 1997, 220~221쪽.

27 Lülfing 1981.

28 Widmann 1973, Schreiner 1975 참조.

29 Giesecke 1991, 173~174쪽.

30 Giesecke 1991, 175쪽.

31 Giesecke 1991, 182쪽 이하와 249쪽 이하.

32 Schmidt-Künsemüller 1951.

33 Hiller 1966, 88쪽.

34 Schmidt 1980, 19쪽 이하 참조.

35 이에 대한 입문격의 연구서로는 Arnold/Dittrich/Zeller 1987을 참조하라.

36 Burger 1960.

37 Krieg 1953 참조.

38 Seibert 1981, 21쪽 이하.

39 Wittmann 1991, 65쪽 이하.

40 Wittmann 1991, 100쪽.

41 Grimm 1983.

42 Grimm 1998.

43 Schottenloher 1919, 206쪽.

44 Janzin/Güntner 1995, 137쪽, Hase 1885, Wittmann 1991, 32~33쪽 참조.

45 Kienitz 1930, Engelsing 1971.

46 Koppitz 1980, 68쪽.

47 Dyroff 1963.

48 Holtzmeyer/Benzing 1969.

49 Schottenloher 1935 참조.

50 Arnold/Härtel 1987, 142쪽 이하 참조.

51 Dietz 1921/1972, Starp 1958, Richter 1986.

52 Dumrese 1953, Dumrese/Schilling 1956, Koch 1972.

53 Paschen 1995.

54 Schottenloher 1968, 291쪽.

**55** Wittmann 1991, 89쪽 참조.

**56** Dietz o. J.

**57** Janzin/Güntner 1995, 167쪽, 상세한 것은 Wittmann 1991, 89쪽 이하 참조.

**58** Düsterdieck 1974.

**59** Schottenloher 1919, 212쪽, Schottenloher 1968, 292쪽.

**60** Janzin/Güntner 1995, 154쪽, Clemen 1939, 17쪽 참조.

**61** Wittmann 1991, Kapp 1886, Goldfriedrich 1908/1970 참조.

**62** Lawler 1898.

**63** Wittmann 1991, 79쪽.

**64** Giesecke 1991, 188쪽과 441쪽 이하.

**65** Schütz 1990, 21쪽 이하.

**66** Eisenhardt 1970, 24쪽 이하, Hemels 1982, 24쪽 이하, Schütz 1990, 19~20쪽, Janzin/Güntner 1995, 178쪽 이하.

**67** 검열 관행은 특히 지역사적인 맥락에서 연구되고 있다. 예컨대 대학 검열에 대해서는 Neumann 1977, 29쪽 이하, Hemels 1982, 16쪽 이하, Sirges/Müller 1984, Hasse 1995 등을 참조하라.

**68** Schütz 1990, 49쪽 이하 참조.

**69** 상세한 것은 Eisenhardt 1970을 참조하라.

**70** Jochum 1993, 80~81쪽.

**71** Schottenloher 1968, 296쪽 이하.

**72** Jochum 1993, 85쪽.

**73** Kramm 1938/1968, Schottenloher 1968, Buzas 1976, Moeller 1983, Jochum 1993, Enderle 1994 참조.

**74** Engelsing 1973. 브레멘에 대한 사례 연구로는 Engelsing 1974를 참조하라.

**75** Engelsing 1974, 20쪽.

**76** Engelsing 1973, 22쪽 이하.

**77** Engelsing 1973, 29쪽, Wittmann 1991, 70쪽.

**78** Altmann 1981, 203쪽과 208쪽.

**79** Wittmann 1991, 40쪽과 105쪽.

**80** Mertens 1983, 103쪽.

**81** Engelsing 1973, 32쪽.

**82** Chartier 1990, 56~57쪽과 155쪽 이하.

83 Engelsing 1973, 45쪽.

84 Gauger 1994.

85 Faulstich 1997.

86 Faulstich 1996, 101쪽 이하.

87 Schottenloher 1919, 9쪽, Weyrauch 1995, 5쪽 참조.

88 Schottenloher 1968, 99쪽 이하.

89 Schottenloher 1919, 11쪽 이하, Funke 1992, 99쪽 이하.

90 Mertens 1991.

91 Schottenloher 1919, 13쪽.

92 Koppitz 1980, 169쪽 이하 참조.

93 Schottenloher 1919, 100쪽.

94 Janzin/Güntner 1995, 91쪽.

95 Koppitz 1980, 68쪽 이하와 184~185쪽.

96 Schottenloher 1919, 52쪽.

97 Schneider 1991.

98 Faulstich 1996, 69쪽 이하, 92쪽 이하, 227쪽 이하.

99 특히 Schober 1973, 3쪽 이하 참조.

100 Schober 1973, 157쪽 이하에서 발췌.

101 Koppitz 1980, 195쪽 이하, Kreutzer 1984, 200쪽 이하 참조.

102 Baeumer 1974, 37~38쪽.

103 Schober 1973, 181쪽과 185쪽.

104 Beyer 1962, 12쪽 이하.

105 Steinberg 1955/69, 144~145쪽.

106 Schober 1973, 231쪽.

107 Baeumer 1974, 30쪽.

108 Schober 1973, 207쪽.

109 Baeumer 1974, 50쪽.

110 Beyer 1962, 132쪽.

111 상세한 것은 Koppitz 1980을 참조하라.

112 Müller 1985, Müller 1992 참조.

113 Beyer 1962, 97쪽.

114 Bologna 1988, 40쪽, Hoffmann 1993, Janzin/Güntner 1995, 111쪽 이하.

**115** Wittmann 1991, 20쪽.

**116** Grube-Verhoeven 1966.

**117** Faulstich 1997, 161쪽 이하.

**118** Eamon 1994 참조.

**119** Habermas 1988, 48쪽과 56쪽 이하.

**120** Hajdu 1931, 55쪽.

**121** Moeller 1979.

**122** Weyrauch 1981, Weyrauch 1995, 2쪽, Clemen 1939 참조.

**123** Wittmann 1991, 47쪽.

**124** Giesecke 1991, 47쪽 이하.

**125** Eisenstein 1997, 170쪽 이하 참조.

**126** Bürger 1990.

**127** Giesecke 1991, 342쪽과 347쪽 이하.

**128** Giesecke 1992, 86쪽.

**129** Engelsing 1973, 31쪽.

**130** Giesecke 1980, 57쪽.

**131** Giesecke 1991, 517쪽 이하.

**132** Giesecke 1991, 543쪽.

**133** Lenhart 1935, 7쪽.

**134** Engelsing 1973, 15쪽.

**135** Weyrauch 1995, 2쪽, Koppitz 1980, 21~22쪽 참조.

**136** Wittmann 1991, 23쪽.

**137** Wittmann 1991, 23쪽 참조.

**138** Engelsing 1973, 18쪽 참조.

**139** Crofts 1982, 26쪽 이하.

**140** Weyrauch 1995, 3쪽, Wittmann 1991, 24쪽.

**141** Lenhart 1935, 9쪽, Hiller 1966, 89쪽.

**142** Crofts 1982, 25쪽, Engelsing 1973, 16쪽.

**143** Engelsing 1973, 25쪽, Weyrauch 1995, 3쪽.

**144** Hirsch 1974, 3쪽.

**145** Weyrauch 1990, 55쪽.

**146** Engelsing 1973, 29쪽.

**147** Mertens 1983, 86쪽.

**148** Weyrauch 1995, 3쪽.

**149** Clemen 1939, 25쪽, Hiller 1966, 89쪽.

**150** Engelsing 1973, 29쪽.

**151** Weyrauch 1995, 3~4쪽.

**152** Wittmann 1991, 76쪽.

**153** Engelsing 1973, 42~43쪽.

**154** Mertens 1983, 102쪽.

**155** Mertens 1983, 105쪽, Wittmann 1991, 24쪽.

**156** Weyrauch 1995, 5쪽.

**157** Hiller 1966, 89쪽.

**158** Engelsing 1973, 20쪽, Mertens 1983, 103쪽.

**159** Wittmann 1991, 40쪽, Brandis 1984, 188쪽.

**160** 서적 가격에 대한 더 상세한 정보는 Krieg 1953을 참조하라.

**161** Rüegg 1965.


12장

**1** Kindermann 1959.

**2** Kindermann 1959, 13쪽 이하.

**3** Kindermann 1959, 348쪽.

**4** Kindermann 1959a.

**5** Kindermann 1959a, 7쪽.

**6** Kindermann 1959a, 13쪽.

**7** Kindermann 1959a, 20쪽.

**8** Frenzel 1979/1984.

**9** Fischer-Lichte 1993.

**10** Fischer-Lichte 1993, 79쪽.

**11** Fischer-Lichte 1990.

**12** Brauneck 1993, Brauneck 1996, Berthold 1968 참조.

**13** Faulstich 1996, 182쪽 이하 참조.

**14** Rupprich 1970, 236쪽 이하.

**15** Schmid 1975.

**16** Catholy 1966, Wuttke 1973, Bastian 1983.

**17** Flemming 1933, 7쪽.

**18** Siohan 1967, 51쪽 이하, Salmen 1988.

**19** Baxmann 1988 참조.

**20** Moser 1940, Gregor 1941, Schmidt-Garre 1961, Baur-Heinhold 1966, Sachs 1976, Sorell 1985 참조.

**21** Lough 1957, 55쪽.

**22** Frenzel 1979/1984, 50쪽.

**23** Brauneck 1996, 35쪽.

**24** Ebert 1991, 112쪽.

**25** 상세한 것은 Weimann 1988을 참조하라.

**26** Hänsel 1962, 119쪽 이하.

**27** Faulstich 1996, 52쪽 이하와 220쪽 이하.

**28** Asper 1980.

**29** Schubart-Fikentscher 1963.

**30** Marek 1956, 35쪽.

**31** Faulstich 1997, 161쪽 이하 참조.

**32** Marek 1956, 9쪽 이하.

**33** Faulstich 1996, 226쪽.

**34** Faulstich 1997, 66쪽 이히 참조.

**35** Haug 1996, 195쪽.

**36** Schramm 1990.

13장

**1** Faulstich 1996, Faulstich 1997.

# 그림 목록

## 1장

그림 1: Ernst Hinrichs: Einführung in die Geschichte der Frühen Neuzeit. München 1980, S. 16.

그림 2: A. G. Dickens: Reformation and Society in Sixteenth-Century Europe. London 1966, S. 11, 그리고 다른 많은 기본서들.

그림 3: 이 그림은 수많은 출판물과 학교 교과서 등에 게재되어 있고 특히 그림엽서로도 널리 쓰이고 있다.

그림 4: Wäscher 1955, Bd. 1, S. 50, 이 밖에도 Elfriede Moser-Rath: <<Lustige Gesellschaft>>. Schwank und Witz des 17. und 18. Jahrhunderts in kultur- und sozialgeschichtlichem Kontext. Stuttgart 1984, S. 133 등.

## 2장

그림 5: Lo Duca: Die Erotik in der Kunst. München 1965, S. 12.

그림 6: Paul Frischauer: Weltgeschichte der Erotik, Bd. 2: Von Rom bis zum Rokoko. München 1968, aktualis. Neuauflage 1995, S. 254.

그림 7: Hans Peter Doll und Günther Erken: Theater. Eine illustrierte Geschichte des Schauspiels. Stuttgart, Zürich 1985, S. 25.

그림 8: Doll/Erken 1985, S. 29.

그림 9: Newe Zeitungen. Relationen/Flugschriften, Flugblätter/Einblattdrucke von 1470 bis 1820. Katalog 70 von J. Halle, Antiquariat. München 1929, S. 11.

502

## 3장

그림 10: Arbeitsgemeinschaft Sammlung deutscher Drucke 1450-1912: Das deutsche Buch. Die Sammlung deutscher Drucke 1450-1912. Im Auftrag herausgegeben von Bernhard Fabian und Elmar Mittler. Wiesbaden 1995, S. 91.

그림 11: Jonathan Williams (Hrsg.): Money. A History. London 1997, S. 180.

그림 12: Wäscher 1955, Bd. 1, S. 62 등.

그림 13: Pfaeler, in: Lotz 1989, S. 107.

그림 14: North 1988, S. 206.

그림 15: North 1988, S. 126.

그림 16: North 1988, S. 74 등.

그림 17: Dallmeier, in: Lotz 1989, S. 86.

그림 18: Wolfgang Lotz (Hrsg.): Deutsche Postgeschichte. Essays und Bilder. Berlin 1989, S. 365.

## 4장

그림 19: Josef Müller-Brockmann: Geschichte der visuellen Kommunikation. Stuttgart 1971, S. 46.

그림 20: Carl-Alexander von Volborth: Heraldik. Eine Einführung in die Welt der Wappen. Stuttgart, Zürich 1989, S. 18.

그림 21: Dino Villani: Storia del manifesto publicitario. Milano 1964, S. 52.

그림 22: Sampson 1877, S. 49, Paneth 1926, S. 13.

그림 23: Max Fehr: Die wandernden Theatertruppen in der Schweiz 1600-1800. XVIII. Jahrbuch 1948 der Schweizerischen Gesellschaft für Theaterkultur, VI. Schweizer Theater-Almanach. Einsiedeln 1949, S. 9-191, hier S. 33.

그림 24: Horst Schiffler und Rolf Winkeler: Tausend Jahre Schule. Eine Kulturgeschichte des Lernens in Bildern. Stuttgart, Zürich 1985, 3. Aufl. 1991, S. 66.

그림 25: Ursula Walz: Eselsarbeit für Zeisigfutter. Die Geschichte des Lehrers. Frankfurt/Main 1988, S. 24.

그림 26: Walz 1988, S. 41.

그림 27: Schiffler/Winkeler 1991, S. 79.

그림 28: Walz 1988, S. 64.

그림 29: Kunze 1983, S. 101, Walz 1988, S. 34, Reicke 1901, S. 56 등.

그림 30: Leander Petzoldt: Soziale Bedingungen des Bänkelsängers. Probleme und Beispiele. In: Lechzend nach Tyrannenblut. Ballade, Bänkelsang und Song. Colloquium über das populäre und das politische Lied. Redaktion: Hans Dieter Zimmermann. Berlin 1972, S. 13-24, hier S. 18. 이 밖에도 Asper 1980, Abb. 105 등.

그림 31: Petzold, in Zimmermann 1972, S. 29 ('그림 30'의 출전과 같음).

그림 32: Leander Petzold: Die freudlose Muse. Texte, Lieder und Bilder zum historischen Bänkelsang. Stuttgart 1978, S. 24.

그림 33: Gustav Gugitz: Lieder der Straße. Die Bänkelsänger im josephinischen Wien. Wien 1954, S. 176/77.

그림 34: Edmund A. Bowles: Musikleben im 15. Jahrhundert. Leipzig 1977, S. 101.

그림 35: David Esrig (Hrsg.): Commedia dell'arte. Eine Bildgeschichte der Kunst des Spektakels. Nördlingen 1985, S. 45.

그림 36: Hans Fehr: Kunst und Recht. 1. Bd.: Das Recht im Bilde. München, Leipzig 1923, S. 17, 102, Dülmen 1984, S. 238.

그림 37: Fehr 1923, S. 18, 34.

## 5장

그림 38: Sachße/Tennstedt 1983, Abb. 26. 이 밖에도 Stefanie Ohnesorg: Mit Kompaß, Kutsche und Kamel. (Rück-) Einbindung der Frau in die Geschichte des Reisens und der Reiseliteratur. St. Ingberg 1996, S. 66 등.

그림 39: Moritz Hoffmann: Geschichte des deutschen Hotels. Vom Mittelalter bis zur Gegenwart. Heidelberg 1961, S. 32/33.

그림 40: Walter Sorrell: Der Tanz als Spiegel der Zeit. Eine Kulturgeschichte des Tanzes. Wilhelmshaven 1985, S. 34.

그림 41: Peter C. Sutton (Hrsg.): Von Frans Hals bis Vermeer. Meisterwerke holländischer Genremalerei (Ausstellungskatalog). Philadelphia, Berlin 1984, S. 122.

그림 42: M. Seidel und R. H. Marijnissen: Brucgel. Stuttgart 1969, S. 295.

그림 43: Wolfgang Harms (Hrsg.): Deutsche illustrierte Flugblätter des 16. und 17. Jahrhunderts. Tübingen 1989, Bd. 1, S. 195.

그림 44: Wolfgang Harms (Hrsg.): Illustrierte Flugblätter aus den Jahrhunderten der Reformation und der Glaubenskämpfe. Coburg 1983, S. 279.

그림 45: Rolf-Wilhelm Brednich: Die Liedpublizistik im Flugblatt des 15. bis 17. Jahrhunderts, Bd. II. Baden-Baden 1975, Abb. 60.

그림 46: Vogler 1975/1983, S. 75.

그림 47: Gernot von Hahn: Jahre, Tage, Stunden. Das große Buch von Zeit und Kalender. Stuttgart 1984, S. 114.

그림 48: Wilhelm Uhl: Die Entwicklung des deutschen Kalenders seit dem Aufkommen der Buchdruckerkunst. In: Reclam's Universum, Jg. 15 (1898/99), S. 882-907, hier S. 883/4 등.

그림 49: Frank Henry Burmester: Calender erzählen. Eine Sammlung von Kalendern, chronologischen Werken und zeitgenössischen Beiträgen aus dem Calender Cabinet Bielefeld, dargestellt als geschichtliche Dokumente aus 6 Jahrhunderten. Bielefeld o. J. (ca. 1968).

그림 50: Badische Landesbibliothek 1982, S. 11.

그림 51: Adolf Dresler: Kalenderkunde. Eine historische Studie. München 1972, S. 47.

그림 52: Bernhard Capp: English Almanacs 1500-1800. New York 1979 (ohne Seitenangaben).

6장

그림 53: A. G. Dickens. Reformation and society in sixteenth-century Europe. London 1966, S. 53.

그림 54: Newe Zeitungen ('그림 9'의 출전과 같음), S. 51. 이 밖에도 Scribner 1981a, S. 196 등.

그림 55: Scribner 1981a, S. 33.

그림 56: Scribner 1981a, S. 165, 166, Brauneck 1993, S. 539 등.

그림 57: Scribner 1981a, S. 129, Holländer 1921, S. 323도 참조할 것, Jowett/ O'Donnel 1992, S. 51 등.

그림 58: Vogler 1983, S. 22.

그림 59: Janzin/Güntner 1995, S. 174.

그림 60: Brednich Bd. 2 1975, Abb. 2.

그림 61: Brednich Bd. 2 1975, Abb. 50.

그림 62: Brednich Bd. 2 1975, Abb. 30.

그림 63: Wolfgang Harms et al. (Hrsg.): Illustrierte Flugblätter des Barock. Eine Auswahl. Tübingen 1983, S. 40f.

그림 64: Paul Raabe et al. (Hrsg.): Der Zensur zum Trotz: Das gefesselte Wort und die Freiheit in Europa (Ausstellungskatalog). Weinheim 1991, S. 25.

## 7장

그림 65: Newe Zeitungen ('그림 9'의 출전과 같음), S. 79.

그림 66: Newe Zeitungen ('그림 9'의 출전과 같음), S. 163.

그림 67: Harms 1983, S. 191.

그림 68: Jowett/O'Donnell 1992, S. 57 등.

그림 69: Wäscher 1955, Bd. 1, S. 61.

## 8장

그림 70: Kossok 1990, S. 46.

그림 71: Burke 1995, S. 69. 이 밖에도 Sorell 1985, S. 151 등.

그림 72: Sorell 1985, S. 62.

그림 73: Kossok 1990, S. 149, Doll/Erken 1985, S. 59 등.

그림 74: Kossok 1990, S. 89.

그림 75: Burke 1996, S. 142.

## 9장

그림 76: Herbert Langer: Kulturgeschichte des 30jährigen Krieges. Stuttgart 1978, S. 249, Beyer 1962, S. 29.

그림 77: Georg Rennert 1940, S. 167.

그림 78: Schilling 1990, S. 399 등.

그림 79: Harms 1983, S. 7.

그림 80: Walter Heide: Die älteste gedruckte Zeitung. Mainz 1931 (keine Seitenangabe).

그림 81: Else Bogel und Elger Blühm: Die deutschen Zeitungen des 17. Jahrhunderts. Ein Bestandsverzeichnis mit historischen und bibliographischen

Angaben, Bd. II: Abbildungen. Bremen 1971, S. 7.

## 10장

그림 82:  Rolf-Jürgen Grote und Peter Königfeld (Hrsg.): Raumkunst in Niedersachsen. Die Farbigkeit historischer Innenräume. Kunstgeschichte und Wohnkultur. München 1991, S. 135.

그림 83:  Bevis Hillier: Plakate. Hamburg 1969, S. 14, van Trix/ Nowak 1975, S. 14 등.

## 11장

그림 84~90: Wera Bruns und Veit Stelter, Mobile-Außenstelle Braunschweig: Flugblätter im 30jährigen Krieg. Aurich o. J., S. 66ff., 이 밖에도 Kunze 1983, S. 84.

그림 91:  Bruns/ Stelter ('그림 84~90'의 출전과 같음), S. 69. 이 밖에도 Funke 1992, S. 146 등.

그림 92:  Wilhelm H. Lange: Das Buch im Wandel der Zeiten. Berlin 1941, S. 61. 이 밖에도 Giesecke 1991, S. 70, Wittmann 1991, S. 29, Kunze 1983, S. 73.

그림 93:  Janzin/Güntner 1995, S. 207.

그림 94:  Giulia Bologna: Handschriften und Miniaturen. Das Buch vor Gutenberg. Augsburg 1988, S. 183.

그림 95·  Gutenberg-Gesellschaft und Gutenberg-Museum (Hrsg.): Blockbücher des Mittelalters. Bilderfolgen als Lektüre. Mainz 1991, Abb. 20

그림 96:  Gutenberg-Gesellschaft/ -Museum ('그림 95'의 출전과 같음), S. X. 8.

## 12장

그림 97:  Hellmuth Christian Wolff: Oper. Szene und Darstellung von 1600 bis 1900. Leipzig 1968, S. 31.

## 13장

그림 98:  Albrecht Dürer: Das gesamte graphische Werk. Bd. 2: Druckgraphik. Frankfurt/Main 1988, S. 1460.

문헌 목록

Adcock, Sir Frank, D. J. Mosley: Diplomacy in Ancient Greece. London 1975.

Aker, Gudrun: <<Narrenschiff>>. Literatur und Kultur in Deutschland an der Wende zur Neuzeit. Stuttgart 1990.

Alewyn, Richard: Das große Welttheater. Die Epoche der höfischen Feste. München 2. Aufl. 1989.

Althoff, Gerd: Demonstration und Inszenierung. Spielregeln der Kommunikation in mittelalterlicher Öffentlichkeit. In: Hagen Keller und Joachim Wollasch (Hrsg.), Frühmittelalterliche Studien. Jahrbuch des Instituts für Frühmittelalterforschung der Universität Münster, 27. Bd. Berlin, New York 1993, S. 27-50.

Althoff, Gerd: Empörung, Tränen, Zerknirschung. <<Emotionen>> in der öffentlichen Kommunikation des Mittelalters. In: Hagen Keller und Joachim Wollasch (Hrsg.), Frühmittelalterliche Studien. Jahrbuch des Instituts für Frühmittelalterforschung der Universität Münster, 30. Band. Berlin, New York 1996, S. 60-79.

Altmann, Ursula: Leserkreise zur Inkunabelzeit. In: Lotte Hellinga und Helmar Härtel (Hrsg.), Buch und Text im 15. Jahrhundert. Hamburg 1981, S. 203-215.

Ammermann, Monika: Bibliographie gedruckter Briefe des 17. Jahrhunderts. In: Wolfenbütteler Barock-Nachrichten VI (1979), II. 1, S. 254-256.

Anders, Wolfhart M.: Balladensänger und mündliche Komposition. Untersuchungen zur englischen Traditionsballade. München 1974.

Arasse, Daniel: Die Guillotine. Die Macht der Maschine und das Schauspiel der Gerechtigkeit. Reinbek 1988.

Arndt, J.: Herold. In: Adalbert Erler und Ekkehard Kaufmann (Hrsg.), Handwörterbuch zur deutschen Rechtsgeschichte, I. Band. Berlin 1971, Spalte 99-101.

Arnold, Martin: Handwerker als theologische Schriftsteller. Studien zu Flugschriften der frühen Reformation (1523-1525). Göttingen 1990.

Arnold, Werner, Wolfgang Dittrich und Bernhard Zeller (Hrsg.): Die Erforschung der Buch- und Bibliotheksgeschichte in Deutschland. Wiesbaden 1987.

Arnold, Werner und Helmar Härtel: Buchdruck des 17. Jahrhunderts. In: Werner Arnold, Wolfgang Dittrich und Bernhard Zeller (Hrsg.): Die Erforschung der Buch- und Bibliotheksgeschichte in Deutschland. Wiesbaden 1987, S. 121-155.

Asper, Helmut G.: Hanswurst. Studien zum Lustigmacher auf der Berufsschauspielerbühne in Deutschland im 17. und 18. Jahrhundert. Emsdetten 1980.

Assmann, Aleida: Festen und Fasten. Zur Kulturgeschichte und Krise des bürgerlichen Festes. In: Walter Haug und Rainer Warning (Hrsg.), Das Fest. München 1989, S. 227-246.

Assmann, Aleida: Fest. In: Klaus Weimar (Hrsg.), Reallexikon der deutschen Literaturwissenschaft. Berlin, New York 1997, S. 579-582.

Assmann, Jan: Stein und Zeit: Mensch und Gesellschaft im alten Ägypten. München 2. Aufl. 1995 (Aufsatzsammlung).

Badische Landesbibliothek (Hrsg.): Kalender im Wandel der Zeiten. Eine Ausstellung der Badischen Landesbibliothek zur Erinnerung an die Kalenderreform durch Papst Gregor XIII. im Jahr 1582. Karlsruhe 1982.

Baeumer, Max L.: Gesellschaftliche Aspekte der <Volks>-Literatur im 15. und 16. Jahrhundert. In: Reinhold Grimm und Jost Hermand (Hrsg.), Popularität und Trivialität. Frankfurt/Main 1974, S. 7-50.

Balzer, Bernd: Bürgerliche Reformationspropaganda. Die Schriften des Hans Sachs in den Jahren 1523-1525. Stuttgart 1973.

Bangerter-Schmid, Eva-Maria: Erbauliche illustrierte Flugblätter aus den Jahren 1570-1670. Frankfurt/Main, Bern 1986.

Barton, Walter: Medienverbund und Propaganda am Ende des böhmischpfälzischen Krieges 1623/24. (MuK 78) Siegen 1992.

Baron, Hans: Politische Einheit und Mannigfaltigkeit in der italienischen Renaissance und in der Geschichte der Neuzeit. (orig. 1942). In: August Buck (Hrsg.), Zu Begriff und Problem der Renaissance. Darmstadt 1969, S. 180-211.

Barudio, Günter: Zu treuen Händen. Schwedens Postwesen im Teutschen Krieg 1618-1648. Ein Beitrag. In: Wolfgang Loth (Hrsg.), Deutsche Postgeschichte. Essays und Bilder. Berlin 1989, S. 67-76.

Bastian, Hagen: Mummenschanz. Sinneslust und Gefühlsbeherrschung im Fastnachtsspiel des 15. Jahrhunderts. Frankfurt/Main 1983.

Bauer, Martin: Die <gemain sag> im späteren Mittelalter. Studien zu einem Faktor mittelalterlicher Öffentlichkeit und seinem historischen Auskunftswert. Diss. Erlangen-Nürnberg 1981.

Baumert, Paul: Die Entstehung des deutschen Journalismus in sozial-geschichtlicher Betrachtung. Diss. Berlin 1928.

Baumgart, Fritz: Zur geschichtlichen und soziologischen Bedeutung des Tafelbildes. In: Deutsche Vierteljahrsschrift für Literaturwissenschaft und Geistesgeschichte 13 (1935), S. 378-406.

Baur-Heinhold, Margarete: Theater des Barock. Festliches Bühnenspiel im 17. und 18. Jahrhundert. München 1966.

Baur-Heinhold, Margarete: Bemalte Fassaden. Geschichte, Vorbild, Technik, Erneuerung. München 1975.

Baxmann, Inge: <<Die Gesinnung ins Schwingen bringen>>. Tanz als Metasprache und Gesellschaftsutopie in der Kultur der zwanziger Jahre. In: Hans Ulrich Gumbrecht und K. Ludwig Pfeiffer (Hrsg.), Materialität der Kommunikation. Frankfurt/Main 1988, S. 360-373.

Beck, Wilhelm: Die ältesten deutschen periodischen Zeitungen und ihr Verhältnis zur Post. In: Archiv für Deutsche Postgeschichte (1953), S. 11-22.

Becker-Cantarino, Barbara: Der lange Weg zur Mündigkeit. Frauen und Literatur in Deutschland von 1500-1800. München 1989.

Beer, Mathias: Eltern und Kinder des späten Mittelalters in Briefen. Familienleben in der Stadt des Spätmittelalters und der frühen Neuzeit mit besonderer Berücksichtigung Nürnbergs (1450-1550). Nürnberg 1990.

Beer, Mathias: Ehealltag im späten Mittelalter. Eine Fallstudie zur Rekonstruktion historischer Erfahrungen und Lebensweisen anhand privater Briefe. In: Zeitschrift für Württembergische Landesgeschichte, Jg. 53 (1994), S. 101-123.

Behringer, Wolfgang: Thurn und Taxis. Die Geschichte ihrer Post und ihrer Unternehmen. München, Zürich 1990.

Behringer, Wolfgang: Die Fahrdienste der Reichspost. In: Klaus Beyrer (Hrg.), Zeit der Postkutschen. Drei Jahrhunderte Reisen 1600-1900. Karlsruhe 1992, S. 55-66.

Belting, Hans: Das Bild als Text. Wandmalerei und Literatur im Zeitalter Dantes. In: Ders. und Dieter Blume (Hrsg.), Malerei und Stadtkultur in der Dantezeit. Die Argumentation der Bilder. München 1989, 5. 23-63.

Belting, Hans: Bild und Kult. Eine Geschichte des Bildes vor dem Zeitalter der Kunst. München 1990.

Belting, Hans und Christiane Kruse: Die Erfindung des Gemäldes. Das erste Jahrhundert der niederländischen Malerei. München 1994.

Bender, K.: Die deutschen Meßrelationen von ihren Anfängen bis zum Ende des Dreißigjährigen Krieges. Ein Forschungsvorhaben. In: E. Blühm und H. Gebhardt (Hrsg.), Presse und Geschichte II. Neue Beiträge zur historischen Kommunikationsforschung. München 1987, S. 61-70.

von Berchem, E. Frh., D. L. Galbreath und Otto Hupp: Beiträge zur Geschichte der Heraldik. Berlin 1939.

Berger, Arnold E.: Die Schaubühne im Dienste der Reformation. Leipzig 1935.

Berhaus, Günter: Die Aufnahme der englischen Revolution in Deutschland, 1640-1669, Bd. I: Studien zur politischen Literatur und Publizistik im 17. Jahrhundert mit einer Bibliographie der Flugschriften. Wiesbaden 1989.

Berns, Jörg Jochen: Zeitung und Historia: Die historiographischen Konzepte der Zeitungstheoretiker des 17. Jahrhunderts. In: Daphnis 12 (1983), S. 87-110.

Berns, Jörg Jochen: Medienkonkurrenz im siebzehnten Jahrhundert. Literarhistorische Beobachtungen zur Irritationskraft der periodischen Zeitung in deren Frühphase. In: Presse und Geschichte II. Neue Beiträge zur historischen Kommunikationsforschung. München 1987, S. 185-206.

Berns, Jörg Jochen: Umrüstung der Mnemotechnik im Kontext von Reformation und Gutenbergs Erfindung. In: Ders. und Wolfgang Neuber (Hrsg.), Ars memorativa. Zur kulturgeschichtlichen Bedeutung der Gedächtniskunst 1400-1750. Tübingen 1993, S. 35-72.

Berthold, Margot: Weltgeschichte des Theaters. Stuttgart 1968.

Beyer, Franz-Heinrich: Eigenart und Wirkung des reformatorisch-polemischen Flugblatts im Zusammenhang der Publizistik der Reformationszeit. Frankfurt/Main 1994.

Beyrer, Hildegard: Die deutschen Volksbücher und ihr Lesepublikum. Diss. Leipzig 1962.

Beyer, Klaus und Martin Dallmeier (Hrsg.): Als die Post noch Zeitung machte. Eine Pressegeschichte. Gießen 1994.

Bialowons, Günter: Geschichte der deutschen Presse von den Anfängen bis 1789. Leipzig 1975.

Bibo, Hanns: Die beiden ersten Wochenzeitungen. Oestrich 1933.

Bieritz, Karl-Heinrich: Das Kirchenjahr. Fest-, Gedenk- und Feiertage in Geschichte und Gegenwart. München 1987.

Blickle, Peter: Die Revolution von 1525. München 1977.

Blickle, Peter: Das Reich zu Beginn des 16. Jahrhunderts. In: Horst Buszello, Peter Blickle und Rudolf Endres (Hrsg.), Der deutsche Bauernkrieg. Paderborn 1984, S. 39-57.

Blickle, Peter: Gemeindereformation. Die Menschen des 16. Jahrhunderts auf dem Weg zum Heil. München 1987.

Blickle, Peter: <<zu mercklichem Nachtheil gemeines Nutzens>>. Die Bauernhochzeit im Mittelalter. In: Uwe Schultz (Hrsg.), Das Fest. Eine Kulturgeschichte von der Antike bis zur Gegenwart. München 1988, S. 92-104.

Blühm, Edgar: Zeitung und literarisches Leben im 17. Jahrhundert. In: Albrecht Schöne (Hg.), Stadt-Schule-Universität- Buchwesen und die deutsche Literatur im 17. Jahrhundert. München 1976, S. 492-505.

Blühm, Elger: Fragen zum Thema Zeitung und Gesellschaft im 17. Jahrhundert. In: Elger Blühm (Hrsg.), Presse und Geschichte. Beiträge zur historischen Kommunikationsforschung. München 1977, S. 54-70.

Blühm, Elger: Deutsches Zeitungswesen im 17. Jahrhundert. In: Paul Raabe

(Hrsg.), Bücher und Bibliotheken im 17. Jahrhundert in Deutschland. Hamburg 1980, S. 126-134.

Blühm, Elger: Deutscher Fürstenstaat und Presse im 17. Jahrhundert. In: Elger Blühm, Jörn Garber, Klaus Garber (Hrsg.), Hof, Staat und Gesellschaft in der Literatur des 17. Jahrhunderts. Amsterdam 1982, S. 287-313.

Blühm, Elger und Rolf Engelsing (Auswahl und Erläuterungen): Die Zeitung. Deutsche Urteile und Dokumente von den Anfängen bis zur Gegenwart. Bremen 1967.

Bluche, François: Im Schatten des Sonnenkönigs. Alltagsleben im Zeitalter Ludwigs XIV. von Frankreich. Würzburg 1986. [La Vie quotidienne au temps de Louis XIV (orig. 1984)]

Blume, Dieter: Wandmalerei als Ordenspropaganda. Bildprogramme im Chorbereich franziskanischer Konvente Italiens bis zur Mitte des 14. Jahrhunderts. Worms 1983.

Blume, Dieter: Ordenskonkurrenz und Bildpolitik. Franziskanische Programme nach dem theoretischen Armutsstreit. In: Hans Belting und Dieter Blume (Hrsg.), Malerei und Stadtkultur in der Dantezeit. Die Argumentation der Bilder. München 1989, S. 149-170.

Böning, Holger und Emmy Moepps: Hamburg. Kommentierte Bibliographie der Zeitungen, Zeitschriften, Intelligenzblätter, Kalender und Almanache sowie biographische Hinweise zu Herausgebern, Verlegern und Druckern periodischer Schriften. Von den Anfangen bis 1765. Stuttgart-Bad Cannstatt 1996.

Bogel, Else und Elger Blühm: Die deutschen Zeitungen des 17. Jahrhunderts. Ein Bestandsverzeichnis mit historischen und bibliographischen Angaben, Bd. I. Bremen 1971.

Bologna, Giulia: Handschriften und Miniaturen. Das Buch vor Gutenberg. Augsburg 1988.

Boockmann, Hartmut: Die Stadt im späten Mittelalter. München 1986.

Boockmann, Hartmut: Das 15. Jahrhundert und die Reformation. In: Ders. (Hrsg.), Kirche und Gesellschaft im Heiligen Römischen Reich des 15. und 16. Jahrhunderts. Göttingen 1994, S. 9-25.

Bowles, Edmund A.: Musikleben im 15. Jahrhundert. Leipzig 1977.

Bräuer, Hans-Jochen: Die Entwicklung des Nachrichtenverkehrs. Eigenarten, Mittel und Organisation der Nachrichtenbeförderung. Diss. Hochschule für Wirtschafts- und Sozialwissenschaften Nürnberg 1957.

Brandis, Tilo: Handschriften- und Buchproduktion im 15. und frühen 16. Jahrhundert. In: Ludger Grenzmann und Karl Stackmann (Hrsg.), Literatur und Laienbildung im Spätmittelalter und in der Reformationszeit. Stuttgart 1984, S. 176-189.

Brauneck, Manfred: Die Welt als Bühne. Geschichte des europäischen Theaters, Band 1. Stuttgart 1993.

Brauneck, Manfred: Die Welt als Bühne. Geschichte des europäischen Theaters, Band 2. Stuttgart 1996.

Braungart, Georg: Die Rede im frühneuzeitlichen Machtstaat zu Beginn des 17. Jahrhunderts: Das Handbuch des Kanzleipraktikers Johann Rudolf Sattler. In: Ders., Hofberedsamkeit. Studien zur Praxis höfsch-politischer Rede im deutschen Territorialabsolutismus. Tübingen 1988, 5. 50-66.

Braunstein, Philippe: Annäherungen an die Intimität: 14. und 15. Jahrhundert. In: Ariès, Philippe und Georges Duby (Hrsg.): Geschichte des privaten Lebens, Bd. 2: Vom Feudalzeitalter zur Renaissance. Frankfurt/Main 1990, S. 497-587. [필립 브론슈타인, 〈내밀함으로의 접근: 14~15세기〉, 필립 아리에스 · 조르주 뒤비 책임 편집, 성백용 · 김지현 외 옮김, 《사생활의 역사 2 (중세에서 르네상스까지)》, 새물결, 2006년, 749~880쪽]

Brednich, Rolf Wilhelm: Die Liedpublizistik im Flugblatt des 15. bis 17. Jahrhunderts, Band 1. Baden-Baden 1974: Band 2. Baden-Baden 1975.

Brednich, Rolf Wilhelm: Der Edelmann als Hund. Eine Sensationsmeldung des 17. Jahrhunderts und ihr Weg durch die Medien der Zeit. In: Fabula 26 (1985), S. 29-57.

Breuer, Dieter: Der Prediger als Erfolgsautor. Zur Funktion der Predigt im 17. Jahrhundert. In: Heimo Reinitzer (Hrsg.), Beiträge zur Geschichte der Predigt. Vorträge und Abhandlungen. Hamburg 1981, S. 31-48.

Bridge, Frederick: The Old Cries of London. Boston 1921/1978.

Brod, M.: Johannes Reuchlin und sein Kampf. Stuttgart 1965.

514

Brod, Walter M. und Erich Saffert: Einige Schreibkalender des 16. Jahrhunderts. In: Historischer Verein Schweinfurt e. V. und Stadtarchiv Schweinfurt (Hrsg.): Miscellanea Suinfurtensia Historica IV. Schweinfurt 1964, S. 1-7.

Brunner, Horst: Hans Sachs und Nürnbergs Meistersinger. In: Hans Sachs und die Meistersinger in ihrer Zeit. Katalog einer Ausstellung des Germanischen Nationalmuseums im Neuen Rathaus in Bayreuth. Bayreuth 1981, S. 9-24.

Brunner, Horst: Tradition und Innovation im Bereich der Liedtypen um 1400. Beschreibung und Versuch der Erklärung. In: Vorstand der Vereinigung der deutschen Hochschulgermanisten (Hrsg.), Textsorten und literarische Gattungen. Berlin 1983, S. 392-413.

Bubenheimer, Ulrich: Orthodoxie-Heterodoxie-Kryptoheterodoxie in der nachreformatorischen Zeit am Beispiel des Buchmarkts in Wittenberg, Halle und Tübingen. In: Stefan Oehmig (Hrsg.), 700 Jahre Wittenberg. Stadt, Universität, Reformation. Weimar 1995, S. 257-274.

Bubner, Rüdiger: Ästhetisierung der Lebenswelt. In: Walter Haug und Rainer Warning (Hrsg.), Das Fest. München 1989, S. 651-662.

Buchli, Hanns: 6000 Jahre Werbung. Geschichte der Wirtschaftswerbung und der Propaganda, Bd. II: Die Neuere Zeit. Berlin 1962.

Buck, August: Das gelehrte Buch im Humanismus. In: Bernhard Fabian und Paul Raabe (Hrsg.), Gelehrte Bücher vom Humanismus bis zur Gegenwart. Wiesbaden 1983, S. 1-16.

Büngel, Werner: Der Brief. Ein kulturgeschichtliches Dokument. Berlin 1939.

Bürger, Thomas: Der Buchdruck im Dienste der Repräsentation. Fürstliche Druckereien des 17. Jahrhunderts in Deutschland und Frankreich. In: Gutenberg: 550 Jahre Buchdruck in Europa (Ausstellungskatalog). Weinheim 1990, S. 89-96.

Burckhardt, Jacob: Die Kultur der Renaissance in Italien (orig. 1860). Hrsg. v. Horst Günther. Frankfurt/Main 1989. [야콥 부르크하르트, 이기숙 옮김, 《이탈리아 르네상스의 문화》, 한길사, 2003년]

Burger, Gerhart: Die südwestdeutschen Stadtschreiber im Mittelalter. Böblingen 1960.

Burger, Konrad: Buchhändleranzeigen des 15. Jahrhunderts in getreuer

Nachbildung. Leipzig 1907.

Burke, Peter: Helden, Schurken und Narren. Eunopäische Volkskultur in der frühen Neuzeit. Stuttgart 1981. [Popular Culture in Early Modern Europe (orig. 1978)]

Burke, Peter: Ludwig XIV. Die Inszenierung des Sonnenkönigs. Frankfurt/Main 1995. [The Fabrication of Louis XIV (orig. 1992)]

Burmeister, Karl Heinz: Die alten Gerichtsstätten in Vorarlberg. Dingstätten, Tanzlauben, Gerichtsstuben. In: Österreichische Zeitschrift für Volkskunde, Neue Serie Bd. XXX. Wien 1976, S. 259-287.

Buzas, Ladislaus: Deutsche Bibliotheksgeschichte der Neuzeit(1500-1800). Wiesbaden 1976.

Capp, Bernard: English Almanacs, 1500-1800. Ithaca/New York 1979.

Carter, Thomas Francis (revised by L. Carrington Goodrich): The invention of printing in China. New York 1925/1955.

Casey, P. F.: The Susanna Theme in German Literature. Variations of the Biblical Drama. Bonn 1976.

Catholy, Eckehard: Fastnachtspiel. Stuttgart 1966.

Celletti, Rodolfo: Geschichte des Belcanto. Kassel 1989.

de Chapeaurouge, Donat: Theomorphe Porträts der Neuzeit. In: Deutsche Vierteljahrsschrift für Literaturwissenschaft und Geistesgeschichte, 42. Jg. (1968), Bd. XLII, S. 262-302.

Chartier, Roger: Phantasie und Disziplin. Das Fest in Frankreich vom 15. bis 18. Jahrhundert. In: Richard van Dülmen und Norbert Schindler (Hrsg.), Volkskultur. Zur Wiederentdeckung des vergessenen Alltags (16.-20. Jahrhundert). Frankfurt/Main 1984, S. 153-202.

Chartier, Roger: Lesewelten. Buch und Lektüre in der frühen Neuzeit. Frankfurt/Main, New York 1990. [Lectures et lecteurs dans la France d'Ancien régime (orig. 1987)]

Cipolla, Carlo M. et al.: Bevölkerungsgeschichte Europas: Mittelalter bis Neuzeit. Münchcn 1971.

Clair, Colin: Christopher Plantin. London 1960.

Clemen, Otto: Die lutherische Reformation und der Buchdruck. Leipzig 1939.

Cole, Richard G.: The Reformation in Print: German Pamphlets and Propaganda. In: Archiv für Reformationsgeschichte, 66 (1975), S. 93-103.

Conrad, Hermann: Deutsche Rechtsgeschichte, Bd. I: Frühzeit und Mittelalter. Ein Lehrbuch. 2. Aufl. Karlsruhe 1962.

Consentius, Ernst: Die Berliner Zeitungen bis zur Regierung Friedrichs des Großen. Berlin 1904.

Corsten, Severin: Der frühe Buchdruck und die Stadt. In: Bernd Moeller, Hans Patze und Karl Stackmann (Hrsg.), Studien zum städtischen Bildungswesen des späten Mittelalters und der frühen Neuzeit. Göttingen 1983, S. 9-32.

Crecelius, W.: Das geschichtliche Lied und die Zeitung im 16. und 17. Jahrhundert. In: Zeitschrift des Bergischen Geschichtsvereins, 24 (1888), S. 1-22.

Crofts, Richard: Books, Reform and Reformation. In: Archiv für Reformationsgeschichte 73 (1982), S. 21-36.

Czerwinski, Albert: Geschichte der Tanzkunst bei den cultivirten Völkern von den ersten Anfängen bis auf die gegenwärtige Zeit. Leipzig 1862.

Czok, Karl: Am Hofe Augusts des Starken. Stuttgart 1990.

Dallmeier, Martin: Poststreit im Alten Reich. Konflikte zwischen Preußen und der Reichspost. In: Wolfgang Loth (Hrsg.), Deutsche Postgeschichte. Essays und Bilder. Berlin 1989, S. 77-104.

Daniel, Ute und Wolfram Siemann (Hrsg.): Propaganda. Meinungskampf, Verführung und politische Sinnstiftung (1789-1989). Frankfurt/Main 1994.

Davis, Natalie Zemon: Humanismus, Narrenherrschaft und die Riten der Gewalt. Gesellschaft und Kultur im frühneuzeitlichen Frankreich. Frankfurt/Main 1987. [Society and Culture in Early Modern France: 8 Essays (orig. 1975)]

Dégh, Linda: Narratives in Society: a Performer-Centered Study of Narration. Helsinki 1995.

Deichmann, F.W.: Wandsysteme. In: Byzantinische Zeitschrift 59 (1966), S. 334-358.

Dichert, H.: Freibeuter und fahrende Leute im 16. Jahrhundert. Ein kulturgeschichtliches Bild aus Niedersachsen. Hannover 1908.

Dietz, Alexander: Frankfurter Handelsgeschichte, Bd. 3. (orig. Frankfurt/Main 1921) Glashütten i. Taunus 1972.

Dietz, Alexander: Zur Geschichte der Frankfurter Büchermesse 1462/1792. Mainz o. J.

Delumeau, Jean: Angst im Abendland. Die Geschichte kollektiver Ängste im Europa des 14. bis 18. Jahrhunderts. 2 Bde., Reinbek 1985. [La peur en occident: XIVe-XVIIIe siècles. Une cité assiégée (orig. Paris 1978)]

Dickens, A. G.: Reformation and Society in Sixteenth-century Europe. London 1966.

Diestelkamp, Bernhard: Einige Beobachtungen zur Geschichte des Gesetzes in vorkonstitutioneller Zeit. In: Zeitschrift für Historische Forschung, 10. Bd. (1983), H. 1/4, S. 385-420.

Diez, Hermann: Das Zeitungswesen. Leipzig 1910.

Doll, Hans Peter und Günther Erken: Theater. Eine illustrierte Geschichte des Schauspiels. Stuttgart 1985.

Dornseif, Anneliese: Das evanglische Kirchenlied in der ersten Phase seiner Entwicklung. Masch. schr. Diss. Bonn 1950.

Dresler, Adolf: Zur Forschung über die Anfänge der Zeitungspresse. In: Zeitungswissenschaft, III. Jg. (1928), Nr. 12, S. 180-181.

Dresler, Adolf: Die ersten Beziehungen zwischen Post und Presse. In: Archiv für Postgeschichte in Bayern, Nr. 2 (1929), S. 95-98.

Dresler, Adolf: Die älteste periodische Zeitung und Zeitschrift. Die Rorschacher Monatsschrift von 1597. München 1953.

Dresler, Adolf: Die Nürnberger Einblatt-Kalender des 15. Jahrhunderts. In: Mitteilungen aus der Stadtbibliothek Nürnberg, Jg. 9 (1960), H. 3, S. 1-5.

Dresler, Adolf: Kalender-Kunde. Eine kulturhistorische Studie. München 1972.

Duchhardt, Heinz: Das Zeitalter des Absolutismus. München 1989.

Düding, Dieter: Einleitung. Politische Öffentlichkeit-politisches Fest-politische Kultur. In: Dieter Düding, Peter Friedemann, Paul Münch (Hrsg.), Öffentliche Festkultur. Politische Feste in Deutschland von der Aufklärung bis zum Ersten Weltkrieg. Reinbek 1988, S. 10-24.

Dülberg, Angelica: Zur Ikonographie der profanen Wand- und Deckenmalerei vom 15. bis zum 19. Jahrhundert - ein erster Überblick. In: Rolf-Jürgen Grote und Peter Königfeld (Hrsg.), Raumkunst in Niedersachsen. Die Farbigkeit historischer Innenräume. Kunstgeschichte und Wohnkultur. München 1991, S. 133-156.

van Dülmen, Richard: Fest der Liebe. Heirat und Ehe in der frühen Neuzeit. In: Ders., Armut, Liebe, Ehre. Studien zur historischen Kulturforschung. Frankfurt/Main 1988, S. 67-196.

van Dülmen, Richard: Das Schauspiel des Todes. Hinrichtungsrituale in der frühen Neuzeit. In: Richard van Dülmen und Norbert Schindler (Hrsg.), Volkskultur. Zur Wiederentdeckung des vergessenen Alltags (16.-20. Jahrhundert). Frankfurt/Main 1984, S. 203-245. Abgedruckt in: Richard van Dülmen, Gesellschaft der frühen Neuzeit: Kulturelles Handeln und sozialer Prozeß. Beiträge zur historischen Kulturforschung. Wien, Köln, Weimar 1993, S. 103-156.

van Dülmen, Richard: Theater des Schreckens. Gerichtspraxis und Strafrituale in der frühen Neuzeit. München 1985.

van Dülmen, Richard: Reformation und Neuzeit. In: Ders., Religion und Gesellschaft. Beiträge zu einer Religionsgeschichte der Neuzeit. Frankfurt/Main 1989, S. 10-35.

van Dülmen, Richard: Kultur und Alltag in der Frühen Neuzeit. Zweiter Band: Dorf und Stadt 16.-18. Jahrhundert. München 1992.

van Dülmen, Richard: Formierung der europäischen Gesellschaft in der Frühen Neuzeit. In: Ders., Gesellschaft der Frühen Neuzeit: Kulturelles Handeln und sozialer Prozeß. Beiträge zur historischen Kulturforschung. Wien 1993, S. 1661.

van Dülmen, Richard: Kultur und Alltag in der Frühen Neuzeit. Dritter Band: Religion, Magie, Aufklärung. 16.-18. Jahrhundert. München 1994.

Düsterdieck, Peter: Buchproduktion im 17. Jahrhundert. Eine Analyse der Meßkataloge für die Jahre 1637 und 1658. In: Archiv für Geschichte des Buchwesens, Bd. XIV (1974), S. 164-218.

Dumrese, Hans: Buchdruck, Bucheinband und Druckgraphik in Lüneburg von der Renaissance bis zum Rokoko. Lüneburg 1953.

Dumrese, Hans und Friedrich Carl Schilling: Lüneburg und die Offizin der Sterne. Lüneburg 1956.

Durand, G.: What is Absolutism? In: Ragnhild Hatton (Hrsg.), Louis XIV and

Absolutism. London 1976, S. 18-36.

Dyroff, Hans-Dieter: Gotthard Vögelin - Verleger, Drucker, Buchhändler 1597-1631. In: Archiv für Geschichte des Buchwesens, Bd. IV (1963), S. 1130-1424.

Eamon, William: Science and the Secrets of Nature. Books of Secrets in Medieval und Early Modern Culture. Princeton/NJ 1994.

Ebermann, Richard: Die Türkenfurcht. Ein Beitrag zur Geschichte der öffentlichen Meinung in Deutschland während der Reformationszeit. Halle 1904.

Ebert, Gerhard: Der Schauspieler. Geschichte eines Berufes. Ein Abriß. Berlin 1991.

Ecker, Gisela: Einblattdrucke von den Anfängen bis 1555. Untersuchungen zu einer Publikationsform literarischer Texte. Göttingen 1981.

Edwards Jr., Mark U.: Printing, Propaganda, and Martin Luther. Berkeley, Los Angeles, London 1994.

Eisenhardt, Ulrich: Die kaiserliche Aufsicht über Buchdruck, Buchhandel und Presse im Heiligen Römischen Reich Deutscher Nation (1496-1806). Karlsruhe 1970. 〔E. L. 아이젠슈타인, 전영표 옮김,《인쇄 출판 문화의 원류》, 법경출판사, 1991년〕

Eisenstein, Elizabeth L.: Die Druckerpresse. Kulturrevolutionen im frühen modernen Europa. Wien, New York 1997. (Langfassung in 2 Bd.: The printing revolution in early modern Europe. Cambridge 1983).

Elias, Norbert: Die höfische Gesellschaft (orig. 1969). Darmstadt, Neuwied 1983. 〔노르베르트 엘리아스, 박여성 옮김,《궁정 사회》, 한길사, 2003년〕

Enderle, Wilfried: Die Jesuitenbibliothek im 17. Jahrhundert. In: Archiv für Geschichte des Buchwesens, Bd. 41 (1994), S. 147-213.

Endres, Rudolf: Zur sozialökonomischen Lage und sozialpsychologischen Einstellung des <<Gemeinen Mannes>>. In: Hans-Ulrich Wehler (Hrsg.), Geschichte und Gesellschaft. Zeitschrift für Historische Sozialwissenschaft, Sonderheft 1: Der Deutsche Bauernkrieg 1524-1526. Göttingen 1975, S. 61-78.

Endres, Rudolf: Das Schulwesen in Franken im ausgehenden Mittelalter. In: Bernd Moeller, Hans Patze und Karl Stackmann (Hrsg.), Studien zum städtischen Bildungswesen des späten Mittelalters und der frühen Neuzeit. Göttingen 1983, S. 173-214.

Endres, Rudolf: Ursachen. In: Horst Buszello, Peter Blickle und Rudolf Endres

(Hrsg.), Der deutsche Bauernkrieg. Paderborn 1984, S. 217-253.

Endres, Rudolf: Ausbildung und gesellschaftliche Stellung der Schreib- und Rechenmeister in den fränkischen Reichsstädten. In: Johann Georg Prinz von Hohenzollern und Max Liedtke (Hrsg.), Schreiber, Magister, Lehrer. Zur Geschichte und Funktion eines Berufsstandes. Bad Heilbrunn 1989, S. 144-159.

Engelsing, Rolf: Deutsche Verlegerplakate des 17. Jahrhunderts. In: Archiv für Geschichte des Buchwesens, Bd. IX (1969), S. 218-238.

Engelsing, Rolf: Analphabetentum und Lektüre. Zur Sozialgeschichte des Lesens in Deutschland zwischen feudaler und industrieller Gesellschaft. Stuttgart 1973.

Engelsing, Rolf: Der Bürger als Leser. Lesergeschichte in Deutschland 1500-1800. Stuttgart 1974.

Engelsing, Rolf: Französische Verlegerplakate im Zeitalter Ludwigs XIV. In: Archiv für Geschichte des Buchwesens, Bd. XI (1971), S. 806-855.

Ernst, Fritz: Über Gesandtschaftswesen und Diplomatie an der Wende vom Mittelalter zur Neuzeit. In: Archiv für Kulturgeschichte, Bd. 33 (1951), S. 64-95.

Favreau-Lilie, Marie-Luise: Die Bedeutung von Wallfahrten, Kreuzzügen und anderen Wanderungsbewegungen in Mittelalter und früher Neuzeit. In: Hans Pohl (Hrsg.), Die Bedeutung der Kommunikation für Wirtschaft und Gesellschaft. Stuttgart 1989, S. 64-89.

Faulstich, Werner: Die Kultur der Pornografie. Kleine Einführung in Geschichte, Medien, Ästhetik, Markt und Bedeutung. Bardowick 1994.

Faulstich, Werner: Medien und Offentlichkeiten im Mittelalter (800-1400). Die Geschichte der Medien, Band 2. Göttingen 1996.

Faulstich, Werner: Das Medium als Kult. Von den Anfängen bis zur Spätantike (8. Jahrhundert). Die Geschichte der Medien, Band 1. Göttingen 1997.

Faulstich, Werner: Medientheorie. In: Ders. (Hrsg.), Grundwissen Medien. 3. vollständ. überarb. u. erhebl. erweit. Aufl. München 1998a, S. 21-28.

Faulstich, Werner und Corinna Rückert: Mediengeschichte in tabellarischem Überblick von den Anfängen bis heute. 2 Bde. Bardowick 1993.

Fehr, Hans: Kunst und Recht. 1. Band: Das Recht im Bilde. München, Leipzig 1923.

Fischer, Gottlob Nathanael: Über das Kalenderwesen. An der Berliner Akademie.

In: Fliegende Blätter für Freunde der Toleranz, Aufklärung und Menschen-verbesserung. Dessau, Leipzig 1783, St. 1, S. 125-189.

Fischer, Heinz-Dietrich (Hrsg.): Deutsche Zeitungen des 17. bis 20. Jahrhunderts. München 1972.

Fischer, Heinz-Dietrich: Handbuch der politischen Presse in Deutschland 1480-1980. Düsseldorf 1981.

Fischer, Helmut: Die ältesten Zeitungen und ihre Verleger. Augsburg 1936.

Fischer-Lichte, Erika: Geschichte des Dramas. Epochen der Identität auf dem Theater von der Antike bis zur Gegenwart. Bd. 1: Von der Antike bis zur deutschen Klassik. Tübingen 1990.

Fischer-Lichte, Erika: Kurze Geschichte des deutschen Theaters. Tübingen 1993.

Flemming, Willi (Hrsg.): Oratorium Festspiel. Leipzig 1933.

de Franceso, Grete: Die Macht des Charlatans. Basel 1937.

Frank, Joseph: The Beginnings of the English Newspaper, 1620-1660. Cambridge/Mass. 1961.

Fraser, Peter: The Intelligence of the Secretaries of State & Their Monopoly of Licensed News 1660-1688. Cambridge 1956.

Frenzel, Herbert A.: Geschichte des Theaters. Daten und Dokumente 1470-1890. München 1979/1984.

Friedell, Egon: Kulturgeschichte der Neuzeit. München 1993.

Friederici, Erich: Der Zusammenhang des ersten deutschen Zeitungswesens mit der Post. In: Archiv für Post und Telegraphie, 50 (1922), S. 260-266.

Friedlaender, Ina: Die päpstlichen Legaten in Deutschland und Italien am Ende des XII. Jahrhunderts (1181-1198). Berlin 1928.

Fromme, Jürgen: Kontrollpraktiken während des Absolutismus (1648-1806). In: Heinz-Dietrich Fischer (Hrsg.): Deutsche Kommunikationskontrolle des 15. bis 20. Jahrhunderts. München 1982, S. 36-55.

Fuchs, Eduard: Illustrierte Sittengeschichte (in sechs Bänden). Ausgewählt und eingeleitet von Thomas Huonker. Bd. 1: Renaissance I. Frankfurt/Main 1985. 〔에두아르트 푹스, 이기웅 옮김, 《풍속의 역사 2 (르네상스)》, 까치, 2001년〕

Funke, Fritz: Buchkunde. Ein Überblick über die Geschichte des Buches. 5. neubearb. Aufl. München, London, New York 1992.

Gadol, Joan: Die Einheit der Renaissance: Humanismus, Naturwissenschaften und Kunst (orig. 1965). In: August Buck (Hrsg.), Zu Begriff und Problem der Renaissance. Darmstadt 1969, S. 395-426.

Galbreath, D. L., Léon Jéquier: Lehrbuch der Heraldik. München 1978. [Manuel du blason (orig. 1977)]

Gallo, Max: Geschichte des Plakats. Herrsching 1975.

Garber, Klaus: Der Autor im 17. Jahrhundert. In: Zeitschrift für Literaturwissenschaft und Linguistik, H. 42 (1981), S. 29-45.

Gauger, Hans-Martin: Die sechs Kulturen in der Geschichte des Lesens. In: Paul Goetsch (Hrsg.), Lesen und Schreiben im 17. und 18. Jahrhundert. Studien zu ihrer Bewertung in Deutschland, England, Frankreich. Tübingen 1994., S. 27-47.

Gebhardt, Winfried: Fest, Feier und Alltag. Über die gesellschaftliche Wirklichkeit des Menschen und ihre Deutung. Frankfurt/Main 1987.

Gellrich, Jesse: Orality, Literacy, and Crisis in the Later Middle Ages. In: Philological Quarterly 67 (1988), S. 461-473.

Gerteis, Klaus: Reisen, Boten, Posten, Korrespondenz in Mittelalter und früher Neuzeit. In: Hans Pohl (Hrsg.), Die Bedeutung der Kommunikation für Wirtschaft und Gesellschaft. Stuttgart 1989, S. 19-36.

Gestrich, Andreas: Absolutismus und Öffentlichkeit. Göttingen 1994.

Giesecke, Michael: <Volkssprache> und <Verschriftlichung des Lebens> im Spätmittelalter – am Beispiel der Genese der gedruckten Fachprosa in Deutschland. In: Hans Ulrich Gumbrecht (Hrsg.), Literatur in der Gesellschaft des Spätmittelalters. Heidelberg 1980, S. 39-69.

Giesecke, Michael: Der Buchdruck in der frühen Neuzeit. Eine historische Fallstudie über die Durchsetzung neuer Informations- und Kommunikationstechnologien. Frankfurt/Main 1991.

Giesecke, Michael: Der <abgang der erkantnusz> und die Renaissance <wahren Wissens>. Frühneuzeitliche Kritik an den mittelalterlichen Formen handschriftlicher Informationsverarbeitung. In: Hagen Keller, Klaus Grubmüller und Nikolaus Staubach (Hrsg.), Pragmatische Schriftlichkeit im Mittelalter. Erscheinungsformen und Entwicklungsstufen. München 1992, S. 77-93.

Giesecke, Michael: Von den skriptographischen zu den typographischen

Informationsverarbeitungsprogrammen. Neue Formen der Informations-
gewinnung und -darstellung im 15. und 16. Jahrhundert. In: Horst Brunner und
Norbert Richard Wolf (Hrsg.), Wissensliteratur im Mittelalter und in der Frühen
Neuzeit. Bedingungen, Typen, Publikum, Sprache. Wiesbaden 1993, S. 328-346.

Giesecke, Michael: Die typographische Konstruktion der <<Neuen Welt>>. In:
Horst Wenzel (Hrsg.), Gutenberg und die Neue Welt. München 1994, S. 15-31.

Giesecke, Michael: <<Rezepte>> im Mittelalter und in der Neuzeit. Der
Funktionswandel eines Informationsmediums. In: Ders., Sinnenwandel,
Sprachwandel, Kulturwandel. Studien zur Vorgeschichte der
Informationsgesellschaft. Frankfurt/Main 1992, 2. Aufl. 1998, S. 186-208.

Giesecke, Michael: Alphabetisierung als Kulturrevolution. Leben und Werk V.
Ickelsamers (ca. 1500-ca. 1547). In: Ders., Sinnenwandel, Sprachwandel,
Kulturwandel. Studien zur Vorgeschichte der Informationsgesellschaft.
Frankfurt/Main 1992, 2. Aufl. 1998a, S. 122-185.

Gieseler, Jens: Vom Nutzen und richtigen Gebrauch der frühen Zeitungen. Zur
sogenannten Pressedebatte des 17. Jahrhunderts. In: Gerd Fritz und Erich
Straßner (Hrsg.), Die Sprache der ersten deutschen Wochenzeitungen im 17.
Jahrhundert. Tübingen 1996, S. 259-285.

Gieseler, Jens und Elke Kühnle-Xemaire: Der <<Nordische Mercurius>> – eine
besondere Zeitung des 17. Jahrhunderts? Eine sprachwissenschaftliche
Untersuchung der Hamburger Zeitung. In: Publizistik, 40. Jg. (1995), H. 2, S.
163-185.

Gieselmann, Reinhard: Die Wand. Versuch über ein Architekturelement. In:
Deutsche Bauzeitschrift, Jg. 42 (1994), H. 3, S. 93-104.

Gleichen-Russwurm, A. v.: Das Galante Europa. Geselligkeit der großen Welt
1600-1789. Stuttgart 1919.

Goldfriedrich, Johann: Geschichte des deutschen Buchhandels vom Westfälischen
Frieden bis zum Beginn der klassischen Literaturperiode (1648-1740). (orig.
Leipzig 1908) Aalen 1970.

Gravesteijn, Cora: Amsterdam and the financial journalism. In: Michael North
(Hrsg.), Kommunikationsrevolutionen. Die neuen Medien des 16. und 19.
Jahrhunderts. Köln 1995, S. 61-72.

524

Gregor, Joseph: Kulturgeschichte der Oper. Wien 1941.

Grieshammer, Reinhard: Grab und Jenseitsglaube. In: Arne Eggebrecht (Hrsg.), Das Alte Ägypten. 3000 Jahre Geschichte und Kultur des Pharaonenreiches. München 1984, S. 287-345.

Grimm,Gunter E.: Literatur und Gelehrtentum in Deutschland. Untersuchungen zum Wandel ihres Verhältnisses vom Humanismus bis zur Frühaufklärung Tübingen 1983.

Grimm, Gunter E.: Letternkultur. Wissenschaftskritik und antigelehrtes Dichten in Deutschland von der Renaissance bis zum Sturm und Drang. Tübingen 1998.

Grosse, Albert: Der Romanus Legatus nach der Auffassung Gregor VII. Halle 1901.

Groth, Otto: Die Zeitung. Ein System der Zeitungskunde (Journalistik). Mannheim, Berlin, Leipzig 1928 (Bd. 1), 1929 (Bd. 2), 1930 (Bd. 3 u. 4).

Groth, Otto: Die unerkannte Kulturmacht. Grundlegung der Zeitungswissenschaft (Periodik). Bd. 1. Berlin 1960.

Grube-Verhoeven, Reine: Die Verwendung von Büchern christlich-religiösen Inhalts zu magischen Zwecken. In: Zauberei und Frömmigkeit. Tübingen 1966 (Bd. 13), S. 11-57.

Grupe, Gisela: Umwelt und Bevölkerungsentwicklung im Mittelalter. In: Bernd Herrmann (Hrsg.), Mensch und Umwelt im Mittelalter. Stuttgart 1986, S. 24-34.

Gugitz, Gustav: Lieder der Straße. Die Bänkelsänger im josephinischen Wien. Wien 1954.

Gutenberg-Gesellschaft und Gutenberg-Museum (Hrsg.): Blockbücher des Mittelalters. Bilderfolgen als Lektüre. Mainz 1991.

Haas, Friedrich: Entwicklung der Posten vom Altertum bis zur Neuzeit. Stuttgart 1891.

Haase, Annegret: Die Herausbildung des institutionalisierten Meistersangs bis zum 15. Jahrhundert unter besonderer Berücksichtigung traditioneller Bezüge zwischen der Sangspruchdichtung und dem Meistersang. Diss. Greifswald 1982.

Habermas, Rebekka: Wunder, Wunderliches, Wunderbares. Zur Profanisierung eines Deutungsmusters in der Frühen Neuzeit. In: Richard van Dülmen (Hrsg.), Armut, Liebe, Ehre. Studien zur historischen Kulturforschung. Frankfurt/Main 1988, S. 38-66.

Hämmerle, Albert: Augsburger Briefmaler als Vorläufer der illustrierten Presse. In: Archiv für Postgeschichte in Bayern 4 (1928), S. 3-14.

Hänisch, Ulricke: "Confessio Augustana triumphans." Funktionen der Publizistik zum Confessio-Augustana-Jubiläum 1630: Zeitung, Flugblatt, Flugschrift. Frankfurt/Main 1993.

Hänsel, Johann-Richard: Die Geschichte des Theaterzettels und seine Wirkung in der Öffentlichkeit. Diss. Berlin 1962.

Häusler, Rita: Der Kalender im 15. und 16. Jahrhundert mit Berücksichtigung der Tiroler Drucker und ihrer Stellung an den Höfen in Innsbruck und Brixen. Diss. Universität Wien 1962.

Haferlach, Alfred: Das Geleitswesen der deutschen Städte im Mittelalter. In: Hanseatische Geschichtsblätter, 40. Jg. (1914), Bd. XX, S. 1-172.

Haftlmeier-Seiffert, Renate: Bauerndarstellungen auf deutschen illustrierten Flugblättern des 17. Jahrhunderts. Frankfurt/Main, Bern 1991.

Hagemann, Walter: Nachrichtendrucke der Inkunabelnzeit. Der italienische Feldzug Karls VIII. 1494/95. In: Publizistik, 4. Jg. (1959), H. 2, S. 67-78.

Hagen, Manfred: Das politische Plakat als zeitgeschichtliche Quelle. In: Geschichte und Gesellschaft 4 (1978), S. 412-436.

Hahn, Gerhard: Mündlichkeit und Schriftlichkeit in der Frühgeschichte des evangelischen Kirchenliedes am Beispiel Wittenbergs. In: Jan-Dirk Müller (Hrsg.), <Aufführung> und <Schrift> in Mittelalter und früher Neuzeit. Stuttgart, Weimar 1996, S. 107-117.

von Hahn, Gernot: Jahre, Tage, Stunden. Das große Buch von Zeit und Kalender. Stuttgart 1984.

Hajdu, Helga: Lesen und Schreiben im Spätmittelalter. Fünfkirchen 1931.

Halle, J.: Newe Zeitungen, Relationen, Flugschriften, Flugblätter, Einblattdrucke von 1470 bis 1820 (katalog 70). München 1929.

Hampe, Theodor: Spruchsprecher, Meistersinger und Hochzeitslader, vornehmlich in Nürnberg. In: Mitteilungen aus dem Germanischen Nationalmuseum, Nürnberg 1894, S. 25-44, 60-69.

Harms, Wolfgang (Hrsg.): Illustrierte Flugblätter aus den Jahrhunderten der Reformation und der Glaubenskämpfe. Katalog zur Ausstellung 1983. Coburg

526

1983.

Harms, Wolfgang: Zwischen Werk und Leser. Naturkundliche illustrierte Titelblätter des 16. Jahrhunderts als Ort der Vermittlung von Autor- und Lesererwartungen. In: Ludger Grenzmann und Karl Stackmann (Hrsg.), Literatur und Laienbildung im Spätmittelalter und in der Reformationszeit, Symposion Wolfenbüttel 1981. Stuttgart 1984, S. 427-461.

Harms, Wolfgang: Lateinische Texte illustrierter Flugblätter. Der Gelehrte als möglicher Adressat eines breit wirksamen Mediums der frühen Neuzeit. In: Albrecht Schöne (Hrsg.), Kontroversen, alte und neue. Akten des VII. internationalen Germanisten-Kongresses Göttingen 1985. Tübingen 1986, S. 74-85.

Harth, Helene: Poggio Bracciolini und die Brieftheorie des 15. Jahrhunderts. Zur Gattungsform des humanistischen Briefs. In: Franz Josef Worstbrock (Hrsg.), Der Brief im Zeitalter der Renaissance. Weinheim 1983, S. 81-99.

Hartwig, Helmut: Zwischen Briefsteller und Bildpostkarte. Briefverkehr und Strukrurwandel bürgerlicher Öffentlichkeit. In: Ludwig Fischer, Knut Hickethier, Karl Riha (Hrsg.), Gebrauchsliteratur. Stuttgart 1976, S. 114-126.

Hase, Oskar: Die Koberger. Eine Darstellung des buchhändlerischen Geschäftsbetriebs in der Zeit des Übergangs vom Mittelalter zur Neuzeit. 2. Aufl. Leipzig 1885.

Hasse, Hans-Peter: Bücherzensur an der Universität Wittenberg im 16. Jahrhundert. In: Stefan Oehmig (Hrsg.), 700 Jahre Wittenberg. Stadt, Universität, Reformation. Weimar 1995, S. 187-209.

Hauff, Else: Die <<Einkommenden Zeitungen>> von 1650. Ein Beitrag zur Geschichte der Tageszeitung. In: Gazette 9, Leiden 1963.

Haug, Walter: Die Verwandlungen des Körpers zwischen <<Aufführung>> und <<Schrift>>. In: Jan-Dirk Müller (Hrsg.), <<Aufführung>> und <<Schrift>> in Mittelalter und Früher Neuzeit. Stuttgart 1996, S. 190-204.

Haymes, Edward R.: Das mündliche Epos. Eine Einführung in die <<Oral Poetry>> Forchung. Stuttgart 1977.

Heide, Walther: Die älteste gedruckte Zeitung. Mainz 1931.

Heinzer, Felix: Monatsbilder. In: Badische Landesbibliothek (Hrsg.), Kalender im

Wandel der Zeiten. Eine Ausstellung der Badischen Landesbibliothek zur Erinnerung an die Kalenderreform durch Papst Gregor XIII. im Jahr 1582. Karlsruhe 1982, S. 104-110.

Heisinger, Hans: Die Schreib- und Rechenmeister des 17. und 18. Jahrhunderts in Nürnberg. Ein Beitrag zur Geschichte des Lehrstandes. Nürnberg 1927.

Helmrath, Johannes: Kommunikation auf den spätmittelalterlichen Konzilien. In: Hans Pohl (Hrsg.), Die Bedeutung der Kommuniktion für Wirtschaft und Gesellschaft. Stuttgart 1989, S. 116-172.

Hemels, Joan: Pressezensur im Reformationszeitalter (1475-1648). In: Heinz-Dietrich Fischer (Hrsg.): Deutsche Kommunikationskontrolle des 15. bis 20. Jahrhunderts. München 1982, S. 13-35.

Henatsch, Martin: Die Entstehung des Plakates. Eine rezeptionsästhetische Untersuchung. Hildesheim, Zürich, New York 1994.

Herberts, Kurt: Wände und Wandbild. Die Wandbildtechniken, ihre baulichen Voraussetzungen und geschichtlichen Zuammenhänge. Stuttgart 1953.

Hermann, Ferdinand: Symbolik in den Religionen der Naturvölker. Stuttgart 1961.

Herzog, Urs: Geistliche Wohlredenheit. Die katholische Barockpredigt. München 1991.

Hess, Ursula: Typen des Humanistenbriefs. Zu den Celtis-Autographen der Münchner Universitätsbibliothek. In: Klaus Grubmüller (Hrsg.), Befund und Deutung. Zum Verhältnis von Empirie und Interpretation in Sprach- und Literaturwissenschaft. Tübingen 1979, S. 470-497.

Hettche, Thomas: Essay u. dt. Übersetzung von Pietro Aretino: I Modi. Frankfurt/Main 1997.

Hildebrandt, Adolf Matthias: Der kaiserliche Herold Caspar Sturm. In: Festschrift zur Feier des 25jährigen Bestehens des Vereins für Wappen-, Siegel- und Familienkunde. Berlin 1894, S. 206-208.

Hiller, Helmut: Zur Sozialgeschichte von Buch und Buchhandel. Bonn 1966.

Hindley, Charles: A history of the cries of London, ancient and modern. 2nd ed. London 1884/1969.

Hinrichs, Ernst: Einführung in die Geschichte der Frühen Neuzeit. München 1980.

Hinrichs, Ernst: Lesen, Schulbesuch und Kirchenzucht im 17. Jahrhundert. Eine

Fallstudie zum Prozeß der Alphabetisierung in Norddeutschland. In: Mentalitäten und Lebensverhältnisse. Beispiele aus der Sozialgeschichte der Neuzeit. Rudolf Vierhaus zum 60. Geburtstag. Göttingen 1982, S. 15-33.

Hirsch, Rudolf: Printing, selling and reading, 1450-1550. Wiesbaden 1974.

Höck, Alfred: Leiermänner und Zeitungssänger. In: Jahrbuch für Volksliedforschung, 13 (1968), S. 59-70.

Hölscher, Lucian: Öffentlichkeit und Geheimnis. Eine begriffsgeschichtliche Untersuchung zur Entstehung der Öffentlichkeit in der frühen Neuzeit. Stuttgart 1979.

Hoffmann, Julius: Die <<Hausväterliteratur>> und die <<Predigten über den christlichen Hausstand>>. Lehre vom Hause und Bildung für das häusliche Leben im 16., 17. und 18. Jhdt. Weinheim, Berlin 1959.

Hoffmann, Leonhard: Die Gutenbergbibel. Eine Kosten- und Gewinnschätzung des ersten Bibeldrucks auf der Grundlage zeitgenössischer Quellen. In: Archiv für Geschichte des Buchwesens, Bd. 39 (1993), S. 255-317.

Hoffmann, Moritz: 2000 Jahre Gaststätte. Frankfurt/Main 1954.

Hoffmann, Moritz: Geschichte des deutschen Hotels. Vom Mittelalter bis zur Gegenwart. Heidelberg 1961.

Hofmann, Christina: Das Spanische Hofzeremoniell – eine spezifische Ausdrucksform nichtverbaler Sprache. In: Volker Kapp (Hrsg.), Die Sprache der Zeichen und Bilder. Rhetorik und nonverbale Kommunikation in der frühen Neuzeit. Marburg 1990, S. 142-148.

Hohenecker, Leipold: Die literarhistorische und kulturgeschichtliche Bedeutung des Kalenders. Diss. Wien 1949.

Holländer, Eugen: Wunder, Wundergeburt und Wundergestalt in Einblattdrucken des 15. bis 18. Jahrhunderts. Kulturhistorische Studie. Stuttgart 1921.

Holtzmeyer, Kurt und Josef Benzing: Peter Schmidt als Buchdrucker zu Schleusingen, Gotha und Arnstadt (1634-1678). In: Archiv für Geschichte des Buchwesens, Bd. LXX (1969), S. 645-648.

Huhndorf, Günter: Publizistische Kleindrucke in England vor 1558. Münster 1959.

Hupp, Otto (Hrsg.): Scheltbriefe und Schandbilder, ein Rechtsbehelf aus dem 15. und 16. Jahrhundert. Selbstverlag des Verf., München-Regensburg 1930.

Husung, Max Joseph: Über die Entwicklung der Monatsbilder in Kalendern. In: Ders. (Hrsg.), Buch und Bucheinband. Zum 60. Geburtstag von Hans Loubier. Leipzig 1923, S. 13-32.

Isenmann, Eberhard: Die deutsche Stadt im Spätmittelalter, 1250-1500. Stuttgart 1988.

Jackson, Timothy R.: Drama and dialogue in the service of the Reformation. In: Helga Robinson-Hammerstein (Hrsg.), The transmission of ideas in the Lutheran Reformation. Dublin 1989, 5. 105-131.

Jahn, Bernhard: Raumkonzepte in der Frühen Neuzeit. Zur Konstruktion von Wirklichkeit in Pilgerberichten, Amerikareisebeschreibungen und Prosaerzählungen. Frankfurt/Main, Bern 1993.

Jaeger, Adolf: Stellung und Tätigkeit der Schreib- und Rechenmeister (Modisten) in Nürnberg im ausgehenden Mittelalter und zur Zeit der Renaissance. Diss. Erlangen 1925 (schreibmasch.).

Janota, Johannes: Studien zu Funktion und Typus des deutschen geistlichen Liedes im Mittelalter. München 1968.

Janzin, Marion und Joachim Güntner: Das Buch vom Buch. 5000 Jahre Buchgeschichte. Hannover 1995.

Jochum, Uwe: Kleine Bibliotheksgeschichte. Stuttgart 1993.

Jouhaud, Christian: Readability and Persuasion: Political Handbills. In: Roger Chartier (Hrsg.), The Culture of Print. Power and the Uses of Print in Early Modern Europe. Oxford 1989, S. 235-260.

Jowett, Garth S. and Victoria O'Donnell: Propaganda and Persuasion. 2nd. ed. Newbury Park, London 1992.

Kaiser, Gert (Hrsg.): Der tanzende Tod. Mittelalterliche Totentänze. Frankfurt/Main 1982.

Kalmus, Ludwig: Weltgeschichte der Post. Mit besonderer Berücksichtigung des deutschen Sprachgebietes. Wien 1937.

Kampmann, Dirk: Das Rebusflugblatt. Studien zum Konnex von literalischer Gattung und publizistischem Medium. Köln 1993.

Kapp, Friedrich: Geschichte des deutschen Buchhandels bis in das siebzehnte Jahrhundert. Leipzig 1886.

Kapp, Volker: Die Sprache der Zeichen und Bilder. Rhetorik und nonverbale Kommunikation in der frühen Neuzeit. In: Ders. (Hrsg.), Die Sprache der Zeichen und Bilder. Rhetorik und nonverbale Kommunikation in der frühen Neuzeit. Marburg 1990, S. 7-10.

Kaschuba, Wolfgang: Ritual und Fest. Das Volks auf der Straße. Figurationen und Funktionen populärer Öffentlichkeit zwischen Frühneuzeit und Moderne. In: Richard van Dülmen (Hrsg.), Dynamik der Tradition. Studien zur historischen Kulturforschung IV. Frankfurt/Main 1992, S. 240-267.

Kastner, Ruth: Geistlicher Rauffhandel. Form und Funktion der illustrierten Flugblätter zum Reformationsjubiläum 1617 in ihrem historischen und publizistischen Kontext. Frankfurt/Main 1982.

Kathe, Heinz: Der <<Sonnenkönig>>. Ludwig XIV., König von Frankreich, und seine Zeit 1638-1715. Berlin 1981.

Kaufhold, Karl Heinrich: Die Wirtschaft Mitteleuropas 1350 bis 1800. Beharrung und Wandel. In: Günter Wiegelmann (Hrsg.), Wandel der Alltagskultur seit dem Mittelalter. Münster 1987, S. 39-65.

Kellenbenz, Hermann: Die Wiege der Moderne. Wirtschaft und Gesellschaft Europas 1350-1650. Stuttgart 1991.

Kelly, John T.: Practical Astronomy During the Seventeenth Century. Almanac-Makers in America and England. New York, London 1991.

Kienitz, Werner: Formen literarischer Ankündigung im 15. und 16. Jahrhundert. Köslin 1930.

Kieslich, Günter: Das <<Historische Volkslied>> als publizistische Erscheinung. Münster 1958.

Kieslich, Günter: Berufsbilder im frühen Zeitungswesen. Vorstudien zu einer Soziologie des Journalismus zwischen 1609 und 1650. In: Publizistik, 11. Jg. (1966), S. 253-263.

Kießkalt, Ernst: Die Entstehung der deutschen Post und ihre Entwicklung bis zum Jahre 1932. Erlangen 1935.

Kilchenmann, Ruth T.: Die Kalendergeschichte. Ursprung, Entwicklung, Formen. In: Diess. (Hrsg.), Rezept für die bösen Weiber. Kalendergeschichten von Grimmelshausen bis Brecht. Wuppertal-Barmen 1970, S. 11-34.

Kindermann, Heinz: Theatergeschichte Europas, II. Band: Das Theater der Renaissance. Salzburg 1959.

Kindermann, Heinz: Theatergeschichte Europas, III. Band: Das Theater der Barockzeit. Salzburg 1959a.

Kindermann, Heinz: Das Theaterpublikum der Renaissance, Band I. Salzburg 1984.

Kindermann, Heinz: Das Theaterpublikum der Renaissance, Band II. Salzburg 1986.

Kircher, Albrecht: Deutsche Kaiser in Nürnberg. Eine Studie zur Geschichte des öffentlichen Lebens der Reichsstadt Nürnberg von 1500-1612. Nürnberg 1955.

Klaits, Joseph: Printed Propaganda under Louis XIV. Princeton, N. J. 1976.

Klarwill, Victor (Hrsg.): Fugger-Zeitungen. Ungedruckte Briefe an das Haus Fugger aus den Jahren 1568-1605. Wien, Leipzig, München 1922.

Kleinpaul, Johannes: Die Fuggerzeitungen, 1568-1605. Leipzig 1921.

Kleinpaul, Johannes: Das Nachrichtenwesen der deutschen Fürsten im 16. und 17. Jahrhundert. Ein Beitrag zur Geschichte der Geschriebenen Zeitungen. Leipzig 1930.

Kleyser, Friedrich: Der Flugschriftenkampf gegen Ludwig XIV. zur Zeit des pfälzischen Krieges. Berlin 1935.

Kliemann, Julian: Programme, Inschriften und Texte zu Bildern. Einige Bemerkungen zur Praxis in der profanen Wandmalerei des Cinquecento. In: Wolfgang Harms (Hrsg.), Text und Bild, Bild und Text. DFG-Symposium 1988. Stuttgart 1990, S. 79-95.

Koch, Herbert: Zur Geschichte des Buchdrucks in Lüneburg im 17. Jahrhundert. In: Gutenberg-Jahrbuch 1972, Mainz, S. 244-247.

Köhler, Hans-Joachim: Die Flugschriften. Versuch der Präzisierung eines geläufigen Begriffs. In: Horst Rabe et al. (Hrsg.), Festgabe für Ernst Walter Zeeden. Münster 1976, S. 36-61.

Köhler, Hans-Joachim: Erste Schritte zu einem Meinungsprofil der frühen Reformationszeit. In: Volker Press und Dieter Stievermann (Hrsg.), Martin Luther. Probleme seiner Zeit. Stuttgart 1986, S. 244-281.

Köhler, Hans-Joachim: Die Erforschung der Flugschriften des frühen 16.

Jahrhunderts als Beitrag zur Presse- und Kommunikationsgeschichte. In: Presse und Geschichte II. Neue Beiträge zur historischen Kommunikationsforschung. München, London, New York 1987, S. 21-55.

Könneker, Barbara: Satire im 16. Jahrhundert. Epoche – Werke – Wirkung. München 1991.

Koischwitz, Otto: Der Theaterherold im deutschen Schauspiel des Mittelalters und der Reformationszeit. Berlin 1926.

Kolde, D. Th.: Der Reichsherold Caspar Sturm und seine literarische Tätigkeit. In: Archiv für Reformationsgeschichte, 4. Jg. (1906/07), S. 117-161.

Kooznetzoff, Constantin: Das Theaterspielen der Meistersinger (orig. 1964). In: Bert Nagel (Hrsg.), Der deutsche Meistersang. Darmstadt 1967, S. 442-497.

Koppitz, Hans-Joachim: Studien zur Tradierung der weltlichen mittelhochdeutschen Epik im 15. und beginnen den 16. Jahrhundert. München 1980.

Korzendorfer, A.: Von Postreutern und Postillionen. Leipzig 1936.

Kossok, Manfred: Am Hofe Ludwigs XIV. Stuttgart 1990.

Kossok, Manfred: 1492. Die Welt an der Schwelle zur Neuzeit. Leipzig 1992.

Koszyk, Kurt: Vorläufer der Massenpresse. Ökonomie und Publizistik zwischen Reformation und Französischer Revolution. Öffentliche Kommunikation im Zeitalter des Feudalismus. München 1972.

Koszyk, Kurt: Zur Soziologie der Medientechnik. In: Manfred Bobrowsky und Wolfgang R. Langenbucher (Hrsg.), Wege zur Kommunikationsgeschichte. München 1987, S. 223-234.

Kramm, Heinrich: Deutsche Bibliotheken unter dem Einfluß von Humanismus und Reformation. Ein Beitrag zur deutschen Bildungsgeschichte. Leipzig 1938, repr. Wiesbaden 1968.

Kneutzer, Hans Joachim: Buchmarkt und Roman in der Frühdruckzeit. In: Ludger Grenzmann und Karl Stackmann (Hrsg.), Literatur und Laienbildung im Spätmittelalter und in der Reformationszeit (Symposium Wolfenbüttel 1981). Stuttgart 1984, S. 197-211.

Krieg, Walter: Materialien zu einer Entwicklungsgeschichte der Bücher-Preise und des Autoren-Honorars vom 15. bis zum 20. Jahrhundert. Bad Bocklet, Wien, Zürich 1953.

Kristeller, Paul Oskar: Der Gelehrte und sein Publikum im späten Mittelalter und in der Renaissance. In: Hans Robert Jauss und Dieter Schaller (Hrsg.), Medium Aevum Vivum. Festschrift für Walther Bulst. Heidelberg 1960, S. 212-230.

von Kruedener, Jürgen Freiherr: Die Rolle des Hofes im Absolutismus. Stuttgart 1973.

von Künssberg, Eberhard Freiherr, bearbeitet von Pavlos Tzermias: Rechtsgeschichte und Volkskunde. Köln, Graz 1965.

Kunze, Horst: Das große Buch vom Buch. Eine Geschichte des Buches und des Buchgewerbes von den Anfängen bis heute, vorgestellt in Wort und Bild. (Ost-) Berlin 1983.

Kupfer, Marcia: Romanesque wall painting in central France. The politics of narrative. New Haven, London 1993.

Kurth, Karl (Hrsg.): Die ältesten Schriften für und wider die Zeitung. Brünn 1944.

Lang, H. -W.: Die Neue Zeitung des 15. und 17. Jahrhunderts. Entwicklungs-geschichte und Typologie. In: E. Blühm und H. Gebhardt (Hrsg.), Presse und Geschichte II. Neue Beiträge zur historischen Kommunikationsforschung. München 1987, S. 57-60.

Langer, Herbert: Kulturgeschichte des 30jährigen Krieges. Stuttgart 1978.

Lauffer, Otto: Der laufende Bote im Nachrichtenwesen der früheren Jahrhunderte. Sein Amt, seine Ausstattung und seine Dienstleistungen. In: Beiträge zur deutschen Volks- und Altertumskunde, 1 (1954), S. 19-60.

Lavin, Marilyn Aronberg: The Place of Narrative: Mural Decoration in Italian Churches, 431-1600. Chicago, London 1990.

Lawler, John: Book Auction in England in the Seventeenth Century (1676-1700). London 1898.

Lehmann-Haupt, Hellmut: Peter Schoeffer of Gernsheim and Mainz. Rochester/N.Y. 1950.

Lenhart, John M.: Pre-reformation Printed Books. A Study in Statistical and Applied Bibliography. In: Franciscan Studies, no. 14 (1935).

Lerg, Winfried und Michael Schmolke: Massenpresse und Volkszeitung. Assen 1968.

Lindemann, Bernd Wolfgang: Bilder vom Himmel. Studien zur Deckenmalerei des

17. und 18. Jahrhunderts. Worms am Rhein 1994.

Lindemann, Margot: Deutsche Presse bis 1815. Geschichte der deutschen Presse, Teil I. Berlin 1969.

Löffler, Kaspar: Post und deutsches Zeitungswesen. Von der Entstehung der Zeitungen. In: Archiv für deutsche Postgeschichte, 1. Heft (1954), S. 25-30, 2. Heft (1954), S. 8-17.

Lotz, Wolfgang (Hrsg.): Deutsche Postgeschichte. Essays und Bilder. Berlin 1989.

Lough, John: Paris theatre audiences in the seventeenth & eighteenth centuries. London 1957.

Lucke, Peter: Gewalt und Gegengewalt in den Flugschriften der Reformation. Göppingen 1974.

Lülfing, Hans: Die Fortdauer der handschriftlichen Buchherstellung nach der Erfindung des Buchdrucks – ein buchgeschichtliches Problem. In: Lotte Hellinga und Helmar Härtel (Hrsg.), Buch und Text im 15. Jahrhundert. Hamburg 1981, S. 17-26.

Malettke, Klaus: Opposition und Konspiration unter Ludwig XIV. Göttingen 1976.

Marek, Hans Georg: Der Schauspieler im Lichte der Soziologie, 2. Teil: Der Schauspieler in seiner gesellschaftlichen und rechtlichen Stellung in Deutschland vom 8. Jahrhundert bis zur Gegenwart. Wien 1956.

Marwinski, Felicitas: <<Nimm wahr der Zeit, sie eilet sich und kehrt nicht wieder ewiglich>>. Ein Beitrag zur Geschichte des Volkskalenders. In: Marginalien. Zeitschrift für Buchkunst und Bibliophilie, H. 36 (1969), S. 44-61.

Matthäus, Klaus: Zur Geschichte des Nürnberger Kalenderwesens. Die Entwicklung der in Nürnberg gedruckten Jahreskalender in Buchform. In: Archiv für Geschichte des Buchwesens, Band IX. Frankfurt/Main 1969, Spalte 995-1395.

Maurer, Justus: Prediger im Bauernkrieg. Stuttgart 1979.

Meckseper, Cord (Hrsg.): Stadt im Wandel. Ausstellungskatalog Bd. 2 der Landesausstellung Niedersachsen 1985. Stuttgart-Bad Cannstatt 1985.

Medick, Hans: Spinnstube auf dem Dorf. Jugendliche Sexualkultur und Feierabendbrauch in der ländlichen Gesellschaft der frühen Neuzeit. In: Gerhard Huck (Hrsg.), Sozialgeschichte der Freizeit. Untersuchungen zum

Wandel der Alltagskultur in Deutschland. Wuppertal 1980, S. 19-49.

Menzel, Viktor: Deutsches Gesandtschaftswesen im Mittelalter. Hannover 1892.

Mertens, Dieter: Früher Buchdruck und Historiographie. Zur Rezeption historiographischer Literatur im Bürgertum des deutschen Spätmittelalters beim Übergang vom Schreiben zum Drucken. In: Bernd Moeller, Hans Patze und Karl Stackmann (Hrsg.), Studien zum stätischen Bildungswesen des späten Mittelalters und der frühen Neuzeit. Göttingen 1983, S. 83-111.

Mertens, Sabine: Von der Handschrift zur mechanischen Vervielfältigung. In: Gutenberg-Gesellschaft und Gutenberg-Museum (Hrsg.), Blockbücher des Mittelalters. Bilderfolgen als Lektüre. Mainz 1991.

Metzler, Regine: Zur Textsorte Privatbrief in der ersten Hälfte des 16. Jahrhunderts. In: Rudolf Grosse (Hrsg.), Untersuchungen zur Pragmatik und Semantik von Texten aus der ersten Hälfte des 16. Jahrhunderts. Als Manuskript vervielfältigt DDR O. O., Dez. 1987, S. 1-74.

Meuche, Hermann: Flugblätter der Reformation und des Bauernkrieges. Katalog von Ingeburg Neumeister. Leipzig 1976.

Meyer, Rudolf: Hecken- und Gartentheater in Deutschland im XVII. und XVIII. Jahrhundert. Emsdetten 1934.

Meyer, Rudolf: Die Flugschriften der Epoche Ludwigs XIV. Basel, Stuttgart 1955.

Michael, Wolfgang F.: Das deutsche Drama der Reformationszeit. Bonn, Frankfurt 1984.

Michel, Kurt: Das Wesen des Reformationsdramas entwickelt am Stoff des verlorenen Sohns. Diss. Gießen 1934.

Miller, Dwight: Street criers and itinerant tradesmen in European prints. Stanford University 1970.

Moeller, Bernd: Stadt und Buch. Bemerkungen zur Struktur der reformatorischen Bewegung in Deutschland. In: Wolfgang J. Mommsen et al. (Hrsg.), Stadtbürgertum und Adel in der Reformation. Studien zur Sozialgeschichte der Reformation in England und Deutschland. Stuttgart 1979, S. 25-39.

Moeller, Bernd: Die Anfänge kommunaler Bibliotheken in Deutschland. In: Bernd Moeller, Hans Patze und Karl Stackmann (Hrsg.), Studien zum städtischen Bildungswesen des späten Mittelalters und der frühen Neuzeit. Göttingen 1983,

S. 136-151.

Moeller, Bernd: Die letzten Ablaßkampagnen. Der Widerspruch Luthers gegen den Ablaß in seinem geschichtlichen Zusammenhang. In: Hartmut Boockmann, Bernd Moeller und Karl Stackmann (Hrsg.), Lebenslehren und Weltentwürfe im Übergang vom Mittelalter zur Neuzeit. Göttingen 1989, S. 539-567.

Moeller, Bernd: Die frühe Reformation als Kommunikationsprozeß. In: Hartmut Boockmann (Hrsg.), Kirche und Gesellschaft im Heiligen Römischen Reich des 15. und 16. Jahrhunderts. Göttingen 1994, S. 148-164.

Mörke, Olaf: Pamphlet und Propaganda. Politische Kommunikation und technische Innovation in Westeuropa in der frühen Neuzeit. In: Michael North (Hrsg.), Kommunikationsrevolutionen. Die neuen Medien des 16. und 19. Jahrhunderts. Köln 1995, S. 15-32.

Moraw, Peter (Hrsg.): Unterwegssein im Spätmittelalter. Berlin 1985.

Morineau, Michel: Die Holländischen Zeitungen des 17. und 18. Jahrhunderts. In: Michael North (Hrsg.), Kommunikationsrevolutionen. Die neuen Medien des 16. und 19. Jahrhunderts. Köln 1995, S. 33-43.

Moser, Fritz: Die Anfänge des Hof- und Gesellschaftstheaters in Deutschland. Berlin 1940.

Muchembled, Robert: Kultur des Volkes - Kultur der Eliten. Die Geschichte einer erfolgreichen Verdrängung. Stuttgart 1982. [Culture populaire et culture des élites dans la France moderne XVe-XVIIIe siècles. (orig. 1978)]

von Müller, Achatz: Die Festa S. Giovanni in Florenz. Zwischen Volkskultur und Herrschaftsinszenierung. In: Uwe Schultz (Hrsg.), Das Fest. Eine Kulturgeschichte von der Antike bis zur Gegenwart. München 1988, S. 153-163.

Müller, Jan-Dirk: Volksbuch/ Prosaroman im 15./16. Jahrhundert - Perspektiven der Forschung. In: Internationales Archiv für Sozialgeschichte der deutschen Literatur, 1. Sonderheft. Tübingen 1985, S. 1-127.

Müller, Jan-Dirk: Ausverkauf menschlichen Wissens. Zu den Faustbüchern des 16. Jahrhunderts. In: Walter Haug und Burghart Wachinger (Hrsg.): Literatur, Artes und Philosophie. Tübingen 1992, S. 163-194.

Müller, Jan-Dirk: Das Gedächtnis der Universalbibliothek: die neuen Medien und der Buchdruck. In: Hartmut Böhme und Klaus R. Scherpe (Hrsg.), Literatur und

Kulturwissenschaft. Positionen, Theorien, Modelle. Reinbek 1996, S. 78-95.

Müller, Siegfried (Hrsg.): Graffiti. Tätowierte Wände. Bielefeld 1985.

Müller-Brockmann, Josef: Geschichte der visuellen Kommunikation. Von den Anfängen der Menschheit, vom Tauschhandel im Altertum bis zur visualisierten Konzeption der Gegenwart. Stuttgart 1971 (3-sprachig).

Müller-Brockmann, Josef und Shizuko: Geschichte des Plakates. Zürich 1971.

Münch, Paul: Lebensformen in der frühen Neuzeit, 1500-1800. Frankfurt/Main 1996.

Münster, Hans A.: Geschichte der deutschen Presse in ihren Grundzügen dargestellt. Leipzig 1941.

Muth, Frid: Das Wesensgefüge der deutschen Zeitschrift. Versuch einer Vorgeschichte der deutschen Zeitschrift. Würzburg 1938.

Nagel, Bert: Meistersang. Stuttgart 1962.

Nagel, Bert (Hrsg.): Der deutsche Meistersang. Darmstadt 1967.

Naumann, Hans: Studien über den Bänkelsang. In: Zeitschrift des Vereins für Volkskunde, Jg. 1920/21, 1. Heft, S. 1-21.

Neumann, Gerhard: Vom Lübecker Botenwesen. Ein Beitrag zur Frage der Kommunikation am Ende des Mittelalters. In: Antjekathrin Graßmann und Werner Neugebauer (Hrsg.), Von Postboten, Briefen und Dukaten. Aus acht Jahrhunderten Lübecker Post- und Münzgeschichte. Lübeck 1993, S. 14-21.

Neumann, Helmut: Staatliche Bücherzensur und -aufsicht in Bayern von der Reformation bis zum Ausgang des 17. Jahrhunderts. Heidelberg, Karlsruhe 1977.

Nickisch, Reinhard M.G.: Brief. Stuttgatt 1991.

North, Gottfried: Die Post. Ihre Geschichte in Wort und Bild. Heidelberg 1988.

Oelke, Harry: Die Konfessionsbildung des 16. Jahrhunderts im Spiegel illustrierter Flugblätter. Berlin, New York 1992.

Oertel, Robert: Wandmalerei und Zeichnung in Italien. Die Anfänge der Entwurfszeichnung und ihre monumentalen Vorstufen. In: Mitteilungen des kunsthistorischen Institutes in Florenz, 5. Band (Dez. 1937 bis Juli 1940), S. 217-314.

Oettermann, Stephan: Läufer und Vorläufer. Zu einer Kulturgeschichte des

Laufsports. Frankfurt/Main 1984.

Olshausen, Eckart, und Hildegard Biller (Hrsg.): Antike Diplomatie. Darmstadt 1979.

Opel, J. O.: Die Anfänge der deutschen Zeitungspresse 1609-1650. Leipzig 1879.

Paas, John Roger: Georg Kress, a *Briefmaler* in Augsburg in the late sixteenth and early seventeenth centuries. In: Gutenberg-Jahrbuch, 65. Jg. (1990), S. 177-183.

Paneth, Erwin: Entwicklung der Reklame vom Altertum bis zur Gegenwart. Erfolgreiche Mittel der Geschäfts-, Personen- und Ideenreklame aus allen Zeiten und Ländern. München, Berlin 1926.

Paschen, Christine: Buchproduktion und Buchbesitz in der frühen Neuzeit: Amberg in der Oberpfalz. In: Archiv für Geschichte des Buchwesens, Bd. 43 (1995), S. 1-190.

Paul, Jürgen: Das Rathaus. In: Werner Busch (Hrsg.), Funkkolleg Kunst. Eine Geschichte der Kunst im Wandel ihrer Funktionen, Bd. II. München, Zürich 1987, S. 392-423.

Paulsen, Friedrich: Das deutsche Bildungswesen in seiner geschichtlichen Entwicklung. Stuttgart 3. Aufl. 1966.

Petrat, Gerhardt: Einem besseren Dasein zu Diensten. Die Spur der Aufkärung im Medium Kalender zwischen 1700 und 1919. München 1991.

Petzoldt, Leander: Bänkelsang. Vom historischen Bänkelsang zum literarischen Chanson. Stuttgart 1974

Pfaeler, Dietrich: Orientierung vor und auf der Reise. Gedruckte kartographische Hilfsmittel zur Reiseplanung vom 16. bis zum 18. Jahrhundert. In: Wolfgang Lotz (Hrsg.), Deutsche Postgeschichte. Essays und Bilder. Berlin 1989, S. 105-122.

Pfeffer, Maria: Flugschriften zum Dreißigjährigen Krieg aus der Häberlin-Sammlung der Thurn- und Taxisschen Hofbibliothek. Frankfurt/Main 1993.

Pfeiffer, Gerhard (Hrsg.): Nürnberg-Geschichte einer europäischen Stadt. München 1971.

Philippot, Paul: Die Wandmalerei. Enwicklung, Technik, Eigenart. Wien, München 1972.

Piendl, Max: Thurn und Taxis 1517-1867. Zur Geschichte des fürstlichen Hauses und der Thurn und Taxisschen Post. In: Archiv für deutsche Postgeschichte, Sonderdruck, H. 1 (1967), S. 5-112.

Pieper, Josef: Muße und Kult. München 6. Aufl. 1961.

Pieper, Josef: Zustimmung zur Welt. Eine Theorie des Festes. München 1963.

Pieper, Renate: Informationszentren im Vergleich. Die Stellung Venedigs und Antwerpens im 16. Jahrhundert. In: Michael North (Hrsg.), Kommunikationsrevolutionen. Die neuen Medien des 16. und 19. Jahrhunderts. Köln 1995, S. 45-60.

Pöge-Alder, Kathrin: Mänchen als mündlich tradierte Erzählungen des Volkes? Zur Wissenschaftsgeschichte der Entstehungs- und Verbreitungstheorien von Volksmärchen von den Brüdern Grimm bis zur Märchenforschung in der DDR. Frankfurt/Main 1994.

Pohl, Hans (Hrsg.): Die Bedeutung der Kommunikation für Wirtschaft und Gesellschaft. Stuttgatt 1989.

Postler, Frank: Die historische Entwicklung des Post- und Fernmeldewesens in Deutschland vor dem Hintergrund spezifischer Interessenkonstellationen bis 1945. Eine sozialwissenschaftliche Analyse der gesellschaftlichen Funktionen der Post. Frankfurt/Main 1991.

Prange, Carsten: Die Zeitungen und Zeitschriffen des 17. Jahrhunderts in Hamburg und Altona. Ein Beitrag zur Publizistik der Frühaufklärung. Hamburg 1978.

Prutz, Robert E.: Geschichte des deutschen Journalismus. Hannover 1845. Faksimiledruck Göttingen 1971 (1845/1971).

Pürer, Heinz und Johannes Raabe: Medien in Deutschland. 1. Band: Presse. München 1994.

Puhle, Matthias: Das Gesandten- und Botenwesen der Hanse im späten Mittelalter. In: Wolfgang Loth (Hrsg.), Deutsche Postgeschichte. Essays und Bilder. Berlin 1989, S. 43-56.

Quetsch, Franz H.: Die Entwicklung des Zeitungswesens seit der Mitte des 15. bis zum Ausgang des 19. Jahrhunderts. Mainz 1901.

Raabe, Paul: Brief/Memoiren. In: Wolf-Hartmut Friedrich und Walther Killy (Hrsg.): Literatur 2/1. Frankfurt/Main 1965/1972, S. 100-115.

Rabbow, Arnold: Die Heraldik als publizistische Erscheinung. In: Publizistik, 7. Jg. (1962), S. 217-223.

Rademacher, Helmut: Das deutsche Plakat von den Anfängen bis zur Gegenwart. Dresden 1965.

Rädle, Fidel: Das Jesuitentheater in der Pflicht der Gegenreformation. In: Jean-Marie Valentin (Hrsg.), Gegenreformation und Literatur. Beiträge zur interdisziplinären Erforschung der katholischen Reformbewegung. Amsterdam 1979, S. 167-199.

Rädle, Fidel: Lateinisches Theater fürs Volk. Zum Problem des frühen Jesuitendramas. In: Werner Faible (Hrsg.), Zwischen Festtag und Alltag. Zehn Beiträge zum Thema <Mündlichkeit und Schriftlichkeit>. Tübingen 1988, S. 133-147.

Rädle, Fidel: Die Epistolae obscurorum virorum. In: Hartmut Boockmann (Hrsg.), Kirche und Gesellschaft im Heiligen Römischen Reich des 15. und 16. Jahrhunderts. Göttingen 1994, S. 103-115.

Rauers, Friedrich: Kulturgeschichte der Gaststätte. Teil I. Berlin 1942.

Redlich, Fritz: Reklame. Begriff-Geschichte-Theorie. Stuttgart 1935.

Reese, Armin: Zum höfischen Fest des Absolutismus. In: Richard Beilharz und Gerd Frank (Hrsg.), Feste. Erscheinungs- und Ausdrucksformen, Hintergründe, Rezeption. Weinheim 1991, S. 121-128.

Reicke, Emil: Lehrer und Unterrichtswesen in der deutschen Vergangenheit. Leipzig 1901.

Reinecke, Wilhelm: Huldigungsfeste in Lüneburg. In: Lüneburger Museumsblätter H. 4 (1907), abgedruckt in: Ders., Geschichte der Stadt Lüneburg. Lüneburg 1933/1977, S. 25-78.

Rennert, G.: Die schwedische Post in Deutschland um 1632. In: Deutsche Postgeschichte (1938), H. 1, S. 188-195.

Rennert, Georg: Die ersten Post-Zeitungen. Berlin 1940.

Rennert, Georg: <<Wochentliche Zeitungen>> anno 1623 bis 1626. In: Archiv für das Post- und Fernmeldewesen, Jg. 2 (1950), H. 10, S. 806-812.

Retzbach, Eduard: Nachtwächterrufe. In: Zeitschrift für österreichische Volkskunde, III. Jg. (1897), S. 249-254.

Richter, Günter: Konzessionspraxis und Zahl der Druckereien in Frankfurt a. M. um 1600. Zugleich ein Beitrag zur Gründungsgeschichte der Offizinen Balthasar Lipp und Wolfgang Richter. In: Archiv für Geschichte des Buchwesens, Bd. 27 (1986), S. 131-156.

Riha, Karl (Hrsg.): Dunkelmännerbriefe. Frankfurt/Main 1991.

Roeck, Bernd: Eine Stadt in Krieg und Frieden. Studien zur Geschichte der Reichsstadt Augsburg zwischen Kalenderstreit und Parität, 2 Bde. Göttingen 1989.

Römer, Gerhard: Kalenderreform und Kalenderstreit im 16. und 17. Jahrhundert. In: Badische Landesbibliothek (Hrsg.), Kalender im Wandel der Zeiten. Eine Ausstellung der Badischen Landesbibliothek zur Erinnerung an die Kalenderreform durch Papst Gregor XIII. im Jahr 1582. Karlsruhe 1982, S. 70-84.

Römer, Gerhard: Hausbücher und Ewig-währender Calender. In: Badische Landesbibliothek (Hrsg.), Kalender im Wandel der Zeiten. Eine Ausstellung der Badischen Landesbibliothek zur Erinnerung an die Kalenderreform durch Papst Gregor XIII. im Jahr 1582. Karlsruhe 1982a, S. 111-123.

Roemheld, Lutz: Die diplomatischen Funktionen der Herolde im späten Mittelalter. Berlin 1964.

Rössler, Martin: Die Liedpredigt. Geschichte einer Predigtgattung. Göttingen 1976.

Rogge, Helmuth: Fingierte Briefe als Mittel politischer Satire. München 1966.

Rohner, Ludwig: Kalendergeschichte und Kalender. Wiesbaden 1978.

Roth, Paul: Die neuen Zeitungen in Deutschland im 15. und 16. Jahrhundert. Leipzig 1914.

Rotter, Ekkehart: Die Organisation des Briefverkehrs beim Deutschen Orden. In: Wolfgang Loth (Hrsg.), Deutsche Postgeschichte. Essays und Bilder. Berlin 1989, S. 22-42.

Rotter: Zwischen Pedell und Botschafter: Der Universitätsbote. In: Wolfgang Loth (Hrsg.), Deutsche Postgeschichte. Essays und Bilder. Berlin 1989a, S. 57-66.

Rublack, Hans-Christoph: Lutherische Predigt und soziale Wirklichkeit. In: Ders. (Hrsg.), Die lutherische Konfessionalisierung in Deutschland. Wissenschaftliches Symposion des Vereins für Reformationsgeschichte 1988. Gütersloh 1992, S. 344-395.

Rudolf, Hans Ulrich (Hrsg.): Der dreißigjährige Krieg. Perspektiven und Strukturen. Darmstadt 1977.

Rüegg, Walter: Die kulturelle Funktion des Buches. Bonn 1965.

Rump, Hans-Uwe: Magister und Scholastikus: Das neue Ansehen des Lehrers in christlicher Zeit. In: Johann Georg Prinz von Hohenzollern und Max Liedtke (Hrsg.), Schreiber, Magister, Lehrer. Zur Geschichte und Funktion eines Berufsstandes. Bad Heilbrunn 1989, S. 133-143.

Rupprich, Hans: Die deutsche Literatur vom späten Mittelalter bis zum Barock. Erster Teil: Das ausgehende Mittelalter, Humanismus und Renaissance, 1370-1520. München 1970.

Rystad, Göran: Kriegsnachrichten und Propaganda während des dreißigjährigen Krieges. Die Schlacht bei Nördlingen in den gleichzeitigen gedruckten Kriegsberichten. Lund 1960.

Sachs, Curt: Eine Weltgeschichte des Tanzes. Hildesheim, New York 1976.

Sachse, Wieland: Wirtschaftsliteratur und Kommunikation bis 1800. Beispiele und Tendenzen aus Mittelalter und früher Neuzeit: Kaufmannsbücher, Enzyklopädien, Kameralistische Schriften und Statistiken. In: Hans Pohl (Hrsg.), Die Bedeutung der Kommunikation für Wirtschaft und Gesellschaft. Stuttgart 1989, S. 199-215.

Sachße, Christoph und Florian Tennstedt (Hrsg.): Bettler, Gauner und Proleten. Armut und Armenfürsorge in der deutschen Geschichte. Ein Bild-Lesebuch. Reinbek 1983.

Saenger, Paul: Books of hour and the reading habits of the later Middle Ages. In: Roger Chartier (Hrsg.), The Culture of print. Power and the uses of print in early modern Europe. Oxford 1989, S. 141-173.

Salmen, Walter: Das Gemeindelied des 15. und 16. Jahrhunderts in volkstümlicher Sicht. Ein Literaturbericht. In: Jahrbuch für Liturgik und Hymnologie (Kassel), 1. Jg. (1955), S. 128-132.

Salmen, Walter: Das Konzert. Eine Kulturgeschichte. München 1988.

Salomon, Ludwig: Geschichte des deutschen Zeitungswesens von den ersten Anfängen bis zur Wiederaufrichtung des Deutschen Reichs. Neudruck der Ausgabe Oldenburg 1900. Aalen 1973.

Sampson, Henry: A history of advertising from the earliest times. London 1874.

Sautter, Karl: Die Post im Leben der Völker im Wandel der Zeit. In: Archiv für das Post- und Fernmeldewesen, 2. Jg. (1950), Nr. 3, S. 101-213.

Saxer, Ulrich: Medien als problemlösende Systeme. Die Dynamik der Rezeptionsmotivation aus funktional-struktureller Sicht. In: SPIEL, Jg. 10 (1991), H. 1, S. 45-79.

Saxer, Ulrich: Die Zeitung als politische Sozialisationsinstanz. In: Relation, vol. 1 (1994), H. 1, S. 19-48.

Schenda, Rudolf: Volk ohne Buch. Studien zur Sozialgeschichte der populären Lesestoffe 1770-1910. München 1977.

Schenda, Rudolf: Johannes Stumpf (1500-1577/78). In: Ders., unter Mitarbeit von Hans ten Doornkaat (Hrsg.), Sagenerzähler und Sagensammler der Schweiz. Bern, Stuttgart 1988, S. 91-119.

Schiffler, Horst und Rolf Winkeler: Tausend Jahre Schule. Eine Kulturgeschichte des Lernens in Bildern. Stuttgart, Zürich, 3. Aufl. 1991.

Schild, Wolfgang: Alte Gerichtsbarkeit. Vom Gottesurteil bis zum Beginn der modernen Rechtsprechung. München 1980.

Schilling, Michael: Bildpublizistik der frühen Neuzeit. Aufgaben und Leistungen des illustrierten Flugblatts in Deutschland bis um 1700. Tübingen 1990.

Schindler, Norbert: Jugendliche Ruhestörer. Hegemoniespiele zwischen Adels- und Volkskultur im 16. Jahrhundert. In: Mensch und Objekt im Mittelalter und in der frühen Neuzeit. Wien 1990, S. 223-253; in erweiterter Fassung abgedruckt in: Ders., Widerspenstige Leute. Studien zur Volkskultur in der frühen Neuzeit. Frankfurt/Main 1992, S. 215-257.

Schindler, Norbert: Karneval, Kirche und die verkehrte Welt. Zur Funktion der Lachkultur im 16. Jahrhundert. In: Jahrbuch für Volkskunde, N. F., 7 (1984), S. 9-57. Erweitert und überarbeitet abgedruckt in: Ders., Widerspenstige Leute. Studien zur Volkskultur in der frühen Neuzeit. Frankfurt/Main 1992, S. 121-174.

Schindler, Norbert: Die Prinzipien des Hörensagens. Predigt und Publikum in der Frühen Neuzeit. In: Historische Anthropologie: Kultur, Gesellschaft, Alltag, 1. Jg. (1993), S. 359-393.

Schmid, Rainer H.: Raum, Zeit und Publikum des geistlichen Spiels. Aussage und

Absicht eines mittelalterlichen Massenmediums. München 1975.

Schmidt, Georg: Der Dreißigjährige Krieg. München, 2. Aufl. 1996.

Schmidt, Josef: Lästern, lesen und lesen hören. Kommunikationsstudien zur deutschen Prosasatire der Reformationszeit. Frankfurt/Main, Bern 1977.

Schmidt, Siegfried J.: Grundriß der Empirischen Literaturwissenschaft, Bd. 1: Der gesellschaftliche Handlungsbereich Literatur. Braunschweig, Wiesbaden 1980.

Schmidt-Garre, Helmut: Oper. Eine Kulturgeschichte. Köln 1963.

Schmidt-Brümmer, Horst: Wandmalerei zwischen Reklamekunst, Phantasie und Protest. Köln 1982.

Schmidt-Künsemüller, F. A.: Die Erfindung des Buchdrucks als technisches Phänomen. Mainz 1951.

Schmitt, Anneliese: Die deutschen Volksbücher. Ein Beitrag zur Begriffsgeschichte und zur Tradierung im Zeitraum von der Erfindung der Druckkunst bis 1550, 2 Teile. Diss. (Ost) Berlin 1973.

Schmugge, Ludwig: Die Pilger. In: Peter Moraw (Hrsg.), Unterwegssein im Spätmittelalter. Berlin 1985, S. 17-47.

Schmugge, Ludwig: Feste feiern wie sie fallen – Das Fest als Lebensrhythmus im Mittelalter. In: Paul Hugger, Walter Burkert, Ernst Lichtenhan (Hrsg.), Stadt und Fest. Zu Geschichte und Gegenwart europäischer Festkultur. Stuttgart 1987, S. 61-87.

Schneider, Cornelia: Der Alltag der Blockbücher. In: Gutenberg-Gesellschaft und Gutenberg-Museum (Hrsg.), Blockbücher des Mittelalters. Bilderfolgen als Lektüre. Mainz 1991.

Schneider, Falko: Öffentlichkeit und Diskurs. Studien zu Entstehung, Struktur und Form der Öffentlichkeit im 18. Jahrhundert. Bielefeld 1992.

Schneider, Jürgen: Die Bedeutung von Kontoren, Faktoreien, Stützpunkten (von Kompagnien), Märkten, Messen und Börsen im Mittelalter und Früher Neuzeit. In: Hans Pohl (Hrsg.), Die Bedeutung der Kommunikation für Wirtschaft und Gesellschaft. Stuttgart 1989, S. 37-63.

Schneidmüller, Bernd: Briefe und Boten im Mittelalter. In: Wolfgang Loth (Hrsg.), Deutsche Postgeschichte. Essays und Bilder. Berlin 1989, S. 10-21.

Schneyer, Johann Baptist: Geschichte der katholischen Predigt. Freiburg i. Brsg.

1969.

Schottenloher, Karl: Das alte Buch. Berlin 1919.

Schottenloher, Karl: Handschriftliche Briefzeitungen des 16. Jahrhunderts in der Münchener Staatsbibliothek. In: Archiv für Buchgewerbe und Gebrauchsgraphik, H. 4 (1928), S. 65-73.

Schottenloher, Karl: Kaiserliche Herolde des 16. Jahrhunderts als öffentliche Berichterstatter. In: Historisches Jahrbuch im Auftrag der Görres-Gesellschaft, Bd. 49 (1929), S. 460-471.

Schottenloher, Karl: Der Buchdrucker als neuer Berufsstand des 15. und 16. Jahrhunderts. Mainz 1935.

Schottenloher, Karl: Bücher bewegten die Welt. Eine Kulturgeschichte des Buches, 2 Bde. Stuttgart 1968.

Schramm, Helmar: Theatralität und Öffentlichkeit. Vorstudien zur Begriffsgeschichte von <<Theater>>. In: Karlheinz Barck, Martin Fontius und Wolfgang Thierse (Hrsg.), Ästhetische Grundbegriffe. Studien zu einem historischen Wörterbuch. Berlin 1990, S. 202-242.

Schreer, Werner: Die Bücherzensur in der katholischen Kirche in Geschichte und Gegenwart. In: Paul Raabe et al., Der Zensur zum Trotz: Das gefesselte Wort und die Freiheit in Europa (Ausstellungskatalog). Weinheim 1991, S. 15-21.

Schreiber, Wilhelm L.: Die Briefmaler und ihre Mitarbeiter. In: Gutenberg-Jahrbuch (1932), S. 53-54.

Schreiner, Klaus: Bücher, Bibliotheken und <<gemeiner Nutzen>> im Spätmittelalter und in der Frühneuzeit. In: Bibliothek und Wissenschaft, Bd. 9 (1975), S. 202-249.

Schreiner, Klaus: Grenzen literarischer Kommunikation. Bemerkungen zur religiösen und sozialen Dialektik der Laienbildung im Spätmittelalter und in der Reformation. In: Ludger Grenzmann und Karl Stackmann (Hrsg.), Literatur und Laienbildung im Spätmittelalter und in der Reformationszeit. Symposium Wolfenbüttel 1981. Stuttgart 1984, S. 1-20.

Schröcker, Alfred: Die deutsche Nation. Beobachtungen zur politischen Propaganda des ausgehenden 15. Jahrhunderts. Lübeck 1974.

Schröder, Thomas: Die ersten Zeitungen. Textgestaltung und Nachrichtenauswahl.

Tübingen 1995.

Schubart-Fikentscher, Gertrud: Zur Stellung der Komödianten im 17. und 18. Jahrhundert. Berlin 1963.

Schütz, Ernst und Michael Sachs: Der Zeitungssänger Philipp Keim (1804-1884) aus Diedenbergen. Wiesbaden-Erbenheim 1993.

Schütz, Hans J.: Verbotene Bücher. Eine Geschichte der Zensur von Homer bis Henry Miller. München 1990.

Schütz, Werner: Geschichte der christlichen Predigt. Berlin, New York 1972.

Schultz, Alwin: Deutsches Leben im XIV. und XV. Jahrhundert. Wien 1892.

Schultz, Uwe (Hrsg.): Das Fest. Eine Kulturgeschichte von der Antike bis zur Gegenwart. München 1988.

Schulze, Winfried (Hrsg.): Aufstände, Revolten, Prozesse. Beiträge zu bäuerlichen Widerstandsbewegungen im frühneuzeitlichen Europa. Stuttgart 1983.

Schutte, Jürgen: <<Schympff red>>. Frühformen bürgerlicher Agitation in Thomas Murners <<Großem Lutherischen Narren>> 1522. Stuttgart 1973.

Schwarz, Konrad: Die Entwicklung der deutschen Post (Ein Überblick). Berlin 1931.

Schweikhart, Gunter: Fassadenmalerei in Verona vom 14. bis zum 20. Jahrhundert. München 1973.

Schwitalla, Johannes: Deutsche Flugschriften 1460-1525. Textsortengeschichtliche Studien. Tübingen 1983.

Scribner, Bob: Reformation, Karneval und die <<verkehrte Welt>>. In: Richard van Dülmen und Norbert Schindler (Hrsg.), Volkskultur. Zur Wiederentdeckung des vergessenen Alltags (16.-20. Jahrhundert). Frankfurt/Main 1984, S. 117-152.

Scribner, Robert W.: Flugblatt und Analphabetentum. Wie kam der gemeine Mann zu reformatorischen Ideen? In: Hans-Joachim Köhler (Hrsg.), Flugschriften als Massenmedium der Reformationszeit. Stuttgart 1981, S. 65-76.

Scribner, Robert W.: For the Sake of Simple Folk. Popular Propaganda for the German Reformation. Cambridge, London 1981a.

Scribner, Robert W.: Oral Culture and the Transmission of Reformation Ideas. In: Helga Robinson-Hammerstein (Hrsg.), The Transmission of Ideas in the Lutheran Reformation. Dublin 1989, S. 82-104.

Seemann, Erich: Newe Zeitung und Volkslied. In: Jahrbuch für Volkslied-forschung, 3 (1932), S. 87-119.

Seibert, Peter: Der <tichter> und <poeta> am Beginn der Neuzeit. Einige Bemerkungen zum frühreformatorischen Autorentypus. In: Zeitschrift für Literaturwissenschaft und Linguistik, H. 42 (1981), S. 13-28.

Seibt, Ferdinand und Winfried Eberhard (Hrsg.): Europa 1400. Die Krise des Spätmittelalters. Stuttgart 1984.

Seznec, Jean: Das Fortleben der antiken Götter. Die mythologische Tradition im Humanismus und in der Kunst der Renaissance. München 1990. [La survivance des dieux antiques: Essai sur le rôle de la tradition mythologique dans l'humanisme et dans l'art de la renaissance. (orig. 1940)]

Siebert, Fredrick Seaton: Freedom of the Press in England 1476-1776. Illinois/Urbana 1965.

Sievers, Kai Detlev: Das Fest als kommunikatives System. In: Kieler Blätter zur Volkskunde, XVIII (1986), S. 5-28.

Simecek, Z.: Geschriebene Zeitungen in den böhmischen Ländern um 1600 und ihr Entstehungs- und Rezeptionszusammenhang mit den gedruckten Zeitungen. In: E. Blühm und H. Gebhardt (Hrsg.), Presse und Geschichte II. Neue Beiträge zur historischen Kommunikationsforschung. München 1987, S. 71-82.

Siohan, Robert: Publikum und Kritik. Zürich 1967.

Sirges, Thomas und Ingeborg Müller: Zensur in Marburg 1538-1832. Eine lokalgeschichtliche Studie zum Bücher- und Pressewesen. Marburg 1984.

Smolak, Kurt: Einleitung. In: Ders. (Hrsg.), Erasmus von Rotterdam: De conscribendis epistolis. Anleitung zum Briefschreiben (Auswahl). Darmstadt 1980.

Soeffner, Hans-Georg: Luther – der Weg von der Kollektivität des Glaubens zu einem lutherisch-protestantischen Individualitätstypus. In: Ders., Die Ordnung der Rituale. Die Auslegung des Alltags 2. Frankfurt/Main 1992, S. 20-75.

Sösemann, Bernd: Die Kommunikations- und Medienrevolution. In: Hans-Ulrich Wehler (Hrsg.), Scheidewege der deutschen Geschichte. Von der Reformation bis zur Wende 1517-1989, S. 65-78.

Sonderegger, Albert: Missgeburten und Wundergestalten in Einblattdrucken und

Handzeichnungen des 16. Jahrhunderts. Zürich 1927.

Sorell, Walter: Der Tanz als Spiegel der Zeit. Eine Kulturgeschichte des Tanzes. Wilhelmshaven 1985.

Sporhan-Krempel, Lore: Nürnberg als Nachrichtenzentrum zwischen 1400 und 1700. Nürnberg 1968.

Spriewald, Ingeborg: Literatur zwischen Hören und Lesen. Fallstudien zu Beheim, Folz und Sachs. Berlin, Weimar 1990.

Starp, Hildegard: Das Frankfurter Verlagshaus Schönwetter 1598-1726. In: Archiv für Geschichte des Buchwesens, Jg. 1 (1958), S. 38-113.

Stein, Theodor: Südwestdeutsche Zeitungsgeschichte. Ein Überblick über die Anfänge bis zum Jahre 1933. In: Württembergische Landesbibliothek Stuttgart (Hrsg.), Von der Preßfreiheit zur Pressefreiheit. Stuttgart 1983, S. 21-48.

Steinberg, S. H.: Five hundred years of printing. Harmondsworth 1955/1969.

Steinhausen, Georg: Die Entstehung der Zeitung aus dem brieflichen Verkehr. In: Archiv für Buchgewerbe und Gebrauchsgraphik, H. 4 (1928), S. 51-64.

Stemmle, R. A.: Herzeleid auf Leinewand. Sieben Moritaten. München 1962.

von Stephan, Heinrich, neubearbeitet und fortgeführt bis 1868 von Karl Sautter: Geschichte der preußischen Post. Berlin 1928.

Stieler, Caspar: Zeitungs Lust und Nutz (1695). Nachdruck Bremen 1969.

Stieve, Felix: Der Kalenderstreit des sechzehnten Jahrhunderts in Deutschland. In: Abhandlungen der Historischen Classe der königlich bayrischen Akademie der Wissenschaften, 15. Bd. , 3. Abt., München 1880, S. 1-98.

Stirm, Margarete: Die Bilderfrage in der Reformation. Heidelberg 1977.

Stolze, Alfred: Die deutschen Schulen und die Realschulen der Allgäuer Reichsstädte bis zur Mediatisierung. Berlin 1916.

Suckale, Robert: Süddeutsche szenische Tafelbilder um 1420-1450. Erzählung im Spannungsfeld zwischen Kult- und Andachtsbild. In: Wolfgang Harms (Hrsg.), Text und Bild, Bild und Text. DFG-Symposion 1988. Stuttgart 1990, S. 15-34.

Sührig, Hartmut: Die Entwicklung der niedersächsischen Kalender im 17. Jahrhundert. In: Archiv für Geschichte des Buchwesens, Band XX. Frankfurt/Main 1979, Spalte 329-794.

Sührig, Hartmut: Niedersächsische Schreibkalender im 17. Jahrhundert. Zur

Kulturgeschichte eines populären Lesestoffes. In: Paul Raabe, Bücher und Bibliotheken im 17. Jahrhundert in Deutschland. Hamburg 1980, S. 145-170.

Suppan, Wolfgang: Deutsches Liedleben zwischen Renaissance und Barock. Die Schichtung des deutschen Liedgutes in der zweiten Hälfte des 16. Jahrhunderts. Tutzing 1973.

Sutter, Otto Ernst: Aus badischen Kalendern. Konstanz 1920.

Szarota, Elida Maria: Das Jesuitendrama als Vorläufer der modernen Massenmedien. In: Daphnis 4 (1975), S. 129-143.

Talkenberger, Heike: Sintflut. Prophetie und Zeitgeschehen in Texten und Holzschnitten astrologischer Flugschriften 1488-1528. Tübingen 1990.

Teuteberg, Hans-Jürgen: Reise- und Hausväterliteratur der frühen Neuzeit. In: Hans Pohl (Hrsg.), Die Bedeutung der Kommunikation für Wirtschaft und Gesellschaft. Stuttgart 1989, S. 216-254.

Thum, Bernd: Öffentlich-Machen, Öffentlichkeit, Recht. Zu den Grundlagen und Verfahren der politischen Publizistik im Spätmittelalter mit Überlegungen zur sogenannten <<Rechtssprache>>. In: LiLi, H. 37 (1980), S. 12-69.

Thum, Bernd: Öffentlichkeit und Kommunikation im Mittelalter. Zur Herstellung von Öffentlichkeit im Bezugsfeld elementarer Kommunikationsformen im 13. Jahrhundert. In: Hedda Ragotzky und Horst Wenzel (Hrsg.), Höfische Repräsentation. Das Zeremoniell und die Zeichen. Tübingen 1990, S. 65-87.

Trenkle, J. B.: Zur ältern süddeutschen Calenderkunde. In: Alemannia 5 (1877), S. 235-259.

van Trix, J. Markschiess und Bernhard Nowak: Artisten- und Zirkusplakate. Ein internationaler historischer Überblick. Leipzig 1975.

Trunz, Erich: Der deutsche Späthumanismus um 1600 als Standeskultur. (orig. 1931) In: Richard Alewyn (Hrsg.), Deutsche Barockforschung. Köln 1965, S. 147-181.

Tschopp, Silvia Serena: Heilsgeschichtliche Deutungsmuster in der Publizistik des Dreißigjährigen Krieges. Pro- und antischwedische Propaganda in Deutschland 1628 bis 1635. Frankfurt/Main, Bern 1991.

Tyldesley, Joyce A.: Töchter der Isis. Die Frau im arten Ägypten. München 1996.

Uhl, Wilhelm: Die Entwicklung des deutschen Kalenders seit dem Aufkommen der Buchdruckerkunst. In: Reclam's Universum, Jg. 15 (1898/99), Spalte 882-907.

Uhle-Wettler, Sigrid: Kunsttheorie und Fassadenmalerei (1450-1750). Alter 1994.

Ukena, Peter: Buchanzeigen in den deutschen Zeitungen des 17. Jahrhunderts. In: Albrecht Schöne (Hg.), Stadt-Schule-Universität-Buchwesen und die deutsche Literatur im 17. Jahrhundert. München 1976, S. 506-522.

Ukena, Peter: Tagesschriftum und Öffentlichkeit im 16. und 17. Jahrhundert in Deutschland. In: Elger Blühm (Hrsg.), Presse und Geschichte. Beiträge zur historischen Kommunikationsforschung. München 1977, S. 35-53.

Valentin, Jean-Marie: Das Jesuitendrama und die literarische Tradition. In: Martin Bircher und Eberhard Mannack (Hrsg.), Deutsche Barockliteratur und europäische Kultur. Hamburg 1977, S. 116-140.

Veit, Patrice: Das Kirchenlied in der Reformation Martin Luthers. Eine thematische und semantische Untersuchung. Wiesbaden 1986.

Veit, Patrice: Das Gesangbuch in der Praxis Pietatis der Lutheraner. In: Hans-Christoph Rublack (Hrsg.), Die lutherische Konfessionalisierung in Deutschland. Wissenschaftliches Symposium des Vereins für Reformationsgeschichte 1988. Gütersloh 1992, S. 435-454.

Veit, Patrice: Kirchenlied und konfessionelle Identität im deutschen 16. Jahrhundert. In: Ursula Brunold-Bigler und Hermann Bausinger (Hrsg.), Hören Sagen Lesen Lernen. Bausteine zu einer Geschichte der kommunikativen Kultur. Festschrift für Rudolf Schenda zum 65. Geburtstag. Bern, Berlin, Frankfurt/Main 1995, S. 741-754.

Veredarius, O.: Das Buch von der Weltpost. Entwicklung und Wirken der Post und Telegraphie im Weltverkehr. Berlin 1885.

Vocelka, Karl: Die politische Propaganda Kaiser Rudolfs II. (1576-1612). Wien 1981.

Vogler, Bernard: Die Gebetbücher in der lutherischen Orthodoxie (1550-1700). In: Hans-Christoph Rublack (Hrsg.), Die lutherische Konfessionalisierung in Deutschland. Wissenschaftliches Symposium des Vereins für Reformationsgeschichte 1988. Gütersloh 1992, S. 424-434.

Vogler, Günter: Die Gewalt soll gegeben werden dem gemeinen Volk. Der deutsche Bauernkrieg 1525. Berlin 1975/1983.

Volz, Hans: Verlag und Absatz von Lutherbriefausgaben – ein verlegerisch-buchhändlerisches Problem. In: Hans Widmann (Hrsg.), Gutenberg-Jahrbuch 1972. Mainz 1972, S. 237-243.

Wagner, Christoph: Das evangelische Dorfschulwesen im Kreis Balingen in der frühen Neuzeit. In: Zeitschrift für hohenzollerische Geschichte, 103 (1980), S. 86-107.

Waibl, Gunther: Die Wand als Massenmedium. Kulturhistorischer Abriß einer unmittelbaren und unzensurierbaren Kommunikationsform. In: Maske und Kothurn (Graz, Wien), H. 1-2 (1979), S. 181-201.

Wallmann, Johannes (Hrsg.): Philipp Jakob Spener: Briefe aus der Frankfurter Zeit 1666-1686. Tübingen 1992.

Walz, Ursula: Eselsarbeit für Zeisigfutter. Die Geschichte des Lehrers. Frankfurt/Main 1988.

Watt, Tessa: Cheap Print and Popular Piety, 1550-1640. Cambridge 1991.

Watt, Tessa: Publisher, Pedlar, Pot-Poet: The Changing Character of the Broadside Trade, 1550-1640. In: Robin Myers and Michael Harris (Hrsg.), Spreading the Word. The Distribution Networks of Print, 1550-1850. Winchester 1990, S. 61-81.

Weber, Johannes: <<Unterthenige Supplication Johann Caroli/ Buchtruckers>>. Der Beginn gedruckter politischer Wochenzeitungen im Jahre 1650. In: Archiv für Geschichte des Buchwesens, Bd. 38 (1992), S. 257-265.

Weber, Johannes: Neue Funde aus der Frühgeschichte des deutschen Zeitungs-wesens. In: Archiv für Geschichte des Buchwesens, Bd. 39 (1993), S. 321-358.

Weber, Johannes: <<Die Novellen sind eine Eröffnung des Buchs der gantzen Welt>>. Entstehung und Entwicklung der Zeitung im 17. Jahrhundert. In: Klaus Beyrer und Martin Dallmeier (Hrsg.), Als die Post noch Zeitung machte. Eine Pressegeschichte. Gießen 1994, S. 15-31.

Weber, Rolf: Die materiellen und geistigen Grundlagen des Meistergesangs (orig. 1921). In: Bert Nagel (Hrsg.), Der deutsche Meistersang. Darmstadt 1967, S. 116-122.

Weggel, Oskar: Massenkommunikation in der Volksrepublik China (mit

besonderer Berücksichtigung des Zustandes seit der Kulturrevolution).
Hamburg 1970.

Wehler, Hans-Ulrich: Deutsche Gesellschaftsgeschichte. Erster Band: Vom
Feudalismus des Alten Reiches bis zur Defensiven Modernisierung der
Reformära (1700-1815). München, 2. Aufl. 1989.

Wehrli, G.A.: Der Arzt als Kalenderschreiber. In: Internationale Beiträge zur
Geschichte der Medizin. Festschrift gewidmet Max Neuburger. Wien 1928, S.
308-315.

Weidkuhn, Peter: Fastnacht-Revolte-Revolution. In: Zeitschrift für Religions- und
Geistesgeschichte, Jg. 21 (1969), H. 2, S. 289-306.

Weigel, Christoph: Abbildung und Beschreibung der Gemein-Nützlichen
Hauptstände. (orig. 1698) Nördlingen 1987.

Weill, Alain: The Poster. A Worldwide Survey and History. London 1985.

Weimann, Robert: Shakespeare und die Macht der Mimesis. Autorität und
Repräsentation im elisabethanischen Theater. Berlin, Weimar 1988.

Weller, Emil: Die Buchdrucker, Formschneider und Briefmaler der Stadt
Augsburg. In: Serapeum, 27 (1866), Nr. 16, S. 241-254.

Wendorff, Rudolf: Tag und Woche, Monat und Jahr. Eine Kulturgeschichte des
Kalenders. Opladen 1993.

Wenzel, Horst: Das Verstummen der alten Götter, oder: Die Einführung der
Alphabet-Schrift in der Neuen Welt. In: Horst Wenzel (Hrsg.), Gutenberg und
die Neue Welt. München 1994, S. 263-284.

Werner, Theodor Gustav: Das kaufmännische Nachrichtenwesen im späten
Mittelalter und in der frühen Neuzeit und sein Einfluß auf die Entstehung der
handschriftlichen Zeitung, In: Scripta Mercaturae, Bd. 9 (1975), H. 2, S. 3-51.

Westphal, Johannes: Das Evangelische Kirchenlied nach seiner geschichtlichen
Entwicklung. 4., verbess. Auflage Berlin 1913.

von zur Westen, Walter: Reklamekunst aus zwei Jahrtausenden. Berlin 1925.

Wettges, Wolfram: Reformation und Propaganda. Studien zur Kommunikation des
Aufruhrs in süddeutschen Reichsstädten. Stuttgart 1978.

Weyrauch, Erdmann: Überlegungen zur Bedeutung des Buches im Jahrhundert
der Reformation. In: Hans-Joachim Köhler (Hrsg.), Flugschriften als

Massenmedium der Reformationszeit. Beiträge zum Tübinger Symposium. Stuttgart 1981, S. 243-259.

Weyrauch, Erdmann: Reformation durch Bücher: Druckstadt Wittenberg. In: Paul Raabe et al., Gutenberg. 550 Jahre Buchdruck in Europa (Ausstellungskatalog). Weinheim 1990, S. 53-59.

Weyrauch, Erdmann: Das Buch als Träger der frühneuzeitlichen Kommunikations-revolution. In: Michael North (Hrsg.), Kommunikations-revolutionen. Köln 1995, S. 1-13.

Widmann, Hans (Hrsg.): Der deutsche Buchhandel in Urkunden und Quellen. 2 Bde. Hamburg 1965.

Widmann, Hans (Hrsg.): Der gegenwärtige Stand der Gutenberg-Forschung. Stuttgart 1972.

Widmann, Hans: Vom Nutzen und Nachteil der Erfindung des Buchdrucks – aus der Sicht der Zeitgenossen des Erfinders. Mainz 1973.

Wiegelmann, Günter: Die Aufgabe, Volkskultur zu periodisieren. In: Günter Wiegelmann (Hrsg.), Wandel der Alltagskultur seit dem Mittelalter. Münster 1987, S. 3-21.

Wilke, Jürgen: Nachrichtenauswahl und Medienrealität in vier Jahrhunderten. Berlin, New York 1984.

Williams, Jonathan (Hrsg.): Money. A history. London 1997.

Wilpert, Joseph (Hrsg.): Die Malereien der Katakomben Roms. Freiburg/Brsg. 1903 (2 Bde.).

Wimmer, Ruprecht: Jesuitentheater. Didaktik und Fest. Das Exemplum des ägyptischen Joseph auf den deutschen Bühnen der Gesellschaft Jesu. Frankfurt/Main 1982.

Wimsatt Jr., Wiliam K. and Cleanth Brooks: Socrates and the Rhapsode & the Verbal Medium: Plato and Aristotle. In: Williams/Brooks, Literary Criticism. A Short History. London 1957, S. 3-20, 57-76.

Winter, Carsten: Predigen unter freiem Himmel. Die medienkulturellen Funktionen der Bettelmönche und ihr geschichtlicher Hintergrund. Bardowick 1996.

Winter, Carsten: Häretiker, Medien und kultureller Wandel im Mittelalter und der frühen Neuzeit. In: MFK Mitteilungen aus der kulturwissenschaftlichen Forschung, Jg. 19 (1996), H. 37, S. 163-175.

Wohlfeil, Rainer: Einfrührung in die Geschichte der deutschen Reformation. München 1982.

Wohlfeil, Rainer: <<Reformatorische Öffentlichkeit>>. In: Ludger Grenzmann und Karl Stockmann (Hrsg.), Literatur und Laienbildung im Spätmittelalter und in der Reformationszeit. Symposium Wolfenbüttel 1981. Stuttgart 1984, S. 41-52.

Würzbach, Natascha: Anfänge und gattungstypische Ausformung der englischen Straßenballade, 1550-1650. Schaustellerische Literatur, Frühform eines journalistischen Mediums, populäre Erbauung, Belehrung und Unterhaltung. München 1981.

Wunder, Heide: Das Dorf um 1600 – der primäre Lebenszusammenhang der ländlichen Gesellschaft. In: Wolfgang Brückner, Peter Blickle und Dieter Breuer (Hrsg.), Literatur und Volk im 17. Jahrhundert. Probleme populärer Kultur in Deutschland, Teil I. Wiesbaden 1985, S. 69-87.

Wuttke, Dieter: Nachwort: Versuch einer Physiognomie der Gattung Fastnachtspiel. In: Ders. (Hrsg.), Fastnachtspiele des 15. und 16. Jahrhunderts. Stuttgart 1973, S. 401-419.

Zapperi, Roberto: Der Neid und die Macht. Die Farnese und Aldobrandini im barocken Rom. München 1994.

Zemanek, Heinz: Kalender und Chronologie. Bekanntes & Unbekanntes aus der Kalenderwissenschaft. Wien, 5. verbess. Auflage 1990.

Zielske, Harald: Drama und Theater in England, den Niederlanden und Deutschland. In: Propyläen Geschichte der Literatur, 3. Bd.: Renaissance und Barock (1400-1700). Berlin 1984, S. 131-173.

Zielske, Harald: Die Anfänge der Renaissance-Theaters in Italien. In: Propyläen Geschichte der Literatur, 3. Bd.: Renaissance und Barock (1400-1700). Berlin 1984a, S. 121-130.

# 찾아보기

베르너 파울슈티히 Werner Paulstich

프랑크푸르트 대학에서 '베스트셀러'를 주제로 박사 학위를 받았다. 현재 뤼네부르크 대학 응용 매체학과Institut für Angewandte Medienforschung의 매체학 담당 교수이다. 주요 저서로는 *Die Geschichte der Medien*(전 6권, 현재 5권까지 출간), *Grundwissen Medien, Filmgeschichte* 등이 있다.

황대현

서울대학교 서양사학과 대학원에서 석사 학위를 받았고, 독일 아우크스부르크 대학에서 역사학으로 철학 박사 학위를 받았다. 저서로는 *Sozialer Wandel und administrative Verdichtung*과 *Geschichte in Räumen*(공저)이 있고, 논문으로는 〈근대 초 독일의 다핵중심성적 성격에 대한 고찰〉, 〈16~17세기 유럽의 '교파화 과정'에 대한 연구사적 고찰〉 등이 있다.

## 근대 초기 매체의 역사
매체로 본 지배와 반란의 사회 문화사

지은이 • 베르너 파울슈티히 | 옮긴이 • 황대현 | 펴낸이 • 임영근 | 펴낸곳 • 도서출판 지식의풍경 | 초판 1쇄 발행일 • 2007년 3월 8일 | 초판 2쇄 발행일 • 2011년 9월 15일 | 주소 • 서울시 마포구 서교동 457-6 2층 (121-841) | 전화 번호 • 332-7629(편집), 332-7635(영업), 332-7634(팩스) | E-mail • vistabooks@hanmail.net | 등록 번호 • 제15-414호 (1999. 5. 27.)

값 25,000원                    ISBN 978-89-89047-30-8    03920